U0141411

RWNEWS

菱視未來

台灣100大政治領袖聲望調查報告

《菱傳媒》編著

SURVEY REPORT
ON THE REPUTATION OF
TAIWAN'S TOP 100
POLITICAL LEADERS

目次

Part **3**　**100位未來政治領袖調查**

序
——領袖與領導

《菱傳媒》社長　陳申青

> 政治掌聲如峰頂獎盃，難攀，卻是領導學的終極挑戰。

領導是一門學問，也是很大的人生挑戰。

有人說，領導和美學一樣，很難下定義，但你一看就分辨得出來。也有人說，政治領導者想要的掌聲，永遠都是攀高峰後得到的獎盃，也是領導學的終極挑戰。

近代重要的管理學人、寫過《領導不需要頭銜》的華倫・班尼斯，曾經研究過領導者的典範，他發現有三個基本共同點，其一，他們認為領導者是後天養成，而不是天生的，而且養成教育多半要靠自己，而不是靠外力。其次，他們認為自己不是為了領導而領導，而是為了充分展現自我才當領導者。最後，領導者在整個生命過程中，會不斷地成長，並開發自我。

為何我們需要領導者，有人研究說，因為有了信奉的領導人，所以可以確保組織的效率運作。其次，在多變的社會中，領導人最重要的價值在誠信，因優秀領導者堅持了誠信，可以啟發人心，讓大家恢復信心。

全世界的主要領導者，大部分都展現在政治、軍事與企業這三個

主要領域。領導國家是政治人物的最高境界；領導一家成功企業，也是一種成就；將軍在戰場上打勝戰，同樣是領導力的完美展現。

領導的學問，也不是現在才受重視，更早前中國古代談領導，就有很多的故事，最有名的當然要推三國，而現在廣為全球引用的《孫子兵法》，更是領導學的權威。而且，這些古代戰爭記事、領導故事的描述，與現代國際政治、全球戰爭的領導哲學都是互通的。

要講三國的領導人物，不能不談歷史上有名的「既生瑜、何生亮」的諸葛亮。中國歷史5000多年，諸葛亮稱得上是知名度最高、形象最好的領導人了。諸葛亮集智勇忠誠於一身，被形容為是政治家、軍事家，又是天文學家、地理學家，也有人寫書說他是策略規劃家。他的一生傳奇多彩，留下許多既機智，又充滿忠義的故事；在中國歷史裡，諸葛亮的種種行為，幾乎就是現代領導學的經典；連他的出身地瑯琊，現在還都被拍成《瑯琊榜》的戲劇，男主角胡歌名號響徹兩岸。

《三國演義》裡，諸葛亮與曹操兩人鬥智，展現領導謀略，最廣為人知的就是草船借箭。「既生瑜、何生亮」的東吳大將軍周瑜，在三國鼎立的歷史典故中，被形容為嫉妒蜀國宰相諸葛亮的才幹，總想除掉他，終於在在赤壁之戰中找到機會。周瑜與諸葛亮聯軍對抗曹操，要諸葛亮10日之內趕造10萬支箭，諸葛亮一口就答應了，還說只要3天即可。諸葛亮說：「做將軍的怎麼能不知道天文、地理和陰陽呢？三天前我已經算到今日有大霧了」。原來諸葛亮在大霧中令船出江，但船用青布蓋起來，在船的兩邊紮上草把子。曹操摸不清虛實，不敢出兵，調集了1萬多士兵朝江裡放箭，箭如雨下，結果諸葛亮輕鬆的就藉草船從曹操手上拿到10萬支箭了。

與諸葛亮互鬥，後人常把曹操「有權謀，多機變」的特性，與奸雄、狡詐畫上等號。「權謀」是指為達到目的而使用的各種方法、手腕，或隨機應變的謀略；而「機變」則意指隨機應變。

但，權謀與策略，實有許多相通的地方。2000多年前的曹操在政治上所使用的權術與權謀，現在看來，反而像是權變理論的大師，有些經理人說，可為企業經營與領導人的借鏡，還有雜誌拿古代的故事，放在現在的管理領導學當例子。

曹操領導權變例子很多。例如，曹操剿滅政敵袁紹後清理戰場，從沒銷毀的機密文件中，搜出一批曹營官兵與袁紹暗通的書信；當下有人建議點名，整肅通敵份子，曹操卻說：「當紹之強，孤猶不能自保，而況眾人乎」；結果，這些信他看也不看，一把就丟進大火裡了。曹操何以寬容待之？歷史學者說，當時大戰雖暫告一段落，軍隊內需要的是信任與容忍，設法將異心化為同心；且當時袁強曹弱，擴大處罰反而可能使人心更為浮動，引起更大規模的叛逃。所以曹操權變之下，選擇寬容，這也可以說是領導者的智慧。現代策略管理與領導學教科書的內容，不都在教育與宣揚企業管理者，必須具備隨機應變的謀略，根據不同的環境因素，調整領導方式嗎？

有管理學者說，高明的領導者或管理者，應該是一位善變的人，能夠不失時機地適應外界變化，不斷地調整變換自己的領導方式，或是把自己放到一個適合自己的環境中，去找到最有效的管理模式。

但不論古今，或是在政治、企業、軍事等等領域講領導，我們都要先弄清楚領導的本質，再來談領導之為用。從古看今，最能談領導哲學本質的，全球企業家所師法的《孫子兵法》最有代表性了。

人稱古今兵聖的孫子所寫的兵法，被全世界奉為軍事領導學的權

威之一。集兵法、哲學、政治、管理於一身的《孫子兵法》，是貫穿古今的領導經典，光是兵法13篇、詭道14法，就足以讓全球專家研究不完了。

距今2500多年的《孫子兵法》告訴我們，領導者必須具備「智、信、仁、勇、嚴」。孫子認為：「身為將軍，必須具備『智、信、仁、勇、嚴』五種能力」。相對於「君王」的「將軍」，它代表著現場的部隊長；以公司來說，就是領導者所應有的資質、擁有達成經營計畫目標所必備的能力，這也就是領導人的本質。

回到近代，研究領導人的種種行為，國際戰爭仍是最受關注的領域，因為他操縱了多數人的生死。美國軍事學者艾德格・普伊爾研究軍事領導風格，他推崇美國海軍四星上將李高佛的「擇善固執」與朱瓦特的「勇於挑戰、敢於承擔責任」。不只李高佛與朱瓦特，歷史上著名的將領，如二次大戰期間美國的麥克阿瑟，或是德國的隆美爾等人，都具備了領導者的能力、特質與智慧。對於部屬而言，他們帶有獨特魅力，值得崇拜追尋；戰術上，這些將領則有異於常人的判斷力與敏感度，往往能看穿敵軍防線的漏洞，達成不可能的任務。

這些將領的人格特質，正呼應了古代孫子說的，「智信仁勇嚴」的能力與價值。

艾德格・普伊爾認為，優異的軍事將領所具備的特質或許是天生的，但是這些特質的成熟與發揮，卻要靠後天的養成與訓練。他訪問了上百位的美國四星上將等兵將，歸納出許多將領所具備的特質：公正無私、細膩果敢的決策、勇於挑戰、努力學習、關懷下屬、不恥下問與責任感等。這些特質彼此融合交織，進而形塑出將領的「風格」。這些特質需要後天環境的培養教育與嚴格要求，例如，沒有人

天生就是「大公無私」的，無私性格的培養更需要後天的道德教育，以及嚴格的自我要求。而軍事戰爭成敗，除仰賴武器設備的精良程度外，通常絕大部分則取決於軍事將領的領導統馭能力。

這些人格特質與才能論點，呼應了華倫‧班尼斯曾經研究過的領導者典範，三個基本共同點：非天生的、要不斷自我精進、有實現自我的風格。

不管是華倫‧班尼斯談領導者典範，或是孫子講「智信仁勇嚴」，他們敘述的領導統馭風格，也是適用於所有的政府、企業管理組織。因為一個好的領導者，除了要帶領組織的成長之外，更要展現無私領導統馭風格，才能凝固組織內部的向心力。

看了古今中外的軍事領導故事，現代企業也是可以觀察領導學的領域。日本的企業家稻盛和夫就是一個例子，大家津津樂道他對日航的改革，展現了無私的領導風範。

稻盛在人生近乎圓滿那時，將個人股份全部捐給了員工，選擇「淨身出戶」當了和尚，每天在敲木魚、誦經中平靜度日，最後在前日本首相鳩山由紀夫的力邀下「重出江湖」，成功拯救了即將倒閉的日本航空。從他接手後的一年多時間裡，日本航空開始由虧轉盈，並重新回到了全球500強的行列。

稻盛和夫是在2009年，日航傳出經營危機時，被邀請出任日航會長，為日航做大刀闊斧的改革。稻盛和夫說，他以前從不搭乘日航飛機，因為日航員工傲慢的態度讓他非常反感。但是最終，他卻成了日航最大的救星。

最初稻盛和夫堅辭來自各方邀他入主日航的邀約。他說，因為這是一家掛著國營商標的航空公司，日本政府還給特別的措施，這種太

過垂愛的態度，讓日航員工有恃無恐，認定日航有政府護航不會倒。可是他想到，包括國際線與國內線在內，日航每天共有1000班飛機在空中飛來飛去，如果一下子從世界上消失，對日本經濟會帶來多大的重擊。

另一個原因是，日航要裁減16000人，這是一個相當大的數目，但仍舊有30000多名員工繼續留下奮鬥。在當時景氣非常惡化的日本社會，保護破產公司的員工具有相當的社會意義，也是促使他接下這根棒子的原因。結果，他讓日本航空再生。稻盛和夫從社會價值去衡量為何要去救日航，就是《孫子兵法》中提醒的領導人要有仁道精神。

已經離開的稻盛和夫，在日本企業界的地位如何？日本軟銀創辦人兼社長孫正義有富可敵國的資產，也是受益於他人生導師、日本「經營之聖」稻盛和夫的遠見卓識，孫正義直到現在仍心懷感念：「如果沒有他的指教，就不會有今天的軟銀帝國了」！稻盛和夫的領導哲學很簡單，他堅持「愚直地、認真地、誠實地」工作，「世界上最高明的經營訣竅，那就是拚命的、認真的工作」。這就是領導的心法與本質。

從企業與軍事看領導，也許容易了解身為領袖的領導管理哲學，有它的脈絡。但如果看政治人物的領導風格與成就，就讓人對領導充滿疑惑，不論現在火花四射政治人物的網路社群聲音，或是現在的科學工具：民調，都足以顛覆各種領袖的偉大聲望了。

先看看最接近臺灣，與臺灣政治人物關係最密切的日本。日本媒體2024年7月底的民調顯示，首相岸田文雄率領的內閣支持率為21%，連續13個月低於30%。根據這項民調，70%受訪者認為首相換人

當比較好。日本的領導人物，要如何面對只有3成的日本人支持他？

　　日本隔壁的韓國領導人也不怎麼樣。同年4月的民調顯示，韓國總統尹錫悅施政支持率，較國會選舉前下跌11個百分點至23%，創下2022年5月就任以來新低。尹錫悅當選總統時的支持率原就較歷屆總統低，在就任3個月的2022年8月達到24%最低紀錄，這次是時隔20個月再創下新低。

　　看看歐洲，英國7月舉行了一場毫無懸念的選舉，執政14年疲憊不堪、紀律鬆弛的保守黨下臺；獲得絕對多數席位的工黨，未來5年將領導英國邁向新的紀元。保守黨政府曾帶領英國應對經濟挑戰、新冠大流行和英國脫歐，但支持率卻不斷下滑，黨魁頻繁更換。這些英國的菁英領導人，都在很難堪的情況下下臺。

　　臺灣最佳盟友美國總統拜登，就更是讓領導學要不斷被改寫。6月底在辯論會表現備受批評，歷經民主黨人士數週以來持續施壓，拜登終於在7月22日宣布退出2024年總統大選，並表態支持副總統賀錦麗成為民主黨總統候選人。81歲的拜登在社群媒體X平臺發表聲明：「我相信退選符合我的政黨與國家的最佳利益」；之前已有超過1/10的民主黨籍國會議員公開呼籲他退選。拜登退選的歷史性決定，讓他成為1968年3月美國前總統詹森，宣布不接受提名參選總統大選以來，首位放棄爭取連任的現任總統。

　　領導真的是一門大學問，雖然有人說，領導和美學一樣，很難下定義，但你一看就分辨得出來。不過，不管從古今中外各種領導人的故事，或是在政治、軍事、企業領域內優秀的領導者的經歷來看，領導人的人格特質很重要，不管是「智、信、仁、勇、嚴」，或是擇善固執、敢於承擔責任、公正無私、努力學習、關懷下屬、不恥下問與

責任感等，或就是稻盛和夫的拚命的、認真的工作的精神。領導人縱有天生的領導氣質，但也要有後天的不間斷訓練學習，才能有一生的成就。這也是臺灣所有未來政治領袖應該要體悟的。

現代的政治環境，比起過去的企業或軍事戰役更複雜，政治人物要面對多變的局勢考驗，永遠都是無情的。政治領導人被一群人投票或擁戴而站上政治舞臺，說的都是豪情萬丈的術語；但下臺那一刻，經常就是收下滿口謊言道歉。縱使過程中展現了很多領導風範，但離開終究不堪一擊。

政治的掌聲永遠都是峰頂的獎盃，但難攀，卻是領導學的終極挑戰。

未來政治領袖常在你身邊

《菱傳媒》社長　陳申青

　　《菱傳媒》開國內媒體與政治界的先鋒，發表「未來政治領袖調查」，主要目的是希望讓更多的人關心臺灣未來領袖的樣貌，當然更期待未來主掌臺灣大局的領袖們，能夠認真面對自己、面對民眾、面對臺灣多變的未來。

　　臺灣的政治領袖在民眾的心中，地位並不高。一項「臺灣社會信任調查」延續至今已進行了23年，最新「2024年臺灣社會信任調查」結果顯示，臺灣民眾最信任角色的前五名：家人（94.9%）、醫生（87.5%）、中小學老師（81.7%）、基層公務員（72.7%）、警察（70.0%）；最不信任的五名則是新聞記者（32.8%）、立法委員（38.1%）、法官（45.8%）、縣市議員（47.5%）、中央部會首長（49.9%）。政治人物與媒體的信任度，都是倒數的。更可悲的是，立委與縣市議員，還是民眾一票一票選出來的，而且，政治人物更是決定國家前途的人。

　　2024年5月，新一屆三黨立委在立法院的表現，就是最好的例子。

　　這次爭議源於國民黨與民眾黨「藍白」共同提出《立法院職權行使法》第25條修正條文，包括五大方向：總統國情報告常態化、立法院調查權及聽證權、強化人事同意權、正副院長記名投票制，以及被

認為最具爭議的「藐視國會罪」。

根據「藐視國會罪」內容，被質詢人除為避免國防、外交明顯立即的危害或依法應秘密的事項者並經主席同意者外，不得有「拒絕答覆、拒絕提供資料、隱匿資訊、虛偽答覆」等藐視國會行為，違者經院會決議後可處新臺幣2萬至20萬元罰鍰，逾期不改正可連續開罰。政府人員於立法院受質詢時，為虛偽陳述者，依法追訴其刑事責任。此外，被質詢人不得「反質詢」，但未有明文定義何謂「反質詢」。

在野的國民黨和民眾黨認為，國會改革法案是要加強立法機關的監督能力，重點之一是政府官員不得在國會聽證備詢時說謊或蓄意隱匿，並強調歐美民主國家都有藐視國會罪，條文主要針對政府人員，普通民眾不會受到刑事處罰，而且要經過法院宣判才能算數。民進黨則反過來替一般民眾叫屈說，藐視國會罪定義過於寬鬆，恐引起人民寒蟬效應。另外，部分商界憂慮條文衝擊營商環境，若私人企業被要求到立法院接受質詢，可能要交出投資計劃和商業機密等資料，否則會跟普通人民一樣，被扣上藐視國會罪。

立委一個條文修正，可以決定臺灣2300萬人的權益，沒有人可以躲過。當你去投票所選出的立委，有權力決定你我這樣的未來，但你卻不信任他，這種心境要大家如何面對？

這正是《菱傳媒》要做未來政治領袖聲望調查的初衷。我們希望運用科學性的網路調查，了解民眾心中對臺灣100位政治人物的印象、施政績效、影響力、未來發展。再從中選出20位對臺灣未來最有影響力的政治領袖，進而調查民眾對他們的信任度，看不看好他們的未來發展？當然，我們也關心這些政治人物的品德操守、決斷力、親

和力與領導風範、從政績效、專業創新力、影響力、國際觀等。這些項目，也就是我們認為是政治領導人必要有的人格特質，還有專業、能力、條件。

我們如何選擇出這些未來政治領袖？《菱傳媒》鎖定2024年中央的新內閣、立法委員、府院黨要員，到地方所有的縣市長。因為這些政治人物掌握了全臺灣的主要預算、重要國家政策，還有立法。簡單說，我們住在臺灣的人，一生都在他們手上，我們能不關心嗎？

當然，我們是放眼未來的，所以稱為「未來政治領袖調查」。因此，我們找出最有未來性的20位政治領袖後，也試用簡單歸納的印象來形容這些政治領袖的人設，例如臺南市長黃偉哲是親切親和，立法院副院長江啟臣就是認真正直。另外，我們也透過6個面向來呈現政治人物的全貌，也有各種科學數字的交叉分析，從政黨、性別、年齡、社經地位等，多方面觀察與我們未來最有關係的這些三黨的政治領袖。

這本書，主要也是要告訴您臺灣最有影響力的政治明星現在樣貌，還有我們發自內心的期待；《菱傳媒》也透過記者精銳的觀察力，分析包括總統、行政院長、六都市長、政黨領袖如何成為未來領導臺灣的關鍵人物。

最後，我們必須嚴肅面對這些政治領袖的調查結果，並且深深期待他們往好的方向走。因為從國際看臺灣，我們在地緣政治中扮演很微妙角色，美國軍援全球就3個國家：以色列、烏克蘭、臺灣，前兩國已經戰事連連，臺灣呢？我們未來領導人怎麼因應？再回頭看國內的領導者，不是捲入政治角力，就是深陷司法官司中，他們對臺灣

的未來要如何決策？我們要以什麼心態看待決定我們往後生活的領導者？他們就在我們身邊，《菱傳媒》與大家一起來關心！

未來領袖點名簿
——後浪洶湧前浪未息

淡江大學政經系全英文學程兼任助理教授　施威全

　　民主政治的精髓就是數人頭，但重點不在於俗諺所說的「用數人頭代替打人頭」，而是民主政治本就為菁英階級壟斷和掌握，下個世代誰是統治者，有哪些人選可能當領袖，當下就可以數出來。政治不是管理眾人之事，而是少數人管理並取悅眾人之事，1861年起任職英國《經濟學人》主編16年的沃爾特·白芝浩（Walter Bagehot），他談到數人頭（普遍選舉權）時就提到：「國家機器與政治秀場如此取悅了俗人，因此愈民主，我們就愈會支持國家機器以及它的作秀」。未來誰會是臺灣的總統、院長……，誰在政治秀場上角色會愈來愈重，他們之間的互動、競爭關係會如何，《菱傳媒》透過「未來政治領袖聲望調查」普查可能人選的社會聲望，這份調查是未來領袖的點名簿，原本整份調查分析報告有三部分、600多頁，重新整理出版專書。

民進黨儲位看人氣也看派系

　　未來政壇誰會是主角、誰只是配角？《菱傳媒》以兩波民調，民眾先從100位政治人物中選出前20名，再讓20名互比。當下看來民進

黨的列隊圖像比較清晰，雖不若英國王位的接班順序一目了然，查理三世之後，接下來依序是威廉王子、喬治王子、夏綠蒂公主……，民進黨內陳其邁、蕭美琴不管是印象分數或看好度，都是賴清德以外閃亮的明星。不過民選政治如同皇室，王位接班人可能被暗殺，養望的政治人物可能被同黨相殘。理查三世為了確保王位，囚禁他兩位姪子於倫敦塔、暗殺；陳其邁、蕭美琴的未來形塑，個人民意聲勢、賴清德的安排、同儕的競爭，都是變數，特別是蕭美琴，她未來有否有表現的舞臺，操之於賴清德。

在《菱傳媒》第一波民調裡，陳其邁的數字很突出，在縣市首長中排名居冠且遙遙領先第二名，但細究統計數字，他的亮眼是在「縣市長」這一組裡與其他縣市長互比的結果，當全臺政治人物擺在一起評比，他的數字仍居前但就沒如此顯著。誠如資深記者余可及在《菱傳媒》專欄點出「……（民調）在題目設計上採用單選題設計情況下，一人只能選擇一個人。目前的縣市長多以國民黨籍為主，因此對政黨認同為國民黨的人來說有較多選擇，但對於民進黨政黨認同者來說，選擇自然會因為人選比較少，而產生選擇較集中的情況」。親藍者有太多選擇，親綠者集中支持陳其邁，這是造成陳其邁在第一輪民調數字飆高的原因。

同樣處於接班梯隊，現任民進黨秘書長林右昌的民調數字頗低，而林佳龍反而比較容易被看到，林佳龍在《菱傳媒》的第二波民調裡沒進入前20名，但差距不遠，在第一份民調裡他的未來看好度在內閣成員中排名頗前面，列第4。他值得關注是作為派系之主，有其全國性的基層實力，政治歷程非一帆風順，市長只當一任、交通部長任內有事故、充任砲灰參選新北市，但在政壇始終有一席之地。當下的外

交部長一職是否為囚禁林佳龍的倫敦塔，且看一年後《菱傳媒》推出2025民調時，其分數的進退。

國民黨舊浪新浪共舞　侯友宜回來了

　　國民黨的圖像比較亂，原因之一，或許失去政權8年，少了很多讓政治人物在中央歷練的行政職。國民黨舞臺有限，對地方諸侯如盧秀燕，少了部長的經驗就少了全國性的聲望，當下課題是必須儘早準備，能源、國際局勢、美中臺關係，經濟、健保與長照，再怎麼能幹聰明的人，仍然須要時間的浸淫才能對議題的本質有感覺、有深度的體會。去年年底西班牙國慶酒會在臺中登場、經常性就能源問題表態，盧秀燕顯然早就走出安全區，涉獵國政議題。

　　昔日的侯友宜如同今日的盧秀燕，被提名總統大選前在地方首長中聲望最高，後來在競選總統過程中其既有的人設變了，原來可以藍綠選票通吃的侯友宜在大選裡偏居深藍，未能搶佔中間位置。但此次《菱傳媒》民調有意外的現象，中間選民、民眾黨支持者對侯友宜的好感度不差，不是只有國民黨的支持者才喜歡侯友宜。他原本是很不政治的政治人物，公職生涯大半時間擔任警職，行政中立依法行政，不論何黨執政，民進黨曾幾度挖角被他婉拒。他非民代出身，非政商富二代，侯友宜的政治資本來自於執行力，實事求是的成績。看諸未來，政治攻防上的奧援及政黨人脈，侯友宜相對吃虧，他的後勢端看回到市長一職後如何加倍奉還。《菱傳媒》此次民調顯示，侯友宜回來了。

　　同樣是地方諸侯，張善政在民調裡有一席之地，他走過的路很不

一樣，曾當過科技部長、行政院長，之後才投入選戰，打贏後當桃園市長。在中央與地方都有政務官的行政歷練的國民黨政治人物，位列全國前20名者，只有他與朱立倫。

國民黨主席朱立倫，光芒不若韓國瑜，韓國瑜聲量太大，但《菱傳媒》兩波民調裡朱立倫仍維持一定底氣，排名進入全國前段班，他不受40到49歲族群的青睞，但18到39歲，以及60歲以上族群對他的好感度不差。朱立倫是政壇少見的知識分子型政治人物，國際現實與經濟政策的掌握能力強，進入狀況快，但在媚俗的政治潮流下，較難型塑討好的人設，甚至被譏為「政治精算師」，即便如此，全國性民調他仍在榜內。

若說盧秀燕當下潛力超過前述4位男性，是挑戰大位第一人，有可能但未必絕對。韓國瑜、朱立倫、張善政、侯友宜，都曾有或現有全國性位置，也都是或曾是地方諸侯，此般歷練不是履歷表上多幾行字比較好看而已，而是這些歷練過程中接觸的各方力量，長期累積下來所堆疊出的政治資本。

韓國瑜光芒強，朱立倫保有底氣，侯友宜回來了，誰說張善政不會挑戰總統一職？過去兩次總統大選他都曾有重要角色。四位男性都有共同的困局，可以是造王者，但也仍可奮力一搏攻王。美國總統拜登在2019年決定競選總統時，就面臨「當王」VS「造王者」的抉擇，已經當過8年副總統、36年參議員，之前曾競選總統3次，當時高齡77歲，黨內氣氛也不利於他，民主黨期待有新政治、新一代領航，同時歐巴馬任內的作為正受到當權的共和黨、輿論的猛烈批判，作為歐巴馬副總統的拜登必須扛起這些負面聲浪。拜登決定參選，主要是個人企圖心，但也因為黨內年輕世代接不起來，同時與拜登一起參加初選

的桑德斯，年紀比拜登大卻頗受年輕自由派的支持，拜登陣營研判可以爭取到桑德斯的支持者。當年拜登的出線，也因為前國務卿希拉蕊選擇當造王者，她在初選時就支持拜登，更是大選時力攻搖擺州的主力。

國民黨的梯隊，就看五人如何互動、結盟，而且現在就開始了。朱立倫、張善政、侯友宜、盧秀燕都得先當造王者才能談到其他，造地方的王，未來2026新北、臺中、桃園市長選舉國民黨要贏，而且要贏得漂亮才是對現任執政的肯定，整體縣市長大選國民黨也要贏。四年後的2028選舉前，兩年後先有大關卡，國民黨諸人得共同面對。

民眾黨人氣不墜

藍綠政治人物以外，白營的柯文哲、黃國昌也入榜前10名，柯文哲為第6名，黃國昌排名第7，兩人在賴清德、蕭美琴、韓國瑜、陳其邁與盧秀燕之後。柯文哲沒有任何公職，黃國昌是在野黨總召，兩人卻得以與握有行政資源的正副總統、直轄市長並列，可見以聲望而論，民眾黨在臺灣政治版圖持續保有堅實地位。

柯文哲仍獲年輕人支持，在18到29歲的族群，柯文哲是他們第2欣賞的政治人物，只輸給蕭美琴，還贏過賴清德，在30到39歲的族群中，柯文哲的好感度則排第3，僅屈於蕭賴之後。

若考量選民的政治光譜，柯文哲頗得到中間選民與淺藍選民的青睞。《菱傳媒》民調把選民的政治光譜歸納為9類，分別標為G1到G9，G1是深藍，對民進黨很反感，對國民黨很有好感；G9則相反，是深綠；G後面的數字愈大愈往綠偏，G5為中立。對於國民黨沒有意

見也對於民進黨沒有意見的族群中，也就是G5選民，柯文哲在所有政治人物中好感度第1，中間稍微偏藍的族群G4中，柯文哲的好感度也是第1，這個族群包含4類選民，對國民黨沒有意見，但對民進黨有些反感者；對民進黨沒意見但對國民黨有些好感者；對民進黨有些好感但對國民黨很有好感者；對國民黨有些反感但對民進黨很反感者。在統計上，有容乃大的選民（認為國民黨很好，民進黨也還可以）與憤世嫉俗的選民（認為國民黨不好但民進黨更差）都是柯文哲的潛在支持者。

政治光譜更往藍偏的選民中，G3這類族群，柯文哲的好感度第3名，只輸給韓國瑜與盧秀燕，但柯文哲在偏綠選民中表現也不壞，G7、G6這兩個淺綠族群裡柯文哲都排名第4，只輸給蕭美琴、賴清德、陳其邁。

柯文哲仍是第三勢力最具有聲望的政治人物，不過當問到哪位政治人物未來最有前途時，柯文哲和黃國昌的名次則對調，變成黃國昌全國排名第7，柯文哲第8。黃國昌相對年輕，發展的可能性較多元；柯文哲已經當過臺北市長、選過總統，公職一途的出路較窄，因此排名的對調可以理解。黃國昌的未來看好度在G1、G2、G3、G4都贏過柯文哲，亦即淺藍與深藍群眾看好黃國昌的未來勝於柯文哲，但在中間選民G5這區塊，柯文哲的未來看好度贏黃國昌，綠色區塊G6、G7、G8整體而言也是柯文哲贏黃國昌。

黃國昌與柯文哲誰是民眾黨真正的太陽，還得看民眾的仇恨值，《菱傳媒》2022縣市長大選的民調為當時所有媒體中最準確，相關分析裡便發現負面黨性（仇恨值）是觀察民調的關鍵，亦即決定成敗的不是選民多喜歡某候選人，而是多恨對方。從仇恨值看民眾黨的兩

人，黃國昌居第1名，是民眾最討厭的政治人物的榜首，而柯文哲居第5，第1名到第5名的數字分別為：

排序	選出您不喜歡或不信任的政治人物？		
	姓名	加權前（%）	加權後（%）
1	黃國昌	28.8	28.0
2	賴清德	14.4	14.6
3	柯建銘	12.3	12.6
4	韓國瑜	11.4	11.7
5	柯文哲	11.4	11.5

　　黃國昌做為最令人討厭的政治人物，其數字甚至是第2名賴清德的兩倍，黃國昌爆發力強因此爭議性也大，柯文哲的數字，雖然仍名列前茅，相對地較緩和些。

　　相當特別的是，不管是那個年齡族群，從18到60歲以上；不管是男性、女性，黃國昌都是最讓人不喜歡的第一名，但這數字不代表全臺灣人人都討厭黃國昌，畢竟討厭他的人在全體選民中仍是少數。民調以全國民眾為母體，不是青島東路的抗議現場；青鳥的街頭騷動，到處可以看到仇恨黃國昌的標語、海報，但民調顯示討厭黃國昌者不到3成，如同前面提到看好他未來的人也所在多有，看好黃國昌與看好蔣萬安的數字很接近，前者6.3%，後者是7.7%。

　　黃國昌的爭議性反而是他從政的資產，政治人物怕的是被遺忘，而不是被討厭，可以在民眾不信任／不喜歡排行榜列入前10名者，黃

國昌、賴清德、柯建銘、韓國瑜、柯文哲、黃捷、盧秀燕、林飛帆、朱立倫、陳其邁，從數字看來，他們的討厭度多來自敵對陣營的選民，被敵人討厭，表示其是自家陣營的英雄。不管數字高低，要擠進排行榜不容易，不是話題性強、常被網民酸言酸語嘲笑者就可以搶進全國10大，王定宇、沈伯洋的發言常被酸，但民調數字看起來還不算夠分量。

這份調查，在政黨傾向與政黨好感度方面，同為在野黨，民眾黨的堅實支持度約12%，與國民黨的約17%差距不大，這對領導者柯文哲算是肯定。但這些數字會不斷改變，例如7月26日民眾黨新竹市長高虹安因貪污罪嫌被判刑7年4個月，民眾黨聲望就受影響了。

柯文哲下令該黨立院黨團對重大議題一定要有立場，立法委員們可以各自表態，但不能緘默，可見其策略還是堅持不當小綠也不當小藍，戰略清晰。但柯文哲當下的關鍵是被獵殺，所謂三大弊案，發言攻柯者有郝龍斌系，這只能怪柯文哲自己當市長之初就先整郝龍斌、搞個五大案，郝系出手不代表國民黨有組織地發動獵柯，也看不出蔣萬安的市府刻意參與圍剿，從三大案的輿論軌跡、中央政府相關機關的動作，柯文哲要小心的是執政黨能幽微影響辦案機關，郝龍斌與柯文哲的口水戰不會是民眾黨的主戰場，真正的關卡在於羅織入罪進入檢察程序，再掀輿論大波。如何預判廉政署的策略、檢方的可能攻防，這不只是法律，而是戰略與戰術，這才是柯文哲的生死關。

點名藍綠白未來領袖，當然不能只看一次民調，《菱傳媒》未來不但繼續進行「未來政治領袖調查」，對於各縣市以及內閣施政，都會有評比，以數字勾畫政治人物的浮沉表。

網路民調導讀
——搭建政治領袖與選民的公共橋樑

《菱傳媒》主筆　王家俊

　　《菱傳媒》針對縣市首長、立法委員、府院內閣成員、三黨主席等黨政人士四類、共100名政治人物進行「未來政治領袖聲望調查」，依據人選的性別、年齡及職務為基礎進行劃分、分群票選。系統性評估每位政治人物在其代表群體中的影響力和受歡迎程度。

　　第一大部分，分成四組。第一組縣市首長組共24人，調查「印象最好」、「施政績效」、「務實穩定展現影響力」、「未來發展」四項指標，列出四項指標中排名第一到第十名的縣市首長，並針對性別、年齡、政黨支持傾向進行交叉分析。由此觀察縣市首長的印象分數、施政績效、務實影響力、未來發展獲得民眾認可的程度，以及哪些民眾在哪個指標較支持哪些首長。

　　第二組立委組共35人，調查「整體印象」、「有力監督行政機關」、「立法院政策影響力」、「未來發展」四項指標，分別列出四項指標的前十名立委，並針對性別、年齡、居住區域、政黨支持傾向進行交叉分析。

　　第三組內閣組共31人，調查「印象最好」、「表現最值得期待」、「未來發展」三項指標，分別列出三項指標的前十名，並針對性別、年齡、居住區域、政黨支持傾向進行交叉分析。

第四組其他職務組、即三黨主席等黨政人士共10人，調查「印象最好」、「領導力」、「未來發展」三項指標，分別列出前十名，並針對性別、年齡、居住區域、政黨支持傾向進行交叉分析。

第二大部分，《菱傳媒》調查50歲以下政治人物共19人、50-59歲政治人物共32人、60歲以上政治人物共49人，依照年齡層分別列出「印象最好」、「領導力」、「未來發展」三項指標的前十名，並針對性別、年齡、居住區域、政黨支持傾向進行交叉分析。同時，調查62名男性政治人物、38名女性政治人物，針對「印象最好」、「領導力」、「未來發展」三項指標分別列出前十名，並針對性別、年齡、居住區域、政黨支持傾向進行交叉分析。

第三大部分，開放文字做答題組部分，調查前十大民眾認為最重要的政治領袖特質或面向，以及哪些政治人物具備詐騙防制、治安與社會安全網、都市發展、食安、環境能源等社會議題的能力以及排序，了解政治人物獲民眾肯定與「過去有施政實績」、「長期關注相關議題」、「善良正直、為民服務」、「邏輯清楚、反應快速、具專業形象」、「有魄力」等面向的關連。

這些調查設計的基本假設，參考過去民調的題目，再加上政治領導人應該具備的條件，搭建政治人物與選民的公共橋樑。當然，也希望不只是媒體專業上的觀察假設，還把民眾的想法也納入，開放表達意見，再根據這些看法，整理出政治人物的圖像。

網路民調導讀
——政壇三分天下　政治明星人氣重新洗牌

《菱傳媒》新聞主任　張麗娜

　　2024年總統及立委選舉1月13日落幕，總統大選由民進黨「賴蕭配」以558萬6019票、得票率40.05%，打敗國民黨「侯趙配」的467萬1021票、得票率33.49%及民眾黨「柯盈配」的369萬0466票、得票率26.46%。立委選舉結果國民黨拿下52席、民進黨51席、民眾黨8席、無黨籍2席，國會呈現三黨不過半情況，也確立政壇三分天下態勢。

　　隨著選舉結果出爐，政黨及政治人物行情也重新洗牌，為進一步了解民眾對檯面上政治人物的真實感受，《菱傳媒》於賴清德政府520上任後，展開前所未有的「未來政治領袖聲望大調查」，透過專業網路民調及分析，掌握最新民意對各政黨及政治人物的評價及觀察。

　　這項針對縣市首長、立法委員、府院內閣成員、三黨主席等黨政人士進行的「未來政治領袖聲望調查」分兩階段進行，第一階段根據政治新聞及長期觀察之專業經驗，列整政壇100位政治人物，再依據性別、年齡及職務進行分群票選，掌握民意對這100位政治人物在其代表群體中的影響力和受歡迎程度。

　　第二階段再從這100位政治人物中，選出前20大政治人物，透過10項指標進行調查及分析，完整呈現民眾對這20位政壇明星的好惡及

感受。

　　臺灣政黨政治運行多年，選民對政黨的好惡，也直接影響對其政黨所屬政治人物的觀感及評價。2024年5、6月這次民調針對選民政黨傾向及好感度進行調查，調查結果顯示，在政黨支持傾向部分，民進黨支持度以39.16%，大幅領先國民黨的17.25%及民眾黨的11.06%，另有選人不選黨／中立選民占24.95%，其餘包括台灣基進、時代力量、親民黨、新黨等小黨則占4.2%，不願回答者占3.38%。在好感度部分，民進黨整體好感度達51.09%，遠遠超越國民黨的23.02%，呈現主流民意向民進黨靠攏的態勢。

　　接下來在第二波的「20大未來政治領袖聲望調查」中，民進黨籍有11人入列，包含總統賴清德、副總統蕭美琴、行政院長卓榮泰、行政院副院長鄭麗君、高雄市長陳其邁、臺南市長黃偉哲、立委柯建銘、蘇巧慧、黃捷、王世堅及國安會副秘書長林飛帆；國民黨籍有7人進榜，分別為立法院長韓國瑜、立法院副院長江啟臣、黨主席朱立倫、臺北市長蔣萬安、新北市長侯友宜、桃園市長張善政、臺中市長盧秀燕；民眾黨籍則有黨主席柯文哲與立委黃國昌2人上榜。

　　民調也針對這20位未來政治領袖進行10項指標調查，包含「整體印象最好」、「看好未來表現」、「不信任或不喜歡」、「操守與品德」、「決斷力與溝通協調力」、「親和力和領導風範」、「從政績效與執行效率」、「專業能力和創新能力」、「務實穩定展現影響力」、「具有遠見與國際觀」，藉此了解他們在選民心中的態樣。

　　除了10項指標調查外，民調也針對受訪者性別、年齡、居住地、教育程度、政黨傾向、政治光譜、社經地位進行交叉分析，透過科學數據，可以清楚掌握各政治人物在各類選民心中的支持或厭惡程度，

也可觀察政治人物在所屬政黨中的排名順位。

　　各政黨在2024年選後都沒閒著，已展開2026縣市長選舉提名布局，潛在提名人選也陸續浮出檯面，緊接著還有2028總統及立委大選也將陸續登場。由於這些未來政治領袖對後續臺灣政治發展具有舉足輕重的地位，透過民調分析了解政治人物在選民心中的態樣有其必要。

20大政治領袖調查結果

Part 1

調查結果概覽│政黨傾向與政黨好感度

請問您目前比較傾向支持下列哪一個政黨？

	加權前	加權後
民進黨	39.82%	39.16%
國民黨	16.44%	17.25%
台灣民眾黨	11.50%	11.06%
選人不選黨/中立	24.86%	24.95%
台灣基進	1.95%	1.97%
時代力量	1.10%	1.14%
親民黨	0.31%	0.31%
新黨	0.13%	0.12%
其他政黨	0.63%	0.66%
不願意回答	3.27%	3.38%

整體而言，請問您對民進黨的好感度為？

	加權前	加權後
很有好感	30.36%	30.57%
有些好感	21.28%	20.52%
沒有意見	7.70%	7.73%
有些反感	8.23%	8.37%
很反感	32.43%	32.80%

整體而言，請問您對國民黨的好感度為？

	加權前	加權後
很有好感	8.30%	8.77%
有些好感	13.64%	14.25%
沒有意見	13.36%	13.57%
有些反感	17.03%	16.34%
很反感	47.67%	47.07%

調查結果概覽｜選民政治光譜及說明

選民的政治光譜分為兩個維度：對民進黨的好感度與對國民黨的好感度。每個維度都有五個等級。

G1 到 G9：這些代碼代表不同組合的政治光譜位置。

例如：

G5 表示對民進黨和國民黨都持中立態度。

G1 表示對國民黨有強烈好感，但對民進黨有強烈反感。

G9 表示對民進黨有強烈好感，但對國民黨有強烈反感。

		對民進黨				
		1. 很有好感	2. 有些好感	3. 沒有意見	4. 有些反感	5. 很反感
	1. 很有好感	G5	G4	G3	G2	G1
對國民黨	2. 有些好感	G6	G5	G4	G3	G2
	3. 沒有意見	G7	G6	G5	G4	G3
	4. 有些反感	G8	G7	G6	G5	G4
	5. 很反感	G9	G8	G7	G6	G5

政治光譜 G1 ~ G9

	加權前	加權後
G1	7.48%	7.91%
G2	10.72%	11.26%
G3	8.39%	8.28%
G4	8.55%	8.29%
G5	8.52%	8.89%
G6	4.81%	4.52%
G7	8.08%	7.76%
G8	16.37%	15.73%
G9	27.09%	27.35%

調查結果概覽 │ 主觀社經地位調查

請問您的族群為？

	加權前	加權後
本省閩南人	73.26%	72.45%
本省客家人	11.53%	12.33%
不清楚	7.17%	7.18%
大陸各省市人	5.41%	5.21%
原住民	2.20%	2.39%
新住民	0.44%	0.44%

在1到10分的社會地位尺度上，數字越大代表社會地位越高(1分最低，10分最高)，您認為您的社會地位相較其他人，約落在哪個位置？

	加權前	加權後
1	2.39%	2.59%
2	3.08%	3.43%
3	5.47%	5.83%
4	5.91%	6.08%
5	23.98%	23.55%
6	20.65%	20.53%
7	19.42%	19.21%
8	13.23%	12.80%
9	3.27%	3.30%
10	2.61%	2.68%

在1到10分的經濟地位尺度上，數字越大代表社會地位越高(1分最低，10分最高)，您認為您的經濟地位相較其他人，約落在哪個位置？

	加權前	加權後
1	2.99%	3.41%
2	4.43%	4.75%
3	7.79%	8.16%
4	8.01%	8.01%
5	24.54%	24.25%
6	20.71%	20.87%
7	17.35%	16.99%
8	9.24%	8.74%
9	2.61%	2.45%
10	2.33%	2.37%

調查結果概覽｜主觀社經地位說明

社經地位的交叉分析分為兩個維度：社會地位與經濟地位。
每個維度都有從1到10的自我評分，數字越大代表地位越高。以下是對不同組合社經地位的說明：

		加權前	加權後
普通社經地位：	社會地位和經濟地位自評分數都在5到6分之間。	33.38%	32.81%
社會地位偏低 / 經濟地位偏低：	社會地位和經濟地位自評分數皆低於5分，排除兩項皆為5分者。	22.47%	23.50%
社會地位偏低 / 經濟地位偏高：	社會地位自評分數低於5分，經濟地位自評分數高於5分，排除前項5分、後項6分者。	1.48%	1.58%
社會地位偏高 / 經濟地位偏低：	社會地位自評分數高於5分，經濟地位自評分數低於5分，排除前項6分、後項5分者。	5.22%	5.52%
社會地位偏高 / 經濟地位偏高：	社會地位和經濟地位自評分數皆高於5分，排除兩項皆為6分者。	37.46%	36.60%

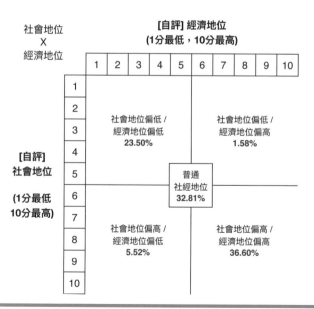

33

整體印象排序

排序	印象最好		
	姓名	加權前(%)	加權後(%)
1	賴清德	21.9	**22.5**
2	蕭美琴	16.3	**15.7**
3	韓國瑜	12.5	**13.0**
4	陳其邁	11.9	**11.1**
5	盧秀燕	8.8	**9.1**
6	柯文哲	7.7	**7.5**
7	黃國昌	5.1	**5.2**
8	蔣萬安	4.4	**4.5**
9	張善政	1.7	**1.6**
10	王世堅	1.4	**1.4**
	蘇巧慧	1.3	**1.3**
	黃捷	1.3	**1.3**
	鄭麗君	1.2	**1.2**
	江啟臣	1.1	**1.1**
	卓榮泰	0.9	**0.9**
	侯友宜	0.9	**0.9**
	柯建銘	0.5	**0.5**
	黃偉哲	0.4	**0.4**
	林飛帆	0.4	**0.4**
	朱立倫	0.3	**0.4**

前十選擇樣本涵蓋 **91.5**

未列前十

您對誰的整體印象最好？（Top1-10）

列總和 按比例排序	賴清德	蕭美琴	韓國瑜	陳其邁	盧秀燕	柯文哲	黃國昌	蔣萬安	張善政	王世堅
總和(加權)	22.5%	15.7%	13.0%	11.1%	9.0%	7.5%	5.2%	4.5%	1.6%	1.4%
性別										
女性	24.8%	18.2%	12.1%	12.5%	7.4%	6.9%	3.6%	3.8%	1.6%	1.3%
男性	20.0%	13.2%	13.3%	10.4%	10.7%	8.0%	6.7%	5.2%	1.6%	1.6%
年齡										
18-29歲	11.8%	14.6%	5.6%	11.5%	11.5%	12.3%	9.4%	3.8%	1.3%	4.2%
30-39歲	16.0%	18.6%	5.8%	9.2%	6.5%	14.0%	12.7%	2.5%	1.3%	2.0%
40-49歲	19.7%	22.4%	8.9%	15.4%	7.4%	10.8%	4.3%	3.3%	0.8%	0.5%
50-59歲	24.4%	15.2%	18.1%	12.3%	10.0%	3.8%	1.2%	6.0%	2.5%	1.0%
60歲以上	32.6%	10.7%	20.4%	8.5%	9.6%	1.6%	1.7%	5.9%	1.9%	0.4%
居住區域										
臺北市	24.9%	16.8%	9.0%	9.5%	7.4%	7.3%	5.8%	6.9%	0.7%	1.7%
新北市	22.5%	20.4%	8.9%	9.8%	6.5%	8.9%	4.5%	4.1%	1.4%	0.8%
桃園市	20.1%	16.7%	13.6%	8.0%	9.1%	5.7%	6.8%	3.8%	6.2%	2.6%
臺中市	24.3%	14.4%	10.0%	11.2%	17.5%	7.1%	4.8%	2.8%	0.5%	0.6%
臺南市	25.1%	12.7%	15.4%	8.7%	8.4%	6.8%	6.9%	4.7%	1.8%	1.3%
高雄市	17.0%	10.5%	15.8%	27.4%	8.0%	7.1%	3.6%	2.7%	0.5%	1.4%
非六都地區	23.2%	15.9%	15.8%	7.9%	8.2%	7.5%	5.1%	5.5%	1.4%	1.8%
政黨傾向										
民進黨	42.5%	25.9%	0.2%	20.3%	0.8%	0.1%	0.2%	0.1%	0.0%	0.9%
國民黨	0.0%	0.4%	47.0%	0.6%	23.3%	0.4%	0.6%	14.9%	5.3%	0.4%
台灣民眾黨	0.2%	1.4%	3.0%	1.3%	4.0%	52.8%	33.0%	1.4%	0.8%	1.0%
選人不選黨/ 中立	17.3%	14.8%	14.0%	9.4%	15.0%	5.3%	4.3%	5.9%	2.0%	2.8%
其他選擇	20.3%	21.6%	12.8%	7.5%	7.5%	3.3%	3.6%	3.9%	1.0%	2.1%

您對誰的整體印象最好？（Top11-20）

列總和 按比例排序	蘇巧慧	黃捷	鄭麗君	江啟臣	卓榮泰	侯友宜	柯建銘	黃偉哲	林飛帆	朱立倫
總和(加權)	1.3%	1.3%	1.2%	1.1%	0.9%	0.9%	0.5%	0.4%	0.4%	0.4%
性別										
女性	1.3%	0.9%	1.1%	0.4%	0.6%	1.2%	0.7%	0.8%	0.4%	0.3%
男性	1.4%	1.8%	1.3%	1.8%	1.2%	0.4%	0.3%	0.1%	0.5%	0.4%
年齡										
18-29歲	1.7%	2.3%	2.3%	2.7%	0.4%	1.0%	0.8%	1.6%	0.6%	0.7%
30-39歲	1.6%	2.5%	1.1%	1.3%	1.1%	1.2%	0.9%	0.7%	0.9%	0.1%
40-49歲	1.6%	0.5%	0.7%	0.6%	0.8%	2.0%	0.4%	0.1%	0.0%	0.0%
50-59歲	0.6%	1.1%	1.4%	0.6%	0.8%	0.6%	0.1%	0.0%	0.2%	0.2%
60歲以上	1.3%	0.9%	0.7%	0.8%	1.2%	0.1%	0.5%	0.1%	0.5%	0.7%
居住區域										
臺北市	1.1%	1.7%	0.8%	1.4%	0.8%	1.3%	0.7%	0.4%	1.4%	0.6%
新北市	3.9%	1.0%	1.7%	1.1%	1.3%	1.5%	0.7%	0.4%	0.0%	0.6%
桃園市	1.0%	1.6%	1.1%	1.1%	0.9%	0.0%	0.7%	0.4%	0.9%	0.0%
臺中市	0.8%	0.8%	1.6%	2.1%	0.7%	0.4%	0.3%	0.0%	0.3%	0.0%
臺南市	1.6%	0.5%	0.9%	0.9%	0.7%	0.3%	0.8%	1.9%	0.5%	0.0%
高雄市	0.0%	3.0%	1.1%	0.4%	0.6%	0.5%	0.0%	0.4%	0.0%	0.0%
非六都地區	0.9%	1.0%	1.0%	1.0%	1.0%	0.9%	0.6%	0.4%	0.4%	0.6%
政黨傾向										
民進黨	2.5%	1.8%	1.0%	0.0%	1.6%	0.0%	0.8%	0.7%	0.6%	0.0%
國民黨	0.1%	0.0%	0.0%	3.4%	0.0%	2.2%	0.0%	0.2%	0.0%	1.2%
台灣民眾黨	0.0%	0.0%	0.0%	0.4%	0.0%	0.4%	0.4%	0.0%	0.0%	0.2%
選人不選黨/ 中立	1.3%	1.3%	1.4%	1.7%	0.7%	1.4%	0.5%	0.3%	0.4%	0.6%
其他選擇	0.3%	3.7%	5.7%	0.9%	1.0%	1.3%	1.0%	0.8%	1.6%	0.0%

看好未來表現排序

排序	看好誰未來在台灣政壇的表現？		
	姓名	加權前(%)	加權後(%)
1	賴清德	16.1	**16.8**
2	陳其邁	17.2	**15.9**
3	蕭美琴	15.1	**14.6**
4	盧秀燕	10.9	**11.1**
5	韓國瑜	9.9	**10.3**
6	蔣萬安	7.2	**7.7**
7	黃國昌	6.3	**6.3**
8	柯文哲	5.9	**5.9**
9	蘇巧慧	1.9	**1.8**
10	黃捷	1.7	**1.7**
	卓榮泰	1.5	**1.5**
	江啟臣	1.3	**1.3**
	王世堅	1.1	**1.2**
	張善政	1.0	**1.0**
	林飛帆	1.0	**0.9**
	鄭麗君	0.7	**0.8**
	侯友宜	0.5	**0.5**
	柯建銘	0.3	**0.3**
	黃偉哲	0.3	**0.3**
	朱立倫	0.1	**0.1**

前十選擇樣本涵蓋 **92.0**

未列前十

您最看好誰未來在臺灣政壇的表現？（Top1-10）

列總和 按比例排序	賴清德	陳其邁	蕭美琴	盧秀燕	韓國瑜	蔣萬安	黃國昌	柯文哲	蘇巧慧	黃捷
總和(加權)	16.8%	15.9%	14.6%	11.1%	10.3%	7.7%	6.3%	5.9%	1.8%	1.7%
性別										
女性	18.7%	18.2%	15.5%	8.9%	9.9%	6.9%	4.9%	5.7%	1.8%	1.6%
男性	14.9%	14.2%	13.8%	13.3%	10.2%	8.2%	7.8%	5.8%	1.9%	1.8%
年齡										
18-29歲	9.7%	13.3%	12.4%	13.0%	5.8%	8.4%	11.2%	8.9%	2.9%	2.4%
30-39歲	11.5%	14.6%	15.6%	8.8%	5.2%	4.9%	14.5%	10.8%	2.3%	2.9%
40-49歲	12.0%	20.1%	20.8%	9.2%	6.3%	4.8%	6.8%	7.5%	2.4%	2.4%
50-59歲	18.1%	19.6%	13.7%	12.9%	14.1%	8.8%	1.5%	3.5%	1.3%	1.1%
60歲以上	25.8%	13.1%	11.7%	11.4%	15.7%	10.0%	1.7%	1.9%	0.9%	0.7%
居住區域										
臺北市	20.0%	14.5%	16.6%	10.0%	7.6%	8.4%	7.5%	5.7%	1.3%	1.2%
新北市	16.6%	15.7%	18.1%	8.6%	7.1%	6.8%	7.8%	5.6%	4.4%	1.5%
桃園市	16.1%	12.1%	14.6%	12.3%	11.8%	7.1%	6.4%	5.3%	1.9%	2.4%
臺中市	19.0%	15.5%	11.9%	18.2%	7.9%	5.8%	4.7%	6.7%	1.5%	1.4%
臺南市	18.5%	10.6%	16.4%	11.6%	10.6%	9.8%	7.9%	4.7%	1.4%	0.8%
高雄市	13.6%	29.7%	9.6%	9.7%	12.4%	5.4%	4.8%	5.3%	1.0%	2.5%
非六都地區	15.7%	14.3%	14.8%	10.0%	12.2%	9.1%	5.9%	6.0%	1.2%	2.0%
政黨傾向										
民進黨	32.1%	29.1%	23.5%	0.6%	0.3%	0.2%	0.1%	0.1%	3.6%	2.8%
國民黨	0.0%	0.3%	0.7%	27.7%	38.2%	24.0%	0.6%	0.2%	0.0%	0.2%
台灣民眾黨	0.2%	1.8%	0.8%	8.8%	3.1%	3.1%	41.5%	38.4%	0.0%	0.0%
選人不選黨/ 中立	13.3%	13.1%	14.1%	17.3%	10.5%	10.8%	5.3%	4.3%	1.2%	1.2%
其他選擇	11.6%	12.7%	21.6%	11.0%	7.8%	5.8%	2.9%	6.7%	1.9%	3.6%

您最看好誰未來在臺灣政壇的表現？（Top11-20）

列總和 按比例排序	卓榮泰	江啟臣	王世堅	張善政	林飛帆	鄭麗君	侯友宜	柯建銘	黃偉哲	朱立倫
總和(加權)	1.5%	1.3%	1.2%	1.0%	0.9%	0.8%	0.5%	0.3%	0.3%	0.1%
性別										
女性	1.9%	0.9%	1.2%	0.6%	1.0%	0.8%	0.7%	0.3%	0.4%	0.1%
男性	1.1%	1.7%	1.1%	1.2%	0.9%	0.9%	0.4%	0.3%	0.2%	0.1%
年齡										
18-29歲	1.6%	1.8%	2.4%	0.7%	1.3%	1.4%	0.7%	0.5%	1.0%	0.5%
30-39歲	2.4%	1.5%	1.4%	0.4%	1.5%	0.4%	0.6%	0.3%	0.2%	0.0%
40-49歲	1.0%	1.5%	1.4%	1.1%	0.7%	0.5%	0.9%	0.2%	0.4%	0.0%
50-59歲	1.1%	0.7%	0.6%	1.2%	0.7%	0.8%	0.2%	0.0%	0.0%	0.2%
60歲以上	1.6%	1.2%	0.6%	1.1%	0.7%	1.0%	0.3%	0.4%	0.2%	0.0%
居住區域										
臺北市	0.6%	1.3%	0.6%	0.2%	1.8%	0.6%	0.7%	0.4%	1.2%	0.0%
新北市	2.0%	1.0%	0.5%	0.2%	0.5%	1.4%	1.1%	0.6%	0.2%	0.4%
桃園市	1.2%	1.4%	1.9%	3.4%	0.5%	1.2%	0.2%	0.3%	0.0%	0.0%
臺中市	1.7%	2.2%	0.3%	0.4%	1.8%	0.7%	0.6%	0.0%	0.0%	0.0%
臺南市	2.0%	0.8%	0.9%	1.3%	0.5%	0.8%	0.3%	0.5%	0.7%	0.0%
高雄市	1.0%	0.9%	1.4%	0.4%	1.1%	0.8%	0.1%	0.0%	0.0%	0.4%
非六都地區	1.8%	1.5%	1.8%	1.4%	0.6%	0.6%	0.4%	0.3%	0.3%	0.0%
政黨傾向										
民進黨	2.7%	0.3%	1.0%	0.1%	1.8%	1.0%	0.0%	0.4%	0.3%	0.0%
國民黨	0.1%	3.2%	0.3%	3.0%	0.0%	0.0%	1.3%	0.0%	0.4%	0.0%
台灣民眾黨	0.0%	1.1%	0.4%	0.2%	0.0%	0.0%	0.3%	0.4%	0.0%	0.0%
選人不選黨/ 中立	1.3%	1.8%	2.0%	1.0%	0.3%	0.9%	0.8%	0.2%	0.2%	0.4%
其他選擇	1.6%	1.3%	2.5%	1.3%	1.8%	2.9%	1.1%	0.6%	1.2%	0.0%

不信任或不喜歡政治人物排序

排序	選出您不喜歡或不信任的政治人物？		
	姓名	加權前(%)	加權後(%)
1	黃國昌	28.8	28.0
2	賴清德	14.4	14.6
3	柯建銘	12.3	12.6
4	韓國瑜	11.4	11.7
5	柯文哲	11.4	11.5
6	黃捷	6.3	6.3
7	盧秀燕	2.8	2.5
8	林飛帆	2.6	2.4
9	朱立倫	2.0	2.0
10	陳其邁	1.7	1.7
	蔣萬安	1.4	1.5
	侯友宜	1.4	1.4
	卓榮泰	0.8	0.8
	蘇巧慧	0.7	0.7
	蕭美琴	0.6	0.6
	張善政	0.5	0.6
	王世堅	0.4	0.4
	黃偉哲	0.4	0.4
	江啟臣	0.3	0.2
	鄭麗君	0.1	0.2

前十選擇樣本涵蓋 **93.3**

未列前十

選出您不喜歡或不信任的政治人物？（Top1-10）

列總和 按比例排序	黃國昌	賴清德	柯建銘	韓國瑜	柯文哲	黃捷	盧秀燕	林飛帆	朱立倫	陳其邁
總和(加權)	28.0%	14.6%	12.6%	11.7%	11.5%	6.3%	2.5%	2.4%	2.0%	1.7%
性別										
女性	31.3%	14.0%	8.1%	14.0%	11.8%	6.0%	2.7%	1.8%	1.8%	1.4%
男性	25.1%	14.7%	17.0%	9.4%	11.4%	6.5%	2.4%	3.1%	2.3%	1.9%
年齡										
18-29歲	24.7%	10.2%	18.2%	12.0%	8.2%	5.9%	1.7%	3.5%	3.3%	0.8%
30-39歲	26.4%	12.4%	17.7%	10.5%	10.4%	7.3%	2.4%	2.6%	2.5%	0.4%
40-49歲	34.6%	13.4%	10.4%	11.5%	11.8%	6.0%	2.2%	2.8%	1.7%	1.5%
50-59歲	28.9%	18.1%	8.7%	10.4%	10.5%	6.3%	3.3%	2.3%	2.1%	3.4%
60歲以上	25.8%	17.1%	10.5%	13.2%	14.3%	6.1%	2.7%	1.5%	1.1%	2.0%
居住區域										
臺北市	28.8%	14.4%	12.3%	10.2%	15.1%	4.7%	2.2%	2.7%	2.1%	1.6%
新北市	34.1%	13.6%	8.6%	9.9%	11.1%	6.5%	2.3%	2.4%	2.1%	0.6%
桃園市	25.2%	16.9%	12.8%	13.3%	9.5%	6.2%	1.0%	2.6%	3.1%	1.1%
臺中市	25.9%	12.4%	13.6%	9.2%	11.5%	5.9%	8.7%	2.9%	2.7%	0.8%
臺南市	25.6%	17.5%	12.7%	12.6%	9.2%	5.8%	2.0%	3.9%	0.4%	3.2%
高雄市	26.9%	10.7%	13.1%	16.9%	12.8%	8.8%	1.4%	2.4%	2.0%	2.1%
非六都地區	27.9%	15.7%	14.2%	11.6%	11.1%	5.9%	1.3%	1.7%	1.7%	2.1%
政黨傾向										
民進黨	48.8%	0.5%	0.4%	18.8%	19.2%	0.2%	4.6%	0.2%	2.2%	0.1%
國民黨	3.0%	40.1%	20.5%	0.5%	5.9%	13.5%	0.0%	5.3%	0.7%	4.2%
台灣民眾黨	1.3%	21.7%	45.2%	1.5%	1.1%	13.7%	0.7%	3.1%	2.1%	1.2%
選人不選黨/ 中立	23.6%	16.9%	12.7%	12.7%	7.9%	7.9%	2.0%	3.8%	2.5%	2.3%
其他選擇	30.7%	11.9%	9.7%	12.7%	11.0%	5.1%	1.9%	2.0%	2.0%	2.9%

選出您不喜歡或不信任的政治人物？（Top11-20）

列總和 按比例排序	蔣萬安	侯友宜	卓榮泰	蘇巧慧	蕭美琴	張善政	王世堅	黃偉哲	江啟臣	鄭麗君
總和(加權)	1.5%	1.4%	0.8%	0.7%	0.6%	0.5%	0.4%	0.4%	0.2%	0.2%
性別										
女性	1.8%	1.7%	0.4%	0.5%	0.9%	0.6%	0.6%	0.4%	0.3%	0.0%
男性	1.3%	1.0%	1.2%	1.0%	0.4%	0.5%	0.3%	0.3%	0.2%	0.3%
年齡										
18-29歲	2.6%	1.6%	1.4%	1.4%	1.0%	1.1%	0.9%	0.8%	0.0%	0.8%
30-39歲	0.8%	1.4%	1.3%	0.8%	0.6%	1.0%	0.3%	0.8%	0.6%	0.0%
40-49歲	1.2%	1.1%	0.4%	0.1%	0.3%	0.4%	0.0%	0.3%	0.3%	0.0%
50-59歲	1.5%	2.1%	0.5%	0.5%	0.5%	0.0%	0.5%	0.3%	0.2%	0.0%
60歲以上	1.4%	1.0%	0.7%	0.8%	0.7%	0.5%	0.5%	0.0%	0.1%	0.2%
居住區域										
臺北市	2.6%	0.9%	0.2%	0.8%	0.7%	0.5%	0.3%	0.0%	0.2%	0.0%
新北市	1.8%	2.1%	0.6%	1.2%	1.0%	0.8%	1.0%	0.4%	0.0%	0.0%
桃園市	1.1%	1.1%	1.3%	1.3%	1.3%	1.8%	0.0%	0.0%	0.0%	0.4%
臺中市	1.6%	1.4%	0.6%	0.5%	0.3%	0.0%	0.9%	0.2%	0.9%	0.0%
臺南市	0.3%	1.5%	0.8%	0.4%	0.6%	0.3%	0.3%	2.1%	0.8%	0.0%
高雄市	0.8%	0.6%	0.5%	0.2%	0.8%	0.0%	0.0%	0.0%	0.3%	0.0%
非六都地區	1.6%	1.6%	1.2%	0.7%	0.3%	0.6%	0.3%	0.3%	0.0%	0.4%
政黨傾向										
民進黨	1.7%	1.4%	0.1%	0.4%	0.0%	0.9%	0.3%	0.1%	0.3%	0.0%
國民黨	0.2%	0.9%	1.8%	0.9%	1.5%	0.0%	0.6%	0.1%	0.0%	0.5%
台灣民眾黨	1.9%	2.1%	2.2%	0.8%	0.5%	0.0%	0.0%	0.3%	0.0%	0.8%
選人不選黨/ 中立	1.8%	1.5%	0.5%	0.6%	1.0%	0.5%	0.9%	0.6%	0.3%	0.0%
其他選擇	1.5%	1.0%	0.9%	2.5%	0.5%	1.1%	0.3%	1.6%	0.7%	0.0%

交叉分析：整體印象較好Top 10×不喜歡或 不信任Top 10

整體印象 最好 前十名	不喜歡或不信任的政治人物 前十名 (列總和)									
	黃國昌	賴清德	柯建銘	韓國瑜	柯文哲	黃捷	盧秀燕	林飛帆	朱立倫	陳其邁
賴清德	48.65%	0.67%	0.14%	22.65%	17.74%	0.55%	4.57%		1.37%	
蕭美琴	51.59%	0.32%	0.56%	15.38%	18.71%	0.27%	4.32%	0.20%	3.17%	
韓國瑜	1.56%	48.65%	17.72%	0.47%	1.79%	13.16%	0.39%	4.58%		5.47%
陳其邁	44.72%	1.55%	2.02%	18.99%	16.97%	0.62%	4.67%		2.78%	0.26%
盧秀燕	2.79%	33.23%	21.60%	2.09%	4.51%	17.01%	0.43%	5.63%	2.86%	2.39%
柯文哲	1.04%	25.02%	38.80%	4.46%	2.51%	9.69%		4.01%	4.23%	1.44%
黃國昌		16.84%	55.85%		1.00%	13.02%		3.33%	1.01%	0.31%
蔣萬安	4.72%	20.53%	20.48%	3.21%	12.13%	13.37%	0.72%	5.50%		8.90%
張善政	2.57%	32.15%	26.91%		6.21%	19.63%		3.04%	1.66%	1.43%
王世堅	22.70%	3.14%	13.99%	16.41%	9.51%	6.26%		9.44%	11.65%	

備註：深黑底 ≥ 50%；淺黑底 ≥ 40%；網格底 ≥ 30%；斜線底 ≥ 20%；
深灰底 ≥ 10%；淺灰底 ≥ 5%；點陣底 ≥ 2.5%；白底 > 0%。
以第一列為例，對賴清德印象最好的受訪者，在「不喜歡或不信任的政治人物」一題中，
有48.65%選擇黃國昌，22.65%選擇韓國瑜，17.74%選擇柯文哲。

交叉分析：整體印象較好×不喜歡或不信任完整 名單

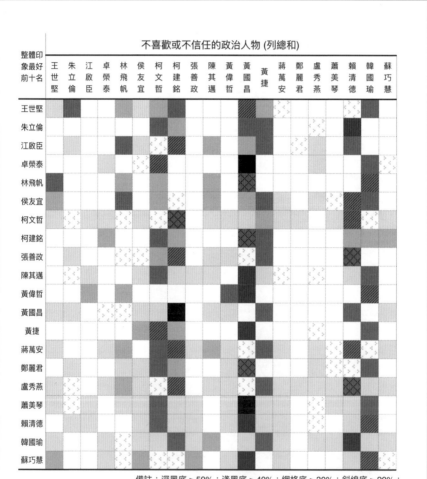

備註：深黑底 ≥50%；淺黑底 ≥40%；網格底 ≥30%；斜線底 ≥20%；
深灰底 ≥10%；淺灰底 ≥5%；點陣底 ≥2.5%；白灰底 > 0%。
以第一列為例，對王世堅印象最好的受訪者，在「不喜歡或不信任的政治人物」一題中，
選擇黃國昌的比例超過20%，選擇朱立倫、柯建銘、韓國瑜的比例都超過10%。

操守與品德排序

排序	請問您認為誰的操守與品德最好？		
	姓名	加權前(%)	**加權後(%)**
1	賴清德	28.9	**29.0**
2	蕭美琴	14.7	**14.3**
3	韓國瑜	10.7	**11.4**
4	盧秀燕	8.1	**8.2**
5	柯文哲	8.1	**7.8**
6	蔣萬安	5.2	**5.5**
7	陳其邁	5.6	**5.2**
8	黃國昌	4.2	**4.2**
9	張善政	3.4	**3.1**
10	侯友宜	2.2	**2.3**
	鄭麗君	2.0	**2.0**
	王世堅	1.7	**1.8**
	蘇巧慧	1.3	**1.3**
	卓榮泰	1.1	**1.1**
	江啟臣	1.0	**1.0**
	黃捷	0.9	**0.9**
	柯建銘	0.4	**0.4**
	林飛帆	0.4	**0.3**
	黃偉哲	0.2	**0.2**
	朱立倫	0.2	**0.2**

前十選擇樣本涵蓋 **90.8**

未列前十

請問您認為誰的操守與品德最好？（Top1-10）

列總和 按比例排序	賴清德	蕭美琴	韓國瑜	盧秀燕	柯文哲	蔣萬安	陳其邁	黃國昌	張善政	侯友宜
總和(加權)	29.0%	14.2%	11.4%	8.2%	7.8%	5.5%	5.2%	4.2%	3.1%	2.3%
性別										
女性	33.1%	15.6%	10.8%	6.8%	7.2%	4.2%	5.8%	2.7%	2.7%	2.8%
男性	25.3%	13.0%	11.4%	9.4%	8.3%	6.6%	4.7%	5.6%	3.9%	1.4%
年齡										
18-29歲	14.8%	15.6%	5.7%	9.5%	10.5%	4.3%	5.9%	8.3%	2.9%	2.5%
30-39歲	20.5%	17.8%	5.7%	5.7%	15.4%	3.7%	5.0%	9.5%	2.2%	2.2%
40-49歲	30.7%	19.2%	6.9%	7.0%	11.8%	3.7%	5.6%	3.7%	2.4%	1.9%
50-59歲	30.8%	14.4%	13.9%	10.9%	3.9%	7.0%	5.1%	1.2%	4.2%	2.7%
60歲以上	39.0%	8.3%	18.9%	7.8%	2.0%	7.2%	4.8%	1.1%	3.6%	2.2%
居住區域										
臺北市	30.7%	14.1%	6.9%	6.2%	8.2%	7.3%	4.5%	4.2%	5.2%	2.3%
新北市	31.5%	15.7%	7.5%	5.8%	9.6%	3.7%	5.5%	3.6%	3.8%	3.8%
桃園市	25.4%	15.9%	12.6%	8.2%	6.5%	5.1%	4.4%	3.9%	8.0%	0.9%
臺中市	33.2%	13.1%	6.9%	15.2%	8.0%	5.9%	2.3%	3.6%	2.0%	0.4%
臺南市	29.8%	11.2%	13.3%	8.0%	5.9%	5.6%	3.8%	6.9%	1.8%	2.4%
高雄市	28.2%	12.2%	14.8%	8.0%	7.5%	2.3%	12.7%	3.6%	1.6%	0.9%
非六都地區	26.9%	15.5%	14.5%	7.2%	7.2%	6.7%	4.1%	4.3%	2.1%	2.8%
政黨傾向										
民進黨	54.4%	23.4%	0.4%	0.6%	0.4%	0.3%	9.9%	0.1%	0.2%	0.1%
國民黨	0.4%	0.5%	41.4%	20.6%	0.9%	16.2%	0.3%	0.4%	10.0%	5.3%
台灣民眾黨	0.9%	1.2%	2.1%	3.9%	54.2%	3.8%	0.6%	27.3%	1.3%	1.0%
選人不選黨/ 中立	23.3%	14.2%	12.4%	13.4%	4.0%	7.4%	3.5%	3.6%	3.9%	3.2%
其他選擇	22.6%	17.5%	9.4%	8.0%	6.6%	3.4%	4.7%	1.8%	2.7%	5.4%

請問您認為誰的操守與品德最好？（Top11-20）

列總和 按比例排序	鄭麗君	王世堅	蘇巧慧	卓榮泰	江啟臣	黃捷	柯建銘	林飛帆	黃偉哲	朱立倫
總和(加權)	2.0%	1.8%	1.3%	1.1%	1.0%	0.9%	0.4%	0.3%	0.2%	0.2%
性別										
女性	1.6%	1.8%	1.4%	1.1%	0.7%	0.6%	0.5%	0.0%	0.2%	0.3%
男性	2.3%	1.8%	1.3%	1.1%	1.4%	1.3%	0.3%	0.6%	0.2%	0.1%
年齡										
18-29歲	3.2%	5.7%	2.5%	1.3%	2.8%	1.4%	0.9%	0.9%	0.4%	0.8%
30-39歲	2.6%	1.5%	2.2%	1.9%	1.1%	1.4%	0.7%	0.4%	0.2%	0.1%
40-49歲	1.7%	1.5%	1.3%	0.5%	0.6%	0.7%	0.2%	0.2%	0.3%	0.2%
50-59歲	1.8%	0.7%	0.4%	0.9%	1.1%	0.7%	0.1%	0.2%	0.0%	0.0%
60歲以上	1.2%	0.7%	0.7%	1.0%	0.3%	0.7%	0.3%	0.1%	0.1%	0.0%
居住區域										
臺北市	1.8%	2.0%	1.8%	1.7%	0.8%	1.0%	0.2%	0.7%	0.0%	0.4%
新北市	2.3%	1.2%	2.3%	0.8%	0.7%	0.8%	0.2%	0.7%	0.0%	0.2%
桃園市	1.4%	2.4%	1.1%	1.5%	0.7%	1.0%	0.8%	0.4%	0.0%	0.0%
臺中市	1.9%	2.2%	1.4%	1.2%	1.9%	0.4%	0.6%	0.0%	0.0%	0.0%
臺南市	2.1%	1.3%	1.0%	0.8%	1.2%	2.3%	1.5%	0.0%	0.7%	0.5%
高雄市	1.4%	1.6%	0.2%	1.4%	0.9%	1.0%	0.0%	0.2%	0.9%	0.6%
非六都地區	2.2%	1.9%	1.2%	0.7%	1.1%	0.8%	0.3%	0.2%	0.1%	0.0%
政黨傾向										
民進黨	2.5%	0.9%	2.4%	1.7%	0.1%	1.3%	0.7%	0.4%	0.2%	0.0%
國民黨	0.3%	0.3%	0.2%	0.3%	2.2%	0.1%	0.0%	0.0%	0.1%	0.4%
台灣民眾黨	0.0%	2.1%	0.0%	0.0%	0.4%	0.6%	0.4%	0.0%	0.0%	0.2%
選人不選黨/ 中立	1.9%	3.2%	0.7%	1.5%	1.9%	0.8%	0.2%	0.3%	0.2%	0.4%
其他選擇	6.2%	4.5%	1.6%	0.3%	1.1%	1.8%	1.1%	1.0%	0.4%	0.0%

決斷力與溝通協調力排序

排序	請問您認為誰最具有決斷力與溝通協調力？		
	姓名	加權前(%)	加權後(%)
1	賴清德	17.9	**18.6**
2	韓國瑜	17.3	**17.8**
3	蕭美琴	14.1	**13.8**
4	陳其邁	12.3	**11.1**
5	盧秀燕	10.6	**10.7**
6	卓榮泰	6.9	**6.7**
7	柯文哲	5.8	**5.8**
8	黃國昌	3.6	**3.5**
9	蔣萬安	2.6	**2.7**
10	柯建銘	2.4	**2.4**
	張善政	1.3	**1.2**
	王世堅	1.0	**1.1**
	蘇巧慧	0.9	**0.9**
	鄭麗君	0.8	**0.8**
	侯友宜	0.7	**0.7**
	江啟臣	0.7	**0.7**
	黃捷	0.4	**0.4**
	林飛帆	0.4	**0.4**
	朱立倫	0.3	**0.3**
	黃偉哲	0.2	**0.3**

前十選擇樣本涵蓋 **93.2**

未列前十

請問您認為誰最具有決斷力與溝通協調力？（Top1-10）

列總和 按比例排序	賴清德	韓國瑜	蕭美琴	陳其邁	盧秀燕	卓榮泰	柯文哲	黃國昌	蔣萬安	柯建銘
總和(加權)	18.6%	17.8%	13.8%	11.1%	10.7%	6.7%	5.8%	3.5%	2.7%	2.4%
性別										
女性	20.2%	16.0%	15.4%	12.7%	8.7%	7.2%	5.1%	3.1%	2.5%	2.8%
男性	16.8%	19.0%	12.3%	10.1%	12.8%	6.4%	6.2%	3.9%	3.0%	2.1%
年齡										
18-29歲	10.6%	13.6%	14.0%	9.2%	14.8%	4.7%	8.9%	5.6%	3.6%	4.5%
30-39歲	13.9%	12.2%	14.8%	11.8%	9.9%	5.6%	11.5%	7.7%	1.4%	3.6%
40-49歲	18.6%	11.2%	18.2%	14.5%	9.4%	5.3%	7.9%	4.5%	1.2%	2.0%
50-59歲	17.5%	22.1%	13.3%	13.3%	12.3%	7.9%	2.4%	1.3%	3.5%	0.9%
60歲以上	26.1%	24.9%	10.7%	8.2%	8.9%	8.6%	1.6%	0.9%	3.5%	1.8%
居住區域										
臺北市	20.4%	14.2%	15.7%	11.0%	10.1%	5.8%	5.1%	3.5%	3.8%	3.9%
新北市	19.1%	13.8%	16.9%	11.6%	8.1%	7.1%	6.0%	4.7%	2.8%	1.2%
桃園市	17.0%	21.6%	13.8%	9.9%	11.4%	4.8%	5.3%	2.4%	1.6%	3.4%
臺中市	17.3%	14.8%	13.7%	9.1%	17.5%	8.2%	6.4%	1.7%	2.4%	2.3%
臺南市	21.6%	19.5%	12.0%	7.6%	12.7%	7.2%	4.4%	4.4%	2.3%	3.3%
高雄市	15.0%	19.6%	9.6%	23.4%	8.1%	7.4%	5.5%	3.2%	1.6%	2.4%
非六都地區	19.1%	19.9%	13.9%	8.1%	9.9%	6.8%	5.9%	3.8%	3.5%	2.2%
政黨傾向										
民進黨	33.6%	0.8%	23.2%	19.0%	0.9%	12.4%	0.2%	0.0%	0.0%	4.3%
國民黨	0.5%	57.7%	0.5%	0.4%	22.7%	0.5%	1.4%	0.5%	7.2%	0.1%
台灣民眾黨	1.2%	13.3%	2.0%	0.9%	13.3%	0.2%	37.7%	25.7%	1.6%	0.0%
選人不選黨/ 中立	15.4%	20.4%	12.2%	11.1%	16.9%	4.8%	4.2%	1.9%	4.5%	1.4%
其他選擇	18.3%	13.4%	18.5%	8.9%	10.1%	7.3%	3.1%	1.6%	2.4%	4.4%

請問您認為誰最具有決斷力與溝通協調力？（Top11-20）

列總和 按比例排序	張善政	王世堅	蘇巧慧	鄭麗君	侯友宜	江啟臣	黃捷	林飛帆	朱立倫	黃偉哲
總和(加權)	1.2%	1.1%	0.9%	0.8%	0.7%	0.7%	0.4%	0.4%	0.3%	0.3%
性別										
女性	0.8%	1.1%	0.9%	0.7%	0.8%	0.5%	0.4%	0.5%	0.2%	0.3%
男性	1.8%	1.0%	1.0%	0.8%	0.6%	1.0%	0.5%	0.3%	0.3%	0.2%
年齡										
18-29歲	0.9%	2.9%	1.9%	1.1%	0.4%	0.6%	0.9%	0.6%	0.6%	0.6%
30-39歲	1.2%	1.6%	0.9%	1.0%	1.1%	0.7%	0.2%	0.8%	0.1%	0.1%
40-49歲	1.1%	1.4%	0.9%	0.8%	1.0%	1.1%	0.1%	0.5%	0.2%	0.1%
50-59歲	1.7%	0.5%	0.6%	1.2%	0.4%	0.5%	0.3%	0.0%	0.3%	0.0%
60歲以上	1.2%	0.2%	0.5%	0.1%	0.8%	0.6%	0.5%	0.3%	0.2%	0.4%
居住區域										
臺北市	1.9%	0.8%	0.5%	0.4%	0.7%	1.4%	0.2%	0.2%	0.2%	0.0%
新北市	0.8%	1.2%	2.5%	1.0%	1.2%	0.6%	1.0%	0.0%	0.5%	0.0%
桃園市	4.1%	1.4%	1.2%	0.4%	0.0%	0.3%	0.0%	1.1%	0.0%	0.4%
臺中市	0.5%	0.7%	0.8%	1.3%	0.5%	1.6%	0.2%	0.4%	0.7%	0.0%
臺南市	1.3%	0.4%	0.0%	0.6%	0.9%	0.0%	0.5%	0.4%	0.0%	0.9%
高雄市	1.0%	1.0%	0.6%	0.3%	0.3%	0.6%	0.3%	0.2%	0.0%	0.0%
非六都地區	0.7%	1.4%	0.7%	0.9%	0.9%	0.5%	0.4%	0.6%	0.2%	0.6%
政黨傾向										
民進黨	0.2%	1.2%	1.6%	1.1%	0.0%	0.1%	0.5%	0.7%	0.1%	0.3%
國民黨	3.9%	0.3%	0.3%	0.0%	1.7%	1.4%	0.0%	0.0%	0.9%	0.0%
台灣民眾黨	1.3%	0.5%	0.0%	0.2%	0.8%	1.2%	0.4%	0.0%	0.0%	0.0%
選人不選黨/ 中立	1.0%	1.5%	0.7%	0.8%	1.1%	0.9%	0.1%	0.3%	0.3%	0.7%
其他選擇	1.4%	3.0%	1.1%	1.2%	1.1%	1.0%	2.0%	1.0%	0.3%	0.0%

親和力和領導風範排序

排序	請問您認為誰的親和力和領導風範最好？		
	姓名	加權前(%)	加權後(%)
1	賴清德	22.2	22.9
2	韓國瑜	14.9	15.3
3	蕭美琴	14.4	13.8
4	盧秀燕	13.7	13.7
5	陳其邁	13.1	12.2
6	柯文哲	7.5	7.7
7	蔣萬安	3.7	4.1
8	卓榮泰	2.0	1.9
9	黃國昌	1.2	1.2
10	張善政	1.2	1.2
	侯友宜	1.0	1.1
	蘇巧慧	1.0	0.9
	黃捷	0.8	0.7
	鄭麗君	0.7	0.7
	王世堅	0.7	0.6
	江啟臣	0.5	0.5
	黃偉哲	0.4	0.4
	柯建銘	0.3	0.4
	林飛帆	0.3	0.3
	朱立倫	0.3	0.3

前十選擇樣本涵蓋 **94.0**

未列前十

請問您認為誰的親和力和領導風範最好？（Top1-10）

列總和 按比例排序	賴清德	韓國瑜	蕭美琴	盧秀燕	陳其邁	柯文哲	蔣萬安	卓榮泰	黃國昌	張善政
總和(加權)	22.9%	15.3%	13.8%	13.7%	12.2%	7.6%	4.1%	1.9%	1.2%	1.2%
性別										
女性	25.4%	14.4%	15.8%	11.1%	14.3%	5.8%	4.1%	1.8%	1.1%	0.8%
男性	20.6%	15.9%	12.4%	16.2%	10.1%	9.3%	4.0%	2.2%	1.2%	1.5%
年齡										
18-29歲	18.3%	13.9%	9.4%	12.5%	12.0%	14.1%	6.0%	1.4%	1.9%	0.9%
30-39歲	17.2%	10.8%	14.6%	12.2%	13.2%	15.2%	2.4%	2.0%	2.3%	1.1%
40-49歲	22.8%	10.0%	16.1%	12.1%	16.5%	8.9%	3.2%	1.9%	1.6%	0.8%
50-59歲	20.8%	18.8%	15.0%	16.3%	14.2%	3.5%	3.6%	1.9%	0.5%	2.1%
60歲以上	29.8%	20.0%	13.7%	14.7%	7.7%	1.8%	4.9%	2.2%	0.3%	1.0%
居住區域										
臺北市	26.1%	13.1%	16.3%	11.6%	10.3%	6.8%	6.4%	2.3%	1.6%	0.6%
新北市	22.9%	12.0%	15.9%	11.7%	14.5%	7.7%	3.8%	1.7%	1.2%	0.1%
桃園市	21.3%	19.1%	15.2%	12.2%	8.4%	7.6%	4.8%	2.0%	0.7%	3.2%
臺中市	24.7%	10.4%	12.3%	20.6%	10.8%	8.5%	4.0%	2.9%	0.5%	0.2%
臺南市	21.6%	16.9%	14.1%	16.5%	10.2%	7.9%	1.8%	1.4%	1.6%	1.0%
高雄市	20.7%	17.0%	12.3%	12.4%	19.2%	6.9%	1.9%	2.3%	1.0%	1.2%
非六都地區	23.0%	17.5%	13.3%	13.0%	10.8%	7.4%	4.5%	1.7%	1.3%	1.7%
政黨傾向										
民進黨	41.8%	0.5%	24.3%	1.7%	22.2%	0.4%	0.2%	3.4%	0.0%	0.0%
國民黨	0.1%	50.5%	0.9%	29.7%	0.3%	0.0%	11.0%	0.1%	0.2%	2.8%
台灣民眾黨	0.8%	11.6%	1.8%	12.9%	1.9%	54.3%	3.2%	0.0%	9.0%	1.1%
選人不選黨/ 中立	20.1%	16.2%	11.4%	22.3%	8.7%	4.2%	6.3%	2.0%	0.4%	1.6%
其他選擇	19.1%	14.5%	14.8%	12.6%	13.7%	5.5%	2.8%	1.1%	0.8%	1.9%

請問您認為誰的親和力和領導風範最好？（Top11-20）

列總和 按比例排序	侯友宜	蘇巧慧	黃捷	鄭麗君	王世堅	江啟臣	黃偉哲	柯建銘	林飛帆	朱立倫
總和(加權)	1.1%	0.9%	0.7%	0.7%	0.6%	0.5%	0.4%	0.4%	0.3%	0.3%
性別										
女性	1.4%	0.8%	0.7%	0.4%	0.2%	0.4%	0.5%	0.4%	0.3%	0.3%
男性	0.8%	1.1%	0.8%	1.0%	1.0%	0.6%	0.4%	0.3%	0.4%	0.3%
年齡										
18-29歲	2.5%	1.6%	1.5%	0.3%	0.3%	0.9%	0.4%	0.9%	0.7%	0.6%
30-39歲	1.0%	1.3%	1.1%	1.4%	1.3%	0.6%	0.6%	0.4%	1.0%	0.5%
40-49歲	1.2%	1.3%	0.7%	0.4%	1.1%	0.9%	0.5%	0.1%	0.2%	0.0%
50-59歲	0.7%	0.5%	0.4%	0.7%	0.4%	0.1%	0.3%	0.1%	0.0%	0.2%
60歲以上	0.7%	0.5%	0.4%	0.7%	0.3%	0.3%	0.5%	0.3%	0.1%	0.4%
居住區域										
臺北市	0.7%	0.5%	0.4%	0.9%	0.2%	0.6%	0.4%	0.4%	0.4%	0.4%
新北市	2.3%	2.3%	1.1%	0.9%	0.5%	0.2%	0.2%	0.2%	0.3%	0.4%
桃園市	1.3%	0.4%	0.3%	0.3%	1.3%	0.0%	1.0%	0.7%	0.3%	0.0%
臺中市	0.6%	0.5%	0.6%	0.0%	0.7%	2.1%	0.0%	0.3%	0.3%	0.0%
臺南市	2.3%	0.5%	1.6%	0.8%	0.0%	0.0%	1.0%	1.0%	0.0%	0.0%
高雄市	0.5%	0.8%	1.6%	0.9%	0.4%	0.2%	0.5%	0.0%	0.0%	0.0%
非六都地區	0.6%	0.9%	0.3%	0.8%	0.9%	0.5%	0.4%	0.3%	0.4%	0.6%
政黨傾向										
民進黨	0.1%	1.6%	0.9%	0.5%	0.5%	0.0%	0.5%	0.6%	0.7%	0.0%
國民黨	2.2%	0.2%	0.0%	0.0%	0.3%	1.3%	0.0%	0.0%	0.0%	0.5%
台灣民眾黨	1.2%	0.0%	0.4%	0.0%	0.5%	1.1%	0.0%	0.0%	0.0%	0.3%
選人不選黨/ 中立	1.5%	1.0%	0.4%	0.7%	1.0%	0.7%	0.8%	0.1%	0.0%	0.7%
其他選擇	2.7%	0.3%	3.1%	3.9%	1.1%	0.0%	0.4%	1.4%	0.3%	0.4%

從政績效與執政效率排序

排序	請問您認為誰的從政績效與執政效率最好？		
	姓名	加權前(%)	加權後(%)
1	陳其邁	26.6	**24.9**
2	賴清德	21.7	**22.5**
3	盧秀燕	14.6	**15.3**
4	柯文哲	11.2	**11.3**
5	韓國瑜	6.9	**7.2**
6	蕭美琴	4.3	**4.3**
7	蔣萬安	3.1	**3.2**
8	張善政	2.6	**2.4**
9	侯友宜	2.4	**2.3**
10	黃國昌	1.9	**1.8**
	蘇巧慧	0.9	**0.9**
	王世堅	0.9	**0.8**
	朱立倫	0.5	**0.6**
	黃偉哲	0.5	**0.6**
	卓榮泰	0.6	**0.6**
	江啟臣	0.4	**0.5**
	黃捷	0.3	**0.3**
	柯建銘	0.3	**0.3**
	林飛帆	0.2	**0.2**
	鄭麗君	0.2	**0.2**

前十選擇樣本涵蓋 **95.1**

未列前十

請問您認為誰的從政績效與執政效率最好？（Top1-10）

列總和 按比例排序	陳其邁	賴清德	盧秀燕	柯文哲	韓國瑜	蕭美琴	蔣萬安	張善政	侯友宜	黃國昌
總和(加權)	24.9%	22.5%	15.3%	11.3%	7.2%	4.3%	3.2%	2.4%	2.3%	1.8%
性別										
女性	28.0%	24.2%	13.3%	9.3%	6.9%	4.9%	3.0%	1.8%	2.3%	1.2%
男性	22.2%	21.0%	17.1%	12.9%	7.1%	3.7%	3.4%	3.0%	2.1%	2.5%
年齡										
18-29歲	22.1%	14.9%	14.7%	20.1%	3.5%	3.0%	3.8%	2.3%	2.6%	4.0%
30-39歲	26.6%	16.1%	9.5%	23.3%	3.7%	4.8%	2.0%	2.2%	2.5%	3.5%
40-49歲	32.8%	19.7%	12.0%	14.0%	4.2%	5.7%	1.6%	2.1%	2.2%	2.0%
50-59歲	27.7%	21.8%	17.8%	4.1%	10.0%	4.2%	4.6%	3.2%	3.2%	0.4%
60歲以上	18.7%	32.4%	19.4%	2.6%	11.4%	3.8%	3.7%	2.2%	1.5%	0.5%
居住區域										
臺北市	23.0%	26.0%	14.3%	11.1%	3.9%	4.5%	5.1%	1.8%	2.2%	2.0%
新北市	28.0%	21.1%	11.0%	12.1%	4.7%	6.9%	2.6%	1.9%	4.6%	1.5%
桃園市	20.7%	20.9%	13.6%	9.3%	6.8%	4.5%	3.7%	9.5%	2.7%	2.3%
臺中市	22.9%	25.7%	23.8%	10.8%	4.6%	2.5%	1.8%	2.2%	0.4%	1.2%
臺南市	20.1%	26.5%	17.4%	9.9%	7.8%	2.9%	3.6%	1.5%	2.5%	3.3%
高雄市	38.6%	15.8%	12.6%	10.5%	11.7%	2.4%	2.2%	0.9%	1.2%	1.2%
非六都地區	22.0%	23.3%	15.5%	11.8%	8.8%	4.6%	3.6%	1.7%	1.8%	2.0%
政黨傾向										
民進黨	43.8%	40.8%	1.2%	0.4%	0.2%	7.2%	0.1%	0.4%	0.1%	0.2%
國民黨	1.3%	0.6%	43.2%	1.1%	27.9%	0.0%	9.0%	6.5%	6.4%	0.1%
台灣民眾黨	1.3%	0.5%	6.7%	73.7%	0.9%	0.8%	0.3%	2.0%	2.1%	10.2%
選人不選黨/ 中立	21.2%	17.9%	22.4%	9.0%	7.5%	4.3%	4.8%	2.8%	2.7%	1.7%
其他選擇	27.3%	25.1%	13.8%	7.2%	4.4%	3.8%	4.6%	2.3%	3.0%	2.3%

請問您認為誰的從政績效與執政效率最好？（Top11-20）

列總和 按比例排序	蘇巧慧	王世堅	朱立倫	黃偉哲	卓榮泰	江啟臣	黃捷	柯建銘	林飛帆	鄭麗君
總和(加權)	0.9%	0.8%	0.6%	0.6%	0.6%	0.5%	0.3%	0.3%	0.2%	0.2%
性別										
女性	0.5%	1.2%	0.6%	0.8%	0.6%	0.4%	0.3%	0.3%	0.3%	0.2%
男性	1.3%	0.5%	0.4%	0.5%	0.6%	0.6%	0.4%	0.3%	0.1%	0.2%
年齡										
18-29歲	1.0%	1.7%	1.2%	1.5%	0.5%	0.8%	0.7%	0.9%	0.7%	0.1%
30-39歲	1.1%	1.0%	0.1%	0.7%	0.9%	0.9%	0.5%	0.4%	0.2%	0.3%
40-49歲	1.0%	0.8%	0.3%	0.4%	0.3%	0.5%	0.2%	0.2%	0.0%	0.2%
50-59歲	0.9%	0.8%	0.5%	0.0%	0.4%	0.0%	0.1%	0.0%	0.1%	0.2%
60歲以上	0.6%	0.3%	0.8%	0.5%	0.8%	0.3%	0.3%	0.1%	0.2%	0.1%
居住區域										
臺北市	1.0%	0.7%	0.7%	0.9%	0.9%	0.4%	0.2%	0.4%	0.2%	0.7%
新北市	2.6%	0.6%	0.5%	0.6%	0.6%	0.0%	0.7%	0.2%	0.0%	0.0%
桃園市	1.5%	0.9%	0.4%	0.4%	0.6%	1.2%	0.0%	0.9%	0.0%	0.0%
臺中市	0.7%	0.9%	0.3%	0.0%	0.0%	0.9%	0.5%	0.6%	0.0%	0.3%
臺南市	0.5%	0.9%	0.0%	0.3%	0.3%	0.6%	0.8%	0.5%	0.3%	0.4%
高雄市	0.0%	0.5%	0.6%	0.9%	1.1%	0.0%	0.0%	0.0%	0.0%	0.0%
非六都地區	0.3%	1.1%	0.8%	0.8%	0.5%	0.6%	0.3%	0.0%	0.5%	0.1%
政黨傾向										
民進黨	1.7%	0.6%	0.0%	0.8%	0.8%	0.0%	0.4%	0.5%	0.3%	0.4%
國民黨	0.0%	0.2%	2.0%	0.4%	0.1%	1.3%	0.0%	0.0%	0.0%	0.0%
台灣民眾黨	0.0%	0.5%	0.2%	0.0%	0.0%	0.4%	0.4%	0.0%	0.2%	0.0%
選人不選黨/ 中立	0.7%	1.7%	0.9%	0.4%	0.8%	0.8%	0.2%	0.0%	0.1%	0.1%
其他選擇	0.4%	0.8%	0.2%	1.3%	0.7%	0.0%	1.0%	1.1%	0.7%	0.0%

專業能力和創新能力排序

排序	請問您認為誰的專業能力和創新能力最好？		
	姓名	加權前(%)	加權後(%)
1	陳其邁	20.7	19.3
2	賴清德	14.2	15.3
3	蕭美琴	11.5	10.8
4	韓國瑜	9.0	9.4
5	柯文哲	8.1	8.1
6	盧秀燕	7.5	7.5
7	黃國昌	6.0	5.8
8	蔣萬安	4.9	5.5
9	張善政	5.0	4.9
10	黃捷	2.0	2.1
	鄭麗君	2.2	2.0
	王世堅	1.7	1.8
	蘇巧慧	1.8	1.7
	林飛帆	1.3	1.4
	江啟臣	1.1	1.1
	卓榮泰	1.0	1.1
	侯友宜	0.7	0.7
	柯建銘	0.5	0.5
	黃偉哲	0.5	0.5
	朱立倫	0.4	0.4

前十選擇樣本涵蓋 **88.9**

未列前十

請問您認為誰的專業能力和創新能力最好？（Top1-10）

列總和 按比例排序	陳其邁	賴清德	蕭美琴	韓國瑜	柯文哲	盧秀燕	黃國昌	蔣萬安	張善政	黃捷
總和(加權)	19.3%	15.3%	10.8%	9.4%	8.1%	7.5%	5.8%	5.5%	4.9%	2.1%
性別										
女性	22.9%	16.4%	10.2%	8.8%	7.5%	7.1%	4.0%	5.1%	4.0%	2.6%
男性	16.1%	14.1%	11.8%	9.4%	8.4%	8.1%	7.7%	5.6%	6.0%	1.5%
年齡										
18-29歲	16.9%	7.2%	7.1%	4.1%	15.0%	7.6%	9.3%	6.7%	4.4%	4.3%
30-39歲	20.4%	6.7%	11.9%	4.4%	13.1%	4.5%	13.4%	3.9%	3.6%	3.1%
40-49歲	24.8%	13.6%	13.5%	5.5%	10.8%	6.4%	5.9%	2.8%	4.3%	2.1%
50-59歲	21.6%	14.2%	12.7%	12.4%	4.0%	10.2%	2.4%	5.9%	5.9%	1.9%
60歲以上	15.1%	26.1%	9.4%	15.6%	2.3%	8.2%	1.8%	7.3%	5.9%	0.6%
居住區域										
臺北市	18.4%	17.8%	13.7%	5.2%	7.3%	7.0%	6.2%	7.4%	5.1%	0.7%
新北市	20.3%	14.9%	13.4%	5.6%	9.2%	6.0%	6.1%	3.9%	4.1%	1.4%
桃園市	17.3%	13.2%	8.2%	10.3%	7.1%	7.3%	5.1%	4.3%	11.6%	2.6%
臺中市	19.7%	14.2%	10.4%	7.7%	7.4%	12.6%	5.6%	5.0%	4.4%	2.2%
臺南市	13.5%	17.6%	11.1%	12.5%	6.9%	9.1%	6.7%	6.4%	3.6%	3.1%
高雄市	32.0%	14.1%	6.8%	12.7%	8.1%	6.2%	3.3%	3.0%	3.6%	2.3%
非六都地區	16.0%	15.4%	11.4%	10.8%	8.2%	6.9%	6.7%	6.7%	4.5%	2.5%
政黨傾向										
民進黨	34.2%	28.1%	18.0%	0.4%	0.8%	0.5%	0.1%	0.2%	0.3%	3.7%
國民黨	0.8%	0.2%	0.2%	36.6%	1.1%	19.2%	2.2%	18.2%	14.8%	0.0%
台灣民眾黨	1.6%	0.0%	0.9%	1.7%	49.8%	3.8%	35.0%	1.5%	1.3%	0.3%
選人不選黨/ 中立	17.3%	12.5%	9.9%	8.6%	7.0%	12.4%	5.0%	7.4%	6.6%	2.0%
其他選擇	17.0%	15.3%	15.7%	7.6%	4.9%	6.9%	3.9%	4.0%	6.6%	1.9%

請問您認為誰的專業能力和創新能力最好？（Top11-20）

列總和 按比例排序	鄭麗君	王世堅	蘇巧慧	林飛帆	江啟臣	卓榮泰	侯友宜	柯建銘	黃偉哲	朱立倫
總和(加權)	2.0%	1.8%	1.7%	1.4%	1.1%	1.1%	0.7%	0.5%	0.5%	0.4%
性別										
女性	1.9%	1.9%	1.4%	1.4%	0.8%	1.5%	0.9%	0.6%	0.7%	0.2%
男性	2.3%	1.8%	2.0%	1.4%	1.4%	0.7%	0.5%	0.5%	0.3%	0.6%
年齡										
18-29歲	2.8%	3.2%	2.2%	2.2%	2.2%	1.3%	1.1%	0.7%	0.5%	1.2%
30-39歲	3.1%	2.4%	2.0%	2.3%	1.4%	1.9%	0.5%	0.2%	1.0%	0.2%
40-49歲	2.5%	1.8%	1.4%	0.9%	0.7%	0.3%	0.9%	0.5%	0.9%	0.3%
50-59歲	1.3%	1.3%	2.2%	1.5%	0.9%	0.6%	0.6%	0.2%	0.1%	0.3%
60歲以上	1.2%	1.2%	1.0%	0.8%	0.7%	1.2%	0.5%	0.8%	0.2%	0.2%
居住區域										
臺北市	3.0%	0.7%	1.6%	1.4%	1.0%	0.8%	1.1%	0.8%	0.7%	0.2%
新北市	3.0%	2.6%	4.4%	1.9%	0.8%	0.6%	1.0%	0.2%	0.0%	0.5%
桃園市	1.9%	2.4%	1.6%	2.9%	0.7%	1.0%	1.0%	0.9%	0.0%	0.4%
臺中市	3.1%	1.6%	1.0%	1.3%	1.7%	0.8%	0.0%	0.6%	0.2%	0.7%
臺南市	1.3%	1.0%	1.4%	0.8%	0.0%	1.8%	0.9%	1.2%	1.2%	0.0%
高雄市	0.6%	1.4%	0.7%	0.2%	1.4%	1.6%	0.3%	0.9%	0.3%	0.4%
非六都地區	1.6%	2.3%	1.0%	1.3%	1.4%	1.2%	0.6%	0.1%	1.0%	0.4%
政黨傾向										
民進黨	3.3%	1.4%	2.6%	2.7%	0.2%	2.2%	0.1%	0.7%	0.7%	0.0%
國民黨	0.0%	0.9%	0.0%	0.0%	2.8%	0.0%	2.2%	0.2%	0.1%	0.6%
台灣民眾黨	0.0%	1.4%	0.4%	0.0%	1.8%	0.0%	0.4%	0.0%	0.0%	0.2%
選人不選黨/ 中立	1.9%	2.6%	1.7%	0.9%	1.3%	0.3%	0.7%	0.4%	0.6%	1.0%
其他選擇	3.6%	4.6%	2.1%	1.4%	0.3%	1.7%	0.5%	1.5%	0.3%	0.3%

務實、穩定，能展現影響力排序

排序	請問您認為誰最務實、穩定，能展現影響力？		
	姓名	加權前(%)	加權後(%)
1	賴清德	30.6	30.6
2	韓國瑜	11.0	11.4
3	盧秀燕	11.2	11.1
4	陳其邁	11.1	10.2
5	柯文哲	9.8	9.6
6	蕭美琴	9.1	8.8
7	蔣萬安	3.2	3.5
8	黃國昌	2.6	2.6
9	張善政	2.4	2.5
10	卓榮泰	1.9	1.9
	侯友宜	1.8	1.9
	王世堅	1.0	1.1
	蘇巧慧	0.9	1.1
	江啟臣	0.8	0.9
	柯建銘	0.6	0.6
	鄭麗君	0.6	0.6
	黃偉哲	0.5	0.5
	朱立倫	0.4	0.3
	黃捷	0.4	0.3
	林飛帆	0.2	0.2

前十選擇樣本涵蓋 **92.5**

未列前十

請問您認為誰最務實、穩定，能展現影響力？（Top1-10）

列總和 按比例排序	賴清德	韓國瑜	盧秀燕	陳其邁	柯文哲	蕭美琴	蔣萬安	黃國昌	張善政	卓榮泰
總和(加權)	30.6%	11.4%	11.1%	10.2%	9.6%	8.8%	3.5%	2.6%	2.5%	1.9%
性別										
女性	34.4%	10.5%	9.7%	12.7%	8.1%	8.9%	2.7%	2.3%	2.0%	2.1%
男性	26.9%	12.1%	12.6%	8.2%	10.8%	9.0%	4.1%	3.0%	2.8%	1.9%
年齡										
18-29歲	22.8%	6.1%	10.3%	8.1%	14.8%	8.4%	4.4%	5.8%	1.8%	2.3%
30-39歲	25.5%	5.6%	9.0%	12.0%	20.5%	8.5%	1.7%	5.1%	1.7%	2.5%
40-49歲	35.0%	6.2%	10.5%	11.4%	13.1%	10.7%	1.8%	2.4%	1.2%	1.0%
50-59歲	30.9%	15.5%	13.8%	11.5%	3.6%	9.2%	4.6%	1.1%	3.3%	1.8%
60歲以上	34.7%	18.3%	11.5%	8.9%	2.3%	7.9%	4.5%	0.7%	3.7%	2.2%
居住區域										
臺北市	35.6%	9.6%	10.5%	10.3%	8.5%	8.5%	4.3%	2.5%	1.8%	2.2%
新北市	29.3%	7.8%	8.6%	10.9%	10.1%	11.5%	3.6%	3.2%	1.4%	2.6%
桃園市	25.4%	12.4%	11.9%	10.2%	8.5%	11.9%	3.0%	3.6%	6.7%	3.0%
臺中市	33.6%	8.3%	19.3%	7.0%	10.3%	7.1%	2.4%	1.1%	0.6%	1.6%
臺南市	31.6%	14.1%	12.0%	6.4%	8.8%	7.5%	4.1%	4.0%	2.2%	1.7%
高雄市	26.0%	15.1%	8.9%	21.2%	8.5%	7.2%	2.6%	2.3%	1.6%	2.9%
非六都地區	31.7%	12.8%	9.8%	7.9%	10.0%	8.8%	3.7%	2.6%	3.2%	1.0%
政黨傾向										
民進黨	56.2%	0.4%	0.5%	18.0%	0.3%	14.6%	0.1%	0.1%	0.4%	3.2%
國民黨	0.6%	41.8%	29.3%	0.3%	1.6%	0.2%	10.5%	0.1%	8.3%	0.1%
台灣民眾黨	2.2%	3.6%	6.6%	0.0%	63.8%	0.8%	1.8%	16.4%	0.2%	0.0%
選人不選黨/ 中立	24.1%	11.8%	17.9%	9.2%	7.2%	8.9%	4.9%	2.4%	2.6%	1.8%
其他選擇	29.9%	9.4%	8.9%	11.4%	5.3%	10.2%	3.5%	2.3%	3.6%	2.7%

請問您認為誰最務實、穩定,能展現影響力? (Top11-20)

列總和 按比例排序	侯友宜	王世堅	蘇巧慧	江啟臣	柯建銘	鄭麗君	黃偉哲	朱立倫	黃捷	林飛帆
總和(加權)	1.8%	1.1%	1.1%	0.9%	0.6%	0.6%	0.5%	0.3%	0.3%	0.2%
性別										
女性	1.9%	0.8%	0.9%	0.7%	0.4%	0.5%	0.7%	0.3%	0.2%	0.3%
男性	1.7%	1.4%	1.2%	1.0%	1.0%	0.8%	0.4%	0.4%	0.5%	0.1%
年齡										
18-29歲	3.2%	3.1%	2.2%	2.6%	0.7%	0.8%	0.8%	0.5%	0.8%	0.6%
30-39歲	1.2%	1.6%	0.7%	0.7%	1.0%	0.8%	0.7%	0.3%	0.5%	0.3%
40-49歲	2.3%	0.7%	0.8%	0.5%	0.7%	0.5%	0.7%	0.3%	0.2%	0.0%
50-59歲	1.9%	0.3%	0.5%	0.1%	0.1%	0.6%	0.6%	0.3%	0.1%	0.4%
60歲以上	1.1%	0.6%	1.1%	0.7%	0.6%	0.5%	0.1%	0.3%	0.2%	0.0%
居住區域										
臺北市	1.5%	0.4%	0.2%	1.2%	1.9%	0.0%	0.7%	0.3%	0.0%	0.0%
新北市	2.8%	1.0%	3.0%	0.8%	0.4%	1.0%	0.6%	0.6%	0.4%	0.5%
桃園市	0.7%	0.3%	0.9%	0.3%	0.6%	0.0%	0.2%	0.0%	0.0%	0.4%
臺中市	1.2%	1.1%	0.2%	0.9%	1.4%	2.2%	0.5%	0.3%	0.6%	0.3%
臺南市	1.8%	1.8%	2.1%	0.3%	0.5%	0.3%	0.3%	0.0%	0.7%	0.0%
高雄市	0.7%	0.6%	0.2%	0.6%	0.0%	0.0%	0.7%	0.6%	0.5%	0.0%
非六都地區	2.6%	1.8%	0.7%	1.2%	0.3%	0.7%	0.5%	0.3%	0.3%	0.2%
政黨傾向										
民進黨	0.0%	0.9%	1.8%	0.1%	1.1%	0.6%	0.7%	0.0%	0.8%	0.5%
國民黨	3.8%	0.6%	0.0%	2.0%	0.0%	0.0%	0.4%	0.5%	0.0%	0.0%
台灣民眾黨	2.9%	0.5%	0.0%	0.7%	0.0%	0.0%	0.0%	0.5%	0.0%	0.0%
選人不選黨/ 中立	2.5%	1.7%	0.9%	1.4%	0.4%	1.0%	0.4%	0.8%	0.0%	0.1%
其他選擇	3.4%	2.5%	1.8%	0.6%	1.4%	1.6%	1.1%	0.0%	0.5%	0.0%

具有遠見、與國際觀排序

排序	請問您認為誰最具有遠見、與國際觀？		
	姓名	加權前(%)	**加權後(%)**
1	蕭美琴	33.9	**33.0**
2	賴清德	17.7	**18.3**
3	韓國瑜	11.8	**12.1**
4	柯文哲	10.6	**10.4**
5	蔣萬安	6.1	**6.5**
6	盧秀燕	5.1	**5.1**
7	陳其邁	4.4	**3.9**
8	張善政	3.1	**3.1**
9	江啟臣	1.6	**1.6**
10	黃國昌	1.5	**1.5**
	朱立倫	0.7	**0.9**
	林飛帆	0.7	**0.7**
	蘇巧慧	0.5	**0.5**
	鄭麗君	0.5	**0.5**
	卓榮泰	0.4	**0.4**
	侯友宜	0.4	**0.4**
	柯建銘	0.4	**0.3**
	黃偉哲	0.3	**0.3**
	黃捷	0.3	**0.3**
	王世堅	0.2	**0.2**

前十選擇樣本涵蓋 **95.4**

未列前十

請問您認為誰最具有遠見、與國際觀？（Top1-10）

列總和 按比例排序	蕭美琴	賴清德	韓國瑜	柯文哲	蔣萬安	盧秀燕	陳其邁	張善政	江啟臣	黃國昌
總和(加權)	33.0%	18.3%	12.1%	10.4%	6.5%	5.1%	3.9%	3.1%	1.6%	1.5%
性別										
女性	35.3%	20.7%	11.6%	8.6%	6.6%	4.1%	4.0%	2.0%	1.2%	1.3%
男性	31.5%	15.8%	12.1%	12.0%	6.4%	6.1%	3.9%	4.2%	1.9%	1.6%
年齡										
18-29歲	36.6%	10.7%	5.7%	15.9%	7.2%	4.8%	3.6%	1.9%	3.8%	2.7%
30-39歲	37.6%	10.9%	6.3%	21.7%	3.7%	3.3%	4.2%	1.7%	1.5%	2.6%
40-49歲	40.4%	16.9%	7.9%	13.6%	3.4%	4.5%	4.7%	2.8%	1.2%	1.4%
50-59歲	30.8%	19.5%	16.7%	4.5%	7.8%	7.0%	5.1%	3.9%	1.5%	0.6%
60歲以上	25.3%	26.5%	18.8%	2.8%	8.9%	5.4%	2.7%	4.2%	0.7%	0.7%
居住區域										
臺北市	35.1%	20.1%	8.1%	12.0%	8.4%	2.5%	3.2%	3.3%	1.5%	1.4%
新北市	39.7%	15.7%	8.5%	10.6%	5.8%	4.8%	3.3%	1.8%	0.7%	1.5%
桃園市	32.3%	16.8%	14.5%	8.9%	6.4%	4.9%	1.9%	6.7%	3.0%	0.9%
臺中市	33.2%	20.9%	10.3%	9.4%	6.9%	8.9%	2.1%	1.9%	2.0%	1.9%
臺南市	34.8%	16.4%	15.3%	10.6%	5.6%	7.6%	1.5%	2.6%	0.3%	1.8%
高雄市	27.6%	19.6%	14.4%	9.7%	3.9%	4.2%	11.5%	2.8%	1.4%	1.1%
非六都地區	31.6%	18.3%	13.5%	10.3%	7.1%	4.5%	3.3%	3.4%	1.9%	1.5%
政黨傾向										
民進黨	52.9%	34.9%	0.2%	0.1%	0.1%	0.3%	6.5%	0.1%	0.5%	0.0%
國民黨	2.5%	0.4%	43.8%	1.5%	20.3%	13.4%	0.1%	9.4%	4.2%	0.1%
台灣民眾黨	6.9%	1.3%	2.4%	72.7%	1.7%	1.6%	0.0%	1.3%	1.0%	9.4%
選人不選黨/ 中立	32.6%	13.7%	13.6%	6.8%	8.9%	8.3%	3.7%	4.3%	1.9%	1.2%
其他選擇	39.5%	13.2%	10.9%	5.1%	7.1%	5.0%	5.1%	2.8%	0.8%	1.5%

請問您認為誰最具有遠見、與國際觀？（Top11-20）

列總和 按比例排序	朱立倫	林飛帆	蘇巧慧	鄭麗君	卓榮泰	侯友宜	柯建銘	黃偉哲	黃捷	王世堅
總和(加權)	0.9%	0.7%	0.5%	0.5%	0.4%	0.4%	0.3%	0.3%	0.3%	0.2%
性別										
女性	0.9%	0.9%	0.4%	0.3%	0.7%	0.5%	0.3%	0.4%	0.2%	0.1%
男性	0.7%	0.5%	0.7%	0.7%	0.3%	0.3%	0.4%	0.2%	0.4%	0.2%
年齡										
18-29歲	1.1%	1.4%	1.0%	0.9%	0.0%	0.5%	0.5%	0.6%	0.5%	0.5%
30-39歲	0.6%	1.5%	0.7%	0.3%	1.1%	0.9%	0.4%	0.5%	0.2%	0.4%
40-49歲	0.5%	0.3%	0.7%	0.3%	0.3%	0.5%	0.5%	0.0%	0.0%	0.1%
50-59歲	0.5%	0.4%	0.4%	0.6%	0.2%	0.1%	0.2%	0.2%	0.0%	0.2%
60歲以上	1.3%	0.3%	0.1%	0.6%	0.7%	0.3%	0.1%	0.1%	0.6%	0.0%
居住區域										
臺北市	1.0%	1.0%	0.2%	0.0%	0.5%	0.2%	0.8%	0.4%	0.4%	0.0%
新北市	1.0%	1.2%	1.8%	1.0%	0.3%	1.1%	0.4%	0.3%	0.4%	0.1%
桃園市	0.9%	1.1%	0.7%	0.0%	0.4%	0.4%	0.3%	0.0%	0.0%	0.0%
臺中市	0.3%	0.5%	0.5%	0.5%	0.2%	0.0%	0.5%	0.0%	0.0%	0.0%
臺南市	0.0%	0.8%	0.0%	0.7%	1.0%	0.0%	0.5%	0.3%	0.0%	0.0%
高雄市	0.6%	0.4%	0.0%	0.4%	1.3%	0.0%	0.3%	0.4%	0.3%	0.2%
非六都地區	1.2%	0.3%	0.3%	0.6%	0.1%	0.7%	0.0%	0.5%	0.5%	0.5%
政黨傾向										
民進黨	0.0%	1.1%	1.1%	0.4%	0.5%	0.1%	0.4%	0.3%	0.3%	0.2%
國民黨	3.1%	0.0%	0.0%	0.0%	0.0%	0.8%	0.0%	0.4%	0.0%	0.0%
台灣民眾黨	0.5%	0.2%	0.0%	0.2%	0.0%	0.4%	0.4%	0.0%	0.0%	0.0%
選人不選黨/ 中立	0.5%	0.4%	0.4%	0.9%	0.8%	0.9%	0.1%	0.5%	0.4%	0.3%
其他選擇	1.8%	1.8%	0.4%	1.6%	0.7%	0.0%	1.1%	0.0%	0.8%	0.7%

20大未來政治領袖個人分析報告

Part 2

賴清德

基本資料

姓名：賴清德

生日：1959年10月6日

學歷：

- 美國哈佛大學公共衛生學院碩士
- 國立成功大學學士後醫學系畢業
- 國立臺灣大學復健醫學系學士

政黨：民主進步黨

派系：原為新潮流，2024年1月17日退出

現職：

- 中華民國第16任總統

● 民主進步黨第18屆主席

曾擔任職位／經歷

● 第15任副總統

● 行政院第29任院長

● 臺南市第1-2屆市長

● 內政部身心障礙者保護委員會委員

● 國家衛生研究院全民健康保險小組諮詢委員

● 民進黨第17屆黨主席

● 民進黨立院黨團執行幹事長

● 民進黨立院黨團厚生政策小組召集人

● 立法院跨黨派厚生會會長

● 立法院衛生環境與社會福利委員會召集委員

● 中華民國第4-7屆立法委員

● 第3屆國民大會代表

● 成大醫院總醫師

選舉紀錄

年度	選舉屆數	是否當選
1996 年	第 3 屆國民大會代表選舉	V
1998 年	第 4 屆立法委員選舉	V
2001 年	第 5 屆立法委員選舉	V
2004 年	第 6 屆立法委員選舉	V
2008 年	第 7 屆立法委員選舉	V
2010 年	第 1 屆臺南市市長選舉	V
2014 年	第 2 屆臺南市市長選舉	V
2020 年	第 15 任總統、副總統選舉	V
2024 年	第 16 任總統、副總統選舉	V

人物側寫

礦工之子「成神」
賴清德總統最大挑戰　兩岸關係

「新政府將秉持『四個堅持』，不卑不亢維持現狀。我也要呼籲中國停止對臺灣文攻武嚇……我希望中國尊重臺灣人民的選擇，拿出誠意，以對話取代對抗……一起追求和平共榮。」

2024年5月20日上午，頂著個人特色的中分髮型，穿著深藍色西裝、白襯衫、紫色領帶，總統賴清德站在府前，以「打造民主和平繁榮的新臺灣」為題，發表就職演說。他的兩岸論述，以及帶領臺灣要走的方向，都是國際關注的焦點。

賴清德的演說，語氣不疾不徐，但態度卻相當堅定，尤其強調「中華民國與中華人民共和國互不隸屬」，這句話可讓對岸氣得跳腳。國臺辦發言人陳斌華第一時間回應痛批，賴清德頑固堅持「臺獨」立場，充分暴露其「臺獨工作者」的本性，而「臺獨」兩字與臺海和平水火不容。

不滿李全教涉賄　拒進議會232天

「自認對的事，堅持到底。」這就是賴式風格，也是他血液中的DNA，不僅表現在他的兩岸態度上；從政之路上，他同樣毫不妥協。

2014年賴清德連任臺南市長，不滿當時的臺南市議長李全教涉及賄選，決定不進議會備詢，雖然國民黨議員群起砲轟，監察院也認為，賴清德首開地方自治史上官員集體不進議會的先例。但任憑外界怎麼罵，他說不進就是不進，且時間長達232天。對於外界看好戲的眼光，賴清德要先想怎麼熬過去？他事後不諱言表示，這段期間承受許許多多的批評、抹黑、攻擊，但都沒有影響他的決心，「不曾孤單，德不孤必有鄰，所以也從來沒有感覺挫折失敗過。」

漫長的等待，終於盼來曙光！2016年4月，李全教議長賄選案，臺南地院一審判李4年有期徒刑，接著同年臺南高分院另外判李全教議員當選無效定讞，勝利雖然來遲，但還是來了。從結果論來看，賴清德把政治生涯全押下去的豪賭，他賭對了。

得知李全教喪失議員資格後，賴清德還召開記者會，期盼黑金的改革可以踏出成功的第一步，讓陽光照進地方政治。他說：「希望這一個民主惡例，能夠成為未來任何一個從政者的警惕。」

在貧困礦工家庭成長　母親身教影響深

賴清德堅持又難搞的個性，是成長環境使然？求學歷程的鍛鍊？抑或是醫師看盡人生百病的頓悟？

1959年出生於臺北縣萬里鄉的賴清德，是礦工之子，爸爸賴朝金

33歲那年在煤礦坑不慎一氧化碳中毒身亡。遭逢父親驟然辭世，當時小小賴清德才年僅2歲，從此以後，他與5個兄弟姊妹由母親茹苦含莘一手帶大。

母親賴童好的影響有多深遠？賴清德2012年在一次雜誌專訪提到，小時候家庭經濟非常匱乏，都是靠母親打零工養大他們一家。他滿懷感激的說，人生的價值觀與態度，都是從母親身上學到，「她是我看過最堅強的女性」。

也由於家境不好，賴清德求學之路比同儕更努力，他在有限資源下一路苦讀，先考進了建中，是當年萬里第一個建中生，後來再就讀臺大復健醫學系和成大學士後醫學系，最後赴美拿到哈佛大學公共衛生學院碩士。賴清德學成歸國後，在臺南成大、新樓醫院擔任醫師。

幫陳定南選省長　打開棄醫從政之路

在臺南求學、當醫生，算是賴清德與府城最早的淵源，只是他壓根都沒想到，原來夢想是行醫救人，卻在臺南一腳踏上了政治旅途。

這意外要從1994年臺灣首次省長民選說起，當時民進黨推出陳定南參選，喊出「臺灣人400年來第一戰」。擔任成大住院醫師聯誼會會長的賴清德，一直都有和黨外人士接觸，結果因為演講口才好，又常以醫病的用語看待政治，獲得群眾共鳴，就這樣被看上，成了陳定南的助選員。

充滿改革理想的賴清德，1996年被民進黨說服「棄醫從政」，他抱著「廢掉國民大會」的理想參選國代，這一年賴清德37歲，代表民進黨在臺南市拿到4萬1千多票，是該選區最高票。1998年他投入臺南

市立委選舉，同樣連續四屆高票當選，而且都獲得公民監督國會聯盟評鑑「立法院內政委員會第一名」。

來自新北市萬里的囝仔，賴清德卻長期在臺南深耕，這裡反而成了政治本命區，下一步他轉戰百里侯。2010年臺南縣市合併首次直轄市長選舉，賴清德以61萬9897票，超過六成得票率，獲得壓倒性勝利；2014年他更以71萬1557票，創紀錄的72.90%得票率連任成功，立下了全臺縣市長難以跨越的「賴神障礙」。

颱風天堅持不放假　搏得「賴神」封號

「賴神」之所以為賴神，除了選戰無往不利，施政滿意度也獲市民肯定，最難以解釋的現象在於他的「預測能力」。2012年天秤颱風來襲，時任市長的賴清德堅持臺南市不放颱風假，這個決定一度被網友罵翻，但後來證實風雨確實不大，網路風向開始大轉向，網友從倒讚變狂讚，「賴神」封號不脛而走。甚至在對抗李全教，網友都說賴神贏了。

或許外界認為賴清德的「神預測」，只不過是他不妥協、堅持以及政治潔癖的個性，賭輸了就變成負面形容詞「固執」，但至少到目前為止，他還是「賴神」，戰績仍勝多敗少。

2019年賴清德在黨內初選，直接挑戰蔡英文連任總統之路，激烈的一仗他選輸了，是少數的敗仗。賴清德沉潛反省後，為了黨內團結，他接受「英德配」，幫助蔡英文順利連任成功。

2024大選驚險勝出　打破政黨輪替魔咒

做了4年無聲的副總統，賴清德雖然多等了一屆，也算是在總統府「實習」。2024年大選，輪到他代表民進黨出馬角逐，在藍白陣營夾擊下，賴清德與蕭美琴拿到558萬票，以40.05%的得票率，有驚無險完成政權保衛戰。

在這次大選中，賴清德創下許多第一的紀錄，例如他是臺灣史上首位民選副總統當選總統、首次同政黨總統交接，也是總統民選後首次打破政黨輪替魔咒，他甚至是首位醫師出身的總統。只不過，相較於蔡英文「完全執政」的順手牌，賴清德不僅贏得辛苦立法院還三黨不過半；對內有國會朝小野大的挑戰，對外更因為傾向臺獨的立場，成了中共的眼中釘。

從賴清德520上臺至今，國會衝突不斷，對岸三不五時軍演、扣留臺灣漁船，都可預見他未來的總統任期，只會更辛苦更加嚴峻。

不過，《菱傳媒》100位未來領袖聲望調查中，身為總統，他仍是最有「領導力」者，這一項他拿下34.16%，遙遙領先第二名的柯文哲17.5%，國民黨主席朱立倫才10.98%，兩人相加都輸賴清德。可見民眾對這位硬頸的2024新領導者很支持。

美媒《紐約時報》曾經專文描述這位草根出身的新總統：「他（賴清德）以熟練、勤奮的政治人物形象聞名，他自己的平民背景讓他能夠了解臺灣普通民眾的需求，不過，與北京打交道中間可能曝露的危險，他或許不太擅長處理。」

雖然賴清德從「務實的臺獨主義者」，到520就職改強調「中華民國與中華人民共和國互不隸屬」，論述上稍做修正，但他也死守住底線，外媒因此認為，兩岸關係仍是賴清德執政最大的考驗。

民調中的賴清德

對賴清德印象最好的受訪者佔總樣本數 22.6%，多數提及他的清廉正直、勤政愛民、及從基層崛起的形象，以及踏實穩健的做事風格，這些特質展現了現任總統在民眾心中的良好形象。受訪者普遍認為，賴清德需要應對立法院近期的紛爭，雖然總統並非直接涉入，但支持者期待他能化解國會問題，展現執政黨領導者的風範。

另一方面，不喜歡或不信任賴清德的受訪者佔總樣本數的 14.6%，主要批評他的臺獨立場鮮明，認為此舉增加了兩岸的緊張態勢，又沒有足夠能力處理，將會把臺灣人民推向戰場。另外也有部分受訪者批評其過於自傲、獨斷，不聽民意不聽建議也不道歉的負面形象。

第一印象

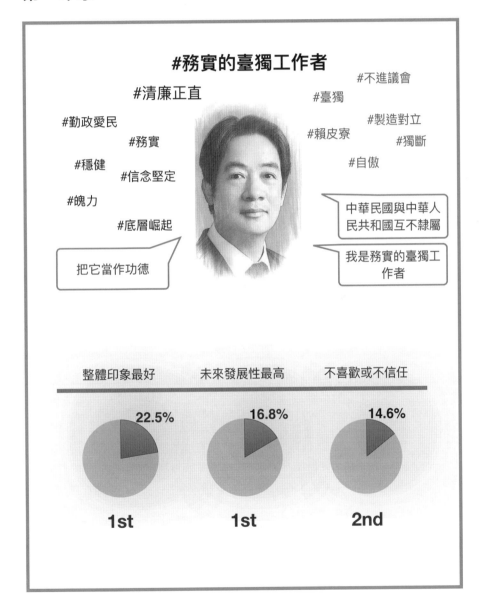

整體評價（能力分析）

排序	操守品德	決斷力溝通協調力	親和力領導風範	從政績效執政效率	專業能力創新能力	務實、穩定能展現影響力	遠見國際觀
1	賴清德	賴清德	賴清德	陳其邁	陳其邁	賴清德	蕭美琴
2	蕭美琴	韓國瑜	韓國瑜	賴清德	賴清德	韓國瑜	賴清德
3	韓國瑜	蕭美琴	蕭美琴	盧秀燕	蕭美琴	盧秀燕	韓國瑜
4	盧秀燕	陳其邁	盧秀燕	柯文哲	韓國瑜	陳其邁	柯文哲
5	柯文哲	盧秀燕	陳其邁	韓國瑜	柯文哲	柯文哲	蔣萬安
6	蔣萬安	卓榮泰	柯文哲	蕭美琴	盧秀燕	蕭美琴	盧秀燕
7	陳其邁	柯文哲	蔣萬安	蔣萬安	黃國昌	蔣萬安	陳其邁
8	黃國昌	黃國昌	卓榮泰	張善政	蔣萬安	黃國昌	張善政
9	張善政	蔣萬安	黃國昌	侯友宜	張善政	張善政	江啟臣
10	侯友宜	柯建銘	張善政	黃國昌	黃捷	卓榮泰	黃國昌

操守、品德
1st

決斷力
溝通協調力
1st

遠見、國際觀
2nd

親和力
領導風範
1st

務實、穩定
展現影響力
1st

專業能力、創新能力
2nd

從政績效、執政效率
2nd

第一波百人未來政治領袖調查排序回顧

其他黨公職排序 (名單共10人)		
印象最好	施政績效	務實穩定 展現影響力
排序　2	1	2

60歲以上政治人物排序 (名單共49人)		
印象最好	領導力	未來發展
排序　1	1	1

男性政治人物排序 (名單共62人)		
印象最好	領導力	未來發展
排序　1	1	2

社會議題面向 被期待解決問題的政治人物				
詐騙防制	治安、 社會安全網	都市發展	食安	環境能源
排序　1	1	2	4	1

整體評價（支持者分析）

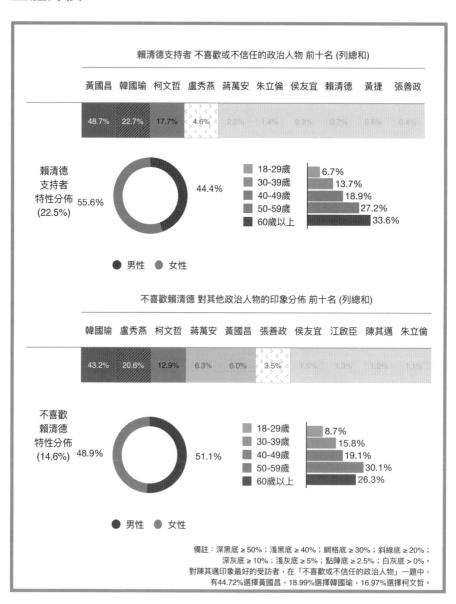

賴清德支持者 不喜歡或不信任的政治人物 前十名 (列總和)

黃國昌	韓國瑜	柯文哲	盧秀燕	蔣萬安	朱立倫	侯友宜	賴清德	黃捷	張善政
48.7%	22.7%	17.7%	4.6%	2.0%	1.4%	0.8%	0.7%	0.6%	0.4%

賴清德
支持者
特性分佈
(22.5%)

55.6%　44.4%

● 男性　● 女性

18-29歲　6.7%
30-39歲　13.7%
40-49歲　18.9%
50-59歲　27.2%
60歲以上　33.6%

不喜歡賴清德 對其他政治人物的印象分佈 前十名 (列總和)

韓國瑜	盧秀燕	柯文哲	蔣萬安	黃國昌	張善政	侯友宜	江啟臣	陳其邁	朱立倫
43.2%	20.6%	12.9%	6.3%	6.0%	3.5%	1.5%	1.3%	1.2%	1.1%

不喜歡
賴清德
特性分佈
(14.6%)

48.9%　51.1%

● 男性　● 女性

18-29歲　8.7%
30-39歲　15.8%
40-49歲　19.1%
50-59歲　30.1%
60歲以上　26.3%

備註：深黑底 ≥ 50%；淺黑底 ≥ 40%；網格底 ≥ 30%；斜線底 ≥ 20%；
深灰底 ≥ 10%；淺灰底 ≥ 5%；點陣底 ≥ 2.5%；白灰底 > 0%。
對陳其邁印象最好的受訪者，在「不喜歡或不信任的政治人物」一題中，
有44.72%選擇黃國昌，18.99%選擇韓國瑜，16.97%選擇柯文哲。

正面評論

您認為賴清德有哪些吸引您的特質或值得肯定的成就及能力？

#清廉正直　■ 男　| 43% | 57% |
　　　　　　□ 女

「不管賴清德在哪個階段職務，都非常盡職用心，果斷與執行力強。堅強耐苦，護國惜民。」

臺北市 / 60歲以上女性

「臺灣礦工之子，庶民起家，能體恤民苦，傾聽民意。年輕時的問政魄力與實踐力很強，面對困難議題也是一一到基層與民眾溝通，雖不能完全完美，但卻至少能達到一定的共識度。如今的他變得沉穩幹練很多，雖然表達方式不比以前霹靂，但銳利度不減，也是許多被欺負已久的臺派能夠尋求慰藉與宣洩的出口。」

宜蘭縣 / 30-39歲女性

「有親和力、願意下鄉傾聽及討論，也說得出符合青年方針及社會趨勢的想法」

苗栗縣 / 30-39歲女性

#踏實穩健　■ 男　| 36% | 64% |
　　　　　　□ 女

「目標明確。穩定有計劃。務實了解計畫細節。」

新北市 / 50-59歲女性

「有魄力與執行能力、務實、從基層做起、貧窮子弟不向命運低頭、努力實現自己的目標這樣的人格特質是可以帶領國家向前進」

高雄市 / 60歲以上女性

建議／反面聲音

[支持者]

您認為賴清德有哪些需要改進的缺點或當前應處理面對的問題？

立法院近期紛爭

> 「我個人覺得現在當前要處理的問題就是國會的亂象，因為這樣會影響我們台灣在國際上的形象，也有可能造成經濟的影響。」
>
> 高雄市 / 50-59歲女性

> 「國會擴權法，做出一個必須要退回重審，逐一討論透明公開，雖然還不是總統出面的時後，但可以透過其他方式讓人民了解進度」
>
> 臺中市 / 50-59歲女性

[反對者]

您不喜歡或不信任賴清德的原因是什麼（特質、言行或背景）？

#臺獨

> 「臺獨是最可怕，會讓國家變成戰場，誰願意犧牲孩子呢？要是他不是臺獨思想，其實他人也不是很差，至少比小英來的好」
>
> 臺中市 / 40-49歲男性

> 「需要再觀察～～台獨不是不好而是需要匹配的能力。當前的言行令人憂心」
>
> 桃園市 / 60歲以上女性

#自傲 #獨斷

> 「賴清德的個性強硬傲慢，從不認錯道歉的人，又是很台獨人士，此人不能帶給兩岸和平只會帶來戰爭的人，當了總統還鼓勵民運與側翼來攻擊立法院在野黨。以他個性，對台灣的安全很不利。只有更危險」
>
> 新北市 / 50-59歲男性

整體印象評價（依性別、年齡排序）

排序	整體	依性別排序		依年齡排序				
		男性	女性	18-29歲	30-39歲	40-49歲	50-59歲	60歲以上
1	賴清德	賴清德	賴清德	蕭美琴	蕭美琴	蕭美琴	賴清德	賴清德
2	蕭美琴	韓國瑜	蕭美琴	柯文哲	賴清德	賴清德	韓國瑜	韓國瑜
3	韓國瑜	蕭美琴	陳其邁	賴清德	柯文哲	陳其邁	蕭美琴	蕭美琴
4	陳其邁	盧秀燕	韓國瑜	盧秀燕	黃國昌	柯文哲	陳其邁	盧秀燕
5	盧秀燕	陳其邁	盧秀燕	陳其邁	陳其邁	韓國瑜	盧秀燕	陳其邁
6	柯文哲	柯文哲	柯文哲	黃國昌	盧秀燕	盧秀燕	蔣萬安	蔣萬安
7	黃國昌	黃國昌	蔣萬安	韓國瑜	韓國瑜	黃國昌	柯文哲	張善政
8	蔣萬安	蔣萬安	黃國昌	王世堅	蔣萬安	蔣萬安	張善政	黃國昌
9	張善政	江啟臣	張善政	蔣萬安	黃捷	侯友宜	鄭麗君	柯文哲
10	王世堅	黃捷	蘇巧慧	江啟臣	王世堅	蘇巧慧	黃國昌	蘇巧慧
	蘇巧慧	張善政	王世堅	鄭麗君	蘇巧慧	張善政	黃捷	卓榮泰
	黃捷	王世堅	侯友宜	黃捷	張善政	卓榮泰	王世堅	黃捷
	鄭麗君	蘇巧慧	鄭麗君	蘇巧慧	江啟臣	鄭麗君	卓榮泰	江啟臣
	江啟臣	鄭麗君	黃捷	黃偉哲	侯友宜	江啟臣	侯友宜	鄭麗君
	卓榮泰	卓榮泰	黃偉哲	張善政	鄭麗君	王世堅	江啟臣	朱立倫
	侯友宜	林飛帆	柯建銘	侯友宜	卓榮泰	黃捷	蘇巧慧	林飛帆
	柯建銘	侯友宜	卓榮泰	柯建銘	柯建銘	柯建銘	林飛帆	柯建銘
	黃偉哲	朱立倫	江啟臣	朱立倫	林飛帆	黃偉哲	朱立倫	王世堅
	林飛帆	柯建銘	林飛帆	林飛帆	黃偉哲	林飛帆	柯建銘	黃偉哲
	朱立倫	黃偉哲	朱立倫	卓榮泰	朱立倫	朱立倫	黃偉哲	侯友宜

備註：○○○灰階字體代表該人物在此分類無人選擇。

整體印象評價（依政黨傾向排序）

排序	整體	依政黨傾向排序				
		民進黨支持者	國民黨支持者	台灣民眾黨支持者	選人不選黨/中立	其他選擇
1	賴清德	賴清德	韓國瑜	柯文哲	賴清德	蕭美琴
2	蕭美琴	蕭美琴	盧秀燕	黃國昌	盧秀燕	賴清德
3	韓國瑜	陳其邁	蔣萬安	盧秀燕	蕭美琴	韓國瑜
4	陳其邁	蘇巧慧	張善政	韓國瑜	韓國瑜	陳其邁
5	盧秀燕	黃捷	江啟臣	蕭美琴	陳其邁	盧秀燕
6	柯文哲	卓榮泰	侯友宜	蔣萬安	蔣萬安	鄭麗君
7	黃國昌	鄭麗君	朱立倫	陳其邁	柯文哲	蔣萬安
8	蔣萬安	王世堅	陳其邁	王世堅	黃國昌	黃捷
9	張善政	柯建銘	黃國昌	張善政	王世堅	黃國昌
10	王世堅	盧秀燕	王世堅	侯友宜	張善政	柯文哲
	蘇巧慧	黃偉哲	柯文哲	柯建銘	江啟臣	王世堅
	黃捷	林飛帆	蕭美琴	江啟臣	侯友宜	林飛帆
	鄭麗君	黃國昌	黃偉哲	賴清德	鄭麗君	侯友宜
	江啟臣	韓國瑜	蘇巧慧	朱立倫	黃捷	卓榮泰
	卓榮泰	柯文哲	賴清德	黃偉哲	蘇巧慧	張善政
	侯友宜	蔣萬安	黃捷	蘇巧慧	卓榮泰	柯建銘
	柯建銘	張善政	卓榮泰	黃捷	朱立倫	江啟臣
	黃偉哲	侯友宜	鄭麗君	卓榮泰	柯建銘	黃偉哲
	林飛帆	江啟臣	柯建銘	鄭麗君	林飛帆	蘇巧慧
	朱立倫	朱立倫	林飛帆	林飛帆	黃偉哲	朱立倫

備註：○○○灰階字體代表該人物在此分類無人選擇。

整體印象評價（依政治光譜排序）

排序	整體	依政治光譜排序								
		G1	G2	G3	G4	G5	G6	G7	G8	G9
1	賴清德	韓國瑜	韓國瑜	韓國瑜	柯文哲	柯文哲	蕭美琴	賴清德	賴清德	賴清德
2	蕭美琴	盧秀燕	盧秀燕	盧秀燕	黃國昌	黃國昌	賴清德	蕭美琴	蕭美琴	蕭美琴
3	韓國瑜	蔣萬安	蔣萬安	柯文哲	盧秀燕	盧秀燕	陳其邁	陳其邁	陳其邁	陳其邁
4	陳其邁	張善政	黃國昌	蔣萬安	韓國瑜	蕭美琴	柯文哲	柯文哲	蘇巧慧	蘇巧慧
5	盧秀燕	黃國昌	柯文哲	黃國昌	蔣萬安	蔣萬安	盧秀燕	鄭麗君	黃捷	黃捷
6	柯文哲	江啟臣	張善政	張善政	張善政	賴清德	王世堅	盧秀燕	卓榮泰	卓榮泰
7	黃國昌	侯友宜	侯友宜	江啟臣	王世堅	王世堅	黃國昌	黃捷	鄭麗君	鄭麗君
8	蔣萬安	朱立倫	江啟臣	侯友宜	侯友宜	韓國瑜	鄭麗君	黃國昌	王世堅	柯建銘
9	張善政	蕭美琴	朱立倫	王世堅	江啟臣	陳其邁	黃捷	蔣萬安	林飛帆	王世堅
10	王世堅	賴清德	鄭麗君	陳其邁	蕭美琴	江啟臣	卓榮泰	柯建銘	黃偉哲	林飛帆
	蘇巧慧	陳其邁	賴清德	柯建銘	柯建銘	黃偉哲	蘇巧慧	蘇巧慧	柯文哲	韓國瑜
	黃捷	鄭麗君	王世堅	蕭美琴	鄭麗君	侯友宜	韓國瑜	黃偉哲	柯建銘	黃偉哲
	鄭麗君	黃捷	陳其邁	朱立倫	黃捷	張善政	林飛帆	王世堅	盧秀燕	柯文哲
	江啟臣	柯文哲	蕭美琴	鄭麗君	賴清德	黃捷	張善政	卓榮泰	黃國昌	盧秀燕
	卓榮泰	王世堅	黃捷	賴清德	陳其邁	柯建銘	蔣萬安	韓國瑜	蔣萬安	黃國昌
	侯友宜	林飛帆	林飛帆	黃捷	朱立倫	朱立倫	江啟臣	林飛帆	韓國瑜	蔣萬安
	柯建銘	卓榮泰	卓榮泰	林飛帆	林飛帆	鄭麗君	黃偉哲	張善政	張善政	張善政
	黃偉哲	柯建銘	柯建銘	卓榮泰	卓榮泰	蘇巧慧	侯友宜	江啟臣	江啟臣	江啟臣
	林飛帆	黃偉哲	黃偉哲	黃偉哲	黃偉哲	林飛帆	柯建銘	侯友宜	侯友宜	侯友宜
	朱立倫	蘇巧慧	蘇巧慧	蘇巧慧	蘇巧慧	卓榮泰	朱立倫	朱立倫	朱立倫	朱立倫

備註：○○○灰階字體代表該人物在此分類無人選擇。

整體印象評價（依社會、經濟地位自評排序）

排序	整體	依社會、經濟地位自評排序				
		社會地位偏高/ 經濟地位偏高	社會地位偏高/ 經濟地位偏低	社會地位偏低/ 經濟地位偏高	社會地位偏低/ 經濟地位偏低	普通社經地位
1	賴清德	賴清德	賴清德	蕭美琴	韓國瑜	賴清德
2	蕭美琴	蕭美琴	蕭美琴	賴清德	賴清德	蕭美琴
3	韓國瑜	陳其邁	韓國瑜	柯文哲	蕭美琴	韓國瑜
4	陳其邁	韓國瑜	盧秀燕	陳其邁	盧秀燕	陳其邁
5	盧秀燕	盧秀燕	陳其邁	張善政	陳其邁	盧秀燕
6	柯文哲	柯文哲	柯文哲	韓國瑜	柯文哲	柯文哲
7	黃國昌	黃國昌	黃國昌	黃國昌	黃國昌	蔣萬安
8	蔣萬安	蔣萬安	蔣萬安	盧秀燕	蔣萬安	黃國昌
9	張善政	蘇巧慧	蘇巧慧	鄭麗君	黃捷	張善政
10	王世堅	江啟臣	張善政	林飛帆	王世堅	王世堅
	蘇巧慧	張善政	卓榮泰	蘇巧慧	鄭麗君	侯友宜
	黃捷	黃捷	黃偉哲	蔣萬安	江啟臣	蘇巧慧
	鄭麗君	卓榮泰	黃捷	黃捷	蘇巧慧	黃捷
	江啟臣	王世堅	江啟臣	侯友宜	侯友宜	卓榮泰
	卓榮泰	鄭麗君	王世堅	卓榮泰	張善政	鄭麗君
	侯友宜	柯建銘	鄭麗君	黃偉哲	林飛帆	江啟臣
	柯建銘	侯友宜	侯友宜	江啟臣	柯建銘	黃偉哲
	黃偉哲	林飛帆	柯建銘	王世堅	卓榮泰	朱立倫
	林飛帆	朱立倫	林飛帆	柯建銘	黃偉哲	柯建銘
	朱立倫	黃偉哲	朱立倫	朱立倫	朱立倫	林飛帆

備註：○○○灰階字體代表該人物在此分類無人選擇。

看好未來表現評價（依性別、年齡排序）

排序	整體	依性別排序		依年齡排序				
		男性	女性	18-29歲	30-39歲	40-49歲	50-59歲	60歲以上
1	賴清德	賴清德	賴清德	陳其邁	蕭美琴	蕭美琴	陳其邁	賴清德
2	陳其邁	陳其邁	陳其邁	盧秀燕	陳其邁	陳其邁	賴清德	韓國瑜
3	蕭美琴	蕭美琴	蕭美琴	蕭美琴	黃國昌	賴清德	韓國瑜	陳其邁
4	盧秀燕	盧秀燕	韓國瑜	黃國昌	賴清德	盧秀燕	蕭美琴	蕭美琴
5	韓國瑜	韓國瑜	盧秀燕	賴清德	柯文哲	柯文哲	盧秀燕	盧秀燕
6	蔣萬安	蔣萬安	蔣萬安	柯文哲	盧秀燕	黃國昌	蔣萬安	蔣萬安
7	黃國昌	黃國昌	柯文哲	蔣萬安	韓國瑜	韓國瑜	柯文哲	柯文哲
8	柯文哲	柯文哲	黃國昌	韓國瑜	蔣萬安	蔣萬安	黃國昌	黃國昌
9	蘇巧慧	蘇巧慧	卓榮泰	蘇巧慧	黃捷	蘇巧慧	蘇巧慧	卓榮泰
10	黃捷	黃捷	蘇巧慧	王世堅	卓榮泰	黃捷	張善政	江啟臣
	卓榮泰	江啟臣	黃捷	黃捷	蘇巧慧	江啟臣	卓榮泰	張善政
	江啟臣	張善政	王世堅	江啟臣	林飛帆	王世堅	黃捷	鄭麗君
	王世堅	卓榮泰	林飛帆	卓榮泰	江啟臣	張善政	鄭麗君	蘇巧慧
	張善政	王世堅	江啟臣	鄭麗君	王世堅	卓榮泰	江啟臣	林飛帆
	林飛帆	鄭麗君	鄭麗君	林飛帆	侯友宜	侯友宜	林飛帆	黃捷
	鄭麗君	林飛帆	侯友宜	黃偉哲	張善政	林飛帆	王世堅	王世堅
	侯友宜	侯友宜	張善政	侯友宜	鄭麗君	鄭麗君	侯友宜	柯建銘
	柯建銘	柯建銘	黃偉哲	張善政	柯建銘	黃國昌	朱立倫	侯友宜
	黃偉哲	黃偉哲	柯建銘	柯建銘	黃偉哲	柯建銘	黃偉哲	黃偉哲
	朱立倫	朱立倫	朱立倫	朱立倫	朱立倫	朱立倫	柯建銘	朱立倫

備註：○○○灰階字體代表該人物在此分類無人選擇。

看好未來表現評價（依政黨傾向排序）

排序	整體	依政黨傾向排序				
		民進黨支持者	國民黨支持者	台灣民眾黨支持者	選人不選黨/中立	其他選擇
1	賴清德	賴清德	韓國瑜	黃國昌	盧秀燕	蕭美琴
2	陳其邁	陳其邁	盧秀燕	柯文哲	蕭美琴	陳其邁
3	蕭美琴	蕭美琴	蔣萬安	盧秀燕	賴清德	賴清德
4	盧秀燕	蘇巧慧	江啟臣	韓國瑜	陳其邁	盧秀燕
5	韓國瑜	黃捷	張善政	蔣萬安	蔣萬安	韓國瑜
6	蔣萬安	卓榮泰	侯友宜	陳其邁	韓國瑜	柯文哲
7	黃國昌	林飛帆	蕭美琴	江啟臣	黃國昌	蔣萬安
8	柯文哲	王世堅	黃國昌	蕭美琴	柯文哲	黃捷
9	蘇巧慧	鄭麗君	黃偉哲	王世堅	王世堅	黃國昌
10	黃捷	盧秀燕	王世堅	柯建銘	江啟臣	鄭麗君
	卓榮泰	柯建銘	陳其邁	侯友宜	卓榮泰	王世堅
	江啟臣	黃偉哲	黃捷	張善政	蘇巧慧	蘇巧慧
	王世堅	韓國瑜	柯文哲	賴清德	黃捷	林飛帆
	張善政	江啟臣	卓榮泰	黃偉哲	張善政	卓榮泰
	林飛帆	蔣萬安	賴清德	黃捷	鄭麗君	張善政
	鄭麗君	黃國昌	蘇巧慧	卓榮泰	侯友宜	江啟臣
	侯友宜	張善政	林飛帆	蘇巧慧	朱立倫	黃偉哲
	柯建銘	柯文哲	鄭麗君	林飛帆	柯建銘	侯友宜
	黃偉哲	侯友宜	柯建銘	鄭麗君	林飛帆	柯建銘
	朱立倫	朱立倫	朱立倫	朱立倫	黃偉哲	朱立倫

備註：○○○灰階字體代表該人物在此分類無人選擇。

看好未來表現評價（依政治光譜排序）

排序	整體	依政治光譜排序								
		G1	G2	G3	G4	G5	G6	G7	G8	G9
1	賴清德	韓國瑜	盧秀燕	盧秀燕	黃國昌	柯文哲	蕭美琴	陳其邁	蕭美琴	賴清德
2	陳其邁	蔣萬安	韓國瑜	韓國瑜	盧秀燕	黃國昌	陳其邁	蕭美琴	陳其邁	陳其邁
3	蕭美琴	盧秀燕	蔣萬安	蔣萬安	柯文哲	盧秀燕	賴清德	賴清德	賴清德	蕭美琴
4	盧秀燕	張善政	黃國昌	黃國昌	蔣萬安	蔣萬安	盧秀燕	黃捷	卓榮泰	蘇巧慧
5	韓國瑜	黃國昌	柯文哲	柯文哲	韓國瑜	賴清德	黃國昌	盧秀燕	黃捷	黃捷
6	蔣萬安	江啟臣	張善政	江啟臣	王世堅	蕭美琴	柯文哲	卓榮泰	蘇巧慧	卓榮泰
7	黃國昌	侯友宜	江啟臣	張善政	侯友宜	陳其邁	蘇巧慧	柯文哲	林飛帆	林飛帆
8	柯文哲	柯文哲	侯友宜	蕭美琴	蕭美琴	王世堅	黃捷	鄭麗君	王世堅	鄭麗君
9	蘇巧慧	蕭美琴	鄭麗君	王世堅	張善政	韓國瑜	林飛帆	王世堅	鄭麗君	王世堅
10	黃捷	陳其邁	賴清德	柯建銘	江啟臣	江啟臣	王世堅	蘇巧慧	盧秀燕	柯建銘
	卓榮泰	賴清德	朱立倫	朱立倫	陳其邁	黃偉哲	韓國瑜	蔣萬安	江啟臣	黃偉哲
	江啟臣	黃捷	蕭美琴	侯友宜	柯建銘	侯友宜	蔣萬安	江啟臣	柯文哲	韓國瑜
	王世堅	鄭麗君	陳其邁	鄭麗君	黃捷	鄭麗君	江啟臣	林飛帆	柯建銘	蔣萬安
	張善政	王世堅	黃捷	賴清德	卓榮泰	張善政	卓榮泰	柯建銘	韓國瑜	盧秀燕
	林飛帆	蘇巧慧	王世堅	陳其邁	賴清德	柯建銘	鄭麗君	黃國昌	黃國昌	江啟臣
	鄭麗君	林飛帆	蘇巧慧	黃捷	朱立倫	蘇巧慧	黃偉哲	黃偉哲	黃偉哲	柯文哲
	侯友宜	卓榮泰	林飛帆	蘇巧慧	鄭麗君	朱立倫	侯友宜	韓國瑜	蔣萬安	黃國昌
	柯建銘	黃偉哲	卓榮泰	林飛帆	蘇巧慧	黃捷	張善政	侯友宜	侯友宜	侯友宜
	黃偉哲	柯建銘	黃偉哲	卓榮泰	林飛帆	林飛帆	柯建銘	張善政	張善政	張善政
	朱立倫	朱立倫	柯建銘	黃偉哲	黃偉哲	卓榮泰	朱立倫	朱立倫	朱立倫	朱立倫

備註：○○○灰階字體代表該人物在此分類無人選擇。

看好未來表現評價（依社會、經濟地位自評排序）

排序	整體	依社會、經濟地位自評排序				
		社會地位偏高/ 經濟地位偏高	社會地位偏高/ 經濟地位偏低	社會地位偏低/ 經濟地位偏高	社會地位偏低/ 經濟地位偏低	普通社經地位
1	賴清德	賴清德	蕭美琴	陳其邁	賴清德	陳其邁
2	陳其邁	陳其邁	賴清德	蕭美琴	韓國瑜	蕭美琴
3	蕭美琴	蕭美琴	陳其邁	蔣萬安	盧秀燕	賴清德
4	盧秀燕	盧秀燕	韓國瑜	賴清德	陳其邁	盧秀燕
5	韓國瑜	韓國瑜	盧秀燕	柯文哲	蕭美琴	蔣萬安
6	蔣萬安	蔣萬安	蔣萬安	黃國昌	柯文哲	韓國瑜
7	黃國昌	黃國昌	柯文哲	盧秀燕	蔣萬安	黃國昌
8	柯文哲	柯文哲	黃國昌	韓國瑜	黃國昌	柯文哲
9	蘇巧慧	蘇巧慧	卓榮泰	卓榮泰	王世堅	蘇巧慧
10	黃捷	黃捷	鄭麗君	鄭麗君	黃捷	黃捷
	卓榮泰	卓榮泰	黃偉哲	黃捷	江啟臣	卓榮泰
	江啟臣	林飛帆	蘇巧慧	江啟臣	蘇巧慧	江啟臣
	王世堅	江啟臣	林飛帆	黃偉哲	卓榮泰	張善政
	張善政	鄭麗君	王世堅	蘇巧慧	張善政	王世堅
	林飛帆	張善政	張善政	林飛帆	林飛帆	鄭麗君
	鄭麗君	王世堅	朱立倫	王世堅	侯友宜	林飛帆
	侯友宜	黃偉哲	黃捷	張善政	鄭麗君	侯友宜
	柯建銘	侯友宜	江啟臣	朱立倫	柯建銘	柯建銘
	黃偉哲	柯建銘	侯友宜	侯友宜	朱立倫	黃偉哲
	朱立倫	朱立倫	柯建銘	柯建銘	黃偉哲	朱立倫

備註：○○○灰階字體代表該人物在此分類無人選擇。

不喜歡或不信任的評價（依性別、年齡排序）

排序	整體	依性別排序		依年齡排序				
		男性	女性	18-29歲	30-39歲	40-49歲	50-59歲	60歲以上
1	黃國昌	黃國昌	黃國昌	黃國昌	黃國昌	黃國昌	黃國昌	黃國昌
2	賴清德	柯建銘	韓國瑜	柯建銘	柯建銘	賴清德	賴清德	賴清德
3	柯建銘	賴清德	賴清德	韓國瑜	賴清德	柯文哲	柯文哲	柯文哲
4	韓國瑜	柯文哲	柯文哲	賴清德	韓國瑜	韓國瑜	韓國瑜	韓國瑜
5	柯文哲	韓國瑜	柯建銘	柯文哲	柯文哲	柯建銘	柯建銘	柯建銘
6	黃捷	黃捷	黃捷	黃捷	黃捷	黃捷	黃捷	黃捷
7	盧秀燕	林飛帆	盧秀燕	林飛帆	林飛帆	林飛帆	陳其邁	盧秀燕
8	林飛帆	盧秀燕	林飛帆	朱立倫	朱立倫	盧秀燕	盧秀燕	陳其邁
9	朱立倫	朱立倫	朱立倫	蔣萬安	盧秀燕	朱立倫	林飛帆	林飛帆
10	陳其邁	陳其邁	蔣萬安	盧秀燕	侯友宜	陳其邁	朱立倫	蔣萬安
	蔣萬安	蔣萬安	侯友宜	侯友宜	卓榮泰	蔣萬安	侯友宜	朱立倫
	侯友宜	卓榮泰	陳其邁	蘇巧慧	張善政	侯友宜	蔣萬安	侯友宜
	卓榮泰	侯友宜	蕭美琴	卓榮泰	蘇巧慧	卓榮泰	王世堅	蘇巧慧
	蘇巧慧	蘇巧慧	張善政	張善政	蔣萬安	張善政	蘇巧慧	卓榮泰
	蕭美琴	張善政	王世堅	蕭美琴	黃偉哲	蕭美琴	卓榮泰	蕭美琴
	張善政	蕭美琴	蘇巧慧	王世堅	蕭美琴	黃偉哲	蕭美琴	王世堅
	王世堅	鄭麗君	黃偉哲	黃偉哲	江啟臣	江啟臣	黃偉哲	張善政
	黃偉哲	黃偉哲	卓榮泰	陳其邁	陳其邁	蘇巧慧	江啟臣	鄭麗君
	江啟臣	王世堅	江啟臣	鄭麗君	王世堅	王世堅	張善政	江啟臣
	鄭麗君	江啟臣	鄭麗君	江啟臣	鄭麗君	鄭麗君	鄭麗君	黃偉哲

備註：○○○灰階字體代表該人物在此分類無人選擇。

不喜歡或不信任的評價（依政黨傾向排序）

排序	整體	依政黨傾向排序				
		民進黨支持者	國民黨支持者	台灣民眾黨支持者	選人不選黨/中立	其他選擇
1	黃國昌	黃國昌	賴清德	柯建銘	黃國昌	黃國昌
2	賴清德	柯文哲	柯建銘	賴清德	賴清德	韓國瑜
3	柯建銘	韓國瑜	黃捷	黃捷	柯建銘	賴清德
4	韓國瑜	盧秀燕	柯文哲	林飛帆	韓國瑜	柯文哲
5	柯文哲	朱立倫	林飛帆	卓榮泰	柯文哲	柯建銘
6	黃捷	蔣萬安	陳其邁	侯友宜	黃捷	黃捷
7	盧秀燕	侯友宜	黃國昌	朱立倫	林飛帆	陳其邁
8	林飛帆	張善政	卓榮泰	蔣萬安	朱立倫	蘇巧慧
9	朱立倫	賴清德	蕭美琴	韓國瑜	陳其邁	朱立倫
10	陳其邁	柯建銘	蘇巧慧	黃國昌	盧秀燕	林飛帆
	蔣萬安	蘇巧慧	侯友宜	陳其邁	蔣萬安	盧秀燕
	侯友宜	王世堅	朱立倫	柯文哲	侯友宜	黃偉哲
	卓榮泰	江啟臣	王世堅	蘇巧慧	蕭美琴	蔣萬安
	蘇巧慧	黃捷	鄭麗君	鄭麗君	王世堅	張善政
	蕭美琴	林飛帆	韓國瑜	盧秀燕	黃偉哲	侯友宜
	張善政	陳其邁	蔣萬安	蕭美琴	蘇巧慧	卓榮泰
	王世堅	卓榮泰	黃偉哲	黃偉哲	卓榮泰	江啟臣
	黃偉哲	黃偉哲	盧秀燕	王世堅	張善政	蕭美琴
	江啟臣	蕭美琴	江啟臣	江啟臣	江啟臣	王世堅
	鄭麗君	鄭麗君	張善政	張善政	鄭麗君	鄭麗君

備註：○○○灰階字體代表該人物在此分類無人選擇。

不喜歡或不信任的評價（依政治光譜排序）

排序	整體	依政治光譜排序								
		G1	G2	G3	G4	G5	G6	G7	G8	G9
1	黃國昌	賴清德	賴清德	賴清德	柯建銘	柯建銘	黃國昌	黃國昌	黃國昌	黃國昌
2	賴清德	柯建銘	柯建銘	柯建銘	賴清德	賴清德	韓國瑜	韓國瑜	柯文哲	韓國瑜
3	柯建銘	黃捷	黃捷	黃捷	黃捷	黃國昌	柯文哲	柯文哲	韓國瑜	柯文哲
4	韓國瑜	柯文哲	林飛帆	林飛帆	柯文哲	韓國瑜	柯建銘	侯友宜	盧秀燕	盧秀燕
5	柯文哲	卓榮泰	陳其邁	陳其邁	陳其邁	黃捷	朱立倫	朱立倫	朱立倫	蔣萬安
6	黃捷	林飛帆	柯文哲	柯文哲	林飛帆	林飛帆	黃捷	盧秀燕	侯友宜	朱立倫
7	盧秀燕	陳其邁	蕭美琴	卓榮泰	朱立倫	柯文哲	林飛帆	柯建銘	蔣萬安	張善政
8	林飛帆	蘇巧慧	蘇巧慧	蘇巧慧	侯友宜	朱立倫	侯友宜	蔣萬安	柯建銘	侯友宜
9	朱立倫	黃國昌	黃國昌	黃國昌	卓榮泰	侯友宜	王世堅	江啟臣	賴清德	江啟臣
10	陳其邁	王世堅	卓榮泰	王世堅	韓國瑜	蔣萬安	賴清德	林飛帆	張善政	賴清德
	蔣萬安	蕭美琴	韓國瑜	黃偉哲	黃偉哲	黃偉哲	蔣萬安	蘇巧慧	林飛帆	陳其邁
	侯友宜	鄭麗君	侯友宜	蔣萬安	黃國昌	蘇巧慧	蘇巧慧	張善政	王世堅	卓榮泰
	卓榮泰	侯友宜	王世堅	蕭美琴	王世堅	鄭麗君	蕭美琴	黃偉哲	黃偉哲	蘇巧慧
	蘇巧慧	盧秀燕	鄭麗君	朱立倫	蘇巧慧	盧秀燕	盧秀燕	賴清德	黃捷	王世堅
	蕭美琴	朱立倫	朱立倫	盧秀燕	黃偉哲	卓榮泰	張善政	黃捷	江啟臣	蕭美琴
	張善政	蔣萬安	黃偉哲	侯友宜	蔣萬安	蕭美琴	江啟臣	王世堅	蕭美琴	黃捷
	王世堅	韓國瑜	蔣萬安	韓國瑜	盧秀燕	陳其邁	黃偉哲	蕭美琴	蘇巧慧	黃偉哲
	黃偉哲	黃偉哲	盧秀燕	鄭麗君	鄭麗君	王世堅	卓榮泰	卓榮泰	卓榮泰	柯建銘
	江啟臣	江啟臣	江啟臣	江啟臣	江啟臣	張善政	陳其邁	陳其邁	陳其邁	林飛帆
	鄭麗君	張善政	張善政	張善政	張善政	江啟臣	鄭麗君	鄭麗君	鄭麗君	鄭麗君

備註：○○○灰階字體代表該人物在此分類無人選擇。

不喜歡或不信任的評價（依社會、經濟地位自評排序）

排序	整體	依社會、經濟地位自評排序				
		社會地位偏高/經濟地位偏高	社會地位偏高/經濟地位偏低	社會地位偏低/經濟地位偏高	社會地位偏低/經濟地位偏低	普通社經地位
1	黃國昌	黃國昌	黃國昌	黃國昌	黃國昌	黃國昌
2	賴清德	賴清德	韓國瑜	柯建銘	賴清德	賴清德
3	柯建銘	柯文哲	賴清德	柯文哲	柯建銘	柯建銘
4	韓國瑜	韓國瑜	柯建銘	黃捷	韓國瑜	柯文哲
5	柯文哲	柯建銘	黃捷	賴清德	柯文哲	韓國瑜
6	黃捷	黃捷	柯文哲	韓國瑜	黃捷	黃捷
7	盧秀燕	盧秀燕	盧秀燕	鄭麗君	林飛帆	林飛帆
8	林飛帆	蔣萬安	朱立倫	林飛帆	朱立倫	盧秀燕
9	朱立倫	林飛帆	侯友宜	朱立倫	陳其邁	朱立倫
10	陳其邁	陳其邁	黃偉哲	蘇巧慧	蔣萬安	陳其邁
	蔣萬安	朱立倫	林飛帆	蕭美琴	侯友宜	侯友宜
	侯友宜	侯友宜	蔣萬安	盧秀燕	盧秀燕	卓榮泰
	卓榮泰	卓榮泰	張善政	侯友宜	卓榮泰	蔣萬安
	蘇巧慧	張善政	鄭麗君	黃偉哲	蘇巧慧	蘇巧慧
	蕭美琴	蘇巧慧	陳其邁	蔣萬安	蕭美琴	蕭美琴
	張善政	王世堅	蘇巧慧	張善政	王世堅	張善政
	王世堅	蕭美琴	卓榮泰	陳其邁	張善政	黃偉哲
	黃偉哲	黃偉哲	蕭美琴	卓榮泰	江啟臣	王世堅
	江啟臣	江啟臣	王世堅	王世堅	鄭麗君	江啟臣
	鄭麗君	鄭麗君	江啟臣	江啟臣	黃偉哲	鄭麗君

備註：〇〇〇灰階字體代表該人物在此分類無人選擇。

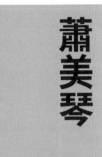

基本資料

姓名：蕭美琴

生日：1971年8月7日

學歷：

- 美國哥倫比亞大學政治學碩士
- 美國歐柏林學院東亞研究學士

政黨：民主進步黨

派系：無

現職：

- 中華民國第16任副總統

曾擔任職位／經歷

- 中華民國駐美國代表
- 國家安全會議諮詢委員
- 國際自由聯盟（LI）副主席
- 新境界文教基金會副執行長
- 行政院大陸委員會諮詢委員
- 亞洲自由民主聯盟（CALD）秘書長、主席
- 臺灣民主基金會董事
- 第5-6、8-9屆立法委員
- 總統府顧問
- 民主進步黨國際事務部主任
- 民主進步黨駐美代表處活動執行長

選舉紀錄

年度	選舉屆數	是否當選
2001 年	第 5 屆立法委員選舉	V
2004 年	第 6 屆立法委員選舉	V
2010 年	第 7 屆立法委員補選	
2012 年	第 8 屆立法委員選舉	V
2016 年	第 9 屆立法委員選舉	V
2020 年	第 10 屆立法委員選舉	
2024 年	第 16 任總統、副總統選舉	V

人物側寫

從外交官到副總統　一個人也可以的「戰貓」

　　「一個人可以改變世界！──這是多麼美，多麼誘人的理想，
我相信我可以，你一定也可以，我們手牽手讓世界更美好。」

　　副總統蕭美琴曾在自傳《一個人也可以》寫下這段文字，2022
年她在臉書曬高中畢業照時，也解答了「一個人可以改變世界」的
緣由，這是她就讀美國歐柏林學院的招生口號。她說被這句話吸引
了，「18歲那年，很天真，但是也很認真很熱情開始接觸國際政治和
社會政治的正義議題，也開啟了一條時而精彩時而崎嶇的熱血政治
路。」

　　蕭美琴一個人跑到花蓮征戰藍營鐵票區；一個人赴美開拓外交；
也一個人生活，不甩外界對她感情世界的流言。她一個人的力量強
大，確實改變世界，改變世界對臺灣的看法；同時改變臺灣的國際
地位。

臺美混血受關注　一封自薦信政治啟蒙

　　1971年出生於日本神戶市的蕭美琴，父親蕭清芬是臺南人，曾任臺南神學院院長；母親蕭邱碧玉（Peggy Cooley）是美國人，來臺在臺南神學院做過音樂老師。也因為她是臺美混血，擁有深邃立體的五官，以及亮麗的外表，從小就受到關注。

　　蕭美琴在臺南就讀國小、國中，後來舉家移居美國，出國前她還參加升學考試，錄取臺南女中，但最後仍選擇赴美唸高中，大學就讀歐柏林學院，主修東亞研究。

　　大三那一年，蕭美琴受到臺灣政治環境風起雲湧的吸引，主動寫信給美麗島事件剛出獄的前副總統呂秀蓮，休學半年返臺擔任呂的辦公室助理，也與民進黨有了接觸。

民進黨最年輕主管　當立委開啟公職生涯

　　蕭美琴後來進入哥倫比亞大學就讀政治學研究所，並取得碩士學位。1995年她出社會第一份工作是擔任民進黨駐美代表處活動執行長，積極參與華府各地智庫研討會、聽證會。26歲她升任民進黨國際部主任，是黨內最年輕的一級主管。

　　2001年蕭美琴當上僑選立委，開啟公職生涯。隔年她因雙重國籍身分，選擇放棄美國籍，只留下中華民國籍。她接著又轉戰臺北市區域立委順利當選，但爭取連任時，在黨內初選敗給王世堅，無緣繼續

參選。

2008年民進黨總統大選和立委選舉慘敗，加上前總統陳水扁涉貪風暴，黨內瀰漫絕望感，在民進黨一蹶不振最需要有人跳出來的時刻，蔡英文接任黨主席進行黨內改造，蕭美琴則擔任黨主席特助。蔡、蕭兩人因為愛貓，從那個時候開始建立好交情。

前進花蓮藍營鐵票區　翻轉後山神話

也因為是閨蜜，憑著黨主席蔡英文一句話，蕭美琴2010年投入花蓮立委補選，那裡是藍營鐵票區，她人生地不熟，就是憑著一股拚勁，甚至過年也沒回家，最後僅小輸「花蓮王」傅崐萁支持的王廷升，但她已打破國民黨鐵票神話。

補選失利的蕭美琴，沒有離開花蓮，反而在後山繼續深耕，就算擔任民進黨不分區立委，也幾乎每周往返臺北花蓮兩地，她的座車後面就放著雨鞋、斗笠，一臺小車穿梭在花蓮的偏鄉、農村。

2016年蕭美琴再次挑戰花蓮立委選舉，這次她擊敗了王廷升，不僅翻轉花蓮，也被認為締造奇績；但尋求連任，卻不敵對手傅崐萁。從踏進花蓮到連任失利，蕭美琴在花蓮待了10年，和當地已經有深厚的感情。

「我在花蓮歷練的其中一個特點是，我還真的蠻耐得住寂寞，不會一天到晚想要喧賓奪主，你們都不找我，我日子也可以過得很好。」蕭美琴曾再次描述「一個人也可以」的人生哲學，在花蓮的怡然自得。

首位女性駐美代表　促成裴洛西訪臺

2020年6月，總統蔡英文任命蕭美琴為駐美代表，成為我國首位女性駐美代表，她帶著心愛的四隻貓赴華府就職，回到最熟稔的外交事務。

愛貓的蕭美琴駐美3年，自稱「戰貓」，以強化臺灣國際地位務實作風，對抗中國好鬥的「戰狼外交」。接受英國《經濟學人》專訪時，她談到「戰貓外交」的特色，除了可愛、敏捷、靈活之外，貓可以在非常微妙之處保持平衡，「即使腳步輕柔，牠們還是可以找出最正確的防衛位置。」當然，「也不能強迫貓做牠不想做的事」。

攤開蕭美琴在外交上的成績單，不僅臺美關係增溫，獲得美國跨黨派支持，同時美國也通過多項對臺法案。2021年8月，她更促成美國眾議院議長裴洛西（Nancy Pelosi）旋風訪臺，這是繼1997年時任美國眾議院議長金瑞契（Newt Gingrich）後，訪臺層級最高的美國政要。

最有影響力外交使節　勝選進入總統府

裴洛西盛讚蕭美琴，是一位出色外交官和戰略思想家，不僅清楚自己在臺美經濟和文化上扮演的角色，更能理解國際安全是全球關係的重中之重。《紐約時報》也專文評論，在新冠肺炎肆虐及兩岸緊張關係達到頂峰時，蕭美琴靈活斡旋於華盛頓，並能夠進出白宮，「可以說是華府最有影響力的外交使節之一」。

2023年11月，民進黨總統候選人賴清德確定找蕭美琴擔任副手，

「賴蕭配」正式成軍，當時許多人都認為，她為賴清德加分不少，尤其賴較為強硬的個性，需要她柔軟的身段調和。最終「賴蕭配」在2024總統大選，拿到558萬6019票，雖然得票率僅4成，仍順利當選。

進入總統府後，蕭美琴相當清楚自己的角色定位，她說：「會繼續協助賴清德總統壯大臺灣的實力，以及結交更多國際友人」。她也回到深耕10年的花蓮，以神秘嘉賓身分和日本人組成的旅遊應援團會面，當時同黨臺北市議員李建昌呼籲抵制花蓮觀光，言論引發軒然大波，但她的回應讓災民揪感心。蕭美琴說，現在大家仍需要很多的溫暖，「不要用政治角度看待，一起努力讓臺灣更好。」

鄉村、都會到世界　政壇經歷獨一無二

一個熱血大學生，從小黨工、民進黨國際部主任，後來擔任立委、駐美大使，再當上副總統，蕭美琴以深厚的外交實力和豐富的從政經驗，擦亮自己的身價。蕭美琴曾經在雜誌專訪，很有自信的說：「我很多特殊歷練在政壇上是獨一無二，從鄉村、都會到世界，這些不同面向，我都經歷過，讓我看清事情有比較完整、全面性的觀點。」

這是蕭美琴「一個人也可以」的哲學，當然也有她的「戰貓」論點。她柔軟又堅定的處事風格，無論在哪一個角色，都恰如其分。

輔助賴清德當選2024總統的蕭美琴，也把自己推上政治的頂峰。根據《菱傳媒》未來政治領袖聲望調查，在三黨政治人物調查「未來發展」項目她排第一，「印象最佳」她也拿下冠軍，顯然2024這年驗收了她過去政治生涯的表現，也給了她未來更多的希望。

　　「我不認為蕭美琴未來升任臺灣總統是不可想像之事。」美國在臺協會（AIT）前處長楊甦棣（Stephen M. Young）在接受英國BBC中文網訪問時，做出這樣的評價：「她有才華、經驗豐富，並對美國有深刻了解，這都是取得進一步政治成功的絕佳先決條件。」

民調中的蕭美琴

對蕭美琴印象最好的受訪者佔總樣本數 15.7%，近半數提及其擔任駐美大使的經歷，肯定她的外交能力和在臺美關係經營上的豐碩成果，讓世界看見臺灣。她在「遠見、國際觀」項目中排序第一。此外，蕭美琴在花蓮擔任立委深耕多年的經歷，也多次被提及並予以肯定。

在本次調查中，蕭美琴的支持者比例僅次於現任總統賴清德，並被看好未來能挑戰更高職位。在「未來發展性」一題中，她排序第三，僅次於賴清德和陳其邁。因此，支持者認為她當前最需要增加的是對內政、行政的了解以及地方執政經驗，以面對未來更高職位可能的挑戰。

不喜歡或不信任蕭美琴的受訪者比例較少，佔總樣本數的 0.6%。這些受訪者主要認為她過去在地方上政績不多、不夠親民，這表示在地方行政歷練和接地氣方面可能是她未來需要克服的挑戰之一。

第一印象

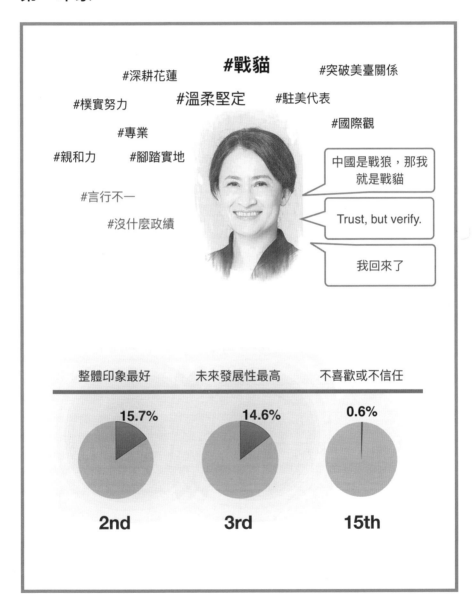

整體評價（能力分析）

排序	操守 品德	決斷力 溝通協調力	親和力 領導風範	從政績效 執政效率	專業能力 創新能力	務實、穩定 能展現影響 力	遠見 國際觀
1	賴清德	賴清德	賴清德	陳其邁	陳其邁	賴清德	蕭美琴
2	蕭美琴	韓國瑜	韓國瑜	賴清德	賴清德	韓國瑜	賴清德
3	韓國瑜	蕭美琴	蕭美琴	盧秀燕	蕭美琴	盧秀燕	韓國瑜
4	盧秀燕	陳其邁	盧秀燕	柯文哲	韓國瑜	陳其邁	柯文哲
5	柯文哲	盧秀燕	陳其邁	韓國瑜	柯文哲	柯文哲	蔣萬安
6	蔣萬安	卓榮泰	柯文哲	蕭美琴	盧秀燕	蕭美琴	盧秀燕
7	陳其邁	柯文哲	蔣萬安	蔣萬安	黃國昌	蔣萬安	陳其邁
8	黃國昌	黃國昌	卓榮泰	張善政	蔣萬安	黃國昌	張善政
9	張善政	蔣萬安	黃國昌	侯友宜	張善政	張善政	江啟臣
10	侯友宜	柯建銘	張善政	黃國昌	黃捷	卓榮泰	黃國昌

操守、品德
2nd

遠見、國際觀
1st

決斷力
溝通協調力
3rd

務實、穩定
展現影響力
6th

親和力
領導風範
3rd

專業能力、創新能力
3rd

從政績效、執政效率
6th

第一波百人未來政治領袖調查排序回顧

其他黨公職排序 (名單共10人)		
印象最好	施政績效	務實穩定 展現影響力

	印象最好	施政績效	務實穩定 展現影響力
排序	1	3	1

50-59歲政治人物排序 (名單共32人)		
印象最好	領導力	未來發展

	印象最好	領導力	未來發展
排序	2	2	2

女性政治人物排序 (名單共38人)		
印象最好	領導力	未來發展

	印象最好	領導力	未來發展
排序	1	1	1

社會議題面向 被期待解決問題的政治人物				
詐騙防制	治安、 社會安全網	都市發展	食安	環境能源

	詐騙防制	治安、 社會安全網	都市發展	食安	環境能源
排序	34	14	25	35	19

整體評價（支持者分析）

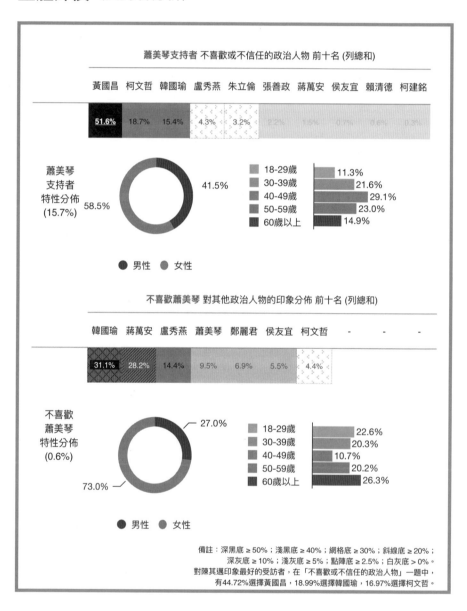

蕭美琴支持者 不喜歡或不信任的政治人物 前十名 (列總和)

黃國昌	柯文哲	韓國瑜	盧秀燕	朱立倫	張善政	蔣萬安	侯友宜	賴清德	柯建銘
51.6%	18.7%	15.4%	4.3%	3.2%	2.2%	1.5%	0.7%	0.6%	0.3%

蕭美琴
支持者
特性分佈
(15.7%)

58.5%　41.5%

● 男性　● 女性

18-29歲　11.3%
30-39歲　21.6%
40-49歲　29.1%
50-59歲　23.0%
60歲以上　14.9%

不喜歡蕭美琴 對其他政治人物的印象分佈 前十名 (列總和)

韓國瑜	蔣萬安	盧秀燕	蕭美琴	鄭麗君	侯友宜	柯文哲	-	-	-
31.1%	28.2%	14.4%	9.5%	6.9%	5.5%	4.4%			

不喜歡
蕭美琴
特性分佈
(0.6%)

27.0%　73.0%

● 男性　● 女性

18-29歲　22.6%
30-39歲　20.3%
40-49歲　10.7%
50-59歲　20.2%
60歲以上　26.3%

備註：深黑底 ≥ 50%；淺黑底 ≥ 40%；網格底 ≥ 30%；斜線底 ≥ 20%；
深灰底 ≥ 10%；淺灰底 ≥ 5%；點陣底 ≥ 2.5%；白灰底 > 0%。
對陳其邁印象最好的受訪者，在「不喜歡或不信任的政治人物」一題中，
有44.72%選擇黃國昌，18.99%選擇韓國瑜，16.97%選擇柯文哲。

正面評論

您認為蕭美琴有哪些吸引您的特質或值得肯定的成就及能力？

■ 民進黨　　■ 台灣基進　　■ 時代力量　　░ 其他

#國際觀 #駐美代表

| 66% | 6% | 2% | 25% |

「臺灣這幾年在國際上進展有所突破，蕭美琴在當美國外交官時功不可沒，有良好的溝通應變才有良好的結果」

　　　　　　　　　　　　　　　　　　　　　屏東縣 / 30-39歲男性

「蕭副總統之前在美國擔任大使的表現，可圈可點，一點都沒辜負國人的期待，真心期待她未來任內也一樣義不容辭。」

　　　　　　　　　　　　　　　　　　　　　高雄市 / 50-59歲女性

「國際視野、傑出的語言能力、柔中帶剛的身段、中美混血的外交優勢。」

　　　　　　　　　　　　　　　　　　　　　新北市 / 60歲以上男性

#深耕花蓮

■ 花蓮縣
■ 其他

| 8% | 92% |

「蕭美琴願意在藍營鐵票倉的花蓮深耕多年，即便後來在縣市長選舉失利，選上副總統後仍不忘回來協助災後振興花蓮觀光業，這種包容度和氣度難能可貴。」

　　　　　　　　　　　　　　　　　　　　　花蓮縣 / 30-39歲女性

「不求個人曝光/名利，願為國家承擔，只做實事。
例：沉潛在不可能的選區花蓮基層蹲點十年深耕、擔任駐美代表專業度獲得美方史上最信任。」

　　　　　　　　　　　　　　　　　　　　　臺北市 / 40-49歲女性

建議／反面聲音

[支持者]

您認為蕭美琴有哪些需要改進的缺點或當前應處理面對的問題？

歷練不夠

「國內全國性內政議題的處理，不論是經驗上或實際職務的歷練上都尚不足」

新北市 / 30-39歲男性

「相對缺乏地方首長執政經驗，須在擔任副手期間培養相關經歷。」

臺北市 / 30-39歲女性

國內事務不熟悉、內政問題

「多增加對內政的了解，以及國內政治環境的險惡」

臺北市 / 18-29歲女性

「長年在國外需要熟悉臺灣政壇狀況」

臺北市 / 40-49歲女性

[反對者]

您不喜歡或不信任蕭美琴的原因是什麼（特質、言行或背景）？

#沒什麼政績

「外國人，以前也沒有什麼政績」

桃園市 / 60歲以上男性

「她講話不夠真誠，說過的話都做不到」

新北市 / 50-59歲女性

整體印象評價（依性別、年齡排序）

排序	整體	依性別排序		依年齡排序				
		男性	女性	18-29歲	30-39歲	40-49歲	50-59歲	60歲以上
1	賴清德	賴清德	賴清德	蕭美琴	蕭美琴	蕭美琴	賴清德	賴清德
2	蕭美琴	韓國瑜	蕭美琴	柯文哲	賴清德	賴清德	韓國瑜	韓國瑜
3	韓國瑜	蕭美琴	陳其邁	賴清德	柯文哲	陳其邁	蕭美琴	蕭美琴
4	陳其邁	盧秀燕	韓國瑜	盧秀燕	黃國昌	柯文哲	陳其邁	盧秀燕
5	盧秀燕	陳其邁	盧秀燕	陳其邁	陳其邁	韓國瑜	盧秀燕	陳其邁
6	柯文哲	柯文哲	柯文哲	黃國昌	盧秀燕	盧秀燕	蔣萬安	蔣萬安
7	黃國昌	黃國昌	蔣萬安	韓國瑜	韓國瑜	黃國昌	柯文哲	張善政
8	蔣萬安	蔣萬安	黃國昌	王世堅	蔣萬安	蔣萬安	張善政	黃國昌
9	張善政	江啟臣	張善政	蔣萬安	黃捷	侯友宜	鄭麗君	柯文哲
10	王世堅	黃捷	蘇巧慧	江啟臣	王世堅	蘇巧慧	黃國昌	蘇巧慧
	蘇巧慧	張善政	王世堅	鄭麗君	蘇巧慧	張善政	黃捷	卓榮泰
	黃捷	王世堅	侯友宜	黃捷	張善政	卓榮泰	王世堅	黃捷
	鄭麗君	蘇巧慧	鄭麗君	蘇巧慧	江啟臣	鄭麗君	卓榮泰	江啟臣
	江啟臣	鄭麗君	黃捷	黃偉哲	侯友宜	江啟臣	侯友宜	鄭麗君
	卓榮泰	卓榮泰	黃偉哲	張善政	鄭麗君	王世堅	江啟臣	朱立倫
	侯友宜	林飛帆	柯建銘	侯友宜	卓榮泰	黃捷	蘇巧慧	林飛帆
	柯建銘	侯友宜	卓榮泰	柯建銘	柯建銘	柯建銘	林飛帆	柯建銘
	黃偉哲	朱立倫	江啟臣	朱立倫	林飛帆	黃偉哲	朱立倫	王世堅
	林飛帆	柯建銘	林飛帆	林飛帆	黃偉哲	林飛帆	柯建銘	黃偉哲
	朱立倫	黃偉哲	朱立倫	卓榮泰	朱立倫	朱立倫	黃偉哲	侯友宜

備註：○○○灰階字體代表該人物在此分類無人選擇。

整體印象評價（依政黨傾向排序）

排序	整體	依政黨傾向排序				
		民進黨支持者	國民黨支持者	台灣民眾黨支持者	選人不選黨/中立	其他選擇
1	賴清德	賴清德	韓國瑜	柯文哲	賴清德	蕭美琴
2	蕭美琴	蕭美琴	盧秀燕	黃國昌	盧秀燕	賴清德
3	韓國瑜	陳其邁	蔣萬安	盧秀燕	蕭美琴	韓國瑜
4	陳其邁	蘇巧慧	張善政	韓國瑜	韓國瑜	陳其邁
5	盧秀燕	黃捷	江啟臣	蕭美琴	陳其邁	盧秀燕
6	柯文哲	卓榮泰	侯友宜	蔣萬安	蔣萬安	鄭麗君
7	黃國昌	鄭麗君	朱立倫	陳其邁	柯文哲	蔣萬安
8	蔣萬安	王世堅	陳其邁	王世堅	黃國昌	黃捷
9	張善政	柯建銘	黃國昌	張善政	王世堅	黃國昌
10	王世堅	盧秀燕	王世堅	侯友宜	張善政	柯文哲
	蘇巧慧	黃偉哲	柯文哲	柯建銘	江啟臣	王世堅
	黃捷	林飛帆	蕭美琴	江啟臣	侯友宜	林飛帆
	鄭麗君	黃國昌	黃偉哲	賴清德	鄭麗君	侯友宜
	江啟臣	韓國瑜	蘇巧慧	朱立倫	黃捷	卓榮泰
	卓榮泰	柯文哲	賴清德	黃偉哲	蘇巧慧	張善政
	侯友宜	蔣萬安	黃捷	蘇巧慧	卓榮泰	柯建銘
	柯建銘	張善政	卓榮泰	黃捷	朱立倫	江啟臣
	黃偉哲	侯友宜	鄭麗君	卓榮泰	柯建銘	黃偉哲
	林飛帆	江啟臣	柯建銘	鄭麗君	林飛帆	蘇巧慧
	朱立倫	朱立倫	林飛帆	林飛帆	黃偉哲	朱立倫

備註：○○○灰階字體代表該人物在此分類無人選擇。

整體印象評價（依政治光譜排序）

排序	整體	依政治光譜排序								
		G1	G2	G3	G4	G5	G6	G7	G8	G9
1	賴清德	韓國瑜	韓國瑜	韓國瑜	柯文哲	柯文哲	蕭美琴	賴清德	賴清德	賴清德
2	蕭美琴	盧秀燕	盧秀燕	盧秀燕	黃國昌	黃國昌	賴清德	蕭美琴	蕭美琴	蕭美琴
3	韓國瑜	蔣萬安	蔣萬安	柯文哲	盧秀燕	盧秀燕	陳其邁	陳其邁	陳其邁	陳其邁
4	陳其邁	張善政	黃國昌	蔣萬安	韓國瑜	蕭美琴	柯文哲	柯文哲	蘇巧慧	蘇巧慧
5	盧秀燕	黃國昌	柯文哲	黃國昌	蔣萬安	蔣萬安	盧秀燕	鄭麗君	黃捷	黃捷
6	柯文哲	江啟臣	張善政	張善政	張善政	賴清德	王世堅	盧秀燕	卓榮泰	卓榮泰
7	黃國昌	侯友宜	侯友宜	江啟臣	王世堅	王世堅	黃國昌	黃捷	鄭麗君	鄭麗君
8	蔣萬安	朱立倫	江啟臣	侯友宜	侯友宜	韓國瑜	鄭麗君	黃國昌	王世堅	柯建銘
9	張善政	蕭美琴	朱立倫	王世堅	江啟臣	陳其邁	黃捷	蔣萬安	林飛帆	王世堅
10	王世堅	賴清德	鄭麗君	陳其邁	蕭美琴	江啟臣	卓榮泰	柯建銘	黃偉哲	林飛帆
	蘇巧慧	陳其邁	賴清德	柯建銘	柯建銘	黃偉哲	蘇巧慧	蘇巧慧	柯文哲	韓國瑜
	黃捷	鄭麗君	王世堅	蕭美琴	鄭麗君	侯友宜	韓國瑜	黃偉哲	柯建銘	黃偉哲
	鄭麗君	黃捷	陳其邁	朱立倫	黃捷	張善政	林飛帆	王世堅	盧秀燕	柯文哲
	江啟臣	柯文哲	蕭美琴	鄭麗君	賴清德	黃捷	張善政	卓榮泰	黃國昌	盧秀燕
	卓榮泰	王世堅	黃捷	賴清德	陳其邁	柯建銘	蔣萬安	韓國瑜	蔣萬安	黃國昌
	侯友宜	林飛帆	林飛帆	黃捷	朱立倫	朱立倫	江啟臣	林飛帆	韓國瑜	蔣萬安
	柯建銘	卓榮泰	卓榮泰	林飛帆	林飛帆	鄭麗君	黃偉哲	張善政	張善政	張善政
	黃偉哲	柯建銘	柯建銘	卓榮泰	卓榮泰	蘇巧慧	侯友宜	江啟臣	江啟臣	江啟臣
	林飛帆	黃偉哲	黃偉哲	黃偉哲	黃偉哲	林飛帆	柯建銘	侯友宜	侯友宜	侯友宜
	朱立倫	蘇巧慧	蘇巧慧	蘇巧慧	蘇巧慧	卓榮泰	朱立倫	朱立倫	朱立倫	朱立倫

備註：○○○灰階字體代表該人物在此分類無人選擇。

113

整體印象評價（依社會、經濟地位自評排序）

排序	整體	依社會、經濟地位自評排序				
		社會地位偏高/ 經濟地位偏高	社會地位偏高/ 經濟地位偏低	社會地位偏低/ 經濟地位偏高	社會地位偏低/ 經濟地位偏低	普通社經地位
1	賴清德	賴清德	賴清德	蕭美琴	韓國瑜	賴清德
2	蕭美琴	蕭美琴	蕭美琴	賴清德	賴清德	蕭美琴
3	韓國瑜	陳其邁	韓國瑜	柯文哲	蕭美琴	韓國瑜
4	陳其邁	韓國瑜	盧秀燕	陳其邁	盧秀燕	陳其邁
5	盧秀燕	盧秀燕	陳其邁	張善政	陳其邁	盧秀燕
6	柯文哲	柯文哲	柯文哲	韓國瑜	柯文哲	柯文哲
7	黃國昌	黃國昌	黃國昌	黃國昌	黃國昌	蔣萬安
8	蔣萬安	蔣萬安	蔣萬安	盧秀燕	蔣萬安	黃國昌
9	張善政	蘇巧慧	蘇巧慧	鄭麗君	黃捷	張善政
10	王世堅	江啟臣	張善政	林飛帆	王世堅	王世堅
	蘇巧慧	張善政	卓榮泰	蘇巧慧	鄭麗君	侯友宜
	黃捷	黃捷	黃偉哲	蔣萬安	江啟臣	蘇巧慧
	鄭麗君	卓榮泰	黃捷	黃捷	蘇巧慧	黃捷
	江啟臣	王世堅	江啟臣	侯友宜	侯友宜	卓榮泰
	卓榮泰	鄭麗君	王世堅	卓榮泰	張善政	鄭麗君
	侯友宜	柯建銘	鄭麗君	黃偉哲	林飛帆	江啟臣
	柯建銘	侯友宜	侯友宜	江啟臣	柯建銘	黃偉哲
	黃偉哲	林飛帆	柯建銘	王世堅	卓榮泰	朱立倫
	林飛帆	朱立倫	林飛帆	柯建銘	黃偉哲	柯建銘
	朱立倫	黃偉哲	朱立倫	朱立倫	朱立倫	林飛帆

備註：○○○灰階字體代表該人物在此分類無人選擇。

看好未來表現評價（依性別、年齡排序）

排序	整體	依性別排序		依年齡排序				
		男性	女性	18-29歲	30-39歲	40-49歲	50-59歲	60歲以上
1	賴清德	賴清德	賴清德	陳其邁	蕭美琴	蕭美琴	陳其邁	賴清德
2	陳其邁	陳其邁	陳其邁	盧秀燕	陳其邁	陳其邁	賴清德	韓國瑜
3	蕭美琴	蕭美琴	蕭美琴	蕭美琴	黃國昌	賴清德	韓國瑜	陳其邁
4	盧秀燕	盧秀燕	韓國瑜	黃國昌	賴清德	盧秀燕	蕭美琴	蕭美琴
5	韓國瑜	韓國瑜	盧秀燕	賴清德	柯文哲	柯文哲	盧秀燕	盧秀燕
6	蔣萬安	蔣萬安	蔣萬安	柯文哲	盧秀燕	黃國昌	蔣萬安	蔣萬安
7	黃國昌	黃國昌	柯文哲	蔣萬安	韓國瑜	韓國瑜	柯文哲	柯文哲
8	柯文哲	柯文哲	黃國昌	韓國瑜	蔣萬安	蔣萬安	黃國昌	黃國昌
9	蘇巧慧	蘇巧慧	卓榮泰	蘇巧慧	黃捷	蘇巧慧	蘇巧慧	卓榮泰
10	黃捷	黃捷	蘇巧慧	王世堅	卓榮泰	黃捷	張善政	江啟臣
	卓榮泰	江啟臣	黃捷	黃捷	蘇巧慧	江啟臣	卓榮泰	張善政
	江啟臣	張善政	王世堅	江啟臣	林飛帆	王世堅	黃捷	鄭麗君
	王世堅	卓榮泰	林飛帆	卓榮泰	江啟臣	張善政	鄭麗君	蘇巧慧
	張善政	王世堅	江啟臣	鄭麗君	王世堅	卓榮泰	江啟臣	林飛帆
	林飛帆	鄭麗君	鄭麗君	林飛帆	侯友宜	侯友宜	林飛帆	黃捷
	鄭麗君	林飛帆	侯友宜	黃偉哲	張善政	林飛帆	王世堅	王世堅
	侯友宜	侯友宜	張善政	侯友宜	鄭麗君	鄭麗君	侯友宜	柯建銘
	柯建銘	柯建銘	黃偉哲	張善政	柯建銘	黃偉哲	朱立倫	侯友宜
	黃偉哲	黃偉哲	柯建銘	柯建銘	黃偉哲	柯建銘	黃偉哲	黃偉哲
	朱立倫	朱立倫	朱立倫	朱立倫	朱立倫	朱立倫	柯建銘	朱立倫

備註：○○○灰階字體代表該人物在此分類無人選擇。

看好未來表現評價（依政黨傾向排序）

排序	整體	依政黨傾向排序				
		民進黨 支持者	國民黨 支持者	台灣民眾黨 支持者	選人不選黨/ 中立	其他選擇
1	賴清德	賴清德	韓國瑜	黃國昌	盧秀燕	蕭美琴
2	陳其邁	陳其邁	盧秀燕	柯文哲	蕭美琴	陳其邁
3	蕭美琴	蕭美琴	蔣萬安	盧秀燕	賴清德	賴清德
4	盧秀燕	蘇巧慧	江啟臣	韓國瑜	陳其邁	盧秀燕
5	韓國瑜	黃捷	張善政	蔣萬安	蔣萬安	韓國瑜
6	蔣萬安	卓榮泰	侯友宜	陳其邁	韓國瑜	柯文哲
7	黃國昌	林飛帆	蕭美琴	江啟臣	黃國昌	蔣萬安
8	柯文哲	王世堅	黃國昌	蕭美琴	柯文哲	黃捷
9	蘇巧慧	鄭麗君	黃偉哲	王世堅	王世堅	黃國昌
10	黃捷	盧秀燕	王世堅	柯建銘	江啟臣	鄭麗君
	卓榮泰	柯建銘	陳其邁	侯友宜	卓榮泰	王世堅
	江啟臣	黃偉哲	黃捷	張善政	蘇巧慧	蘇巧慧
	王世堅	韓國瑜	柯文哲	賴清德	黃捷	林飛帆
	張善政	江啟臣	卓榮泰	黃偉哲	張善政	卓榮泰
	林飛帆	蔣萬安	賴清德	黃捷	鄭麗君	張善政
	鄭麗君	黃國昌	蘇巧慧	卓榮泰	侯友宜	江啟臣
	侯友宜	張善政	林飛帆	蘇巧慧	朱立倫	黃偉哲
	柯建銘	柯文哲	鄭麗君	林飛帆	柯建銘	侯友宜
	黃偉哲	侯友宜	柯建銘	鄭麗君	林飛帆	柯建銘
	朱立倫	朱立倫	朱立倫	朱立倫	黃偉哲	朱立倫

備註：○○○灰階字體代表該人物在此分類無人選擇。

看好未來表現評價（依政治光譜排序）

排序	整體	G1	G2	G3	G4	G5	G6	G7	G8	G9
						依政治光譜排序				
1	賴清德	韓國瑜	盧秀燕	盧秀燕	黃國昌	柯文哲	蕭美琴	陳其邁	蕭美琴	賴清德
2	陳其邁	蔣萬安	韓國瑜	韓國瑜	盧秀燕	黃國昌	陳其邁	蕭美琴	陳其邁	陳其邁
3	蕭美琴	盧秀燕	蔣萬安	蔣萬安	柯文哲	盧秀燕	賴清德	賴清德	賴清德	蕭美琴
4	盧秀燕	張善政	黃國昌	黃國昌	蔣萬安	蔣萬安	盧秀燕	黃捷	卓榮泰	蘇巧慧
5	韓國瑜	黃國昌	柯文哲	柯文哲	韓國瑜	賴清德	黃國昌	盧秀燕	黃捷	黃捷
6	蔣萬安	江啟臣	張善政	江啟臣	王世堅	蕭美琴	柯文哲	卓榮泰	蘇巧慧	卓榮泰
7	黃國昌	侯友宜	江啟臣	張善政	侯友宜	陳其邁	蘇巧慧	柯文哲	林飛帆	林飛帆
8	柯文哲	柯文哲	侯友宜	蕭美琴	蕭美琴	王世堅	黃捷	鄭麗君	王世堅	鄭麗君
9	蘇巧慧	蕭美琴	鄭麗君	王世堅	張善政	韓國瑜	林飛帆	王世堅	鄭麗君	王世堅
10	黃捷	陳其邁	賴清德	柯建銘	江啟臣	江啟臣	王世堅	蘇巧慧	盧秀燕	柯建銘
	卓榮泰	賴清德	朱立倫	朱立倫	陳其邁	黃偉哲	韓國瑜	蔣萬安	江啟臣	黃偉哲
	江啟臣	黃捷	蕭美琴	侯友宜	柯建銘	侯友宜	蔣萬安	江啟臣	柯文哲	韓國瑜
	王世堅	鄭麗君	陳其邁	鄭麗君	黃捷	鄭麗君	江啟臣	林飛帆	柯建銘	蔣萬安
	張善政	王世堅	黃捷	賴清德	卓榮泰	張善政	卓榮泰	柯建銘	韓國瑜	盧秀燕
	林飛帆	蘇巧慧	王世堅	陳其邁	賴清德	柯建銘	鄭麗君	黃國昌	黃國昌	江啟臣
	鄭麗君	林飛帆	蘇巧慧	黃捷	朱立倫	蘇巧慧	黃偉哲	黃偉哲	黃偉哲	柯文哲
	侯友宜	卓榮泰	林飛帆	蘇巧慧	鄭麗君	朱立倫	侯友宜	韓國瑜	蔣萬安	黃國昌
	柯建銘	黃偉哲	卓榮泰	林飛帆	蘇巧慧	黃捷	張善政	侯友宜	侯友宜	侯友宜
	黃偉哲	柯建銘	黃偉哲	卓榮泰	林飛帆	林飛帆	柯建銘	張善政	張善政	張善政
	朱立倫	朱立倫	柯建銘	黃偉哲	黃偉哲	卓榮泰	朱立倫	朱立倫	朱立倫	朱立倫

備註：○○○灰階字體代表該人物在此分類無人選擇。

117

看好未來表現評價（依社會、經濟地位自評排序）

排序	整體	依社會、經濟地位自評排序				
		社會地位偏高/經濟地位偏高	社會地位偏高/經濟地位偏低	社會地位偏低/經濟地位偏高	社會地位偏低/經濟地位偏低	普通社經地位
1	賴清德	賴清德	蕭美琴	陳其邁	賴清德	陳其邁
2	陳其邁	陳其邁	賴清德	蕭美琴	韓國瑜	蕭美琴
3	蕭美琴	蕭美琴	陳其邁	蔣萬安	盧秀燕	賴清德
4	盧秀燕	盧秀燕	韓國瑜	賴清德	陳其邁	盧秀燕
5	韓國瑜	韓國瑜	盧秀燕	柯文哲	蕭美琴	蔣萬安
6	蔣萬安	蔣萬安	蔣萬安	黃國昌	柯文哲	韓國瑜
7	黃國昌	黃國昌	柯文哲	盧秀燕	蔣萬安	黃國昌
8	柯文哲	柯文哲	黃國昌	韓國瑜	黃國昌	柯文哲
9	蘇巧慧	蘇巧慧	卓榮泰	卓榮泰	王世堅	蘇巧慧
10	黃捷	黃捷	鄭麗君	鄭麗君	黃捷	黃捷
	卓榮泰	卓榮泰	黃偉哲	黃捷	江啟臣	卓榮泰
	江啟臣	林飛帆	蘇巧慧	江啟臣	蘇巧慧	江啟臣
	王世堅	江啟臣	林飛帆	黃偉哲	卓榮泰	張善政
	張善政	鄭麗君	王世堅	蘇巧慧	張善政	王世堅
	林飛帆	張善政	張善政	林飛帆	林飛帆	鄭麗君
	鄭麗君	王世堅	朱立倫	王世堅	侯友宜	林飛帆
	侯友宜	黃偉哲	黃捷	張善政	鄭麗君	侯友宜
	柯建銘	侯友宜	江啟臣	朱立倫	柯建銘	柯建銘
	黃偉哲	柯建銘	侯友宜	侯友宜	朱立倫	黃偉哲
	朱立倫	朱立倫	柯建銘	柯建銘	黃偉哲	朱立倫

備註：○○○灰階字體代表該人物在此分類無人選擇。

不喜歡或不信任的評價（依性別、年齡排序）

排序	整體	依性別排序		依年齡排序				
		男性	女性	18-29歲	30-39歲	40-49歲	50-59歲	60歲以上
1	黃國昌	黃國昌	黃國昌	黃國昌	黃國昌	黃國昌	黃國昌	黃國昌
2	賴清德	柯建銘	韓國瑜	柯建銘	柯建銘	賴清德	賴清德	賴清德
3	柯建銘	賴清德	賴清德	韓國瑜	賴清德	柯文哲	柯文哲	柯文哲
4	韓國瑜	柯文哲	柯文哲	賴清德	韓國瑜	韓國瑜	韓國瑜	韓國瑜
5	柯文哲	韓國瑜	柯建銘	柯文哲	柯文哲	柯建銘	柯建銘	柯建銘
6	黃捷	黃捷	黃捷	黃捷	黃捷	黃捷	黃捷	黃捷
7	盧秀燕	林飛帆	盧秀燕	林飛帆	林飛帆	林飛帆	陳其邁	盧秀燕
8	林飛帆	盧秀燕	林飛帆	朱立倫	朱立倫	盧秀燕	盧秀燕	陳其邁
9	朱立倫	朱立倫	朱立倫	蔣萬安	盧秀燕	朱立倫	林飛帆	林飛帆
10	陳其邁	陳其邁	蔣萬安	盧秀燕	侯友宜	陳其邁	朱立倫	蔣萬安
	蔣萬安	蔣萬安	侯友宜	侯友宜	卓榮泰	蔣萬安	侯友宜	朱立倫
	侯友宜	卓榮泰	陳其邁	蘇巧慧	張善政	侯友宜	蔣萬安	侯友宜
	卓榮泰	侯友宜	蕭美琴	張善政	蘇巧慧	卓榮泰	王世堅	蘇巧慧
	蘇巧慧	蘇巧慧	張善政	卓榮泰	蔣萬安	張善政	蘇巧慧	卓榮泰
	蕭美琴	張善政	王世堅	蕭美琴	黃偉哲	蕭美琴	卓榮泰	蕭美琴
	張善政	蕭美琴	蘇巧慧	王世堅	蕭美琴	黃偉哲	蕭美琴	王世堅
	王世堅	鄭麗君	黃偉哲	黃偉哲	江啟臣	江啟臣	黃偉哲	張善政
	黃偉哲	黃偉哲	卓榮泰	陳其邁	陳其邁	蘇巧慧	江啟臣	鄭麗君
	江啟臣	王世堅	江啟臣	鄭麗君	王世堅	王世堅	張善政	江啟臣
	鄭麗君	江啟臣	鄭麗君	江啟臣	鄭麗君	鄭麗君	鄭麗君	黃偉哲

備註：〇〇〇灰階字體代表該人物在此分類無人選擇。

不喜歡或不信任的評價（依政黨傾向排序）

排序	整體	依政黨傾向排序				
		民進黨支持者	國民黨支持者	台灣民眾黨支持者	選人不選黨/中立	其他選擇
1	黃國昌	黃國昌	賴清德	柯建銘	黃國昌	黃國昌
2	賴清德	柯文哲	柯建銘	賴清德	賴清德	韓國瑜
3	柯建銘	韓國瑜	黃捷	黃捷	柯建銘	賴清德
4	韓國瑜	盧秀燕	柯文哲	林飛帆	韓國瑜	柯文哲
5	柯文哲	朱立倫	林飛帆	卓榮泰	柯文哲	柯建銘
6	黃捷	蔣萬安	陳其邁	侯友宜	黃捷	黃捷
7	盧秀燕	侯友宜	黃國昌	朱立倫	林飛帆	陳其邁
8	林飛帆	張善政	卓榮泰	蔣萬安	朱立倫	蘇巧慧
9	朱立倫	賴清德	蕭美琴	韓國瑜	陳其邁	朱立倫
10	陳其邁	柯建銘	蘇巧慧	黃國昌	盧秀燕	林飛帆
	蔣萬安	蘇巧慧	侯友宜	陳其邁	蔣萬安	盧秀燕
	侯友宜	王世堅	朱立倫	柯文哲	侯友宜	黃偉哲
	卓榮泰	江啟臣	王世堅	蘇巧慧	蕭美琴	蔣萬安
	蘇巧慧	黃捷	鄭麗君	鄭麗君	王世堅	張善政
	蕭美琴	林飛帆	韓國瑜	盧秀燕	黃偉哲	侯友宜
	張善政	陳其邁	蔣萬安	蕭美琴	蘇巧慧	卓榮泰
	王世堅	卓榮泰	黃偉哲	黃偉哲	卓榮泰	江啟臣
	黃偉哲	黃偉哲	盧秀燕	王世堅	張善政	蕭美琴
	江啟臣	蕭美琴	江啟臣	江啟臣	江啟臣	王世堅
	鄭麗君	鄭麗君	張善政	張善政	鄭麗君	鄭麗君

備註：○○○灰階字體代表該人物在此分類無人選擇。

不喜歡或不信任的評價（依政治光譜排序）

排序	整體	G1	G2	G3	G4	G5	G6	G7	G8	G9
1	黃國昌	賴清德	賴清德	賴清德	柯建銘	柯建銘	黃國昌	黃國昌	黃國昌	黃國昌
2	賴清德	柯建銘	柯建銘	柯建銘	賴清德	賴清德	韓國瑜	韓國瑜	柯文哲	韓國瑜
3	柯建銘	黃捷	黃捷	黃捷	黃捷	黃國昌	柯文哲	柯文哲	韓國瑜	柯文哲
4	韓國瑜	柯文哲	林飛帆	林飛帆	柯文哲	韓國瑜	柯建銘	侯友宜	盧秀燕	盧秀燕
5	柯文哲	卓榮泰	陳其邁	陳其邁	陳其邁	黃捷	朱立倫	朱立倫	朱立倫	蔣萬安
6	黃捷	林飛帆	柯文哲	柯文哲	林飛帆	林飛帆	黃捷	盧秀燕	侯友宜	朱立倫
7	盧秀燕	陳其邁	蕭美琴	卓榮泰	朱立倫	柯文哲	林飛帆	柯建銘	蔣萬安	張善政
8	林飛帆	蘇巧慧	蘇巧慧	蘇巧慧	侯友宜	朱立倫	侯友宜	蔣萬安	柯建銘	侯友宜
9	朱立倫	黃國昌	黃國昌	黃國昌	卓榮泰	侯友宜	王世堅	江啟臣	賴清德	江啟臣
10	陳其邁	王世堅	卓榮泰	王世堅	韓國瑜	蔣萬安	賴清德	林飛帆	張善政	賴清德
	蔣萬安	蕭美琴	韓國瑜	黃偉哲	蕭美琴	黃偉哲	蔣萬安	蘇巧慧	林飛帆	陳其邁
	侯友宜	鄭麗君	侯友宜	蔣萬安	黃國昌	蘇巧慧	蘇巧慧	張善政	王世堅	卓榮泰
	卓榮泰	侯友宜	王世堅	蕭美琴	王世堅	鄭麗君	蕭美琴	黃偉哲	黃偉哲	蘇巧慧
	蘇巧慧	盧秀燕	鄭麗君	朱立倫	蘇巧慧	盧秀燕	盧秀燕	賴清德	黃捷	王世堅
	蕭美琴	朱立倫	朱立倫	盧秀燕	黃偉哲	卓榮泰	張善政	黃捷	江啟臣	蕭美琴
	張善政	蔣萬安	黃偉哲	侯友宜	蔣萬安	蕭美琴	江啟臣	王世堅	蕭美琴	黃捷
	王世堅	韓國瑜	蔣萬安	韓國瑜	盧秀燕	陳其邁	黃偉哲	蕭美琴	蘇巧慧	黃偉哲
	黃偉哲	黃偉哲	盧秀燕	鄭麗君	鄭麗君	王世堅	卓榮泰	卓榮泰	卓榮泰	柯建銘
	江啟臣	江啟臣	江啟臣	江啟臣	江啟臣	張善政	陳其邁	陳其邁	陳其邁	林飛帆
	鄭麗君	張善政	張善政	張善政	張善政	江啟臣	鄭麗君	鄭麗君	鄭麗君	鄭麗君

備註：○○○灰階字體代表該人物在此分類無人選擇。

不喜歡或不信任的評價（依社會、經濟地位自評排序）

排序	整體	依社會、經濟地位自評排序				
		社會地位偏高/ 經濟地位偏高	社會地位偏高/ 經濟地位偏低	社會地位偏低/ 經濟地位偏高	社會地位偏低/ 經濟地位偏低	普通社經地位
1	黃國昌	黃國昌	黃國昌	黃國昌	黃國昌	黃國昌
2	賴清德	賴清德	韓國瑜	柯建銘	賴清德	賴清德
3	柯建銘	柯文哲	賴清德	柯文哲	柯建銘	柯建銘
4	韓國瑜	韓國瑜	柯建銘	黃捷	韓國瑜	柯文哲
5	柯文哲	柯建銘	黃捷	賴清德	柯文哲	韓國瑜
6	黃捷	黃捷	柯文哲	韓國瑜	黃捷	黃捷
7	盧秀燕	盧秀燕	盧秀燕	鄭麗君	林飛帆	林飛帆
8	林飛帆	蔣萬安	朱立倫	林飛帆	朱立倫	盧秀燕
9	朱立倫	林飛帆	侯友宜	朱立倫	陳其邁	朱立倫
10	陳其邁	陳其邁	黃偉哲	蘇巧慧	蔣萬安	陳其邁
	蔣萬安	朱立倫	林飛帆	蕭美琴	侯友宜	侯友宜
	侯友宜	侯友宜	蔣萬安	盧秀燕	盧秀燕	卓榮泰
	卓榮泰	卓榮泰	張善政	侯友宜	卓榮泰	蔣萬安
	蘇巧慧	張善政	鄭麗君	黃偉哲	蘇巧慧	蘇巧慧
	蕭美琴	蘇巧慧	陳其邁	蔣萬安	蕭美琴	蕭美琴
	張善政	王世堅	蘇巧慧	張善政	王世堅	張善政
	王世堅	蕭美琴	卓榮泰	陳其邁	張善政	黃偉哲
	黃偉哲	黃偉哲	蕭美琴	卓榮泰	江啟臣	王世堅
	江啟臣	江啟臣	王世堅	王世堅	鄭麗君	江啟臣
	鄭麗君	鄭麗君	江啟臣	江啟臣	黃偉哲	鄭麗君

備註：○○○灰階字體代表該人物在此分類無人選擇。

陳其邁

（高雄市政府提供）

基本資料

姓名：陳其邁

生日：1964年12月23日

學歷：

- 國立臺灣大學公共衛生研究所預防醫學碩士
- 國立中山醫學院醫學士

政黨：民主進步黨

派系：泛英系

現職：

- 高雄市第4屆市長

曾擔任職位／經歷

- 行政院第30任副院長
- 第3-5、8-9屆立法委員
- 高雄市第3屆市長
- 長庚醫院醫師

選舉紀錄

年度	選舉屆數	是否當選
1995	第三屆立法委員選舉	V
1998	第四屆立法委員選舉	V
2001	第五屆立法委員選舉	V
2012	第八屆立法委員選舉	V
2016	第九屆立法委員選舉	V
2018	第三屆高雄市市長選舉	
2020	第三屆高雄市市長補選	V
2022	第四屆高雄市市長選舉	V

人物側寫

從慘摔中贏回掌聲
民調最高　一定做到任期最後一天

　　《菱傳媒》在2024年發布二波「未來政治領袖聲望調查」，首波縣市首長組中，民進黨高雄市長陳其邁在「未來發展」等4項指標中，皆遙遙領先第二名的臺中市長盧秀燕；第二波20大領袖調查，「未來在臺灣政壇表現」排名，他也僅次於總統賴清德。被稱為「暖男市長」的陳其邁，2026年任期將屆滿，外界看好他會更上一層樓，但他應該也沒忘記2018年慘摔的那一跤。

　　「拜託所有支持其邁的朋友，從明天開始，大家一起幫韓國瑜市長加油，為高雄加油。」2018年11月24日九合一選舉開票之夜，面對臺下激動痛哭的支持者，以15萬票之差落選的陳其邁，強忍淚水，展現君子風度宣布敗選，暖男形象讓他人氣不減反增。這段感言，支持者不會忘記。

　　一直以來，高雄市是綠色執政的金字招牌，陳其邁原本可望順利接下陳菊的棒子，但國民黨提名的韓國瑜橫空出世，2018年硬是打亂了民進黨的佈局。陳其邁重重一摔，掉進人生的谷底，但他沒有失志，反而「打斷手骨顛倒勇」。

因罷韓市長重新補選　7成得票率復仇成功

選後失業的陳其邁先接下行政院副院長一職，當時藍營還譏諷蘇貞昌內閣是「敗選者聯盟」，陳其邁吞下了所有批評。他說，選舉失敗是做得不夠多、不夠好，「譏笑是我努力的動力。」

沒想到「韓流」來得快，去得也快，韓國瑜因為落跑選總統，遭到民眾罷免，高雄市長須重新補選，這讓陳其邁等到老天再給的一次機會。他辭去副閣揆重返高雄，終於在2020年8月15日補選一役，王子成功復仇，以7成得票率、42萬票的懸殊差距，擊敗國民黨推派的李眉蓁；2022年藍營對手換成柯志恩，他仍靠著執政好口碑，再以20多萬票差距連任成功。

從跌倒的地方爬起來，陳其邁贏回市民的信任，但他從不避談失敗，2024年6月1日，陳其邁出席國立高雄大學畢業典禮，甚至大方分享這段心路經歷，勉勵畢業生堅持理想。他說：「承認失敗需要勇氣，但人生不會每次都拿冠軍，因此要能夠承認自己的失敗，加以反省，謙虛面對失敗的原因，勇敢站起來。」

31歲當上最年輕立委　市長夢卻苦等15年

事實上，陳其邁人生前半段走得順遂，他大概也沒想到，後半段的政治路會變得如此崎嶇。出生於基隆的陳其邁，在高雄成長，中山醫學院醫學系畢業後，拿到臺大公衛所預防醫學碩士，他曾經當過長庚醫院醫師，也很早就走入政治圈。1995年他初試啼聲，以高票當選立委，當時陳其邁才31歲，是立法院最年輕的立委。

不過，從最年輕的立委到當上高雄市長，中間卻相隔25年之久；如果從有意參選市長到真正入主高雄市政府，他這一等，也足足等了15年。

陳其邁的市長夢，要從2005年2月說起，時任高雄市長謝長廷因為出任行政院長，陳其邁以行政院政務委員身分，官派接續代理高雄市長，當時他是最被看好的接班人選，陳其邁也有意代理任期結束後參選市長，熟料同年爆發轟動全國的高捷泰勞案，總統府前副秘書長陳哲男捲入其中，身為兒子的陳其邁為了表示負責，主動請辭代理市長，這是他第一次和高雄市長錯過。

曾赴英國遊學沉澱　嚐過雲端跌落滋味

辭去代理市長後，陳其邁遠赴英國倫敦當了2個多月訪問學人，沉澱自己，2007年才以總統府副秘書長的職位復出。2018年陳其邁捲土重來，從激烈的初選中脫穎而出，獲得民進黨提名參選高雄市長，原本應該十拿九穩的牌，卻遇上凶猛的「韓流」來襲，他二度與市長寶座擦肩而過，直到2020年補選才得以圓夢成功。

曾經是政壇看好的明日之星，陳其邁卻嚐過從雲端跌落的滋味，2018年他在廣播節目受訪，回首來時路，是這樣形容在人生谷底的心境：「至少是死了一次再回來的人，就說人生啦，人生的歷練啦。」但那時高雄市長選舉結果還沒揭曉，如果也算的話，他進出地獄就不只一次了。

不過，因為失敗過，深知成功得來不易，陳其邁在2020年市長上任首日就立即開工，也戰戰兢兢與時間賽跑，他挺過2021年10月奪走

46條人命的城中城大火危機。2024年7月24日颱風凱米襲臺，全臺多個縣市放了兩至三天颱風假，高雄市因超大豪雨加上適逢年度大潮，全高市119條區域排水系統與25座滯洪池全滿，多處河川出現溢堤；災情嚴重的高雄市，即便媒體大肆報導泥水沖入住家，陳其邁的網路好感度仍有0.91排名第二，好感度與嚴重災情不成正比，因為水退得快，24小時盯緊市政的他，治水成績被看到，也挺過了。

根據《菱傳媒》第一波「未來政治領袖聲望調查」，第一項指標「印象最好」，他得到48.6%；第二項指標「施政績效」得到48.9%，至於第三項指標「務實穩定展現影響力」和第四項指標「未來發展」，他也分別得到47.5%和49.0%，全部排名第一，顯示他在各項目中均獲得民眾高度認可。

第二波20大領袖調查中，陳其邁在「從政績效與執政效率」排名，也列在第一位，其次才是賴清德；「專業能力和創新能力」排名，他同樣居冠，領先第二名的賴清德；至於「看好誰未來在臺灣政壇的表現？」，陳其邁排第二，僅次於賴清德。

政壇分析陳其邁的聲望遙遙領先其他縣市長，歸功於他人難以超越的兩大執政亮點。其一為爭取到台積電高雄設廠，拉出南臺灣的科技廊帶，其次就是獨創領先全臺的演唱會經濟學。

2022年後護國神山台積電擴大投資，它在臺灣的新一個重大投資案在高雄，捷運連起的4個園區，可望吸引數萬科技新貴，建商也搶進。以高煉廠鄰近北高雄交通樞紐高鐵左營站的絕佳台積電區位，加上周邊的楠梓科技產業園區，一路往北連接橋頭、南科路竹園區，這條20公里長的廊道，可望創造上兆元年產值，讓北高雄成為臺灣最新的半導體聚落。

再說到演唱會，不再是臺北的獨門生意，喜歡音樂的陳其邁當市長後，高雄成為臺灣演唱會最大基地。

看看陳其邁第二任市長的第一年2023年，共有117場演唱會，吸引139萬人次，締造45億元效益。2024年1至4月迎來54場演唱會，帶進72萬觀光人潮及23億元觀光產值。五月天在高雄9度開唱蔚為傳統，全球有名的韓國女團BlackPink、英國天團酷玩ColdPlay、紅髮艾德Ed Sheeran、火星人布魯諾Bruno Mars都來開演唱會，日本搖滾樂團ONE OK ROCK海外巡演也選定高雄為首站，「又是高雄」，港都樂感沸騰。依財政部數據統計，2023年高雄住宿餐飲銷售額929億元，突破歷史新高，證明演唱會確實為餐飲業及飯店旅宿業帶來商機。

而演唱會結束後的散場則是另一大考驗，陳其邁也結合AI雲端化整為零做出成績。五月天25週年首日場5.3萬人，62分鐘完成疏運；紅髮艾德場內外刷新人數9.4萬人，也以90分鐘疏運完畢。

阿扁點名接班梯隊　他任期內只談市政

執政繳出了好成績，加上民調表現獲肯定，外界開始猜測陳其邁未來動向。住在高雄的前總統陳水扁就曾點名他是接班梯隊，可能挑戰2028年總統大選，陳其邁還為此特別以英文回應：「Never ever（永遠不會），謝謝！」不管誰詢問下一步，陳其邁開口閉口只談市政。他說，願意為故鄉高雄努力付出所有心力，「所以我一定會做到任期的最後一天，好好建設高雄。」

民調中的陳其邁

對陳其邁印象最好的受訪者佔總樣本數 11.1%，他們普遍對其在高雄的施政表現予以肯定，勤政、穩重、效率、親民等關鍵字被反覆提及，顯示其透過在高雄執政，在民眾間已建立良好形象，在「從政績效、執政效率」項目中，陳其邁排序第一，這也體現他在市政管理上的優異表現。

此外，「創新」也是陳其邁的一大特色。受訪者提到他在推動智慧城市建設、導入創新 AI 科技、招商行銷和演唱會經濟等方面的努力，這些舉措被認為是高雄城市轉型的關鍵因素，使他在「專業能力、創新能力」項目中排序第一。

受訪者普遍期待陳其邁能持續在高雄耕耘，處理市政問題，並希望他能在媒體上更多地曝光政績表現，未來挑戰更高職位。不喜歡或不信任陳其邁的受訪者相對較少，主要批評集中在「虛偽」、「不實在」等方面。

第一印象

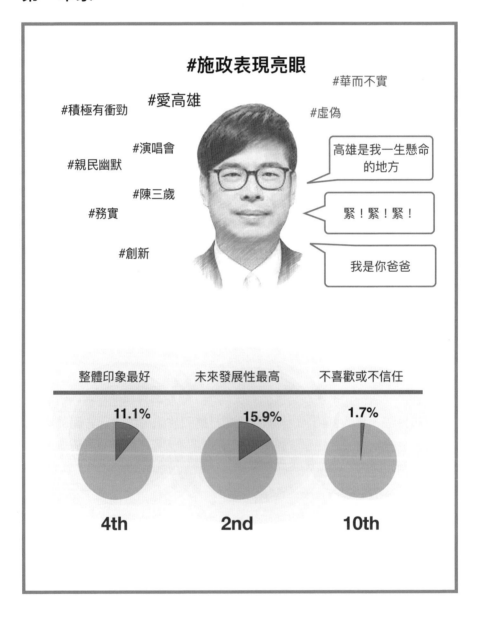

整體評價（能力分析）

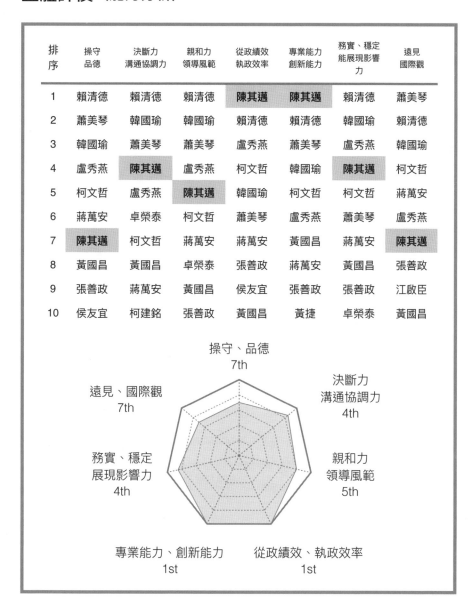

排序	操守 品德	決斷力 溝通協調力	親和力 領導風範	從政績效 執政效率	專業能力 創新能力	務實、穩定 能力展現影響力	遠見 國際觀
1	賴清德	賴清德	賴清德	**陳其邁**	**陳其邁**	賴清德	蕭美琴
2	蕭美琴	韓國瑜	韓國瑜	賴清德	賴清德	韓國瑜	賴清德
3	韓國瑜	蕭美琴	蕭美琴	盧秀燕	蕭美琴	盧秀燕	韓國瑜
4	盧秀燕	**陳其邁**	盧秀燕	柯文哲	韓國瑜	**陳其邁**	柯文哲
5	柯文哲	盧秀燕	**陳其邁**	韓國瑜	柯文哲	柯文哲	蔣萬安
6	蔣萬安	卓榮泰	柯文哲	蕭美琴	盧秀燕	蕭美琴	盧秀燕
7	**陳其邁**	柯文哲	蔣萬安	蔣萬安	黃國昌	蔣萬安	**陳其邁**
8	黃國昌	黃國昌	卓榮泰	張善政	蔣萬安	黃國昌	張善政
9	張善政	蔣萬安	黃國昌	侯友宜	張善政	張善政	江啟臣
10	侯友宜	柯建銘	張善政	黃國昌	黃捷	卓榮泰	黃國昌

操守、品德
7th

遠見、國際觀
7th

決斷力
溝通協調力
4th

務實、穩定
展現影響力
4th

親和力
領導風範
5th

專業能力、創新能力
1st

從政績效、執政效率
1st

第一波百人未來政治領袖調查排序回顧

縣市首長排序 (名單共24人)			
印象最好	施政績效	務實穩定 展現影響力	未來發展
排序　　1	1	1	1

50-59歲政治人物排序 (名單共32人)		
印象最好	領導力	未來發展
排序　　1	1	1

男性政治人物排序 (名單共62人)		
印象最好	領導力	未來發展
排序　　2	3	1

社會議題面向 被期待解決問題的政治人物				
詐騙防制	治安、 社會安全網	都市發展	食安	環境能源
排序　　7	9	1	1	6

整體評價（支持者分析）

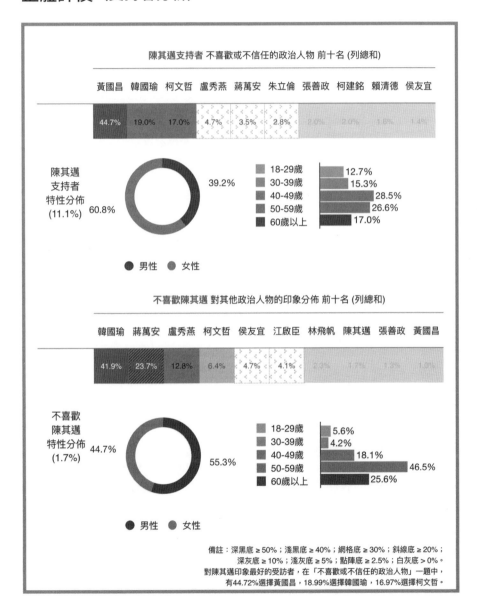

陳其邁支持者 不喜歡或不信任的政治人物 前十名 (列總和)

黃國昌	韓國瑜	柯文哲	盧秀燕	蔣萬安	朱立倫	張善政	柯建銘	賴清德	侯友宜
44.7%	19.0%	17.0%	4.7%	3.5%	2.8%	2.0%	2.0%	1.6%	1.4%

陳其邁
支持者
特性分佈
(11.1%)

39.2%
60.8%

● 男性　● 女性

18-29歲	12.7%
30-39歲	15.3%
40-49歲	28.5%
50-59歲	26.6%
60歲以上	17.0%

不喜歡陳其邁 對其他政治人物的印象分佈 前十名 (列總和)

韓國瑜	蔣萬安	盧秀燕	柯文哲	侯友宜	江啟臣	林飛帆	陳其邁	張善政	黃國昌
41.9%	23.7%	12.8%	6.4%	4.7%	4.1%	2.3%	1.7%	1.3%	1.0%

不喜歡
陳其邁
特性分佈
(1.7%)

44.7%
55.3%

● 男性　● 女性

18-29歲	5.6%
30-39歲	4.2%
40-49歲	18.1%
50-59歲	46.5%
60歲以上	25.6%

備註：深黑底 ≥ 50%；淺黑底 ≥ 40%；網格底 ≥ 30%；斜線底 ≥ 20%；
深灰底 ≥ 10%；淺灰底 ≥ 5%；點陣底 ≥ 2.5%；白灰底 > 0%。
對陳其邁印象最好的受訪者，在「不喜歡或不信任的政治人物」一題中，
有44.72%選擇黃國昌，18.99%選擇韓國瑜，16.97%選擇柯文哲。

正面評論

您認為陳其邁有哪些吸引您的特質或值得肯定的成就及能力？

#施政表現亮眼　■ 高雄市　□ 其他　30.39%　69.61%

「這次促進輝達進入高雄南部發展，以遠見跟能力確實是近期政壇中數一數二」

花蓮縣 / 30-39歲女性

「在高雄執政時高雄進步肉眼可見，此外，市府團隊的決策展現出年輕有活力的風格。」

臺南縣 / 30-39歲女性

「創新及年輕形象的建立不會讓人有距離感，高雄近年來的快速變化，可以感受到到陳其邁對文化創新、科技產業的重視，這是非常難得的，其他政治人物容易只知道科技產業而已。」

新北市 / 18-29歲男性

#親民幽默 #勤政穩重

1.積極有效率，勤政愛民，有誠信值得信任，有幽默感會搞笑，EQ & IQ 都很高，2.最棒的市長(高雄政績佳,觀光收入佳,幫助其他縣市救災與融合)&行政院副院長(解決口罩問題)。3.會唱走音走拍的歌,但很有特色,很好聽

高雄市 / 60歲以上女性

建議／反面聲音

[支持者]

您認為陳其邁有哪些需要改進的缺點或當前應處理面對的問題？

繼續在高雄耕耘

> 「招商成績傲人，但房價飆升過快，市民的薪資所得若未見上漲，恐引發民怨，也會是市民的痛苦來源！」
>
> 新竹縣 / 40-49歲女性

> 「大高雄的建設規劃會不會只剩2年任期而停滯」
>
> 苗栗縣 / 50-59歲女性

> 「把任期做好做滿，期待進步」
>
> 新竹市 / 40-49歲男性

政績在媒體曝光度較低

> 「處事低調、加強媒體曝光度」
>
> 嘉義市 / 40-49歲女性

> 「讓大家知道有哪些政績，不要悶著做」
>
> 臺東縣 / 50-59歲女性

[反對者]

您不喜歡或不信任陳其邁的原因是什麼（特質、言行或背景）？

#虛偽 #華而不實

> 「做人虛偽，好大喜功，投機取巧」
>
> 桃園市 / 60歲以上男性

> 「不實在，只說不做」
>
> 新北市 / 50-59歲男性

整體印象評價（依性別、年齡排序）

排序	整體	依性別排序		依年齡排序				
		男性	女性	18-29歲	30-39歲	40-49歲	50-59歲	60歲以上
1	賴清德	賴清德	賴清德	蕭美琴	蕭美琴	蕭美琴	賴清德	賴清德
2	蕭美琴	韓國瑜	蕭美琴	柯文哲	賴清德	賴清德	韓國瑜	韓國瑜
3	韓國瑜	蕭美琴	陳其邁	賴清德	柯文哲	陳其邁	蕭美琴	蕭美琴
4	陳其邁	盧秀燕	韓國瑜	盧秀燕	黃國昌	柯文哲	陳其邁	盧秀燕
5	盧秀燕	陳其邁	盧秀燕	陳其邁	陳其邁	韓國瑜	盧秀燕	陳其邁
6	柯文哲	柯文哲	柯文哲	黃國昌	盧秀燕	盧秀燕	蔣萬安	蔣萬安
7	黃國昌	黃國昌	蔣萬安	韓國瑜	韓國瑜	黃國昌	柯文哲	張善政
8	蔣萬安	蔣萬安	黃國昌	王世堅	蔣萬安	蔣萬安	張善政	黃國昌
9	張善政	江啟臣	張善政	蔣萬安	黃捷	侯友宜	鄭麗君	柯文哲
10	王世堅	黃捷	蘇巧慧	江啟臣	王世堅	蘇巧慧	黃國昌	蘇巧慧
	蘇巧慧	張善政	王世堅	鄭麗君	蘇巧慧	張善政	黃捷	卓榮泰
	黃捷	王世堅	侯友宜	黃捷	張善政	卓榮泰	王世堅	黃捷
	鄭麗君	蘇巧慧	鄭麗君	蘇巧慧	江啟臣	鄭麗君	卓榮泰	江啟臣
	江啟臣	鄭麗君	黃捷	黃偉哲	侯友宜	江啟臣	侯友宜	鄭麗君
	卓榮泰	卓榮泰	黃偉哲	張善政	鄭麗君	王世堅	江啟臣	朱立倫
	侯友宜	林飛帆	柯建銘	侯友宜	卓榮泰	黃捷	蘇巧慧	林飛帆
	柯建銘	侯友宜	卓榮泰	柯建銘	柯建銘	柯建銘	林飛帆	柯建銘
	黃偉哲	朱立倫	江啟臣	朱立倫	林飛帆	黃偉哲	朱立倫	王世堅
	林飛帆	柯建銘	林飛帆	林飛帆	黃偉哲	林飛帆	柯建銘	黃偉哲
	朱立倫	黃偉哲	朱立倫	卓榮泰	朱立倫	朱立倫	黃偉哲	侯友宜

備註：○○○灰階字體代表該人物在此分類無人選擇。

整體印象評價（依政黨傾向排序）

排序	整體	依政黨傾向排序				
		民進黨 支持者	國民黨 支持者	台灣民眾黨 支持者	選人不選黨/ 中立	其他選擇
1	賴清德	賴清德	韓國瑜	柯文哲	賴清德	蕭美琴
2	蕭美琴	蕭美琴	盧秀燕	黃國昌	盧秀燕	賴清德
3	韓國瑜	陳其邁	蔣萬安	盧秀燕	蕭美琴	韓國瑜
4	陳其邁	蘇巧慧	張善政	韓國瑜	韓國瑜	陳其邁
5	盧秀燕	黃捷	江啟臣	蕭美琴	陳其邁	盧秀燕
6	柯文哲	卓榮泰	侯友宜	蔣萬安	蔣萬安	鄭麗君
7	黃國昌	鄭麗君	朱立倫	陳其邁	柯文哲	蔣萬安
8	蔣萬安	王世堅	陳其邁	王世堅	黃國昌	黃捷
9	張善政	柯建銘	黃國昌	張善政	王世堅	黃國昌
10	王世堅	盧秀燕	王世堅	侯友宜	張善政	柯文哲
	蘇巧慧	黃偉哲	柯文哲	柯建銘	江啟臣	王世堅
	黃捷	林飛帆	蕭美琴	江啟臣	侯友宜	林飛帆
	鄭麗君	黃國昌	黃偉哲	賴清德	鄭麗君	侯友宜
	江啟臣	韓國瑜	蘇巧慧	朱立倫	黃捷	卓榮泰
	卓榮泰	柯文哲	賴清德	黃偉哲	蘇巧慧	張善政
	侯友宜	蔣萬安	黃捷	蘇巧慧	卓榮泰	柯建銘
	柯建銘	張善政	卓榮泰	黃捷	朱立倫	江啟臣
	黃偉哲	侯友宜	鄭麗君	卓榮泰	柯建銘	黃偉哲
	林飛帆	江啟臣	柯建銘	鄭麗君	林飛帆	蘇巧慧
	朱立倫	朱立倫	林飛帆	林飛帆	黃偉哲	朱立倫

備註：○○○灰階字體代表該人物在此分類無人選擇。

整體印象評價（依政治光譜排序）

排序	整體	依政治光譜排序								
		G1	G2	G3	G4	G5	G6	G7	G8	G9
1	賴清德	韓國瑜	韓國瑜	韓國瑜	柯文哲	柯文哲	蕭美琴	賴清德	賴清德	賴清德
2	蕭美琴	盧秀燕	盧秀燕	盧秀燕	黃國昌	黃國昌	賴清德	蕭美琴	蕭美琴	蕭美琴
3	韓國瑜	蔣萬安	蔣萬安	柯文哲	盧秀燕	盧秀燕	陳其邁	陳其邁	陳其邁	陳其邁
4	陳其邁	張善政	黃國昌	蔣萬安	韓國瑜	蕭美琴	柯文哲	柯文哲	蘇巧慧	蘇巧慧
5	盧秀燕	黃國昌	柯文哲	黃國昌	蔣萬安	蔣萬安	盧秀燕	鄭麗君	黃捷	黃捷
6	柯文哲	江啟臣	張善政	張善政	張善政	賴清德	王世堅	盧秀燕	卓榮泰	卓榮泰
7	黃國昌	侯友宜	侯友宜	江啟臣	王世堅	王世堅	黃國昌	黃捷	鄭麗君	鄭麗君
8	蔣萬安	朱立倫	江啟臣	侯友宜	侯友宜	韓國瑜	鄭麗君	黃國昌	王世堅	柯建銘
9	張善政	蕭美琴	朱立倫	王世堅	江啟臣	陳其邁	黃捷	蔣萬安	林飛帆	王世堅
10	王世堅	賴清德	鄭麗君	陳其邁	蕭美琴	江啟臣	卓榮泰	柯建銘	黃偉哲	林飛帆
	蘇巧慧	陳其邁	賴清德	柯建銘	柯建銘	黃偉哲	蘇巧慧	蘇巧慧	柯文哲	韓國瑜
	黃捷	鄭麗君	王世堅	蕭美琴	鄭麗君	侯友宜	韓國瑜	黃偉哲	柯建銘	黃偉哲
	鄭麗君	黃捷	陳其邁	朱立倫	黃捷	張善政	林飛帆	王世堅	盧秀燕	柯文哲
	江啟臣	柯文哲	蕭美琴	鄭麗君	賴清德	黃捷	張善政	卓榮泰	黃國昌	盧秀燕
	卓榮泰	王世堅	黃捷	賴清德	陳其邁	柯建銘	蔣萬安	韓國瑜	蔣萬安	黃國昌
	侯友宜	林飛帆	林飛帆	黃捷	朱立倫	朱立倫	江啟臣	林飛帆	韓國瑜	蔣萬安
	柯建銘	卓榮泰	卓榮泰	林飛帆	林飛帆	鄭麗君	黃偉哲	張善政	張善政	張善政
	黃偉哲	柯建銘	柯建銘	卓榮泰	卓榮泰	蘇巧慧	侯友宜	江啟臣	江啟臣	江啟臣
	林飛帆	黃偉哲	黃偉哲	黃偉哲	黃偉哲	林飛帆	柯建銘	侯友宜	侯友宜	侯友宜
	朱立倫	蘇巧慧	蘇巧慧	蘇巧慧	蘇巧慧	卓榮泰	朱立倫	朱立倫	朱立倫	朱立倫

備註：○○○灰階字體代表該人物在此分類無人選擇。

整體印象評價（依社會、經濟地位自評排序）

排序	整體	依社會、經濟地位自評排序				
		社會地位偏高/經濟地位偏高	社會地位偏高/經濟地位偏低	社會地位偏低/經濟地位偏高	社會地位偏低/經濟地位偏低	普通社經地位
1	賴清德	賴清德	賴清德	蕭美琴	韓國瑜	賴清德
2	蕭美琴	蕭美琴	蕭美琴	賴清德	賴清德	蕭美琴
3	韓國瑜	陳其邁	韓國瑜	柯文哲	蕭美琴	韓國瑜
4	陳其邁	韓國瑜	盧秀燕	陳其邁	盧秀燕	陳其邁
5	盧秀燕	盧秀燕	陳其邁	張善政	陳其邁	盧秀燕
6	柯文哲	柯文哲	柯文哲	韓國瑜	柯文哲	柯文哲
7	黃國昌	黃國昌	黃國昌	黃國昌	黃國昌	蔣萬安
8	蔣萬安	蔣萬安	蔣萬安	盧秀燕	蔣萬安	黃國昌
9	張善政	蘇巧慧	蘇巧慧	鄭麗君	黃捷	張善政
10	王世堅	江啟臣	張善政	林飛帆	王世堅	王世堅
	蘇巧慧	張善政	卓榮泰	蘇巧慧	鄭麗君	侯友宜
	黃捷	黃捷	黃偉哲	蔣萬安	江啟臣	蘇巧慧
	鄭麗君	卓榮泰	黃捷	黃捷	蘇巧慧	黃捷
	江啟臣	王世堅	江啟臣	侯友宜	侯友宜	卓榮泰
	卓榮泰	鄭麗君	王世堅	卓榮泰	張善政	鄭麗君
	侯友宜	柯建銘	鄭麗君	黃偉哲	林飛帆	江啟臣
	柯建銘	侯友宜	侯友宜	江啟臣	柯建銘	黃偉哲
	黃偉哲	林飛帆	柯建銘	王世堅	卓榮泰	朱立倫
	林飛帆	朱立倫	林飛帆	柯建銘	黃偉哲	柯建銘
	朱立倫	黃偉哲	朱立倫	朱立倫	朱立倫	林飛帆

備註：○○○灰階字體代表該人物在此分類無人選擇。

看好未來表現評價（依性別、年齡排序）

排序	整體	依性別排序		依年齡排序				
		男性	女性	18-29歲	30-39歲	40-49歲	50-59歲	60歲以上
1	賴清德	賴清德	賴清德	陳其邁	蕭美琴	蕭美琴	陳其邁	賴清德
2	陳其邁	陳其邁	陳其邁	盧秀燕	陳其邁	陳其邁	賴清德	韓國瑜
3	蕭美琴	蕭美琴	蕭美琴	蕭美琴	黃國昌	賴清德	韓國瑜	陳其邁
4	盧秀燕	盧秀燕	韓國瑜	黃國昌	賴清德	盧秀燕	蕭美琴	蕭美琴
5	韓國瑜	韓國瑜	盧秀燕	賴清德	柯文哲	柯文哲	盧秀燕	盧秀燕
6	蔣萬安	蔣萬安	蔣萬安	柯文哲	盧秀燕	黃國昌	蔣萬安	蔣萬安
7	黃國昌	黃國昌	柯文哲	蔣萬安	韓國瑜	韓國瑜	柯文哲	柯文哲
8	柯文哲	柯文哲	黃國昌	韓國瑜	蔣萬安	蔣萬安	黃國昌	黃國昌
9	蘇巧慧	蘇巧慧	卓榮泰	蘇巧慧	黃捷	蘇巧慧	蘇巧慧	卓榮泰
10	黃捷	黃捷	蘇巧慧	王世堅	卓榮泰	黃捷	張善政	江啟臣
	卓榮泰	江啟臣	黃捷	黃捷	蘇巧慧	江啟臣	卓榮泰	張善政
	江啟臣	張善政	王世堅	江啟臣	林飛帆	王世堅	黃捷	鄭麗君
	王世堅	卓榮泰	林飛帆	卓榮泰	江啟臣	張善政	鄭麗君	蘇巧慧
	張善政	王世堅	江啟臣	鄭麗君	王世堅	卓榮泰	江啟臣	林飛帆
	林飛帆	鄭麗君	鄭麗君	林飛帆	侯友宜	侯友宜	林飛帆	黃捷
	鄭麗君	林飛帆	侯友宜	黃偉哲	張善政	林飛帆	王世堅	王世堅
	侯友宜	侯友宜	張善政	侯友宜	鄭麗君	鄭麗君	侯友宜	柯建銘
	柯建銘	柯建銘	黃偉哲	張善政	柯建銘	黃偉哲	朱立倫	侯友宜
	黃偉哲	黃偉哲	柯建銘	柯建銘	黃偉哲	柯建銘	黃偉哲	黃偉哲
	朱立倫	朱立倫	朱立倫	朱立倫	朱立倫	朱立倫	柯建銘	朱立倫

備註：○○○灰階字體代表該人物在此分類無人選擇。

看好未來表現評價（依政黨傾向排序）

排序	整體	依政黨傾向排序				
		民進黨 支持者	國民黨 支持者	台灣民眾黨 支持者	選人不選黨/ 中立	其他選擇
1	賴清德	賴清德	韓國瑜	黃國昌	盧秀燕	蕭美琴
2	陳其邁	陳其邁	盧秀燕	柯文哲	蕭美琴	陳其邁
3	蕭美琴	蕭美琴	蔣萬安	盧秀燕	賴清德	賴清德
4	盧秀燕	蘇巧慧	江啟臣	韓國瑜	陳其邁	盧秀燕
5	韓國瑜	黃捷	張善政	蔣萬安	蔣萬安	韓國瑜
6	蔣萬安	卓榮泰	侯友宜	陳其邁	韓國瑜	柯文哲
7	黃國昌	林飛帆	蕭美琴	江啟臣	黃國昌	蔣萬安
8	柯文哲	王世堅	黃國昌	蕭美琴	柯文哲	黃捷
9	蘇巧慧	鄭麗君	黃偉哲	王世堅	王世堅	黃國昌
10	黃捷	盧秀燕	王世堅	柯建銘	江啟臣	鄭麗君
	卓榮泰	柯建銘	陳其邁	侯友宜	卓榮泰	王世堅
	江啟臣	黃偉哲	黃捷	張善政	蘇巧慧	蘇巧慧
	王世堅	韓國瑜	柯文哲	賴清德	黃捷	林飛帆
	張善政	江啟臣	卓榮泰	黃偉哲	張善政	卓榮泰
	林飛帆	蔣萬安	賴清德	黃捷	鄭麗君	張善政
	鄭麗君	黃國昌	蘇巧慧	卓榮泰	侯友宜	江啟臣
	侯友宜	張善政	林飛帆	蘇巧慧	朱立倫	黃偉哲
	柯建銘	柯文哲	鄭麗君	林飛帆	柯建銘	侯友宜
	黃偉哲	侯友宜	柯建銘	鄭麗君	林飛帆	柯建銘
	朱立倫	朱立倫	朱立倫	朱立倫	黃偉哲	朱立倫

備註：○○○灰階字體代表該人物在此分類無人選擇。

看好未來表現評價（依政治光譜排序）

排序	整體	依政治光譜排序								
		G1	G2	G3	G4	G5	G6	G7	G8	G9
1	賴清德	韓國瑜	盧秀燕	盧秀燕	黃國昌	柯文哲	蕭美琴	陳其邁	蕭美琴	賴清德
2	陳其邁	蔣萬安	韓國瑜	韓國瑜	盧秀燕	黃國昌	陳其邁	蕭美琴	陳其邁	陳其邁
3	蕭美琴	盧秀燕	蔣萬安	蔣萬安	柯文哲	盧秀燕	賴清德	賴清德	賴清德	蕭美琴
4	盧秀燕	張善政	黃國昌	黃國昌	蔣萬安	蔣萬安	盧秀燕	黃捷	卓榮泰	蘇巧慧
5	韓國瑜	黃國昌	柯文哲	柯文哲	韓國瑜	賴清德	黃國昌	盧秀燕	黃捷	黃捷
6	蔣萬安	江啟臣	張善政	江啟臣	王世堅	蕭美琴	柯文哲	卓榮泰	蘇巧慧	卓榮泰
7	黃國昌	侯友宜	江啟臣	張善政	侯友宜	陳其邁	蘇巧慧	柯文哲	林飛帆	林飛帆
8	柯文哲	柯文哲	侯友宜	蕭美琴	蕭美琴	王世堅	黃捷	鄭麗君	王世堅	鄭麗君
9	蘇巧慧	蕭美琴	鄭麗君	王世堅	張善政	韓國瑜	林飛帆	王世堅	鄭麗君	王世堅
10	黃捷	陳其邁	賴清德	柯建銘	江啟臣	江啟臣	王世堅	蘇巧慧	盧秀燕	柯建銘
	卓榮泰	賴清德	朱立倫	朱立倫	陳其邁	黃偉哲	韓國瑜	蔣萬安	江啟臣	黃偉哲
	江啟臣	黃捷	蕭美琴	侯友宜	柯建銘	侯友宜	蔣萬安	江啟臣	柯文哲	韓國瑜
	王世堅	鄭麗君	陳其邁	鄭麗君	黃捷	鄭麗君	江啟臣	林飛帆	柯建銘	蔣萬安
	張善政	王世堅	黃捷	賴清德	卓榮泰	張善政	卓榮泰	柯建銘	韓國瑜	盧秀燕
	林飛帆	蘇巧慧	王世堅	陳其邁	賴清德	柯建銘	鄭麗君	黃國昌	黃國昌	江啟臣
	鄭麗君	林飛帆	蘇巧慧	黃捷	朱立倫	蘇巧慧	黃偉哲	黃偉哲	黃偉哲	柯文哲
	侯友宜	卓榮泰	林飛帆	蘇巧慧	鄭麗君	朱立倫	侯友宜	韓國瑜	蔣萬安	黃國昌
	柯建銘	黃偉哲	卓榮泰	林飛帆	蘇巧慧	黃捷	張善政	侯友宜	侯友宜	侯友宜
	黃偉哲	柯建銘	黃偉哲	卓榮泰	林飛帆	林飛帆	柯建銘	張善政	張善政	張善政
	朱立倫	朱立倫	柯建銘	黃偉哲	黃偉哲	卓榮泰	朱立倫	朱立倫	朱立倫	朱立倫

備註：○○○灰階字體代表該人物在此分類無人選擇。

看好未來表現評價（依社會、經濟地位自評排序）

排序	整體	依社會、經濟地位自評排序				
		社會地位偏高/ 經濟地位偏高	社會地位偏高/ 經濟地位偏低	社會地位偏低/ 經濟地位偏高	社會地位偏低/ 經濟地位偏低	普通社經地位
1	賴清德	賴清德	蕭美琴	陳其邁	賴清德	陳其邁
2	陳其邁	陳其邁	賴清德	蕭美琴	韓國瑜	蕭美琴
3	蕭美琴	蕭美琴	陳其邁	蔣萬安	盧秀燕	賴清德
4	盧秀燕	盧秀燕	韓國瑜	賴清德	陳其邁	盧秀燕
5	韓國瑜	韓國瑜	盧秀燕	柯文哲	蕭美琴	蔣萬安
6	蔣萬安	蔣萬安	蔣萬安	黃國昌	柯文哲	韓國瑜
7	黃國昌	黃國昌	柯文哲	盧秀燕	蔣萬安	黃國昌
8	柯文哲	柯文哲	黃國昌	韓國瑜	黃國昌	柯文哲
9	蘇巧慧	蘇巧慧	卓榮泰	卓榮泰	王世堅	蘇巧慧
10	黃捷	黃捷	鄭麗君	鄭麗君	黃捷	黃捷
	卓榮泰	卓榮泰	黃偉哲	黃捷	江啟臣	卓榮泰
	江啟臣	林飛帆	蘇巧慧	江啟臣	蘇巧慧	江啟臣
	王世堅	江啟臣	林飛帆	黃偉哲	卓榮泰	張善政
	張善政	鄭麗君	王世堅	蘇巧慧	張善政	王世堅
	林飛帆	張善政	張善政	林飛帆	林飛帆	鄭麗君
	鄭麗君	王世堅	朱立倫	王世堅	侯友宜	林飛帆
	侯友宜	黃偉哲	黃捷	張善政	鄭麗君	侯友宜
	柯建銘	侯友宜	江啟臣	朱立倫	柯建銘	柯建銘
	黃偉哲	柯建銘	侯友宜	侯友宜	朱立倫	黃偉哲
	朱立倫	朱立倫	柯建銘	柯建銘	黃偉哲	朱立倫

備註：○○○灰階字體代表該人物在此分類無人選擇。

不喜歡或不信任的評價（依性別、年齡排序）

排序	整體	依性別排序		依年齡排序				
		男性	女性	18-29歲	30-39歲	40-49歲	50-59歲	60歲以上
1	黃國昌	黃國昌	黃國昌	黃國昌	黃國昌	黃國昌	黃國昌	黃國昌
2	賴清德	柯建銘	韓國瑜	柯建銘	柯建銘	賴清德	賴清德	賴清德
3	柯建銘	賴清德	賴清德	韓國瑜	賴清德	柯文哲	柯文哲	柯文哲
4	韓國瑜	柯文哲	柯文哲	賴清德	韓國瑜	韓國瑜	韓國瑜	韓國瑜
5	柯文哲	韓國瑜	柯建銘	柯文哲	柯文哲	柯建銘	柯建銘	柯建銘
6	黃捷	黃捷	黃捷	黃捷	黃捷	黃捷	黃捷	黃捷
7	盧秀燕	林飛帆	盧秀燕	林飛帆	林飛帆	林飛帆	陳其邁	盧秀燕
8	林飛帆	盧秀燕	林飛帆	朱立倫	朱立倫	盧秀燕	盧秀燕	陳其邁
9	朱立倫	朱立倫	朱立倫	蔣萬安	盧秀燕	朱立倫	林飛帆	林飛帆
10	陳其邁	陳其邁	蔣萬安	盧秀燕	侯友宜	陳其邁	朱立倫	蔣萬安
	蔣萬安	蔣萬安	侯友宜	侯友宜	卓榮泰	蔣萬安	侯友宜	朱立倫
	侯友宜	卓榮泰	陳其邁	蘇巧慧	張善政	侯友宜	蔣萬安	侯友宜
	卓榮泰	侯友宜	蕭美琴	卓榮泰	蘇巧慧	卓榮泰	王世堅	蘇巧慧
	蘇巧慧	蘇巧慧	張善政	張善政	蔣萬安	張善政	蘇巧慧	卓榮泰
	蕭美琴	張善政	王世堅	蕭美琴	黃偉哲	黃偉哲	卓榮泰	蕭美琴
	張善政	蕭美琴	蘇巧慧	王世堅	蕭美琴	黃偉哲	蕭美琴	王世堅
	王世堅	鄭麗君	黃偉哲	黃偉哲	江啟臣	江啟臣	黃偉哲	張善政
	黃偉哲	黃偉哲	卓榮泰	陳其邁	陳其邁	蘇巧慧	江啟臣	鄭麗君
	江啟臣	王世堅	江啟臣	鄭麗君	王世堅	王世堅	張善政	江啟臣
	鄭麗君	江啟臣	鄭麗君	江啟臣	鄭麗君	鄭麗君	鄭麗君	黃偉哲

備註：○○○灰階字體代表該人物在此分類無人選擇。

不喜歡或不信任的評價（依政黨傾向排序）

排序	整體	依政黨傾向排序				
		民進黨 支持者	國民黨 支持者	台灣民眾黨 支持者	選人不選黨/ 中立	其他選擇
1	黃國昌	黃國昌	賴清德	柯建銘	黃國昌	黃國昌
2	賴清德	柯文哲	柯建銘	賴清德	賴清德	韓國瑜
3	柯建銘	韓國瑜	黃捷	黃捷	柯建銘	賴清德
4	韓國瑜	盧秀燕	柯文哲	林飛帆	韓國瑜	柯文哲
5	柯文哲	朱立倫	林飛帆	卓榮泰	柯文哲	柯建銘
6	黃捷	蔣萬安	陳其邁	侯友宜	黃捷	黃捷
7	盧秀燕	侯友宜	黃國昌	朱立倫	林飛帆	陳其邁
8	林飛帆	張善政	卓榮泰	蔣萬安	朱立倫	蘇巧慧
9	朱立倫	賴清德	蕭美琴	韓國瑜	陳其邁	朱立倫
10	陳其邁	柯建銘	蘇巧慧	黃國昌	盧秀燕	林飛帆
	蔣萬安	蘇巧慧	侯友宜	陳其邁	蔣萬安	盧秀燕
	侯友宜	王世堅	朱立倫	柯文哲	侯友宜	黃偉哲
	卓榮泰	江啟臣	王世堅	蘇巧慧	蕭美琴	蔣萬安
	蘇巧慧	黃捷	鄭麗君	鄭麗君	王世堅	張善政
	蕭美琴	林飛帆	韓國瑜	盧秀燕	黃偉哲	侯友宜
	張善政	陳其邁	蔣萬安	蕭美琴	蘇巧慧	卓榮泰
	王世堅	卓榮泰	黃偉哲	黃偉哲	卓榮泰	江啟臣
	黃偉哲	黃偉哲	盧秀燕	王世堅	張善政	蕭美琴
	江啟臣	蕭美琴	江啟臣	江啟臣	江啟臣	王世堅
	鄭麗君	鄭麗君	張善政	張善政	鄭麗君	鄭麗君

備註：○○○灰階字體代表該人物在此分類無人選擇。

不喜歡或不信任的評價（依政治光譜排序）

排序	整體	依政治光譜排序								
		G1	G2	G3	G4	G5	G6	G7	G8	G9
1	黃國昌	賴清德	賴清德	賴清德	柯建銘	柯建銘	黃國昌	黃國昌	黃國昌	黃國昌
2	賴清德	柯建銘	柯建銘	柯建銘	賴清德	賴清德	韓國瑜	韓國瑜	柯文哲	韓國瑜
3	柯建銘	黃捷	黃捷	黃捷	黃捷	黃國昌	柯文哲	柯文哲	韓國瑜	柯文哲
4	韓國瑜	柯文哲	林飛帆	林飛帆	柯文哲	韓國瑜	柯建銘	侯友宜	盧秀燕	盧秀燕
5	柯文哲	卓榮泰	陳其邁	陳其邁	陳其邁	黃捷	朱立倫	朱立倫	朱立倫	蔣萬安
6	黃捷	林飛帆	柯文哲	柯文哲	林飛帆	林飛帆	黃捷	盧秀燕	侯友宜	朱立倫
7	盧秀燕	陳其邁	蕭美琴	卓榮泰	朱立倫	柯文哲	林飛帆	柯建銘	蔣萬安	張善政
8	林飛帆	蘇巧慧	蘇巧慧	蘇巧慧	侯友宜	朱立倫	侯友宜	蔣萬安	柯建銘	侯友宜
9	朱立倫	黃國昌	黃國昌	黃國昌	卓榮泰	侯友宜	王世堅	江啟臣	賴清德	江啟臣
10	陳其邁	王世堅	卓榮泰	王世堅	韓國瑜	蔣萬安	賴清德	林飛帆	張善政	賴清德
	蔣萬安	蕭美琴	韓國瑜	黃偉哲	蕭美琴	黃偉哲	蔣萬安	蘇巧慧	林飛帆	陳其邁
	侯友宜	鄭麗君	侯友宜	蔣萬安	黃國昌	蘇巧慧	蘇巧慧	張善政	王世堅	卓榮泰
	卓榮泰	侯友宜	王世堅	蕭美琴	王世堅	鄭麗君	蕭美琴	黃偉哲	黃偉哲	蘇巧慧
	蘇巧慧	盧秀燕	鄭麗君	朱立倫	蘇巧慧	盧秀燕	盧秀燕	賴清德	黃捷	王世堅
	蕭美琴	朱立倫	朱立倫	盧秀燕	黃偉哲	卓榮泰	張善政	黃捷	江啟臣	蕭美琴
	張善政	蔣萬安	黃偉哲	侯友宜	蔣萬安	蕭美琴	江啟臣	王世堅	蕭美琴	黃捷
	王世堅	韓國瑜	蔣萬安	韓國瑜	盧秀燕	陳其邁	黃偉哲	蕭美琴	蘇巧慧	黃偉哲
	黃偉哲	黃偉哲	盧秀燕	鄭麗君	鄭麗君	王世堅	卓榮泰	卓榮泰	卓榮泰	柯建銘
	江啟臣	江啟臣	江啟臣	江啟臣	江啟臣	張善政	陳其邁	陳其邁	陳其邁	林飛帆
	鄭麗君	張善政	張善政	張善政	張善政	江啟臣	鄭麗君	鄭麗君	鄭麗君	鄭麗君

備註：○○○灰階字體代表該人物在此分類無人選擇。

不喜歡或不信任的評價（依社會、經濟地位自評排序）

排序	整體	依社會、經濟地位自評排序				
		社會地位偏高/經濟地位偏高	社會地位偏高/經濟地位偏低	社會地位偏低/經濟地位偏高	社會地位偏低/經濟地位偏低	普通社經地位
1	黃國昌	黃國昌	黃國昌	黃國昌	黃國昌	黃國昌
2	賴清德	賴清德	韓國瑜	柯建銘	賴清德	賴清德
3	柯建銘	柯文哲	賴清德	柯文哲	柯建銘	柯建銘
4	韓國瑜	韓國瑜	柯建銘	黃捷	韓國瑜	柯文哲
5	柯文哲	柯建銘	黃捷	賴清德	柯文哲	韓國瑜
6	黃捷	黃捷	柯文哲	韓國瑜	黃捷	黃捷
7	盧秀燕	盧秀燕	盧秀燕	鄭麗君	林飛帆	林飛帆
8	林飛帆	蔣萬安	朱立倫	林飛帆	朱立倫	盧秀燕
9	朱立倫	林飛帆	侯友宜	朱立倫	陳其邁	朱立倫
10	陳其邁	陳其邁	黃偉哲	蘇巧慧	蔣萬安	陳其邁
	蔣萬安	朱立倫	林飛帆	蕭美琴	侯友宜	侯友宜
	侯友宜	侯友宜	蔣萬安	盧秀燕	盧秀燕	卓榮泰
	卓榮泰	卓榮泰	張善政	侯友宜	卓榮泰	蔣萬安
	蘇巧慧	張善政	鄭麗君	黃偉哲	蘇巧慧	蘇巧慧
	蕭美琴	蘇巧慧	陳其邁	蔣萬安	蕭美琴	蕭美琴
	張善政	王世堅	蘇巧慧	張善政	王世堅	張善政
	王世堅	蕭美琴	卓榮泰	陳其邁	張善政	黃偉哲
	黃偉哲	黃偉哲	蕭美琴	卓榮泰	江啟臣	王世堅
	江啟臣	江啟臣	王世堅	王世堅	鄭麗君	江啟臣
	鄭麗君	鄭麗君	江啟臣	江啟臣	黃偉哲	鄭麗君

備註：○○○灰階字體代表該人物在此分類無人選擇。

基本資料

姓名：韓國瑜

生日：1957年6月17日

學歷：

- 國立政治大學東亞研究所碩士
- 私立東吳大學英國語文學系學士

政黨：中國國民黨

現職：

- 第11屆立法院院長

曾擔任職位／經歷

- 高雄市第3屆市長
- 臺北農產公司總經理
- 第2-4屆立法委員
- 臺北縣議會第12屆議員

選舉紀錄

年度	選舉屆數	是否當選
1989 年	第 12 屆臺北縣議員選舉	V
1992 年	第 2 屆立法委員選舉	V
1995 年	第 3 屆立法委員選舉	V
1998 年	第 4 屆立法委員選舉	V
2001 年	第 5 屆立法委員選舉	
2018 年	第 3 屆高雄市長選舉	V（罷免）
2020 年	第 15 任總統、副總統選舉	
2024 年	第 11 屆立法委員選舉	V
2024 年	第 11 屆立法院長選舉	V

人物側寫

幽默韓國瑜復出當立院龍頭　形象人氣再次翻轉

　　韓國瑜重返政壇，在選上立法院長的那一刻，「立法院長罷免」就成為網路熱門搜尋關鍵字，外界也有人等著看「草包」又會鬧什麼笑話？結果他讓看戲的人失望了。根據《菱傳媒》第二波「未來政治領袖聲望調查」，20大政治領袖中，韓國瑜在「印象最好」等多項指標，都名列前三名。高雄市長遭到罷免的「辣個男人」，4年後竟然靠著國會龍頭的角色，人氣和形象再次翻轉，令人嘖嘖稱奇。

　　如果以2020年6月6日罷免高雄市長成功為一個分水嶺，在此之前，大家對韓國瑜的印象，是在臺北市議會和王世堅唇槍舌戰的北農總經理；是靠競選口號「貨出得去，人進得來，高雄發大財」，掀起「韓流」的高雄市長候選人；是突發奇想提出「愛情摩天輪」，卻沒做到的高雄市長；是在脫口秀節目「用膝蓋走路」，引發爭議的國民黨總統候選人。

　　在此之後，韓國瑜收起大砲性格、收起即興歌喉、也收起驚人之舉，在國會議長這個位置上，用中立的形象和不慍不火的表現，拉高自身政治聲量。

善用庶民言語　擁有死忠粉絲追隨

1957年出生的韓國瑜，是臺北縣板橋人，東吳大學英文系畢業，取得政大東亞所碩士學位，曾任臺北縣議員、立法委員、北農總經理、高雄市長，現在是立法院長。

韓國瑜一直是臺灣最具話題的政治人物，很懂得庶民用語，也擁有獨特的幽默感。他自嘲是禿子；把北農總經理這個位子稱為「賣菜郎」；選市長時又形容高雄「又老又窮」。這是韓國瑜的群眾魅力，擁有一票死忠的韓粉追隨，但他也因為與中國大陸高層關係不錯，被歸類為「親中派」政治人物的代表。

2018年高雄市長選舉，韓國瑜聲稱帶著一瓶礦泉水，「國民黨一碗滷肉飯都沒給」，沒有資源南下開疆拓土，意外擊敗高雄市長應該十拿九穩的陳其邁，豈料他上任不到一年，就接受國民黨徵召，投入2020年總統大選，許多人覺得遭到背叛，從支持到痛心，批評他是「落跑市長」。

韓國瑜曾為此辯解：「我不曾落跑，只是為了實現我與高雄市民的君子之約，我必須站在捍衛中華民國的最前方，因為沒有『臺灣安全、人民有錢』的光明未來，就沒有『打造高雄、全臺首富』的真實可能。」

寫下地方自治史難堪紀錄　首位遭罷免縣市長

似乎這個理由沒有被多數人接受，韓流瞬間消退，韓國瑜兵敗如山倒。2020年1月11日，大選結果出爐，他以200多萬票差距敗給尋

求連任的總統蔡英文；同年他遭市民罷免，當時罷免同意票高達93萬票，超過2018年他當選市長的89萬票，寫下地方自治史上2項難堪的紀錄，不僅是首位遭罷免的縣市長，只做了528天，也是任期最短的直轄市長。

總統選輸了，又遭罷免成功，韓國瑜政治生涯遭受空前挫折，他選擇暫別政治舞臺，象徵對過去的失敗深刻反省。

消聲匿跡的韓國瑜，期間寫了一本書《韓先生來敲門》，2022年初曾舉行新書發表會，現場人氣爆棚，當時被視為復出政壇起手式；同年九合一大選，韓國瑜也幫國民黨輔選，他站臺的32名候選人，有30人順利當選，證明「韓流」還在，在等一個機會。

重回立院第一天　拿傘飆金句「無法無天」

就在藍營期待，韓國瑜什麼時候會正式復出之際？2024總統大選前3個月，他突然在臉書發文表示，很高興參加趙少康、郝龍斌發起的「戰鬥藍」記者會，並與國民黨總統參選人侯友宜同框。韓國瑜說，他顧念兩岸能否尋求和平，以及在野陣營是不是能集中力量，所以決定在此時此刻站出來。

「禿子要回來了！」韓國瑜的官宣，為藍營打了一劑強心針。同年11月他以最高票，獲得國民黨不分區立委提名，也展開忙碌的全臺輔選行程。立委選舉結果出爐，國民黨取得52席、民進黨拿下51席、民眾黨也有8席斬獲，呈現三黨不過半，藍委也挾席次優勢，順利將他送上立法龍頭寶座。

雖然韓國瑜以立委身分重回立法院時，在媒體鏡頭前秀出一把雨傘，脫口金句：「禿子打傘，無法無天。」引發譁然，也頓時攻佔各大媒體版面。還好這只是小插曲，他就任院長後，確實讓外界看到他行事風格的改變。

首次主持朝野協商　化解緊張氣氛

以2024年2月5日為例，這天是韓國瑜第一次以立法院長身分主持朝野協商，現場的民眾黨立委為了先前「院長選舉投廢票」一事，與民進黨總召柯建銘激烈爭辯，眼見衝突不斷，韓國瑜轉頭對著柯建銘說：「柯總召你看我眼睛，你休息一下。」他柔軟的身段和協調能力，讓緊張氣氛獲得緩解。

同年5月17日，藍綠立委為了國會職權相關修法，打得頭破血流。總統賴清德520就職隔天，立法院繼續處理相關修法，韓國瑜一早宣布開會，也跟立委們分享心裡的感慨：「上次國會打架，讓全世界看到的不是臺灣的真善美，新總統昨天就職，今天第二天，如果立法院再發生衝突，要怎麼交代？」這是在國會暴力衝突後，他做出感性的訴求。

國會議長的職責，是要超脫政黨立場綜理院務，包括行政事務、議事程序制定、主持黨團協商等，並負責召開院會及全院委員會。這段期間韓國瑜在立法院長的位子上表現如何？從民調數字可以看出他真的不一樣。

沉潛後重返政壇　調整該扮演的角色

根據《菱傳媒》2024年6月第二階段「未來政治領袖聲望調查」，前20大政治領袖中，韓國瑜在「決斷力與溝通協調力」、「親和力和領導風範」、「務實、穩定，能展現影響力」指標，排在第二位，第一名是賴清德；「印象最好」、「操守品德」、「具有遠見、與國際觀」等指標，韓國瑜皆排名第3，僅次於民進黨的賴清德和蕭美琴；至於「看好誰未來在臺灣政壇的表現」，他排在第5名，前面依序是賴清德、陳其邁、蕭美琴和盧秀燕。

韓國瑜的改變，重新獲得民眾高度肯定。過去，他是活潑、隨性的政治人物，能夠配合媒體要求，但高雄市長遭罷免後，他沒有明顯情緒反應，而是轉趨低調沉潛，或許這段期間有新的體會，重新回到舞臺後，他很快做出調整，也學會了該在什麼情況下，扮演什麼樣的角色。

似乎在韓國瑜身上，也始終看不到罷免的挫折感，這是許多政治人物不一定做得到的淡定。就如同他自己所說，年輕時在議會、國會衝鋒陷陣，最後逐漸迷失自我，現在他潛心修佛，謹守佛家對追求世俗名利權位的告誡。

「肉眼看世界，全是名利；天眼看世界，無盡輪迴；法眼看世界，皆是因果；慧眼看世界，俱是心幻；佛眼看世界，滿是慈悲。」韓國瑜曾經引用弘一法師的話，這是他經歷年少輕狂後悟出的人生觀，也是能夠坦然面對失敗的心情寫照。

民調中的韓國瑜

對韓國瑜印象最好的受訪者，佔總樣本數的 13.0%，除了普遍正面的清廉正直形象外，主要提及他親民接地氣、苦民所苦，能夠了解基層人民的辛勞，並展現出真誠和高親和力。在「親和力、領導風範」項目中，韓國瑜排序第二，並列個人最佳表現。支持者普遍認為，韓國瑜需要更強硬一些，以有效面對執政黨的攻擊或指正各種不合理的事情，進而抓貪腐、推動國會改革。

另一方面，不喜歡或不信任韓國瑜的受訪者，佔總樣本數的 11.7%，主要批評他講話浮誇、發言不得體，顯得輕浮且缺乏專業內涵，並且認為他對人民福祉沒有實質幫助。部分受訪者還認為其能力不足，無法有效治理高雄，提出的政見也無法落實。這些批評反映了他在被罷免後擔任立法院長引發的爭議，許多人質疑其德不配位。

第一印象

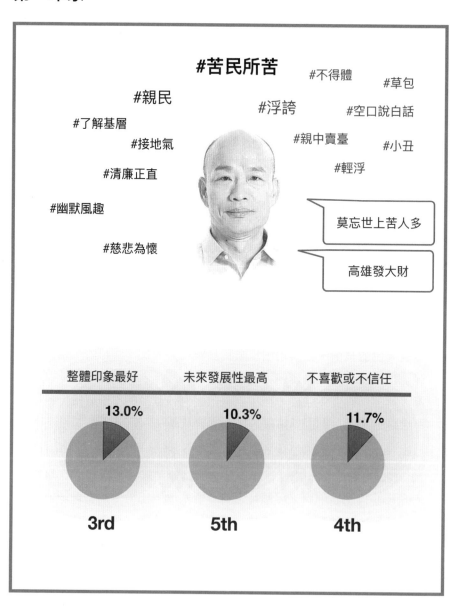

整體評價（能力分析）

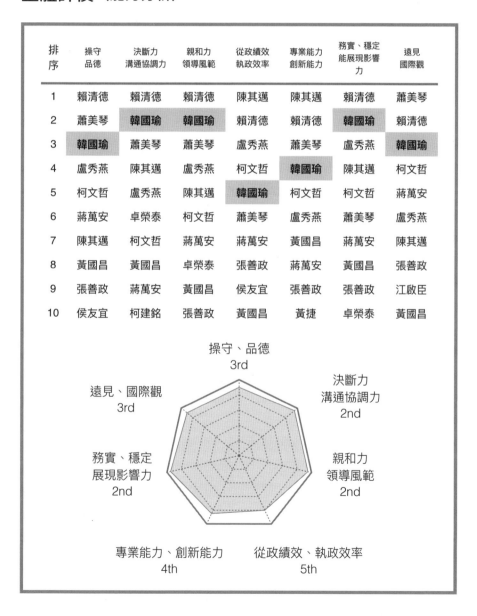

排序	操守品德	決斷力溝通協調力	親和力領導風範	從政績效執政效率	專業能力創新能力	務實、穩定能展現影響力	遠見國際觀
1	賴清德	賴清德	賴清德	陳其邁	陳其邁	賴清德	蕭美琴
2	蕭美琴	韓國瑜	韓國瑜	賴清德	賴清德	韓國瑜	賴清德
3	韓國瑜	蕭美琴	蕭美琴	盧秀燕	蕭美琴	盧秀燕	韓國瑜
4	盧秀燕	陳其邁	盧秀燕	柯文哲	韓國瑜	陳其邁	柯文哲
5	柯文哲	盧秀燕	陳其邁	韓國瑜	柯文哲	柯文哲	蔣萬安
6	蔣萬安	卓榮泰	柯文哲	蕭美琴	盧秀燕	蕭美琴	盧秀燕
7	陳其邁	柯文哲	蔣萬安	蔣萬安	黃國昌	蔣萬安	陳其邁
8	黃國昌	黃國昌	卓榮泰	張善政	蔣萬安	黃國昌	張善政
9	張善政	蔣萬安	黃國昌	侯友宜	張善政	張善政	江啟臣
10	侯友宜	柯建銘	張善政	黃國昌	黃捷	卓榮泰	黃國昌

操守、品德
3rd

遠見、國際觀
3rd

決斷力
溝通協調力
2nd

務實、穩定
展現影響力
2nd

親和力
領導風範
2nd

專業能力、創新能力
4th

從政績效、執政效率
5th

第一波百人未來政治領袖調查排序回顧

立法委員排序 (名單共35人)			
印象最好	監督行政機關	政策影響力	未來發展
排序　5	7	2	4

60歲以上政治人物排序 (名單共49人)		
印象最好	領導力	未來發展
排序　2	2	3

男性政治人物排序 (名單共62人)		
印象最好	領導力	未來發展
排序　3	2	4

社會議題面向 被期待解決問題的政治人物				
詐騙防制	治安、社會安全網	都市發展	食安	環境能源
排序　5	11	9	9	8

整體評價（支持者分析）

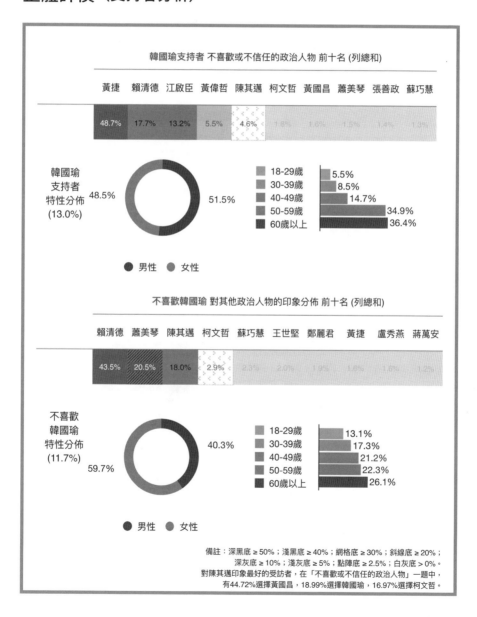

韓國瑜支持者 不喜歡或不信任的政治人物 前十名 (列總和)

黃捷	賴清德	江啟臣	黃偉哲	陳其邁	柯文哲	黃國昌	蕭美琴	張善政	蘇巧慧
48.7%	17.7%	13.2%	5.5%	4.6%	1.8%	1.6%	1.5%	1.4%	1.3%

韓國瑜
支持者
特性分佈
(13.0%)

48.5%　51.5%

● 男性　● 女性

18-29歲　5.5%
30-39歲　8.5%
40-49歲　14.7%
50-59歲　34.9%
60歲以上　36.4%

不喜歡韓國瑜 對其他政治人物的印象分佈 前十名 (列總和)

賴清德	蕭美琴	陳其邁	柯文哲	蘇巧慧	王世堅	鄭麗君	黃捷	盧秀燕	蔣萬安
43.5%	20.5%	18.0%	2.9%	2.3%	2.0%	1.9%	1.6%	1.6%	1.2%

不喜歡
韓國瑜
特性分佈
(11.7%)

59.7%　40.3%

● 男性　● 女性

18-29歲　13.1%
30-39歲　17.3%
40-49歲　21.2%
50-59歲　22.3%
60歲以上　26.1%

備註：深黑底 ≥ 50%；淺黑底 ≥ 40%；網格底 ≥ 30%；斜線底 ≥ 20%；
深灰底 ≥ 10%；淺灰底 ≥ 5%；點陣底 ≥ 2.5%；白灰底 > 0%。
對陳其邁印象最好的受訪者，在「不喜歡或不信任的政治人物」一題中，
有44.72%選擇黃國昌，18.99%選擇韓國瑜，16.97%選擇柯文哲。

161

正面評論

您認為韓國瑜有哪些吸引您的特質或值得肯定的成就及能力？

#親民接地氣　■ 男　■ 女　| 56% | 44% |

「他最聊解人民的辛勞，而且他很親民，有不貪污，他是一個最佳領導的一位人選。」

新竹縣 / 60歲以上女性

「苦民所苦，會為民著想，有責任感，為了百姓願意擔起選總統的大任，即使最後敗選了，他還是勇敢面對甚至被擺免他還是正面陽光積極，他可以不用出來選總統的承受那麼多的造謠和抹黑，謝謝他的勇氣讓我看見不一樣的政治人物」

桃園市 / 40-49歲男性

「基層做起 為百姓福利第一」

苗栗縣 / 50-59歲女性

#清廉正直　■ 男　■ 女　| 50% | 50% |

「誠信、負責，不偷、拐、搶、騙，隨便比當今的執政者都要強在我眼中他就是我期待中的領導者」

臺中市 / 30-39歲女性

「愛物親民，勤政廉明 真正為民間百姓做事 不做秀不雙標 做人實在誠信大氣」

新北市 / 40-49歲女性

建議／反面聲音

[支持者]

您認為韓國瑜有哪些需要改進的缺點或當前應處理面對的問題？

太客氣

「面對國會改革一定要堅持到底，態度要再強硬點。」

高雄市 / 40-49歲女性

「對貪腐的民進黨不用客氣對待」

彰化縣 / 50-59歲女性

[反對者]

您不喜歡或不信任韓國瑜的原因是什麼（特質、言行或背景）？

18-29歲	30-39歲	40-49歲	50-59歲	60歲以上

#浮誇 #不得體

9%	10%	21%	22%	39%

「除了金句連連之外，看不出福國利民的思維，德不配位」

高雄市 / 60歲以上女性

「對臺灣這個國家沒有足夠的遠見，政策媚俗缺乏深度文化素養，對於謀求人民及社會福祉沒有使命感和正確方向。光靠誑語口號騙取人民支持。」

高雄市 / 40-49歲女性

#草包

「沒能力解決問題，只是包裝形象而已，沒有專業的能力還有沒有國際觀」

臺中市 / 50-59歲女性

「沒有能力，草包一個，連高雄都治理不好的人，國民黨還當寶讓他當立法院長真是無言，只想把臺灣送給大陸」

高雄市 / 50-59歲女性

整體印象評價（依性別、年齡排序）

排序	整體	依性別排序		依年齡排序				
		男性	女性	18-29歲	30-39歲	40-49歲	50-59歲	60歲以上
1	賴清德	賴清德	賴清德	蕭美琴	蕭美琴	蕭美琴	賴清德	賴清德
2	蕭美琴	韓國瑜	蕭美琴	柯文哲	賴清德	賴清德	韓國瑜	韓國瑜
3	韓國瑜	蕭美琴	陳其邁	賴清德	柯文哲	陳其邁	蕭美琴	蕭美琴
4	陳其邁	盧秀燕	韓國瑜	盧秀燕	黃國昌	柯文哲	陳其邁	盧秀燕
5	盧秀燕	陳其邁	盧秀燕	陳其邁	陳其邁	韓國瑜	盧秀燕	陳其邁
6	柯文哲	柯文哲	柯文哲	黃國昌	盧秀燕	盧秀燕	柯文哲	蔣萬安
7	黃國昌	黃國昌	蔣萬安	韓國瑜	韓國瑜	黃國昌	柯文哲	張善政
8	蔣萬安	蔣萬安	黃國昌	王世堅	蔣萬安	蔣萬安	張善政	黃國昌
9	張善政	江啟臣	張善政	蔣萬安	黃捷	侯友宜	鄭麗君	柯文哲
10	王世堅	黃捷	蘇巧慧	江啟臣	王世堅	蘇巧慧	黃國昌	蘇巧慧
	蘇巧慧	張善政	王世堅	鄭麗君	蘇巧慧	張善政	黃捷	卓榮泰
	黃捷	王世堅	侯友宜	黃捷	張善政	卓榮泰	王世堅	黃捷
	鄭麗君	蘇巧慧	鄭麗君	蘇巧慧	江啟臣	鄭麗君	卓榮泰	江啟臣
	江啟臣	鄭麗君	黃捷	黃偉哲	侯友宜	江啟臣	侯友宜	鄭麗君
	卓榮泰	卓榮泰	黃偉哲	張善政	鄭麗君	王世堅	江啟臣	朱立倫
	侯友宜	林飛帆	柯建銘	侯友宜	卓榮泰	黃捷	蘇巧慧	林飛帆
	柯建銘	侯友宜	卓榮泰	柯建銘	柯建銘	柯建銘	林飛帆	柯建銘
	黃偉哲	朱立倫	江啟臣	朱立倫	林飛帆	黃偉哲	朱立倫	王世堅
	林飛帆	柯建銘	林飛帆	林飛帆	黃偉哲	林飛帆	柯建銘	黃偉哲
	朱立倫	黃偉哲	朱立倫	卓榮泰	朱立倫	朱立倫	黃偉哲	侯友宜

備註：○○○灰階字體代表該人物在此分類無人選擇。

整體印象評價（依政黨傾向排序）

排序	整體	依政黨傾向排序				
		民進黨 支持者	國民黨 支持者	台灣民眾黨 支持者	選人不選黨/ 中立	其他選擇
1	賴清德	賴清德	韓國瑜	柯文哲	賴清德	蕭美琴
2	蕭美琴	蕭美琴	盧秀燕	黃國昌	盧秀燕	賴清德
3	韓國瑜	陳其邁	蔣萬安	盧秀燕	蕭美琴	韓國瑜
4	陳其邁	蘇巧慧	張善政	韓國瑜	韓國瑜	陳其邁
5	盧秀燕	黃捷	江啟臣	蕭美琴	陳其邁	盧秀燕
6	柯文哲	卓榮泰	侯友宜	蔣萬安	蔣萬安	鄭麗君
7	黃國昌	鄭麗君	朱立倫	陳其邁	柯文哲	蔣萬安
8	蔣萬安	王世堅	陳其邁	王世堅	黃國昌	黃捷
9	張善政	柯建銘	黃國昌	張善政	王世堅	黃國昌
10	王世堅	盧秀燕	王世堅	侯友宜	張善政	柯文哲
	蘇巧慧	黃偉哲	柯文哲	柯建銘	江啟臣	王世堅
	黃捷	林飛帆	蕭美琴	江啟臣	侯友宜	林飛帆
	鄭麗君	黃國昌	黃偉哲	賴清德	鄭麗君	侯友宜
	江啟臣	韓國瑜	蘇巧慧	朱立倫	黃捷	卓榮泰
	卓榮泰	柯文哲	賴清德	黃偉哲	蘇巧慧	張善政
	侯友宜	蔣萬安	黃捷	蘇巧慧	卓榮泰	柯建銘
	柯建銘	張善政	卓榮泰	黃捷	朱立倫	江啟臣
	黃偉哲	侯友宜	鄭麗君	卓榮泰	柯建銘	黃偉哲
	林飛帆	江啟臣	柯建銘	鄭麗君	林飛帆	蘇巧慧
	朱立倫	朱立倫	林飛帆	林飛帆	黃偉哲	朱立倫

備註：○○○灰階字體代表該人物在此分類無人選擇。

整體印象評價（依政治光譜排序）

排序	整體	依政治光譜排序								
		G1	G2	G3	G4	G5	G6	G7	G8	G9
1	賴清德	韓國瑜	韓國瑜	韓國瑜	柯文哲	柯文哲	蕭美琴	賴清德	賴清德	賴清德
2	蕭美琴	盧秀燕	盧秀燕	盧秀燕	黃國昌	黃國昌	賴清德	蕭美琴	蕭美琴	蕭美琴
3	韓國瑜	蔣萬安	蔣萬安	柯文哲	盧秀燕	盧秀燕	陳其邁	陳其邁	陳其邁	陳其邁
4	陳其邁	張善政	黃國昌	蔣萬安	韓國瑜	蕭美琴	柯文哲	柯文哲	蘇巧慧	蘇巧慧
5	盧秀燕	黃國昌	柯文哲	黃國昌	蔣萬安	蔣萬安	盧秀燕	鄭麗君	黃捷	黃捷
6	柯文哲	江啟臣	張善政	張善政	張善政	賴清德	王世堅	盧秀燕	卓榮泰	卓榮泰
7	黃國昌	侯友宜	侯友宜	江啟臣	王世堅	王世堅	黃國昌	黃捷	鄭麗君	鄭麗君
8	蔣萬安	朱立倫	江啟臣	侯友宜	侯友宜	韓國瑜	鄭麗君	黃國昌	王世堅	柯建銘
9	張善政	蕭美琴	朱立倫	王世堅	江啟臣	陳其邁	黃捷	蔣萬安	林飛帆	王世堅
10	王世堅	賴清德	鄭麗君	陳其邁	蕭美琴	江啟臣	卓榮泰	柯建銘	黃偉哲	林飛帆
	蘇巧慧	陳其邁	賴清德	柯建銘	柯建銘	黃偉哲	蘇巧慧	蘇巧慧	柯文哲	韓國瑜
	黃捷	鄭麗君	王世堅	蕭美琴	鄭麗君	侯友宜	韓國瑜	黃偉哲	柯建銘	黃偉哲
	鄭麗君	黃捷	陳其邁	朱立倫	黃捷	張善政	林飛帆	王世堅	盧秀燕	柯文哲
	江啟臣	柯文哲	蕭美琴	鄭麗君	賴清德	黃捷	張善政	卓榮泰	黃國昌	盧秀燕
	卓榮泰	王世堅	黃捷	賴清德	陳其邁	柯建銘	蔣萬安	韓國瑜	蔣萬安	黃國昌
	侯友宜	林飛帆	林飛帆	黃捷	朱立倫	朱立倫	江啟臣	林飛帆	韓國瑜	蔣萬安
	柯建銘	卓榮泰	卓榮泰	林飛帆	林飛帆	鄭麗君	黃偉哲	張善政	張善政	張善政
	黃偉哲	柯建銘	柯建銘	卓榮泰	卓榮泰	蘇巧慧	侯友宜	江啟臣	江啟臣	江啟臣
	林飛帆	黃偉哲	黃偉哲	黃偉哲	黃偉哲	林飛帆	柯建銘	侯友宜	侯友宜	侯友宜
	朱立倫	蘇巧慧	蘇巧慧	蘇巧慧	蘇巧慧	卓榮泰	朱立倫	朱立倫	朱立倫	朱立倫

備註：○○○灰階字體代表該人物在此分類無人選擇。

整體印象評價（依社會、經濟地位自評排序）

排序	整體	依社會、經濟地位自評排序				
		社會地位偏高/ 經濟地位偏高	社會地位偏高/ 經濟地位偏低	社會地位偏低/ 經濟地位偏高	社會地位偏低/ 經濟地位偏低	普通社經地位
1	賴清德	賴清德	賴清德	蕭美琴	韓國瑜	賴清德
2	蕭美琴	蕭美琴	蕭美琴	賴清德	賴清德	蕭美琴
3	韓國瑜	陳其邁	韓國瑜	柯文哲	蕭美琴	韓國瑜
4	陳其邁	韓國瑜	盧秀燕	陳其邁	盧秀燕	陳其邁
5	盧秀燕	盧秀燕	陳其邁	張善政	陳其邁	盧秀燕
6	柯文哲	柯文哲	柯文哲	韓國瑜	柯文哲	柯文哲
7	黃國昌	黃國昌	黃國昌	黃國昌	黃國昌	蔣萬安
8	蔣萬安	蔣萬安	蔣萬安	盧秀燕	蔣萬安	黃國昌
9	張善政	蘇巧慧	蘇巧慧	鄭麗君	黃捷	張善政
10	王世堅	江啟臣	張善政	林飛帆	王世堅	王世堅
	蘇巧慧	張善政	卓榮泰	蘇巧慧	鄭麗君	侯友宜
	黃捷	黃捷	黃偉哲	蔣萬安	江啟臣	蘇巧慧
	鄭麗君	卓榮泰	黃捷	黃捷	蘇巧慧	黃捷
	江啟臣	王世堅	江啟臣	侯友宜	侯友宜	卓榮泰
	卓榮泰	鄭麗君	王世堅	卓榮泰	張善政	鄭麗君
	侯友宜	柯建銘	鄭麗君	黃偉哲	林飛帆	江啟臣
	柯建銘	侯友宜	侯友宜	江啟臣	柯建銘	黃偉哲
	黃偉哲	林飛帆	柯建銘	王世堅	卓榮泰	朱立倫
	林飛帆	朱立倫	林飛帆	柯建銘	黃偉哲	柯建銘
	朱立倫	黃偉哲	朱立倫	朱立倫	朱立倫	林飛帆

備註：○○○灰階字體代表該人物在此分類無人選擇。

看好未來表現評價（依性別、年齡排序）

排序	整體	依性別排序		依年齡排序				
		男性	女性	18-29歲	30-39歲	40-49歲	50-59歲	60歲以上
1	賴清德	賴清德	賴清德	陳其邁	蕭美琴	蕭美琴	陳其邁	賴清德
2	陳其邁	陳其邁	陳其邁	盧秀燕	陳其邁	陳其邁	賴清德	韓國瑜
3	蕭美琴	蕭美琴	蕭美琴	蕭美琴	黃國昌	賴清德	韓國瑜	陳其邁
4	盧秀燕	盧秀燕	韓國瑜	黃國昌	賴清德	盧秀燕	蕭美琴	蕭美琴
5	韓國瑜	韓國瑜	盧秀燕	賴清德	柯文哲	柯文哲	盧秀燕	盧秀燕
6	蔣萬安	蔣萬安	蔣萬安	柯文哲	盧秀燕	黃國昌	蔣萬安	蔣萬安
7	黃國昌	黃國昌	柯文哲	蔣萬安	韓國瑜	韓國瑜	柯文哲	柯文哲
8	柯文哲	柯文哲	黃國昌	韓國瑜	蔣萬安	蔣萬安	黃國昌	黃國昌
9	蘇巧慧	蘇巧慧	卓榮泰	蘇巧慧	黃捷	蘇巧慧	蘇巧慧	卓榮泰
10	黃捷	黃捷	蘇巧慧	王世堅	卓榮泰	黃捷	張善政	江啟臣
	卓榮泰	江啟臣	黃捷	黃捷	蘇巧慧	江啟臣	卓榮泰	張善政
	江啟臣	張善政	王世堅	江啟臣	林飛帆	王世堅	黃捷	鄭麗君
	王世堅	卓榮泰	林飛帆	卓榮泰	江啟臣	張善政	鄭麗君	蘇巧慧
	張善政	王世堅	江啟臣	鄭麗君	王世堅	卓榮泰	江啟臣	林飛帆
	林飛帆	鄭麗君	鄭麗君	林飛帆	侯友宜	侯友宜	林飛帆	黃捷
	鄭麗君	林飛帆	侯友宜	黃偉哲	張善政	林飛帆	王世堅	王世堅
	侯友宜	侯友宜	張善政	侯友宜	鄭麗君	鄭麗君	侯友宜	柯建銘
	柯建銘	柯建銘	黃偉哲	張善政	柯建銘	黃偉哲	朱立倫	侯友宜
	黃偉哲	黃偉哲	柯建銘	柯建銘	黃偉哲	柯建銘	黃偉哲	黃偉哲
	朱立倫	朱立倫	朱立倫	朱立倫	朱立倫	朱立倫	柯建銘	朱立倫

備註：○○○灰階字體代表該人物在此分類無人選擇。

看好未來表現評價（依政黨傾向排序）

排序	整體	依政黨傾向排序				
		民進黨支持者	國民黨支持者	台灣民眾黨支持者	選人不選黨/中立	其他選擇
1	賴清德	賴清德	韓國瑜	黃國昌	盧秀燕	蕭美琴
2	陳其邁	陳其邁	盧秀燕	柯文哲	蕭美琴	陳其邁
3	蕭美琴	蕭美琴	蔣萬安	盧秀燕	賴清德	賴清德
4	盧秀燕	蘇巧慧	江啟臣	韓國瑜	陳其邁	盧秀燕
5	韓國瑜	黃捷	張善政	蔣萬安	蔣萬安	韓國瑜
6	蔣萬安	卓榮泰	侯友宜	陳其邁	韓國瑜	柯文哲
7	黃國昌	林飛帆	蕭美琴	江啟臣	黃國昌	蔣萬安
8	柯文哲	王世堅	黃國昌	蕭美琴	柯文哲	黃捷
9	蘇巧慧	鄭麗君	黃偉哲	王世堅	王世堅	黃國昌
10	黃捷	盧秀燕	王世堅	柯建銘	江啟臣	鄭麗君
	卓榮泰	柯建銘	陳其邁	侯友宜	卓榮泰	王世堅
	江啟臣	黃偉哲	黃捷	張善政	蘇巧慧	蘇巧慧
	王世堅	韓國瑜	柯文哲	賴清德	黃捷	林飛帆
	張善政	江啟臣	卓榮泰	黃偉哲	張善政	卓榮泰
	林飛帆	蔣萬安	賴清德	黃捷	鄭麗君	張善政
	鄭麗君	黃國昌	蘇巧慧	卓榮泰	侯友宜	江啟臣
	侯友宜	張善政	林飛帆	蘇巧慧	朱立倫	黃偉哲
	柯建銘	柯文哲	鄭麗君	林飛帆	柯建銘	侯友宜
	黃偉哲	侯友宜	柯建銘	鄭麗君	林飛帆	柯建銘
	朱立倫	朱立倫	朱立倫	朱立倫	黃偉哲	朱立倫

備註：○○○灰階字體代表該人物在此分類無人選擇。

看好未來表現評價（依政治光譜排序）

排序	整體	依政治光譜排序								
		G1	G2	G3	G4	G5	G6	G7	G8	G9
1	賴清德	韓國瑜	盧秀燕	盧秀燕	黃國昌	柯文哲	蕭美琴	陳其邁	蕭美琴	賴清德
2	陳其邁	蔣萬安	韓國瑜	韓國瑜	盧秀燕	黃國昌	陳其邁	蕭美琴	陳其邁	陳其邁
3	蕭美琴	盧秀燕	蔣萬安	蔣萬安	柯文哲	盧秀燕	賴清德	賴清德	賴清德	蕭美琴
4	盧秀燕	張善政	黃國昌	黃國昌	蔣萬安	蔣萬安	盧秀燕	黃捷	卓榮泰	蘇巧慧
5	韓國瑜	黃國昌	柯文哲	柯文哲	韓國瑜	賴清德	黃國昌	盧秀燕	黃捷	黃捷
6	蔣萬安	江啟臣	張善政	江啟臣	王世堅	蕭美琴	柯文哲	卓榮泰	蘇巧慧	卓榮泰
7	黃國昌	侯友宜	江啟臣	張善政	侯友宜	陳其邁	蘇巧慧	柯文哲	林飛帆	林飛帆
8	柯文哲	柯文哲	侯友宜	蕭美琴	蕭美琴	王世堅	黃捷	鄭麗君	王世堅	鄭麗君
9	蘇巧慧	蕭美琴	鄭麗君	王世堅	張善政	韓國瑜	林飛帆	王世堅	鄭麗君	王世堅
10	黃捷	陳其邁	賴清德	柯建銘	江啟臣	江啟臣	王世堅	蘇巧慧	盧秀燕	柯建銘
	卓榮泰	賴清德	朱立倫	朱立倫	陳其邁	黃偉哲	韓國瑜	蔣萬安	江啟臣	黃偉哲
	江啟臣	黃捷	蕭美琴	侯友宜	柯建銘	侯友宜	蔣萬安	江啟臣	柯文哲	韓國瑜
	王世堅	鄭麗君	陳其邁	鄭麗君	黃捷	鄭麗君	江啟臣	林飛帆	柯建銘	蔣萬安
	張善政	王世堅	黃捷	賴清德	卓榮泰	張善政	卓榮泰	柯建銘	韓國瑜	盧秀燕
	林飛帆	蘇巧慧	王世堅	陳其邁	賴清德	柯建銘	鄭麗君	黃國昌	黃國昌	江啟臣
	鄭麗君	林飛帆	蘇巧慧	黃捷	朱立倫	蘇巧慧	黃偉哲	黃偉哲	黃偉哲	柯文哲
	侯友宜	卓榮泰	林飛帆	蘇巧慧	鄭麗君	朱立倫	侯友宜	韓國瑜	蔣萬安	黃國昌
	柯建銘	黃偉哲	卓榮泰	林飛帆	蘇巧慧	黃捷	張善政	侯友宜	侯友宜	侯友宜
	黃偉哲	柯建銘	黃偉哲	卓榮泰	林飛帆	林飛帆	柯建銘	張善政	張善政	張善政
	朱立倫	朱立倫	柯建銘	黃偉哲	黃偉哲	卓榮泰	朱立倫	朱立倫	朱立倫	朱立倫

備註：○○○灰階字體代表該人物在此分類無人選擇。

看好未來表現評價（依社會、經濟地位自評排序）

排序	整體	依社會、經濟地位自評排序				
		社會地位偏高/ 經濟地位偏高	社會地位偏高/ 經濟地位偏低	社會地位偏低/ 經濟地位偏高	社會地位偏低/ 經濟地位偏低	普通社經地位
1	賴清德	賴清德	蕭美琴	陳其邁	賴清德	陳其邁
2	陳其邁	陳其邁	賴清德	蕭美琴	韓國瑜	蕭美琴
3	蕭美琴	蕭美琴	陳其邁	蔣萬安	盧秀燕	賴清德
4	盧秀燕	盧秀燕	韓國瑜	賴清德	陳其邁	盧秀燕
5	韓國瑜	韓國瑜	盧秀燕	柯文哲	蕭美琴	蔣萬安
6	蔣萬安	蔣萬安	蔣萬安	黃國昌	柯文哲	韓國瑜
7	黃國昌	黃國昌	柯文哲	盧秀燕	蔣萬安	黃國昌
8	柯文哲	柯文哲	黃國昌	韓國瑜	黃國昌	柯文哲
9	蘇巧慧	蘇巧慧	卓榮泰	卓榮泰	王世堅	蘇巧慧
10	黃捷	黃捷	鄭麗君	鄭麗君	黃捷	黃捷
	卓榮泰	卓榮泰	黃偉哲	黃捷	江啟臣	卓榮泰
	江啟臣	林飛帆	蘇巧慧	江啟臣	蘇巧慧	江啟臣
	王世堅	江啟臣	林飛帆	黃偉哲	卓榮泰	張善政
	張善政	鄭麗君	王世堅	蘇巧慧	張善政	王世堅
	林飛帆	張善政	張善政	林飛帆	林飛帆	鄭麗君
	鄭麗君	王世堅	朱立倫	王世堅	侯友宜	林飛帆
	侯友宜	黃偉哲	黃捷	張善政	鄭麗君	侯友宜
	柯建銘	侯友宜	江啟臣	朱立倫	柯建銘	柯建銘
	黃偉哲	柯建銘	侯友宜	侯友宜	朱立倫	黃偉哲
	朱立倫	朱立倫	柯建銘	柯建銘	黃偉哲	朱立倫

備註：○○○灰階字體代表該人物在此分類無人選擇。

不喜歡或不信任的評價（依性別、年齡排序）

排序	整體	依性別排序		依年齡排序				
		男性	女性	18-29歲	30-39歲	40-49歲	50-59歲	60歲以上
1	黃國昌	黃國昌	黃國昌	黃國昌	黃國昌	黃國昌	黃國昌	黃國昌
2	賴清德	柯建銘	韓國瑜	柯建銘	柯建銘	賴清德	賴清德	賴清德
3	柯建銘	賴清德	賴清德	韓國瑜	賴清德	柯文哲	柯文哲	柯文哲
4	韓國瑜	柯文哲	柯文哲	賴清德	韓國瑜	韓國瑜	韓國瑜	韓國瑜
5	柯文哲	韓國瑜	柯建銘	柯文哲	柯文哲	柯建銘	柯建銘	柯建銘
6	黃捷	黃捷	黃捷	黃捷	黃捷	黃捷	黃捷	黃捷
7	盧秀燕	林飛帆	盧秀燕	林飛帆	林飛帆	林飛帆	陳其邁	盧秀燕
8	林飛帆	盧秀燕	林飛帆	朱立倫	朱立倫	盧秀燕	盧秀燕	陳其邁
9	朱立倫	朱立倫	朱立倫	蔣萬安	盧秀燕	朱立倫	林飛帆	林飛帆
10	陳其邁	陳其邁	蔣萬安	盧秀燕	侯友宜	陳其邁	朱立倫	蔣萬安
	蔣萬安	蔣萬安	侯友宜	侯友宜	卓榮泰	蔣萬安	蔣萬安	朱立倫
	侯友宜	卓榮泰	陳其邁	蘇巧慧	張善政	侯友宜	王世堅	侯友宜
	卓榮泰	侯友宜	蕭美琴	卓榮泰	蘇巧慧	卓榮泰	蘇巧慧	蘇巧慧
	蘇巧慧	蘇巧慧	張善政	張善政	蔣萬安	張善政	陳其邁	卓榮泰
	蕭美琴	張善政	王世堅	蕭美琴	黃偉哲	蕭美琴	卓榮泰	蕭美琴
	張善政	蕭美琴	蘇巧慧	王世堅	蕭美琴	黃偉哲	蕭美琴	王世堅
	王世堅	鄭麗君	黃偉哲	黃偉哲	江啟臣	江啟臣	黃偉哲	張善政
	黃偉哲	黃偉哲	卓榮泰	陳其邁	陳其邁	蘇巧慧	江啟臣	鄭麗君
	江啟臣	王世堅	江啟臣	鄭麗君	王世堅	王世堅	張善政	江啟臣
	鄭麗君	江啟臣	鄭麗君	江啟臣	鄭麗君	鄭麗君	鄭麗君	黃偉哲

備註：○○○灰階字體代表該人物在此分類無人選擇。

不喜歡或不信任的評價（依政黨傾向排序）

排序	整體	依政黨傾向排序				
		民進黨支持者	國民黨支持者	台灣民眾黨支持者	選人不選黨/中立	其他選擇
1	黃國昌	黃國昌	賴清德	柯建銘	黃國昌	黃國昌
2	賴清德	柯文哲	柯建銘	賴清德	賴清德	韓國瑜
3	柯建銘	韓國瑜	黃捷	黃捷	柯建銘	賴清德
4	韓國瑜	盧秀燕	柯文哲	林飛帆	韓國瑜	柯文哲
5	柯文哲	朱立倫	林飛帆	卓榮泰	柯文哲	柯建銘
6	黃捷	蔣萬安	陳其邁	侯友宜	黃捷	黃捷
7	盧秀燕	侯友宜	黃國昌	朱立倫	林飛帆	陳其邁
8	林飛帆	張善政	卓榮泰	蔣萬安	朱立倫	蘇巧慧
9	朱立倫	賴清德	蕭美琴	韓國瑜	陳其邁	朱立倫
10	陳其邁	柯建銘	蘇巧慧	黃國昌	盧秀燕	林飛帆
	蔣萬安	蘇巧慧	侯友宜	陳其邁	蔣萬安	盧秀燕
	侯友宜	王世堅	朱立倫	柯文哲	侯友宜	黃偉哲
	卓榮泰	江啟臣	王世堅	蘇巧慧	蕭美琴	蔣萬安
	蘇巧慧	黃捷	鄭麗君	鄭麗君	王世堅	張善政
	蕭美琴	林飛帆	韓國瑜	盧秀燕	黃偉哲	侯友宜
	張善政	陳其邁	蔣萬安	蕭美琴	蘇巧慧	卓榮泰
	王世堅	卓榮泰	黃偉哲	黃偉哲	卓榮泰	江啟臣
	黃偉哲	黃偉哲	盧秀燕	王世堅	張善政	蕭美琴
	江啟臣	蕭美琴	江啟臣	江啟臣	江啟臣	王世堅
	鄭麗君	鄭麗君	張善政	張善政	鄭麗君	鄭麗君

備註：○○○灰階字體代表該人物在此分類無人選擇。

不喜歡或不信任的評價（依政治光譜排序）

排序	整體	G1	G2	G3	G4	G5	G6	G7	G8	G9
					依政治光譜排序					
1	黃國昌	賴清德	賴清德	賴清德	柯建銘	柯建銘	黃國昌	黃國昌	黃國昌	黃國昌
2	賴清德	柯建銘	柯建銘	柯建銘	賴清德	賴清德	韓國瑜	韓國瑜	柯文哲	韓國瑜
3	柯建銘	黃捷	黃捷	黃捷	黃捷	黃國昌	柯文哲	柯文哲	韓國瑜	柯文哲
4	韓國瑜	柯文哲	林飛帆	林飛帆	柯文哲	韓國瑜	柯建銘	侯友宜	盧秀燕	盧秀燕
5	柯文哲	卓榮泰	陳其邁	陳其邁	陳其邁	黃捷	朱立倫	朱立倫	朱立倫	蔣萬安
6	黃捷	林飛帆	柯文哲	柯文哲	林飛帆	林飛帆	黃捷	盧秀燕	侯友宜	朱立倫
7	盧秀燕	陳其邁	蕭美琴	卓榮泰	朱立倫	柯文哲	林飛帆	柯建銘	蔣萬安	張善政
8	林飛帆	蘇巧慧	蘇巧慧	蘇巧慧	侯友宜	朱立倫	侯友宜	蔣萬安	柯建銘	侯友宜
9	朱立倫	黃國昌	黃國昌	黃國昌	卓榮泰	侯友宜	王世堅	江啟臣	賴清德	江啟臣
10	陳其邁	王世堅	卓榮泰	王世堅	韓國瑜	蔣萬安	賴清德	林飛帆	張善政	賴清德
	蔣萬安	蕭美琴	韓國瑜	黃偉哲	蕭美琴	黃偉哲	蔣萬安	蘇巧慧	林飛帆	陳其邁
	侯友宜	鄭麗君	侯友宜	蔣萬安	黃國昌	蘇巧慧	張善政	張善政	王世堅	卓榮泰
	卓榮泰	侯友宜	王世堅	蕭美琴	王世堅	鄭麗君	蕭美琴	黃偉哲	黃偉哲	蘇巧慧
	蘇巧慧	盧秀燕	鄭麗君	朱立倫	蘇巧慧	盧秀燕	盧秀燕	賴清德	黃捷	王世堅
	蕭美琴	朱立倫	朱立倫	盧秀燕	黃偉哲	卓榮泰	張善政	黃捷	江啟臣	蕭美琴
	張善政	蔣萬安	黃偉哲	侯友宜	蔣萬安	蕭美琴	江啟臣	王世堅	蕭美琴	黃捷
	王世堅	韓國瑜	蔣萬安	韓國瑜	盧秀燕	陳其邁	黃偉哲	蕭美琴	蘇巧慧	黃偉哲
	黃偉哲	黃偉哲	盧秀燕	鄭麗君	鄭麗君	王世堅	卓榮泰	卓榮泰	卓榮泰	柯建銘
	江啟臣	江啟臣	江啟臣	江啟臣	江啟臣	張善政	陳其邁	陳其邁	陳其邁	林飛帆
	鄭麗君	張善政	張善政	張善政	張善政	江啟臣	鄭麗君	鄭麗君	鄭麗君	鄭麗君

備註：○○○灰階字體代表該人物在此分類無人選擇。

不喜歡或不信任的評價（依社會、經濟地位自評排序）

排序	整體	依社會、經濟地位自評排序				
		社會地位偏高/經濟地位偏高	社會地位偏高/經濟地位偏低	社會地位偏低/經濟地位偏高	社會地位偏低/經濟地位偏低	普通社經地位
1	黃國昌	黃國昌	黃國昌	黃國昌	黃國昌	黃國昌
2	賴清德	賴清德	韓國瑜	柯建銘	賴清德	賴清德
3	柯建銘	柯文哲	賴清德	柯文哲	柯建銘	柯建銘
4	韓國瑜	韓國瑜	柯建銘	黃捷	韓國瑜	柯文哲
5	柯文哲	柯建銘	黃捷	賴清德	柯文哲	韓國瑜
6	黃捷	黃捷	柯文哲	韓國瑜	黃捷	黃捷
7	盧秀燕	盧秀燕	盧秀燕	鄭麗君	林飛帆	林飛帆
8	林飛帆	蔣萬安	朱立倫	林飛帆	朱立倫	盧秀燕
9	朱立倫	林飛帆	侯友宜	朱立倫	陳其邁	朱立倫
10	陳其邁	陳其邁	黃偉哲	蘇巧慧	蔣萬安	陳其邁
	蔣萬安	朱立倫	林飛帆	蕭美琴	侯友宜	侯友宜
	侯友宜	侯友宜	蔣萬安	盧秀燕	盧秀燕	卓榮泰
	卓榮泰	卓榮泰	張善政	侯友宜	卓榮泰	蔣萬安
	蘇巧慧	張善政	鄭麗君	黃偉哲	蘇巧慧	蘇巧慧
	蕭美琴	蘇巧慧	陳其邁	蔣萬安	蕭美琴	蕭美琴
	張善政	王世堅	蘇巧慧	張善政	王世堅	張善政
	王世堅	蕭美琴	卓榮泰	陳其邁	張善政	黃偉哲
	黃偉哲	黃偉哲	蕭美琴	卓榮泰	江啟臣	王世堅
	江啟臣	江啟臣	王世堅	王世堅	鄭麗君	江啟臣
	鄭麗君	鄭麗君	江啟臣	江啟臣	黃偉哲	鄭麗君

備註：○○○灰階字體代表該人物在此分類無人選擇。

侯友宜

基本資料

姓名：侯友宜

生日：1957年6月7日

學歷：

- 國立中央警察大學犯罪防治研究所法學博士
- 國立中央警官學校刑事警察學系學士

政黨：中國國民黨

現職：

- 新北市第4屆市長

曾擔任職位／經歷

● 新北市第3屆市長
● 新北市第1-2屆副市長
● 中央警察大學校長
● 內政部警政署署長
● 內政部警政署刑事警察局局長

選舉紀錄

年度	選舉屆數	是否當選
2018 年	第三屆新北市長選舉	V
2022 年	第四屆新北市長選舉	V
2024 年	第十六任總統、副總統選舉	

人物側寫

公僕40年逆風無悔　「憨慢講話，但是真實在」

　　頂著招牌三分平頭，短小精悍的新北市長侯友宜，臺語比國語講得「輪轉」，從政背景也與其他人不同，他擔任過警政署長，是第一個警察龍頭出身的地方首長。如果以近幾任退休的警政署長比較，王卓鈞、陳國恩都轉職多金的企業界服務，侯友宜卻義無反顧選擇公僕。

　　從政之後一直保留警察身分的侯友宜，2022年7月16日屆齡退休，才真正告別。這一天他透過臉書感性發文：「我這一輩子以警察為榮、以警察為傲，終身愛警。當初選擇走警察這條路，就沒有後悔兩個字。」

　　從刑警到百里侯，他人生最精華的40多年都奉獻給國家。

南部嘉義小孩　曾經是少棒捕手

　　1957年出生在嘉義朴子的侯友宜，父親是臺籍日本兵，替日本海軍製造維修飛機，後來又被國民黨派去中國東北參加國共內戰，父親退伍後回到臺灣，在朴子菜市場擺攤賣豬肉，侯友宜的童年就是在這

裡度過。

因為愛運動，侯友宜曾經是朴子少棒隊的捕手，有人稱他少棒「鐵捕」，日後成為專緝要犯的「神捕」；他自己則開了身材的玩笑：「因為小時候打棒球當捕手蹲太久，所以才長不高。」

嘉義高中畢業那年，侯友宜為了分擔家計，同時考取國防醫學院、高雄師範學院與中央警官學校（中央警察大學前身），後來他選擇警官學校，據說是因為他一路苦讀，想挑課業壓力較輕的學校喘口氣。

30年警界生涯　槍戰中屢破重大刑案

但官校45期畢業後，侯友宜身上肩負的重擔才開始。他一路從基層小刑警做起，曾任刑事局偵二隊隊長、臺北市刑大大隊長、刑事警察局長。他罕見受到藍綠提拔重用，阿扁執政時代，他以50歲不到的年紀，升任警政署長，是史上最年輕的最高警政機關首長。

30多年警界生涯，經歷了無數大小槍戰，侯友宜稱得上國內重大刑案的「教科書」，他緝獲胡關寶等重犯，也逮捕「惡龍」張錫銘，甚至前往中國處理轟動兩岸的「千島湖事件」。

侯友宜最為人所熟知的印象，莫過於1997年白曉燕命案，當時他身穿防彈背心、頭戴鋼盔，抱著嬰兒步出南非武官官邸，「鐵漢」形象深植人心。最後綁匪陳進興交槍投降，挾持事件終於落幕。

偵辦319槍擊案　藍營無法諒解

不過，案件扯上政治，鐵漢也難為。侯友宜在刑事局長任內發生的319槍擊案，讓他遭到非議。那是2004年總統大選前一天的敏感時刻，民進黨正副總統候選人陳水扁、呂秀蓮搭乘吉普車，在臺南掃街拜票，遭人開槍分別劃破肚皮和打中膝蓋。原本國民黨的連宋配聲勢看好，2顆子彈的變數來得太突然，藍營急了，強烈質疑這一切都是阿扁自導自演。

侯友宜為了釐清真相，趕在投票前的清晨公布初步調查結果，並在記者會上強調「這是一起單純的槍擊案」。透過電視臺LIVE直播，藍營根本無法接受這種說法，尤其從自己人的嘴巴說出來，簡直氣炸了，最後選情也真的逆轉。

政治光譜偏藍的侯友宜，根據鑑識結果說話，反而被批評為「阿扁佞臣」。但這就是侯友宜，向來對事不對黨，他自許當警察就是要行政中立，堅定的立場沒有改變。

二屆市長選舉碾壓對手　不沾鍋卻成孤鳥

事實上，侯友宜18歲高中畢業，為了報考警官學校，曾經加入國民黨。後來他當了刑警，沒有再重新去登記，成了失聯黨員；阿扁執政時期，民進黨有意邀他入黨，他也不為所動。有人說侯友宜處事圓融，藍綠通吃；對他而言，身為執法人員，只想保持行政中立。

一直是無黨籍的侯友宜，直到新北市副市長任內尾聲，終於悄悄「恢復」國民黨籍，並接棒朱立倫參選新北市長。2018年侯友宜代表

國民黨角逐，對上老縣長蘇貞昌，以116萬餘票、超過57%的得票率勝選，他的第一仗，打得漂亮；2022年更以衝破62%的得票率，擊敗民進黨的林佳龍，順利連任成功。

雖然侯友宜有選票的底氣，但還是那不沾鍋的態度，與國民黨保持距離，也成了政治孤鳥。2021年，國民黨立委與民團發起「四大公投」，侯友宜不僅未表態，投票前夕還透過臉書逆風發文，他以「我對公投的看法」為題寫到：「原本該是一個一個議題就事論事，怎麼演變成對人不對事，非友即敵的搞得像選舉一樣，對立、衝突，大家不累嗎？」

自知口才不行　「侯侯做代誌」掛嘴邊

「市政優先」、「侯侯做代誌」，侯友宜老是掛在嘴邊，也像答錄機般，用來回應外界質疑。但做得比說得還多，而且要認真做，是侯友宜公僕生涯的全部。一方面是他自己知道口才不行，做事才是強項；另一方面是來自於父母的身教。

「我們從來不敢逾越，一生都是循規蹈矩的人。」侯友宜曾經談到家庭教育的影響。他說，父親給了一個無形框架，「讓我出了社會也不容易受到污染，養成黑白分明的性格，在複雜的環境中堅持應有的操守。」

因而有人形容侯友宜的風格是「憨慢講話，但是真實在」。跟侯友宜接觸過的里長，幾乎沒有人不被他圈粉，就連綠營的里長也不例外，真誠、親切、把里長反映的事情放在心上，新北市每一個里長侯友宜都叫得出名字，代表他非常重視基層。此外，早年喪子的侯友

宜，好爸爸形象也深植在市民心中，視察托育機構或是學校時，侯友宜總能跟小朋友打成一片，尤其是他超本土的臺灣國語更是讓他常常成為全場焦點。基層公務員出身的侯友宜，養成他實在的行事風格，也影響到他的執政團隊，凡事都要把事情做好再宣傳，把精力花在做事上，而不是作秀上，也少了很多政治曝光的機會。

化身藍營共主角逐大位　連基本盤都失守

然而，「憨慢講話，但是真實在」又帶著警察一板一眼的特質，侯友宜確實和國民黨傳統菁英型政治人物不同，辯論的口才不佳，也讓支持者捏一把冷汗。但挾著連任新北市長的高人氣，他成了藍營共主，代表國民黨角逐2024總統大位。只是遇到了藍白合破局，他臨時找了中廣董事長趙少康搭擋上陣，在三腳督中僅僅拿到467萬票，得票率33.49%，連藍營基本盤都沒有守穩。

會不會有遺憾？侯友宜和「電視才子」王偉忠在一次對談中，是這麼看待自己：「其實我的人生只有一句話，『做什麼像什麼』，更重要的是，走下來的時候，人家會講一句『不錯』，那就足夠了。」

在這個凡事以政治掛帥的年代，侯友宜算是很不政治的政治人物，公職生涯大半時間都是擔任警職，必須要行政中立、依法行政，不管是誰執政，對侯友宜來說，他就是依法執行職務。侯友宜曾表示，他不會分你是誰、我是誰，他是為人民國家做事的。所以對侯友宜來說，把事情做好，比做好政治來得重要。

甚且不同於其他黨政治領袖，侯友宜並非民代出身，也不是政商富二代，侯友宜的政治魅力來自於他的實事求是，拿出實際的成績，

而不是汲汲營營、急功近利。正因為如此，侯友宜強項是執行力及魄力，但選舉時需要的是政治攻防上的奧援及政黨人脈，這點侯友宜相對吃虧，尤其是在敗選之後，只有回到市長一職加倍奉還。

侯友宜當了8年新北市副市長，又任兩屆新北市長，新北的成績無疑是他警察工作外的第二人生成績。

他最津津樂道的是，魄力整治沉痾數十年的五股垃圾山，翻轉為綠意盎然的「五股夏綠地」公園。並整頓50年沒改變的新泰塭仔圳，推動市地重劃、注入城市發展動能，打造嶄新的國門沿線風光，目標成為北臺灣的新核心。再加上5年來捷運營運路線新增26公里26座車站，2025年捷運三鶯線完工後，路線長度累積達40公里38座車站，為全國第一。新北市自豪，污水接管121萬3575戶、整體污水處理率94.85%，同樣也是全國第一。

回歸新北市的侯友宜，喊話「加倍努力，為民打拚」，持續朝其任內所擘劃的新北市2030願景目標邁進。在侯友宜心中，做實事、拚市政，讓人民「安居樂業」一直是侯友宜的信念。新北都更三箭快速推動，三環六線串起新北市與大臺北的交通網，目標在2030年完成139公里121座車站，平均每10萬市民有3座車站，與東京、首爾並駕齊驅。未來也規劃讓更多年輕人在捷運周邊住得起房子，新北市的公托有122間，公托量能大於五都總和，提供年輕人養兒育女的適居環境，這也是侯友宜的政治夢想。

2024年差幾步，就可能當上臺灣第一個警察出身的總統。侯友宜還有政治的下一個機會嗎？從《菱傳媒》的未來政治領袖聲望調查，他仍是有很強大的未來性。

根據這項調查，侯友宜的未來發展，排在國內政治領袖前10，他

的執政績效與影響力，也都是縣市長前10名。

國民黨的2028年大選，重心仍在六都的首長，張善政才一任，同樣一任的蔣萬安必再拚連任，只剩侯友宜與盧秀燕。但盧秀燕的外省色彩，還有與朱立倫維持柔對抗的心態，反而突顯了曾為朱立倫副手的侯友宜角色更重要。

「『不錯』就是我人生的全部。」這點侯友宜做到了。他不需要很多掌聲，也不需要在批評當中沮喪，當自己知道自己在做什麼時，就能真實面對，全力以赴。也許這樣中庸的好好做事政治性格，更是充滿政治鬥爭的環境中，最有價值的。

民調中的侯友宜

對侯友宜印象最好的受訪者佔總樣本數 0.9%，主要肯定其務實、親民、穩重等特質，以及在新北市的施政成績。「從政績效、執政效率」項目排序第九，為他個人最高；「操守、品德」項目排序第十，為個人第二高。對於侯友宜的缺點，超過半數支持者皆提及其表達能力差，論述能力需要加強。

另一方面，不喜歡或不信任侯友宜的受訪者佔總樣本數 1.4%，除前述的論述能力差之外，主要批評虛偽、講話很假，以及說話不算話、太猶豫、愛推卸責任等問題。

第一印象

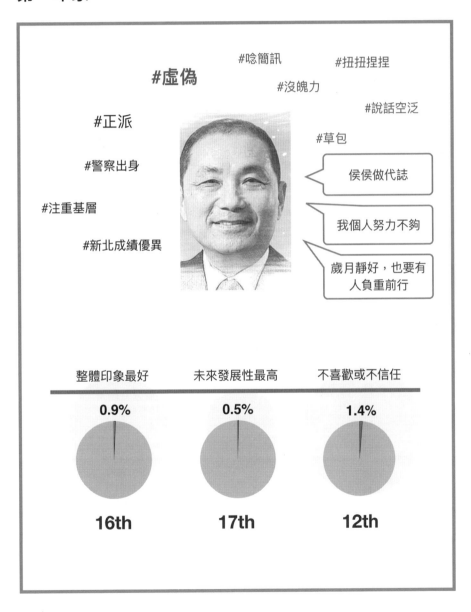

整體評價（能力分析）

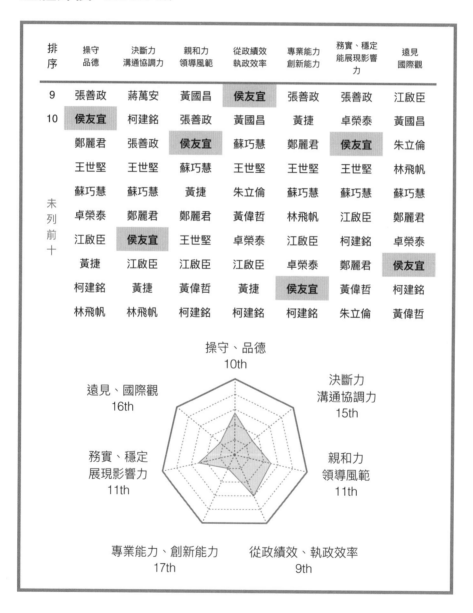

排序	操守品德	決斷力溝通協調力	親和力領導風範	從政績效執政效率	專業能力創新能力	務實、穩定能展現影響力	遠見國際觀
9	張善政	蔣萬安	黃國昌	侯友宜	張善政	張善政	江啟臣
10	侯友宜	柯建銘	張善政	黃國昌	黃捷	卓榮泰	黃國昌
未列前十	鄭麗君	張善政	侯友宜	蘇巧慧	鄭麗君	侯友宜	朱立倫
	王世堅	王世堅	蘇巧慧	王世堅	王世堅	王世堅	林飛帆
	蘇巧慧	蘇巧慧	黃捷	朱立倫	蘇巧慧	蘇巧慧	蘇巧慧
	卓榮泰	鄭麗君	鄭麗君	黃偉哲	林飛帆	江啟臣	鄭麗君
	江啟臣	侯友宜	王世堅	卓榮泰	江啟臣	柯建銘	卓榮泰
	黃捷	江啟臣	江啟臣	江啟臣	卓榮泰	鄭麗君	侯友宜
	柯建銘	黃捷	黃偉哲	黃捷	侯友宜	黃偉哲	柯建銘
	林飛帆	林飛帆	柯建銘	柯建銘	柯建銘	朱立倫	黃偉哲

操守、品德
10th

遠見、國際觀
16th

決斷力
溝通協調力
15th

務實、穩定
展現影響力
11th

親和力
領導風範
11th

專業能力、創新能力
17th

從政績效、執政效率
9th

第一波百人未來政治領袖調查排序回顧

	縣市首長排序 (名單共24人)			
	印象最好	施政績效	務實穩定 展現影響力	未來發展
排序	8	8	9	8

	60歲以上政治人物排序 (名單共49人)		
	印象最好	領導力	未來發展
排序	17	12	16

	男性政治人物排序 (名單共62人)		
	印象最好	領導力	未來發展
排序	16	9	20

	社會議題面向 被期待解決問題的政治人物				
	詐騙防制	治安、 社會安全網	都市發展	食安	環境能源
排序	3	4	17	15	18

整體評價（支持者分析）

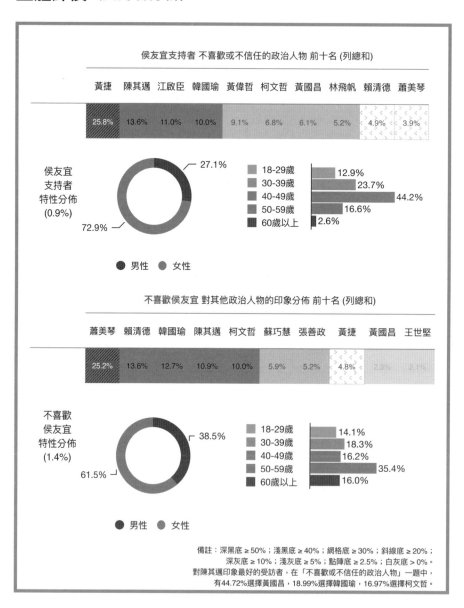

侯友宜支持者 不喜歡或不信任的政治人物 前十名 (列總和)

黃捷	陳其邁	江啟臣	韓國瑜	黃偉哲	柯文哲	黃國昌	林飛帆	賴清德	蕭美琴
25.8%	13.6%	11.0%	10.0%	9.1%	6.8%	6.1%	5.2%	4.9%	3.9%

侯友宜
支持者
特性分佈
(0.9%)

27.1%
72.9%

18-29歲　12.9%
30-39歲　23.7%
40-49歲　44.2%
50-59歲　16.6%
60歲以上　2.6%

● 男性　● 女性

不喜歡侯友宜 對其他政治人物的印象分佈 前十名 (列總和)

蕭美琴	賴清德	韓國瑜	陳其邁	柯文哲	蘇巧慧	張善政	黃捷	黃國昌	王世堅
25.2%	13.6%	12.7%	10.9%	10.0%	5.9%	5.2%	4.8%	2.3%	2.1%

不喜歡
侯友宜
特性分佈
(1.4%)

38.5%
61.5%

18-29歲　14.1%
30-39歲　18.3%
40-49歲　16.2%
50-59歲　35.4%
60歲以上　16.0%

● 男性　● 女性

備註：深黑底 ≥ 50%；淺黑底 ≥ 40%；網格底 ≥ 30%；斜線底 ≥ 20%；
深灰底 ≥ 10%；淺灰底 ≥ 5%；點陣底 ≥ 2.5%；白灰底 > 0%。
對陳其邁印象最好的受訪者，在「不喜歡或不信任的政治人物」一題中，
有44.72%選擇黃國昌，18.99%選擇韓國瑜，16.97%選擇柯文哲。

正面評論／反面聲音

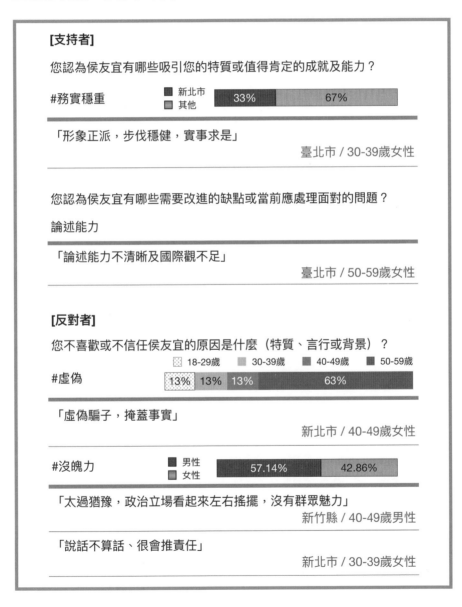

[支持者]

您認為侯友宜有哪些吸引您的特質或值得肯定的成就及能力？

#務實穩重　■ 新北市　■ 其他　　33%　　67%

「形象正派，步伐穩健，實事求是」

臺北市 / 30-39歲女性

您認為侯友宜有哪些需要改進的缺點或當前應處理面對的問題？

論述能力

「論述能力不清晰及國際觀不足」

臺北市 / 50-59歲女性

[反對者]

您不喜歡或不信任侯友宜的原因是什麼（特質、言行或背景）？

⊠ 18-29歲　■ 30-39歲　■ 40-49歲　■ 50-59歲

#虛偽　　13%　13%　13%　　63%

「虛偽騙子，掩蓋事實」

新北市 / 40-49歲女性

#沒魄力　■ 男性　■ 女性　　57.14%　　42.86%

「太過猶豫，政治立場看起來左右搖擺，沒有群眾魅力」

新竹縣 / 40-49歲男性

「說話不算話、很會推責任」

新北市 / 30-39歲女性

整體印象評價（依性別、年齡排序）

排序	整體	依性別排序		依年齡排序				
		男性	女性	18-29歲	30-39歲	40-49歲	50-59歲	60歲以上
1	賴清德	賴清德	賴清德	蕭美琴	蕭美琴	蕭美琴	賴清德	賴清德
2	蕭美琴	韓國瑜	蕭美琴	柯文哲	賴清德	賴清德	韓國瑜	韓國瑜
3	韓國瑜	蕭美琴	陳其邁	賴清德	柯文哲	陳其邁	蕭美琴	蕭美琴
4	陳其邁	盧秀燕	韓國瑜	盧秀燕	黃國昌	柯文哲	陳其邁	盧秀燕
5	盧秀燕	陳其邁	盧秀燕	陳其邁	陳其邁	韓國瑜	盧秀燕	陳其邁
6	柯文哲	柯文哲	柯文哲	黃國昌	盧秀燕	盧秀燕	蔣萬安	蔣萬安
7	黃國昌	黃國昌	蔣萬安	韓國瑜	韓國瑜	黃國昌	柯文哲	張善政
8	蔣萬安	蔣萬安	黃國昌	王世堅	蔣萬安	蔣萬安	張善政	黃國昌
9	張善政	江啟臣	張善政	蔣萬安	黃捷	侯友宜	鄭麗君	柯文哲
10	王世堅	黃捷	蘇巧慧	江啟臣	王世堅	蘇巧慧	黃國昌	蘇巧慧
	蘇巧慧	張善政	王世堅	鄭麗君	蘇巧慧	張善政	黃捷	卓榮泰
	黃捷	王世堅	侯友宜	黃捷	張善政	卓榮泰	王世堅	黃捷
	鄭麗君	蘇巧慧	鄭麗君	蘇巧慧	江啟臣	鄭麗君	卓榮泰	江啟臣
	江啟臣	鄭麗君	黃捷	黃偉哲	侯友宜	江啟臣	侯友宜	鄭麗君
	卓榮泰	卓榮泰	黃偉哲	張善政	鄭麗君	王世堅	江啟臣	朱立倫
	侯友宜	林飛帆	柯建銘	侯友宜	卓榮泰	黃捷	蘇巧慧	林飛帆
	柯建銘	侯友宜	卓榮泰	柯建銘	柯建銘	柯建銘	林飛帆	柯建銘
	黃偉哲	朱立倫	江啟臣	朱立倫	林飛帆	黃偉哲	朱立倫	王世堅
	林飛帆	柯建銘	林飛帆	林飛帆	黃偉哲	林飛帆	柯建銘	黃偉哲
	朱立倫	黃偉哲	朱立倫	卓榮泰	朱立倫	朱立倫	黃偉哲	侯友宜

備註：○○○灰階字體代表該人物在此分類無人選擇。

整體印象評價（依政黨傾向排序）

排序	整體	依政黨傾向排序				
		民進黨 支持者	國民黨 支持者	台灣民眾黨 支持者	選人不選黨/ 中立	其他選擇
1	賴清德	賴清德	韓國瑜	柯文哲	賴清德	蕭美琴
2	蕭美琴	蕭美琴	盧秀燕	黃國昌	盧秀燕	賴清德
3	韓國瑜	陳其邁	蔣萬安	盧秀燕	蕭美琴	韓國瑜
4	陳其邁	蘇巧慧	張善政	韓國瑜	韓國瑜	陳其邁
5	盧秀燕	黃捷	江啟臣	蕭美琴	陳其邁	盧秀燕
6	柯文哲	卓榮泰	侯友宜	蔣萬安	蔣萬安	鄭麗君
7	黃國昌	鄭麗君	朱立倫	陳其邁	柯文哲	蔣萬安
8	蔣萬安	王世堅	陳其邁	王世堅	黃國昌	黃捷
9	張善政	柯建銘	黃國昌	張善政	王世堅	黃國昌
10	王世堅	盧秀燕	王世堅	侯友宜	張善政	柯文哲
	蘇巧慧	黃偉哲	柯文哲	柯建銘	江啟臣	王世堅
	黃捷	林飛帆	蕭美琴	江啟臣	侯友宜	林飛帆
	鄭麗君	黃國昌	黃偉哲	賴清德	鄭麗君	侯友宜
	江啟臣	韓國瑜	蘇巧慧	朱立倫	黃捷	卓榮泰
	卓榮泰	柯文哲	賴清德	黃偉哲	蘇巧慧	張善政
	侯友宜	蔣萬安	黃捷	蘇巧慧	卓榮泰	柯建銘
	柯建銘	張善政	卓榮泰	黃捷	朱立倫	江啟臣
	黃偉哲	侯友宜	鄭麗君	卓榮泰	柯建銘	黃偉哲
	林飛帆	江啟臣	柯建銘	鄭麗君	林飛帆	蘇巧慧
	朱立倫	朱立倫	林飛帆	林飛帆	黃偉哲	朱立倫

備註：○○○灰階字體代表該人物在此分類無人選擇。

整體印象評價（依政治光譜排序）

排序	整體	依政治光譜排序								
		G1	G2	G3	G4	G5	G6	G7	G8	G9
1	賴清德	韓國瑜	韓國瑜	韓國瑜	柯文哲	柯文哲	蕭美琴	賴清德	賴清德	賴清德
2	蕭美琴	盧秀燕	盧秀燕	盧秀燕	黃國昌	黃國昌	賴清德	蕭美琴	蕭美琴	蕭美琴
3	韓國瑜	蔣萬安	蔣萬安	柯文哲	盧秀燕	盧秀燕	陳其邁	陳其邁	陳其邁	陳其邁
4	陳其邁	張善政	黃國昌	蔣萬安	韓國瑜	蕭美琴	柯文哲	柯文哲	蘇巧慧	蘇巧慧
5	盧秀燕	黃國昌	柯文哲	黃國昌	蔣萬安	蔣萬安	盧秀燕	鄭麗君	黃捷	黃捷
6	柯文哲	江啟臣	張善政	張善政	張善政	賴清德	王世堅	盧秀燕	卓榮泰	卓榮泰
7	黃國昌	侯友宜	侯友宜	江啟臣	王世堅	王世堅	黃國昌	黃捷	鄭麗君	鄭麗君
8	蔣萬安	朱立倫	江啟臣	侯友宜	侯友宜	韓國瑜	鄭麗君	黃國昌	王世堅	柯建銘
9	張善政	蕭美琴	朱立倫	王世堅	江啟臣	陳其邁	黃捷	蔣萬安	林飛帆	王世堅
10	王世堅	賴清德	鄭麗君	陳其邁	蕭美琴	江啟臣	卓榮泰	柯建銘	黃偉哲	林飛帆
	蘇巧慧	陳其邁	賴清德	柯建銘	柯建銘	黃偉哲	蘇巧慧	蘇巧慧	柯文哲	韓國瑜
	黃捷	鄭麗君	王世堅	蕭美琴	鄭麗君	侯友宜	韓國瑜	黃偉哲	柯建銘	黃偉哲
	鄭麗君	黃捷	陳其邁	朱立倫	黃捷	張善政	林飛帆	王世堅	盧秀燕	柯文哲
	江啟臣	柯文哲	蕭美琴	鄭麗君	賴清德	黃捷	張善政	卓榮泰	黃國昌	盧秀燕
	卓榮泰	王世堅	黃捷	賴清德	陳其邁	柯建銘	蔣萬安	韓國瑜	蔣萬安	黃國昌
	侯友宜	林飛帆	林飛帆	黃捷	朱立倫	柯文哲	江啟臣	林飛帆	韓國瑜	蔣萬安
	柯建銘	卓榮泰	卓榮泰	林飛帆	林飛帆	鄭麗君	黃偉哲	張善政	張善政	張善政
	黃偉哲	柯建銘	柯建銘	卓榮泰	卓榮泰	蘇巧慧	侯友宜	江啟臣	江啟臣	江啟臣
	林飛帆	黃偉哲	黃偉哲	黃偉哲	黃偉哲	林飛帆	柯建銘	侯友宜	侯友宜	侯友宜
	朱立倫	蘇巧慧	蘇巧慧	蘇巧慧	蘇巧慧	卓榮泰	朱立倫	朱立倫	朱立倫	朱立倫

備註：○○○灰階字體代表該人物在此分類無人選擇。

整體印象評價（依社會、經濟地位自評排序）

排序	整體	依社會、經濟地位自評排序				
		社會地位偏高/ 經濟地位偏高	社會地位偏高/ 經濟地位偏低	社會地位偏低/ 經濟地位偏高	社會地位偏低/ 經濟地位偏低	普通社經地位
1	賴清德	賴清德	賴清德	蕭美琴	韓國瑜	賴清德
2	蕭美琴	蕭美琴	蕭美琴	賴清德	賴清德	蕭美琴
3	韓國瑜	陳其邁	韓國瑜	柯文哲	蕭美琴	韓國瑜
4	陳其邁	韓國瑜	盧秀燕	陳其邁	盧秀燕	陳其邁
5	盧秀燕	盧秀燕	陳其邁	張善政	陳其邁	盧秀燕
6	柯文哲	柯文哲	柯文哲	韓國瑜	柯文哲	柯文哲
7	黃國昌	黃國昌	黃國昌	黃國昌	黃國昌	蔣萬安
8	蔣萬安	蔣萬安	蔣萬安	盧秀燕	蔣萬安	黃國昌
9	張善政	蘇巧慧	蘇巧慧	鄭麗君	黃捷	張善政
10	王世堅	江啟臣	張善政	林飛帆	王世堅	王世堅
	蘇巧慧	張善政	卓榮泰	蘇巧慧	鄭麗君	侯友宜
	黃捷	黃捷	黃偉哲	蔣萬安	江啟臣	蘇巧慧
	鄭麗君	卓榮泰	黃捷	黃捷	蘇巧慧	黃捷
	江啟臣	王世堅	江啟臣	侯友宜	侯友宜	卓榮泰
	卓榮泰	鄭麗君	王世堅	卓榮泰	張善政	鄭麗君
	侯友宜	柯建銘	鄭麗君	黃偉哲	林飛帆	江啟臣
	柯建銘	侯友宜	侯友宜	江啟臣	柯建銘	黃偉哲
	黃偉哲	林飛帆	柯建銘	王世堅	卓榮泰	朱立倫
	林飛帆	朱立倫	林飛帆	柯建銘	黃偉哲	柯建銘
	朱立倫	黃偉哲	朱立倫	朱立倫	朱立倫	林飛帆

備註：○○○灰階字體代表該人物在此分類無人選擇。

193

看好未來表現評價（依性別、年齡排序）

排序	整體	依性別排序		依年齡排序				
		男性	女性	18-29歲	30-39歲	40-49歲	50-59歲	60歲以上
1	賴清德	賴清德	賴清德	陳其邁	蕭美琴	蕭美琴	陳其邁	賴清德
2	陳其邁	陳其邁	陳其邁	盧秀燕	陳其邁	陳其邁	賴清德	韓國瑜
3	蕭美琴	蕭美琴	蕭美琴	蕭美琴	黃國昌	賴清德	韓國瑜	陳其邁
4	盧秀燕	盧秀燕	韓國瑜	黃國昌	賴清德	盧秀燕	蕭美琴	蕭美琴
5	韓國瑜	韓國瑜	盧秀燕	賴清德	柯文哲	柯文哲	盧秀燕	盧秀燕
6	蔣萬安	蔣萬安	蔣萬安	柯文哲	盧秀燕	黃國昌	蔣萬安	蔣萬安
7	黃國昌	黃國昌	柯文哲	蔣萬安	韓國瑜	韓國瑜	柯文哲	柯文哲
8	柯文哲	柯文哲	黃國昌	韓國瑜	蔣萬安	蔣萬安	黃國昌	黃國昌
9	蘇巧慧	蘇巧慧	卓榮泰	蘇巧慧	黃捷	蘇巧慧	蘇巧慧	卓榮泰
10	黃捷	黃捷	蘇巧慧	王世堅	卓榮泰	黃捷	張善政	江啟臣
	卓榮泰	江啟臣	黃捷	黃捷	蘇巧慧	江啟臣	卓榮泰	張善政
	江啟臣	張善政	王世堅	江啟臣	林飛帆	王世堅	黃捷	鄭麗君
	王世堅	卓榮泰	林飛帆	卓榮泰	江啟臣	張善政	鄭麗君	蘇巧慧
	張善政	王世堅	江啟臣	鄭麗君	王世堅	卓榮泰	江啟臣	林飛帆
	林飛帆	鄭麗君	鄭麗君	林飛帆	侯友宜	侯友宜	林飛帆	黃捷
	鄭麗君	林飛帆	侯友宜	黃偉哲	張善政	林飛帆	王世堅	王世堅
	侯友宜	侯友宜	張善政	侯友宜	鄭麗君	鄭麗君	侯友宜	柯建銘
	柯建銘	柯建銘	黃偉哲	張善政	柯建銘	黃偉哲	朱立倫	侯友宜
	黃偉哲	黃偉哲	柯建銘	柯建銘	黃偉哲	柯建銘	黃偉哲	黃偉哲
	朱立倫	朱立倫	朱立倫	朱立倫	朱立倫	朱立倫	柯建銘	朱立倫

備註：○○○灰階字體代表該人物在此分類無人選擇。

看好未來表現評價（依政黨傾向排序）

排序	整體	依政黨傾向排序				
		民進黨支持者	國民黨支持者	台灣民眾黨支持者	選人不選黨/中立	其他選擇
1	賴清德	賴清德	韓國瑜	黃國昌	盧秀燕	蕭美琴
2	陳其邁	陳其邁	盧秀燕	柯文哲	蕭美琴	陳其邁
3	蕭美琴	蕭美琴	蔣萬安	盧秀燕	賴清德	賴清德
4	盧秀燕	蘇巧慧	江啟臣	韓國瑜	陳其邁	盧秀燕
5	韓國瑜	黃捷	張善政	蔣萬安	蔣萬安	韓國瑜
6	蔣萬安	卓榮泰	侯友宜	陳其邁	韓國瑜	柯文哲
7	黃國昌	林飛帆	蕭美琴	江啟臣	黃國昌	蔣萬安
8	柯文哲	王世堅	黃國昌	蕭美琴	柯文哲	黃捷
9	蘇巧慧	鄭麗君	黃偉哲	王世堅	王世堅	黃國昌
10	黃捷	盧秀燕	王世堅	柯建銘	江啟臣	鄭麗君
	卓榮泰	柯建銘	陳其邁	侯友宜	卓榮泰	王世堅
	江啟臣	黃偉哲	黃捷	張善政	蘇巧慧	蘇巧慧
	王世堅	韓國瑜	柯文哲	賴清德	黃捷	林飛帆
	張善政	江啟臣	卓榮泰	黃偉哲	張善政	卓榮泰
	林飛帆	蔣萬安	賴清德	黃捷	鄭麗君	張善政
	鄭麗君	黃國昌	蘇巧慧	卓榮泰	侯友宜	江啟臣
	侯友宜	張善政	林飛帆	蘇巧慧	朱立倫	黃偉哲
	柯建銘	柯文哲	鄭麗君	林飛帆	柯建銘	侯友宜
	黃偉哲	侯友宜	柯建銘	鄭麗君	林飛帆	柯建銘
	朱立倫	朱立倫	朱立倫	朱立倫	黃偉哲	朱立倫

備註：○○○灰階字體代表該人物在此分類無人選擇。

看好未來表現評價（依政治光譜排序）

排序	整體	依政治光譜排序								
		G1	G2	G3	G4	G5	G6	G7	G8	G9
1	賴清德	韓國瑜	盧秀燕	盧秀燕	黃國昌	柯文哲	蕭美琴	陳其邁	蕭美琴	賴清德
2	陳其邁	蔣萬安	韓國瑜	韓國瑜	盧秀燕	黃國昌	陳其邁	蕭美琴	陳其邁	陳其邁
3	蕭美琴	盧秀燕	蔣萬安	蔣萬安	柯文哲	盧秀燕	賴清德	賴清德	賴清德	蕭美琴
4	盧秀燕	張善政	黃國昌	黃國昌	蔣萬安	蔣萬安	盧秀燕	黃捷	卓榮泰	蘇巧慧
5	韓國瑜	黃國昌	柯文哲	柯文哲	韓國瑜	賴清德	黃國昌	盧秀燕	黃捷	黃捷
6	蔣萬安	江啟臣	張善政	江啟臣	王世堅	蕭美琴	柯文哲	卓榮泰	蘇巧慧	卓榮泰
7	黃國昌	侯友宜	江啟臣	張善政	侯友宜	陳其邁	蘇巧慧	柯文哲	林飛帆	林飛帆
8	柯文哲	柯文哲	侯友宜	蕭美琴	蕭美琴	王世堅	黃捷	鄭麗君	王世堅	鄭麗君
9	蘇巧慧	蕭美琴	鄭麗君	王世堅	張善政	韓國瑜	林飛帆	王世堅	鄭麗君	王世堅
10	黃捷	陳其邁	賴清德	柯建銘	江啟臣	江啟臣	王世堅	蘇巧慧	盧秀燕	柯建銘
	卓榮泰	賴清德	朱立倫	朱立倫	陳其邁	黃偉哲	韓國瑜	蔣萬安	江啟臣	黃偉哲
	江啟臣	黃捷	蕭美琴	侯友宜	柯建銘	侯友宜	蔣萬安	江啟臣	柯文哲	韓國瑜
	王世堅	鄭麗君	陳其邁	鄭麗君	黃捷	鄭麗君	江啟臣	林飛帆	柯建銘	蔣萬安
	張善政	王世堅	黃捷	賴清德	卓榮泰	張善政	卓榮泰	柯建銘	韓國瑜	盧秀燕
	林飛帆	蘇巧慧	王世堅	陳其邁	賴清德	柯建銘	鄭麗君	黃國昌	黃國昌	江啟臣
	鄭麗君	林飛帆	蘇巧慧	黃捷	朱立倫	蘇巧慧	黃偉哲	黃偉哲	黃偉哲	柯文哲
	侯友宜	卓榮泰	林飛帆	蘇巧慧	鄭麗君	朱立倫	侯友宜	韓國瑜	蔣萬安	黃國昌
	柯建銘	黃偉哲	卓榮泰	林飛帆	蘇巧慧	黃捷	張善政	侯友宜	侯友宜	侯友宜
	黃偉哲	柯建銘	黃偉哲	卓榮泰	林飛帆	林飛帆	柯建銘	張善政	張善政	張善政
	朱立倫	朱立倫	柯建銘	黃偉哲	黃偉哲	卓榮泰	朱立倫	朱立倫	朱立倫	朱立倫

備註：○○○灰階字體代表該人物在此分類無人選擇。

看好未來表現評價（依社會、經濟地位自評排序）

排序	整體	依社會、經濟地位自評排序				
		社會地位偏高/ 經濟地位偏高	社會地位偏高/ 經濟地位偏低	社會地位偏低/ 經濟地位偏高	社會地位偏低/ 經濟地位偏低	普通社經地位
1	賴清德	賴清德	蕭美琴	陳其邁	賴清德	陳其邁
2	陳其邁	陳其邁	賴清德	蕭美琴	韓國瑜	蕭美琴
3	蕭美琴	蕭美琴	陳其邁	蔣萬安	盧秀燕	賴清德
4	盧秀燕	盧秀燕	韓國瑜	賴清德	陳其邁	盧秀燕
5	韓國瑜	韓國瑜	盧秀燕	柯文哲	蕭美琴	蔣萬安
6	蔣萬安	蔣萬安	蔣萬安	黃國昌	柯文哲	韓國瑜
7	黃國昌	黃國昌	柯文哲	盧秀燕	蔣萬安	黃國昌
8	柯文哲	柯文哲	黃國昌	韓國瑜	黃國昌	柯文哲
9	蘇巧慧	蘇巧慧	卓榮泰	卓榮泰	王世堅	蘇巧慧
10	黃捷	黃捷	鄭麗君	鄭麗君	黃捷	黃捷
	卓榮泰	卓榮泰	黃偉哲	黃捷	江啟臣	卓榮泰
	江啟臣	林飛帆	蘇巧慧	江啟臣	蘇巧慧	江啟臣
	王世堅	江啟臣	林飛帆	黃偉哲	卓榮泰	張善政
	張善政	鄭麗君	王世堅	蘇巧慧	張善政	王世堅
	林飛帆	張善政	張善政	林飛帆	林飛帆	鄭麗君
	鄭麗君	王世堅	朱立倫	王世堅	侯友宜	林飛帆
	侯友宜	黃偉哲	黃捷	張善政	鄭麗君	侯友宜
	柯建銘	侯友宜	江啟臣	朱立倫	柯建銘	柯建銘
	黃偉哲	柯建銘	侯友宜	侯友宜	朱立倫	黃偉哲
	朱立倫	朱立倫	柯建銘	柯建銘	黃偉哲	朱立倫

備註：○○○灰階字體代表該人物在此分類無人選擇。

不喜歡或不信任的評價（依性別、年齡排序）

排序	整體	依性別排序		依年齡排序				
		男性	女性	18-29歲	30-39歲	40-49歲	50-59歲	60歲以上
1	黃國昌	黃國昌	黃國昌	黃國昌	黃國昌	黃國昌	黃國昌	黃國昌
2	賴清德	柯建銘	韓國瑜	柯建銘	柯建銘	賴清德	賴清德	賴清德
3	柯建銘	賴清德	賴清德	韓國瑜	賴清德	柯文哲	柯文哲	柯文哲
4	韓國瑜	柯文哲	柯文哲	賴清德	韓國瑜	韓國瑜	韓國瑜	韓國瑜
5	柯文哲	韓國瑜	柯建銘	柯文哲	柯文哲	柯建銘	柯建銘	柯建銘
6	黃捷	黃捷	黃捷	黃捷	黃捷	黃捷	黃捷	黃捷
7	盧秀燕	林飛帆	盧秀燕	林飛帆	林飛帆	林飛帆	陳其邁	盧秀燕
8	林飛帆	盧秀燕	林飛帆	朱立倫	朱立倫	盧秀燕	盧秀燕	陳其邁
9	朱立倫	朱立倫	朱立倫	蔣萬安	盧秀燕	朱立倫	林飛帆	林飛帆
10	陳其邁	陳其邁	蔣萬安	盧秀燕	侯友宜	陳其邁	朱立倫	蔣萬安
	蔣萬安	蔣萬安	侯友宜	侯友宜	卓榮泰	蔣萬安	侯友宜	朱立倫
	侯友宜	卓榮泰	陳其邁	蘇巧慧	張善政	侯友宜	蔣萬安	侯友宜
	卓榮泰	侯友宜	蕭美琴	卓榮泰	蘇巧慧	卓榮泰	王世堅	蘇巧慧
	蘇巧慧	蘇巧慧	張善政	張善政	蔣萬安	張善政	蘇巧慧	卓榮泰
	蕭美琴	張善政	王世堅	蕭美琴	黃偉哲	蕭美琴	卓榮泰	蕭美琴
	張善政	蕭美琴	蘇巧慧	王世堅	蕭美琴	黃偉哲	蕭美琴	王世堅
	王世堅	鄭麗君	黃偉哲	黃偉哲	江啟臣	江啟臣	黃偉哲	張善政
	黃偉哲	黃偉哲	卓榮泰	陳其邁	陳其邁	蘇巧慧	江啟臣	鄭麗君
	江啟臣	王世堅	江啟臣	鄭麗君	王世堅	王世堅	張善政	江啟臣
	鄭麗君	江啟臣	鄭麗君	江啟臣	鄭麗君	鄭麗君	鄭麗君	黃偉哲

備註：○○○灰階字體代表該人物在此分類無人選擇。

不喜歡或不信任的評價（依政黨傾向排序）

排序	整體	依政黨傾向排序				
		民進黨 支持者	國民黨 支持者	台灣民眾黨 支持者	選人不選黨/ 中立	其他選擇
1	黃國昌	黃國昌	賴清德	柯建銘	黃國昌	黃國昌
2	賴清德	柯文哲	柯建銘	賴清德	賴清德	韓國瑜
3	柯建銘	韓國瑜	黃捷	黃捷	柯建銘	賴清德
4	韓國瑜	盧秀燕	柯文哲	林飛帆	韓國瑜	柯文哲
5	柯文哲	朱立倫	林飛帆	卓榮泰	柯文哲	柯建銘
6	黃捷	蔣萬安	陳其邁	侯友宜	黃捷	黃捷
7	盧秀燕	侯友宜	黃國昌	朱立倫	林飛帆	陳其邁
8	林飛帆	張善政	卓榮泰	蔣萬安	朱立倫	蘇巧慧
9	朱立倫	賴清德	蕭美琴	韓國瑜	陳其邁	朱立倫
10	陳其邁	柯建銘	蘇巧慧	黃國昌	盧秀燕	林飛帆
	蔣萬安	蘇巧慧	侯友宜	陳其邁	蔣萬安	盧秀燕
	侯友宜	王世堅	朱立倫	柯文哲	侯友宜	黃偉哲
	卓榮泰	江啟臣	王世堅	蘇巧慧	蕭美琴	蔣萬安
	蘇巧慧	黃捷	鄭麗君	鄭麗君	王世堅	張善政
	蕭美琴	林飛帆	韓國瑜	盧秀燕	黃偉哲	侯友宜
	張善政	陳其邁	蔣萬安	蕭美琴	蘇巧慧	卓榮泰
	王世堅	卓榮泰	黃偉哲	黃偉哲	卓榮泰	江啟臣
	黃偉哲	黃偉哲	盧秀燕	王世堅	張善政	蕭美琴
	江啟臣	蕭美琴	江啟臣	江啟臣	江啟臣	王世堅
	鄭麗君	鄭麗君	張善政	張善政	鄭麗君	鄭麗君

備註：○○○灰階字體代表該人物在此分類無人選擇。

不喜歡或不信任的評價（依政治光譜排序）

排序	整體	依政治光譜排序								
		G1	G2	G3	G4	G5	G6	G7	G8	G9
1	黃國昌	賴清德	賴清德	賴清德	柯建銘	柯建銘	黃國昌	黃國昌	黃國昌	黃國昌
2	賴清德	柯建銘	柯建銘	柯建銘	賴清德	賴清德	韓國瑜	韓國瑜	柯文哲	韓國瑜
3	柯建銘	黃捷	黃捷	黃捷	黃捷	黃國昌	柯文哲	柯文哲	韓國瑜	柯文哲
4	韓國瑜	柯文哲	林飛帆	林飛帆	柯文哲	韓國瑜	柯建銘	侯友宜	盧秀燕	盧秀燕
5	柯文哲	卓榮泰	陳其邁	陳其邁	陳其邁	黃捷	朱立倫	朱立倫	朱立倫	蔣萬安
6	黃捷	林飛帆	柯文哲	柯文哲	林飛帆	林飛帆	黃捷	盧秀燕	侯友宜	朱立倫
7	盧秀燕	陳其邁	蕭美琴	卓榮泰	朱立倫	柯文哲	林飛帆	柯建銘	蔣萬安	張善政
8	林飛帆	蘇巧慧	蘇巧慧	蘇巧慧	侯友宜	朱立倫	侯友宜	蔣萬安	柯建銘	侯友宜
9	朱立倫	黃國昌	黃國昌	黃國昌	卓榮泰	侯友宜	王世堅	江啟臣	賴清德	江啟臣
10	陳其邁	王世堅	卓榮泰	王世堅	韓國瑜	蔣萬安	賴清德	林飛帆	張善政	賴清德
	蔣萬安	蕭美琴	韓國瑜	黃偉哲	蕭美琴	黃偉哲	蔣萬安	蘇巧慧	林飛帆	陳其邁
	侯友宜	鄭麗君	侯友宜	蔣萬安	黃國昌	蘇巧慧	蘇巧慧	張善政	王世堅	卓榮泰
	卓榮泰	侯友宜	王世堅	蕭美琴	王世堅	鄭麗君	蕭美琴	黃偉哲	黃偉哲	蘇巧慧
	蘇巧慧	盧秀燕	鄭麗君	朱立倫	蘇巧慧	盧秀燕	盧秀燕	賴清德	黃捷	王世堅
	蕭美琴	朱立倫	朱立倫	盧秀燕	黃偉哲	卓榮泰	張善政	黃捷	江啟臣	蕭美琴
	張善政	蔣萬安	黃偉哲	侯友宜	蔣萬安	蕭美琴	江啟臣	王世堅	蕭美琴	黃捷
	王世堅	韓國瑜	蔣萬安	韓國瑜	盧秀燕	陳其邁	黃偉哲	蕭美琴	蘇巧慧	黃偉哲
	黃偉哲	黃偉哲	盧秀燕	鄭麗君	鄭麗君	王世堅	卓榮泰	卓榮泰	卓榮泰	柯建銘
	江啟臣	江啟臣	江啟臣	江啟臣	江啟臣	張善政	陳其邁	陳其邁	陳其邁	林飛帆
	鄭麗君	張善政	張善政	張善政	張善政	江啟臣	鄭麗君	鄭麗君	鄭麗君	鄭麗君

備註：○○○灰階字體代表該人物在此分類無人選擇。

不喜歡或不信任的評價（依社會、經濟地位自評排序）

排序	整體	依社會、經濟地位自評排序				
		社會地位偏高/ 經濟地位偏高	社會地位偏高/ 經濟地位偏低	社會地位偏低/ 經濟地位偏高	社會地位偏低/ 經濟地位偏低	普通社經地位
1	黃國昌	黃國昌	黃國昌	黃國昌	黃國昌	黃國昌
2	賴清德	賴清德	韓國瑜	柯建銘	賴清德	賴清德
3	柯建銘	柯文哲	賴清德	柯文哲	柯建銘	柯建銘
4	韓國瑜	韓國瑜	柯建銘	黃捷	韓國瑜	柯文哲
5	柯文哲	柯建銘	黃捷	賴清德	柯文哲	韓國瑜
6	黃捷	黃捷	柯文哲	韓國瑜	黃捷	黃捷
7	盧秀燕	盧秀燕	盧秀燕	鄭麗君	林飛帆	林飛帆
8	林飛帆	蔣萬安	朱立倫	林飛帆	朱立倫	盧秀燕
9	朱立倫	林飛帆	侯友宜	朱立倫	陳其邁	朱立倫
10	陳其邁	陳其邁	黃偉哲	蘇巧慧	蔣萬安	陳其邁
	蔣萬安	朱立倫	林飛帆	蕭美琴	侯友宜	侯友宜
	侯友宜	侯友宜	蔣萬安	盧秀燕	盧秀燕	卓榮泰
	卓榮泰	卓榮泰	張善政	侯友宜	卓榮泰	蔣萬安
	蘇巧慧	張善政	鄭麗君	黃偉哲	蘇巧慧	蘇巧慧
	蕭美琴	蘇巧慧	陳其邁	蔣萬安	蕭美琴	蕭美琴
	張善政	王世堅	蘇巧慧	張善政	王世堅	張善政
	王世堅	蕭美琴	卓榮泰	陳其邁	張善政	黃偉哲
	黃偉哲	黃偉哲	蕭美琴	卓榮泰	江啟臣	王世堅
	江啟臣	江啟臣	王世堅	王世堅	鄭麗君	江啟臣
	鄭麗君	鄭麗君	江啟臣	江啟臣	黃偉哲	鄭麗君

備註：○○○灰階字體代表該人物在此分類無人選擇。

基本資料

姓名：盧秀燕

生日：1961年8月31日

學歷：

- 私立淡江大學國際事務與戰略研究所碩士
- 國立政治大學地政系學士

政黨：中國國民黨

現職：

- 臺中市第4屆市長

曾擔任職位／經歷

● 臺中市第3屆市長

● 第4-9屆立法委員

● 第10屆臺灣省議員

● 華視記者

選舉紀錄

年度	選舉屆數	是否當選
1994 年	第 10 屆臺灣省議員選舉	V
1998 年	第 4 屆立法委員選舉	V
2001 年	第 5 屆立法委員選舉	V
2004 年	第 6 屆立法委員選舉	V
2008 年	第 7 屆立法委員選舉	V
2012 年	第 8 屆立法委員選舉	V
2016 年	第 9 屆立法委員選舉	V
2018 年	第 3 屆臺中市長選舉	V
2022 年	第 4 屆臺中市長選舉	V

人物側寫

打選戰9勝0敗　續寫灰姑娘傳奇？

　　2018年11月24日晚間，九合一選舉開票夜，當全臺灣聚焦韓國瑜在高雄市擊敗陳其邁的時候，臺中市長選舉正上演石破天驚的「灰姑娘傳奇」，到選前一刻都不被看好的盧秀燕，意外扳倒尋求連任的林佳龍。如今，「媽媽市長」盧秀燕不僅連任成功，在國民黨2024年大選失利後，她也被視為藍營2028年呼聲最高的總統參選人。

　　盧秀燕在臺中市長任內的表現如何？根據《菱傳媒》在2024年發布「未來政治領袖聲望調查」，其中第一波縣市首長組評比，她在「印象最好」、「施政績效」、「務實穩定展現影響力」、「未來發展」等4項指標，皆穩居第2名，雖然與第一名的陳其邁差距都超過30%，但已是國民黨籍直轄市長中，表現最好的一位。

　　第二波20大領袖調查中，在「從政績效與執政效率」指標，盧秀燕位居第3，前兩名分別是陳其邁和賴清德；在「務實穩定，能展現影響力」指標，盧秀燕同樣列在第3位，前兩名換成賴清德和韓國瑜；至於「看好未來表現」指標，盧秀燕也排到第4名，在她前面的3人，依序是賴清德、陳其邁和蕭美琴。

參選市長不被看好　等到韓流戰局丕變

從《菱傳媒》兩波民調結果來看，盧秀燕成為藍營希望是有跡可循，但大家可能都忘了，6年前，沒有人會把她和總統聯想在一起，甚至連她參選臺中市長，感覺都像是去當砲灰。

當時外界對盧秀燕的印象，只知道她做過電視臺記者和主播，是六連霸立委，因此，2018年她代表國民黨參選臺中市長時，多數人認為她是小蝦米，無法撼動政績不錯的時任市長林佳龍。

不少民調也顯示，林佳龍支持度皆領先盧秀燕7%到8%，選舉賭盤甚至開出林佳龍讓7萬票的贏面。2018年8月林佳龍選前接受媒體專訪時，也對自己的深具信心，還發下豪語表示，「要像上次贏21萬票，也不是不可能。」

面對巨人般的對手，盧秀燕卻毫不畏懼，鴨子划水等待突破口，終於在選前一個月等到「韓流」擴散效應，她的聲勢瞬間被拉抬，與林佳龍的差距也逐漸逼近，尤其是選前幾場造勢晚會，爆滿的藍營支持者搖旗吶喊，原本看似一面倒的臺中選情，突然變成激烈廝殺。

主攻空污獲共鳴　大勝20萬票逆襲林佳龍

開票結果出爐，盧秀燕跌破眾人眼鏡，拿到82萬票，以約21萬票差距狠甩林佳龍。巧合的是，兩人的得票差距確實如林佳龍先前預測，但贏家卻是盧秀燕。臺中再度變天，國民黨也從民進黨手中重新奪回執政權。

這場逆轉勝，盧秀燕打得驚奇，也打得民進黨一度無法理解。外

界解讀，當時她以「市長換人、空氣換新」為口號，主攻空污議題獲共鳴；也有人說，臺中政治版圖一向是藍大於綠，選民對民進黨的不滿，反映在這次選舉上。她則是這樣形容自己：「我意志力堅強，選戰經驗豐富，總是能贏得勝選，不負鄉親的期望。」

電視臺記者出身　33歲當上省議員

回顧盧秀燕的成長背景，可以看出她不服輸的人格特質。她1961年出生於基隆軍眷家庭，先後從政大地政系及淡大國際事務與戰略研究所畢業，26歲進入華視擔任記者，曾以「假愛心真斂財系列報導」獲得金鐘獎，也坐過主播臺。盧秀燕甜美與穩健的播報風格，是老一輩人對她的印象。她後來派駐臺中擔任華視中部採訪主任，認識前臺中市議員廖述嘉，兩人結婚育有一子一女。

也因為夫家支持，1994年盧秀燕33歲時踏入政壇，她的第一場選戰是臺灣省議員，結果在臺中選區衝出第一高票；1998年轉戰立委，也順利當選，而且一做就是六屆；2018年她擊敗林佳龍，選上臺中市長，2022年再以27萬票壓倒性勝利，挫退民進黨對手蔡其昌，連任成功，也打破縣市合併後，臺中市長不連任的魔咒。

從政30年的盧秀燕，自認堅強的意志力，打選戰從沒輸過，但當選後的好口碑，或許才是她不敗的秘訣。

入主臺中市後，盧秀燕成功塑造「媽媽市長」形象，不僅以市民健康為訴求，屢屢在中火議題槓上經濟部和台電；2024年3月臺中市食安處在台糖梅花豬肉驗出西布特羅（俗稱瘦肉精）後，她也力挺部屬，「我認為他們非常了不起。」

台糖瘦肉精事件，行政院介入調查並公布結果，定調為單一事件，也排除瘦肉精流入農業及豬隻畜養。即便綠營砲轟盧秀燕「藍色織豬網」，製造食安恐慌，但根據《ETtoday》當時民調顯示，臺中市府處理台糖瘦肉精的態度，仍獲得71.4%市民的支持。

2024年7月25日凱米颱風過境，先宣布隔天上班，半夜再改為放假的盧秀燕，再次受到考驗。根據TPOC臺灣議題研究中心分析六都首長與凱米颱風相關的網路輿情聲量表現，在總聲量方面，為了防颱準備，落地美國6個小時就匆忙搭機返臺再折返美國的盧秀燕，獲得超過3萬94則聲量。盧秀燕聲量暴漲，恐怕也得歸功於她遭綠營圍剿，如民進黨政策會執行長王義川上政論節目大談「看破盧秀燕颱風政治學手腳」，民進黨立委陳亭妃也認為，盧秀燕早知有颱風卻飛往美國再回臺灣，是為了「搏版面」。

市民也普遍認為，盧秀燕當市長以來，並無重大或關鍵性的錯誤，沒有備受爭議之處，反而她和民眾互動是溫暖誠懇。「媽媽市長」人設形象，她經營算是相當成功。

最強母雞可能成新共主

隨著在臺中拚出的好政績，當侯友宜角逐2024年總統大選失利後，盧秀燕儼然成了藍營新共主，當大家好奇下一屆國民黨要派誰出馬角逐大位？她的名字，開始不斷被提起。

不過，從《菱傳媒》發布的「未來政治領袖聲望調查」來看，無論是第一波或者第二波民調，盧秀燕都不及總統賴清德和高雄市長陳其邁，這是她先天的不利條件。如果以藍綠兩個勵志人物的代表來

看，相較於陳其邁從雲端慘摔，能勇敢站起來；盧秀燕卻能在不被看好的劣勢下，不斷創造出大驚奇。

一路由省議員、立委到臺中市長，盧秀燕打選戰繳出9勝0敗的輝煌戰績，未來有機會代表國民黨迎戰2028總統大選，她能否再完成不可能任務，延續不敗神話？甚至臺灣因此誕生首位記者出身的女總統，泛藍支持者能期盼到她再寫「灰姑娘傳奇」的新篇章？

民調中的盧秀燕

對盧秀燕印象最好的受訪者佔總樣本數 9.1%，普遍提及她「媽媽市長」的形象，肯定其施政實績及親和力。受訪者認為她溫柔且穩重，並在臺中市政中建立了突出形象，這在「務實、穩定、展現影響力」及「從政績效、執政效率」兩個項目中均排序第四，是其個人最高成績。盧秀燕是本次調查中，未來發展性最高的國民黨籍政治人物，因此支持群體對其的期待除了在臺中繼續耕耘外，也多提及「國際觀」等，期待其在更高職位能有良好表現。

另一方面，不喜歡或不信任盧秀燕的受訪者相對較少，佔總樣本數的 2.5%。這些受訪者主要認為她利用媒體資源壓下負面新聞，美化市政成績，然而實際上的施政成績並沒有如宣傳的那麼好。

第一印象

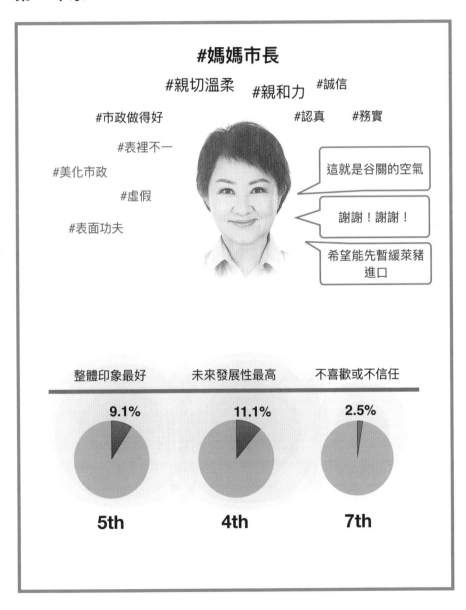

整體評價（能力分析）

排序	操守 品德	決斷力 溝通協調力	親和力 領導風範	從政績效 執政效率	專業能力 創新能力	務實、穩定 能展現影響力	遠見 國際觀
1	賴清德	賴清德	賴清德	陳其邁	陳其邁	賴清德	蕭美琴
2	蕭美琴	韓國瑜	韓國瑜	賴清德	賴清德	韓國瑜	賴清德
3	韓國瑜	蕭美琴	蕭美琴	盧秀燕	蕭美琴	盧秀燕	韓國瑜
4	盧秀燕	陳其邁	盧秀燕	柯文哲	韓國瑜	陳其邁	柯文哲
5	柯文哲	盧秀燕	陳其邁	韓國瑜	柯文哲	柯文哲	蔣萬安
6	蔣萬安	卓榮泰	柯文哲	蕭美琴	盧秀燕	蕭美琴	盧秀燕
7	陳其邁	柯文哲	蔣萬安	蔣萬安	黃國昌	蔣萬安	陳其邁
8	黃國昌	黃國昌	卓榮泰	張善政	蔣萬安	黃國昌	張善政
9	張善政	蔣萬安	黃國昌	侯友宜	張善政	張善政	江啟臣
10	侯友宜	柯建銘	張善政	黃國昌	黃捷	卓榮泰	黃國昌

操守、品德
4th

遠見、國際觀
6th

決斷力
溝通協調力
5th

親和力
領導風範
4th

務實、穩定
展現影響力
3rd

專業能力、創新能力
6th

從政績效、執政效率
3rd

第一波百人未來政治領袖調查排序回顧

縣市首長排序 (名單共24人)			
印象最好	施政績效	務實穩定 展現影響力	未來發展
排序　　2	2	2	2

60歲以上政治人物排序 (名單共49人)		
印象最好	領導力	未來發展
排序　　5	5	2

女性政治人物排序 (名單共38人)		
印象最好	領導力	未來發展
排序　　2	2	2

社會議題面向 被期待解決問題的政治人物				
詐騙防制	治安、 社會安全網	都市發展	食安	環境能源
排序　　19	3	12	2	11

整體評價（支持者分析）

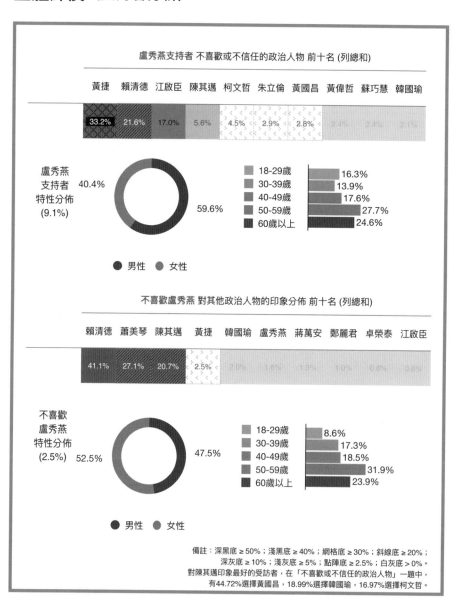

盧秀燕支持者 不喜歡或不信任的政治人物 前十名 (列總和)

黃捷　賴清德　江啟臣　陳其邁　柯文哲　朱立倫　黃國昌　黃偉哲　蘇巧慧　韓國瑜

33.2%　21.6%　17.0%　5.6%　4.5%　2.9%　2.8%　2.4%　2.4%　2.1%

盧秀燕
支持者
特性分佈
(9.1%)　40.4%　59.6%

18-29歲　16.3%
30-39歲　13.9%
40-49歲　17.6%
50-59歲　27.7%
60歲以上　24.6%

● 男性　● 女性

不喜歡盧秀燕 對其他政治人物的印象分佈 前十名 (列總和)

賴清德　蕭美琴　陳其邁　黃捷　韓國瑜　盧秀燕　蔣萬安　鄭麗君　卓榮泰　江啟臣

41.1%　27.1%　20.7%　2.5%　2.0%　1.6%　1.3%　1.0%　0.8%　0.6%

不喜歡
盧秀燕
特性分佈
(2.5%)　52.5%　47.5%

18-29歲　8.6%
30-39歲　17.3%
40-49歲　18.5%
50-59歲　31.9%
60歲以上　23.9%

● 男性　● 女性

備註：深黑底 ≥ 50%；淺黑底 ≥ 40%；網格底 ≥ 30%；斜線底 ≥ 20%；
深灰底 ≥ 10%；淺灰底 ≥ 5%；點陣底 ≥ 2.5%；白灰底 > 0%。
對陳其邁印象最好的受訪者，在「不喜歡或不信任的政治人物」一題中，
有44.72%選擇黃國昌，18.99%選擇韓國瑜，16.97%選擇柯文哲。

正面評論

您認為盧秀燕有哪些吸引您的特質或值得肯定的成就及能力？

■ 臺中市 ■ 其他　　　■ 國民黨 ■ 選人不選黨\中立 ⊠ 其他

#媽媽市長	19%	81%		49%	39%	12%

「親和力，行政最有績效，尊重異黨，不互相攻擊各黨，公共建設有效率，穩重不亂說話」

屏東縣 / 60歲以上男性

「市長媽媽 真正為人民做實事 臺中空汙改善很多很多 之前林佳龍當市長時 天天灰色天空讓人鬱悶」

臺中市 / 40-49歲女性

「城市媽媽，積極拓展市政及外交，民胞物與，全國各地遇災難時，總見她第一時間給予必要協助，雖遇百般刁難，但不減其為臺中市民爭取建設的動力」

高雄市 / 30-39歲男性

#認真 #務實　■ 臺中市 ■ 其他

16%	84%

「執政穩定，對於弱勢政策有所著墨」

宜蘭縣 / 30-39歲男性

「務實做事，教育紮根，誠信待民，適合當全民總統。」

高雄市 / 60歲以上女性

「有領導能力處事條理分明 和諧 有智慧 不分化人民肅立敵對 不傳播謠言 搬弄是非」

雲林縣 / 50-59歲男性

建議／反面聲音

[支持者]

您認為盧秀燕有哪些需要改進的缺點或當前應處理面對的問題？

繼續在臺中耕耘

「期待對於交通方面：1.（馬路的鋪平和自家騎樓的停車能公平、公正）可再加油~2.加強取締噪音方面再加油~」

臺中市／60歲以上女性

「空污尚須努力要求台電改善」

臺中市／60歲以上男性

「在房價上漲幅度過高」

臺中市／18-29歲男性

國際觀、兩岸關係

「加強國際觀.兩岸處理能力」　　　　「國際情勢、協調能力」
　　　　桃園市／60歲以上男性　　　　　　臺南市／18-29歲男性

[反對者]

您不喜歡或不信任盧秀燕的原因是什麼（特質、言行或背景）？

#美化市政 #表面功夫

「只會用媒體粉飾太平，政績全無，跟地方派系掛勾，抹殺林佳龍苦心努力的成果，子弟兵在立法院態度惡劣，完全不把人民看在眼裡!」

新北市／30-39歲女性

「以臺中市長而言過於宣傳自我，大於實際作為，甚至在整體宣傳中忽視、淡化應解決的市政問題。」

臺中市／30-39歲女性

整體印象評價（依性別、年齡排序）

排序	整體	依性別排序		依年齡排序				
		男性	女性	18-29歲	30-39歲	40-49歲	50-59歲	60歲以上
1	賴清德	賴清德	賴清德	蕭美琴	蕭美琴	蕭美琴	賴清德	賴清德
2	蕭美琴	韓國瑜	蕭美琴	柯文哲	賴清德	賴清德	韓國瑜	韓國瑜
3	韓國瑜	蕭美琴	陳其邁	賴清德	柯文哲	陳其邁	蕭美琴	蕭美琴
4	陳其邁	盧秀燕	韓國瑜	盧秀燕	黃國昌	柯文哲	陳其邁	盧秀燕
5	盧秀燕	陳其邁	盧秀燕	陳其邁	陳其邁	韓國瑜	盧秀燕	陳其邁
6	柯文哲	柯文哲	柯文哲	黃國昌	盧秀燕	盧秀燕	蔣萬安	蔣萬安
7	黃國昌	黃國昌	蔣萬安	韓國瑜	韓國瑜	黃國昌	柯文哲	張善政
8	蔣萬安	蔣萬安	黃國昌	王世堅	蔣萬安	蔣萬安	張善政	黃國昌
9	張善政	江啟臣	張善政	蔣萬安	黃捷	侯友宜	鄭麗君	柯文哲
10	王世堅	黃捷	蘇巧慧	江啟臣	王世堅	蘇巧慧	黃國昌	蘇巧慧
	蘇巧慧	張善政	王世堅	鄭麗君	蘇巧慧	張善政	黃捷	卓榮泰
	黃捷	王世堅	侯友宜	黃捷	張善政	卓榮泰	王世堅	黃捷
	鄭麗君	蘇巧慧	鄭麗君	蘇巧慧	江啟臣	鄭麗君	卓榮泰	江啟臣
	江啟臣	鄭麗君	黃捷	黃偉哲	侯友宜	江啟臣	侯友宜	鄭麗君
	卓榮泰	卓榮泰	黃偉哲	張善政	鄭麗君	王世堅	江啟臣	朱立倫
	侯友宜	林飛帆	柯建銘	侯友宜	卓榮泰	黃捷	蘇巧慧	林飛帆
	柯建銘	侯友宜	卓榮泰	柯建銘	柯建銘	柯建銘	林飛帆	柯建銘
	黃偉哲	朱立倫	江啟臣	朱立倫	林飛帆	黃偉哲	朱立倫	王世堅
	林飛帆	柯建銘	林飛帆	林飛帆	黃偉哲	林飛帆	柯建銘	黃偉哲
	朱立倫	黃偉哲	朱立倫	卓榮泰	朱立倫	朱立倫	黃偉哲	侯友宜

備註：○○○灰階字體代表該人物在此分類無人選擇。

整體印象評價（依政黨傾向排序）

排序	整體	依政黨傾向排序				
		民進黨支持者	國民黨支持者	台灣民眾黨支持者	選人不選黨/中立	其他選擇
1	賴清德	賴清德	韓國瑜	柯文哲	賴清德	蕭美琴
2	蕭美琴	蕭美琴	盧秀燕	黃國昌	盧秀燕	賴清德
3	韓國瑜	陳其邁	蔣萬安	盧秀燕	蕭美琴	韓國瑜
4	陳其邁	蘇巧慧	張善政	韓國瑜	韓國瑜	陳其邁
5	盧秀燕	黃捷	江啟臣	蕭美琴	陳其邁	盧秀燕
6	柯文哲	卓榮泰	侯友宜	蔣萬安	蔣萬安	鄭麗君
7	黃國昌	鄭麗君	朱立倫	陳其邁	柯文哲	蔣萬安
8	蔣萬安	王世堅	陳其邁	王世堅	黃國昌	黃捷
9	張善政	柯建銘	黃國昌	張善政	王世堅	黃國昌
10	王世堅	盧秀燕	王世堅	侯友宜	張善政	柯文哲
	蘇巧慧	黃偉哲	柯文哲	柯建銘	江啟臣	王世堅
	黃捷	林飛帆	蕭美琴	江啟臣	侯友宜	林飛帆
	鄭麗君	黃國昌	黃偉哲	賴清德	鄭麗君	侯友宜
	江啟臣	韓國瑜	蘇巧慧	朱立倫	黃捷	卓榮泰
	卓榮泰	柯文哲	賴清德	黃偉哲	蘇巧慧	張善政
	侯友宜	蔣萬安	黃捷	蘇巧慧	卓榮泰	柯建銘
	柯建銘	張善政	卓榮泰	黃捷	朱立倫	江啟臣
	黃偉哲	侯友宜	鄭麗君	卓榮泰	柯建銘	黃偉哲
	林飛帆	江啟臣	柯建銘	鄭麗君	林飛帆	蘇巧慧
	朱立倫	朱立倫	林飛帆	林飛帆	黃偉哲	朱立倫

備註：○○○灰階字體代表該人物在此分類無人選擇。

整體印象評價（依政治光譜排序）

排序	整體	依政治光譜排序								
		G1	G2	G3	G4	G5	G6	G7	G8	G9
1	賴清德	韓國瑜	韓國瑜	韓國瑜	柯文哲	柯文哲	蕭美琴	賴清德	賴清德	賴清德
2	蕭美琴	盧秀燕	盧秀燕	盧秀燕	黃國昌	黃國昌	賴清德	蕭美琴	蕭美琴	蕭美琴
3	韓國瑜	蔣萬安	蔣萬安	柯文哲	盧秀燕	盧秀燕	陳其邁	陳其邁	陳其邁	陳其邁
4	陳其邁	張善政	黃國昌	蔣萬安	韓國瑜	蕭美琴	柯文哲	柯文哲	蘇巧慧	蘇巧慧
5	盧秀燕	黃國昌	柯文哲	黃國昌	蔣萬安	蔣萬安	盧秀燕	鄭麗君	黃捷	黃捷
6	柯文哲	江啟臣	張善政	張善政	張善政	賴清德	王世堅	盧秀燕	卓榮泰	卓榮泰
7	黃國昌	侯友宜	侯友宜	江啟臣	王世堅	王世堅	黃國昌	黃捷	鄭麗君	鄭麗君
8	蔣萬安	朱立倫	江啟臣	侯友宜	侯友宜	韓國瑜	鄭麗君	黃國昌	王世堅	柯建銘
9	張善政	蕭美琴	朱立倫	王世堅	江啟臣	陳其邁	黃捷	蔣萬安	林飛帆	王世堅
10	王世堅	賴清德	鄭麗君	陳其邁	蕭美琴	江啟臣	卓榮泰	柯建銘	黃偉哲	林飛帆
	蘇巧慧	陳其邁	賴清德	柯建銘	柯建銘	黃偉哲	蘇巧慧	蘇巧慧	柯文哲	韓國瑜
	黃捷	鄭麗君	王世堅	蕭美琴	鄭麗君	侯友宜	韓國瑜	黃偉哲	柯建銘	黃偉哲
	鄭麗君	黃捷	陳其邁	朱立倫	黃捷	張善政	林飛帆	王世堅	盧秀燕	柯文哲
	江啟臣	柯文哲	蕭美琴	鄭麗君	賴清德	黃捷	張善政	卓榮泰	黃國昌	盧秀燕
	卓榮泰	王世堅	黃捷	賴清德	陳其邁	柯建銘	蔣萬安	韓國瑜	蔣萬安	黃國昌
	侯友宜	林飛帆	林飛帆	黃捷	朱立倫	朱立倫	江啟臣	林飛帆	韓國瑜	蔣萬安
	柯建銘	卓榮泰	卓榮泰	林飛帆	林飛帆	鄭麗君	黃偉哲	張善政	張善政	張善政
	黃偉哲	柯建銘	柯建銘	卓榮泰	卓榮泰	蘇巧慧	侯友宜	江啟臣	江啟臣	江啟臣
	林飛帆	黃偉哲	黃偉哲	黃偉哲	黃偉哲	林飛帆	柯建銘	侯友宜	侯友宜	侯友宜
	朱立倫	蘇巧慧	蘇巧慧	蘇巧慧	蘇巧慧	卓榮泰	朱立倫	朱立倫	朱立倫	朱立倫

備註：○○○灰階字體代表該人物在此分類無人選擇。

整體印象評價（依社會、經濟地位自評排序）

排序	整體	依社會、經濟地位自評排序				
		社會地位偏高/ 經濟地位偏高	社會地位偏高/ 經濟地位偏低	社會地位偏低/ 經濟地位偏高	社會地位偏低/ 經濟地位偏低	普通社經地位
1	賴清德	賴清德	賴清德	蕭美琴	韓國瑜	賴清德
2	蕭美琴	蕭美琴	蕭美琴	賴清德	賴清德	蕭美琴
3	韓國瑜	陳其邁	韓國瑜	柯文哲	蕭美琴	韓國瑜
4	陳其邁	韓國瑜	盧秀燕	陳其邁	盧秀燕	陳其邁
5	盧秀燕	盧秀燕	陳其邁	張善政	陳其邁	盧秀燕
6	柯文哲	柯文哲	柯文哲	韓國瑜	柯文哲	柯文哲
7	黃國昌	黃國昌	黃國昌	黃國昌	黃國昌	蔣萬安
8	蔣萬安	蔣萬安	蔣萬安	盧秀燕	蔣萬安	黃國昌
9	張善政	蘇巧慧	蘇巧慧	鄭麗君	黃捷	張善政
10	王世堅	江啟臣	張善政	林飛帆	王世堅	王世堅
	蘇巧慧	張善政	卓榮泰	蘇巧慧	鄭麗君	侯友宜
	黃捷	黃捷	黃偉哲	蔣萬安	江啟臣	蘇巧慧
	鄭麗君	卓榮泰	黃捷	黃捷	蘇巧慧	黃捷
	江啟臣	王世堅	江啟臣	侯友宜	侯友宜	卓榮泰
	卓榮泰	鄭麗君	王世堅	卓榮泰	張善政	鄭麗君
	侯友宜	柯建銘	鄭麗君	黃偉哲	林飛帆	江啟臣
	柯建銘	侯友宜	侯友宜	江啟臣	柯建銘	黃偉哲
	黃偉哲	林飛帆	柯建銘	王世堅	卓榮泰	朱立倫
	林飛帆	朱立倫	林飛帆	柯建銘	黃偉哲	柯建銘
	朱立倫	黃偉哲	朱立倫	朱立倫	朱立倫	林飛帆

備註：○○○灰階字體代表該人物在此分類無人選擇。

看好未來表現評價（依性別、年齡排序）

排序	整體	依性別排序		依年齡排序				
		男性	女性	18-29歲	30-39歲	40-49歲	50-59歲	60歲以上
1	賴清德	賴清德	賴清德	陳其邁	蕭美琴	蕭美琴	陳其邁	賴清德
2	陳其邁	陳其邁	陳其邁	盧秀燕	陳其邁	陳其邁	賴清德	韓國瑜
3	蕭美琴	蕭美琴	蕭美琴	蕭美琴	黃國昌	賴清德	韓國瑜	陳其邁
4	盧秀燕	盧秀燕	韓國瑜	黃國昌	賴清德	盧秀燕	蕭美琴	蕭美琴
5	韓國瑜	韓國瑜	盧秀燕	賴清德	柯文哲	柯文哲	盧秀燕	盧秀燕
6	蔣萬安	蔣萬安	蔣萬安	柯文哲	盧秀燕	黃國昌	蔣萬安	蔣萬安
7	黃國昌	黃國昌	柯文哲	蔣萬安	韓國瑜	韓國瑜	柯文哲	柯文哲
8	柯文哲	柯文哲	黃國昌	韓國瑜	蔣萬安	蔣萬安	黃國昌	黃國昌
9	蘇巧慧	蘇巧慧	卓榮泰	蘇巧慧	黃捷	蘇巧慧	蘇巧慧	卓榮泰
10	黃捷	黃捷	蘇巧慧	王世堅	卓榮泰	黃捷	張善政	江啟臣
	卓榮泰	江啟臣	黃捷	黃捷	蘇巧慧	江啟臣	卓榮泰	張善政
	江啟臣	張善政	王世堅	江啟臣	林飛帆	王世堅	黃捷	鄭麗君
	王世堅	卓榮泰	林飛帆	卓榮泰	江啟臣	張善政	鄭麗君	蘇巧慧
	張善政	王世堅	江啟臣	鄭麗君	王世堅	卓榮泰	江啟臣	林飛帆
	林飛帆	鄭麗君	鄭麗君	林飛帆	侯友宜	侯友宜	林飛帆	黃捷
	鄭麗君	林飛帆	侯友宜	黃偉哲	張善政	林飛帆	王世堅	王世堅
	侯友宜	侯友宜	張善政	侯友宜	鄭麗君	鄭麗君	侯友宜	柯建銘
	柯建銘	柯建銘	黃偉哲	張善政	柯建銘	黃偉哲	朱立倫	侯友宜
	黃偉哲	黃偉哲	柯建銘	柯建銘	黃偉哲	柯建銘	黃偉哲	黃偉哲
	朱立倫	朱立倫	朱立倫	朱立倫	朱立倫	朱立倫	柯建銘	朱立倫

備註：○○○灰階字體代表該人物在此分類無人選擇。

看好未來表現評價（依政黨傾向排序）

排序	整體	依政黨傾向排序				
		民進黨支持者	國民黨支持者	台灣民眾黨支持者	選人不選黨/中立	其他選擇
1	賴清德	賴清德	韓國瑜	黃國昌	盧秀燕	蕭美琴
2	陳其邁	陳其邁	盧秀燕	柯文哲	蕭美琴	陳其邁
3	蕭美琴	蕭美琴	蔣萬安	盧秀燕	賴清德	賴清德
4	盧秀燕	蘇巧慧	江啟臣	韓國瑜	陳其邁	盧秀燕
5	韓國瑜	黃捷	張善政	蔣萬安	蔣萬安	韓國瑜
6	蔣萬安	卓榮泰	侯友宜	陳其邁	韓國瑜	柯文哲
7	黃國昌	林飛帆	蕭美琴	江啟臣	黃國昌	蔣萬安
8	柯文哲	王世堅	黃國昌	蕭美琴	柯文哲	黃捷
9	蘇巧慧	鄭麗君	黃偉哲	王世堅	王世堅	黃國昌
10	黃捷	盧秀燕	王世堅	柯建銘	江啟臣	鄭麗君
	卓榮泰	柯建銘	陳其邁	侯友宜	卓榮泰	王世堅
	江啟臣	黃偉哲	黃捷	張善政	蘇巧慧	蘇巧慧
	王世堅	韓國瑜	柯文哲	賴清德	黃捷	林飛帆
	張善政	江啟臣	卓榮泰	黃偉哲	張善政	卓榮泰
	林飛帆	蔣萬安	賴清德	黃捷	鄭麗君	張善政
	鄭麗君	黃國昌	蘇巧慧	卓榮泰	侯友宜	江啟臣
	侯友宜	張善政	林飛帆	蘇巧慧	朱立倫	黃偉哲
	柯建銘	柯文哲	鄭麗君	林飛帆	柯建銘	侯友宜
	黃偉哲	侯友宜	柯建銘	鄭麗君	林飛帆	柯建銘
	朱立倫	朱立倫	朱立倫	朱立倫	黃偉哲	朱立倫

備註：○○○灰階字體代表該人物在此分類無人選擇。

看好未來表現評價（依政治光譜排序）

排序	整體	依政治光譜排序								
		G1	G2	G3	G4	G5	G6	G7	G8	G9
1	賴清德	韓國瑜	盧秀燕	盧秀燕	黃國昌	柯文哲	蕭美琴	陳其邁	蕭美琴	賴清德
2	陳其邁	蔣萬安	韓國瑜	韓國瑜	盧秀燕	黃國昌	陳其邁	蕭美琴	陳其邁	陳其邁
3	蕭美琴	盧秀燕	蔣萬安	蔣萬安	柯文哲	盧秀燕	賴清德	賴清德	賴清德	蕭美琴
4	盧秀燕	張善政	黃國昌	黃國昌	蔣萬安	蔣萬安	盧秀燕	黃捷	卓榮泰	蘇巧慧
5	韓國瑜	黃國昌	柯文哲	柯文哲	韓國瑜	賴清德	黃國昌	盧秀燕	黃捷	黃捷
6	蔣萬安	江啟臣	張善政	江啟臣	王世堅	蕭美琴	柯文哲	卓榮泰	蘇巧慧	卓榮泰
7	黃國昌	侯友宜	江啟臣	張善政	侯友宜	陳其邁	蘇巧慧	柯文哲	林飛帆	林飛帆
8	柯文哲	柯文哲	侯友宜	蕭美琴	蕭美琴	王世堅	黃捷	鄭麗君	王世堅	鄭麗君
9	蘇巧慧	蕭美琴	鄭麗君	王世堅	張善政	韓國瑜	林飛帆	王世堅	鄭麗君	王世堅
10	黃捷	陳其邁	賴清德	柯建銘	江啟臣	江啟臣	王世堅	蘇巧慧	盧秀燕	柯建銘
	卓榮泰	賴清德	朱立倫	朱立倫	陳其邁	黃偉哲	韓國瑜	蔣萬安	江啟臣	黃偉哲
	江啟臣	黃捷	蕭美琴	侯友宜	柯建銘	侯友宜	蔣萬安	江啟臣	柯文哲	韓國瑜
	王世堅	鄭麗君	陳其邁	鄭麗君	黃捷	鄭麗君	江啟臣	林飛帆	柯建銘	蔣萬安
	張善政	王世堅	黃捷	賴清德	卓榮泰	張善政	卓榮泰	柯建銘	韓國瑜	盧秀燕
	林飛帆	蘇巧慧	王世堅	陳其邁	賴清德	柯建銘	鄭麗君	黃國昌	黃國昌	江啟臣
	鄭麗君	林飛帆	蘇巧慧	黃捷	朱立倫	蘇巧慧	黃偉哲	黃偉哲	黃偉哲	柯文哲
	侯友宜	卓榮泰	林飛帆	蘇巧慧	鄭麗君	朱立倫	侯友宜	韓國瑜	蔣萬安	黃國昌
	柯建銘	黃偉哲	卓榮泰	林飛帆	蘇巧慧	黃捷	張善政	侯友宜	侯友宜	侯友宜
	黃偉哲	柯建銘	黃偉哲	卓榮泰	林飛帆	林飛帆	柯建銘	張善政	張善政	張善政
	朱立倫	朱立倫	柯建銘	黃偉哲	黃偉哲	卓榮泰	朱立倫	朱立倫	朱立倫	朱立倫

備註：○○○灰階字體代表該人物在此分類無人選擇。

看好未來表現評價（依社會、經濟地位自評排序）

排序	整體	依社會、經濟地位自評排序				
		社會地位偏高/ 經濟地位偏高	社會地位偏高/ 經濟地位偏低	社會地位偏低/ 經濟地位偏高	社會地位偏低/ 經濟地位偏低	普通社經地位
1	賴清德	賴清德	蕭美琴	陳其邁	賴清德	陳其邁
2	陳其邁	陳其邁	賴清德	蕭美琴	韓國瑜	蕭美琴
3	蕭美琴	蕭美琴	陳其邁	蔣萬安	盧秀燕	賴清德
4	盧秀燕	盧秀燕	韓國瑜	賴清德	陳其邁	盧秀燕
5	韓國瑜	韓國瑜	盧秀燕	柯文哲	蕭美琴	蔣萬安
6	蔣萬安	蔣萬安	蔣萬安	黃國昌	柯文哲	韓國瑜
7	黃國昌	黃國昌	柯文哲	盧秀燕	蔣萬安	黃國昌
8	柯文哲	柯文哲	黃國昌	韓國瑜	黃國昌	柯文哲
9	蘇巧慧	蘇巧慧	卓榮泰	卓榮泰	王世堅	蘇巧慧
10	黃捷	黃捷	鄭麗君	鄭麗君	黃捷	黃捷
	卓榮泰	卓榮泰	黃偉哲	黃捷	江啟臣	卓榮泰
	江啟臣	林飛帆	蘇巧慧	江啟臣	蘇巧慧	江啟臣
	王世堅	江啟臣	林飛帆	黃偉哲	卓榮泰	張善政
	張善政	鄭麗君	王世堅	蘇巧慧	張善政	王世堅
	林飛帆	張善政	張善政	林飛帆	林飛帆	鄭麗君
	鄭麗君	王世堅	朱立倫	王世堅	侯友宜	林飛帆
	侯友宜	黃偉哲	黃捷	張善政	鄭麗君	侯友宜
	柯建銘	侯友宜	江啟臣	朱立倫	柯建銘	柯建銘
	黃偉哲	柯建銘	侯友宜	侯友宜	朱立倫	黃偉哲
	朱立倫	朱立倫	柯建銘	柯建銘	黃偉哲	朱立倫

備註：○○○灰階字體代表該人物在此分類無人選擇。

不喜歡或不信任的評價（依性別、年齡排序）

排序	整體	依性別排序		依年齡排序				
		男性	女性	18-29歲	30-39歲	40-49歲	50-59歲	60歲以上
1	黃國昌	黃國昌	黃國昌	黃國昌	黃國昌	黃國昌	黃國昌	黃國昌
2	賴清德	柯建銘	韓國瑜	柯建銘	柯建銘	賴清德	賴清德	賴清德
3	柯建銘	賴清德	賴清德	韓國瑜	賴清德	柯文哲	柯文哲	柯文哲
4	韓國瑜	柯文哲	柯文哲	賴清德	韓國瑜	韓國瑜	韓國瑜	韓國瑜
5	柯文哲	韓國瑜	柯建銘	柯文哲	柯文哲	柯建銘	柯建銘	柯建銘
6	黃捷	黃捷	黃捷	黃捷	黃捷	黃捷	黃捷	黃捷
7	盧秀燕	林飛帆	盧秀燕	林飛帆	林飛帆	林飛帆	陳其邁	盧秀燕
8	林飛帆	盧秀燕	林飛帆	朱立倫	朱立倫	盧秀燕	盧秀燕	陳其邁
9	朱立倫	朱立倫	朱立倫	蔣萬安	盧秀燕	朱立倫	林飛帆	林飛帆
10	陳其邁	陳其邁	蔣萬安	盧秀燕	侯友宜	陳其邁	朱立倫	蔣萬安
	蔣萬安	蔣萬安	侯友宜	侯友宜	卓榮泰	蔣萬安	侯友宜	朱立倫
	侯友宜	卓榮泰	陳其邁	蘇巧慧	張善政	侯友宜	蔣萬安	侯友宜
	卓榮泰	侯友宜	蕭美琴	卓榮泰	蘇巧慧	卓榮泰	王世堅	蘇巧慧
	蘇巧慧	蘇巧慧	張善政	張善政	蔣萬安	張善政	蘇巧慧	卓榮泰
	蕭美琴	張善政	王世堅	蕭美琴	黃偉哲	蕭美琴	卓榮泰	蕭美琴
	張善政	蕭美琴	蘇巧慧	王世堅	蕭美琴	黃偉哲	蕭美琴	王世堅
	王世堅	鄭麗君	黃偉哲	黃偉哲	江啟臣	江啟臣	黃偉哲	張善政
	黃偉哲	黃偉哲	卓榮泰	陳其邁	陳其邁	蘇巧慧	江啟臣	鄭麗君
	江啟臣	王世堅	江啟臣	鄭麗君	王世堅	王世堅	張善政	江啟臣
	鄭麗君	江啟臣	鄭麗君	江啟臣	鄭麗君	鄭麗君	鄭麗君	黃偉哲

備註：○○○灰階字體代表該人物在此分類無人選擇。

不喜歡或不信任的評價（依政黨傾向排序）

排序	整體	依政黨傾向排序				
		民進黨支持者	國民黨支持者	台灣民眾黨支持者	選人不選黨/中立	其他選擇
1	黃國昌	黃國昌	賴清德	柯建銘	黃國昌	黃國昌
2	賴清德	柯文哲	柯建銘	賴清德	賴清德	韓國瑜
3	柯建銘	韓國瑜	黃捷	黃捷	柯建銘	賴清德
4	韓國瑜	盧秀燕	柯文哲	林飛帆	韓國瑜	柯文哲
5	柯文哲	朱立倫	林飛帆	卓榮泰	柯文哲	柯建銘
6	黃捷	蔣萬安	陳其邁	侯友宜	黃捷	黃捷
7	盧秀燕	侯友宜	黃國昌	朱立倫	林飛帆	陳其邁
8	林飛帆	張善政	卓榮泰	蔣萬安	朱立倫	蘇巧慧
9	朱立倫	賴清德	蕭美琴	韓國瑜	陳其邁	朱立倫
10	陳其邁	柯建銘	蘇巧慧	黃國昌	盧秀燕	林飛帆
	蔣萬安	蘇巧慧	侯友宜	陳其邁	蔣萬安	盧秀燕
	侯友宜	王世堅	朱立倫	柯文哲	侯友宜	黃偉哲
	卓榮泰	江啟臣	王世堅	蘇巧慧	蕭美琴	蔣萬安
	蘇巧慧	黃捷	鄭麗君	鄭麗君	王世堅	張善政
	蕭美琴	林飛帆	韓國瑜	盧秀燕	黃偉哲	侯友宜
	張善政	陳其邁	蔣萬安	蕭美琴	蘇巧慧	卓榮泰
	王世堅	卓榮泰	黃偉哲	黃偉哲	卓榮泰	江啟臣
	黃偉哲	黃偉哲	盧秀燕	王世堅	張善政	蕭美琴
	江啟臣	蕭美琴	江啟臣	江啟臣	江啟臣	王世堅
	鄭麗君	鄭麗君	張善政	張善政	鄭麗君	鄭麗君

備註：○○○灰階字體代表該人物在此分類無人選擇。

不喜歡或不信任的評價（依政治光譜排序）

排序	整體	依政治光譜排序								
		G1	G2	G3	G4	G5	G6	G7	G8	G9
1	黃國昌	賴清德	賴清德	賴清德	柯建銘	柯建銘	黃國昌	黃國昌	黃國昌	黃國昌
2	賴清德	柯建銘	柯建銘	柯建銘	賴清德	賴清德	韓國瑜	韓國瑜	柯文哲	韓國瑜
3	柯建銘	黃捷	黃捷	黃捷	黃捷	黃國昌	柯文哲	柯文哲	韓國瑜	柯文哲
4	韓國瑜	柯文哲	林飛帆	林飛帆	柯文哲	韓國瑜	柯建銘	侯友宜	盧秀燕	盧秀燕
5	柯文哲	卓榮泰	陳其邁	陳其邁	陳其邁	黃捷	朱立倫	朱立倫	朱立倫	蔣萬安
6	黃捷	林飛帆	柯文哲	柯文哲	林飛帆	林飛帆	黃捷	盧秀燕	侯友宜	朱立倫
7	盧秀燕	陳其邁	蕭美琴	卓榮泰	朱立倫	柯文哲	林飛帆	柯建銘	蔣萬安	張善政
8	林飛帆	蘇巧慧	蘇巧慧	蘇巧慧	侯友宜	朱立倫	侯友宜	蔣萬安	柯建銘	侯友宜
9	朱立倫	黃國昌	黃國昌	黃國昌	卓榮泰	侯友宜	王世堅	江啟臣	賴清德	江啟臣
10	陳其邁	王世堅	卓榮泰	王世堅	韓國瑜	蔣萬安	賴清德	張善政	林飛帆	賴清德
	蔣萬安	蕭美琴	韓國瑜	黃偉哲	蕭美琴	黃偉哲	蔣萬安	蘇巧慧	林飛帆	陳其邁
	侯友宜	鄭麗君	侯友宜	蔣萬安	黃國昌	蘇巧慧	蘇巧慧	張善政	王世堅	卓榮泰
	卓榮泰	侯友宜	王世堅	蕭美琴	王世堅	鄭麗君	蕭美琴	黃偉哲	黃偉哲	蘇巧慧
	蘇巧慧	盧秀燕	鄭麗君	朱立倫	蘇巧慧	盧秀燕	盧秀燕	賴清德	黃捷	王世堅
	蕭美琴	朱立倫	朱立倫	盧秀燕	黃偉哲	卓榮泰	張善政	黃捷	江啟臣	蕭美琴
	張善政	蔣萬安	黃偉哲	侯友宜	蔣萬安	蕭美琴	江啟臣	王世堅	蕭美琴	黃捷
	王世堅	韓國瑜	蔣萬安	韓國瑜	盧秀燕	陳其邁	黃偉哲	蕭美琴	蘇巧慧	黃偉哲
	黃偉哲	黃偉哲	盧秀燕	鄭麗君	鄭麗君	王世堅	卓榮泰	卓榮泰	卓榮泰	柯建銘
	江啟臣	江啟臣	江啟臣	江啟臣	江啟臣	張善政	陳其邁	陳其邁	陳其邁	林飛帆
	鄭麗君	張善政	張善政	張善政	張善政	江啟臣	鄭麗君	鄭麗君	鄭麗君	鄭麗君

備註：○○○灰階字體代表該人物在此分類無人選擇。

不喜歡或不信任的評價（依社會、經濟地位自評排序）

排序	整體	依社會、經濟地位自評排序				
		社會地位偏高/經濟地位偏高	社會地位偏高/經濟地位偏低	社會地位偏低/經濟地位偏高	社會地位偏低/經濟地位偏低	普通社經地位
1	黃國昌	黃國昌	黃國昌	黃國昌	黃國昌	黃國昌
2	賴清德	賴清德	韓國瑜	柯建銘	賴清德	賴清德
3	柯建銘	柯文哲	賴清德	柯文哲	柯建銘	柯建銘
4	韓國瑜	韓國瑜	柯建銘	黃捷	韓國瑜	柯文哲
5	柯文哲	柯建銘	黃捷	賴清德	柯文哲	韓國瑜
6	黃捷	黃捷	柯文哲	韓國瑜	黃捷	黃捷
7	盧秀燕	盧秀燕	盧秀燕	鄭麗君	林飛帆	林飛帆
8	林飛帆	蔣萬安	朱立倫	林飛帆	朱立倫	盧秀燕
9	朱立倫	林飛帆	侯友宜	朱立倫	陳其邁	朱立倫
10	陳其邁	陳其邁	黃偉哲	蘇巧慧	蔣萬安	陳其邁
	蔣萬安	朱立倫	林飛帆	蕭美琴	侯友宜	侯友宜
	侯友宜	侯友宜	蔣萬安	盧秀燕	盧秀燕	卓榮泰
	卓榮泰	卓榮泰	張善政	侯友宜	卓榮泰	蔣萬安
	蘇巧慧	張善政	鄭麗君	黃偉哲	蘇巧慧	蘇巧慧
	蕭美琴	蘇巧慧	陳其邁	蔣萬安	蕭美琴	蕭美琴
	張善政	王世堅	蘇巧慧	張善政	王世堅	張善政
	王世堅	蕭美琴	卓榮泰	陳其邁	張善政	黃偉哲
	黃偉哲	黃偉哲	蕭美琴	卓榮泰	江啟臣	王世堅
	江啟臣	江啟臣	王世堅	王世堅	鄭麗君	江啟臣
	鄭麗君	鄭麗君	江啟臣	江啟臣	黃偉哲	鄭麗君

備註：○○○灰階字體代表該人物在此分類無人選擇。

張善政

基本資料

姓名：張善政

生日：1954年6月24日

學歷：

- 美國康乃爾大學土木與環境工程博士
- 美國史丹佛大學土木與環境工程碩士
- 國立臺灣大學土木工程學系學士

政黨：中國國民黨

現職：

- 桃園市第3屆市長
- 財團法人善科教育基金會董事長

曾擔任職位／經歷

- 行政院第27任院長
- 行政院第33任副院長
- 科技部部長
- 行政院政務委員
- 國科會國家高速電腦中心主任
- Google公司亞洲硬體營運總監

選舉紀錄

年度	選舉屆數	是否當選
2020 年	第 15 任總統、副總統選舉	
2022 年	第 3 屆桃園市市長選舉	V

人物側寫

開心農夫「善」刀而藏
張善政白開水政治學　執政隱形冠軍

　　桃園市長張善政是個什麼樣的人？他從事公職，踏入政壇至今12年，但外界對他似乎還是有些陌生，不妨透過一個小故事來認識他。

　　今年4月花蓮強震之後，百業蕭條，當地商圈、夜市生意大受影響，張善政雖然市政公務繁忙，仍心繫東部，偶爾會抽空搭火車回花蓮，行程低調且非公務。他所購買每張火車票，都是自己訂票、自費付款，完全不假他人之手；他對於車次也瞭若指掌。到了花蓮，他專找小吃店消費，因為爌肉飯才是他的最愛，用行動支持商家。

　　可以這麼形容張善政，理工個性，公私分明，溫文儒雅，樂於助人，不會每件事都敲鑼打鼓。

　　至於，張善政與花蓮的淵源，要從擔任科技部長說起，因為和父親在壽豐鄉共買一甲農地，他開始利用周末開車前往花蓮，置身在自己的「開心農場」。他種果樹仍是科技思維，按部就班，有條不紊，不懂的就和當地青農討論。

愛上花蓮美麗　卸任閣揆勤跑東部

友人透露，張善政愛上蘇花公路的美麗，經常開車往東部跑，說起開車的反應，「技術和20歲小夥子差不多」。他也喜歡花蓮的好空氣和好景緻，卸任行政院長後，到花蓮的機會更多了，他徹底實踐昔日農家「日出而作、日落而息」的生活，芭蕉、肉桂、澳洲茶樹收成後，則分送親朋好友。很多人都會好奇問，張善政在花蓮住在哪？真的，他就住在一個簡陋的鐵皮屋裡。

對於都市長大的張善政來說，當起開心農夫，不是為了營利，而是為了「運動」，是繁忙工作的救贖，也是萬千思緒裡面釐清思考邏輯的關鍵。

在花蓮務農的張善政，是他不為人知的一面；至於大家熟悉，或者也沒有那熟悉的張善政，是前行政院長、還選過副總統、現在是桃園市長。也因為他不擅言辭，沒有群眾魅力，在政壇上不見鋒芒畢露，「理工直男」仍是外界對他的基本印象。

曾任Google亞洲總監　科技人獲延攬入閣

回顧張善政的成長過程，他1954年出生於臺北市，建中畢業後，就讀臺大土木工程學系，也取得美國康乃爾大學土木與環境工程學博士學位。學成歸國，29歲就已升任臺大土木工程系教授，是當時最年輕的教授之一，專長是將電腦繪圖和計算科技，導入土本工程領域。

張善政離開學界後，先接下國家高速電腦中心主任一職，又在宏碁集團和Google任職。他在Google坐上亞洲硬體營運總監的位子，主

管該公司亞洲網際網路資料中心營運，並促成Google在彰濱工業區設立臺灣首座數據中心，是亞洲地區最大資料中心。

馬政府時代，張善政因為實務經驗豐富，又是科技人才，被延攬入閣，2012年他以無黨籍身分擔任政務委員，開啟政治路，再出任科技部長、行政院副院長。2016年國民黨大選慘敗，時任行政院長毛治國請辭，政權交接看守內閣期間，張善政以副院長身分代理行政院長，短短109天的閣揆任期，他積極任事，是馬政府任內施政滿意度最高、不滿意度最低的行政院長。

擔任韓國瑜副手　搭檔參選正副總統失利

卸任行政院長之後，張善政絢爛歸於平淡，平日在善科基金會推廣科普教育，周末又回到花蓮務農。期間他接受前高雄市長韓國瑜邀請，搭擋參選2020年正副總統。韓國瑜在宣布副手記者會上，是這樣形容張善政：「我在北農總經理任內，張善政擔任行政院長，有一次凌晨，他來北農了解蔬果供應情形，沒有架子、派頭，直接換上雨鞋，一起視察市場，也一起吃燒餅油條當早餐。」

背負著「落跑市長」罵名選總統的韓國瑜，2020年這場戰役慘敗，張善政也再度回到田園生活，直到2022年才復出，他在此時加入國民黨，接受徵召參選桃園市長。

「不在從政的路上，就是在花蓮務農的路上。」這是張善政卸任閣揆後的寫照。有人需要他為國家做事，他義不容辭，也全力以赴，即便明知可能是蹚渾水，他仍為之，這是理工男的憨直。

林智堅爆出論文風波　翻轉桃園當上市長

　　桃園市長是張善政第一次在選戰中擔任主帥，他以「挺善良」為形象號召，強調不抹黑攻擊，要打正向選舉，但個性木訥，又不擅與群眾互動，一度被戲稱「佛系選舉」，感覺是不想贏了。

　　怎知，強勁對手林智堅突然爆出論文抄襲風波，民進黨自亂陣腳，臨時推派鄭運鵬上場，這給了張善政一個大好機會，結果他不但勝選，還拿到55萬7572票，以超過52%的得票率，翻轉民進黨執政8年的桃園市。

　　「我覺得選民已經可以接受，一個不會花言巧語，講話不是非常……怎麼講，像現在我結結巴巴，但是他們會看到這個候選人背後的能力、專業，還有端出來的政見。」張善政勝選後，在一次訪問是如此評論自己的表現。

　　如果沒有離開企業界，或許張善政在Google的職務會高，可能像輝達執行長黃仁勳一樣，更受到臺灣民眾崇拜，但理工男一碰政治，就不一樣了。他講話講不贏對手，又不會包裝自己，線性思考也顯得無趣。但不會耍嘴皮子，他的操守和善良會被看見。

照顧失智母親寫心境　彷彿一場漫長告別

　　張善政的善良也表現在孝順上，身為家長的獨子，在母親罹患失智症後，照顧的責任由他扛下。擔任行政院副院長和院長期間，張善政從未入住官邸，每天上下班就是新店住處和臺北辦公地點兩頭跑，無非是想多看幾眼已不認得他的母親。

「失智症，就是親人不知不覺慢慢離開你的過程，彷彿一場漫長的告別。」張善政曾經在書中訴說照顧母親十年的心境。2017年9月6日媽媽辭世，他在臉書寫下思念，也提到母親對其求學之路，以及一生的影響，「如果人真有來生，我希望她生生世世都還是我的母親！」

本身的政治性不強，政治語言也較少，張善政偶爾會爆出失言風波。擔任市長以來，他一切以市政為主，政績穩紮穩打，不一味追求聲量，施政滿意度有高有低。他向來就不是媒體寵兒，甚至市民也不一定清楚，桃園有什麼明顯的改變。

但在《菱傳媒》未來領袖聲望調查中，張善政居縣市首長組24人名單「務實穩定展現影響力」第5名、「施政績效」第6名，「印象最好」、「未來發展」第7名；同時在20大未來領袖中十大指標中多擠進前10名。總體觀察張善政在藍軍的排名大致落在臺中市長盧秀燕、臺北市長蔣萬安與立法院長韓國瑜之後，但領先新北市長侯友宜、國民黨主席朱立倫。

國民黨2024年在桃園拿下6席立委，張善政是六都唯一全壘打的藍營百里侯。選後有政界人士分析，他很明顯是非典型、非傳統國民黨，「素人口味」重於「職業政客」的政治人物。低調佛系的張善政，當然不能用傳統的政治邏輯與民調邏輯來看待他的未來性，但他隱形冠軍方式的執政哲學，則是讓人更有期待。

如同大眾看「理工男」的特質，他不是手搖飲，而是杯白開水，沒有政治明星的耀眼光環，但務實理性，在有需要的時候，自然就會顯示出他的價值，這是張善政渾然天成的「白開水政治學」。

民調中的張善政

對張善政印象最好的受訪者佔總樣本數 1.6%，主要提及其作為科技專業背景人士，具有沉穩、務實和客觀的做事風格，並在桃園的施政中展現了解決問題的能力。然而，支持者也普遍提及其公關能力不足，媒體曝光度不高，導致很多人不知道桃園的政績，建議應多活躍於民眾面前。

不喜歡或不信任張善政的受訪者比例也是偏少，僅佔總樣本數 0.6%，而上述的這些建議也體現在不喜歡或不信任張善政的批評中。這些受訪者中有過半數認為他的施政不積極，顯得懶散、沒做事，只有少部分是針對具體藝文活動主題修改的爭議，顯示出張善政的政績在桃園確實較少被民眾所知。

第一印象

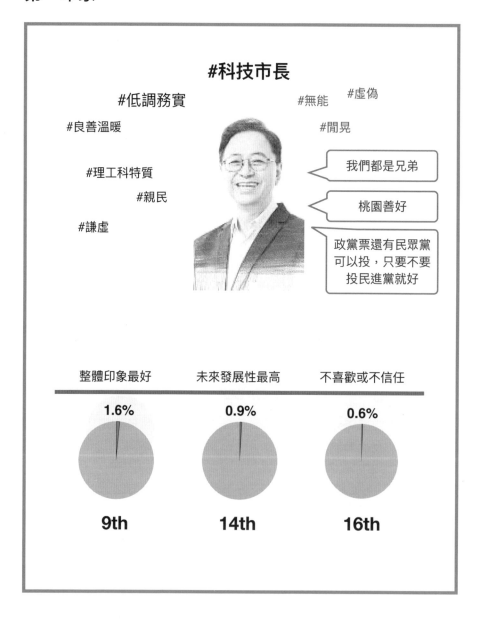

整體評價（能力分析）

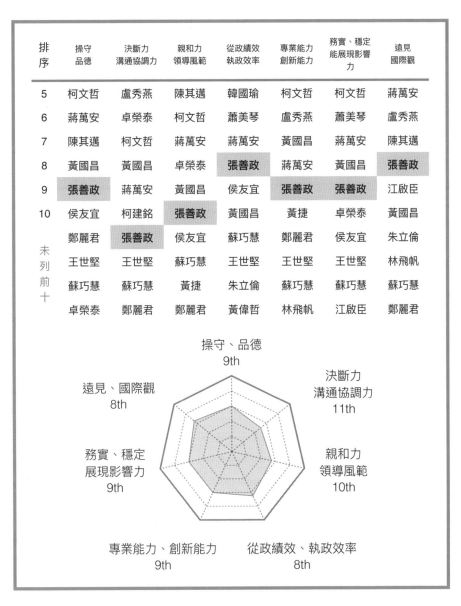

排序	操守 品德	決斷力 溝通協調力	親和力 領導風範	從政績效 執政效率	專業能力 創新能力	務實、穩定 能展現影響 力	遠見 國際觀
5	柯文哲	盧秀燕	陳其邁	韓國瑜	柯文哲	柯文哲	蔣萬安
6	蔣萬安	卓榮泰	柯文哲	蕭美琴	盧秀燕	蕭美琴	盧秀燕
7	陳其邁	柯文哲	蔣萬安	蔣萬安	黃國昌	蔣萬安	陳其邁
8	黃國昌	黃國昌	卓榮泰	**張善政**	蔣萬安	黃國昌	**張善政**
9	**張善政**	蔣萬安	黃國昌	侯友宜	**張善政**	**張善政**	江啟臣
10	侯友宜	柯建銘	**張善政**	黃國昌	黃捷	卓榮泰	黃國昌
未列前十	鄭麗君	**張善政**	侯友宜	蘇巧慧	鄭麗君	侯友宜	朱立倫
	王世堅	王世堅	蘇巧慧	王世堅	王世堅	王世堅	林飛帆
	蘇巧慧	蘇巧慧	黃捷	朱立倫	蘇巧慧	蘇巧慧	蘇巧慧
	卓榮泰	鄭麗君	鄭麗君	黃偉哲	林飛帆	江啟臣	鄭麗君

操守、品德
9th

遠見、國際觀
8th

決斷力
溝通協調力
11th

務實、穩定
展現影響力
9th

親和力
領導風範
10th

專業能力、創新能力
9th

從政績效、執政效率
8th

第一波百人未來政治領袖調查排序回顧

縣市首長排序 (名單共24人)			
印象最好	施政績效	務實穩定展現影響力	未來發展
排序　7	6	5	7

60歲以上政治人物排序 (名單共49人)		
印象最好	領導力	未來發展
排序　14	11	18

男性政治人物排序 (名單共62人)		
印象最好	領導力	未來發展
排序　8	10	17

社會議題面向 被期待解決問題的政治人物				
詐騙防制	治安、社會安全網	都市發展	食安	環境能源
排序　24	42	6	24	3

整體評價（支持者分析）

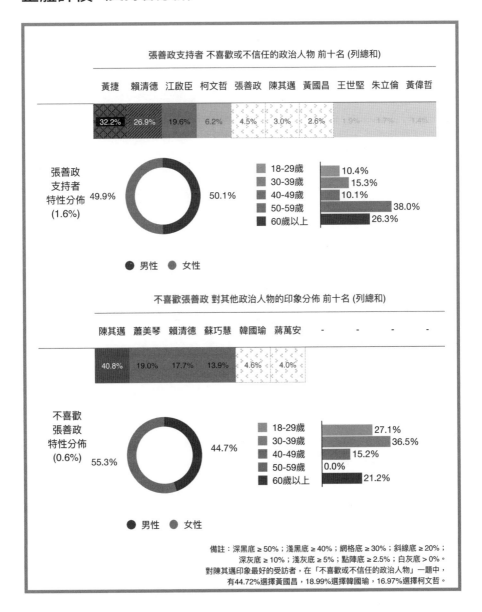

張善政支持者 不喜歡或不信任的政治人物 前十名 (列總和)

黃捷	賴清德	江啟臣	柯文哲	張善政	陳其邁	黃國昌	王世堅	朱立倫	黃偉哲
32.2%	26.9%	19.6%	6.2%	4.5%	3.0%	2.6%	1.9%	1.7%	1.4%

張善政
支持者
特性分佈
(1.6%)　49.9%　　50.1%

● 男性　● 女性

18-29歲　10.4%
30-39歲　15.3%
40-49歲　10.1%
50-59歲　38.0%
60歲以上　26.3%

不喜歡張善政 對其他政治人物的印象分佈 前十名 (列總和)

陳其邁	蕭美琴	賴清德	蘇巧慧	韓國瑜	蔣萬安	-	-	-	-
40.8%	19.0%	17.7%	13.9%	4.6%	4.0%				

不喜歡
張善政
特性分佈
(0.6%)　55.3%　　44.7%

● 男性　● 女性

18-29歲　27.1%
30-39歲　36.5%
40-49歲　15.2%
50-59歲　0.0%
60歲以上　21.2%

備註：深黑底 ≥ 50%；淺黑底 ≥ 40%；網格底 ≥ 30%；斜線底 ≥ 20%；
深灰底 ≥ 10%；淺灰底 ≥ 5%；點陣底 ≥ 2.5%；白灰底 > 0%。
對陳其邁印象最好的受訪者，在「不喜歡或不信任的政治人物」一題中，
有44.72%選擇黃國昌，18.99%選擇韓國瑜，16.97%選擇柯文哲。

正面評論／反面聲音

[支持者]

您認為張善政有哪些吸引您的特質或值得肯定的成就及能力？

#科技市長

桃園市	其他
42%	58%

「科技市長，具備國際觀。善用智能app，解決停車搭車問題，可控制浮誇的工程預算」

桃園市 / 40-49歲女性

「科技人的客觀檢討問題，解決問題，不像政客般搞政治」

新北市 / 60歲以上女性

您認為張善政有哪些需要改進的缺點或當前應處理面對的問題？

曝光度不夠

桃園市	其他
53%	47%

「有做事但缺少宣傳，以至於很多人不知道他做了什麼，另外重要場合要多出來露露面、和群眾博感情。」

桃園市 / 30-39歲女性

[反對者]

您不喜歡或不信任張善政的原因是什麼（特質、言行或背景）？

#無能 #閒晃

「執政能力很差，沒作為！無法帶動桃園經濟發展。」

新竹市 / 30-39歲女性

「擔任桃園市長，屢次修改藝文活動主題，浪費公帑。」

桃園市 / 18-29歲女性

整體印象評價（依性別、年齡排序）

排序	整體	依性別排序		依年齡排序				
		男性	女性	18-29歲	30-39歲	40-49歲	50-59歲	60歲以上
1	賴清德	賴清德	賴清德	蕭美琴	蕭美琴	蕭美琴	賴清德	賴清德
2	蕭美琴	韓國瑜	蕭美琴	柯文哲	賴清德	賴清德	韓國瑜	韓國瑜
3	韓國瑜	蕭美琴	陳其邁	賴清德	柯文哲	陳其邁	蕭美琴	蕭美琴
4	陳其邁	盧秀燕	韓國瑜	盧秀燕	黃國昌	柯文哲	陳其邁	盧秀燕
5	盧秀燕	陳其邁	盧秀燕	陳其邁	陳其邁	韓國瑜	盧秀燕	陳其邁
6	柯文哲	柯文哲	柯文哲	黃國昌	盧秀燕	盧秀燕	蔣萬安	蔣萬安
7	黃國昌	黃國昌	蔣萬安	韓國瑜	韓國瑜	黃國昌	柯文哲	張善政
8	蔣萬安	蔣萬安	黃國昌	王世堅	蔣萬安	蔣萬安	張善政	黃國昌
9	張善政	江啟臣	張善政	蔣萬安	黃捷	侯友宜	鄭麗君	柯文哲
10	王世堅	黃捷	蘇巧慧	江啟臣	王世堅	蘇巧慧	黃國昌	蘇巧慧
	蘇巧慧	張善政	王世堅	鄭麗君	蘇巧慧	張善政	黃捷	卓榮泰
	黃捷	王世堅	侯友宜	黃捷	張善政	卓榮泰	王世堅	黃捷
	鄭麗君	蘇巧慧	鄭麗君	蘇巧慧	江啟臣	鄭麗君	卓榮泰	江啟臣
	江啟臣	鄭麗君	黃捷	黃偉哲	侯友宜	江啟臣	侯友宜	鄭麗君
	卓榮泰	卓榮泰	黃偉哲	張善政	鄭麗君	王世堅	江啟臣	朱立倫
	侯友宜	林飛帆	柯建銘	侯友宜	卓榮泰	黃捷	蘇巧慧	林飛帆
	柯建銘	侯友宜	卓榮泰	柯建銘	柯建銘	柯建銘	林飛帆	柯建銘
	黃偉哲	朱立倫	江啟臣	朱立倫	林飛帆	黃偉哲	朱立倫	王世堅
	林飛帆	柯建銘	林飛帆	林飛帆	黃偉哲	林飛帆	柯建銘	黃偉哲
	朱立倫	黃偉哲	朱立倫	卓榮泰	朱立倫	朱立倫	黃偉哲	侯友宜

備註：○○○灰階字體代表該人物在此分類無人選擇。

整體印象評價（依政黨傾向排序）

排序	整體	依政黨傾向排序				
		民進黨支持者	國民黨支持者	台灣民眾黨支持者	選人不選黨/中立	其他選擇
1	賴清德	賴清德	韓國瑜	柯文哲	賴清德	蕭美琴
2	蕭美琴	蕭美琴	盧秀燕	黃國昌	盧秀燕	賴清德
3	韓國瑜	陳其邁	蔣萬安	盧秀燕	蕭美琴	韓國瑜
4	陳其邁	蘇巧慧	張善政	韓國瑜	韓國瑜	陳其邁
5	盧秀燕	黃捷	江啟臣	蕭美琴	陳其邁	盧秀燕
6	柯文哲	卓榮泰	侯友宜	蔣萬安	蔣萬安	鄭麗君
7	黃國昌	鄭麗君	朱立倫	陳其邁	柯文哲	蔣萬安
8	蔣萬安	王世堅	陳其邁	王世堅	黃國昌	黃捷
9	張善政	柯建銘	黃國昌	張善政	王世堅	黃國昌
10	王世堅	盧秀燕	王世堅	侯友宜	張善政	柯文哲
	蘇巧慧	黃偉哲	柯文哲	柯建銘	江啟臣	王世堅
	黃捷	林飛帆	蕭美琴	江啟臣	侯友宜	林飛帆
	鄭麗君	黃國昌	黃偉哲	賴清德	鄭麗君	侯友宜
	江啟臣	韓國瑜	蘇巧慧	朱立倫	黃捷	卓榮泰
	卓榮泰	柯文哲	賴清德	黃偉哲	蘇巧慧	張善政
	侯友宜	蔣萬安	黃捷	蘇巧慧	卓榮泰	柯建銘
	柯建銘	張善政	卓榮泰	黃捷	朱立倫	江啟臣
	黃偉哲	侯友宜	鄭麗君	卓榮泰	柯建銘	黃偉哲
	林飛帆	江啟臣	柯建銘	鄭麗君	林飛帆	蘇巧慧
	朱立倫	朱立倫	林飛帆	林飛帆	黃偉哲	朱立倫

備註：○○○灰階字體代表該人物在此分類無人選擇。

整體印象評價（依政治光譜排序）

排序	整體	依政治光譜排序								
		G1	G2	G3	G4	G5	G6	G7	G8	G9
1	賴清德	韓國瑜	韓國瑜	韓國瑜	柯文哲	柯文哲	蕭美琴	賴清德	賴清德	賴清德
2	蕭美琴	盧秀燕	盧秀燕	盧秀燕	黃國昌	黃國昌	賴清德	蕭美琴	蕭美琴	蕭美琴
3	韓國瑜	蔣萬安	蔣萬安	柯文哲	盧秀燕	盧秀燕	陳其邁	陳其邁	陳其邁	陳其邁
4	陳其邁	張善政	黃國昌	蔣萬安	韓國瑜	蕭美琴	柯文哲	柯文哲	蘇巧慧	蘇巧慧
5	盧秀燕	黃國昌	柯文哲	黃國昌	蔣萬安	蔣萬安	盧秀燕	鄭麗君	黃捷	黃捷
6	柯文哲	江啟臣	張善政	張善政	張善政	賴清德	王世堅	盧秀燕	卓榮泰	卓榮泰
7	黃國昌	侯友宜	侯友宜	江啟臣	王世堅	王世堅	黃國昌	黃捷	鄭麗君	鄭麗君
8	蔣萬安	朱立倫	江啟臣	侯友宜	侯友宜	韓國瑜	鄭麗君	黃國昌	王世堅	柯建銘
9	張善政	蕭美琴	朱立倫	王世堅	江啟臣	陳其邁	黃捷	蔣萬安	林飛帆	王世堅
10	王世堅	賴清德	鄭麗君	陳其邁	蕭美琴	江啟臣	卓榮泰	柯建銘	黃偉哲	林飛帆
	蘇巧慧	陳其邁	賴清德	柯建銘	柯建銘	黃偉哲	蘇巧慧	蘇巧慧	柯文哲	韓國瑜
	黃捷	鄭麗君	王世堅	蕭美琴	鄭麗君	侯友宜	韓國瑜	黃偉哲	柯建銘	黃偉哲
	鄭麗君	黃捷	陳其邁	朱立倫	黃捷	張善政	林飛帆	王世堅	盧秀燕	柯文哲
	江啟臣	柯文哲	蕭美琴	鄭麗君	賴清德	黃捷	張善政	卓榮泰	黃國昌	盧秀燕
	卓榮泰	王世堅	黃捷	賴清德	陳其邁	柯建銘	蔣萬安	韓國瑜	蔣萬安	黃國昌
	侯友宜	林飛帆	林飛帆	黃捷	朱立倫	朱立倫	江啟臣	林飛帆	韓國瑜	蔣萬安
	柯建銘	卓榮泰	卓榮泰	林飛帆	林飛帆	鄭麗君	黃偉哲	張善政	張善政	張善政
	黃偉哲	柯建銘	柯建銘	卓榮泰	卓榮泰	蘇巧慧	侯友宜	江啟臣	江啟臣	江啟臣
	林飛帆	黃偉哲	黃偉哲	黃偉哲	黃偉哲	林飛帆	柯建銘	侯友宜	侯友宜	侯友宜
	朱立倫	蘇巧慧	蘇巧慧	蘇巧慧	蘇巧慧	卓榮泰	朱立倫	朱立倫	朱立倫	朱立倫

備註：○○○灰階字體代表該人物在此分類無人選擇。

整體印象評價（依社會、經濟地位自評排序）

排序	整體	依社會、經濟地位自評排序				
		社會地位偏高/ 經濟地位偏高	社會地位偏高/ 經濟地位偏低	社會地位偏低/ 經濟地位偏高	社會地位偏低/ 經濟地位偏低	普通社經地位
1	賴清德	賴清德	賴清德	蕭美琴	韓國瑜	賴清德
2	蕭美琴	蕭美琴	蕭美琴	賴清德	賴清德	蕭美琴
3	韓國瑜	陳其邁	韓國瑜	柯文哲	蕭美琴	韓國瑜
4	陳其邁	韓國瑜	盧秀燕	陳其邁	盧秀燕	陳其邁
5	盧秀燕	盧秀燕	陳其邁	張善政	陳其邁	盧秀燕
6	柯文哲	柯文哲	柯文哲	韓國瑜	柯文哲	柯文哲
7	黃國昌	黃國昌	黃國昌	黃國昌	黃國昌	蔣萬安
8	蔣萬安	蔣萬安	蔣萬安	盧秀燕	蔣萬安	黃國昌
9	張善政	蘇巧慧	蘇巧慧	鄭麗君	黃捷	張善政
10	王世堅	江啟臣	張善政	林飛帆	王世堅	王世堅
	蘇巧慧	張善政	卓榮泰	蘇巧慧	鄭麗君	侯友宜
	黃捷	黃捷	黃偉哲	蔣萬安	江啟臣	蘇巧慧
	鄭麗君	卓榮泰	黃捷	黃捷	蘇巧慧	黃捷
	江啟臣	王世堅	江啟臣	侯友宜	侯友宜	卓榮泰
	卓榮泰	鄭麗君	王世堅	卓榮泰	張善政	鄭麗君
	侯友宜	柯建銘	鄭麗君	黃偉哲	林飛帆	江啟臣
	柯建銘	侯友宜	侯友宜	江啟臣	柯建銘	黃偉哲
	黃偉哲	林飛帆	柯建銘	王世堅	卓榮泰	朱立倫
	林飛帆	朱立倫	林飛帆	柯建銘	黃偉哲	柯建銘
	朱立倫	黃偉哲	朱立倫	朱立倫	朱立倫	林飛帆

備註：○○○灰階字體代表該人物在此分類無人選擇。

看好未來表現評價（依性別、年齡排序）

排序	整體	依性別排序		依年齡排序				
		男性	女性	18-29歲	30-39歲	40-49歲	50-59歲	60歲以上
1	賴清德	賴清德	賴清德	陳其邁	蕭美琴	蕭美琴	陳其邁	賴清德
2	陳其邁	陳其邁	陳其邁	盧秀燕	陳其邁	陳其邁	賴清德	韓國瑜
3	蕭美琴	蕭美琴	蕭美琴	蕭美琴	黃國昌	賴清德	韓國瑜	陳其邁
4	盧秀燕	盧秀燕	韓國瑜	黃國昌	賴清德	盧秀燕	蕭美琴	蕭美琴
5	韓國瑜	韓國瑜	盧秀燕	賴清德	柯文哲	柯文哲	盧秀燕	盧秀燕
6	蔣萬安	蔣萬安	蔣萬安	柯文哲	盧秀燕	黃國昌	蔣萬安	蔣萬安
7	黃國昌	黃國昌	柯文哲	蔣萬安	韓國瑜	韓國瑜	柯文哲	柯文哲
8	柯文哲	柯文哲	黃國昌	韓國瑜	蔣萬安	蔣萬安	黃國昌	黃國昌
9	蘇巧慧	蘇巧慧	卓榮泰	蘇巧慧	黃捷	蘇巧慧	蘇巧慧	卓榮泰
10	黃捷	黃捷	蘇巧慧	王世堅	卓榮泰	黃捷	張善政	江啟臣
	卓榮泰	江啟臣	黃捷	黃捷	蘇巧慧	江啟臣	卓榮泰	張善政
	江啟臣	張善政	王世堅	江啟臣	林飛帆	王世堅	黃捷	鄭麗君
	王世堅	卓榮泰	林飛帆	卓榮泰	江啟臣	張善政	鄭麗君	蘇巧慧
	張善政	王世堅	江啟臣	鄭麗君	王世堅	卓榮泰	江啟臣	林飛帆
	林飛帆	鄭麗君	鄭麗君	林飛帆	侯友宜	侯友宜	林飛帆	黃捷
	鄭麗君	林飛帆	侯友宜	黃偉哲	張善政	林飛帆	王世堅	王世堅
	侯友宜	侯友宜	張善政	侯友宜	鄭麗君	鄭麗君	侯友宜	柯建銘
	柯建銘	柯建銘	黃偉哲	張善政	柯建銘	黃偉哲	朱立倫	侯友宜
	黃偉哲	黃偉哲	柯建銘	柯建銘	黃偉哲	柯建銘	黃偉哲	黃偉哲
	朱立倫	朱立倫	朱立倫	朱立倫	朱立倫	朱立倫	柯建銘	朱立倫

備註：○○○灰階字體代表該人物在此分類無人選擇。

看好未來表現評價（依政黨傾向排序）

排序	整體	依政黨傾向排序				
		民進黨支持者	國民黨支持者	台灣民眾黨支持者	選人不選黨/中立	其他選擇
1	賴清德	賴清德	韓國瑜	黃國昌	盧秀燕	蕭美琴
2	陳其邁	陳其邁	盧秀燕	柯文哲	蕭美琴	陳其邁
3	蕭美琴	蕭美琴	蔣萬安	盧秀燕	賴清德	賴清德
4	盧秀燕	蘇巧慧	江啟臣	韓國瑜	陳其邁	盧秀燕
5	韓國瑜	黃捷	張善政	蔣萬安	蔣萬安	韓國瑜
6	蔣萬安	卓榮泰	侯友宜	陳其邁	韓國瑜	柯文哲
7	黃國昌	林飛帆	蕭美琴	江啟臣	黃國昌	蔣萬安
8	柯文哲	王世堅	黃國昌	蕭美琴	柯文哲	黃捷
9	蘇巧慧	鄭麗君	黃偉哲	王世堅	王世堅	黃國昌
10	黃捷	盧秀燕	王世堅	柯建銘	江啟臣	鄭麗君
	卓榮泰	柯建銘	陳其邁	侯友宜	卓榮泰	王世堅
	江啟臣	黃偉哲	黃捷	張善政	蘇巧慧	蘇巧慧
	王世堅	韓國瑜	柯文哲	賴清德	黃捷	林飛帆
	張善政	江啟臣	卓榮泰	黃偉哲	張善政	卓榮泰
	林飛帆	蔣萬安	賴清德	黃捷	鄭麗君	張善政
	鄭麗君	黃國昌	蘇巧慧	卓榮泰	侯友宜	江啟臣
	侯友宜	張善政	林飛帆	蘇巧慧	朱立倫	黃偉哲
	柯建銘	柯文哲	鄭麗君	林飛帆	柯建銘	侯友宜
	黃偉哲	侯友宜	柯建銘	鄭麗君	林飛帆	柯建銘
	朱立倫	朱立倫	朱立倫	朱立倫	黃偉哲	朱立倫

備註：○○○灰階字體代表該人物在此分類無人選擇。

看好未來表現評價（依政治光譜排序）

排序	整體	依政治光譜排序								
		G1	G2	G3	G4	G5	G6	G7	G8	G9
1	賴清德	韓國瑜	盧秀燕	盧秀燕	黃國昌	柯文哲	蕭美琴	陳其邁	蕭美琴	賴清德
2	陳其邁	蔣萬安	韓國瑜	韓國瑜	盧秀燕	黃國昌	陳其邁	蕭美琴	陳其邁	陳其邁
3	蕭美琴	盧秀燕	蔣萬安	蔣萬安	柯文哲	盧秀燕	賴清德	賴清德	賴清德	蕭美琴
4	盧秀燕	張善政	黃國昌	黃國昌	蔣萬安	蔣萬安	盧秀燕	黃捷	卓榮泰	蘇巧慧
5	韓國瑜	黃國昌	柯文哲	柯文哲	韓國瑜	賴清德	黃國昌	盧秀燕	黃捷	黃捷
6	蔣萬安	江啟臣	張善政	江啟臣	王世堅	蕭美琴	柯文哲	卓榮泰	蘇巧慧	卓榮泰
7	黃國昌	侯友宜	江啟臣	張善政	侯友宜	陳其邁	蘇巧慧	柯文哲	林飛帆	林飛帆
8	柯文哲	柯文哲	侯友宜	蕭美琴	蕭美琴	王世堅	黃捷	鄭麗君	王世堅	鄭麗君
9	蘇巧慧	蕭美琴	鄭麗君	王世堅	張善政	韓國瑜	林飛帆	王世堅	鄭麗君	王世堅
10	黃捷	陳其邁	賴清德	柯建銘	江啟臣	江啟臣	王世堅	蘇巧慧	盧秀燕	柯建銘
	卓榮泰	賴清德	朱立倫	朱立倫	陳其邁	黃偉哲	韓國瑜	蔣萬安	江啟臣	黃偉哲
	江啟臣	黃捷	蕭美琴	侯友宜	柯建銘	侯友宜	蔣萬安	江啟臣	柯文哲	韓國瑜
	王世堅	鄭麗君	陳其邁	鄭麗君	黃捷	鄭麗君	江啟臣	林飛帆	柯建銘	蔣萬安
	張善政	王世堅	黃捷	賴清德	卓榮泰	張善政	卓榮泰	柯建銘	韓國瑜	盧秀燕
	林飛帆	蘇巧慧	王世堅	陳其邁	賴清德	柯建銘	鄭麗君	黃國昌	黃國昌	江啟臣
	鄭麗君	林飛帆	蘇巧慧	黃捷	朱立倫	蘇巧慧	黃偉哲	黃偉哲	黃偉哲	柯文哲
	侯友宜	卓榮泰	林飛帆	蘇巧慧	鄭麗君	朱立倫	侯友宜	韓國瑜	蔣萬安	黃國昌
	柯建銘	黃偉哲	卓榮泰	林飛帆	蘇巧慧	黃捷	張善政	侯友宜	侯友宜	侯友宜
	黃偉哲	柯建銘	黃偉哲	卓榮泰	林飛帆	林飛帆	柯建銘	張善政	張善政	張善政
	朱立倫	朱立倫	柯建銘	黃偉哲	黃偉哲	卓榮泰	朱立倫	朱立倫	朱立倫	朱立倫

備註：○○○灰階字體代表該人物在此分類無人選擇。

看好未來表現評價（依社會、經濟地位自評排序）

排序	整體	依社會、經濟地位自評排序				
		社會地位偏高/經濟地位偏高	社會地位偏高/經濟地位偏低	社會地位偏低/經濟地位偏高	社會地位偏低/經濟地位偏低	普通社經地位
1	賴清德	賴清德	蕭美琴	陳其邁	賴清德	陳其邁
2	陳其邁	陳其邁	賴清德	蕭美琴	韓國瑜	蕭美琴
3	蕭美琴	蕭美琴	陳其邁	蔣萬安	盧秀燕	賴清德
4	盧秀燕	盧秀燕	韓國瑜	賴清德	陳其邁	盧秀燕
5	韓國瑜	韓國瑜	盧秀燕	柯文哲	蕭美琴	蔣萬安
6	蔣萬安	蔣萬安	蔣萬安	黃國昌	柯文哲	韓國瑜
7	黃國昌	黃國昌	柯文哲	盧秀燕	蔣萬安	黃國昌
8	柯文哲	柯文哲	黃國昌	韓國瑜	黃國昌	柯文哲
9	蘇巧慧	蘇巧慧	卓榮泰	卓榮泰	王世堅	蘇巧慧
10	黃捷	黃捷	鄭麗君	鄭麗君	黃捷	黃捷
	卓榮泰	卓榮泰	黃偉哲	黃捷	江啟臣	卓榮泰
	江啟臣	林飛帆	蘇巧慧	江啟臣	蘇巧慧	江啟臣
	王世堅	江啟臣	林飛帆	黃偉哲	卓榮泰	張善政
	張善政	鄭麗君	王世堅	蘇巧慧	張善政	王世堅
	林飛帆	張善政	張善政	林飛帆	林飛帆	鄭麗君
	鄭麗君	王世堅	朱立倫	王世堅	侯友宜	林飛帆
	侯友宜	黃偉哲	黃捷	張善政	鄭麗君	侯友宜
	柯建銘	侯友宜	江啟臣	朱立倫	柯建銘	柯建銘
	黃偉哲	柯建銘	侯友宜	侯友宜	朱立倫	黃偉哲
	朱立倫	朱立倫	柯建銘	柯建銘	黃偉哲	朱立倫

備註：○○○灰階字體代表該人物在此分類無人選擇。

不喜歡或不信任的評價（依性別、年齡排序）

排序	整體	依性別排序		依年齡排序				
		男性	女性	18-29歲	30-39歲	40-49歲	50-59歲	60歲以上
1	黃國昌	黃國昌	黃國昌	黃國昌	黃國昌	黃國昌	黃國昌	黃國昌
2	賴清德	柯建銘	韓國瑜	柯建銘	柯建銘	賴清德	賴清德	賴清德
3	柯建銘	賴清德	賴清德	韓國瑜	賴清德	柯文哲	柯文哲	柯文哲
4	韓國瑜	柯文哲	柯文哲	賴清德	韓國瑜	韓國瑜	韓國瑜	韓國瑜
5	柯文哲	韓國瑜	柯建銘	柯文哲	柯文哲	柯建銘	柯建銘	柯建銘
6	黃捷	黃捷	黃捷	黃捷	黃捷	黃捷	黃捷	黃捷
7	盧秀燕	林飛帆	盧秀燕	林飛帆	林飛帆	林飛帆	陳其邁	盧秀燕
8	林飛帆	盧秀燕	林飛帆	朱立倫	朱立倫	盧秀燕	盧秀燕	陳其邁
9	朱立倫	朱立倫	朱立倫	蔣萬安	盧秀燕	朱立倫	林飛帆	林飛帆
10	陳其邁	陳其邁	蔣萬安	盧秀燕	侯友宜	陳其邁	朱立倫	蔣萬安
	蔣萬安	蔣萬安	侯友宜	侯友宜	卓榮泰	蔣萬安	侯友宜	朱立倫
	侯友宜	卓榮泰	陳其邁	蘇巧慧	張善政	侯友宜	王世堅	蘇巧慧
	卓榮泰	侯友宜	蕭美琴	卓榮泰	蘇巧慧	卓榮泰	蔣萬安	卓榮泰
	蘇巧慧	蘇巧慧	張善政	張善政	蔣萬安	張善政	蘇巧慧	蕭美琴
	蕭美琴	張善政	王世堅	蕭美琴	黃偉哲	蕭美琴	卓榮泰	王世堅
	張善政	蕭美琴	蘇巧慧	王世堅	蕭美琴	黃偉哲	蕭美琴	張善政
	王世堅	鄭麗君	黃偉哲	黃偉哲	江啟臣	江啟臣	黃偉哲	鄭麗君
	黃偉哲	黃偉哲	卓榮泰	陳其邁	陳其邁	蘇巧慧	江啟臣	江啟臣
	江啟臣	王世堅	江啟臣	鄭麗君	王世堅	王世堅	張善政	江啟臣
	鄭麗君	江啟臣	鄭麗君	江啟臣	鄭麗君	鄭麗君	鄭麗君	黃偉哲

備註：○○○灰階字體代表該人物在此分類無人選擇。

不喜歡或不信任的評價（依政黨傾向排序）

排序	整體	依政黨傾向排序				
		民進黨 支持者	國民黨 支持者	台灣民眾黨 支持者	選人不選黨/ 中立	其他選擇
1	黃國昌	黃國昌	賴清德	柯建銘	黃國昌	黃國昌
2	賴清德	柯文哲	柯建銘	賴清德	賴清德	韓國瑜
3	柯建銘	韓國瑜	黃捷	黃捷	柯建銘	賴清德
4	韓國瑜	盧秀燕	柯文哲	林飛帆	韓國瑜	柯文哲
5	柯文哲	朱立倫	林飛帆	卓榮泰	柯文哲	柯建銘
6	黃捷	蔣萬安	陳其邁	侯友宜	黃捷	黃捷
7	盧秀燕	侯友宜	黃國昌	朱立倫	林飛帆	陳其邁
8	林飛帆	張善政	卓榮泰	蔣萬安	朱立倫	蘇巧慧
9	朱立倫	賴清德	蕭美琴	韓國瑜	陳其邁	朱立倫
10	陳其邁	柯建銘	蘇巧慧	黃國昌	盧秀燕	林飛帆
	蔣萬安	蘇巧慧	侯友宜	陳其邁	蔣萬安	盧秀燕
	侯友宜	王世堅	朱立倫	柯文哲	侯友宜	黃偉哲
	卓榮泰	江啟臣	王世堅	蘇巧慧	蕭美琴	蔣萬安
	蘇巧慧	黃捷	鄭麗君	鄭麗君	王世堅	張善政
	蕭美琴	林飛帆	韓國瑜	盧秀燕	黃偉哲	侯友宜
	張善政	陳其邁	蔣萬安	蕭美琴	蘇巧慧	卓榮泰
	王世堅	卓榮泰	黃偉哲	黃偉哲	卓榮泰	江啟臣
	黃偉哲	黃偉哲	盧秀燕	王世堅	張善政	蕭美琴
	江啟臣	蕭美琴	江啟臣	江啟臣	江啟臣	王世堅
	鄭麗君	鄭麗君	張善政	張善政	鄭麗君	鄭麗君

備註：○○○灰階字體代表該人物在此分類無人選擇。

不喜歡或不信任的評價（依政治光譜排序）

排序	整體	G1	G2	G3	G4	G5	G6	G7	G8	G9
					依政治光譜排序					
1	黃國昌	賴清德	賴清德	賴清德	柯建銘	柯建銘	黃國昌	黃國昌	黃國昌	黃國昌
2	賴清德	柯建銘	柯建銘	柯建銘	賴清德	賴清德	韓國瑜	韓國瑜	柯文哲	韓國瑜
3	柯建銘	黃捷	黃捷	黃捷	黃捷	黃國昌	柯文哲	柯文哲	韓國瑜	柯文哲
4	韓國瑜	柯文哲	林飛帆	林飛帆	柯文哲	韓國瑜	柯建銘	侯友宜	盧秀燕	盧秀燕
5	柯文哲	卓榮泰	陳其邁	陳其邁	陳其邁	黃捷	朱立倫	朱立倫	朱立倫	蔣萬安
6	黃捷	林飛帆	柯文哲	柯文哲	林飛帆	林飛帆	黃捷	盧秀燕	侯友宜	朱立倫
7	盧秀燕	陳其邁	蕭美琴	卓榮泰	朱立倫	柯文哲	林飛帆	柯建銘	蔣萬安	張善政
8	林飛帆	蘇巧慧	蘇巧慧	蘇巧慧	侯友宜	朱立倫	侯友宜	蔣萬安	柯建銘	侯友宜
9	朱立倫	黃國昌	黃國昌	黃國昌	卓榮泰	侯友宜	王世堅	江啟臣	賴清德	江啟臣
10	陳其邁	王世堅	卓榮泰	王世堅	韓國瑜	蔣萬安	賴清德	林飛帆	張善政	賴清德
	蔣萬安	蕭美琴	韓國瑜	黃偉哲	蕭美琴	黃偉哲	蔣萬安	蘇巧慧	林飛帆	陳其邁
	侯友宜	鄭麗君	侯友宜	蔣萬安	黃國昌	蘇巧慧	蘇巧慧	張善政	王世堅	卓榮泰
	卓榮泰	侯友宜	王世堅	蕭美琴	王世堅	鄭麗君	蕭美琴	黃偉哲	黃偉哲	蘇巧慧
	蘇巧慧	盧秀燕	鄭麗君	朱立倫	蘇巧慧	盧秀燕	盧秀燕	賴清德	黃捷	王世堅
	蕭美琴	朱立倫	朱立倫	盧秀燕	黃偉哲	卓榮泰	張善政	黃捷	江啟臣	蕭美琴
	張善政	蔣萬安	黃偉哲	侯友宜	蔣萬安	蕭美琴	江啟臣	王世堅	蕭美琴	黃捷
	王世堅	韓國瑜	蔣萬安	韓國瑜	盧秀燕	陳其邁	黃偉哲	蕭美琴	蘇巧慧	黃偉哲
	黃偉哲	黃偉哲	盧秀燕	鄭麗君	鄭麗君	王世堅	卓榮泰	卓榮泰	卓榮泰	柯建銘
	江啟臣	江啟臣	江啟臣	江啟臣	江啟臣	張善政	陳其邁	陳其邁	陳其邁	林飛帆
	鄭麗君	張善政	張善政	張善政	張善政	江啟臣	鄭麗君	鄭麗君	鄭麗君	鄭麗君

備註：○○○灰階字體代表該人物在此分類無人選擇。

251

不喜歡或不信任的評價（依社會、經濟地位自評排序）

排序	整體	依社會、經濟地位自評排序				
		社會地位偏高/ 經濟地位偏高	社會地位偏高/ 經濟地位偏低	社會地位偏低/ 經濟地位偏高	社會地位偏低/ 經濟地位偏低	普通社經地位
1	黃國昌	黃國昌	黃國昌	黃國昌	黃國昌	黃國昌
2	賴清德	賴清德	韓國瑜	柯建銘	賴清德	賴清德
3	柯建銘	柯文哲	賴清德	柯文哲	柯建銘	柯建銘
4	韓國瑜	韓國瑜	柯建銘	黃捷	韓國瑜	柯文哲
5	柯文哲	柯建銘	黃捷	賴清德	柯文哲	韓國瑜
6	黃捷	黃捷	柯文哲	韓國瑜	黃捷	黃捷
7	盧秀燕	盧秀燕	盧秀燕	鄭麗君	林飛帆	林飛帆
8	林飛帆	蔣萬安	朱立倫	林飛帆	朱立倫	盧秀燕
9	朱立倫	林飛帆	侯友宜	朱立倫	陳其邁	朱立倫
10	陳其邁	陳其邁	黃偉哲	蘇巧慧	蔣萬安	陳其邁
	蔣萬安	朱立倫	林飛帆	蕭美琴	侯友宜	侯友宜
	侯友宜	侯友宜	蔣萬安	盧秀燕	盧秀燕	卓榮泰
	卓榮泰	卓榮泰	張善政	侯友宜	卓榮泰	蔣萬安
	蘇巧慧	張善政	鄭麗君	黃偉哲	蘇巧慧	蘇巧慧
	蕭美琴	蘇巧慧	陳其邁	蔣萬安	蕭美琴	蕭美琴
	張善政	王世堅	蘇巧慧	張善政	王世堅	張善政
	王世堅	蕭美琴	卓榮泰	陳其邁	張善政	黃偉哲
	黃偉哲	黃偉哲	蕭美琴	卓榮泰	江啟臣	王世堅
	江啟臣	江啟臣	王世堅	王世堅	鄭麗君	江啟臣
	鄭麗君	鄭麗君	江啟臣	江啟臣	黃偉哲	鄭麗君

備註：○○○灰階字體代表該人物在此分類無人選擇。

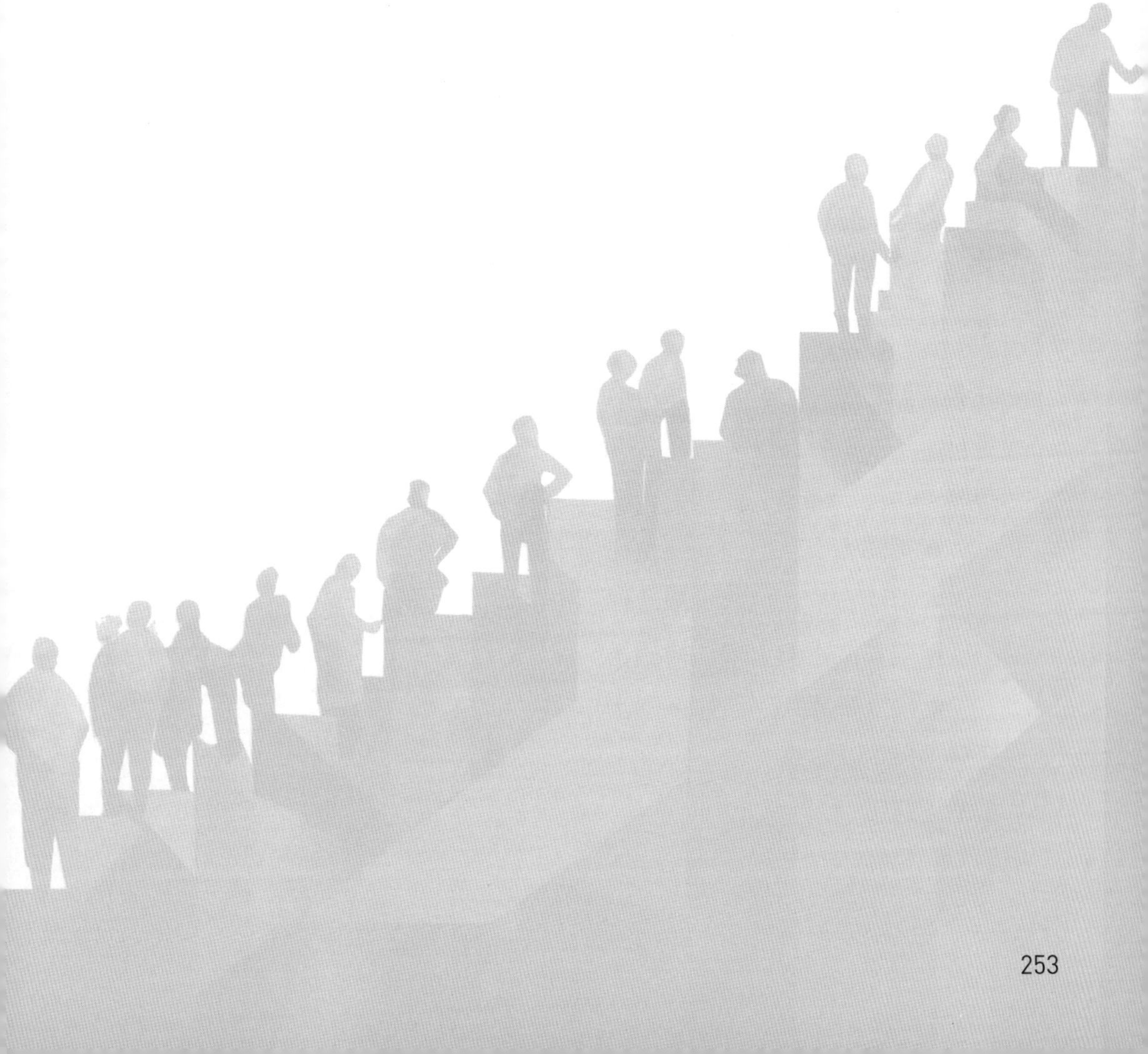

蘇巧慧

基本資料

姓名：蘇巧慧

生日：1976年4月5日

學歷：

- 美國賓夕法尼亞大學法律博士候選人
- 美國賓夕法尼亞大學法律碩士
- 美國波士頓大學法律碩士
- 國立臺灣大學法律系學士

政黨：民主進步黨

派系：蘇系

現職：

- 第11屆立法委員

曾擔任職位／經歷

- 第9-10屆立法委員
- 民主進步黨中常委、中執委
- 民主進步黨立法院黨團副幹事長
- 立法院厚生會秘書長
- 立法院聯合國永續發展目標策進會首席副會長
- 臺灣國會新媒體暨影視音發展促進會副會長
- 超越基金會執行長
- 萬國法律事務所律師

選舉紀錄

年度	選舉屆數	是否當選
2016 年	第 9 屆立法委員選舉	V
2020 年	第 10 屆立法委員選舉	V
2024 年	第 11 屆立法委員選舉	V

人物側寫

是立委也是網紅　水獺媽媽還有個市長夢

> 「女：各位大朋友、小朋友，歡迎收聽水獺媽媽巧巧話，我是
> 　　水獺媽媽巧慧阿姨；
> 男：大家好，我是水獺阿公，大家一定不知道吧？
> 女：水獺阿公可是比水獺媽媽還會說故事的哦！
> 男：哪有，現在是你比較會講啦！每個禮拜都有小朋友敲碗
> 　　要聽妳說故事呢！」

　　Podcast平臺中傳來水獺媽媽和水獺阿公的聲音，一個俏皮可愛，一個沙啞低沉，他們是誰呀？其實兩個人都不是專業的播客。原來，女聲是民進黨立委蘇巧慧；男聲是前行政院長「衝衝衝」蘇貞昌，他特地上女兒的節目客串說故事。

　　蘇巧慧斜槓網紅玩出心得，也玩出樂趣！她第一個頻道是YouTube上的《巧之Way》，找政治人物上節目輕鬆聊天，後來再推出Podcast《水獺媽媽巧巧話──聽巧慧說故事學臺語》，化身「水獺媽媽」說故事，一講就是4年多，每周定期更新。

　　談起當播客的動機，蘇巧慧曾透露，以前都會唸故事給兩個女兒

聽，孩子長大後，為了推動親子教育，樂於將有趣的故事分享給其他小朋友，同時幫忙其他父母減輕負擔。至於，為什麼會稱自己是「水獺媽媽」？她說，因為在跑行程時，有小朋友覺得她長得很像水獺，所以乾脆用這樣的形象經營頻道。

做一個很會說故事的媽媽，這是蘇巧慧的母性；踏入政壇卻是她的志向，想為民主和改革做點什麼。

自小接受民主洗禮　曾任阿扁驗票律師

1976年在屏東出生的蘇巧慧，是蘇貞昌的大女兒，她出生時，蘇貞昌還是個執業律師，後來爆發美麗島事件，蘇貞昌擔任被告辯護律師，意外踏入政壇。看著爸爸為人權奮鬥，蘇巧慧從小耳濡目染，民主的種子也在心中滋養發芽。

搬到臺北後，由於很會念書，蘇巧慧高中考上北一女，大學就讀臺大社會系，再轉至法律系。她專攻文科，都是為了政治做準備。2002年，蘇巧慧律師高考及格，進入法律事務所擔任訴訟律師；2004年開始接觸政治，前總統陳水扁當選無效之訴，她是當時的驗票律師團成員之一。

蘇巧慧做了幾年律師，才赴美進修，她拿到波士頓大學和賓州大學法律系雙碩士，主修國際關係和公投法。本來還在賓大攻讀博士，因為懷孕才中斷學業。

返國後，蘇巧慧先擔任蘇貞昌創辦的超越基金會執行長，以「適性教育」為目標，推動教育及文化工作。因為想發揮更大的影響力，2015年她決定挑戰立委選舉，選在最熟悉的居住地新北市出發，並高

票擊敗尋求連任的國民黨立委黃志雄。

三連霸問政成績爭氣　撕掉「靠爸」標籤

　　不過，投入選舉，不免被貼上「靠爸」標籤，或者被稱為「蘇貞昌的女兒」。對蘇巧慧而言，父親的光環是助力也是壓力。助力的部分是，她5歲開始跟著爸爸跑選舉場，幫忙發傳單，所以很早就熟悉政治；選立委掃街拜票時，也因為父親的關係，能夠很短時間和選民拉近關係。但父女都是政治人物，不免會被外界拿來比較，這又是她的壓力。

　　既然「政二代」的背景無法改變，那就把公職做好。蘇巧慧也自有一套角色詮釋，她認為，一個人適不適合這個位置，應該從個人能力、條件、經驗來做判斷，不要只討論出身，「我對社會大眾有信心，我也很歡迎大家用嚴格，甚至更嚴格的標準來檢驗我。」

　　立委一做就是三連霸，蘇巧慧很爭氣，連續11度得到公督盟評鑑的優秀立委，讓大家終於可以叫出她的名字。根據《菱傳媒》第一波未來政治領袖聲望調查，蘇巧慧在立法委員組的表現，也相當亮眼，其中在「印象最好」方面，拿到第二名，僅次於同黨立委黃捷；在「未來發展」方面，仍名列亞軍，同樣排在黃捷之後；至於「有力監督行政機關」方面，她排在第四，前三名依序是王世堅、黃國昌和黃捷。

父女同框上演質詢秀　國會殿堂頭一遭

也因為蘇巧慧有個政壇大咖老爸，2019年3月15日，國會殿堂上演一場史無前例的父女對決。二度接下行政院長一職的蘇貞昌，第一次赴立法院備詢，就對上女兒蘇巧慧，向來劍拔弩張的立委官員唇槍舌戰，也因為換成父女檔同框，氣氛變得溫馨有趣。

「人生的劇本不能偷看。」蘇巧慧當時在質詢臺，對著備詢的蘇貞昌說，「你應該沒有想到有今天這個場景。」蘇貞昌則滿臉驕傲回答：「我非常感謝國家、人民跟妳的選民支持，讓蘇巧慧進國會成真，而我是地表最幸運的爸爸、老爸。」

兩人先禮後兵，蘇巧慧開始切入議題提問，但她強調，與其說這是質詢，不如說是國會殿堂上的世代對話。最後眼見質詢時間不夠了，她連忙說，其實還有很多問題想問；蘇貞昌則妙答，「那回家再談」，頓時現場爆出笑聲一片。

從這場父女質詢秀，可以看得出蘇貞昌和蘇巧慧的好感情。蘇巧慧曾這麼形容自己的家庭教育：「我父親說，任何事情都是選擇，當行程有衝突時，他選擇家庭。」所以蘇貞昌從來不曾缺席3個女兒的成長重要時刻，不僅運動會、畢業典禮必到，甚至大學聯考也會親自陪考。

母職民代雙重身分　多了視角看世界

「我想父母教我的3件事：重質感的家人共享生活、尊重每個人獨立的想法、勇敢去飛，但家是你永遠的後盾。」蘇巧慧在親子雜誌

專訪時，滿懷感謝的說，在成長的過程，這些觀念深深影響了她。

能夠在開明的家庭中成長，蘇巧慧自然也為兩個女兒打造有愛的環境。不管是基金會執行長，或者當民意代表，她的順序向來都是工作配合家庭，先確定家庭活動，再從家庭活動中，找出對工作有幫助的元素。當個稱職的媽媽，也當個優秀的立委，她在家庭與工作間取得平衡。

蘇巧慧曾提到，身兼母親的角色和民代的身分，完全不衝突，反而可以多用小孩的眼睛看世界，「我的工作就是瞭解社會上的各行各業、不同世代、不同溫層，多一個視角真的太有幫助了。」

有意挑戰百里侯　擅長空戰是優勢

已連任三屆立委，蘇巧慧表態角逐2026新北市長選舉。雖然她不是最火紅的政治人物，但卻是穩紮穩打的一個。

「如果你想真正認識一個立法委員，那麼歡迎加入臉書粉專！跟著巧慧，認識國會！」身為X世代，蘇巧慧站在傳統政治和網路政治的銜接處，找到自己的發言權，她用臉書、YT傳達政治理念和立委成績單。懂得經營社群，這是她的優勢，老縣長蘇貞昌被問到這件事，也稱讚女兒，一定能夠勝任這個職位，「親和力比我強、人比我漂亮，又很會唱歌」。

回頭看看，蘇巧慧從政之路，其實和父親蘇貞昌很類似，都是律師出身，也做過立委。蘇貞昌在新北市改制前，曾擔任臺北縣長；如今蘇巧慧可望追隨父親腳步，爭取新北市長黨內提名。

過去高雄有「花媽市長」陳菊，親切形象深受民眾喜愛；現任

臺中市長盧秀燕，也被封為「媽媽市長」。小朋友心目中的「水獺媽媽」蘇巧慧，有沒有機會在北臺灣服務，用女性獨有的堅強和溫暖特質，當起一個城市的保母，值得期待。

民調中的蘇巧慧

對蘇巧慧印象最好的受訪者佔總樣本數的 1.3%，主要肯定她的親和力、重視基層，以及為地方爭取建設的積極性，這在「從政績效、執政效率」項目中排序第 11，是個人最佳表現。支持者認為蘇巧慧應提升自己的知名度，並透過入閣或地方執政經驗來累積歷練，證明自己的專業能力，從而「甩開父親的包袱」。

另一方面，不喜歡或不信任蘇巧慧的受訪者佔總樣本數的 0.7%，這些受訪者多認為她是透過「父親庇蔭，沒真才實學」、有「官官相護的裙帶關係」使人難以信任，顯見這部分是蘇巧慧未來發展中需要面對的重要挑戰。

第一印象

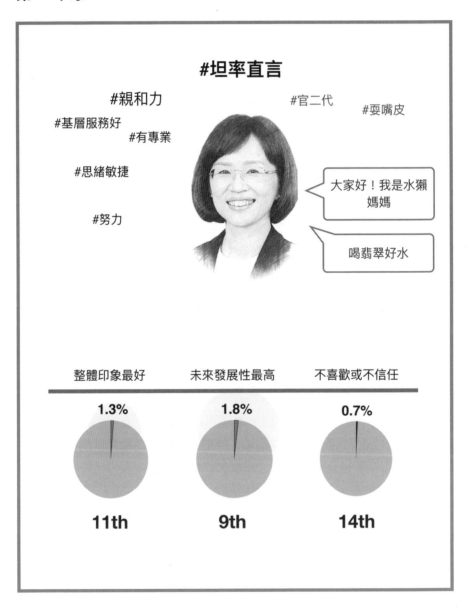

整體評價（能力分析）

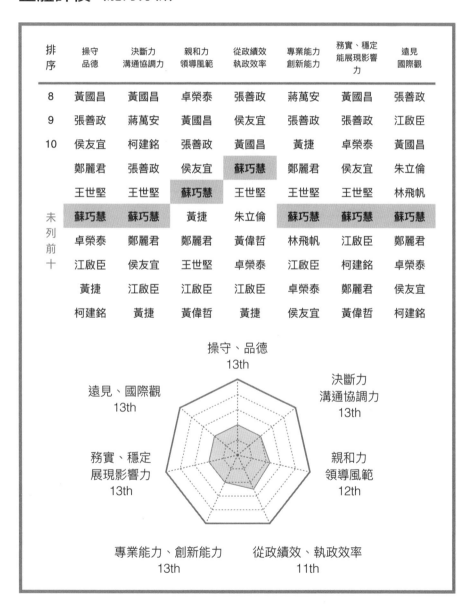

排序	操守 品德	決斷力 溝通協調力	親和力 領導風範	從政績效 執政效率	專業能力 創新能力	務實、穩定 能展現影響力	遠見 國際觀
8	黃國昌	黃國昌	卓榮泰	張善政	蔣萬安	黃國昌	張善政
9	張善政	蔣萬安	黃國昌	侯友宜	張善政	張善政	江啟臣
10	侯友宜	柯建銘	張善政	黃國昌	黃捷	卓榮泰	黃國昌
未列前十	鄭麗君	張善政	侯友宜	**蘇巧慧**	鄭麗君	侯友宜	朱立倫
	王世堅	王世堅	**蘇巧慧**	王世堅	王世堅	王世堅	林飛帆
	蘇巧慧	**蘇巧慧**	黃捷	朱立倫	**蘇巧慧**	**蘇巧慧**	**蘇巧慧**
	卓榮泰	鄭麗君	鄭麗君	黃偉哲	林飛帆	江啟臣	鄭麗君
	江啟臣	侯友宜	王世堅	卓榮泰	江啟臣	柯建銘	卓榮泰
	黃捷	江啟臣	江啟臣	江啟臣	卓榮泰	鄭麗君	侯友宜
	柯建銘	黃捷	黃偉哲	黃捷	侯友宜	黃偉哲	柯建銘

操守、品德
13th

決斷力
溝通協調力
13th

遠見、國際觀
13th

親和力
領導風範
12th

務實、穩定
展現影響力
13th

專業能力、創新能力
13th

從政績效、執政效率
11th

263

第一波百人未來政治領袖調查排序回顧

立法委員排序 (名單共35人)

	印象最好	監督行政機關	政策影響力	未來發展
排序	2	4	7	2

50歲以下政治人物排序 (名單共19人)

	印象最好	領導力	未來發展
排序	3	2	2

女性政治人物排序 (名單共38人)

	印象最好	領導力	未來發展
排序	6	3	4

社會議題面向 被期待解決問題的政治人物

	詐騙防制	治安、社會安全網	都市發展	食安	環境能源
排序	26	7	20	19	48

整體評價（支持者分析）

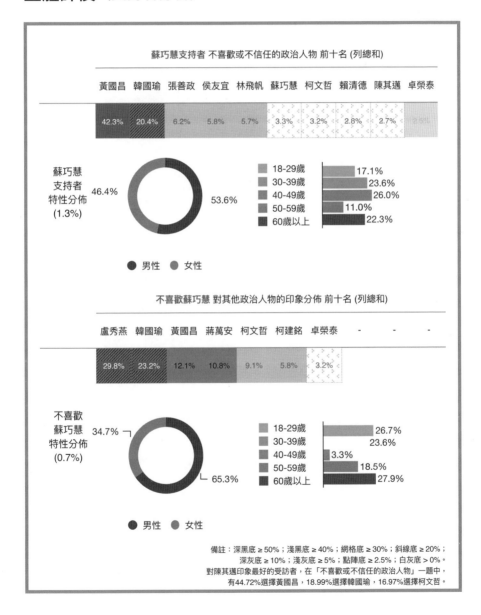

蘇巧慧支持者 不喜歡或不信任的政治人物 前十名 (列總和)

黃國昌	韓國瑜	張善政	侯友宜	林飛帆	蘇巧慧	柯文哲	賴清德	陳其邁	卓榮泰
42.3%	20.4%	6.2%	5.8%	5.7%	3.3%	3.2%	2.8%	2.7%	2.6%

蘇巧慧
支持者
特性分佈
(1.3%)

46.4%　53.6%

● 男性　● 女性

18-29歲　17.1%
30-39歲　23.6%
40-49歲　26.0%
50-59歲　11.0%
60歲以上　22.3%

不喜歡蘇巧慧 對其他政治人物的印象分佈 前十名 (列總和)

盧秀燕	韓國瑜	黃國昌	蔣萬安	柯文哲	柯建銘	卓榮泰	-	-	-
29.8%	23.2%	12.1%	10.8%	9.1%	5.8%	3.2%			

不喜歡
蘇巧慧
特性分佈
(0.7%)

34.7%　65.3%

● 男性　● 女性

18-29歲　26.7%
30-39歲　23.6%
40-49歲　3.3%
50-59歲　18.5%
60歲以上　27.9%

備註：深黑底 ≥ 50%；淺黑底 ≥ 40%；網格底 ≥ 30%；斜線底 ≥ 20%；
深灰底 ≥ 10%；淺灰底 ≥ 5%；點陣底 ≥ 2.5%；白灰底 > 0%。
對陳其邁印象最好的受訪者，在「不喜歡或不信任的政治人物」一題中，
有44.72%選擇黃國昌，18.99%選擇韓國瑜，16.97%選擇柯文哲。

265

正面評論／反面聲音

[支持者]

您認為蘇巧慧有哪些吸引您的特質或值得肯定的成就及能力？

#親和力 #基層服務好

| 男性 | 60% |
| 女性 | 40% |

「親和力佳，注重教育，地方建設有表現，法案品質良好」

　　　　　　　　　　　　　　　　　　　　新北市 / 60-69歲男性

「雖然現在是區域立委，但是對地方需求無論任何政治傾向人民要求一律用心去做。是專業好立委」

　　　　　　　　　　　　　　　　　　　　新北市 / 40-49歲男性

您認為蘇巧慧有哪些需要改進的缺點或當前應處理面對的問題？

知名度、曝光度

「要多走出去，讓的更多的人認識妳」

　　　　　　　　　　　　　　　　　　　　宜蘭縣 / 50-59歲男性

[反對者]

您不喜歡或不信任蘇巧慧的原因是什麼（特質、言行或背景）？

#官二代

「是蘇貞昌的女兒、政客一個、完全沒有親和力」

　　　　　　　　　　　　　　　　　　　　新竹市 / 60歲以上女性

「父親巧言令色、無同理心。背景多具官官相護的裙帶關係，不可信任」

　　　　　　　　　　　　　　　　　　　　臺中市 / 40-49歲女性

整體印象評價（依性別、年齡排序）

排序	整體	依性別排序		依年齡排序				
		男性	女性	18-29歲	30-39歲	40-49歲	50-59歲	60歲以上
1	賴清德	賴清德	賴清德	蕭美琴	蕭美琴	蕭美琴	賴清德	賴清德
2	蕭美琴	韓國瑜	蕭美琴	柯文哲	賴清德	賴清德	韓國瑜	韓國瑜
3	韓國瑜	蕭美琴	陳其邁	賴清德	柯文哲	陳其邁	蕭美琴	蕭美琴
4	陳其邁	盧秀燕	韓國瑜	盧秀燕	黃國昌	柯文哲	陳其邁	盧秀燕
5	盧秀燕	陳其邁	盧秀燕	陳其邁	陳其邁	韓國瑜	盧秀燕	陳其邁
6	柯文哲	柯文哲	柯文哲	黃國昌	盧秀燕	盧秀燕	蔣萬安	蔣萬安
7	黃國昌	黃國昌	蔣萬安	韓國瑜	韓國瑜	黃國昌	柯文哲	張善政
8	蔣萬安	蔣萬安	黃國昌	王世堅	蔣萬安	蔣萬安	張善政	黃國昌
9	張善政	江啟臣	張善政	蔣萬安	黃捷	侯友宜	鄭麗君	柯文哲
10	王世堅	黃捷	蘇巧慧	江啟臣	王世堅	蘇巧慧	黃國昌	蘇巧慧
	蘇巧慧	張善政	王世堅	鄭麗君	蘇巧慧	張善政	黃捷	卓榮泰
	黃捷	王世堅	侯友宜	黃捷	張善政	卓榮泰	王世堅	黃捷
	鄭麗君	蘇巧慧	鄭麗君	蘇巧慧	江啟臣	鄭麗君	侯友宜	江啟臣
	江啟臣	鄭麗君	黃捷	黃偉哲	侯友宜	江啟臣	侯友宜	鄭麗君
	卓榮泰	卓榮泰	黃偉哲	張善政	鄭麗君	王世堅	江啟臣	朱立倫
	侯友宜	林飛帆	柯建銘	侯友宜	卓榮泰	黃捷	蘇巧慧	林飛帆
	柯建銘	侯友宜	卓榮泰	柯建銘	柯建銘	柯建銘	林飛帆	柯建銘
	黃偉哲	朱立倫	江啟臣	朱立倫	林飛帆	黃偉哲	朱立倫	王世堅
	林飛帆	柯建銘	林飛帆	林飛帆	黃偉哲	林飛帆	柯建銘	黃偉哲
	朱立倫	黃偉哲	朱立倫	卓榮泰	朱立倫	朱立倫	黃偉哲	侯友宜

備註：○○○灰階字體代表該人物在此分類無人選擇。

整體印象評價（依政黨傾向排序）

排序	整體	依政黨傾向排序				
		民進黨支持者	國民黨支持者	台灣民眾黨支持者	選人不選黨/中立	其他選擇
1	賴清德	賴清德	韓國瑜	柯文哲	賴清德	蕭美琴
2	蕭美琴	蕭美琴	盧秀燕	黃國昌	盧秀燕	賴清德
3	韓國瑜	陳其邁	蔣萬安	盧秀燕	蕭美琴	韓國瑜
4	陳其邁	蘇巧慧	張善政	韓國瑜	韓國瑜	陳其邁
5	盧秀燕	黃捷	江啟臣	蕭美琴	陳其邁	盧秀燕
6	柯文哲	卓榮泰	侯友宜	蔣萬安	蔣萬安	鄭麗君
7	黃國昌	鄭麗君	朱立倫	陳其邁	柯文哲	蔣萬安
8	蔣萬安	王世堅	陳其邁	王世堅	黃國昌	黃捷
9	張善政	柯建銘	黃國昌	張善政	王世堅	黃國昌
10	王世堅	盧秀燕	王世堅	侯友宜	張善政	柯文哲
	蘇巧慧	黃偉哲	柯文哲	柯建銘	江啟臣	王世堅
	黃捷	林飛帆	蕭美琴	江啟臣	侯友宜	林飛帆
	鄭麗君	黃國昌	黃偉哲	賴清德	鄭麗君	侯友宜
	江啟臣	韓國瑜	蘇巧慧	朱立倫	黃捷	卓榮泰
	卓榮泰	柯文哲	賴清德	黃偉哲	蘇巧慧	張善政
	侯友宜	蔣萬安	黃捷	蘇巧慧	卓榮泰	柯建銘
	柯建銘	張善政	卓榮泰	黃捷	朱立倫	江啟臣
	黃偉哲	侯友宜	鄭麗君	卓榮泰	柯建銘	黃偉哲
	林飛帆	江啟臣	柯建銘	鄭麗君	林飛帆	蘇巧慧
	朱立倫	朱立倫	林飛帆	林飛帆	黃偉哲	朱立倫

備註：○○○灰階字體代表該人物在此分類無人選擇。

整體印象評價（依政治光譜排序）

排序	整體	依政治光譜排序								
		G1	G2	G3	G4	G5	G6	G7	G8	G9
1	賴清德	韓國瑜	韓國瑜	韓國瑜	柯文哲	柯文哲	蕭美琴	賴清德	賴清德	賴清德
2	蕭美琴	盧秀燕	盧秀燕	盧秀燕	黃國昌	黃國昌	賴清德	蕭美琴	蕭美琴	蕭美琴
3	韓國瑜	蔣萬安	蔣萬安	柯文哲	盧秀燕	盧秀燕	陳其邁	陳其邁	陳其邁	陳其邁
4	陳其邁	張善政	黃國昌	蔣萬安	韓國瑜	蕭美琴	柯文哲	柯文哲	蘇巧慧	蘇巧慧
5	盧秀燕	黃國昌	柯文哲	黃國昌	蔣萬安	蔣萬安	盧秀燕	鄭麗君	黃捷	黃捷
6	柯文哲	江啟臣	張善政	張善政	張善政	賴清德	王世堅	盧秀燕	卓榮泰	卓榮泰
7	黃國昌	侯友宜	侯友宜	江啟臣	王世堅	王世堅	黃國昌	黃捷	鄭麗君	鄭麗君
8	蔣萬安	朱立倫	江啟臣	侯友宜	侯友宜	韓國瑜	鄭麗君	黃國昌	王世堅	柯建銘
9	張善政	蕭美琴	朱立倫	王世堅	江啟臣	陳其邁	黃捷	蔣萬安	林飛帆	王世堅
10	王世堅	賴清德	鄭麗君	陳其邁	蕭美琴	江啟臣	卓榮泰	柯建銘	黃偉哲	林飛帆
	蘇巧慧	陳其邁	賴清德	柯建銘	柯建銘	黃偉哲	蘇巧慧	蘇巧慧	柯文哲	韓國瑜
	黃捷	鄭麗君	王世堅	蕭美琴	鄭麗君	侯友宜	韓國瑜	黃偉哲	柯建銘	黃偉哲
	鄭麗君	黃捷	陳其邁	朱立倫	黃捷	張善政	林飛帆	王世堅	盧秀燕	柯文哲
	江啟臣	柯文哲	蕭美琴	鄭麗君	賴清德	黃捷	張善政	卓榮泰	黃國昌	盧秀燕
	卓榮泰	王世堅	黃捷	賴清德	陳其邁	柯建銘	蔣萬安	韓國瑜	蔣萬安	黃國昌
	侯友宜	林飛帆	林飛帆	黃捷	朱立倫	朱立倫	江啟臣	林飛帆	韓國瑜	蔣萬安
	柯建銘	卓榮泰	卓榮泰	林飛帆	林飛帆	鄭麗君	黃偉哲	張善政	張善政	張善政
	黃偉哲	柯建銘	柯建銘	卓榮泰	卓榮泰	蘇巧慧	侯友宜	江啟臣	江啟臣	江啟臣
	林飛帆	黃偉哲	黃偉哲	黃偉哲	黃偉哲	林飛帆	柯建銘	侯友宜	侯友宜	侯友宜
	朱立倫	蘇巧慧	蘇巧慧	蘇巧慧	蘇巧慧	卓榮泰	朱立倫	朱立倫	朱立倫	朱立倫

備註：○○○灰階字體代表該人物在此分類無人選擇。

整體印象評價（依社會、經濟地位自評排序）

排序	整體	依社會、經濟地位自評排序				
		社會地位偏高/經濟地位偏高	社會地位偏高/經濟地位偏低	社會地位偏低/經濟地位偏高	社會地位偏低/經濟地位偏低	普通社經地位
1	賴清德	賴清德	賴清德	蕭美琴	韓國瑜	賴清德
2	蕭美琴	蕭美琴	蕭美琴	賴清德	賴清德	蕭美琴
3	韓國瑜	陳其邁	韓國瑜	柯文哲	蕭美琴	韓國瑜
4	陳其邁	韓國瑜	盧秀燕	陳其邁	盧秀燕	陳其邁
5	盧秀燕	盧秀燕	陳其邁	張善政	陳其邁	盧秀燕
6	柯文哲	柯文哲	柯文哲	韓國瑜	柯文哲	柯文哲
7	黃國昌	黃國昌	黃國昌	黃國昌	黃國昌	蔣萬安
8	蔣萬安	蔣萬安	蔣萬安	盧秀燕	蔣萬安	黃國昌
9	張善政	蘇巧慧	蘇巧慧	鄭麗君	黃捷	張善政
10	王世堅	江啟臣	張善政	林飛帆	王世堅	王世堅
	蘇巧慧	張善政	卓榮泰	蘇巧慧	鄭麗君	侯友宜
	黃捷	黃捷	黃偉哲	蔣萬安	江啟臣	蘇巧慧
	鄭麗君	卓榮泰	黃捷	黃捷	蘇巧慧	黃捷
	江啟臣	王世堅	江啟臣	侯友宜	侯友宜	卓榮泰
	卓榮泰	鄭麗君	王世堅	卓榮泰	張善政	鄭麗君
	侯友宜	柯建銘	鄭麗君	黃偉哲	林飛帆	江啟臣
	柯建銘	侯友宜	侯友宜	江啟臣	柯建銘	黃偉哲
	黃偉哲	林飛帆	柯建銘	王世堅	卓榮泰	朱立倫
	林飛帆	朱立倫	林飛帆	柯建銘	黃偉哲	柯建銘
	朱立倫	黃偉哲	朱立倫	朱立倫	朱立倫	林飛帆

備註：○○○灰階字體代表該人物在此分類無人選擇。

看好未來表現評價（依性別、年齡排序）

排序	整體	依性別排序		依年齡排序				
		男性	女性	18-29歲	30-39歲	40-49歲	50-59歲	60歲以上
1	賴清德	賴清德	賴清德	陳其邁	蕭美琴	蕭美琴	陳其邁	賴清德
2	陳其邁	陳其邁	陳其邁	盧秀燕	陳其邁	陳其邁	賴清德	韓國瑜
3	蕭美琴	蕭美琴	蕭美琴	蕭美琴	黃國昌	賴清德	韓國瑜	陳其邁
4	盧秀燕	盧秀燕	韓國瑜	黃國昌	賴清德	盧秀燕	蕭美琴	蕭美琴
5	韓國瑜	韓國瑜	盧秀燕	賴清德	柯文哲	柯文哲	盧秀燕	盧秀燕
6	蔣萬安	蔣萬安	蔣萬安	柯文哲	盧秀燕	黃國昌	蔣萬安	蔣萬安
7	黃國昌	黃國昌	柯文哲	蔣萬安	韓國瑜	韓國瑜	柯文哲	柯文哲
8	柯文哲	柯文哲	黃國昌	韓國瑜	蔣萬安	蔣萬安	黃國昌	黃國昌
9	蘇巧慧	蘇巧慧	卓榮泰	蘇巧慧	黃捷	蘇巧慧	蘇巧慧	卓榮泰
10	黃捷	黃捷	蘇巧慧	王世堅	卓榮泰	黃捷	張善政	江啟臣
	卓榮泰	江啟臣	黃捷	黃捷	蘇巧慧	江啟臣	卓榮泰	張善政
	江啟臣	張善政	王世堅	江啟臣	林飛帆	王世堅	黃捷	鄭麗君
	王世堅	卓榮泰	林飛帆	卓榮泰	江啟臣	張善政	鄭麗君	蘇巧慧
	張善政	王世堅	江啟臣	鄭麗君	王世堅	卓榮泰	江啟臣	林飛帆
	林飛帆	鄭麗君	鄭麗君	林飛帆	侯友宜	侯友宜	林飛帆	黃捷
	鄭麗君	林飛帆	侯友宜	黃偉哲	張善政	林飛帆	王世堅	王世堅
	侯友宜	侯友宜	張善政	侯友宜	鄭麗君	鄭麗君	侯友宜	柯建銘
	柯建銘	柯建銘	黃偉哲	張善政	柯建銘	黃偉哲	朱立倫	侯友宜
	黃偉哲	黃偉哲	柯建銘	柯建銘	黃偉哲	柯建銘	黃偉哲	黃偉哲
	朱立倫	朱立倫	朱立倫	朱立倫	朱立倫	朱立倫	柯建銘	朱立倫

備註：○○○灰階字體代表該人物在此分類無人選擇。

看好未來表現評價（依政黨傾向排序）

排序	整體	依政黨傾向排序				
		民進黨支持者	國民黨支持者	台灣民眾黨支持者	選人不選黨/中立	其他選擇
1	賴清德	賴清德	韓國瑜	黃國昌	盧秀燕	蕭美琴
2	陳其邁	陳其邁	盧秀燕	柯文哲	蕭美琴	陳其邁
3	蕭美琴	蕭美琴	蔣萬安	盧秀燕	賴清德	賴清德
4	盧秀燕	蘇巧慧	江啟臣	韓國瑜	陳其邁	盧秀燕
5	韓國瑜	黃捷	張善政	蔣萬安	蔣萬安	韓國瑜
6	蔣萬安	卓榮泰	侯友宜	陳其邁	韓國瑜	柯文哲
7	黃國昌	林飛帆	蕭美琴	江啟臣	黃國昌	蔣萬安
8	柯文哲	王世堅	黃國昌	蕭美琴	柯文哲	黃捷
9	蘇巧慧	鄭麗君	黃偉哲	王世堅	王世堅	黃國昌
10	黃捷	盧秀燕	王世堅	柯建銘	江啟臣	鄭麗君
	卓榮泰	柯建銘	陳其邁	侯友宜	卓榮泰	王世堅
	江啟臣	黃偉哲	黃捷	張善政	蘇巧慧	蘇巧慧
	王世堅	韓國瑜	柯文哲	賴清德	黃捷	林飛帆
	張善政	江啟臣	卓榮泰	黃偉哲	張善政	卓榮泰
	林飛帆	蔣萬安	賴清德	黃捷	鄭麗君	張善政
	鄭麗君	黃國昌	蘇巧慧	卓榮泰	侯友宜	江啟臣
	侯友宜	張善政	林飛帆	蘇巧慧	朱立倫	黃偉哲
	柯建銘	柯文哲	鄭麗君	林飛帆	柯建銘	侯友宜
	黃偉哲	侯友宜	柯建銘	鄭麗君	林飛帆	柯建銘
	朱立倫	朱立倫	朱立倫	朱立倫	黃偉哲	朱立倫

備註：○○○灰階字體代表該人物在此分類無人選擇。

看好未來表現評價（依政治光譜排序）

排序	整體	依政治光譜排序								
		G1	G2	G3	G4	G5	G6	G7	G8	G9
1	賴清德	韓國瑜	盧秀燕	盧秀燕	黃國昌	柯文哲	蕭美琴	陳其邁	蕭美琴	賴清德
2	陳其邁	蔣萬安	韓國瑜	韓國瑜	盧秀燕	黃國昌	陳其邁	蕭美琴	陳其邁	陳其邁
3	蕭美琴	盧秀燕	蔣萬安	蔣萬安	柯文哲	盧秀燕	賴清德	賴清德	賴清德	蕭美琴
4	盧秀燕	張善政	黃國昌	黃國昌	蔣萬安	蔣萬安	盧秀燕	黃捷	卓榮泰	蘇巧慧
5	韓國瑜	黃國昌	柯文哲	柯文哲	韓國瑜	賴清德	黃國昌	盧秀燕	黃捷	黃捷
6	蔣萬安	江啟臣	張善政	江啟臣	王世堅	蕭美琴	柯文哲	卓榮泰	蘇巧慧	卓榮泰
7	黃國昌	侯友宜	江啟臣	張善政	侯友宜	陳其邁	蘇巧慧	柯文哲	林飛帆	林飛帆
8	柯文哲	柯文哲	侯友宜	蕭美琴	蕭美琴	王世堅	黃捷	鄭麗君	王世堅	鄭麗君
9	蘇巧慧	蕭美琴	鄭麗君	王世堅	張善政	韓國瑜	林飛帆	王世堅	鄭麗君	王世堅
10	黃捷	陳其邁	賴清德	柯建銘	江啟臣	江啟臣	王世堅	蘇巧慧	盧秀燕	柯建銘
	卓榮泰	賴清德	朱立倫	朱立倫	陳其邁	黃偉哲	韓國瑜	蔣萬安	江啟臣	黃偉哲
	江啟臣	黃捷	蕭美琴	侯友宜	柯建銘	侯友宜	蔣萬安	江啟臣	柯文哲	韓國瑜
	王世堅	鄭麗君	陳其邁	鄭麗君	黃捷	鄭麗君	江啟臣	林飛帆	柯建銘	蔣萬安
	張善政	王世堅	黃捷	賴清德	卓榮泰	張善政	卓榮泰	柯建銘	韓國瑜	盧秀燕
	林飛帆	蘇巧慧	王世堅	陳其邁	賴清德	柯建銘	鄭麗君	黃國昌	黃國昌	江啟臣
	鄭麗君	林飛帆	蘇巧慧	黃捷	朱立倫	蘇巧慧	黃偉哲	黃偉哲	黃偉哲	柯文哲
	侯友宜	卓榮泰	林飛帆	蘇巧慧	鄭麗君	朱立倫	侯友宜	韓國瑜	蔣萬安	黃國昌
	柯建銘	黃偉哲	卓榮泰	林飛帆	蘇巧慧	黃捷	張善政	侯友宜	侯友宜	侯友宜
	黃偉哲	柯建銘	黃偉哲	卓榮泰	林飛帆	林飛帆	柯建銘	張善政	張善政	張善政
	朱立倫	朱立倫	柯建銘	黃偉哲	黃偉哲	卓榮泰	朱立倫	朱立倫	朱立倫	朱立倫

備註：○○○灰階字體代表該人物在此分類無人選擇。

273

看好未來表現評價（依社會、經濟地位自評排序）

排序	整體	依社會、經濟地位自評排序				
		社會地位偏高/ 經濟地位偏高	社會地位偏高/ 經濟地位偏低	社會地位偏低/ 經濟地位偏高	社會地位偏低/ 經濟地位偏低	普通社經地位
1	賴清德	賴清德	蕭美琴	陳其邁	賴清德	陳其邁
2	陳其邁	陳其邁	賴清德	蕭美琴	韓國瑜	蕭美琴
3	蕭美琴	蕭美琴	陳其邁	蔣萬安	盧秀燕	賴清德
4	盧秀燕	盧秀燕	韓國瑜	賴清德	陳其邁	盧秀燕
5	韓國瑜	韓國瑜	盧秀燕	柯文哲	蕭美琴	蔣萬安
6	蔣萬安	蔣萬安	蔣萬安	黃國昌	柯文哲	韓國瑜
7	黃國昌	黃國昌	柯文哲	盧秀燕	蔣萬安	黃國昌
8	柯文哲	柯文哲	黃國昌	韓國瑜	黃國昌	柯文哲
9	蘇巧慧	蘇巧慧	卓榮泰	卓榮泰	王世堅	蘇巧慧
10	黃捷	黃捷	鄭麗君	鄭麗君	黃捷	黃捷
	卓榮泰	卓榮泰	黃偉哲	黃捷	江啟臣	卓榮泰
	江啟臣	林飛帆	蘇巧慧	江啟臣	蘇巧慧	江啟臣
	王世堅	江啟臣	林飛帆	黃偉哲	卓榮泰	張善政
	張善政	鄭麗君	王世堅	蘇巧慧	張善政	王世堅
	林飛帆	張善政	張善政	林飛帆	林飛帆	鄭麗君
	鄭麗君	王世堅	朱立倫	王世堅	侯友宜	林飛帆
	侯友宜	黃偉哲	黃捷	張善政	鄭麗君	侯友宜
	柯建銘	侯友宜	江啟臣	朱立倫	柯建銘	柯建銘
	黃偉哲	柯建銘	侯友宜	侯友宜	朱立倫	黃偉哲
	朱立倫	朱立倫	柯建銘	柯建銘	黃偉哲	朱立倫

備註：○○○灰階字體代表該人物在此分類無人選擇。

不喜歡或不信任的評價（依性別、年齡排序）

排序	整體	依性別排序		依年齡排序				
		男性	女性	18-29歲	30-39歲	40-49歲	50-59歲	60歲以上
1	黃國昌	黃國昌	黃國昌	黃國昌	黃國昌	黃國昌	黃國昌	黃國昌
2	賴清德	柯建銘	韓國瑜	柯建銘	柯建銘	賴清德	賴清德	賴清德
3	柯建銘	賴清德	賴清德	韓國瑜	賴清德	柯文哲	柯文哲	柯文哲
4	韓國瑜	柯文哲	柯文哲	賴清德	韓國瑜	韓國瑜	韓國瑜	韓國瑜
5	柯文哲	韓國瑜	柯建銘	柯文哲	柯文哲	柯建銘	柯建銘	柯建銘
6	黃捷	黃捷	黃捷	黃捷	黃捷	黃捷	黃捷	黃捷
7	盧秀燕	林飛帆	盧秀燕	林飛帆	林飛帆	林飛帆	陳其邁	盧秀燕
8	林飛帆	盧秀燕	林飛帆	朱立倫	朱立倫	盧秀燕	盧秀燕	陳其邁
9	朱立倫	朱立倫	朱立倫	蔣萬安	盧秀燕	朱立倫	林飛帆	林飛帆
10	陳其邁	陳其邁	蔣萬安	盧秀燕	侯友宜	陳其邁	朱立倫	蔣萬安
	蔣萬安	蔣萬安	侯友宜	侯友宜	卓榮泰	蔣萬安	侯友宜	朱立倫
	侯友宜	卓榮泰	陳其邁	蘇巧慧	張善政	侯友宜	蔣萬安	侯友宜
	卓榮泰	侯友宜	蕭美琴	卓榮泰	蘇巧慧	卓榮泰	王世堅	蘇巧慧
	蘇巧慧	蘇巧慧	張善政	張善政	蔣萬安	張善政	蘇巧慧	卓榮泰
	蕭美琴	張善政	王世堅	蕭美琴	黃偉哲	蕭美琴	卓榮泰	蕭美琴
	張善政	蕭美琴	蘇巧慧	王世堅	蕭美琴	黃偉哲	蕭美琴	王世堅
	王世堅	鄭麗君	黃偉哲	黃偉哲	江啟臣	江啟臣	黃偉哲	張善政
	黃偉哲	黃偉哲	卓榮泰	陳其邁	陳其邁	蘇巧慧	江啟臣	鄭麗君
	江啟臣	王世堅	江啟臣	鄭麗君	王世堅	王世堅	張善政	江啟臣
	鄭麗君	江啟臣	鄭麗君	江啟臣	鄭麗君	鄭麗君	鄭麗君	黃偉哲

備註：○○○灰階字體代表該人物在此分類無人選擇。

不喜歡或不信任的評價（依政黨傾向排序）

排序	整體	依政黨傾向排序				
		民進黨支持者	國民黨支持者	台灣民眾黨支持者	選人不選黨/中立	其他選擇
1	黃國昌	黃國昌	賴清德	柯建銘	黃國昌	黃國昌
2	賴清德	柯文哲	柯建銘	賴清德	賴清德	韓國瑜
3	柯建銘	韓國瑜	黃捷	黃捷	柯建銘	賴清德
4	韓國瑜	盧秀燕	柯文哲	林飛帆	韓國瑜	柯文哲
5	柯文哲	朱立倫	林飛帆	卓榮泰	柯文哲	柯建銘
6	黃捷	蔣萬安	陳其邁	侯友宜	黃捷	黃捷
7	盧秀燕	侯友宜	黃國昌	朱立倫	林飛帆	陳其邁
8	林飛帆	張善政	卓榮泰	蔣萬安	朱立倫	蘇巧慧
9	朱立倫	賴清德	蕭美琴	韓國瑜	陳其邁	朱立倫
10	陳其邁	柯建銘	蘇巧慧	黃國昌	盧秀燕	林飛帆
	蔣萬安	蘇巧慧	侯友宜	陳其邁	蔣萬安	盧秀燕
	侯友宜	王世堅	朱立倫	柯文哲	侯友宜	黃偉哲
	卓榮泰	江啟臣	王世堅	蘇巧慧	蕭美琴	蔣萬安
	蘇巧慧	黃捷	鄭麗君	鄭麗君	王世堅	張善政
	蕭美琴	林飛帆	韓國瑜	盧秀燕	黃偉哲	侯友宜
	張善政	陳其邁	蔣萬安	蕭美琴	蘇巧慧	卓榮泰
	王世堅	卓榮泰	黃偉哲	黃偉哲	卓榮泰	江啟臣
	黃偉哲	黃偉哲	盧秀燕	王世堅	張善政	蕭美琴
	江啟臣	蕭美琴	江啟臣	江啟臣	江啟臣	王世堅
	鄭麗君	鄭麗君	張善政	張善政	鄭麗君	鄭麗君

備註：○○○灰階字體代表該人物在此分類無人選擇。

不喜歡或不信任的評價（依政治光譜排序）

排序	整體	G1	G2	G3	G4	G5	G6	G7	G8	G9
		依政治光譜排序								
1	黃國昌	賴清德	賴清德	賴清德	柯建銘	柯建銘	黃國昌	黃國昌	黃國昌	黃國昌
2	賴清德	柯建銘	柯建銘	柯建銘	賴清德	賴清德	韓國瑜	韓國瑜	柯文哲	韓國瑜
3	柯建銘	黃捷	黃捷	黃捷	黃捷	黃國昌	柯文哲	柯文哲	韓國瑜	柯文哲
4	韓國瑜	柯文哲	林飛帆	林飛帆	柯文哲	韓國瑜	柯建銘	侯友宜	盧秀燕	盧秀燕
5	柯文哲	卓榮泰	陳其邁	陳其邁	陳其邁	黃捷	朱立倫	朱立倫	朱立倫	蔣萬安
6	黃捷	林飛帆	柯文哲	柯文哲	林飛帆	林飛帆	黃捷	盧秀燕	侯友宜	朱立倫
7	盧秀燕	陳其邁	蕭美琴	卓榮泰	朱立倫	柯文哲	林飛帆	柯建銘	蔣萬安	張善政
8	林飛帆	蘇巧慧	蘇巧慧	蘇巧慧	侯友宜	朱立倫	侯友宜	蔣萬安	柯建銘	侯友宜
9	朱立倫	黃國昌	黃國昌	黃國昌	卓榮泰	侯友宜	王世堅	江啟臣	賴清德	江啟臣
10	陳其邁	王世堅	卓榮泰	王世堅	韓國瑜	蔣萬安	賴清德	林飛帆	張善政	賴清德
	蔣萬安	蕭美琴	韓國瑜	黃偉哲	蕭美琴	黃偉哲	蔣萬安	蘇巧慧	林飛帆	陳其邁
	侯友宜	鄭麗君	侯友宜	蔣萬安	黃國昌	蘇巧慧	蘇巧慧	張善政	王世堅	卓榮泰
	卓榮泰	侯友宜	王世堅	蕭美琴	王世堅	鄭麗君	蕭美琴	黃偉哲	黃偉哲	蘇巧慧
	蘇巧慧	盧秀燕	鄭麗君	朱立倫	蘇巧慧	盧秀燕	盧秀燕	賴清德	黃捷	王世堅
	蕭美琴	朱立倫	朱立倫	盧秀燕	黃偉哲	卓榮泰	張善政	黃捷	江啟臣	蕭美琴
	張善政	蔣萬安	黃偉哲	侯友宜	蔣萬安	蕭美琴	江啟臣	王世堅	蕭美琴	黃捷
	王世堅	韓國瑜	蔣萬安	韓國瑜	盧秀燕	陳其邁	黃偉哲	蕭美琴	蘇巧慧	黃偉哲
	黃偉哲	黃偉哲	盧秀燕	鄭麗君	鄭麗君	王世堅	卓榮泰	卓榮泰	卓榮泰	柯建銘
	江啟臣	江啟臣	江啟臣	江啟臣	江啟臣	張善政	陳其邁	陳其邁	陳其邁	林飛帆
	鄭麗君	張善政	張善政	張善政	張善政	江啟臣	鄭麗君	鄭麗君	鄭麗君	鄭麗君

備註：○○○灰階字體代表該人物在此分類無人選擇。

不喜歡或不信任的評價（依社會、經濟地位自評排序）

排序	整體	依社會、經濟地位自評排序				
		社會地位偏高/ 經濟地位偏高	社會地位偏高/ 經濟地位偏低	社會地位偏低/ 經濟地位偏高	社會地位偏低/ 經濟地位偏低	普通社經地位
1	黃國昌	黃國昌	黃國昌	黃國昌	黃國昌	黃國昌
2	賴清德	賴清德	韓國瑜	柯建銘	賴清德	賴清德
3	柯建銘	柯文哲	賴清德	柯文哲	柯建銘	柯建銘
4	韓國瑜	韓國瑜	柯建銘	黃捷	韓國瑜	柯文哲
5	柯文哲	柯建銘	黃捷	賴清德	柯文哲	韓國瑜
6	黃捷	黃捷	柯文哲	韓國瑜	黃捷	黃捷
7	盧秀燕	盧秀燕	盧秀燕	鄭麗君	林飛帆	林飛帆
8	林飛帆	蔣萬安	朱立倫	林飛帆	朱立倫	盧秀燕
9	朱立倫	林飛帆	侯友宜	朱立倫	陳其邁	朱立倫
10	陳其邁	陳其邁	黃偉哲	蘇巧慧	蔣萬安	陳其邁
	蔣萬安	朱立倫	林飛帆	蕭美琴	侯友宜	侯友宜
	侯友宜	侯友宜	蔣萬安	盧秀燕	盧秀燕	卓榮泰
	卓榮泰	卓榮泰	張善政	侯友宜	卓榮泰	蔣萬安
	蘇巧慧	張善政	鄭麗君	黃偉哲	蘇巧慧	蘇巧慧
	蕭美琴	蘇巧慧	陳其邁	蔣萬安	蕭美琴	蕭美琴
	張善政	王世堅	蘇巧慧	張善政	王世堅	張善政
	王世堅	蕭美琴	卓榮泰	陳其邁	張善政	黃偉哲
	黃偉哲	黃偉哲	蕭美琴	卓榮泰	江啟臣	王世堅
	江啟臣	江啟臣	王世堅	王世堅	鄭麗君	江啟臣
	鄭麗君	鄭麗君	江啟臣	江啟臣	黃偉哲	鄭麗君

備註：○○○灰階字體代表該人物在此分類無人選擇。

柯文哲

基本資料

姓名：柯文哲

生日：1959年8月6日

學歷：

- 國立臺灣大學醫學院臨床醫學研究所博士
- 國立臺灣大學醫學系學士

政黨：台灣民眾黨

現職：

- 台灣民眾黨第2屆主席
- 財團法人臺北市臺灣眾望關懷基金會第1屆CEO
- 臺灣酒駕防制社會關懷協會理事

曾擔任職位／經歷

- 臺北市第6-7屆市長
- 台灣民眾黨第1屆主席
- 臺大醫院創傷醫學部主任
- 臺大醫學院教授
- 臺大醫院急診部醫師

選舉紀錄

年度	選舉屆數	是否當選
2014 年	第 6 屆臺北市市長選舉	V
2018 年	第 7 屆臺北市市長選舉	V
2024 年	第 16 任總統、副總統選舉	

人物側寫

詼諧真話打江山！
柯文哲中間路線難走　將迷途？

　　臺灣自黨禁解除之後，在國、民兩大黨之外，一直有第三勢力出現，但無論是新黨、親民黨、台聯，或者時代力量，始終脫離不了小藍小綠的影子，也無法茁壯到足以撼動藍綠的板塊。前臺北市長柯文哲成立台灣民眾黨，想走中間路線，但2024年大選這一役，他仍推不倒藍綠高牆，還因為「5大案纏身」遭藍綠猛攻。此時外界想知道，柯文哲和白色力量還能走多遠？

　　1959年出生於新竹的柯文哲，是臺大醫學博士，也是臺大醫院史上最年輕的主任，因為擔任醫學院教授，學生習慣叫他柯P。

　　柯文哲這個名字會受到關注，源於2006年他在《民生報》撰寫的〈反省、認錯、道歉　談趙建銘案〉，自此他成為全臺最敢「開砲」的醫生。雖然柯文哲批評前總統陳水扁的女婿趙建銘，但2012年扁案期間，他卻擔任陳水扁醫療小組召集人，還發起連署希望法務部讓阿扁保外就醫。

阿扁保外就醫　他脫口「裝病說」惹議

　　沒想到陳水扁獲准保外就醫後，柯文哲竟在一次電視專訪，脫口說道：「他（陳水扁）一開始是裝的，後來變成真的病。」此時的柯文哲已經是臺北市長，這番言論引起軒然大波，不僅醫療小組召集人一職遭免除，也因民眾檢舉，被北市衛生局依「洩露病情」裁罰2萬元。

　　從這兩件事情，可以了解柯文哲的個性，他不媚俗，敢講真話；他行醫救人，眼中也確實沒有顏色。雖然北市府事後澄清，裝病是口誤，但外界仍認為，柯P說了真心話。而老是口誤、失言是他的另一個特色。

　　一直在關心政局的柯文哲，會起心動念走出白色巨塔，臺大醫院誤植愛滋器官事件是契機，他為此背黑鍋，先後遭到衛生署懲處和監察院彈劾，因為想「改變虛假的政治環境」，決定脫下醫師袍，投身政治。

政治素人從政　與綠結盟當選首都市長

　　2014年柯文哲以無黨籍身分參選臺北市長，一個過去沒有政治經驗的醫生，打出「改變臺灣，從首都開始」的口號，拿到85萬3983票，不僅得票率超過5成，也以16%的票數差距碾壓國民黨提名的連勝文，雖然他是臺北市第三位無黨籍市長，卻是改制直轄市後的第一人，寫下首都的新歷史。

有幾個因素可以解釋柯文哲崛起的奇蹟，他善用網路空戰，創造驚人流量密碼；那一年也正好發生太陽花學運，遇上執政的國民黨氣勢低迷；此外民進黨未推派人選，策略性支持柯文哲，讓他吸納不少挺綠的票源。

當然，柯文哲本身非典型的特質，在當時獨樹一格，也帶來政壇新氣象。他敢言敢講，不怕失言，以及愛抓頭傻笑的率真表現，都是民眾討論的話題。尤其是年輕人，看膩了「政治權貴」玩大風吹，也厭惡藍綠惡鬥，讓政治素人出身的柯文哲，找到了底氣。

講求公開透明和SOP　首任做出新氣象

不可諱言，柯文哲在市長任期，做出了與傳統政治人物截然不同的風格，他講究SOP，用短短8天拆除忠孝橋引道，讓北門這個歷史建物重現風采；他首創i-Voting，市民可以針對市政議題進行線上投票表達意見；他主打「公開透明」，要求市府決策過程資料，都可以在網路上公布。

走過第一任市長輝煌的政績，柯文哲2018年尋求連任，卻與民進黨分道揚鑣，這下子沒有了盟友，在藍綠都參戰之下，他驚險勝出，結果只比第二名的國民黨候選人丁守中，多拿了3254票。

隔年柯文哲創立台灣民眾黨，「以臺灣為名，以民眾為本」是組黨初衷，他也當選黨主席。卸任市長後，柯文哲決定代表民眾黨挑戰2024總統大位。他在宣誓參選時，描繪心目中的臺灣，「應該由一個清廉、勤政、愛民、愛鄉土的政府來帶領人民；不應當是口號治國、債留子孫、製造仇恨對立。」

藍白合鬧劇掉粉　大選得票淪為第三

只是2024大選前君悅飯店的藍白合鬧劇，註定這場戰役的結果。包括《菱傳媒》等多家媒體做出的民調，原本柯文哲都位居第二，但到了封關民調，「柯盈配」已被國民黨「侯趙配」超車，最終柯文哲只拿到369萬0466票，不僅狂輸賴清德近200萬票，也比侯友宜少了百萬票。還好民眾黨靠政黨票拿下8席立委，在國會成為關鍵少數，保住政治上的話語權。

還記得十年前，柯文哲是聲勢如日中天的政治新星，一舉一動都是鎂光燈的焦點；十年後，卻開始有不少柯粉變成柯黑，政論節目也經常罵他。柯文哲還為此開嗆：「我要敬告民進黨，不要用名嘴治國、用網軍治國，否則遲早會遭到報應。」

是因為名嘴網軍才讓柯文哲開始掉粉嗎？嘗試在街頭尋找答案，最後蒐集到的評語，不意外的貶多於褒，「第一任還可以，後來就走鐘了」、「臭屁」、「變色龍，沒有中心思想」、「靠綠選上市長，現在又去蹭藍的好處」、「很幽默」、「相較藍綠，確實符合年輕人的想法」。

女大生看柯P　失言成致命傷

一名臺大女學生小涵表示，柯當市長時政績還不錯，但總統大選的操作，實在讓人覺得傻眼，「你之前把他們（藍營）說的多沒用，怎麼會在這個時候和他們『合』呢？感覺立場不堅定，而且吸他昔日不齒之人的血往上爬，這真的好怪。」

小涵認為，不管是關於女性、教育、弱勢的發言，柯文哲都不妥，「如果理解他（指柯）的背景，會覺得這些言論蠻合理，但在講求政治正確的時代，自然就不被重視這些議題的人所支持。」

韓國瑜和柯文哲都是話多的政治人物，但韓金句連發，柯反而失言不斷，這成了他的致命傷之一。柯文哲曾稱青輔會前主委陳以真，「年輕漂亮，適合坐櫃檯，不適合當市長」；也說會當外科醫師，是因為「婦產科只剩下一個洞」；對於防制吸毒，他甚至語出驚人提到，「沒唸高中的我就全部列管，除非他是智障、癌症。」

柯文哲有話直說的風格，對有些人來說是詼諧幽默，但對其他人來說，聽久了就是尖酸刻薄，甚至輕浮傲慢。

否認兩岸論述搖擺不定　就是「五個互相原則」

然而，柯文哲想走中間的路線，卻屈服於現實，或許才是讓一些人從支持到灰心的理由。藍綠在政治光譜兩端，壁壘分明，相互對峙，柯文哲想走在中間，卻先後和藍綠談合作，就足以讓選民感覺遭到背叛。

不僅中間路線不中間，也有人質疑他的兩岸論述，搖擺不定。柯文哲自己卻認為，對於兩岸的立場，始終沒有改變，完全依循「五個互相原則」，包括「互相認識、互相瞭解、互相尊重、互相合作、互相諒解。」他強調，民眾黨不像國民黨被九二共識限制，也沒有民進黨的臺獨黨綱，「兩岸交流比斷流好，對話比對抗好」，維持現狀就是目前唯一的選擇。

　　只是，想要終結藍綠惡鬥的柯文哲，2024年大選失利了。如何在中間路線，尋求明確的定位，將失望的支持者一個一個都找回來，這是他要面對的問題。

　　《菱傳媒》的未來政治領袖聲望調查中，柯文哲在印象好不好、未來發展、領導力等雖然都輸賴清德總統，但仍贏過國民黨的朱立倫。可惜，他的路線，他的性格，組合成超不穩定結構。民眾黨8月面臨的政治獻金風暴，再來，柯文哲還要面對市長任內的京華城容積率、北投士林科技園區地上權案等5大弊案。其中，柯涉京華城弊案的部分，2024年9月5日遭台北地院裁定羈押禁見。無論相關案件最後起不起訴，判不判刑，這都是外界加諸在他身上的壓力。這一點他很坦蕩，選擇直球對決：「我沒做壞事，怕什麼？」

　　「人生都是意外，當有一天命運把一個任務交到我手中的時候，我還是會很認真的去做，希望把它做到最好。」曾經是臺大醫院急診室主任，看遍最多生死，柯文哲有自己一套生死觀，政治戰場上也是如此修練。從那些生離死別，他學會的是盡力而為。

民調中的柯文哲

對柯文哲印象最好的受訪者佔總樣本數 7.5%，主要提及他的理性務實和科學的做事方式，清廉和執行力高的執政能力，這在「從政績效、執政效率」一題中反映突出，排序第四。支持者多認為柯文哲需改進「發言不謹慎」的問題，因其講話不夠圓融，常常失言引起冒犯疑慮，得罪人的同時更容易被大做文章，讓媒體有發揮空間。

另一方面，不喜歡或不信任柯文哲的受訪者佔總樣本數的 11.5%，主要批評他忘恩負義，踩著別人頭上往上爬，並在選前吹牛，卻沒有辦法兌現從政承諾的問題。

從年齡層比例看，對柯文哲印象最好的受訪者中，50 歲以上族群佔比不到兩成，但在不喜歡或不信任他的受訪者中，50 歲以上的佔比超過半數，可見其未來政治生涯如何說服較年長族群，會是他需要持續面對的主要挑戰。

第一印象

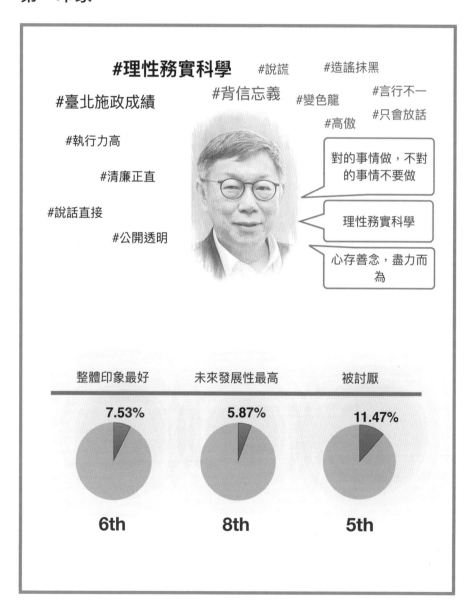

整體評價（能力分析）

排序	操守品德	決斷力溝通協調力	親和力領導風範	從政績效執政效率	專業能力創新能力	務實、穩定能展現影響力	遠見國際觀
1	賴清德	賴清德	賴清德	陳其邁	陳其邁	賴清德	蕭美琴
2	蕭美琴	韓國瑜	韓國瑜	賴清德	賴清德	韓國瑜	賴清德
3	韓國瑜	蕭美琴	蕭美琴	盧秀燕	蕭美琴	盧秀燕	韓國瑜
4	盧秀燕	陳其邁	盧秀燕	柯文哲	韓國瑜	陳其邁	柯文哲
5	柯文哲	盧秀燕	陳其邁	韓國瑜	柯文哲	柯文哲	蔣萬安
6	蔣萬安	卓榮泰	柯文哲	蕭美琴	盧秀燕	蕭美琴	盧秀燕
7	陳其邁	柯文哲	蔣萬安	蔣萬安	黃國昌	蔣萬安	陳其邁
8	黃國昌	黃國昌	卓榮泰	張善政	蔣萬安	黃國昌	張善政
9	張善政	蔣萬安	黃國昌	侯友宜	張善政	張善政	江啟臣
10	侯友宜	柯建銘	張善政	黃國昌	黃捷	卓榮泰	黃國昌

操守、品德
5th

決斷力
溝通協調力
7th

遠見、國際觀
4th

務實、穩定
展現影響力
5th

親和力
領導風範
6th

專業能力、創新能力
5th

從政績效、執政效率
4th

第一波百人未來政治領袖調查排序回顧

其他黨公職排序 (名單共10人)

	印象最好	施政績效	務實穩定 展現影響力
排序	3	2	3

60歲以上政治人物排序 (名單共49人)

	印象最好	領導力	未來發展
排序	3	3	4

男性政治人物排序 (名單共62人)

	印象最好	領導力	未來發展
排序	4	4	5

社會議題面向 被期待解決問題的政治人物

	詐騙防制	治安、 社會安全網	都市發展	食安	環境能源
排序	4	5	4	5	2

整體評價（支持者分析）

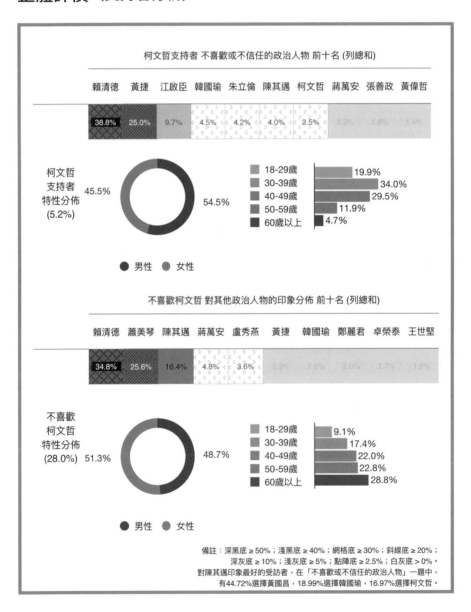

柯文哲支持者 不喜歡或不信任的政治人物 前十名 (列總和)

賴清德	黃捷	江啟臣	韓國瑜	朱立倫	陳其邁	柯文哲	蔣萬安	張善政	黃偉哲
38.8%	25.0%	9.7%	4.5%	4.2%	4.0%	2.5%	2.3%	1.8%	1.4%

柯文哲
支持者
特性分佈
(5.2%)

45.5%　54.5%

● 男性　● 女性

- 18-29歲　19.9%
- 30-39歲　34.0%
- 40-49歲　29.5%
- 50-59歲　11.9%
- 60歲以上　4.7%

不喜歡柯文哲 對其他政治人物的印象分佈 前十名 (列總和)

賴清德	蕭美琴	陳其邁	蔣萬安	盧秀燕	黃捷	韓國瑜	鄭麗君	卓榮泰	王世堅
34.8%	25.6%	16.4%	4.8%	3.6%	2.3%	2.0%	2.0%	1.7%	1.2%

不喜歡
柯文哲
特性分佈
(28.0%)

51.3%　48.7%

● 男性　● 女性

- 18-29歲　9.1%
- 30-39歲　17.4%
- 40-49歲　22.0%
- 50-59歲　22.8%
- 60歲以上　28.8%

備註：深黑底 ≥ 50%；淺黑底 ≥ 40%；網格底 ≥ 30%；斜線底 ≥ 20%；
深灰底 ≥ 10%；淺灰底 ≥ 5%；點陣底 ≥ 2.5%；白灰底 > 0%。
對陳其邁印象最好的受訪者，在「不喜歡或不信任的政治人物」一題中，
有44.72%選擇黃國昌，18.99%選擇韓國瑜，16.97%選擇柯文哲。

正面評論

您認為柯文哲有哪些吸引您的特質或值得肯定的成就及能力？

#理性務實科學　■ 男性　■ 女性　56.84%　43.16%

「理性務實科學，尊重專業，讓國家真正專業討論政策，而不是靠意識形態」

　　　　　　　　　　　　　　　　　　　　桃園市 / 40-49歲男性

「務實，肯聽專業建言，對自己任內的政策都清楚明瞭，確實一步步的實踐要做的承諾」

　　　　　　　　　　　　　　　　　　　　臺中市 / 40-49歲女性

「客觀、理性、務實、就事論事、專心針對問題處理不夾雜太多人情關係因素、公開透明」

　　　　　　　　　　　　　　　　　　　　臺北市 / 18-29歲女性

#清廉 #正直　■ 男性　■ 女性　49.33%　50.67%

「願意站在人民立場去想，願意擋政治獻金的人，願意擋財團的紅包。」

　　　　　　　　　　　　　　　　　　　　基隆市 / 50-59歲男性

「秉持理性 務實 科學 做事有效率 而且生活樸實 與一般大眾相同的生活方式 坐大眾運輸工具 一般政治人物都只宣導人民坐大眾運輸工具 只有他以身作則」

　　　　　　　　　　　　　　　　　　　　新北市 / 18-29歲男性

建議／反面聲音

[支持者]

您認為柯文哲有哪些需要改進的缺點或當前應處理面對的問題？

發言不謹慎、公關危機

> 「禍從口出，務必要謹言慎行，不要站在道德至高點上說三道四，日後很容易會有迴力鏢打到自己身上。」
>
> 桃園市 / 30-39歲男性

> 「那張嘴，真的很容易講錯話，希望出口前多想想會不會冒犯別人」
>
> 嘉義縣 / 18-29歲男性

[反對者]

您不喜歡或不信任柯文哲的原因是什麼（特質、言行或背景）？

| 18-29歲 | 30-39歲 | 40-49歲 | 50-59歲 | 60歲以上 |

| #背信忘義 #變色龍 | 3% | 18% | 22% | 25% | 31% |

> 「說謊話，有點看不起人，好像他本人高人一等，以前利用民進黨，當上臺北市長，說自己是深綠的，結果現在看他跟國民黨合作，有一點綠色的影子嗎，會利用別人的人，會是好人？。」
>
> 高雄市 / 60歲以上男性

> 「最致命的證據就是藍白合六點聲明簽字後不認帳」
>
> 新北市 / 18-29歲男性

#只會放話

> 「亂講話，出一張嘴說別人很行，自己做滿意度墊底」
>
> 屏東縣 / 30-39歲男性

整體印象評價（依性別、年齡排序）

排序	整體	依性別排序		依年齡排序				
		男性	女性	18-29歲	30-39歲	40-49歲	50-59歲	60歲以上
1	賴清德	賴清德	賴清德	蕭美琴	蕭美琴	蕭美琴	賴清德	賴清德
2	蕭美琴	韓國瑜	蕭美琴	柯文哲	賴清德	賴清德	韓國瑜	韓國瑜
3	韓國瑜	蕭美琴	陳其邁	賴清德	柯文哲	陳其邁	蕭美琴	蕭美琴
4	陳其邁	盧秀燕	韓國瑜	盧秀燕	黃國昌	柯文哲	陳其邁	盧秀燕
5	盧秀燕	陳其邁	盧秀燕	陳其邁	陳其邁	韓國瑜	盧秀燕	陳其邁
6	柯文哲	柯文哲	柯文哲	黃國昌	盧秀燕	盧秀燕	蔣萬安	蔣萬安
7	黃國昌	黃國昌	蔣萬安	韓國瑜	韓國瑜	黃國昌	柯文哲	張善政
8	蔣萬安	蔣萬安	黃國昌	王世堅	蔣萬安	蔣萬安	張善政	黃國昌
9	張善政	江啟臣	張善政	蔣萬安	黃捷	侯友宜	鄭麗君	柯文哲
10	王世堅	黃捷	蘇巧慧	江啟臣	王世堅	蘇巧慧	黃國昌	蘇巧慧
	蘇巧慧	張善政	王世堅	鄭麗君	蘇巧慧	張善政	黃捷	卓榮泰
	黃捷	王世堅	侯友宜	黃捷	張善政	卓榮泰	王世堅	黃捷
	鄭麗君	蘇巧慧	鄭麗君	蘇巧慧	江啟臣	鄭麗君	卓榮泰	江啟臣
	江啟臣	鄭麗君	黃捷	黃偉哲	侯友宜	江啟臣	侯友宜	鄭麗君
	卓榮泰	卓榮泰	黃偉哲	張善政	鄭麗君	王世堅	江啟臣	朱立倫
	侯友宜	林飛帆	柯建銘	侯友宜	卓榮泰	黃捷	蘇巧慧	林飛帆
	柯建銘	侯友宜	卓榮泰	柯建銘	柯建銘	柯建銘	林飛帆	柯建銘
	黃偉哲	朱立倫	江啟臣	朱立倫	林飛帆	黃偉哲	朱立倫	王世堅
	林飛帆	柯建銘	林飛帆	林飛帆	黃偉哲	林飛帆	柯建銘	黃偉哲
	朱立倫	黃偉哲	朱立倫	卓榮泰	朱立倫	朱立倫	黃偉哲	侯友宜

備註：○○○灰階字體代表該人物在此分類無人選擇。

整體印象評價（依政黨傾向排序）

排序	整體	依政黨傾向排序				
		民進黨支持者	國民黨支持者	台灣民眾黨支持者	選人不選黨/中立	其他選擇
1	賴清德	賴清德	韓國瑜	柯文哲	賴清德	蕭美琴
2	蕭美琴	蕭美琴	盧秀燕	黃國昌	盧秀燕	賴清德
3	韓國瑜	陳其邁	蔣萬安	盧秀燕	蕭美琴	韓國瑜
4	陳其邁	蘇巧慧	張善政	韓國瑜	韓國瑜	陳其邁
5	盧秀燕	黃捷	江啟臣	蕭美琴	陳其邁	盧秀燕
6	柯文哲	卓榮泰	侯友宜	蔣萬安	蔣萬安	鄭麗君
7	黃國昌	鄭麗君	朱立倫	陳其邁	柯文哲	蔣萬安
8	蔣萬安	王世堅	陳其邁	王世堅	黃國昌	黃捷
9	張善政	柯建銘	黃國昌	張善政	王世堅	黃國昌
10	王世堅	盧秀燕	王世堅	侯友宜	張善政	柯文哲
	蘇巧慧	黃偉哲	柯文哲	柯建銘	江啟臣	王世堅
	黃捷	林飛帆	蕭美琴	江啟臣	侯友宜	林飛帆
	鄭麗君	黃國昌	黃偉哲	賴清德	鄭麗君	侯友宜
	江啟臣	韓國瑜	蘇巧慧	朱立倫	黃捷	卓榮泰
	卓榮泰	柯文哲	賴清德	黃偉哲	蘇巧慧	張善政
	侯友宜	蔣萬安	黃捷	蘇巧慧	卓榮泰	柯建銘
	柯建銘	張善政	卓榮泰	黃捷	朱立倫	江啟臣
	黃偉哲	侯友宜	鄭麗君	卓榮泰	柯建銘	黃偉哲
	林飛帆	江啟臣	柯建銘	鄭麗君	林飛帆	蘇巧慧
	朱立倫	朱立倫	林飛帆	林飛帆	黃偉哲	朱立倫

備註：○○○灰階字體代表該人物在此分類無人選擇。

整體印象評價（依政治光譜排序）

排序	整體	依政治光譜排序								
		G1	G2	G3	G4	G5	G6	G7	G8	G9
1	賴清德	韓國瑜	韓國瑜	韓國瑜	柯文哲	柯文哲	蕭美琴	賴清德	賴清德	賴清德
2	蕭美琴	盧秀燕	盧秀燕	盧秀燕	黃國昌	黃國昌	賴清德	蕭美琴	蕭美琴	蕭美琴
3	韓國瑜	蔣萬安	蔣萬安	柯文哲	盧秀燕	盧秀燕	陳其邁	陳其邁	陳其邁	陳其邁
4	陳其邁	張善政	黃國昌	蔣萬安	韓國瑜	蕭美琴	柯文哲	柯文哲	蘇巧慧	蘇巧慧
5	盧秀燕	黃國昌	柯文哲	黃國昌	蔣萬安	蔣萬安	盧秀燕	鄭麗君	黃捷	黃捷
6	柯文哲	江啟臣	張善政	張善政	張善政	賴清德	王世堅	盧秀燕	卓榮泰	卓榮泰
7	黃國昌	侯友宜	侯友宜	江啟臣	王世堅	王世堅	黃國昌	黃捷	鄭麗君	鄭麗君
8	蔣萬安	朱立倫	江啟臣	侯友宜	侯友宜	韓國瑜	鄭麗君	黃國昌	王世堅	柯建銘
9	張善政	蕭美琴	朱立倫	王世堅	江啟臣	陳其邁	黃捷	蔣萬安	林飛帆	王世堅
10	王世堅	賴清德	鄭麗君	陳其邁	蕭美琴	江啟臣	卓榮泰	柯建銘	黃偉哲	林飛帆
	蘇巧慧	陳其邁	賴清德	柯建銘	柯建銘	黃偉哲	蘇巧慧	蘇巧慧	柯文哲	韓國瑜
	黃捷	鄭麗君	王世堅	蕭美琴	鄭麗君	侯友宜	韓國瑜	黃偉哲	柯建銘	黃偉哲
	鄭麗君	黃捷	陳其邁	朱立倫	黃捷	張善政	林飛帆	王世堅	盧秀燕	柯文哲
	江啟臣	柯文哲	蕭美琴	鄭麗君	賴清德	黃捷	張善政	卓榮泰	黃國昌	盧秀燕
	卓榮泰	王世堅	黃捷	賴清德	陳其邁	柯建銘	卓榮泰	韓國瑜	蔣萬安	黃國昌
	侯友宜	林飛帆	林飛帆	黃捷	朱立倫	朱立倫	江啟臣	林飛帆	韓國瑜	蔣萬安
	柯建銘	卓榮泰	卓榮泰	林飛帆	林飛帆	鄭麗君	黃偉哲	張善政	張善政	張善政
	黃偉哲	柯建銘	柯建銘	卓榮泰	卓榮泰	蘇巧慧	侯友宜	江啟臣	江啟臣	江啟臣
	林飛帆	黃偉哲	黃偉哲	黃偉哲	黃偉哲	林飛帆	柯建銘	侯友宜	侯友宜	侯友宜
	朱立倫	蘇巧慧	蘇巧慧	蘇巧慧	蘇巧慧	卓榮泰	朱立倫	朱立倫	朱立倫	朱立倫

備註：○○○灰階字體代表該人物在此分類無人選擇。

297

整體印象評價（依社會、經濟地位自評排序）

排序	整體	依社會、經濟地位自評排序				
		社會地位偏高/ 經濟地位偏高	社會地位偏高/ 經濟地位偏低	社會地位偏低/ 經濟地位偏高	社會地位偏低/ 經濟地位偏低	普通社經地位
1	賴清德	賴清德	賴清德	蕭美琴	韓國瑜	賴清德
2	蕭美琴	蕭美琴	蕭美琴	賴清德	賴清德	蕭美琴
3	韓國瑜	陳其邁	韓國瑜	柯文哲	蕭美琴	韓國瑜
4	陳其邁	韓國瑜	盧秀燕	陳其邁	盧秀燕	陳其邁
5	盧秀燕	盧秀燕	陳其邁	張善政	陳其邁	盧秀燕
6	柯文哲	柯文哲	柯文哲	韓國瑜	柯文哲	柯文哲
7	黃國昌	黃國昌	黃國昌	黃國昌	黃國昌	蔣萬安
8	蔣萬安	蔣萬安	蔣萬安	盧秀燕	蔣萬安	黃國昌
9	張善政	蘇巧慧	蘇巧慧	鄭麗君	黃捷	張善政
10	王世堅	江啟臣	張善政	林飛帆	王世堅	王世堅
	蘇巧慧	張善政	卓榮泰	蘇巧慧	鄭麗君	侯友宜
	黃捷	黃捷	黃偉哲	蔣萬安	江啟臣	蘇巧慧
	鄭麗君	卓榮泰	黃捷	黃捷	蘇巧慧	黃捷
	江啟臣	王世堅	江啟臣	侯友宜	侯友宜	卓榮泰
	卓榮泰	鄭麗君	王世堅	卓榮泰	張善政	鄭麗君
	侯友宜	柯建銘	鄭麗君	黃偉哲	林飛帆	江啟臣
	柯建銘	侯友宜	侯友宜	江啟臣	柯建銘	黃偉哲
	黃偉哲	林飛帆	柯建銘	王世堅	卓榮泰	朱立倫
	林飛帆	朱立倫	林飛帆	柯建銘	黃偉哲	柯建銘
	朱立倫	黃偉哲	朱立倫	朱立倫	朱立倫	林飛帆

備註：○○○灰階字體代表該人物在此分類無人選擇。

看好未來表現評價（依性別、年齡排序）

排序	整體	依性別排序		依年齡排序				
		男性	女性	18-29歲	30-39歲	40-49歲	50-59歲	60歲以上
1	賴清德	賴清德	賴清德	陳其邁	蕭美琴	蕭美琴	陳其邁	賴清德
2	陳其邁	陳其邁	陳其邁	盧秀燕	陳其邁	陳其邁	賴清德	韓國瑜
3	蕭美琴	蕭美琴	蕭美琴	蕭美琴	黃國昌	賴清德	韓國瑜	陳其邁
4	盧秀燕	盧秀燕	韓國瑜	黃國昌	賴清德	盧秀燕	蕭美琴	蕭美琴
5	韓國瑜	韓國瑜	盧秀燕	賴清德	柯文哲	柯文哲	盧秀燕	盧秀燕
6	蔣萬安	蔣萬安	蔣萬安	柯文哲	盧秀燕	黃國昌	蔣萬安	蔣萬安
7	黃國昌	黃國昌	柯文哲	蔣萬安	韓國瑜	韓國瑜	柯文哲	柯文哲
8	柯文哲	柯文哲	黃國昌	韓國瑜	蔣萬安	蔣萬安	黃國昌	黃國昌
9	蘇巧慧	蘇巧慧	卓榮泰	蘇巧慧	黃捷	蘇巧慧	蘇巧慧	卓榮泰
10	黃捷	黃捷	蘇巧慧	王世堅	卓榮泰	黃捷	張善政	江啟臣
	卓榮泰	江啟臣	黃捷	黃捷	蘇巧慧	江啟臣	卓榮泰	張善政
	江啟臣	張善政	王世堅	江啟臣	林飛帆	王世堅	黃捷	鄭麗君
	王世堅	卓榮泰	林飛帆	卓榮泰	江啟臣	張善政	鄭麗君	蘇巧慧
	張善政	王世堅	江啟臣	鄭麗君	王世堅	卓榮泰	江啟臣	林飛帆
	林飛帆	鄭麗君	鄭麗君	林飛帆	侯友宜	侯友宜	林飛帆	黃捷
	鄭麗君	林飛帆	侯友宜	黃偉哲	張善政	林飛帆	王世堅	王世堅
	侯友宜	侯友宜	張善政	侯友宜	鄭麗君	鄭麗君	侯友宜	柯建銘
	柯建銘	柯建銘	黃偉哲	張善政	柯建銘	黃偉哲	朱立倫	侯友宜
	黃偉哲	黃偉哲	柯建銘	柯建銘	黃偉哲	柯建銘	黃偉哲	黃偉哲
	朱立倫	朱立倫	朱立倫	朱立倫	朱立倫	朱立倫	柯建銘	朱立倫

備註：○○○灰階字體代表該人物在此分類無人選擇。

299

看好未來表現評價（依政黨傾向排序）

排序	整體	依政黨傾向排序				
		民進黨 支持者	國民黨 支持者	台灣民眾黨 支持者	選人不選黨/ 中立	其他選擇
1	賴清德	賴清德	韓國瑜	黃國昌	盧秀燕	蕭美琴
2	陳其邁	陳其邁	盧秀燕	柯文哲	蕭美琴	陳其邁
3	蕭美琴	蕭美琴	蔣萬安	盧秀燕	賴清德	賴清德
4	盧秀燕	蘇巧慧	江啟臣	韓國瑜	陳其邁	盧秀燕
5	韓國瑜	黃捷	張善政	蔣萬安	蔣萬安	韓國瑜
6	蔣萬安	卓榮泰	侯友宜	陳其邁	韓國瑜	柯文哲
7	黃國昌	林飛帆	蕭美琴	江啟臣	黃國昌	蔣萬安
8	柯文哲	王世堅	黃國昌	蕭美琴	柯文哲	黃捷
9	蘇巧慧	鄭麗君	黃偉哲	王世堅	王世堅	黃國昌
10	黃捷	盧秀燕	王世堅	柯建銘	江啟臣	鄭麗君
	卓榮泰	柯建銘	陳其邁	侯友宜	卓榮泰	王世堅
	江啟臣	黃偉哲	黃捷	張善政	蘇巧慧	蘇巧慧
	王世堅	韓國瑜	柯文哲	賴清德	黃捷	林飛帆
	張善政	江啟臣	卓榮泰	黃偉哲	張善政	卓榮泰
	林飛帆	蔣萬安	賴清德	黃捷	鄭麗君	張善政
	鄭麗君	黃國昌	蘇巧慧	卓榮泰	侯友宜	江啟臣
	侯友宜	張善政	林飛帆	蘇巧慧	朱立倫	黃偉哲
	柯建銘	柯文哲	鄭麗君	林飛帆	柯建銘	侯友宜
	黃偉哲	侯友宜	柯建銘	鄭麗君	林飛帆	柯建銘
	朱立倫	朱立倫	朱立倫	朱立倫	黃偉哲	朱立倫

備註：○○○灰階字體代表該人物在此分類無人選擇。

看好未來表現評價（依政治光譜排序）

排序	整體	依政治光譜排序								
		G1	G2	G3	G4	G5	G6	G7	G8	G9
1	賴清德	韓國瑜	盧秀燕	盧秀燕	黃國昌	柯文哲	蕭美琴	陳其邁	蕭美琴	賴清德
2	陳其邁	蔣萬安	韓國瑜	韓國瑜	盧秀燕	黃國昌	陳其邁	蕭美琴	陳其邁	陳其邁
3	蕭美琴	盧秀燕	蔣萬安	蔣萬安	柯文哲	盧秀燕	賴清德	賴清德	賴清德	蕭美琴
4	盧秀燕	張善政	黃國昌	黃國昌	蔣萬安	蔣萬安	盧秀燕	黃捷	卓榮泰	蘇巧慧
5	韓國瑜	黃國昌	柯文哲	柯文哲	韓國瑜	賴清德	黃國昌	盧秀燕	黃捷	黃捷
6	蔣萬安	江啟臣	張善政	江啟臣	王世堅	蕭美琴	柯文哲	卓榮泰	蘇巧慧	卓榮泰
7	黃國昌	侯友宜	江啟臣	張善政	侯友宜	陳其邁	蘇巧慧	柯文哲	林飛帆	林飛帆
8	柯文哲	柯文哲	侯友宜	蕭美琴	蕭美琴	王世堅	黃捷	鄭麗君	王世堅	鄭麗君
9	蘇巧慧	蕭美琴	鄭麗君	王世堅	張善政	韓國瑜	林飛帆	王世堅	鄭麗君	王世堅
10	黃捷	陳其邁	賴清德	柯建銘	江啟臣	江啟臣	王世堅	蘇巧慧	盧秀燕	柯建銘
	卓榮泰	賴清德	朱立倫	朱立倫	陳其邁	黃偉哲	韓國瑜	蔣萬安	江啟臣	黃偉哲
	江啟臣	黃捷	蕭美琴	侯友宜	柯建銘	侯友宜	蔣萬安	江啟臣	柯文哲	韓國瑜
	王世堅	鄭麗君	陳其邁	鄭麗君	黃捷	鄭麗君	江啟臣	林飛帆	柯建銘	蔣萬安
	張善政	王世堅	黃捷	賴清德	卓榮泰	張善政	卓榮泰	柯建銘	韓國瑜	盧秀燕
	林飛帆	蘇巧慧	王世堅	陳其邁	賴清德	柯建銘	鄭麗君	黃國昌	黃國昌	江啟臣
	鄭麗君	林飛帆	蘇巧慧	黃捷	朱立倫	蘇巧慧	黃偉哲	黃偉哲	黃偉哲	柯文哲
	侯友宜	卓榮泰	林飛帆	蘇巧慧	鄭麗君	朱立倫	侯友宜	韓國瑜	蔣萬安	黃國昌
	柯建銘	黃偉哲	卓榮泰	林飛帆	蘇巧慧	黃捷	張善政	侯友宜	侯友宜	侯友宜
	黃偉哲	柯建銘	黃偉哲	卓榮泰	林飛帆	林飛帆	柯建銘	張善政	張善政	張善政
	朱立倫	朱立倫	柯建銘	黃偉哲	黃偉哲	卓榮泰	朱立倫	朱立倫	朱立倫	朱立倫

備註：○○○灰階字體代表該人物在此分類無人選擇。

看好未來表現評價（依社會、經濟地位自評排序）

排序	整體	依社會、經濟地位自評排序				
		社會地位偏高/ 經濟地位偏高	社會地位偏高/ 經濟地位偏低	社會地位偏低/ 經濟地位偏高	社會地位偏低/ 經濟地位偏低	普通社經地位
1	賴清德	賴清德	蕭美琴	陳其邁	賴清德	陳其邁
2	陳其邁	陳其邁	賴清德	蕭美琴	韓國瑜	蕭美琴
3	蕭美琴	蕭美琴	陳其邁	蔣萬安	盧秀燕	賴清德
4	盧秀燕	盧秀燕	韓國瑜	賴清德	陳其邁	盧秀燕
5	韓國瑜	韓國瑜	盧秀燕	柯文哲	蕭美琴	蔣萬安
6	蔣萬安	蔣萬安	蔣萬安	黃國昌	柯文哲	韓國瑜
7	黃國昌	黃國昌	柯文哲	盧秀燕	蔣萬安	黃國昌
8	柯文哲	柯文哲	黃國昌	韓國瑜	黃國昌	柯文哲
9	蘇巧慧	蘇巧慧	卓榮泰	卓榮泰	王世堅	蘇巧慧
10	黃捷	黃捷	鄭麗君	鄭麗君	黃捷	黃捷
	卓榮泰	卓榮泰	黃偉哲	黃捷	江啟臣	卓榮泰
	江啟臣	林飛帆	蘇巧慧	江啟臣	蘇巧慧	江啟臣
	王世堅	江啟臣	林飛帆	黃偉哲	卓榮泰	張善政
	張善政	鄭麗君	王世堅	蘇巧慧	張善政	王世堅
	林飛帆	張善政	張善政	林飛帆	林飛帆	鄭麗君
	鄭麗君	王世堅	朱立倫	王世堅	侯友宜	林飛帆
	侯友宜	黃偉哲	黃捷	張善政	鄭麗君	侯友宜
	柯建銘	侯友宜	江啟臣	朱立倫	柯建銘	柯建銘
	黃偉哲	柯建銘	侯友宜	侯友宜	朱立倫	黃偉哲
	朱立倫	朱立倫	柯建銘	柯建銘	黃偉哲	朱立倫

備註：○○○灰階字體代表該人物在此分類無人選擇。

不喜歡或不信任的評價（依性別、年齡排序）

排序	整體	依性別排序		依年齡排序				
		男性	女性	18-29歲	30-39歲	40-49歲	50-59歲	60歲以上
1	黃國昌	黃國昌	黃國昌	黃國昌	黃國昌	黃國昌	黃國昌	黃國昌
2	賴清德	柯建銘	韓國瑜	柯建銘	柯建銘	賴清德	賴清德	賴清德
3	柯建銘	賴清德	賴清德	韓國瑜	賴清德	柯文哲	柯文哲	柯文哲
4	韓國瑜	柯文哲	柯文哲	賴清德	韓國瑜	韓國瑜	韓國瑜	韓國瑜
5	柯文哲	韓國瑜	柯建銘	柯文哲	柯文哲	柯建銘	柯建銘	柯建銘
6	黃捷	黃捷	黃捷	黃捷	黃捷	黃捷	黃捷	黃捷
7	盧秀燕	林飛帆	盧秀燕	林飛帆	林飛帆	林飛帆	陳其邁	盧秀燕
8	林飛帆	盧秀燕	林飛帆	朱立倫	朱立倫	盧秀燕	盧秀燕	陳其邁
9	朱立倫	朱立倫	朱立倫	蔣萬安	盧秀燕	朱立倫	林飛帆	林飛帆
10	陳其邁	陳其邁	蔣萬安	盧秀燕	侯友宜	陳其邁	朱立倫	蔣萬安
	蔣萬安	蔣萬安	侯友宜	侯友宜	卓榮泰	蔣萬安	侯友宜	朱立倫
	侯友宜	卓榮泰	陳其邁	蘇巧慧	張善政	侯友宜	蔣萬安	侯友宜
	卓榮泰	侯友宜	蕭美琴	卓榮泰	蘇巧慧	卓榮泰	王世堅	蘇巧慧
	蘇巧慧	蘇巧慧	張善政	張善政	蔣萬安	張善政	蘇巧慧	卓榮泰
	蕭美琴	張善政	王世堅	蕭美琴	黃偉哲	蕭美琴	卓榮泰	蕭美琴
	張善政	蕭美琴	蘇巧慧	王世堅	蕭美琴	黃偉哲	蕭美琴	王世堅
	王世堅	鄭麗君	黃偉哲	黃偉哲	江啟臣	江啟臣	黃偉哲	張善政
	黃偉哲	黃偉哲	卓榮泰	陳其邁	陳其邁	蘇巧慧	江啟臣	鄭麗君
	江啟臣	王世堅	江啟臣	鄭麗君	王世堅	王世堅	張善政	江啟臣
	鄭麗君	江啟臣	鄭麗君	江啟臣	鄭麗君	鄭麗君	鄭麗君	黃偉哲

備註：○○○灰階字體代表該人物在此分類無人選擇。

不喜歡或不信任的評價（依政黨傾向排序）

排序	整體	依政黨傾向排序				
		民進黨支持者	國民黨支持者	台灣民眾黨支持者	選人不選黨/中立	其他選擇
1	黃國昌	黃國昌	賴清德	柯建銘	黃國昌	黃國昌
2	賴清德	柯文哲	柯建銘	賴清德	賴清德	韓國瑜
3	柯建銘	韓國瑜	黃捷	黃捷	柯建銘	賴清德
4	韓國瑜	盧秀燕	柯文哲	林飛帆	韓國瑜	柯文哲
5	柯文哲	朱立倫	林飛帆	卓榮泰	柯文哲	柯建銘
6	黃捷	蔣萬安	陳其邁	侯友宜	黃捷	黃捷
7	盧秀燕	侯友宜	黃國昌	朱立倫	林飛帆	陳其邁
8	林飛帆	張善政	卓榮泰	蔣萬安	朱立倫	蘇巧慧
9	朱立倫	賴清德	蕭美琴	韓國瑜	陳其邁	朱立倫
10	陳其邁	柯建銘	蘇巧慧	黃國昌	盧秀燕	林飛帆
	蔣萬安	蘇巧慧	侯友宜	陳其邁	蔣萬安	盧秀燕
	侯友宜	王世堅	朱立倫	柯文哲	侯友宜	黃偉哲
	卓榮泰	江啟臣	王世堅	蘇巧慧	蕭美琴	蔣萬安
	蘇巧慧	黃捷	鄭麗君	鄭麗君	王世堅	張善政
	蕭美琴	林飛帆	韓國瑜	盧秀燕	黃偉哲	侯友宜
	張善政	陳其邁	蔣萬安	蕭美琴	蘇巧慧	卓榮泰
	王世堅	卓榮泰	黃偉哲	黃偉哲	卓榮泰	江啟臣
	黃偉哲	黃偉哲	盧秀燕	王世堅	張善政	蕭美琴
	江啟臣	蕭美琴	江啟臣	江啟臣	江啟臣	王世堅
	鄭麗君	鄭麗君	張善政	張善政	鄭麗君	鄭麗君

備註：○○○灰階字體代表該人物在此分類無人選擇。

不喜歡或不信任的評價（依政治光譜排序）

排序	整體	依政治光譜排序								
		G1	G2	G3	G4	G5	G6	G7	G8	G9
1	黃國昌	賴清德	賴清德	賴清德	柯建銘	柯建銘	黃國昌	黃國昌	黃國昌	黃國昌
2	賴清德	柯建銘	柯建銘	柯建銘	賴清德	賴清德	韓國瑜	韓國瑜	柯文哲	韓國瑜
3	柯建銘	黃捷	黃捷	黃捷	黃捷	黃國昌	柯文哲	柯文哲	韓國瑜	柯文哲
4	韓國瑜	柯文哲	林飛帆	林飛帆	柯文哲	韓國瑜	柯建銘	侯友宜	盧秀燕	盧秀燕
5	柯文哲	卓榮泰	陳其邁	陳其邁	陳其邁	黃捷	朱立倫	朱立倫	朱立倫	蔣萬安
6	黃捷	林飛帆	柯文哲	柯文哲	林飛帆	林飛帆	黃捷	盧秀燕	侯友宜	朱立倫
7	盧秀燕	陳其邁	蕭美琴	卓榮泰	朱立倫	柯文哲	林飛帆	柯建銘	蔣萬安	張善政
8	林飛帆	蘇巧慧	蘇巧慧	蘇巧慧	侯友宜	朱立倫	侯友宜	蔣萬安	柯建銘	侯友宜
9	朱立倫	黃國昌	黃國昌	黃國昌	卓榮泰	侯友宜	王世堅	江啟臣	賴清德	江啟臣
10	陳其邁	王世堅	卓榮泰	王世堅	韓國瑜	蔣萬安	賴清德	林飛帆	張善政	賴清德
	蔣萬安	蕭美琴	韓國瑜	黃偉哲	蕭美琴	黃偉哲	蔣萬安	蘇巧慧	林飛帆	陳其邁
	侯友宜	鄭麗君	侯友宜	蔣萬安	黃國昌	蘇巧慧	蘇巧慧	張善政	王世堅	卓榮泰
	卓榮泰	侯友宜	王世堅	蕭美琴	王世堅	鄭麗君	蕭美琴	黃偉哲	黃偉哲	蘇巧慧
	蘇巧慧	盧秀燕	鄭麗君	朱立倫	蘇巧慧	盧秀燕	盧秀燕	賴清德	黃捷	王世堅
	蕭美琴	朱立倫	朱立倫	盧秀燕	黃偉哲	卓榮泰	張善政	黃捷	江啟臣	蕭美琴
	張善政	蔣萬安	黃偉哲	侯友宜	蔣萬安	蕭美琴	江啟臣	王世堅	蕭美琴	黃捷
	王世堅	韓國瑜	蔣萬安	韓國瑜	盧秀燕	陳其邁	黃偉哲	蕭美琴	蘇巧慧	黃偉哲
	黃偉哲	黃偉哲	盧秀燕	鄭麗君	鄭麗君	王世堅	卓榮泰	卓榮泰	卓榮泰	柯建銘
	江啟臣	江啟臣	江啟臣	江啟臣	江啟臣	張善政	陳其邁	陳其邁	陳其邁	林飛帆
	鄭麗君	張善政	張善政	張善政	張善政	江啟臣	鄭麗君	鄭麗君	鄭麗君	鄭麗君

備註：○○○灰階字體代表該人物在此分類無人選擇。

不喜歡或不信任的評價（依社會、經濟地位自評排序）

排序	整體	依社會、經濟地位自評排序				
		社會地位偏高/經濟地位偏高	社會地位偏高/經濟地位偏低	社會地位偏低/經濟地位偏高	社會地位偏低/經濟地位偏低	普通社經地位
1	黃國昌	黃國昌	黃國昌	黃國昌	黃國昌	黃國昌
2	賴清德	賴清德	韓國瑜	柯建銘	賴清德	賴清德
3	柯建銘	柯文哲	賴清德	柯文哲	柯建銘	柯建銘
4	韓國瑜	韓國瑜	柯建銘	黃捷	韓國瑜	柯文哲
5	柯文哲	柯建銘	黃捷	賴清德	柯文哲	韓國瑜
6	黃捷	黃捷	柯文哲	韓國瑜	黃捷	黃捷
7	盧秀燕	盧秀燕	盧秀燕	鄭麗君	林飛帆	林飛帆
8	林飛帆	蔣萬安	朱立倫	林飛帆	朱立倫	盧秀燕
9	朱立倫	林飛帆	侯友宜	朱立倫	陳其邁	朱立倫
10	陳其邁	陳其邁	黃偉哲	蘇巧慧	蔣萬安	陳其邁
	蔣萬安	朱立倫	林飛帆	蕭美琴	侯友宜	侯友宜
	侯友宜	侯友宜	蔣萬安	盧秀燕	盧秀燕	卓榮泰
	卓榮泰	卓榮泰	張善政	侯友宜	卓榮泰	蔣萬安
	蘇巧慧	張善政	鄭麗君	黃偉哲	蘇巧慧	蘇巧慧
	蕭美琴	蘇巧慧	陳其邁	蔣萬安	蕭美琴	蕭美琴
	張善政	王世堅	蘇巧慧	張善政	王世堅	張善政
	王世堅	蕭美琴	卓榮泰	陳其邁	張善政	黃偉哲
	黃偉哲	黃偉哲	蕭美琴	卓榮泰	江啟臣	王世堅
	江啟臣	江啟臣	王世堅	王世堅	鄭麗君	江啟臣
	鄭麗君	鄭麗君	江啟臣	江啟臣	黃偉哲	鄭麗君

備註：○○○灰階字體代表該人物在此分類無人選擇。

基本資料

姓名：黃國昌

生日：1973年8月19日

學歷：

- 美國康乃爾大學法學博士
- 美國康乃爾大學法學碩士
- 國立臺灣大學法律學士

政黨：台灣民眾黨

現職：

- 第11屆立法委員
- 台灣民眾黨立法院黨團總召集人

曾擔任職位／經歷

- 第9屆立法委員
- 時代力量第2任主席
- 中央研究院法律學研究所研究員
- 臺灣大學兼任副教授
- 執業律師

選舉紀錄

年度	選舉屆數	是否當選
2016 年	第 9 屆立法委員選舉	V
2020 年	第 10 屆立法委員選舉	
2024 年	第 11 屆立法委員選舉	V

人物側寫

背負罵名藍綠不逢源　「孤勇者」的顛簸路

　　有「戰神」封號的民眾黨立院黨團總召黃國昌，曾經被藍營罵成「亂神」，如今又被綠營酸「怯戰神」，他在藍綠兩端都不討喜，而且讓人恨得牙癢癢，這是黃國昌的孤勇，也是他在群體的孤勇。

　　黃國昌也像擔任立委時的前總統陳水扁，主打揭弊問政，講話咄咄逼人，甚至時而咆哮。他掀開瘡疤、斷人財路，一樣不討喜。身段不柔軟，講話不客氣，依然是他的孤勇。

　　學者背景從政的黃國昌，1973年出生於臺北縣汐止鎮，就讀臺大法律系期間就參與社會運動，畢業後擔任執業律師，在美國拿到康乃爾大學博士學位後，任教於臺大等多所學校。2006年他進入中研院法律研究所當副研究員，專精民事訴訟法，2014年升等為研究員，這段期間積極參與抗議活動。

反旺中媒體壟斷　第一個街頭運動

　　黃國昌第一個現身的抗議場合，是2012年的旺中併購中嘉案，當時NCC宣布「有條件通過併購案」，他反對媒體壟斷，聯合部分學

者、數百名學生，二話不說就衝到NCC大門前抗議。

反媒體壟斷是黃國昌社會運動的起手式，他與社運大學生林飛帆、陳為廷等人，也因為這個場合結識，從此成了「學運導師」。

2013年爆發洪仲丘事件，不滿民眾組成「公民1985行動聯盟」，除了發起白衫軍「凱道送仲丘」晚會，也將社會運動延伸到其他議題上。同年10月10日，「公民1985行動聯盟」號召上千人集結中正紀念堂，訴求「公民護憲，還權於民」及「黑箱服貿，重啟談判」。當時黃國昌也參與其中，並高喊：「慶祝國慶最好的方式，就是上街『奪回憲法公民權』」。

太陽花學運被封「戰神」　加入時力參選立委

馬政府時代的社會運動風起雲湧，黃國昌是當時的抗議常客，但他也開始思考，成立「第三勢力」的可能性。2014年3月初，黃國昌與民進黨前主席林義雄等人籌備「公民組合」，當時就被視為組黨的第一步。組黨還在醞釀階段，沒多久爆發轟動全國的「318太陽花學運」，主導的靈魂人物，就是黃國昌、林飛帆和陳為廷。

318造就了學運明星林飛帆，也創造「戰神」黃國昌；接著，2014年臺北市長選舉，臺大醫師柯文哲以無黨籍身分打敗國民黨提名的連勝文，更為公民運動打一劑強心針。

順著年輕世代對傳統政治體制不滿的浪潮，律師林峯正、閃靈樂團主唱林昶佐，以及洪仲丘案義務律師邱顯智等人，開始籌組政黨「時代力量」，也邀請黃國昌加入。2016年黃國昌當上首任黨主席，同年投入新北市汐止區立委選舉。

由於在野的民進黨和時代力量結盟，黃國昌受到禮讓，順利擊敗國民黨七連霸立委李慶華。他接受外媒專訪時曾透露心境：「參選本來沒有在我人生規劃裡，但既然參選了，我就要做個選擇。」他為此放棄了中研院研究員終身職，也放棄了20年的學術生涯。

時力出現路線之爭　親綠派爆出走潮

只是2016這一年，不僅時代力量大有斬獲，民進黨更在蔡英文當上總統後，成功奪回執政權，向來被視為「小綠」的時代力量，面臨可能泡沫危機。為了要不要和民進黨繼續合作，時代力量出現路線之爭。創黨元老之一的作家馮光遠，2017年率先宣布退出時力，開出第一槍，他並批評「時代力量黨」已經變質成「國運昌隆黨」，暗指黃國昌收割成果。

2019年時力茶壺風暴幾近要掀開，尤其黃國昌在立委期間，揭發國安特勤人員夾帶私菸案，讓他一戰成名的同時，也衝擊與泛綠陣營關係。傾向和民進黨合作的立委林昶佐、洪慈庸先後退黨，開啟時力出走潮；接著學運出身的吳崢、黃捷等人，也紛紛跳船。曾任黨主席的徐永明爆發收賄案後，更砸了時代力量原本清新形象的招牌，政黨人氣渙散搖搖欲墜。

黃國昌與時代力量此時因為裂痕漸行漸遠，他決定放棄區域立委選舉，不留在第一線繼續奮戰，但也被排除在不分區安全名單之外。失去立法院舞臺後，黃國昌回去重操舊業當律師，並成立「台灣公益揭弊暨吹哨者保護協會」，繼續以揭弊為職志。

閃電加入民眾黨　稱認同柯文哲理念

沒有公職身分的黃國昌，期間曾和網紅「館長」陳之漢合作，還發起716凱道遊行，主打「居住正義」與「司法改革」。隨著柯文哲民眾黨勢力逐漸崛起，2023年11月16日，黃國昌退出時代力量，加入民眾黨。

當時黃國昌發出一封公開信強調，入黨是認同民眾黨主席柯文哲的理念──「把國家還給你」。他說，不樂見臺灣陷入黨同伐異的泥沼，更不樂見對立繼續撕裂臺灣社會。

但黃國昌加入民眾黨，列為民眾黨不分區立委後，卻讓對立愈來愈嚴重，泛綠陣營大罵他，「違背太陽花學運精神」；台灣基進甚至朝他丟擲向日葵。

當選白委仇恨值爆棚　昔日同志也不挺

2024年國會三黨不過半，再次進入立法院後的黃國昌，更成了頭號被攻擊目標，尤其「青鳥行動」抗議期間，遭謾罵最多的就是他，有人創作「蔥師表」狂酸，還幫設靈堂。當時擔任民眾黨總召的黃國昌，仇恨值之高，遠超過國民黨團總召傅崐萁，以及高雄市長時的韓國瑜。

曾經是被捧上天的「戰神」，現在卻被人踩在腳底下，就連時代力量黨主席王婉諭也沒有挺他，還公開大嘆：「時代力量造就了這樣的巨獸（指黃國昌），我們當有責任要面對」。

從2012年反旺中到2024年擔任民眾黨立委，12年來，黃國昌真的「昨是今非」變了嗎？如果回顧2017年他在時代力量黨主席任內一段發言，或許可以檢視其立場。黃國昌說：「大多數的臺灣人民，其實都認為臺灣就是一個獨立自主的國家。」但他也說，感覺臺灣的發展，漸漸從過去的統獨問題，轉變為公平正義與世代正義的問題。

回應背叛質疑　稱沒忘改革承諾

再來對照2024年5月29日黃國昌的發文，當天藍白推動的國會改革全部三讀通過，他發長文捍衛立場，也回應外界質疑的背叛說。黃國昌指出，民進黨過去完全執政八年，包括太陽花運動承諾的「兩岸協議監督條例」等法案，通通沒有通過，「背棄運動、背棄改革的人，從來都不是我。」他強調，從來沒有忘記對臺灣民主改革的承諾。

此時，一個太陽花運動，出現兩種解讀，綠營認為是反中；但對黃國昌來說，是需要監督機制，這是他的公平正義。

再從《菱傳媒》的未來政治領袖民調結果來看，多少印證了這些現象。在立委的印象最好與未來發展的排名中，黃國昌排第三，只輸給黃捷、蘇巧慧，有力監督行政機關，他甚至排第二。

只是，黃國昌曾經與藍綠為友，想跳脫統獨，走一條理想中的公平正義之路，卻又陷入泥沼，讓他左右不逢源。他的個人英雄主義，為他帶來責難，曾經的伙伴一一離去，也是不爭的事實。如今在民眾黨內，同樣傳出他與黨內其他人的想法不同調。

歌手陳奕迅的「孤勇者」，有一段歌詞是這樣寫著：

「他們說　要戒了你的狂　就像擦掉了污垢

他們說　要順臺階而上　而代價是低頭

那就讓我不可乘風

你一樣驕傲著　那種孤勇

誰說對弈平凡的不算英雄？」

　　或許黃國昌選擇當小綠，甚至加入民進黨，今天就不會背負著罵名，但他堅持擱置統獨、堅持第三勢力，堅持改革，他沒有「順臺階而上」，也沒有「低頭」，難道這是一條顛簸的路？或這是黃國昌的孤勇，無以名狀的孤勇？

民調中的黃國昌

對黃國昌印象最好的受訪者佔總樣本數的 5.2%，主要集中在男性及 30-39 歲的青年族群。這些支持者特別肯定他的法學專專業能力、清晰的邏輯與論述能力，以及在監督政府、打擊弊案和推動法案方面的積極作為。黃國昌在「專業能力、創新能力」的評比中排序第七，是他的個人最高成績。

然而，本次調查中，不喜歡或不信任黃國昌的受訪者比例達到 28.0%，為名單中最高。批評者指出，黃國昌在政治立場上的搖擺和違背過去言論使其形象受損。同時，超過百位受訪者皆有提出其「言行不一」、「造謠抹黑」、「只會咆哮不會溝通」等批評。這部分可能與他言辭處事風格較較強烈有關，就如支持黃國昌的受訪者多次提及，情緒容易激動以及較為強烈的言辭風格，可能會容易引發民眾的爭議，以及被敵對陣營製造負面新聞等。

第一印象

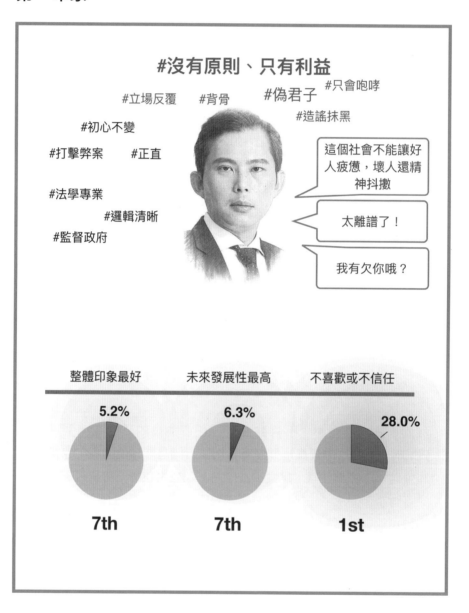

整體評價（能力分析）

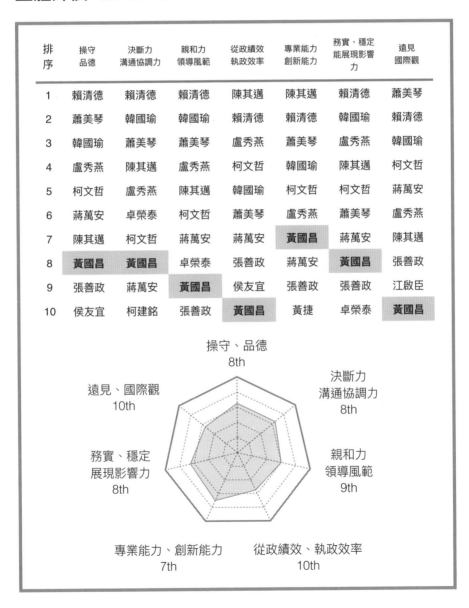

排序	操守 品德	決斷力 溝通協調力	親和力 領導風範	從政績效 執政效率	專業能力 創新能力	務實、穩定 能展現影響 力	遠見 國際觀
1	賴清德	賴清德	賴清德	陳其邁	陳其邁	賴清德	蕭美琴
2	蕭美琴	韓國瑜	韓國瑜	賴清德	賴清德	韓國瑜	賴清德
3	韓國瑜	蕭美琴	蕭美琴	盧秀燕	蕭美琴	盧秀燕	韓國瑜
4	盧秀燕	陳其邁	盧秀燕	柯文哲	韓國瑜	陳其邁	柯文哲
5	柯文哲	盧秀燕	陳其邁	韓國瑜	柯文哲	柯文哲	蔣萬安
6	蔣萬安	卓榮泰	柯文哲	蕭美琴	盧秀燕	蕭美琴	盧秀燕
7	陳其邁	柯文哲	蔣萬安	蔣萬安	黃國昌	蔣萬安	陳其邁
8	黃國昌	黃國昌	卓榮泰	張善政	蔣萬安	黃國昌	張善政
9	張善政	蔣萬安	黃國昌	侯友宜	張善政	張善政	江啟臣
10	侯友宜	柯建銘	張善政	黃國昌	黃捷	卓榮泰	黃國昌

操守、品德
8th

決斷力
溝通協調力
8th

遠見、國際觀
10th

務實、穩定
展現影響力
8th

親和力
領導風範
9th

專業能力、創新能力
7th

從政績效、執政效率
10th

第一波百人未來政治領袖調查排序回顧

立法委員排序 (名單共35人)			
印象最好	監督行政機關	政策影響力	未來發展
排序　　3	2	4	3

50-59歲政治人物排序 (名單共32人)		
印象最好	領導力	未來發展
排序　　4	4	4

男性政治人物排序 (名單共62人)		
印象最好	領導力	未來發展
排序　　7	7	7

社會議題面向 被期待解決問題的政治人物				
詐騙防制	治安、社會安全網	都市發展	食安	環境能源
排序　　2	17	16	8	25

整體評價（支持者分析）

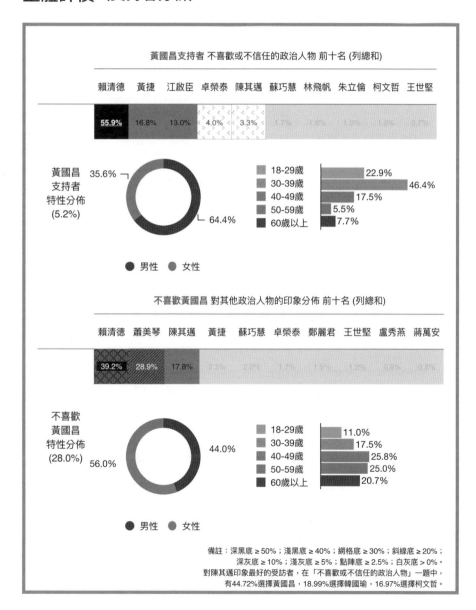

黃國昌支持者 不喜歡或不信任的政治人物 前十名 (列總和)

賴清德	黃捷	江啟臣	卓榮泰	陳其邁	蘇巧慧	林飛帆	朱立倫	柯文哲	王世堅
55.9%	16.8%	13.0%	4.0%	3.3%	1.7%	1.6%	1.0%	1.0%	0.7%

黃國昌支持者特性分佈 (5.2%)

35.6% 64.4%

18-29歲 22.9%
30-39歲 46.4%
40-49歲 17.5%
50-59歲 5.5%
60歲以上 7.7%

● 男性　● 女性

不喜歡黃國昌 對其他政治人物的印象分佈 前十名 (列總和)

賴清德	蕭美琴	陳其邁	黃捷	蘇巧慧	卓榮泰	鄭麗君	王世堅	盧秀燕	蔣萬安
39.2%	28.9%	17.8%	2.3%	2.0%	1.7%	1.5%	1.2%	0.9%	0.8%

不喜歡黃國昌特性分佈 (28.0%)

44.0% 56.0%

18-29歲 11.0%
30-39歲 17.5%
40-49歲 25.8%
50-59歲 25.0%
60歲以上 20.7%

● 男性　● 女性

備註：深黑底 ≥ 50%；淺黑底 ≥ 40%；網格底 ≥ 30%；斜線底 ≥ 20%；
深灰底 ≥ 10%；淺灰底 ≥ 5%；點陣底 ≥ 2.5%；白灰底 > 0%。
對陳其邁印象最好的受訪者，在「不喜歡或不信任的政治人物」一題中，
有44.72%選擇黃國昌，18.99%選擇韓國瑜，16.97%選擇柯文哲。

正面評論

您認為黃國昌有哪些吸引您的特質或值得肯定的成就及能力？

#邏輯清晰 #法學專業　■男性　□女性

	男性 72.0%	女性 28.0%

「專業問政，法學能力深厚，勇敢揭發不法事實，講話有理有據。」

臺北市 / 18-29歲女性

「質詢有料，言之有物，講話條理清晰分明。D槽很滿，咆哮獸」

雲林縣 / 30-39歲男性

「中研院研究員，法學專業。實事求是，始終如一。論述清楚，有理有據。」

高雄市 / 30-39歲男性

▨ 18-29歲　▦ 30-39歲　▩ 40-49歲　▧ 50-59歲　■ 60歲以上

#監督政府 #打擊弊案　21.3%　42.7%　20.0%　6.7%　9.3%

「對於黑金貪腐等問題都有著強力的監督 另外還成立吹哨者保護協會 保護吹哨者 打擊社會的不公不義」

新北市 / 60歲以上女性

「打詐揭弊不分黨派，公正無私就事論事。學經歷都是頂尖，在台灣民主改革的路上努力使臺灣成為真正意義上的先進民主國家。同時曾是『公益揭弊暨吹哨者保護協會』理事長。」

臺北市 / 18-29歲女性

建議／反面聲音

[支持者]

您認為黃國昌有哪些需要改進的缺點或當前應處理面對的問題？

情緒太激動，容易引發爭議

> 「可以多多想想人民的意見，態度放軟一點跟人民好好解釋自己的理念」
>
> 新竹市 / 18-29歲男性

> 「不要太容易怕奸賊激怒，要更心平氣和笑看待執政黨小丑跳樑胡說八道的行為，避免遭受更多的謠言攻擊」
>
> 臺北市 / 40-49歲女性

[反對者]

您不喜歡或不信任黃國昌的原因是什麼（特質、言行或背景）？

▨ 18-29歲	▨ 30-39歲	▨ 40-49歲	▨ 50-59歲	■ 60歲以上

#沒有原則、只有利益	12%	16%	25%	25%	23%

> 「政治立場多變，如何信任黃先生是會貫徹他所提出的政策及理念？言行尖酸刻薄粗暴在國會破口大罵的形象如何令人認同？」
>
> 臺北市 / 50-59歲女性

> 「背棄十年前太陽花運動的精神 與中國國民黨的牛鬼蛇神狼狽為奸 為爭取2026中國國民黨支持其參選，不惜被摸頭」
>
> 新北市 / 18-29歲男性

#造謠抹黑 #只會咆哮

> 「沒有信念 言行表裏不一 情緒有嚴重問題 愛說謊 論述去脈絡化 經常斷章取義只去自己有利的部分」
>
> 臺北市 / 30-39歲男性

整體印象評價（依性別、年齡排序）

排序	整體	依性別排序		依年齡排序				
		男性	女性	18-29歲	30-39歲	40-49歲	50-59歲	60歲以上
1	賴清德	賴清德	賴清德	蕭美琴	蕭美琴	蕭美琴	賴清德	賴清德
2	蕭美琴	韓國瑜	蕭美琴	柯文哲	賴清德	賴清德	韓國瑜	韓國瑜
3	韓國瑜	蕭美琴	陳其邁	賴清德	柯文哲	陳其邁	蕭美琴	蕭美琴
4	陳其邁	盧秀燕	韓國瑜	盧秀燕	黃國昌	柯文哲	陳其邁	盧秀燕
5	盧秀燕	陳其邁	盧秀燕	陳其邁	陳其邁	韓國瑜	盧秀燕	陳其邁
6	柯文哲	柯文哲	柯文哲	黃國昌	盧秀燕	盧秀燕	蔣萬安	蔣萬安
7	黃國昌	黃國昌	蔣萬安	韓國瑜	韓國瑜	黃國昌	柯文哲	張善政
8	蔣萬安	蔣萬安	黃國昌	王世堅	蔣萬安	蔣萬安	張善政	黃國昌
9	張善政	江啟臣	張善政	蔣萬安	黃捷	侯友宜	鄭麗君	柯文哲
10	王世堅	黃捷	蘇巧慧	江啟臣	王世堅	蘇巧慧	黃國昌	蘇巧慧
	蘇巧慧	張善政	王世堅	鄭麗君	蘇巧慧	張善政	黃捷	卓榮泰
	黃捷	王世堅	侯友宜	黃捷	張善政	卓榮泰	王世堅	黃捷
	鄭麗君	蘇巧慧	鄭麗君	蘇巧慧	江啟臣	鄭麗君	卓榮泰	江啟臣
	江啟臣	鄭麗君	黃捷	黃偉哲	侯友宜	江啟臣	侯友宜	鄭麗君
	卓榮泰	卓榮泰	黃偉哲	張善政	鄭麗君	王世堅	江啟臣	朱立倫
	侯友宜	林飛帆	柯建銘	侯友宜	卓榮泰	黃捷	蘇巧慧	林飛帆
	柯建銘	侯友宜	卓榮泰	柯建銘	柯建銘	柯建銘	林飛帆	柯建銘
	黃偉哲	朱立倫	江啟臣	朱立倫	林飛帆	黃偉哲	朱立倫	王世堅
	林飛帆	柯建銘	林飛帆	林飛帆	黃偉哲	林飛帆	柯建銘	黃偉哲
	朱立倫	黃偉哲	朱立倫	卓榮泰	朱立倫	朱立倫	黃偉哲	侯友宜

備註：○○○灰階字體代表該人物在此分類無人選擇。

整體印象評價（依政黨傾向排序）

排序	整體	依政黨傾向排序				
		民進黨 支持者	國民黨 支持者	台灣民眾黨 支持者	選人不選黨/ 中立	其他選擇
1	賴清德	賴清德	韓國瑜	柯文哲	賴清德	蕭美琴
2	蕭美琴	蕭美琴	盧秀燕	黃國昌	盧秀燕	賴清德
3	韓國瑜	陳其邁	蔣萬安	盧秀燕	蕭美琴	韓國瑜
4	陳其邁	蘇巧慧	張善政	韓國瑜	韓國瑜	陳其邁
5	盧秀燕	黃捷	江啟臣	蕭美琴	陳其邁	盧秀燕
6	柯文哲	卓榮泰	侯友宜	蔣萬安	蔣萬安	鄭麗君
7	黃國昌	鄭麗君	朱立倫	陳其邁	柯文哲	蔣萬安
8	蔣萬安	王世堅	陳其邁	王世堅	黃國昌	黃捷
9	張善政	柯建銘	黃國昌	張善政	王世堅	黃國昌
10	王世堅	盧秀燕	王世堅	侯友宜	張善政	柯文哲
	蘇巧慧	黃偉哲	柯文哲	柯建銘	江啟臣	王世堅
	黃捷	林飛帆	蕭美琴	江啟臣	侯友宜	林飛帆
	鄭麗君	黃國昌	黃偉哲	賴清德	鄭麗君	侯友宜
	江啟臣	韓國瑜	蘇巧慧	朱立倫	黃捷	卓榮泰
	卓榮泰	柯文哲	賴清德	黃偉哲	蘇巧慧	張善政
	侯友宜	蔣萬安	黃捷	蘇巧慧	卓榮泰	柯建銘
	柯建銘	張善政	卓榮泰	黃捷	朱立倫	江啟臣
	黃偉哲	侯友宜	鄭麗君	卓榮泰	柯建銘	黃偉哲
	林飛帆	江啟臣	柯建銘	鄭麗君	林飛帆	蘇巧慧
	朱立倫	朱立倫	林飛帆	林飛帆	黃偉哲	朱立倫

備註：○○○灰階字體代表該人物在此分類無人選擇。

整體印象評價（依政治光譜排序）

排序	整體	依政治光譜排序								
		G1	G2	G3	G4	G5	G6	G7	G8	G9
1	賴清德	韓國瑜	韓國瑜	韓國瑜	柯文哲	柯文哲	蕭美琴	賴清德	賴清德	賴清德
2	蕭美琴	盧秀燕	盧秀燕	盧秀燕	黃國昌	黃國昌	賴清德	蕭美琴	蕭美琴	蕭美琴
3	韓國瑜	蔣萬安	蔣萬安	柯文哲	盧秀燕	盧秀燕	陳其邁	陳其邁	陳其邁	陳其邁
4	陳其邁	張善政	黃國昌	蔣萬安	韓國瑜	蕭美琴	柯文哲	柯文哲	蘇巧慧	蘇巧慧
5	盧秀燕	黃國昌	柯文哲	黃國昌	蔣萬安	蔣萬安	盧秀燕	鄭麗君	黃捷	黃捷
6	柯文哲	江啟臣	張善政	張善政	張善政	賴清德	王世堅	盧秀燕	卓榮泰	卓榮泰
7	黃國昌	侯友宜	侯友宜	江啟臣	王世堅	王世堅	黃國昌	黃捷	鄭麗君	鄭麗君
8	蔣萬安	朱立倫	江啟臣	侯友宜	侯友宜	韓國瑜	鄭麗君	黃國昌	王世堅	柯建銘
9	張善政	蕭美琴	朱立倫	王世堅	江啟臣	陳其邁	黃捷	蔣萬安	林飛帆	王世堅
10	王世堅	賴清德	鄭麗君	陳其邁	蕭美琴	江啟臣	卓榮泰	柯建銘	黃偉哲	林飛帆
	蘇巧慧	陳其邁	賴清德	柯建銘	柯建銘	黃偉哲	蘇巧慧	蘇巧慧	柯文哲	韓國瑜
	黃捷	鄭麗君	王世堅	蕭美琴	鄭麗君	侯友宜	韓國瑜	黃偉哲	柯建銘	黃偉哲
	鄭麗君	黃捷	陳其邁	朱立倫	黃捷	張善政	林飛帆	王世堅	盧秀燕	柯文哲
	江啟臣	柯文哲	蕭美琴	鄭麗君	賴清德	黃捷	張善政	卓榮泰	黃國昌	盧秀燕
	卓榮泰	王世堅	黃捷	賴清德	陳其邁	柯建銘	蔣萬安	韓國瑜	蔣萬安	黃國昌
	侯友宜	林飛帆	林飛帆	黃捷	朱立倫	朱立倫	江啟臣	林飛帆	韓國瑜	蔣萬安
	柯建銘	卓榮泰	卓榮泰	林飛帆	林飛帆	鄭麗君	黃偉哲	張善政	張善政	張善政
	黃偉哲	柯建銘	柯建銘	卓榮泰	卓榮泰	蘇巧慧	侯友宜	侯友宜	侯友宜	江啟臣
	林飛帆	黃偉哲	黃偉哲	黃偉哲	黃偉哲	林飛帆	柯建銘	江啟臣	江啟臣	侯友宜
	朱立倫	蘇巧慧	蘇巧慧	蘇巧慧	蘇巧慧	卓榮泰	朱立倫	朱立倫	朱立倫	朱立倫

備註：○○○灰階字體代表該人物在此分類無人選擇。

整體印象評價（依社會、經濟地位自評排序）

排序	整體	依社會、經濟地位自評排序				
		社會地位偏高/ 經濟地位偏高	社會地位偏高/ 經濟地位偏低	社會地位偏低/ 經濟地位偏高	社會地位偏低/ 經濟地位偏低	普通社經地位
1	賴清德	賴清德	賴清德	蕭美琴	韓國瑜	賴清德
2	蕭美琴	蕭美琴	蕭美琴	賴清德	賴清德	蕭美琴
3	韓國瑜	陳其邁	韓國瑜	柯文哲	蕭美琴	韓國瑜
4	陳其邁	韓國瑜	盧秀燕	陳其邁	盧秀燕	陳其邁
5	盧秀燕	盧秀燕	陳其邁	張善政	陳其邁	盧秀燕
6	柯文哲	柯文哲	柯文哲	韓國瑜	柯文哲	柯文哲
7	黃國昌	黃國昌	黃國昌	黃國昌	黃國昌	蔣萬安
8	蔣萬安	蔣萬安	蔣萬安	盧秀燕	蔣萬安	黃國昌
9	張善政	蘇巧慧	蘇巧慧	鄭麗君	黃捷	張善政
10	王世堅	江啟臣	張善政	林飛帆	王世堅	王世堅
	蘇巧慧	張善政	卓榮泰	蘇巧慧	鄭麗君	侯友宜
	黃捷	黃捷	黃偉哲	蔣萬安	江啟臣	蘇巧慧
	鄭麗君	卓榮泰	黃捷	黃捷	蘇巧慧	黃捷
	江啟臣	王世堅	江啟臣	侯友宜	侯友宜	卓榮泰
	卓榮泰	鄭麗君	王世堅	卓榮泰	張善政	鄭麗君
	侯友宜	柯建銘	鄭麗君	黃偉哲	林飛帆	江啟臣
	柯建銘	侯友宜	侯友宜	江啟臣	柯建銘	黃偉哲
	黃偉哲	林飛帆	柯建銘	王世堅	卓榮泰	朱立倫
	林飛帆	朱立倫	林飛帆	柯建銘	黃偉哲	柯建銘
	朱立倫	黃偉哲	朱立倫	朱立倫	朱立倫	林飛帆

備註：○○○灰階字體代表該人物在此分類無人選擇。

看好未來表現評價（依性別、年齡排序）

排序	整體	依性別排序		依年齡排序				
		男性	女性	18-29歲	30-39歲	40-49歲	50-59歲	60歲以上
1	賴清德	賴清德	賴清德	陳其邁	蕭美琴	蕭美琴	陳其邁	賴清德
2	陳其邁	陳其邁	陳其邁	盧秀燕	陳其邁	陳其邁	賴清德	韓國瑜
3	蕭美琴	蕭美琴	蕭美琴	蕭美琴	黃國昌	賴清德	韓國瑜	陳其邁
4	盧秀燕	盧秀燕	韓國瑜	黃國昌	賴清德	盧秀燕	蕭美琴	蕭美琴
5	韓國瑜	韓國瑜	盧秀燕	賴清德	柯文哲	柯文哲	盧秀燕	盧秀燕
6	蔣萬安	蔣萬安	蔣萬安	柯文哲	盧秀燕	黃國昌	蔣萬安	蔣萬安
7	黃國昌	黃國昌	柯文哲	蔣萬安	韓國瑜	韓國瑜	柯文哲	柯文哲
8	柯文哲	柯文哲	黃國昌	韓國瑜	蔣萬安	蔣萬安	黃國昌	黃國昌
9	蘇巧慧	蘇巧慧	卓榮泰	蘇巧慧	黃捷	蘇巧慧	蘇巧慧	卓榮泰
10	黃捷	黃捷	蘇巧慧	王世堅	卓榮泰	黃捷	張善政	江啟臣
	卓榮泰	江啟臣	黃捷	黃捷	蘇巧慧	江啟臣	卓榮泰	張善政
	江啟臣	張善政	王世堅	江啟臣	林飛帆	王世堅	黃捷	鄭麗君
	王世堅	卓榮泰	林飛帆	卓榮泰	江啟臣	張善政	鄭麗君	蘇巧慧
	張善政	王世堅	江啟臣	鄭麗君	王世堅	卓榮泰	江啟臣	林飛帆
	林飛帆	鄭麗君	鄭麗君	林飛帆	侯友宜	侯友宜	林飛帆	黃捷
	鄭麗君	林飛帆	侯友宜	黃偉哲	張善政	林飛帆	王世堅	王世堅
	侯友宜	侯友宜	張善政	侯友宜	鄭麗君	鄭麗君	侯友宜	柯建銘
	柯建銘	柯建銘	黃偉哲	張善政	柯建銘	黃偉哲	朱立倫	侯友宜
	黃偉哲	黃偉哲	柯建銘	柯建銘	黃偉哲	柯建銘	黃偉哲	黃偉哲
	朱立倫	朱立倫	朱立倫	朱立倫	朱立倫	朱立倫	柯建銘	朱立倫

備註：○○○灰階字體代表該人物在此分類無人選擇。

326

看好未來表現評價（依政黨傾向排序）

排序	整體	依政黨傾向排序				
		民進黨支持者	國民黨支持者	台灣民眾黨支持者	選人不選黨/中立	其他選擇
1	賴清德	賴清德	韓國瑜	黃國昌	盧秀燕	蕭美琴
2	陳其邁	陳其邁	盧秀燕	柯文哲	蕭美琴	陳其邁
3	蕭美琴	蕭美琴	蔣萬安	盧秀燕	賴清德	賴清德
4	盧秀燕	蘇巧慧	江啟臣	韓國瑜	陳其邁	盧秀燕
5	韓國瑜	黃捷	張善政	蔣萬安	蔣萬安	韓國瑜
6	蔣萬安	卓榮泰	侯友宜	陳其邁	韓國瑜	柯文哲
7	黃國昌	林飛帆	蕭美琴	江啟臣	黃國昌	蔣萬安
8	柯文哲	王世堅	黃國昌	蕭美琴	柯文哲	黃捷
9	蘇巧慧	鄭麗君	黃偉哲	王世堅	王世堅	黃國昌
10	黃捷	盧秀燕	王世堅	柯建銘	江啟臣	鄭麗君
	卓榮泰	柯建銘	陳其邁	侯友宜	卓榮泰	王世堅
	江啟臣	黃偉哲	黃捷	張善政	蘇巧慧	蘇巧慧
	王世堅	韓國瑜	柯文哲	賴清德	黃捷	林飛帆
	張善政	江啟臣	卓榮泰	黃偉哲	張善政	卓榮泰
	林飛帆	蔣萬安	賴清德	黃捷	鄭麗君	張善政
	鄭麗君	黃國昌	蘇巧慧	卓榮泰	侯友宜	江啟臣
	侯友宜	張善政	林飛帆	蘇巧慧	朱立倫	黃偉哲
	柯建銘	柯文哲	鄭麗君	林飛帆	柯建銘	侯友宜
	黃偉哲	侯友宜	柯建銘	鄭麗君	林飛帆	柯建銘
	朱立倫	朱立倫	朱立倫	朱立倫	黃偉哲	朱立倫

備註：○○○灰階字體代表該人物在此分類無人選擇。

看好未來表現評價（依政治光譜排序）

排序	整體	依政治光譜排序								
		G1	G2	G3	G4	G5	G6	G7	G8	G9
1	賴清德	韓國瑜	盧秀燕	盧秀燕	黃國昌	柯文哲	蕭美琴	陳其邁	蕭美琴	賴清德
2	陳其邁	蔣萬安	韓國瑜	韓國瑜	盧秀燕	黃國昌	陳其邁	蕭美琴	陳其邁	陳其邁
3	蕭美琴	盧秀燕	蔣萬安	蔣萬安	柯文哲	盧秀燕	賴清德	賴清德	賴清德	蕭美琴
4	盧秀燕	張善政	黃國昌	黃國昌	蔣萬安	蔣萬安	盧秀燕	黃捷	卓榮泰	蘇巧慧
5	韓國瑜	黃國昌	柯文哲	柯文哲	韓國瑜	賴清德	黃國昌	盧秀燕	黃捷	黃捷
6	蔣萬安	江啟臣	張善政	江啟臣	王世堅	蕭美琴	柯文哲	卓榮泰	蘇巧慧	卓榮泰
7	黃國昌	侯友宜	江啟臣	張善政	侯友宜	陳其邁	蘇巧慧	柯文哲	林飛帆	林飛帆
8	柯文哲	柯文哲	侯友宜	蕭美琴	蕭美琴	王世堅	黃捷	鄭麗君	王世堅	鄭麗君
9	蘇巧慧	蕭美琴	鄭麗君	王世堅	張善政	韓國瑜	林飛帆	王世堅	鄭麗君	王世堅
10	黃捷	陳其邁	賴清德	柯建銘	江啟臣	江啟臣	王世堅	蘇巧慧	盧秀燕	柯建銘
	卓榮泰	賴清德	朱立倫	朱立倫	陳其邁	黃偉哲	韓國瑜	蔣萬安	江啟臣	黃偉哲
	江啟臣	黃捷	蕭美琴	侯友宜	柯建銘	侯友宜	蔣萬安	江啟臣	柯文哲	韓國瑜
	王世堅	鄭麗君	陳其邁	鄭麗君	黃捷	鄭麗君	江啟臣	林飛帆	柯建銘	蔣萬安
	張善政	王世堅	黃捷	賴清德	卓榮泰	張善政	卓榮泰	柯建銘	韓國瑜	盧秀燕
	林飛帆	蘇巧慧	王世堅	陳其邁	賴清德	柯建銘	鄭麗君	黃國昌	黃國昌	江啟臣
	鄭麗君	林飛帆	蘇巧慧	黃捷	朱立倫	蘇巧慧	黃偉哲	黃偉哲	黃偉哲	柯文哲
	侯友宜	卓榮泰	林飛帆	蘇巧慧	鄭麗君	朱立倫	侯友宜	韓國瑜	蔣萬安	黃國昌
	柯建銘	黃偉哲	卓榮泰	林飛帆	蘇巧慧	黃捷	張善政	侯友宜	侯友宜	侯友宜
	黃偉哲	柯建銘	黃偉哲	卓榮泰	林飛帆	林飛帆	柯建銘	張善政	張善政	張善政
	朱立倫	朱立倫	柯建銘	黃偉哲	黃偉哲	卓榮泰	朱立倫	朱立倫	朱立倫	朱立倫

備註：○○○灰階字體代表該人物在此分類無人選擇。

看好未來表現評價（依社會、經濟地位自評排序）

排序	整體	依社會、經濟地位自評排序				
		社會地位偏高/經濟地位偏高	社會地位偏高/經濟地位偏低	社會地位偏低/經濟地位偏高	社會地位偏低/經濟地位偏低	普通社經地位
1	賴清德	賴清德	蕭美琴	陳其邁	賴清德	陳其邁
2	陳其邁	陳其邁	賴清德	蕭美琴	韓國瑜	蕭美琴
3	蕭美琴	蕭美琴	陳其邁	蔣萬安	盧秀燕	賴清德
4	盧秀燕	盧秀燕	韓國瑜	賴清德	陳其邁	盧秀燕
5	韓國瑜	韓國瑜	盧秀燕	柯文哲	蕭美琴	蔣萬安
6	蔣萬安	蔣萬安	蔣萬安	黃國昌	柯文哲	韓國瑜
7	黃國昌	黃國昌	柯文哲	盧秀燕	蔣萬安	黃國昌
8	柯文哲	柯文哲	黃國昌	韓國瑜	黃國昌	柯文哲
9	蘇巧慧	蘇巧慧	卓榮泰	卓榮泰	王世堅	蘇巧慧
10	黃捷	黃捷	鄭麗君	鄭麗君	黃捷	黃捷
	卓榮泰	卓榮泰	黃偉哲	黃捷	江啟臣	卓榮泰
	江啟臣	林飛帆	蘇巧慧	江啟臣	蘇巧慧	江啟臣
	王世堅	江啟臣	林飛帆	黃偉哲	卓榮泰	張善政
	張善政	鄭麗君	王世堅	蘇巧慧	張善政	王世堅
	林飛帆	張善政	張善政	林飛帆	林飛帆	鄭麗君
	鄭麗君	王世堅	朱立倫	王世堅	侯友宜	林飛帆
	侯友宜	黃偉哲	黃捷	張善政	鄭麗君	侯友宜
	柯建銘	侯友宜	江啟臣	朱立倫	柯建銘	柯建銘
	黃偉哲	柯建銘	侯友宜	侯友宜	朱立倫	黃偉哲
	朱立倫	朱立倫	柯建銘	柯建銘	黃偉哲	朱立倫

備註：○○○灰階字體代表該人物在此分類無人選擇。

不喜歡或不信任的評價（依性別、年齡排序）

排序	整體	依性別排序		依年齡排序				
		男性	女性	18-29歲	30-39歲	40-49歲	50-59歲	60歲以上
1	黃國昌	黃國昌	黃國昌	黃國昌	黃國昌	黃國昌	黃國昌	黃國昌
2	賴清德	柯建銘	韓國瑜	柯建銘	柯建銘	賴清德	賴清德	賴清德
3	柯建銘	賴清德	賴清德	韓國瑜	賴清德	柯文哲	柯文哲	柯文哲
4	韓國瑜	柯文哲	柯文哲	賴清德	韓國瑜	韓國瑜	韓國瑜	韓國瑜
5	柯文哲	韓國瑜	柯建銘	柯文哲	柯文哲	柯建銘	柯建銘	柯建銘
6	黃捷	黃捷	黃捷	黃捷	黃捷	黃捷	黃捷	黃捷
7	盧秀燕	林飛帆	盧秀燕	林飛帆	林飛帆	林飛帆	陳其邁	盧秀燕
8	林飛帆	盧秀燕	林飛帆	朱立倫	朱立倫	盧秀燕	盧秀燕	陳其邁
9	朱立倫	朱立倫	朱立倫	蔣萬安	盧秀燕	朱立倫	林飛帆	林飛帆
10	陳其邁	陳其邁	蔣萬安	盧秀燕	侯友宜	陳其邁	朱立倫	蔣萬安
	蔣萬安	蔣萬安	侯友宜	侯友宜	卓榮泰	蔣萬安	侯友宜	朱立倫
	侯友宜	卓榮泰	陳其邁	蘇巧慧	張善政	侯友宜	蔣萬安	侯友宜
	卓榮泰	侯友宜	蕭美琴	卓榮泰	蘇巧慧	卓榮泰	王世堅	蘇巧慧
	蘇巧慧	蘇巧慧	張善政	張善政	蔣萬安	張善政	蘇巧慧	卓榮泰
	蕭美琴	張善政	王世堅	蕭美琴	黃偉哲	蕭美琴	卓榮泰	蕭美琴
	張善政	蕭美琴	蘇巧慧	王世堅	蕭美琴	黃偉哲	蕭美琴	王世堅
	王世堅	鄭麗君	黃偉哲	黃偉哲	江啟臣	江啟臣	黃偉哲	張善政
	黃偉哲	黃偉哲	卓榮泰	陳其邁	陳其邁	蘇巧慧	江啟臣	鄭麗君
	江啟臣	王世堅	江啟臣	鄭麗君	王世堅	王世堅	張善政	江啟臣
	鄭麗君	江啟臣	鄭麗君	江啟臣	鄭麗君	鄭麗君	鄭麗君	黃偉哲

備註：○○○灰階字體代表該人物在此分類無人選擇。

不喜歡或不信任的評價（依政黨傾向排序）

排序	整體	依政黨傾向排序				
		民進黨 支持者	國民黨 支持者	台灣民眾黨 支持者	選人不選黨/ 中立	其他選擇
1	黃國昌	黃國昌	賴清德	柯建銘	黃國昌	黃國昌
2	賴清德	柯文哲	柯建銘	賴清德	賴清德	韓國瑜
3	柯建銘	韓國瑜	黃捷	黃捷	柯建銘	賴清德
4	韓國瑜	盧秀燕	柯文哲	林飛帆	韓國瑜	柯文哲
5	柯文哲	朱立倫	林飛帆	卓榮泰	柯文哲	柯建銘
6	黃捷	蔣萬安	陳其邁	侯友宜	黃捷	黃捷
7	盧秀燕	侯友宜	黃國昌	朱立倫	林飛帆	陳其邁
8	林飛帆	張善政	卓榮泰	蔣萬安	朱立倫	蘇巧慧
9	朱立倫	賴清德	蕭美琴	韓國瑜	陳其邁	朱立倫
10	陳其邁	柯建銘	蘇巧慧	黃國昌	盧秀燕	林飛帆
	蔣萬安	蘇巧慧	侯友宜	陳其邁	蔣萬安	盧秀燕
	侯友宜	王世堅	朱立倫	柯文哲	侯友宜	黃偉哲
	卓榮泰	江啟臣	王世堅	蘇巧慧	蕭美琴	蔣萬安
	蘇巧慧	黃捷	鄭麗君	鄭麗君	王世堅	張善政
	蕭美琴	林飛帆	韓國瑜	盧秀燕	黃偉哲	侯友宜
	張善政	陳其邁	蔣萬安	蕭美琴	蘇巧慧	卓榮泰
	王世堅	卓榮泰	黃偉哲	黃偉哲	卓榮泰	江啟臣
	黃偉哲	黃偉哲	盧秀燕	王世堅	張善政	蕭美琴
	江啟臣	蕭美琴	江啟臣	江啟臣	江啟臣	王世堅
	鄭麗君	鄭麗君	張善政	張善政	鄭麗君	鄭麗君

備註：○○○灰階字體代表該人物在此分類無人選擇。

不喜歡或不信任的評價（依政治光譜排序）

排序	整體	依政治光譜排序								
		G1	G2	G3	G4	G5	G6	G7	G8	G9
1	黃國昌	賴清德	賴清德	賴清德	柯建銘	柯建銘	黃國昌	黃國昌	黃國昌	黃國昌
2	賴清德	柯建銘	柯建銘	柯建銘	賴清德	賴清德	韓國瑜	韓國瑜	柯文哲	韓國瑜
3	柯建銘	黃捷	黃捷	黃捷	黃捷	黃國昌	柯文哲	柯文哲	韓國瑜	柯文哲
4	韓國瑜	柯文哲	林飛帆	林飛帆	柯文哲	韓國瑜	柯建銘	侯友宜	盧秀燕	盧秀燕
5	柯文哲	卓榮泰	陳其邁	陳其邁	陳其邁	黃捷	朱立倫	朱立倫	朱立倫	蔣萬安
6	黃捷	林飛帆	柯文哲	柯文哲	林飛帆	林飛帆	黃捷	盧秀燕	侯友宜	朱立倫
7	盧秀燕	陳其邁	蕭美琴	卓榮泰	朱立倫	柯文哲	林飛帆	柯建銘	蔣萬安	張善政
8	林飛帆	蘇巧慧	蘇巧慧	蘇巧慧	侯友宜	朱立倫	侯友宜	蔣萬安	柯建銘	侯友宜
9	朱立倫	黃國昌	黃國昌	黃國昌	卓榮泰	侯友宜	王世堅	江啟臣	賴清德	江啟臣
10	陳其邁	王世堅	卓榮泰	王世堅	韓國瑜	蔣萬安	賴清德	林飛帆	張善政	賴清德
	蔣萬安	蕭美琴	韓國瑜	黃偉哲	蕭美琴	黃偉哲	蔣萬安	蘇巧慧	林飛帆	陳其邁
	侯友宜	鄭麗君	侯友宜	蔣萬安	黃國昌	蘇巧慧	侯友宜	張善政	王世堅	卓榮泰
	卓榮泰	侯友宜	王世堅	蕭美琴	王世堅	鄭麗君	蕭美琴	黃偉哲	黃偉哲	蘇巧慧
	蘇巧慧	盧秀燕	鄭麗君	朱立倫	蘇巧慧	盧秀燕	盧秀燕	賴清德	黃捷	王世堅
	蕭美琴	朱立倫	朱立倫	盧秀燕	黃偉哲	卓榮泰	張善政	黃捷	江啟臣	蕭美琴
	張善政	蔣萬安	黃偉哲	侯友宜	蔣萬安	蕭美琴	江啟臣	王世堅	蕭美琴	黃捷
	王世堅	韓國瑜	蔣萬安	韓國瑜	盧秀燕	陳其邁	黃偉哲	蕭美琴	蘇巧慧	黃偉哲
	黃偉哲	黃偉哲	盧秀燕	鄭麗君	鄭麗君	王世堅	卓榮泰	卓榮泰	卓榮泰	柯建銘
	江啟臣	江啟臣	江啟臣	江啟臣	江啟臣	張善政	陳其邁	陳其邁	陳其邁	林飛帆
	鄭麗君	張善政	張善政	張善政	張善政	江啟臣	鄭麗君	鄭麗君	鄭麗君	鄭麗君

備註：○○○灰階字體代表該人物在此分類無人選擇。

不喜歡或不信任的評價（依社會、經濟地位自評排序）

排序	整體	依社會、經濟地位自評排序				
		社會地位偏高/ 經濟地位偏高	社會地位偏高/ 經濟地位偏低	社會地位偏低/ 經濟地位偏高	社會地位偏低/ 經濟地位偏低	普通社經地位
1	黃國昌	黃國昌	黃國昌	黃國昌	黃國昌	黃國昌
2	賴清德	賴清德	韓國瑜	柯建銘	賴清德	賴清德
3	柯建銘	柯文哲	賴清德	柯文哲	柯建銘	柯建銘
4	韓國瑜	韓國瑜	柯建銘	黃捷	韓國瑜	柯文哲
5	柯文哲	柯建銘	黃捷	賴清德	柯文哲	韓國瑜
6	黃捷	黃捷	柯文哲	韓國瑜	黃捷	黃捷
7	盧秀燕	盧秀燕	盧秀燕	鄭麗君	林飛帆	林飛帆
8	林飛帆	蔣萬安	朱立倫	林飛帆	朱立倫	盧秀燕
9	朱立倫	林飛帆	侯友宜	朱立倫	陳其邁	朱立倫
10	陳其邁	陳其邁	黃偉哲	蘇巧慧	蔣萬安	陳其邁
	蔣萬安	朱立倫	林飛帆	蕭美琴	侯友宜	侯友宜
	侯友宜	侯友宜	蔣萬安	盧秀燕	盧秀燕	卓榮泰
	卓榮泰	卓榮泰	張善政	侯友宜	卓榮泰	蔣萬安
	蘇巧慧	張善政	鄭麗君	黃偉哲	蘇巧慧	蘇巧慧
	蕭美琴	蘇巧慧	陳其邁	蔣萬安	蕭美琴	蕭美琴
	張善政	王世堅	蘇巧慧	張善政	王世堅	張善政
	王世堅	蕭美琴	卓榮泰	陳其邁	張善政	黃偉哲
	黃偉哲	黃偉哲	蕭美琴	卓榮泰	江啟臣	王世堅
	江啟臣	江啟臣	王世堅	王世堅	鄭麗君	江啟臣
	鄭麗君	鄭麗君	江啟臣	江啟臣	黃偉哲	鄭麗君

備註：○○○灰階字體代表該該人物在此分類無人選擇。

卓榮泰

基本資料

姓名：卓榮泰

生日：1959年1月22日

學歷：

- 國立中興大學法律系學士

政黨：民主進步黨

派系：民主活水連線

現職：

- 行政院第32任院長

曾擔任職位／經歷

- 民主進步黨第16屆主席
- 民主進步黨副秘書長
- 民主進步黨秘書長
- 總統府副秘書長
- 行政院秘書長
- 行政院政務委員兼發言人
- 第4-5屆立法委員
- 第6-7屆臺北市議員

選舉紀錄

年度	選舉屆數	是否當選
1989 年	第 6 屆臺北市議員選舉	V
1994 年	第 7 屆臺北市議員選舉	V
1998 年	第 4 屆立法委員選舉	V
2001 年	第 5 屆立法委員選舉	V

民調中的卓榮泰

對卓榮泰印象最好的受訪者佔總樣本數的 0.9%。這些受訪者主要肯定他在反應快速、談吐得體、理性客觀及協調合作等方面的表現，特別在「決斷力、溝通協調力」項目中排序較高，顯示出他的優勢。支持者認為卓榮泰應在行使行政權力時更強硬，特別是在朝小野大的情況下，應該結合強硬與智慧來克服各種國家行政議題。

另一方面，不喜歡或不信任卓榮泰的受訪者佔總樣本數的 0.8%。這些受訪者主要針對近期立法院覆議案，批評他在政治語言上的操作，認為他言行不一致，並對其造謠抹黑的行為表示不滿。

第一印象

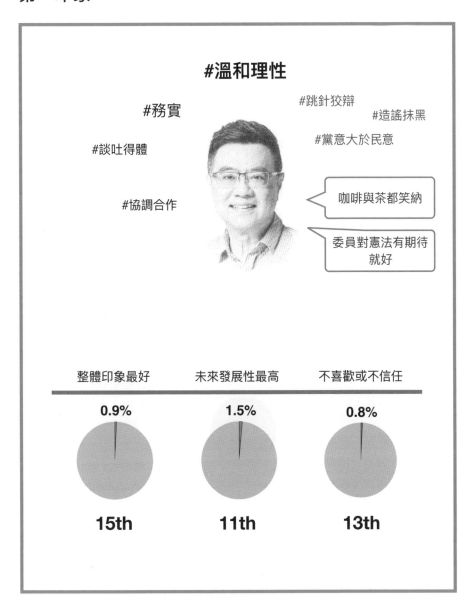

整體評價（能力分析）

排序	操守品德	決斷力溝通協調力	親和力領導風範	從政績效執政效率	專業能力創新能力	務實、穩定能展現影響力	遠見國際觀
6	蔣萬安	卓榮泰	柯文哲	蕭美琴	盧秀燕	蕭美琴	盧秀燕
7	陳其邁	柯文哲	蔣萬安	蔣萬安	黃國昌	蔣萬安	陳其邁
8	黃國昌	黃國昌	卓榮泰	張善政	蔣萬安	黃國昌	張善政
9	張善政	蔣萬安	黃國昌	侯友宜	張善政	張善政	江啟臣
10	侯友宜	柯建銘	張善政	黃國昌	黃捷	卓榮泰	黃國昌
未列前十	鄭麗君	張善政	侯友宜	蘇巧慧	鄭麗君	侯友宜	朱立倫
	王世堅	王世堅	蘇巧慧	王世堅	王世堅	王世堅	林飛帆
	蘇巧慧	蘇巧慧	黃捷	朱立倫	蘇巧慧	蘇巧慧	蘇巧慧
	卓榮泰	鄭麗君	鄭麗君	黃偉哲	林飛帆	江啟臣	鄭麗君
	江啟臣	侯友宜	王世堅	卓榮泰	江啟臣	柯建銘	卓榮泰
	黃捷	江啟臣	江啟臣	江啟臣	卓榮泰	鄭麗君	侯友宜

操守、品德
14th

遠見、國際觀
15th

決斷力
溝通協調力
6th

務實、穩定
展現影響力
10th

親和力
領導風範
8th

專業能力、創新能力
16th

從政績效、執政效率
15th

第一波百人未來政治領袖調查排序回顧

新內閣排序 (名單共31人)

	印象最好	表現值得期待	未來發展
排序	1	1	1

60歲以上政治人物排序 (名單共49人)

	印象最好	領導力	未來發展
排序	12	9	7

男性政治人物排序 (名單共62人)

	印象最好	領導力	未來發展
排序	25	12	16

社會議題面向 被期待解決問題的政治人物

	詐騙防制	治安、社會安全網	都市發展	食安	環境能源
排序	8	14	10	10	9

整體評價（支持者分析）

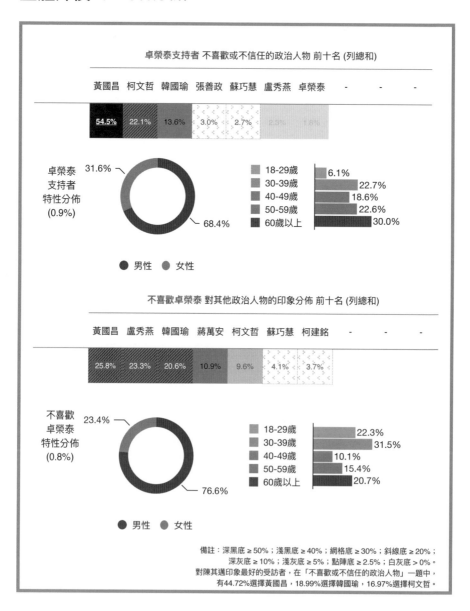

卓榮泰支持者 不喜歡或不信任的政治人物 前十名 (列總和)

黃國昌	柯文哲	韓國瑜	張善政	蘇巧慧	盧秀燕	卓榮泰	-	-	-
54.5%	22.1%	13.6%	3.0%	2.7%	2.3%	1.6%			

卓榮泰
支持者
特性分佈
(0.9%)

31.6%　68.4%

● 男性　● 女性

18-29歲　6.1%
30-39歲　22.7%
40-49歲　18.6%
50-59歲　22.6%
60歲以上　30.0%

不喜歡卓榮泰 對其他政治人物的印象分佈 前十名 (列總和)

黃國昌	盧秀燕	韓國瑜	蔣萬安	柯文哲	蘇巧慧	柯建銘	-	-	-
25.8%	23.3%	20.6%	10.9%	9.6%	4.1%	3.7%			

不喜歡
卓榮泰
特性分佈
(0.8%)

23.4%　76.6%

● 男性　● 女性

18-29歲　22.3%
30-39歲　31.5%
40-49歲　10.1%
50-59歲　15.4%
60歲以上　20.7%

備註：深黑底 ≥ 50%；淺黑底 ≥ 40%；網格底 ≥ 30%；斜線底 ≥ 20%；
深灰底 ≥ 10%；淺灰底 ≥ 5%；點陣底 ≥ 2.5%；白灰底 > 0%。
對陳其邁印象最好的受訪者，在「不喜歡或不信任的政治人物」一題中，
有44.72%選擇黃國昌，18.99%選擇韓國瑜，16.97%選擇柯文哲。

正面評論／反面聲音

[支持者]

您認為卓榮泰有哪些吸引您的特質或值得肯定的成就及能力？

18-29歲　30-39歲　40-49歲　50-59歲　60歲以上

#談吐得體　　10%　30%　20%　40%

「充滿親和力，反應機敏，上任至今充分展現領導力」

臺北市 / 30-39歲男性

「理性溝通及臨場應變。」

臺中市 / 40-49歲男性

您認為卓榮泰有哪些需要改進的缺點或當前應處理面對的問題？

太低調太客氣

「強硬的行使正確的行政權力，不要讓一堆蟑螂來破壞台灣的自由民主」

基隆市 / 60歲以上男性

[反對者]

您不喜歡或不信任卓榮泰的原因是什麼（特質、言行或背景）？

#造謠抹黑

「抹黑對手、過度喜歡政治語言操作、無客觀事實的辯論（如覆議案七點理由，沒有以法條立場討論）」

桃園市 / 30-39歲男性

「行政院使用院會對立法院提的覆議案根本就是造謠，以及不公正」

高雄市 / 18-29歲男性

整體印象評價（依性別、年齡排序）

排序	整體	依性別排序		依年齡排序				
		男性	女性	18-29歲	30-39歲	40-49歲	50-59歲	60歲以上
1	賴清德	賴清德	賴清德	蕭美琴	蕭美琴	蕭美琴	賴清德	賴清德
2	蕭美琴	韓國瑜	蕭美琴	柯文哲	賴清德	賴清德	韓國瑜	韓國瑜
3	韓國瑜	蕭美琴	陳其邁	賴清德	柯文哲	陳其邁	蕭美琴	蕭美琴
4	陳其邁	盧秀燕	韓國瑜	盧秀燕	黃國昌	柯文哲	陳其邁	盧秀燕
5	盧秀燕	陳其邁	盧秀燕	陳其邁	陳其邁	韓國瑜	盧秀燕	陳其邁
6	柯文哲	柯文哲	柯文哲	黃國昌	盧秀燕	盧秀燕	蔣萬安	蔣萬安
7	黃國昌	黃國昌	蔣萬安	韓國瑜	韓國瑜	黃國昌	柯文哲	張善政
8	蔣萬安	蔣萬安	黃國昌	王世堅	蔣萬安	蔣萬安	張善政	黃國昌
9	張善政	江啟臣	張善政	蔣萬安	黃捷	侯友宜	鄭麗君	柯文哲
10	王世堅	黃捷	蘇巧慧	江啟臣	王世堅	蘇巧慧	黃國昌	蘇巧慧
	蘇巧慧	張善政	王世堅	鄭麗君	蘇巧慧	張善政	黃捷	卓榮泰
	黃捷	王世堅	侯友宜	黃捷	張善政	卓榮泰	王世堅	黃捷
	鄭麗君	蘇巧慧	鄭麗君	蘇巧慧	江啟臣	鄭麗君	卓榮泰	江啟臣
	江啟臣	鄭麗君	黃捷	黃偉哲	侯友宜	江啟臣	侯友宜	鄭麗君
	卓榮泰	卓榮泰	黃偉哲	張善政	鄭麗君	王世堅	江啟臣	朱立倫
	侯友宜	林飛帆	柯建銘	侯友宜	卓榮泰	黃捷	蘇巧慧	林飛帆
	柯建銘	侯友宜	卓榮泰	柯建銘	柯建銘	柯建銘	林飛帆	柯建銘
	黃偉哲	朱立倫	江啟臣	朱立倫	林飛帆	黃偉哲	朱立倫	王世堅
	林飛帆	柯建銘	林飛帆	林飛帆	黃偉哲	林飛帆	柯建銘	黃偉哲
	朱立倫	黃偉哲	朱立倫	卓榮泰	朱立倫	朱立倫	黃偉哲	侯友宜

備註：○○○灰階字體代表該人物在此分類無人選擇。

整體印象評價（依政黨傾向排序）

排序	整體	依政黨傾向排序				
		民進黨 支持者	國民黨 支持者	台灣民眾黨 支持者	選人不選黨/ 中立	其他選擇
1	賴清德	賴清德	韓國瑜	柯文哲	賴清德	蕭美琴
2	蕭美琴	蕭美琴	盧秀燕	黃國昌	盧秀燕	賴清德
3	韓國瑜	陳其邁	蔣萬安	盧秀燕	蕭美琴	韓國瑜
4	陳其邁	蘇巧慧	張善政	韓國瑜	韓國瑜	陳其邁
5	盧秀燕	黃捷	江啟臣	蕭美琴	陳其邁	盧秀燕
6	柯文哲	卓榮泰	侯友宜	蔣萬安	蔣萬安	鄭麗君
7	黃國昌	鄭麗君	朱立倫	陳其邁	柯文哲	蔣萬安
8	蔣萬安	王世堅	陳其邁	王世堅	黃國昌	黃捷
9	張善政	柯建銘	黃國昌	張善政	王世堅	黃國昌
10	王世堅	盧秀燕	王世堅	侯友宜	張善政	柯文哲
	蘇巧慧	黃偉哲	柯文哲	柯建銘	江啟臣	王世堅
	黃捷	林飛帆	蕭美琴	江啟臣	侯友宜	林飛帆
	鄭麗君	黃國昌	黃偉哲	賴清德	鄭麗君	侯友宜
	江啟臣	韓國瑜	蘇巧慧	朱立倫	黃捷	卓榮泰
	卓榮泰	柯文哲	賴清德	黃偉哲	蘇巧慧	張善政
	侯友宜	蔣萬安	黃捷	蘇巧慧	卓榮泰	柯建銘
	柯建銘	張善政	卓榮泰	黃捷	朱立倫	江啟臣
	黃偉哲	侯友宜	鄭麗君	卓榮泰	柯建銘	黃偉哲
	林飛帆	江啟臣	柯建銘	鄭麗君	林飛帆	蘇巧慧
	朱立倫	朱立倫	林飛帆	林飛帆	黃偉哲	朱立倫

備註：○○○灰階字體代表該人物在此分類無人選擇。

343

整體印象評價（依政治光譜排序）

排序	整體	依政治光譜排序 G1	G2	G3	G4	G5	G6	G7	G8	G9
1	賴清德	韓國瑜	韓國瑜	韓國瑜	柯文哲	柯文哲	蕭美琴	賴清德	賴清德	賴清德
2	蕭美琴	盧秀燕	盧秀燕	盧秀燕	黃國昌	黃國昌	賴清德	蕭美琴	蕭美琴	蕭美琴
3	韓國瑜	蔣萬安	蔣萬安	柯文哲	盧秀燕	盧秀燕	陳其邁	陳其邁	陳其邁	陳其邁
4	陳其邁	張善政	黃國昌	蔣萬安	韓國瑜	蕭美琴	柯文哲	柯文哲	蘇巧慧	蘇巧慧
5	盧秀燕	黃國昌	柯文哲	黃國昌	蔣萬安	蔣萬安	盧秀燕	鄭麗君	黃捷	黃捷
6	柯文哲	江啟臣	張善政	張善政	張善政	賴清德	王世堅	盧秀燕	**卓榮泰**	**卓榮泰**
7	黃國昌	侯友宜	侯友宜	江啟臣	王世堅	王世堅	黃國昌	黃捷	鄭麗君	鄭麗君
8	蔣萬安	朱立倫	江啟臣	侯友宜	侯友宜	韓國瑜	鄭麗君	黃國昌	王世堅	柯建銘
9	張善政	蕭美琴	朱立倫	王世堅	江啟臣	陳其邁	黃捷	蔣萬安	林飛帆	王世堅
10	王世堅	賴清德	鄭麗君	陳其邁	蕭美琴	江啟臣	**卓榮泰**	柯建銘	黃偉哲	林飛帆
	蘇巧慧	陳其邁	賴清德	柯建銘	柯建銘	黃偉哲	蘇巧慧	蘇巧慧	柯文哲	韓國瑜
	黃捷	鄭麗君	王世堅	蕭美琴	鄭麗君	侯友宜	韓國瑜	黃偉哲	柯建銘	黃偉哲
	鄭麗君	黃捷	陳其邁	朱立倫	黃捷	林飛帆	林飛帆	王世堅	盧秀燕	柯文哲
	江啟臣	柯文哲	蕭美琴	鄭麗君	賴清德	黃捷	張善政	**卓榮泰**	黃國昌	盧秀燕
	卓榮泰	王世堅	黃捷	賴清德	陳其邁	柯建銘	蔣萬安	韓國瑜	蔣萬安	黃國昌
	侯友宜	林飛帆	林飛帆	黃捷	朱立倫	朱立倫	江啟臣	林飛帆	韓國瑜	蔣萬安
	柯建銘	卓榮泰	卓榮泰	林飛帆	林飛帆	鄭麗君	黃偉哲	張善政	張善政	張善政
	黃偉哲	柯建銘	柯建銘	卓榮泰	卓榮泰	蘇巧慧	侯友宜	江啟臣	江啟臣	江啟臣
	林飛帆	黃偉哲	黃偉哲	黃偉哲	黃偉哲	張善政	柯建銘	侯友宜	侯友宜	侯友宜
	朱立倫	蘇巧慧	蘇巧慧	蘇巧慧	蘇巧慧	卓榮泰	朱立倫	朱立倫	朱立倫	朱立倫

備註：○○○灰階字體代表該人物在此分類無人選擇。

整體印象評價（依社會、經濟地位自評排序）

排序	整體	社會地位偏高/經濟地位偏高	社會地位偏高/經濟地位偏低	社會地位偏低/經濟地位偏高	社會地位偏低/經濟地位偏低	普通社經地位
		依社會、經濟地位自評排序				
1	賴清德	賴清德	賴清德	蕭美琴	韓國瑜	賴清德
2	蕭美琴	蕭美琴	蕭美琴	賴清德	賴清德	蕭美琴
3	韓國瑜	陳其邁	韓國瑜	柯文哲	蕭美琴	韓國瑜
4	陳其邁	韓國瑜	盧秀燕	陳其邁	盧秀燕	陳其邁
5	盧秀燕	盧秀燕	陳其邁	張善政	陳其邁	盧秀燕
6	柯文哲	柯文哲	柯文哲	韓國瑜	柯文哲	柯文哲
7	黃國昌	黃國昌	黃國昌	黃國昌	黃國昌	蔣萬安
8	蔣萬安	蔣萬安	蔣萬安	盧秀燕	蔣萬安	黃國昌
9	張善政	蘇巧慧	蘇巧慧	鄭麗君	黃捷	張善政
10	王世堅	江啟臣	張善政	林飛帆	王世堅	王世堅
	蘇巧慧	張善政	卓榮泰	蘇巧慧	鄭麗君	侯友宜
	黃捷	黃捷	黃偉哲	蔣萬安	江啟臣	蘇巧慧
	鄭麗君	卓榮泰	黃捷	黃捷	蘇巧慧	黃捷
	江啟臣	王世堅	江啟臣	侯友宜	侯友宜	卓榮泰
	卓榮泰	鄭麗君	王世堅	卓榮泰	張善政	鄭麗君
	侯友宜	柯建銘	鄭麗君	黃偉哲	林飛帆	江啟臣
	柯建銘	侯友宜	侯友宜	江啟臣	柯建銘	黃偉哲
	黃偉哲	林飛帆	柯建銘	王世堅	卓榮泰	朱立倫
	林飛帆	朱立倫	林飛帆	柯建銘	黃偉哲	柯建銘
	朱立倫	黃偉哲	朱立倫	朱立倫	朱立倫	林飛帆

備註：○○○灰階字體代表該人物在此分類無人選擇。

看好未來表現評價（依性別、年齡排序）

排序	整體	依性別排序		依年齡排序				
		男性	女性	18-29歲	30-39歲	40-49歲	50-59歲	60歲以上
1	賴清德	賴清德	賴清德	陳其邁	蕭美琴	蕭美琴	陳其邁	賴清德
2	陳其邁	陳其邁	陳其邁	盧秀燕	陳其邁	陳其邁	賴清德	韓國瑜
3	蕭美琴	蕭美琴	蕭美琴	蕭美琴	黃國昌	賴清德	韓國瑜	陳其邁
4	盧秀燕	盧秀燕	韓國瑜	黃國昌	賴清德	盧秀燕	蕭美琴	蕭美琴
5	韓國瑜	韓國瑜	盧秀燕	賴清德	柯文哲	柯文哲	盧秀燕	盧秀燕
6	蔣萬安	蔣萬安	蔣萬安	柯文哲	盧秀燕	黃國昌	蔣萬安	蔣萬安
7	黃國昌	黃國昌	柯文哲	蔣萬安	韓國瑜	韓國瑜	柯文哲	柯文哲
8	柯文哲	柯文哲	黃國昌	韓國瑜	蔣萬安	蔣萬安	黃國昌	黃國昌
9	蘇巧慧	蘇巧慧	卓榮泰	蘇巧慧	黃捷	蘇巧慧	蘇巧慧	卓榮泰
10	黃捷	黃捷	蘇巧慧	王世堅	卓榮泰	黃捷	張善政	江啟臣
	卓榮泰	江啟臣	黃捷	黃捷	蘇巧慧	江啟臣	卓榮泰	張善政
	江啟臣	張善政	王世堅	江啟臣	林飛帆	王世堅	黃捷	鄭麗君
	王世堅	卓榮泰	林飛帆	卓榮泰	江啟臣	張善政	鄭麗君	蘇巧慧
	張善政	王世堅	江啟臣	鄭麗君	王世堅	卓榮泰	江啟臣	林飛帆
	林飛帆	鄭麗君	鄭麗君	林飛帆	侯友宜	侯友宜	林飛帆	黃捷
	鄭麗君	林飛帆	侯友宜	黃偉哲	張善政	林飛帆	王世堅	王世堅
	侯友宜	侯友宜	張善政	侯友宜	鄭麗君	鄭麗君	侯友宜	柯建銘
	柯建銘	柯建銘	黃偉哲	張善政	柯建銘	黃偉哲	朱立倫	侯友宜
	黃偉哲	黃偉哲	柯建銘	柯建銘	黃偉哲	柯建銘	黃偉哲	黃偉哲
	朱立倫	朱立倫	朱立倫	朱立倫	朱立倫	朱立倫	柯建銘	朱立倫

備註：○○○灰階字體代表該人物在此分類無人選擇。

看好未來表現評價（依政黨傾向排序）

排序	整體	依政黨傾向排序				
		民進黨支持者	國民黨支持者	台灣民眾黨支持者	選人不選黨/中立	其他選擇
1	賴清德	賴清德	韓國瑜	黃國昌	盧秀燕	蕭美琴
2	陳其邁	陳其邁	盧秀燕	柯文哲	蕭美琴	陳其邁
3	蕭美琴	蕭美琴	蔣萬安	盧秀燕	賴清德	賴清德
4	盧秀燕	蘇巧慧	江啟臣	韓國瑜	陳其邁	盧秀燕
5	韓國瑜	黃捷	張善政	蔣萬安	蔣萬安	韓國瑜
6	蔣萬安	卓榮泰	侯友宜	陳其邁	韓國瑜	柯文哲
7	黃國昌	林飛帆	蕭美琴	江啟臣	黃國昌	蔣萬安
8	柯文哲	王世堅	黃國昌	蕭美琴	柯文哲	黃捷
9	蘇巧慧	鄭麗君	黃偉哲	王世堅	王世堅	黃國昌
10	黃捷	盧秀燕	王世堅	柯建銘	江啟臣	鄭麗君
	卓榮泰	柯建銘	陳其邁	侯友宜	卓榮泰	王世堅
	江啟臣	黃偉哲	黃捷	張善政	蘇巧慧	蘇巧慧
	王世堅	韓國瑜	柯文哲	賴清德	黃捷	林飛帆
	張善政	江啟臣	卓榮泰	黃偉哲	張善政	卓榮泰
	林飛帆	蔣萬安	賴清德	黃捷	鄭麗君	張善政
	鄭麗君	黃國昌	蘇巧慧	卓榮泰	侯友宜	江啟臣
	侯友宜	張善政	林飛帆	蘇巧慧	朱立倫	黃偉哲
	柯建銘	柯文哲	鄭麗君	林飛帆	柯建銘	侯友宜
	黃偉哲	侯友宜	柯建銘	鄭麗君	林飛帆	柯建銘
	朱立倫	朱立倫	朱立倫	朱立倫	黃偉哲	朱立倫

備註：○○○灰階字體代表該人物在此分類無人選擇。

347

看好未來表現評價（依政治光譜排序）

排序	整體	依政治光譜排序								
		G1	G2	G3	G4	G5	G6	G7	G8	G9
1	賴清德	韓國瑜	盧秀燕	盧秀燕	黃國昌	柯文哲	蕭美琴	陳其邁	蕭美琴	賴清德
2	陳其邁	蔣萬安	韓國瑜	韓國瑜	盧秀燕	黃國昌	陳其邁	蕭美琴	陳其邁	陳其邁
3	蕭美琴	盧秀燕	蔣萬安	蔣萬安	柯文哲	盧秀燕	賴清德	賴清德	賴清德	蕭美琴
4	盧秀燕	張善政	黃國昌	黃國昌	蔣萬安	蔣萬安	盧秀燕	黃捷	卓榮泰	蘇巧慧
5	韓國瑜	黃國昌	柯文哲	柯文哲	韓國瑜	賴清德	黃國昌	黃捷	黃捷	黃捷
6	蔣萬安	江啟臣	張善政	江啟臣	王世堅	蕭美琴	柯文哲	卓榮泰	蘇巧慧	卓榮泰
7	黃國昌	侯友宜	江啟臣	張善政	侯友宜	陳其邁	蘇巧慧	柯文哲	林飛帆	林飛帆
8	柯文哲	柯文哲	侯友宜	蕭美琴	蕭美琴	王世堅	黃捷	鄭麗君	王世堅	鄭麗君
9	蘇巧慧	蕭美琴	鄭麗君	王世堅	張善政	韓國瑜	林飛帆	王世堅	鄭麗君	王世堅
10	黃捷	陳其邁	賴清德	柯建銘	江啟臣	江啟臣	王世堅	蘇巧慧	盧秀燕	柯建銘
	卓榮泰	賴清德	朱立倫	朱立倫	陳其邁	黃偉哲	韓國瑜	蔣萬安	江啟臣	黃偉哲
	江啟臣	黃捷	蕭美琴	侯友宜	柯建銘	侯友宜	蔣萬安	江啟臣	柯文哲	韓國瑜
	王世堅	鄭麗君	陳其邁	鄭麗君	黃捷	鄭麗君	江啟臣	林飛帆	柯建銘	蔣萬安
	張善政	王世堅	黃捷	賴清德	卓榮泰	張善政	卓榮泰	柯建銘	韓國瑜	盧秀燕
	林飛帆	蘇巧慧	王世堅	陳其邁	賴清德	柯建銘	鄭麗君	黃國昌	黃國昌	江啟臣
	鄭麗君	林飛帆	蘇巧慧	黃捷	朱立倫	蘇巧慧	黃偉哲	黃偉哲	黃偉哲	柯文哲
	侯友宜	卓榮泰	林飛帆	蘇巧慧	鄭麗君	朱立倫	侯友宜	韓國瑜	蔣萬安	黃國昌
	柯建銘	黃偉哲	卓榮泰	林飛帆	蘇巧慧	黃捷	張善政	侯友宜	侯友宜	侯友宜
	黃偉哲	柯建銘	黃偉哲	卓榮泰	林飛帆	林飛帆	柯建銘	張善政	張善政	張善政
	朱立倫	朱立倫	柯建銘	黃偉哲	黃偉哲	卓榮泰	朱立倫	朱立倫	朱立倫	朱立倫

備註：○○○灰階字體代表該人物在此分類無人選擇。

看好未來表現評價（依社會、經濟地位自評排序）

排序	整體	依社會、經濟地位自評排序				
		社會地位偏高/ 經濟地位偏高	社會地位偏高/ 經濟地位偏低	社會地位偏低/ 經濟地位偏高	社會地位偏低/ 經濟地位偏低	普通社經地位
1	賴清德	賴清德	蕭美琴	陳其邁	賴清德	陳其邁
2	陳其邁	陳其邁	賴清德	蕭美琴	韓國瑜	蕭美琴
3	蕭美琴	蕭美琴	陳其邁	蔣萬安	盧秀燕	賴清德
4	盧秀燕	盧秀燕	韓國瑜	賴清德	陳其邁	盧秀燕
5	韓國瑜	韓國瑜	盧秀燕	柯文哲	蕭美琴	蔣萬安
6	蔣萬安	蔣萬安	蔣萬安	黃國昌	柯文哲	韓國瑜
7	黃國昌	黃國昌	柯文哲	盧秀燕	蔣萬安	黃國昌
8	柯文哲	柯文哲	黃國昌	韓國瑜	黃國昌	柯文哲
9	蘇巧慧	蘇巧慧	卓榮泰	卓榮泰	王世堅	蘇巧慧
10	黃捷	黃捷	鄭麗君	鄭麗君	黃捷	黃捷
	卓榮泰	卓榮泰	黃偉哲	黃捷	江啟臣	卓榮泰
	江啟臣	林飛帆	蘇巧慧	江啟臣	卓榮泰	江啟臣
	王世堅	江啟臣	林飛帆	黃偉哲	蘇巧慧	張善政
	張善政	鄭麗君	王世堅	蘇巧慧	張善政	王世堅
	林飛帆	張善政	張善政	林飛帆	林飛帆	鄭麗君
	鄭麗君	王世堅	朱立倫	王世堅	侯友宜	林飛帆
	侯友宜	黃偉哲	黃捷	張善政	鄭麗君	侯友宜
	柯建銘	侯友宜	江啟臣	朱立倫	柯建銘	柯建銘
	黃偉哲	柯建銘	侯友宜	侯友宜	朱立倫	黃偉哲
	朱立倫	朱立倫	柯建銘	柯建銘	黃偉哲	朱立倫

備註：○○○灰階字體代表該人物在此分類無人選擇。

不喜歡或不信任的評價（依性別、年齡排序）

排序	整體	依性別排序		依年齡排序				
		男性	女性	18-29歲	30-39歲	40-49歲	50-59歲	60歲以上
1	黃國昌	黃國昌	黃國昌	黃國昌	黃國昌	黃國昌	黃國昌	黃國昌
2	賴清德	柯建銘	韓國瑜	柯建銘	柯建銘	賴清德	賴清德	賴清德
3	柯建銘	賴清德	賴清德	韓國瑜	賴清德	柯文哲	柯文哲	柯文哲
4	韓國瑜	柯文哲	柯文哲	賴清德	韓國瑜	韓國瑜	韓國瑜	韓國瑜
5	柯文哲	韓國瑜	柯建銘	柯文哲	柯文哲	柯建銘	柯建銘	柯建銘
6	黃捷	黃捷	黃捷	黃捷	黃捷	黃捷	黃捷	黃捷
7	盧秀燕	林飛帆	盧秀燕	林飛帆	林飛帆	林飛帆	陳其邁	盧秀燕
8	林飛帆	盧秀燕	林飛帆	朱立倫	朱立倫	盧秀燕	盧秀燕	陳其邁
9	朱立倫	朱立倫	朱立倫	蔣萬安	盧秀燕	朱立倫	林飛帆	林飛帆
10	陳其邁	陳其邁	蔣萬安	盧秀燕	侯友宜	陳其邁	朱立倫	蔣萬安
	蔣萬安	蔣萬安	侯友宜	侯友宜	卓榮泰	蔣萬安	侯友宜	朱立倫
	侯友宜	卓榮泰	陳其邁	蘇巧慧	張善政	侯友宜	蔣萬安	侯友宜
	卓榮泰	侯友宜	蕭美琴	卓榮泰	蘇巧慧	卓榮泰	王世堅	蘇巧慧
	蘇巧慧	蘇巧慧	張善政	張善政	蔣萬安	張善政	蘇巧慧	卓榮泰
	蕭美琴	張善政	王世堅	蕭美琴	黃偉哲	蕭美琴	卓榮泰	蕭美琴
	張善政	蕭美琴	蘇巧慧	王世堅	蕭美琴	黃偉哲	蕭美琴	王世堅
	王世堅	鄭麗君	黃偉哲	黃偉哲	江啟臣	江啟臣	黃偉哲	張善政
	黃偉哲	黃偉哲	卓榮泰	陳其邁	陳其邁	蘇巧慧	江啟臣	鄭麗君
	江啟臣	王世堅	江啟臣	鄭麗君	王世堅	王世堅	張善政	江啟臣
	鄭麗君	江啟臣	鄭麗君	江啟臣	鄭麗君	鄭麗君	鄭麗君	黃偉哲

備註：○○○灰階字體代表該人物在此分類無人選擇。

不喜歡或不信任的評價（依政黨傾向排序）

排序	整體	依政黨傾向排序				
		民進黨 支持者	國民黨 支持者	台灣民眾黨 支持者	選人不選黨/ 中立	其他選擇
1	黃國昌	黃國昌	賴清德	柯建銘	黃國昌	黃國昌
2	賴清德	柯文哲	柯建銘	賴清德	賴清德	韓國瑜
3	柯建銘	韓國瑜	黃捷	黃捷	柯建銘	賴清德
4	韓國瑜	盧秀燕	柯文哲	林飛帆	韓國瑜	柯文哲
5	柯文哲	朱立倫	林飛帆	卓榮泰	柯文哲	柯建銘
6	黃捷	蔣萬安	陳其邁	侯友宜	黃捷	黃捷
7	盧秀燕	侯友宜	黃國昌	朱立倫	林飛帆	陳其邁
8	林飛帆	張善政	卓榮泰	蔣萬安	朱立倫	蘇巧慧
9	朱立倫	賴清德	蕭美琴	韓國瑜	陳其邁	朱立倫
10	陳其邁	柯建銘	蘇巧慧	黃國昌	盧秀燕	林飛帆
	蔣萬安	蘇巧慧	侯友宜	陳其邁	蔣萬安	盧秀燕
	侯友宜	王世堅	朱立倫	柯文哲	侯友宜	黃偉哲
	卓榮泰	江啟臣	王世堅	蘇巧慧	蕭美琴	蔣萬安
	蘇巧慧	黃捷	鄭麗君	鄭麗君	王世堅	張善政
	蕭美琴	林飛帆	韓國瑜	盧秀燕	黃偉哲	侯友宜
	張善政	陳其邁	蔣萬安	蕭美琴	蘇巧慧	卓榮泰
	王世堅	卓榮泰	黃偉哲	黃偉哲	卓榮泰	江啟臣
	黃偉哲	黃偉哲	盧秀燕	王世堅	張善政	蕭美琴
	江啟臣	蕭美琴	江啟臣	江啟臣	江啟臣	王世堅
	鄭麗君	鄭麗君	張善政	張善政	鄭麗君	鄭麗君

備註：○○○灰階字體代表該人物在此分類無人選擇。

351

不喜歡或不信任的評價（依政治光譜排序）

排序	整體	依政治光譜排序								
		G1	G2	G3	G4	G5	G6	G7	G8	G9
1	黃國昌	賴清德	賴清德	賴清德	柯建銘	柯建銘	黃國昌	黃國昌	黃國昌	黃國昌
2	賴清德	柯建銘	柯建銘	柯建銘	賴清德	賴清德	韓國瑜	韓國瑜	柯文哲	韓國瑜
3	柯建銘	黃捷	黃捷	黃捷	黃捷	黃國昌	柯文哲	柯文哲	韓國瑜	柯文哲
4	韓國瑜	柯文哲	林飛帆	林飛帆	柯文哲	韓國瑜	柯建銘	侯友宜	盧秀燕	盧秀燕
5	柯文哲	卓榮泰	陳其邁	陳其邁	陳其邁	黃捷	朱立倫	朱立倫	朱立倫	蔣萬安
6	黃捷	林飛帆	柯文哲	柯文哲	林飛帆	林飛帆	黃捷	盧秀燕	侯友宜	朱立倫
7	盧秀燕	陳其邁	蕭美琴	卓榮泰	朱立倫	柯文哲	林飛帆	柯建銘	蔣萬安	張善政
8	林飛帆	蘇巧慧	蘇巧慧	蘇巧慧	侯友宜	朱立倫	侯友宜	蔣萬安	柯建銘	侯友宜
9	朱立倫	黃國昌	黃國昌	黃國昌	卓榮泰	侯友宜	王世堅	江啟臣	賴清德	江啟臣
10	陳其邁	王世堅	卓榮泰	王世堅	韓國瑜	蔣萬安	賴清德	林飛帆	張善政	賴清德
	蔣萬安	蕭美琴	韓國瑜	黃偉哲	蕭美琴	黃偉哲	蔣萬安	蘇巧慧	林飛帆	陳其邁
	侯友宜	鄭麗君	侯友宜	蔣萬安	黃國昌	蘇巧慧	蘇巧慧	張善政	王世堅	卓榮泰
	卓榮泰	侯友宜	王世堅	蕭美琴	王世堅	鄭麗君	蕭美琴	黃偉哲	黃偉哲	蘇巧慧
	蘇巧慧	盧秀燕	鄭麗君	朱立倫	蘇巧慧	盧秀燕	盧秀燕	賴清德	黃捷	王世堅
	蕭美琴	朱立倫	朱立倫	盧秀燕	黃偉哲	卓榮泰	張善政	黃捷	江啟臣	蕭美琴
	張善政	蔣萬安	黃偉哲	侯友宜	蔣萬安	蕭美琴	江啟臣	王世堅	蕭美琴	黃捷
	王世堅	韓國瑜	蔣萬安	韓國瑜	盧秀燕	陳其邁	黃偉哲	蕭美琴	蘇巧慧	黃偉哲
	黃偉哲	黃偉哲	盧秀燕	鄭麗君	鄭麗君	王世堅	卓榮泰	卓榮泰	卓榮泰	柯建銘
	江啟臣	江啟臣	江啟臣	江啟臣	江啟臣	張善政	陳其邁	陳其邁	陳其邁	林飛帆
	鄭麗君	張善政	張善政	張善政	張善政	江啟臣	鄭麗君	鄭麗君	鄭麗君	鄭麗君

備註：○○○灰階字體代表該人物在此分類無人選擇。

不喜歡或不信任的評價（依社會、經濟地位自評排序）

排序	整體	依社會、經濟地位自評排序				
		社會地位偏高/ 經濟地位偏高	社會地位偏高/ 經濟地位偏低	社會地位偏低/ 經濟地位偏高	社會地位偏低/ 經濟地位偏低	普通社經地位
1	黃國昌	黃國昌	黃國昌	黃國昌	黃國昌	黃國昌
2	賴清德	賴清德	韓國瑜	柯建銘	賴清德	賴清德
3	柯建銘	柯文哲	賴清德	柯文哲	柯建銘	柯建銘
4	韓國瑜	韓國瑜	柯建銘	黃捷	韓國瑜	柯文哲
5	柯文哲	柯建銘	黃捷	賴清德	柯文哲	韓國瑜
6	黃捷	黃捷	柯文哲	韓國瑜	黃捷	黃捷
7	盧秀燕	盧秀燕	盧秀燕	鄭麗君	林飛帆	林飛帆
8	林飛帆	蔣萬安	朱立倫	林飛帆	朱立倫	盧秀燕
9	朱立倫	林飛帆	侯友宜	朱立倫	陳其邁	朱立倫
10	陳其邁	陳其邁	黃偉哲	蘇巧慧	蔣萬安	陳其邁
	蔣萬安	朱立倫	林飛帆	蕭美琴	侯友宜	侯友宜
	侯友宜	侯友宜	蔣萬安	盧秀燕	盧秀燕	卓榮泰
	卓榮泰	卓榮泰	張善政	侯友宜	卓榮泰	蔣萬安
	蘇巧慧	張善政	鄭麗君	黃偉哲	蘇巧慧	蘇巧慧
	蕭美琴	蘇巧慧	陳其邁	蔣萬安	蕭美琴	蕭美琴
	張善政	王世堅	蘇巧慧	張善政	王世堅	張善政
	王世堅	蕭美琴	卓榮泰	陳其邁	張善政	黃偉哲
	黃偉哲	黃偉哲	蕭美琴	卓榮泰	江啟臣	王世堅
	江啟臣	江啟臣	王世堅	王世堅	鄭麗君	江啟臣
	鄭麗君	鄭麗君	江啟臣	江啟臣	黃偉哲	鄭麗君

備註：○○○灰階字體代表該人物在此分類無人選擇。

黃偉哲

基本資料

姓名：黃偉哲

生日：1963年9月26日

學歷：

- 美國哈佛大學甘迺迪政府學院公共行政碩士
- 美國耶魯大學公共衛生碩士
- 國立臺灣大學農業推廣系農學學士

政黨：民主進步黨

派系：泛英系

現職：

- 臺南市第4屆市長

曾擔任職位／經歷

- 臺南市第3屆市長
- 第6－9屆立法委員
- 立法院經濟委員會召集委員
- 第3屆國民大會代表
- 臺南縣第15屆議員
- 行政院顧問
- 行政院農業委員會專門委員

選舉紀錄

年度	選舉屆數	是否當選
1996 年	第 3 屆國民大會代表選舉	V
2002 年	第 15 屆臺南縣議員選舉	V
2004 年	第 6 屆立法委員選舉	V
2008 年	第 7 屆立法委員選舉	V
2012 年	第 8 屆立法委員選舉	V

年度	選舉屆數	是否當選
2016 年	第 9 屆立法委員選舉	V
2018 年	第 3 屆臺南市長選舉	V
2022 年	第 4 屆臺南市長選舉	V

民調中的黃偉哲

對黃偉哲印象最好的受訪者佔總樣本數的 0.4%。這些受訪者主要提及他在臺南執政，於行銷農產品、舉辦活動等方面的積極作為，以及謹慎、親和力、沒有醜聞等正面形象。他們的評價反映在黃偉哲在「從政績效、執政效率」、「親和力、領導風範」、「務實、穩定，展現影響力」等項目中相對優秀的表現。支持者針對黃偉哲缺點的敘述則主要是「太謹慎」、「欠缺魄力」等。

另一方面，不喜歡或不信任黃偉哲的受訪者也佔總樣本數的 0.4%。這些受訪者主要認為他過於注重行銷觀光和宣傳政績，但在實際市政上表現欠佳，尤其是道路交通方面仍需持續進步。

第一印象

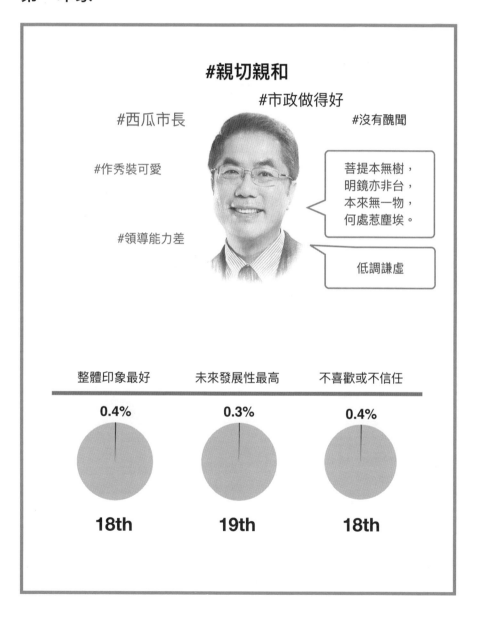

#親切親和

#市政做得好

#西瓜市長

#沒有醜聞

#作秀裝可愛

菩提本無樹，
明鏡亦非台，
本來無一物，
何處惹塵埃。

#領導能力差

低調謙虛

整體印象最好	未來發展性最高	不喜歡或不信任
0.4%	0.3%	0.4%
18th	19th	18th

整體評價（能力分析）

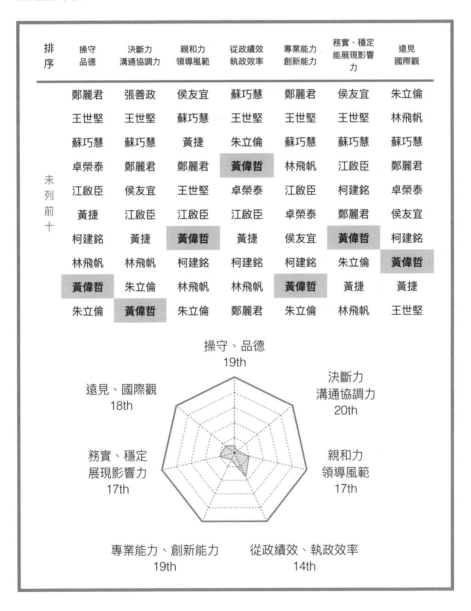

排序	操守品德	決斷力溝通協調力	親和力領導風範	從政績效執政效率	專業能力創新能力	務實、穩定能展現影響力	遠見國際觀
	鄭麗君	張善政	侯友宜	蘇巧慧	鄭麗君	侯友宜	朱立倫
	王世堅	王世堅	蘇巧慧	王世堅	王世堅	王世堅	林飛帆
	蘇巧慧	蘇巧慧	黃捷	朱立倫	蘇巧慧	蘇巧慧	蘇巧慧
	卓榮泰	鄭麗君	鄭麗君	黃偉哲	林飛帆	江啟臣	鄭麗君
未列前十	江啟臣	侯友宜	王世堅	卓榮泰	江啟臣	柯建銘	卓榮泰
	黃捷	江啟臣	江啟臣	江啟臣	卓榮泰	鄭麗君	侯友宜
	柯建銘	黃捷	黃偉哲	黃捷	侯友宜	黃偉哲	柯建銘
	林飛帆	林飛帆	柯建銘	柯建銘	柯建銘	朱立倫	黃偉哲
	黃偉哲	朱立倫	林飛帆	林飛帆	黃偉哲	黃捷	黃捷
	朱立倫	黃偉哲	朱立倫	鄭麗君	朱立倫	林飛帆	王世堅

操守、品德
19th

決斷力
溝通協調力
20th

遠見、國際觀
18th

親和力
領導風範
17th

務實、穩定
展現影響力
17th

專業能力、創新能力
19th

從政績效、執政效率
14th

第一波百人未來政治領袖調查排序回顧

縣市首長排序 (名單共24人)

	印象最好	施政績效	務實穩定 展現影響力	未來發展
排序	9	9	8	10

60歲以上政治人物排序 (名單共49人)

	印象最好	領導力	未來發展
排序	19	21	13

男性政治人物排序 (名單共62人)

	印象最好	領導力	未來發展
排序	30	33	27

社會議題面向 被期待解決問題的政治人物

	詐騙防制	治安、 社會安全網	都市發展	食安	環境能源
排序	72	82	44	38	76

整體評價（支持者分析）

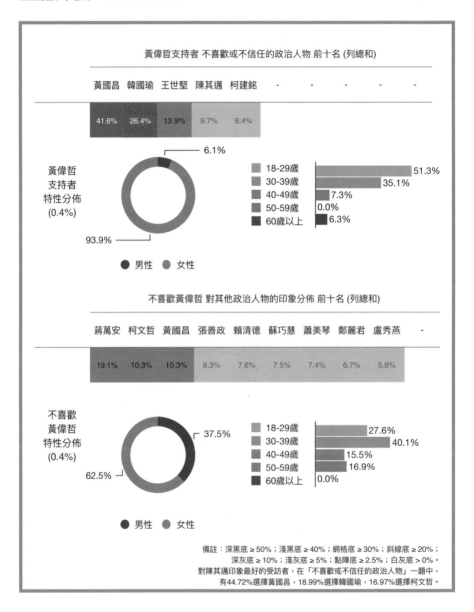

黃偉哲支持者 不喜歡或不信任的政治人物 前十名 (列總和)

黃國昌	韓國瑜	王世堅	陳其邁	柯建銘	-	-	-	-
41.6%	26.4%	13.9%	9.7%	8.4%				

黃偉哲
支持者
特性分佈
(0.4%)

6.1%
93.9%

● 男性　● 女性

18-29歲　51.3%
30-39歲　35.1%
40-49歲　7.3%
50-59歲　0.0%
60歲以上　6.3%

不喜歡黃偉哲 對其他政治人物的印象分佈 前十名 (列總和)

蔣萬安	柯文哲	黃國昌	張善政	賴清德	蘇巧慧	蕭美琴	鄭麗君	盧秀燕	-
19.1%	10.3%	10.3%	8.3%	7.6%	7.5%	7.4%	6.7%	5.8%	

不喜歡
黃偉哲
特性分佈
(0.4%)

37.5%
62.5%

● 男性　● 女性

18-29歲　27.6%
30-39歲　40.1%
40-49歲　15.5%
50-59歲　16.9%
60歲以上　0.0%

備註：深黑底 ≥ 50%；淺黑底 ≥ 40%；網格底 ≥ 30%；斜線底 ≥ 20%；
深灰底 ≥ 10%；淺灰底 ≥ 5%；點陣底 ≥ 2.5%；白灰底 > 0%。
對陳其邁印象最好的受訪者，在「不喜歡或不信任的政治人物」一題中，
有44.72%選擇黃國昌，18.99%選擇韓國瑜，16.97%選擇柯文哲。

正面評論／反面聲音

[支持者]

您認為黃偉哲有哪些吸引您的特質或值得肯定的成就及能力？

#市政做得好　18-29歲　30-39歲　50%　50%

「依照過去經歷，沒問題就是有機會，按步就班！臺南成功行銷，正反都有，負面影響不大，正面行銷水果出名！」

新北市 / 30-39歲女性

「賣農產品，行銷國際」

新北市 / 18-29歲女性

您認為黃偉哲有哪些需要改進的缺點或當前應處理面對的問題？

過於謹慎，魄力不足　18-29歲　30-39歲　67%　33%

「太謹慎」　　　　　「欠缺魄力」
臺南市 / 18-29歲女性　　臺北市 / 30-39歲女性

[反對者]

您不喜歡或不信任黃偉哲的原因是什麼（特質、言行或背景）？

#作秀裝可愛 #表面功夫　臺南市　100%

「太愛作秀，正經事情都不做，臺南交通爛的要死 沒有停車位沒有停車位沒有停車位」

臺南市 / 30-39歲女性

「做立委還好但當市長就非常不行，很會邀媒體說自己多行，但最基本的道路跟濟公穿的衣服一樣，補了又補、挖了又挖，除了原臺南市的道路還可以舊臺南縣的道路真是可憐」

臺南市 / 50-59歲男性

361

整體印象評價（依性別、年齡排序）

排序	整體	依性別排序		依年齡排序				
		男性	女性	18-29歲	30-39歲	40-49歲	50-59歲	60歲以上
1	賴清德	賴清德	賴清德	蕭美琴	蕭美琴	蕭美琴	賴清德	賴清德
2	蕭美琴	韓國瑜	蕭美琴	柯文哲	賴清德	賴清德	韓國瑜	韓國瑜
3	韓國瑜	蕭美琴	陳其邁	賴清德	柯文哲	陳其邁	蕭美琴	蕭美琴
4	陳其邁	盧秀燕	韓國瑜	盧秀燕	黃國昌	柯文哲	陳其邁	盧秀燕
5	盧秀燕	陳其邁	盧秀燕	陳其邁	陳其邁	韓國瑜	盧秀燕	陳其邁
6	柯文哲	柯文哲	柯文哲	黃國昌	盧秀燕	盧秀燕	蔣萬安	蔣萬安
7	黃國昌	黃國昌	蔣萬安	韓國瑜	韓國瑜	黃國昌	柯文哲	張善政
8	蔣萬安	蔣萬安	黃國昌	王世堅	蔣萬安	蔣萬安	張善政	黃國昌
9	張善政	江啟臣	張善政	蔣萬安	黃捷	侯友宜	鄭麗君	柯文哲
10	王世堅	黃捷	蘇巧慧	江啟臣	王世堅	蘇巧慧	黃國昌	蘇巧慧
	蘇巧慧	張善政	王世堅	鄭麗君	蘇巧慧	張善政	黃捷	卓榮泰
	黃捷	王世堅	侯友宜	黃捷	張善政	卓榮泰	王世堅	黃捷
	鄭麗君	蘇巧慧	鄭麗君	蘇巧慧	江啟臣	鄭麗君	卓榮泰	江啟臣
	江啟臣	鄭麗君	黃捷	黃偉哲	侯友宜	江啟臣	侯友宜	鄭麗君
	卓榮泰	卓榮泰	黃偉哲	張善政	鄭麗君	王世堅	江啟臣	朱立倫
	侯友宜	林飛帆	柯建銘	侯友宜	卓榮泰	黃捷	蘇巧慧	林飛帆
	柯建銘	侯友宜	卓榮泰	柯建銘	柯建銘	柯建銘	林飛帆	柯建銘
	黃偉哲	朱立倫	江啟臣	朱立倫	林飛帆	黃偉哲	朱立倫	王世堅
	林飛帆	柯建銘	林飛帆	林飛帆	黃偉哲	林飛帆	柯建銘	黃偉哲
	朱立倫	黃偉哲	朱立倫	卓榮泰	朱立倫	朱立倫	黃偉哲	侯友宜

備註：○○○灰階字體代表該人物在此分類無人選擇。

整體印象評價（依政黨傾向排序）

排序	整體	依政黨傾向排序				
		民進黨 支持者	國民黨 支持者	台灣民眾黨 支持者	選人不選黨/ 中立	其他選擇
1	賴清德	賴清德	韓國瑜	柯文哲	賴清德	蕭美琴
2	蕭美琴	蕭美琴	盧秀燕	黃國昌	盧秀燕	賴清德
3	韓國瑜	陳其邁	蔣萬安	盧秀燕	蕭美琴	韓國瑜
4	陳其邁	蘇巧慧	張善政	韓國瑜	韓國瑜	陳其邁
5	盧秀燕	黃捷	江啟臣	蕭美琴	陳其邁	盧秀燕
6	柯文哲	卓榮泰	侯友宜	蔣萬安	蔣萬安	鄭麗君
7	黃國昌	鄭麗君	朱立倫	陳其邁	柯文哲	蔣萬安
8	蔣萬安	王世堅	陳其邁	王世堅	黃國昌	黃捷
9	張善政	柯建銘	黃國昌	張善政	王世堅	黃國昌
10	王世堅	盧秀燕	王世堅	侯友宜	張善政	柯文哲
	蘇巧慧	黃偉哲	柯文哲	柯建銘	江啟臣	王世堅
	黃捷	林飛帆	蕭美琴	江啟臣	侯友宜	林飛帆
	鄭麗君	黃國昌	黃偉哲	賴清德	鄭麗君	侯友宜
	江啟臣	韓國瑜	蘇巧慧	朱立倫	黃捷	卓榮泰
	卓榮泰	柯文哲	賴清德	黃偉哲	蘇巧慧	張善政
	侯友宜	蔣萬安	黃捷	蘇巧慧	卓榮泰	柯建銘
	柯建銘	張善政	卓榮泰	黃捷	朱立倫	江啟臣
	黃偉哲	侯友宜	鄭麗君	卓榮泰	柯建銘	黃偉哲
	林飛帆	江啟臣	柯建銘	鄭麗君	林飛帆	蘇巧慧
	朱立倫	朱立倫	林飛帆	林飛帆	黃偉哲	朱立倫

備註：○○○灰階字體代表該人物在此分類無人選擇。

整體印象評價（依政治光譜排序）

排序	整體	依政治光譜排序								
		G1	G2	G3	G4	G5	G6	G7	G8	G9
1	賴清德	韓國瑜	韓國瑜	韓國瑜	柯文哲	柯文哲	蕭美琴	賴清德	賴清德	賴清德
2	蕭美琴	盧秀燕	盧秀燕	盧秀燕	黃國昌	黃國昌	賴清德	蕭美琴	蕭美琴	蕭美琴
3	韓國瑜	蔣萬安	蔣萬安	柯文哲	盧秀燕	盧秀燕	陳其邁	陳其邁	陳其邁	陳其邁
4	陳其邁	張善政	黃國昌	蔣萬安	韓國瑜	蕭美琴	柯文哲	柯文哲	蘇巧慧	蘇巧慧
5	盧秀燕	黃國昌	柯文哲	黃國昌	蔣萬安	蔣萬安	盧秀燕	鄭麗君	黃捷	黃捷
6	柯文哲	江啟臣	張善政	張善政	張善政	賴清德	王世堅	盧秀燕	卓榮泰	卓榮泰
7	黃國昌	侯友宜	侯友宜	江啟臣	王世堅	王世堅	黃國昌	黃捷	鄭麗君	鄭麗君
8	蔣萬安	朱立倫	江啟臣	侯友宜	侯友宜	韓國瑜	鄭麗君	黃國昌	王世堅	柯建銘
9	張善政	蕭美琴	朱立倫	王世堅	江啟臣	陳其邁	黃捷	蔣萬安	林飛帆	王世堅
10	王世堅	賴清德	鄭麗君	陳其邁	蕭美琴	江啟臣	卓榮泰	柯建銘	黃偉哲	林飛帆
	蘇巧慧	陳其邁	賴清德	柯建銘	柯建銘	黃偉哲	蘇巧慧	蘇巧慧	柯文哲	韓國瑜
	黃捷	鄭麗君	王世堅	蕭美琴	鄭麗君	侯友宜	韓國瑜	黃偉哲	柯建銘	黃偉哲
	鄭麗君	黃捷	陳其邁	朱立倫	黃捷	張善政	林飛帆	王世堅	盧秀燕	柯文哲
	江啟臣	柯文哲	蕭美琴	鄭麗君	賴清德	黃捷	張善政	卓榮泰	黃國昌	盧秀燕
	卓榮泰	王世堅	黃捷	賴清德	陳其邁	柯建銘	蔣萬安	韓國瑜	蔣萬安	黃國昌
	侯友宜	林飛帆	林飛帆	黃捷	朱立倫	朱立倫	江啟臣	林飛帆	韓國瑜	蔣萬安
	柯建銘	卓榮泰	卓榮泰	林飛帆	林飛帆	鄭麗君	黃偉哲	張善政	張善政	張善政
	黃偉哲	柯建銘	柯建銘	卓榮泰	卓榮泰	蘇巧慧	侯友宜	江啟臣	江啟臣	江啟臣
	林飛帆	黃偉哲	黃偉哲	黃偉哲	黃偉哲	林飛帆	柯建銘	侯友宜	侯友宜	侯友宜
	朱立倫	蘇巧慧	蘇巧慧	蘇巧慧	蘇巧慧	卓榮泰	朱立倫	朱立倫	朱立倫	朱立倫

備註：○○○灰階字體代表該人物在此分類無人選擇。

整體印象評價（依社會、經濟地位自評排序）

排序	整體	依社會、經濟地位自評排序				
		社會地位偏高/經濟地位偏高	社會地位偏高/經濟地位偏低	社會地位偏低/經濟地位偏高	社會地位偏低/經濟地位偏低	普通社經地位
1	賴清德	賴清德	賴清德	蕭美琴	韓國瑜	賴清德
2	蕭美琴	蕭美琴	蕭美琴	賴清德	賴清德	蕭美琴
3	韓國瑜	陳其邁	韓國瑜	柯文哲	蕭美琴	韓國瑜
4	陳其邁	韓國瑜	盧秀燕	陳其邁	盧秀燕	陳其邁
5	盧秀燕	盧秀燕	陳其邁	張善政	陳其邁	盧秀燕
6	柯文哲	柯文哲	柯文哲	韓國瑜	柯文哲	柯文哲
7	黃國昌	黃國昌	黃國昌	黃國昌	黃國昌	蔣萬安
8	蔣萬安	蔣萬安	蔣萬安	盧秀燕	蔣萬安	黃國昌
9	張善政	蘇巧慧	蘇巧慧	鄭麗君	黃捷	張善政
10	王世堅	江啟臣	張善政	林飛帆	王世堅	王世堅
	蘇巧慧	張善政	卓榮泰	蘇巧慧	鄭麗君	侯友宜
	黃捷	黃捷	黃偉哲	蔣萬安	江啟臣	蘇巧慧
	鄭麗君	卓榮泰	黃捷	黃捷	蘇巧慧	黃捷
	江啟臣	王世堅	江啟臣	侯友宜	侯友宜	卓榮泰
	卓榮泰	鄭麗君	王世堅	卓榮泰	張善政	鄭麗君
	侯友宜	柯建銘	鄭麗君	黃偉哲	林飛帆	江啟臣
	柯建銘	侯友宜	侯友宜	江啟臣	柯建銘	黃偉哲
	黃偉哲	林飛帆	柯建銘	王世堅	卓榮泰	朱立倫
	林飛帆	朱立倫	林飛帆	柯建銘	黃偉哲	柯建銘
	朱立倫	黃偉哲	朱立倫	朱立倫	朱立倫	林飛帆

備註：○○○灰階字體代表該人物在此分類無人選擇。

看好未來表現評價（依性別、年齡排序）

排序	整體	依性別排序		依年齡排序				
		男性	女性	18-29歲	30-39歲	40-49歲	50-59歲	60歲以上
1	賴清德	賴清德	賴清德	陳其邁	蕭美琴	蕭美琴	陳其邁	賴清德
2	陳其邁	陳其邁	陳其邁	盧秀燕	陳其邁	陳其邁	賴清德	韓國瑜
3	蕭美琴	蕭美琴	蕭美琴	蕭美琴	黃國昌	賴清德	韓國瑜	陳其邁
4	盧秀燕	盧秀燕	韓國瑜	黃國昌	賴清德	盧秀燕	蕭美琴	蕭美琴
5	韓國瑜	韓國瑜	盧秀燕	賴清德	柯文哲	柯文哲	盧秀燕	盧秀燕
6	蔣萬安	蔣萬安	蔣萬安	柯文哲	盧秀燕	黃國昌	蔣萬安	蔣萬安
7	黃國昌	黃國昌	柯文哲	蔣萬安	韓國瑜	韓國瑜	柯文哲	柯文哲
8	柯文哲	柯文哲	黃國昌	韓國瑜	蔣萬安	蔣萬安	黃國昌	黃國昌
9	蘇巧慧	蘇巧慧	卓榮泰	蘇巧慧	黃捷	蘇巧慧	蘇巧慧	卓榮泰
10	黃捷	黃捷	蘇巧慧	王世堅	卓榮泰	黃捷	張善政	江啟臣
	卓榮泰	江啟臣	黃捷	黃捷	蘇巧慧	江啟臣	卓榮泰	張善政
	江啟臣	張善政	王世堅	江啟臣	林飛帆	王世堅	黃捷	鄭麗君
	王世堅	卓榮泰	林飛帆	卓榮泰	江啟臣	張善政	鄭麗君	蘇巧慧
	張善政	王世堅	江啟臣	鄭麗君	王世堅	卓榮泰	江啟臣	林飛帆
	林飛帆	鄭麗君	鄭麗君	林飛帆	侯友宜	侯友宜	林飛帆	黃捷
	鄭麗君	林飛帆	侯友宜	黃偉哲	張善政	林飛帆	王世堅	王世堅
	侯友宜	侯友宜	張善政	侯友宜	鄭麗君	鄭麗君	侯友宜	柯建銘
	柯建銘	柯建銘	黃偉哲	張善政	柯建銘	黃偉哲	朱立倫	侯友宜
	黃偉哲	黃偉哲	柯建銘	柯建銘	黃偉哲	柯建銘	黃偉哲	黃偉哲
	朱立倫	朱立倫	朱立倫	朱立倫	朱立倫	朱立倫	柯建銘	朱立倫

備註：○○○灰階字體代表該人物在此分類無人選擇。

看好未來表現評價（依政黨傾向排序）

排序	整體	依政黨傾向排序				
		民進黨支持者	國民黨支持者	台灣民眾黨支持者	選人不選黨/中立	其他選擇
1	賴清德	賴清德	韓國瑜	黃國昌	盧秀燕	蕭美琴
2	陳其邁	陳其邁	盧秀燕	柯文哲	蕭美琴	陳其邁
3	蕭美琴	蕭美琴	蔣萬安	盧秀燕	賴清德	賴清德
4	盧秀燕	蘇巧慧	江啟臣	韓國瑜	陳其邁	盧秀燕
5	韓國瑜	黃捷	張善政	蔣萬安	蔣萬安	韓國瑜
6	蔣萬安	卓榮泰	侯友宜	陳其邁	韓國瑜	柯文哲
7	黃國昌	林飛帆	蕭美琴	江啟臣	黃國昌	蔣萬安
8	柯文哲	王世堅	黃國昌	蕭美琴	柯文哲	黃捷
9	蘇巧慧	鄭麗君	黃偉哲	王世堅	王世堅	黃國昌
10	黃捷	盧秀燕	王世堅	柯建銘	江啟臣	鄭麗君
	卓榮泰	柯建銘	陳其邁	侯友宜	卓榮泰	王世堅
	江啟臣	黃偉哲	黃捷	張善政	蘇巧慧	蘇巧慧
	王世堅	韓國瑜	柯文哲	賴清德	黃捷	林飛帆
	張善政	江啟臣	卓榮泰	黃偉哲	張善政	卓榮泰
	林飛帆	蔣萬安	賴清德	黃捷	鄭麗君	張善政
	鄭麗君	黃國昌	蘇巧慧	卓榮泰	侯友宜	江啟臣
	侯友宜	張善政	林飛帆	蘇巧慧	朱立倫	黃偉哲
	柯建銘	柯文哲	鄭麗君	林飛帆	柯建銘	侯友宜
	黃偉哲	侯友宜	柯建銘	鄭麗君	林飛帆	柯建銘
	朱立倫	朱立倫	朱立倫	朱立倫	黃偉哲	朱立倫

備註：○○○灰階字體代表該人物在此分類無人選擇。

看好未來表現評價（依政治光譜排序）

排序	整體	依政治光譜排序								
		G1	G2	G3	G4	G5	G6	G7	G8	G9
1	賴清德	韓國瑜	盧秀燕	盧秀燕	黃國昌	柯文哲	蕭美琴	陳其邁	蕭美琴	賴清德
2	陳其邁	蔣萬安	韓國瑜	韓國瑜	盧秀燕	黃國昌	陳其邁	蕭美琴	陳其邁	陳其邁
3	蕭美琴	盧秀燕	蔣萬安	蔣萬安	柯文哲	盧秀燕	賴清德	賴清德	賴清德	蕭美琴
4	盧秀燕	張善政	黃國昌	黃國昌	蔣萬安	蔣萬安	盧秀燕	黃捷	卓榮泰	蘇巧慧
5	韓國瑜	黃國昌	柯文哲	柯文哲	韓國瑜	賴清德	黃國昌	盧秀燕	黃捷	黃捷
6	蔣萬安	江啟臣	張善政	江啟臣	王世堅	蕭美琴	柯文哲	卓榮泰	蘇巧慧	卓榮泰
7	黃國昌	侯友宜	江啟臣	張善政	侯友宜	陳其邁	蘇巧慧	柯文哲	林飛帆	林飛帆
8	柯文哲	柯文哲	侯友宜	蕭美琴	蕭美琴	王世堅	黃捷	鄭麗君	王世堅	鄭麗君
9	蘇巧慧	蕭美琴	鄭麗君	王世堅	張善政	韓國瑜	林飛帆	王世堅	鄭麗君	王世堅
10	黃捷	陳其邁	賴清德	柯建銘	江啟臣	江啟臣	王世堅	蘇巧慧	盧秀燕	柯建銘
	卓榮泰	賴清德	朱立倫	朱立倫	陳其邁	黃偉哲	韓國瑜	蔣萬安	江啟臣	黃偉哲
	江啟臣	黃捷	蕭美琴	侯友宜	柯建銘	侯友宜	蔣萬安	江啟臣	柯文哲	韓國瑜
	王世堅	鄭麗君	陳其邁	鄭麗君	黃捷	鄭麗君	江啟臣	林飛帆	柯建銘	蔣萬安
	張善政	王世堅	黃捷	賴清德	卓榮泰	張善政	卓榮泰	柯建銘	韓國瑜	盧秀燕
	林飛帆	蘇巧慧	王世堅	陳其邁	賴清德	柯建銘	鄭麗君	黃國昌	黃國昌	江啟臣
	鄭麗君	林飛帆	蘇巧慧	黃捷	朱立倫	蘇巧慧	黃偉哲	黃偉哲	黃偉哲	柯文哲
	侯友宜	卓榮泰	林飛帆	蘇巧慧	鄭麗君	朱立倫	侯友宜	韓國瑜	蔣萬安	黃國昌
	柯建銘	黃偉哲	卓榮泰	林飛帆	蘇巧慧	黃捷	張善政	侯友宜	侯友宜	侯友宜
	黃偉哲	柯建銘	黃偉哲	卓榮泰	林飛帆	林飛帆	柯建銘	張善政	張善政	張善政
	朱立倫	朱立倫	柯建銘	黃偉哲	黃偉哲	卓榮泰	朱立倫	朱立倫	朱立倫	朱立倫

備註：○○○灰階字體代表該人物在此分類無人選擇。

看好未來表現評價（依社會、經濟地位自評排序）

排序	整體	依社會、經濟地位自評排序				
		社會地位偏高/經濟地位偏高	社會地位偏高/經濟地位偏低	社會地位偏低/經濟地位偏高	社會地位偏低/經濟地位偏低	普通社經地位
1	賴清德	賴清德	蕭美琴	陳其邁	賴清德	陳其邁
2	陳其邁	陳其邁	賴清德	蕭美琴	韓國瑜	蕭美琴
3	蕭美琴	蕭美琴	陳其邁	蔣萬安	盧秀燕	賴清德
4	盧秀燕	盧秀燕	韓國瑜	賴清德	陳其邁	盧秀燕
5	韓國瑜	韓國瑜	盧秀燕	柯文哲	蕭美琴	蔣萬安
6	蔣萬安	蔣萬安	蔣萬安	黃國昌	柯文哲	韓國瑜
7	黃國昌	黃國昌	柯文哲	盧秀燕	蔣萬安	黃國昌
8	柯文哲	柯文哲	黃國昌	韓國瑜	黃國昌	柯文哲
9	蘇巧慧	蘇巧慧	卓榮泰	卓榮泰	王世堅	蘇巧慧
10	黃捷	黃捷	鄭麗君	鄭麗君	黃捷	黃捷
	卓榮泰	卓榮泰	黃偉哲	黃捷	江啟臣	卓榮泰
	江啟臣	林飛帆	蘇巧慧	江啟臣	蘇巧慧	江啟臣
	王世堅	江啟臣	林飛帆	黃偉哲	卓榮泰	張善政
	張善政	鄭麗君	王世堅	蘇巧慧	張善政	王世堅
	林飛帆	張善政	張善政	林飛帆	林飛帆	鄭麗君
	鄭麗君	王世堅	朱立倫	王世堅	侯友宜	林飛帆
	侯友宜	黃偉哲	黃捷	張善政	鄭麗君	侯友宜
	柯建銘	侯友宜	江啟臣	朱立倫	柯建銘	柯建銘
	黃偉哲	柯建銘	侯友宜	侯友宜	朱立倫	黃偉哲
	朱立倫	朱立倫	柯建銘	柯建銘	黃偉哲	朱立倫

備註：○○○灰階字體代表該人物在此分類無人選擇。

不喜歡或不信任的評價（依性別、年齡排序）

排序	整體	依性別排序		依年齡排序				
		男性	女性	18-29歲	30-39歲	40-49歲	50-59歲	60歲以上
1	黃國昌	黃國昌	黃國昌	黃國昌	黃國昌	黃國昌	黃國昌	黃國昌
2	賴清德	柯建銘	韓國瑜	柯建銘	柯建銘	賴清德	賴清德	賴清德
3	柯建銘	賴清德	賴清德	韓國瑜	賴清德	柯文哲	柯文哲	柯文哲
4	韓國瑜	柯文哲	柯文哲	賴清德	韓國瑜	韓國瑜	韓國瑜	韓國瑜
5	柯文哲	韓國瑜	柯建銘	柯文哲	柯文哲	柯建銘	柯建銘	柯建銘
6	黃捷	黃捷	黃捷	黃捷	黃捷	黃捷	黃捷	黃捷
7	盧秀燕	林飛帆	盧秀燕	林飛帆	林飛帆	林飛帆	陳其邁	盧秀燕
8	林飛帆	盧秀燕	林飛帆	朱立倫	朱立倫	盧秀燕	盧秀燕	陳其邁
9	朱立倫	朱立倫	朱立倫	蔣萬安	盧秀燕	朱立倫	林飛帆	林飛帆
10	陳其邁	陳其邁	蔣萬安	盧秀燕	侯友宜	陳其邁	朱立倫	蔣萬安
	蔣萬安	蔣萬安	侯友宜	侯友宜	卓榮泰	蔣萬安	侯友宜	朱立倫
	侯友宜	卓榮泰	陳其邁	蘇巧慧	張善政	侯友宜	蔣萬安	侯友宜
	卓榮泰	侯友宜	蕭美琴	卓榮泰	蘇巧慧	卓榮泰	王世堅	蘇巧慧
	蘇巧慧	蘇巧慧	張善政	張善政	蔣萬安	張善政	蘇巧慧	卓榮泰
	蕭美琴	張善政	王世堅	蕭美琴	黃偉哲	蕭美琴	卓榮泰	蕭美琴
	張善政	蕭美琴	蘇巧慧	王世堅	蕭美琴	黃偉哲	蕭美琴	王世堅
	王世堅	鄭麗君	黃偉哲	黃偉哲	江啟臣	江啟臣	黃偉哲	張善政
	黃偉哲	黃偉哲	卓榮泰	陳其邁	陳其邁	蘇巧慧	江啟臣	鄭麗君
	江啟臣	王世堅	江啟臣	鄭麗君	王世堅	王世堅	張善政	江啟臣
	鄭麗君	江啟臣	鄭麗君	江啟臣	鄭麗君	鄭麗君	鄭麗君	黃偉哲

備註：○○○灰階字體代表該人物在此分類無人選擇。

不喜歡或不信任的評價（依政黨傾向排序）

排序	整體	依政黨傾向排序				
		民進黨支持者	國民黨支持者	台灣民眾黨支持者	選人不選黨/中立	其他選擇
1	黃國昌	黃國昌	賴清德	柯建銘	黃國昌	黃國昌
2	賴清德	柯文哲	柯建銘	賴清德	賴清德	韓國瑜
3	柯建銘	韓國瑜	黃捷	黃捷	柯建銘	賴清德
4	韓國瑜	盧秀燕	柯文哲	林飛帆	韓國瑜	柯文哲
5	柯文哲	朱立倫	林飛帆	卓榮泰	柯文哲	柯建銘
6	黃捷	蔣萬安	陳其邁	侯友宜	黃捷	黃捷
7	盧秀燕	侯友宜	黃國昌	朱立倫	林飛帆	陳其邁
8	林飛帆	張善政	卓榮泰	蔣萬安	朱立倫	蘇巧慧
9	朱立倫	賴清德	蕭美琴	韓國瑜	陳其邁	朱立倫
10	陳其邁	柯建銘	蘇巧慧	黃國昌	盧秀燕	林飛帆
	蔣萬安	蘇巧慧	侯友宜	陳其邁	蔣萬安	盧秀燕
	侯友宜	王世堅	朱立倫	柯文哲	侯友宜	黃偉哲
	卓榮泰	江啟臣	王世堅	蘇巧慧	蕭美琴	蔣萬安
	蘇巧慧	黃捷	鄭麗君	鄭麗君	王世堅	張善政
	蕭美琴	林飛帆	韓國瑜	盧秀燕	黃偉哲	侯友宜
	張善政	陳其邁	蔣萬安	蕭美琴	蘇巧慧	卓榮泰
	王世堅	卓榮泰	黃偉哲	黃偉哲	卓榮泰	江啟臣
	黃偉哲	黃偉哲	盧秀燕	王世堅	張善政	蕭美琴
	江啟臣	蕭美琴	江啟臣	江啟臣	江啟臣	王世堅
	鄭麗君	鄭麗君	張善政	張善政	鄭麗君	鄭麗君

備註：○○○灰階字體代表該人物在此分類無人選擇。

不喜歡或不信任的評價（依政治光譜排序）

排序	整體	依政治光譜排序								
		G1	G2	G3	G4	G5	G6	G7	G8	G9
1	黃國昌	賴清德	賴清德	賴清德	柯建銘	柯建銘	黃國昌	黃國昌	黃國昌	黃國昌
2	賴清德	柯建銘	柯建銘	柯建銘	賴清德	賴清德	韓國瑜	韓國瑜	柯文哲	韓國瑜
3	柯建銘	黃捷	黃捷	黃捷	黃捷	黃國昌	柯文哲	柯文哲	韓國瑜	柯文哲
4	韓國瑜	柯文哲	林飛帆	林飛帆	柯文哲	韓國瑜	柯建銘	侯友宜	盧秀燕	盧秀燕
5	柯文哲	卓榮泰	陳其邁	陳其邁	陳其邁	黃捷	朱立倫	朱立倫	朱立倫	蔣萬安
6	黃捷	林飛帆	柯文哲	柯文哲	林飛帆	林飛帆	黃捷	盧秀燕	侯友宜	朱立倫
7	盧秀燕	陳其邁	蕭美琴	卓榮泰	朱立倫	柯文哲	林飛帆	柯建銘	蔣萬安	張善政
8	林飛帆	蘇巧慧	蘇巧慧	蘇巧慧	侯友宜	朱立倫	侯友宜	蔣萬安	柯建銘	侯友宜
9	朱立倫	黃國昌	黃國昌	黃國昌	卓榮泰	侯友宜	王世堅	江啟臣	賴清德	江啟臣
10	陳其邁	王世堅	卓榮泰	王世堅	韓國瑜	蔣萬安	賴清德	林飛帆	張善政	賴清德
	蔣萬安	蕭美琴	韓國瑜	黃偉哲	蕭美琴	黃偉哲	蔣萬安	蘇巧慧	林飛帆	陳其邁
	侯友宜	鄭麗君	侯友宜	蔣萬安	黃國昌	蘇巧慧	蘇巧慧	張善政	王世堅	卓榮泰
	卓榮泰	侯友宜	王世堅	蕭美琴	王世堅	鄭麗君	蕭美琴	黃偉哲	黃偉哲	蘇巧慧
	蘇巧慧	盧秀燕	鄭麗君	朱立倫	蘇巧慧	盧秀燕	盧秀燕	賴清德	黃捷	王世堅
	蕭美琴	朱立倫	朱立倫	盧秀燕	黃偉哲	卓榮泰	張善政	黃捷	江啟臣	蕭美琴
	張善政	蔣萬安	黃偉哲	侯友宜	蔣萬安	蕭美琴	江啟臣	王世堅	蕭美琴	黃捷
	王世堅	韓國瑜	蔣萬安	韓國瑜	盧秀燕	陳其邁	黃偉哲	蕭美琴	蘇巧慧	黃偉哲
	黃偉哲	黃偉哲	盧秀燕	鄭麗君	鄭麗君	王世堅	卓榮泰	卓榮泰	卓榮泰	柯建銘
	江啟臣	江啟臣	江啟臣	江啟臣	江啟臣	張善政	陳其邁	陳其邁	陳其邁	林飛帆
	鄭麗君	張善政	張善政	張善政	張善政	江啟臣	鄭麗君	鄭麗君	鄭麗君	鄭麗君

備註：○○○灰階字體代表該人物在此分類無人選擇。

不喜歡或不信任的評價（依社會、經濟地位自評排序）

排序	整體	依社會、經濟地位自評排序				
		社會地位偏高/經濟地位偏高	社會地位偏高/經濟地位偏低	社會地位偏低/經濟地位偏高	社會地位偏低/經濟地位偏低	普通社經地位
1	黃國昌	黃國昌	黃國昌	黃國昌	黃國昌	黃國昌
2	賴清德	賴清德	韓國瑜	柯建銘	賴清德	賴清德
3	柯建銘	柯文哲	賴清德	柯文哲	柯建銘	柯建銘
4	韓國瑜	韓國瑜	柯建銘	黃捷	韓國瑜	柯文哲
5	柯文哲	柯建銘	黃捷	賴清德	柯文哲	韓國瑜
6	黃捷	黃捷	柯文哲	韓國瑜	黃捷	黃捷
7	盧秀燕	盧秀燕	盧秀燕	鄭麗君	林飛帆	林飛帆
8	林飛帆	蔣萬安	朱立倫	林飛帆	朱立倫	盧秀燕
9	朱立倫	林飛帆	侯友宜	朱立倫	陳其邁	朱立倫
10	陳其邁	陳其邁	黃偉哲	蘇巧慧	蔣萬安	陳其邁
	蔣萬安	朱立倫	林飛帆	蕭美琴	侯友宜	侯友宜
	侯友宜	侯友宜	蔣萬安	盧秀燕	盧秀燕	卓榮泰
	卓榮泰	卓榮泰	張善政	侯友宜	卓榮泰	蔣萬安
	蘇巧慧	張善政	鄭麗君	黃偉哲	蘇巧慧	蘇巧慧
	蕭美琴	蘇巧慧	陳其邁	蔣萬安	蕭美琴	蕭美琴
	張善政	王世堅	蘇巧慧	張善政	王世堅	張善政
	王世堅	蕭美琴	卓榮泰	陳其邁	張善政	黃偉哲
	黃偉哲	黃偉哲	蕭美琴	卓榮泰	江啟臣	王世堅
	江啟臣	江啟臣	王世堅	王世堅	鄭麗君	江啟臣
	鄭麗君	鄭麗君	江啟臣	江啟臣	黃偉哲	鄭麗君

備註：○○○灰階字體代表該人物在此分類無人選擇。

基本資料

姓名：鄭麗君

生日：1969年6月19日

學歷：

- 法國巴黎第十大學政治、經濟、社會哲學博士候選人
- 法國巴黎第十大學政治、經濟、社會哲學碩士
- 國立臺灣大學哲學系學士

政黨：民主進步黨

派系：親賴系

現職：

- 行政院第40任副院長

曾擔任職位／經歷

- 2024年賴清德蕭美琴競選總部國政召集人
- 財團法人青平台基金會董事長兼執行長
- 文化部部長
- 第8-9屆立法委員
- 財團法人台灣智庫執行長
- 行政院青年輔導委員會主任委員

選舉紀錄

年度	選舉屆數	是否當選
2012 年	第 8 屆立法委員選舉	V
2016 年	第 9 屆立法委員選舉	V

民調中的鄭麗君

對鄭麗君印象最好的受訪者佔總樣本數的 1.2%，主要提及她的穩重、優雅、有氣質等正面形象，以及她在擔任文化部長期間推動文化產業的突出成果，這在「操守、品德」和「專業能力、創新能力」兩個項目中均排序第 11，並列個人最佳。部分支持者認為她應該加強更多歷練，特別是在地方政府首長的職務上，以拓展更全面的政治視野。

另一方面，不喜歡或不信任鄭麗君的受訪者比例最少，佔總樣本數的 0.2%，主要是因其所屬民進黨及臺獨的政治立場。這顯示鄭麗君在民眾中擁有良好的形象，少有負面爭議。

第一印象

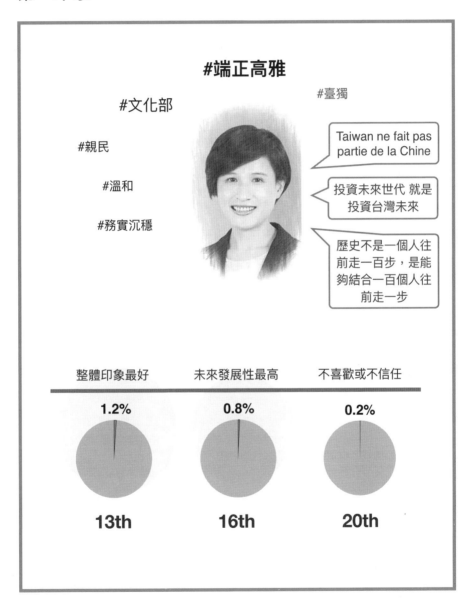

#端正高雅

#文化部

#臺獨

#親民

#溫和

#務實沉穩

Taiwan ne fait pas partie de la Chine

投資未來世代 就是投資台灣未來

歷史不是一個人往前走一百步，是能夠結合一百個人往前走一步

整體印象最好	未來發展性最高	不喜歡或不信任
1.2%	0.8%	0.2%
13th	16th	20th

整體評價（能力分析）

排序	操守 品德	決斷力 溝通協調力	親和力 領導風範	從政績效 執政效率	專業能力 創新能力	務實、穩定 能展現影響力	遠見 國際觀
	鄭麗君	張善政	侯友宜	蘇巧慧	鄭麗君	侯友宜	朱立倫
	王世堅	王世堅	蘇巧慧	王世堅	王世堅	王世堅	林飛帆
	蘇巧慧	蘇巧慧	黃捷	朱立倫	蘇巧慧	蘇巧慧	蘇巧慧
未列前十	卓榮泰	鄭麗君	鄭麗君	黃偉哲	林飛帆	江啟臣	鄭麗君
	江啟臣	侯友宜	王世堅	卓榮泰	江啟臣	柯建銘	卓榮泰
	黃捷	江啟臣	江啟臣	江啟臣	卓榮泰	鄭麗君	侯友宜
	柯建銘	黃捷	黃偉哲	黃捷	侯友宜	黃偉哲	柯建銘
	林飛帆	林飛帆	柯建銘	柯建銘	柯建銘	朱立倫	黃偉哲
	黃偉哲	朱立倫	林飛帆	林飛帆	黃偉哲	黃捷	黃捷
	朱立倫	黃偉哲	朱立倫	鄭麗君	朱立倫	林飛帆	王世堅

操守、品德
11th

遠見、國際觀
14th

決斷力
溝通協調力
14th

務實、穩定
展現影響力
16th

親和力
領導風範
14th

專業能力、創新能力
11th

從政績效、執政效率
20th

第一波百人未來政治領袖調查排序回顧

新內閣排序 (名單共31人)		
印象最好	表現值得期待	未來發展
排序　2	3	2

50-59歲政治人物排序 (名單共32人)		
印象最好	領導力	未來發展
排序　6	10	7

女性政治人物排序 (名單共38人)		
印象最好	領導力	未來發展
排序　9	9	9

社會議題面向 被期待解決問題的政治人物				
詐騙防制	治安、社會安全網	都市發展	食安	環境能源
排序　43	13	44	28	42

整體評價（支持者分析）

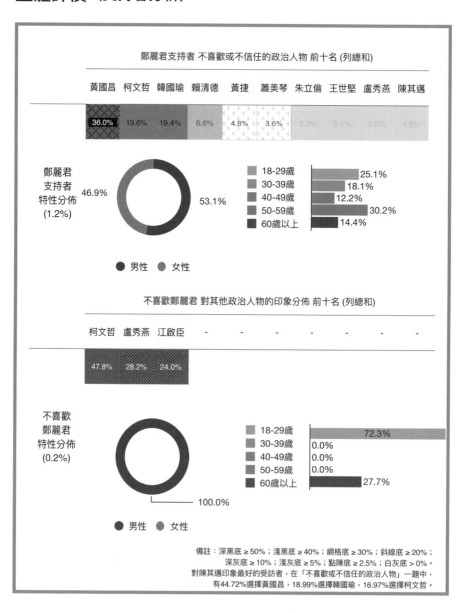

鄭麗君支持者 不喜歡或不信任的政治人物 前十名 (列總和)

黃國昌	柯文哲	韓國瑜	賴清德	黃捷	蕭美琴	朱立倫	王世堅	盧秀燕	陳其邁
36.0%	19.6%	19.4%	6.6%	4.8%	3.6%	2.3%	2.1%	2.0%	1.9%

鄭麗君
支持者
特性分佈
(1.2%)

46.9%　53.1%

18-29歲　25.1%
30-39歲　18.1%
40-49歲　12.2%
50-59歲　30.2%
60歲以上　14.4%

● 男性　● 女性

不喜歡鄭麗君 對其他政治人物的印象分佈 前十名 (列總和)

柯文哲	盧秀燕	江啟臣	-	-	-	-	-	-	-
47.8%	28.2%	24.0%							

不喜歡
鄭麗君
特性分佈
(0.2%)

100.0%

18-29歲　72.3%
30-39歲　0.0%
40-49歲　0.0%
50-59歲　0.0%
60歲以上　27.7%

● 男性　● 女性

備註：深黑底 ≥50%；淺黑底 ≥40%；網格底 ≥30%；斜線底 ≥20%；
深灰底 ≥10%；淺灰底 ≥5%；點陣底 ≥2.5%；白灰底 >0%。
對陳其邁印象最好的受訪者，在「不喜歡或不信任的政治人物」一題中，
有44.72%選擇黃國昌，18.99%選擇韓國瑜，16.97%選擇柯文哲。

正面評論／反面聲音

[支持者]

您認為鄭麗君有哪些吸引您的特質或值得肯定的成就及能力？

| | 18-29歲 | 30-39歲 | 40-49歲 | 50-59歲 | 60歲以上 |

#端正高雅　13%　13%　7%　53%　13%

「情緒沈穩具親和力、有文化背景且有行政立法經驗」

花蓮縣 / 18-29歲男性

| | 18-29歲 | 30-39歲 | 40-49歲 |

#文化部　55%　36%　9%

「擔任文化部長期間致力復振、推展臺灣本土文化，使臺灣人更認識自己，使世界更看見臺灣。

臺中市 / 18-29歲男性

您認為鄭麗君有哪些需要改進的缺點或當前應處理面對的問題？

歷練不夠

「缺乏地方縣市行政首長選舉的歷練，但目前臺灣似乎也不在意這個，黃國昌就沒這個歷練，卻還是一堆人捧」

臺北市 / 30-39歲男性

[反對者]

您不喜歡或不信任鄭麗君的原因是什麼（特質、言行或背景）？

#臺獨　■ 男性　100.0%

「臺獨主張」

桃園市 / 18-29歲男性

整體印象評價（依性別、年齡排序）

排序	整體	依性別排序		依年齡排序				
		男性	女性	18-29歲	30-39歲	40-49歲	50-59歲	60歲以上
1	賴清德	賴清德	賴清德	蕭美琴	蕭美琴	蕭美琴	賴清德	賴清德
2	蕭美琴	韓國瑜	蕭美琴	柯文哲	賴清德	賴清德	韓國瑜	韓國瑜
3	韓國瑜	蕭美琴	陳其邁	賴清德	柯文哲	陳其邁	蕭美琴	蕭美琴
4	陳其邁	盧秀燕	韓國瑜	盧秀燕	黃國昌	柯文哲	陳其邁	盧秀燕
5	盧秀燕	陳其邁	盧秀燕	陳其邁	陳其邁	韓國瑜	盧秀燕	陳其邁
6	柯文哲	柯文哲	柯文哲	黃國昌	盧秀燕	盧秀燕	蔣萬安	蔣萬安
7	黃國昌	黃國昌	蔣萬安	韓國瑜	韓國瑜	黃國昌	柯文哲	張善政
8	蔣萬安	蔣萬安	黃國昌	王世堅	蔣萬安	蔣萬安	張善政	黃國昌
9	張善政	江啟臣	張善政	蔣萬安	黃捷	侯友宜	鄭麗君	柯文哲
10	王世堅	黃捷	蘇巧慧	江啟臣	王世堅	蘇巧慧	黃國昌	蘇巧慧
	蘇巧慧	張善政	王世堅	鄭麗君	蘇巧慧	張善政	黃捷	卓榮泰
	黃捷	王世堅	侯友宜	黃捷	張善政	卓榮泰	王世堅	黃捷
	鄭麗君	蘇巧慧	鄭麗君	蘇巧慧	江啟臣	鄭麗君	卓榮泰	江啟臣
	江啟臣	鄭麗君	黃捷	黃偉哲	侯友宜	江啟臣	侯友宜	鄭麗君
	卓榮泰	卓榮泰	黃偉哲	張善政	鄭麗君	王世堅	江啟臣	朱立倫
	侯友宜	林飛帆	柯建銘	侯友宜	卓榮泰	黃捷	蘇巧慧	林飛帆
	柯建銘	侯友宜	卓榮泰	柯建銘	柯建銘	柯建銘	林飛帆	柯建銘
	黃偉哲	朱立倫	江啟臣	朱立倫	林飛帆	黃偉哲	朱立倫	王世堅
	林飛帆	柯建銘	林飛帆	林飛帆	黃偉哲	林飛帆	柯建銘	黃偉哲
	朱立倫	黃偉哲	朱立倫	卓榮泰	朱立倫	朱立倫	黃偉哲	侯友宜

備註：○○○灰階字體代表該人物在此分類無人選擇。

整體印象評價（依政黨傾向排序）

排序	整體	依政黨傾向排序				
		民進黨 支持者	國民黨 支持者	台灣民眾黨 支持者	選人不選黨/ 中立	其他選擇
1	賴清德	賴清德	韓國瑜	柯文哲	賴清德	蕭美琴
2	蕭美琴	蕭美琴	盧秀燕	黃國昌	盧秀燕	賴清德
3	韓國瑜	陳其邁	蔣萬安	盧秀燕	蕭美琴	韓國瑜
4	陳其邁	蘇巧慧	張善政	韓國瑜	韓國瑜	陳其邁
5	盧秀燕	黃捷	江啟臣	蕭美琴	陳其邁	盧秀燕
6	柯文哲	卓榮泰	侯友宜	蔣萬安	蔣萬安	鄭麗君
7	黃國昌	鄭麗君	朱立倫	陳其邁	柯文哲	蔣萬安
8	蔣萬安	王世堅	陳其邁	王世堅	黃國昌	黃捷
9	張善政	柯建銘	黃國昌	張善政	王世堅	黃國昌
10	王世堅	盧秀燕	王世堅	侯友宜	張善政	柯文哲
	蘇巧慧	黃偉哲	柯文哲	柯建銘	江啟臣	王世堅
	黃捷	林飛帆	蕭美琴	江啟臣	侯友宜	林飛帆
	鄭麗君	黃國昌	黃偉哲	賴清德	鄭麗君	侯友宜
	江啟臣	韓國瑜	蘇巧慧	朱立倫	黃捷	卓榮泰
	卓榮泰	柯文哲	賴清德	黃偉哲	蘇巧慧	張善政
	侯友宜	蔣萬安	黃捷	蘇巧慧	卓榮泰	柯建銘
	柯建銘	張善政	卓榮泰	黃捷	朱立倫	江啟臣
	黃偉哲	侯友宜	鄭麗君	卓榮泰	柯建銘	黃偉哲
	林飛帆	江啟臣	柯建銘	鄭麗君	林飛帆	蘇巧慧
	朱立倫	朱立倫	林飛帆	林飛帆	黃偉哲	朱立倫

備註：○○○灰階字體代表該人物在此分類無人選擇。

整體印象評價（依政治光譜排序）

排序	整體	依政治光譜排序								
		G1	G2	G3	G4	G5	G6	G7	G8	G9
1	賴清德	韓國瑜	韓國瑜	韓國瑜	柯文哲	柯文哲	蕭美琴	賴清德	賴清德	賴清德
2	蕭美琴	盧秀燕	盧秀燕	盧秀燕	黃國昌	黃國昌	賴清德	蕭美琴	蕭美琴	蕭美琴
3	韓國瑜	蔣萬安	蔣萬安	柯文哲	盧秀燕	盧秀燕	陳其邁	陳其邁	陳其邁	陳其邁
4	陳其邁	張善政	黃國昌	蔣萬安	韓國瑜	蕭美琴	柯文哲	柯文哲	蘇巧慧	蘇巧慧
5	盧秀燕	黃國昌	柯文哲	黃國昌	蔣萬安	蔣萬安	盧秀燕	鄭麗君	黃捷	黃捷
6	柯文哲	江啟臣	張善政	張善政	張善政	賴清德	王世堅	盧秀燕	卓榮泰	卓榮泰
7	黃國昌	侯友宜	侯友宜	江啟臣	王世堅	王世堅	黃國昌	黃捷	鄭麗君	鄭麗君
8	蔣萬安	朱立倫	江啟臣	侯友宜	侯友宜	韓國瑜	鄭麗君	黃國昌	王世堅	柯建銘
9	張善政	蕭美琴	朱立倫	王世堅	江啟臣	陳其邁	黃捷	蔣萬安	林飛帆	王世堅
10	王世堅	賴清德	鄭麗君	陳其邁	蕭美琴	江啟臣	卓榮泰	柯建銘	黃偉哲	林飛帆
	蘇巧慧	陳其邁	賴清德	柯建銘	柯建銘	黃偉哲	蘇巧慧	蘇巧慧	柯文哲	韓國瑜
	黃捷	鄭麗君	王世堅	蕭美琴	鄭麗君	侯友宜	韓國瑜	黃偉哲	柯建銘	黃偉哲
	鄭麗君	黃捷	陳其邁	朱立倫	黃捷	張善政	林飛帆	王世堅	盧秀燕	柯文哲
	江啟臣	柯文哲	蕭美琴	鄭麗君	賴清德	黃捷	張善政	卓榮泰	黃國昌	盧秀燕
	卓榮泰	王世堅	黃捷	賴清德	陳其邁	柯建銘	蔣萬安	韓國瑜	蔣萬安	黃國昌
	侯友宜	林飛帆	林飛帆	黃捷	朱立倫	朱立倫	江啟臣	林飛帆	韓國瑜	蔣萬安
	柯建銘	卓榮泰	卓榮泰	林飛帆	林飛帆	鄭麗君	黃偉哲	張善政	張善政	張善政
	黃偉哲	柯建銘	柯建銘	卓榮泰	卓榮泰	蘇巧慧	侯友宜	江啟臣	江啟臣	江啟臣
	林飛帆	黃偉哲	黃偉哲	黃偉哲	黃偉哲	林飛帆	柯建銘	侯友宜	侯友宜	侯友宜
	朱立倫	蘇巧慧	蘇巧慧	蘇巧慧	蘇巧慧	卓榮泰	朱立倫	朱立倫	朱立倫	朱立倫

備註：○○○灰階字體代表該人物在此分類無人選擇。

整體印象評價（依社會、經濟地位自評排序）

排序	整體	依社會、經濟地位自評排序				
		社會地位偏高/經濟地位偏高	社會地位偏高/經濟地位偏低	社會地位偏低/經濟地位偏高	社會地位偏低/經濟地位偏低	普通社經地位
1	賴清德	賴清德	賴清德	蕭美琴	韓國瑜	賴清德
2	蕭美琴	蕭美琴	蕭美琴	賴清德	賴清德	蕭美琴
3	韓國瑜	陳其邁	韓國瑜	柯文哲	蕭美琴	韓國瑜
4	陳其邁	韓國瑜	盧秀燕	陳其邁	盧秀燕	陳其邁
5	盧秀燕	盧秀燕	陳其邁	張善政	陳其邁	盧秀燕
6	柯文哲	柯文哲	柯文哲	韓國瑜	柯文哲	柯文哲
7	黃國昌	黃國昌	黃國昌	黃國昌	黃國昌	蔣萬安
8	蔣萬安	蔣萬安	蔣萬安	盧秀燕	蔣萬安	黃國昌
9	張善政	蘇巧慧	蘇巧慧	鄭麗君	黃捷	張善政
10	王世堅	江啟臣	張善政	林飛帆	王世堅	王世堅
	蘇巧慧	張善政	卓榮泰	蘇巧慧	鄭麗君	侯友宜
	黃捷	黃捷	黃偉哲	蔣萬安	江啟臣	蘇巧慧
	鄭麗君	卓榮泰	黃捷	黃捷	蘇巧慧	黃捷
	江啟臣	王世堅	江啟臣	侯友宜	侯友宜	卓榮泰
	卓榮泰	鄭麗君	王世堅	卓榮泰	張善政	鄭麗君
	侯友宜	柯建銘	鄭麗君	黃偉哲	林飛帆	江啟臣
	柯建銘	侯友宜	侯友宜	江啟臣	柯建銘	黃偉哲
	黃偉哲	林飛帆	柯建銘	王世堅	卓榮泰	朱立倫
	林飛帆	朱立倫	林飛帆	柯建銘	黃偉哲	柯建銘
	朱立倫	黃偉哲	朱立倫	朱立倫	朱立倫	林飛帆

備註：○○○灰階字體代表該人物在此分類無人選擇。

385

看好未來表現評價（依性別、年齡排序）

排序	整體	依性別排序		依年齡排序				
		男性	女性	18-29歲	30-39歲	40-49歲	50-59歲	60歲以上
1	賴清德	賴清德	賴清德	陳其邁	蕭美琴	蕭美琴	陳其邁	賴清德
2	陳其邁	陳其邁	陳其邁	盧秀燕	陳其邁	陳其邁	賴清德	韓國瑜
3	蕭美琴	蕭美琴	蕭美琴	蕭美琴	黃國昌	賴清德	韓國瑜	陳其邁
4	盧秀燕	盧秀燕	韓國瑜	黃國昌	賴清德	盧秀燕	蕭美琴	蕭美琴
5	韓國瑜	韓國瑜	盧秀燕	賴清德	柯文哲	柯文哲	盧秀燕	盧秀燕
6	蔣萬安	蔣萬安	蔣萬安	柯文哲	盧秀燕	黃國昌	蔣萬安	蔣萬安
7	黃國昌	黃國昌	柯文哲	蔣萬安	韓國瑜	韓國瑜	柯文哲	柯文哲
8	柯文哲	柯文哲	黃國昌	韓國瑜	蔣萬安	蔣萬安	黃國昌	黃國昌
9	蘇巧慧	蘇巧慧	卓榮泰	蘇巧慧	黃捷	蘇巧慧	蘇巧慧	卓榮泰
10	黃捷	黃捷	蘇巧慧	王世堅	卓榮泰	黃捷	張善政	江啟臣
	卓榮泰	江啟臣	黃捷	黃捷	蘇巧慧	江啟臣	卓榮泰	張善政
	江啟臣	張善政	王世堅	江啟臣	林飛帆	王世堅	黃捷	鄭麗君
	王世堅	卓榮泰	林飛帆	卓榮泰	江啟臣	張善政	鄭麗君	蘇巧慧
	張善政	王世堅	江啟臣	鄭麗君	王世堅	卓榮泰	江啟臣	林飛帆
	林飛帆	鄭麗君	鄭麗君	林飛帆	侯友宜	侯友宜	林飛帆	黃捷
	鄭麗君	林飛帆	侯友宜	黃偉哲	張善政	林飛帆	王世堅	王世堅
	侯友宜	侯友宜	張善政	侯友宜	鄭麗君	鄭麗君	侯友宜	柯建銘
	柯建銘	柯建銘	黃偉哲	張善政	柯建銘	黃偉哲	朱立倫	侯友宜
	黃偉哲	黃偉哲	柯建銘	柯建銘	黃偉哲	柯建銘	黃偉哲	黃偉哲
	朱立倫	朱立倫	朱立倫	朱立倫	朱立倫	朱立倫	柯建銘	朱立倫

備註：○○○灰階字體代表該人物在此分類無人選擇。

看好未來表現評價（依政黨傾向排序）

排序	整體	依政黨傾向排序				
		民進黨支持者	國民黨支持者	台灣民眾黨支持者	選人不選黨/中立	其他選擇
1	賴清德	賴清德	韓國瑜	黃國昌	盧秀燕	蕭美琴
2	陳其邁	陳其邁	盧秀燕	柯文哲	蕭美琴	陳其邁
3	蕭美琴	蕭美琴	蔣萬安	盧秀燕	賴清德	賴清德
4	盧秀燕	蘇巧慧	江啟臣	韓國瑜	陳其邁	盧秀燕
5	韓國瑜	黃捷	張善政	蔣萬安	蔣萬安	韓國瑜
6	蔣萬安	卓榮泰	侯友宜	陳其邁	韓國瑜	柯文哲
7	黃國昌	林飛帆	蕭美琴	江啟臣	黃國昌	蔣萬安
8	柯文哲	王世堅	黃國昌	蕭美琴	柯文哲	黃捷
9	蘇巧慧	鄭麗君	黃偉哲	王世堅	王世堅	黃國昌
10	黃捷	盧秀燕	王世堅	柯建銘	江啟臣	鄭麗君
	卓榮泰	柯建銘	陳其邁	侯友宜	卓榮泰	王世堅
	江啟臣	黃偉哲	黃捷	張善政	蘇巧慧	蘇巧慧
	王世堅	韓國瑜	柯文哲	賴清德	黃捷	林飛帆
	張善政	江啟臣	卓榮泰	黃偉哲	張善政	卓榮泰
	林飛帆	蔣萬安	賴清德	黃捷	鄭麗君	張善政
	鄭麗君	黃國昌	蘇巧慧	卓榮泰	侯友宜	江啟臣
	侯友宜	張善政	林飛帆	蘇巧慧	朱立倫	黃偉哲
	柯建銘	柯文哲	鄭麗君	林飛帆	柯建銘	侯友宜
	黃偉哲	侯友宜	柯建銘	鄭麗君	林飛帆	柯建銘
	朱立倫	朱立倫	朱立倫	朱立倫	黃偉哲	朱立倫

備註：○○○灰階字體代表該人物在此分類無人選擇。

387

看好未來表現評價（依政治光譜排序）

排序	整體	依政治光譜排序								
		G1	G2	G3	G4	G5	G6	G7	G8	G9
1	賴清德	韓國瑜	盧秀燕	盧秀燕	黃國昌	柯文哲	蕭美琴	陳其邁	蕭美琴	賴清德
2	陳其邁	蔣萬安	韓國瑜	韓國瑜	盧秀燕	黃國昌	陳其邁	蕭美琴	陳其邁	陳其邁
3	蕭美琴	盧秀燕	蔣萬安	蔣萬安	柯文哲	盧秀燕	賴清德	賴清德	賴清德	蕭美琴
4	盧秀燕	張善政	黃國昌	黃國昌	蔣萬安	蔣萬安	盧秀燕	黃捷	卓榮泰	蘇巧慧
5	韓國瑜	黃國昌	柯文哲	柯文哲	韓國瑜	賴清德	黃國昌	盧秀燕	黃捷	黃捷
6	蔣萬安	江啟臣	張善政	江啟臣	王世堅	蕭美琴	柯文哲	卓榮泰	蘇巧慧	卓榮泰
7	黃國昌	侯友宜	江啟臣	張善政	侯友宜	陳其邁	蘇巧慧	柯文哲	林飛帆	林飛帆
8	柯文哲	柯文哲	侯友宜	蕭美琴	蕭美琴	王世堅	黃捷	鄭麗君	王世堅	鄭麗君
9	蘇巧慧	蕭美琴	鄭麗君	王世堅	張善政	韓國瑜	林飛帆	王世堅	鄭麗君	王世堅
10	黃捷	陳其邁	賴清德	柯建銘	江啟臣	江啟臣	王世堅	蘇巧慧	盧秀燕	柯建銘
	卓榮泰	賴清德	朱立倫	朱立倫	陳其邁	黃偉哲	韓國瑜	蔣萬安	江啟臣	黃偉哲
	江啟臣	黃捷	蕭美琴	侯友宜	柯建銘	侯友宜	蔣萬安	江啟臣	柯文哲	韓國瑜
	王世堅	鄭麗君	陳其邁	鄭麗君	黃捷	鄭麗君	江啟臣	林飛帆	柯建銘	蔣萬安
	張善政	王世堅	黃捷	賴清德	卓榮泰	張善政	卓榮泰	柯建銘	韓國瑜	盧秀燕
	林飛帆	蘇巧慧	王世堅	陳其邁	賴清德	柯建銘	鄭麗君	黃國昌	黃國昌	江啟臣
	鄭麗君	林飛帆	蘇巧慧	黃捷	朱立倫	蘇巧慧	黃偉哲	黃偉哲	黃偉哲	柯文哲
	侯友宜	卓榮泰	林飛帆	蘇巧慧	鄭麗君	朱立倫	侯友宜	韓國瑜	蔣萬安	黃國昌
	柯建銘	黃偉哲	卓榮泰	林飛帆	蘇巧慧	黃捷	張善政	侯友宜	侯友宜	侯友宜
	黃偉哲	柯建銘	黃偉哲	卓榮泰	林飛帆	林飛帆	柯建銘	張善政	張善政	張善政
	朱立倫	朱立倫	柯建銘	黃偉哲	黃偉哲	卓榮泰	朱立倫	朱立倫	朱立倫	朱立倫

備註：○○○灰階字體代表該人物在此分類無人選擇。

看好未來表現評價（依社會、經濟地位自評排序）

排序	整體	依社會、經濟地位自評排序				
		社會地位偏高/ 經濟地位偏高	社會地位偏高/ 經濟地位偏低	社會地位偏低/ 經濟地位偏高	社會地位偏低/ 經濟地位偏低	普通社經地位
1	賴清德	賴清德	蕭美琴	陳其邁	賴清德	陳其邁
2	陳其邁	陳其邁	賴清德	蕭美琴	韓國瑜	蕭美琴
3	蕭美琴	蕭美琴	陳其邁	蔣萬安	盧秀燕	賴清德
4	盧秀燕	盧秀燕	韓國瑜	賴清德	陳其邁	盧秀燕
5	韓國瑜	韓國瑜	盧秀燕	柯文哲	蕭美琴	蔣萬安
6	蔣萬安	蔣萬安	蔣萬安	黃國昌	柯文哲	韓國瑜
7	黃國昌	黃國昌	柯文哲	盧秀燕	蔣萬安	黃國昌
8	柯文哲	柯文哲	黃國昌	韓國瑜	黃國昌	柯文哲
9	蘇巧慧	蘇巧慧	卓榮泰	卓榮泰	王世堅	蘇巧慧
10	黃捷	黃捷	鄭麗君	鄭麗君	黃捷	黃捷
	卓榮泰	卓榮泰	黃偉哲	黃捷	江啟臣	卓榮泰
	江啟臣	林飛帆	蘇巧慧	江啟臣	蘇巧慧	江啟臣
	王世堅	江啟臣	林飛帆	黃偉哲	卓榮泰	張善政
	張善政	鄭麗君	王世堅	蘇巧慧	張善政	王世堅
	林飛帆	張善政	張善政	林飛帆	林飛帆	鄭麗君
	鄭麗君	王世堅	朱立倫	王世堅	侯友宜	林飛帆
	侯友宜	黃偉哲	黃捷	張善政	鄭麗君	侯友宜
	柯建銘	侯友宜	江啟臣	朱立倫	柯建銘	柯建銘
	黃偉哲	柯建銘	侯友宜	侯友宜	朱立倫	黃偉哲
	朱立倫	朱立倫	柯建銘	柯建銘	黃偉哲	朱立倫

備註：○○○灰階字體代表該人物在此分類無人選擇。

不喜歡或不信任的評價（依性別、年齡排序）

排序	整體	依性別排序		依年齡排序				
		男性	女性	18-29歲	30-39歲	40-49歲	50-59歲	60歲以上
1	黃國昌	黃國昌	黃國昌	黃國昌	黃國昌	黃國昌	黃國昌	黃國昌
2	賴清德	柯建銘	韓國瑜	柯建銘	柯建銘	賴清德	賴清德	賴清德
3	柯建銘	賴清德	賴清德	韓國瑜	賴清德	柯文哲	柯文哲	柯文哲
4	韓國瑜	柯文哲	柯文哲	賴清德	韓國瑜	韓國瑜	韓國瑜	韓國瑜
5	柯文哲	韓國瑜	柯建銘	柯文哲	柯文哲	柯建銘	柯建銘	柯建銘
6	黃捷	黃捷	黃捷	黃捷	黃捷	黃捷	黃捷	黃捷
7	盧秀燕	林飛帆	盧秀燕	林飛帆	林飛帆	林飛帆	陳其邁	盧秀燕
8	林飛帆	盧秀燕	林飛帆	朱立倫	朱立倫	盧秀燕	盧秀燕	陳其邁
9	朱立倫	朱立倫	朱立倫	蔣萬安	盧秀燕	朱立倫	林飛帆	林飛帆
10	陳其邁	陳其邁	蔣萬安	盧秀燕	侯友宜	陳其邁	朱立倫	蔣萬安
	蔣萬安	蔣萬安	侯友宜	侯友宜	卓榮泰	蔣萬安	侯友宜	朱立倫
	侯友宜	卓榮泰	陳其邁	蘇巧慧	張善政	侯友宜	蔣萬安	侯友宜
	卓榮泰	侯友宜	蕭美琴	卓榮泰	蘇巧慧	卓榮泰	王世堅	蘇巧慧
	蘇巧慧	蘇巧慧	張善政	張善政	蔣萬安	張善政	蘇巧慧	卓榮泰
	蕭美琴	張善政	王世堅	蕭美琴	黃偉哲	蕭美琴	卓榮泰	蕭美琴
	張善政	蕭美琴	蘇巧慧	王世堅	蕭美琴	黃偉哲	蕭美琴	王世堅
	王世堅	鄭麗君	黃偉哲	黃偉哲	江啟臣	江啟臣	黃偉哲	張善政
	黃偉哲	黃偉哲	卓榮泰	陳其邁	陳其邁	蘇巧慧	江啟臣	鄭麗君
	江啟臣	王世堅	江啟臣	鄭麗君	王世堅	王世堅	張善政	江啟臣
	鄭麗君	江啟臣	鄭麗君	江啟臣	鄭麗君	鄭麗君	鄭麗君	黃偉哲

備註：○○○灰階字體代表該人物在此分類無人選擇。

不喜歡或不信任的評價（依政黨傾向排序）

排序	整體	依政黨傾向排序				
		民進黨 支持者	國民黨 支持者	台灣民眾黨 支持者	選人不選黨/ 中立	其他選擇
1	黃國昌	黃國昌	賴清德	柯建銘	黃國昌	黃國昌
2	賴清德	柯文哲	柯建銘	賴清德	賴清德	韓國瑜
3	柯建銘	韓國瑜	黃捷	黃捷	柯建銘	賴清德
4	韓國瑜	盧秀燕	柯文哲	林飛帆	韓國瑜	柯文哲
5	柯文哲	朱立倫	林飛帆	卓榮泰	柯文哲	柯建銘
6	黃捷	蔣萬安	陳其邁	侯友宜	黃捷	黃捷
7	盧秀燕	侯友宜	黃國昌	朱立倫	林飛帆	陳其邁
8	林飛帆	張善政	卓榮泰	蔣萬安	朱立倫	蘇巧慧
9	朱立倫	賴清德	蕭美琴	韓國瑜	陳其邁	朱立倫
10	陳其邁	柯建銘	蘇巧慧	黃國昌	盧秀燕	林飛帆
	蔣萬安	蘇巧慧	侯友宜	陳其邁	蔣萬安	盧秀燕
	侯友宜	王世堅	朱立倫	柯文哲	侯友宜	黃偉哲
	卓榮泰	江啟臣	王世堅	蘇巧慧	蕭美琴	蔣萬安
	蘇巧慧	黃捷	鄭麗君	鄭麗君	王世堅	張善政
	蕭美琴	林飛帆	韓國瑜	盧秀燕	黃偉哲	侯友宜
	張善政	陳其邁	蔣萬安	蕭美琴	蘇巧慧	卓榮泰
	王世堅	卓榮泰	黃偉哲	黃偉哲	卓榮泰	江啟臣
	黃偉哲	黃偉哲	盧秀燕	王世堅	張善政	蕭美琴
	江啟臣	蕭美琴	江啟臣	江啟臣	江啟臣	王世堅
	鄭麗君	鄭麗君	張善政	張善政	鄭麗君	鄭麗君

備註：○○○灰階字體代表該人物在此分類無人選擇。

391

不喜歡或不信任的評價（依政治光譜排序）

排序	整體	依政治光譜排序								
		G1	G2	G3	G4	G5	G6	G7	G8	G9
1	黃國昌	賴清德	賴清德	賴清德	柯建銘	柯建銘	黃國昌	黃國昌	黃國昌	黃國昌
2	賴清德	柯建銘	柯建銘	柯建銘	賴清德	賴清德	韓國瑜	韓國瑜	柯文哲	韓國瑜
3	柯建銘	黃捷	黃捷	黃捷	黃捷	黃國昌	柯文哲	柯文哲	韓國瑜	柯文哲
4	韓國瑜	柯文哲	林飛帆	林飛帆	柯文哲	韓國瑜	柯建銘	侯友宜	盧秀燕	盧秀燕
5	柯文哲	卓榮泰	陳其邁	陳其邁	陳其邁	黃捷	朱立倫	朱立倫	朱立倫	蔣萬安
6	黃捷	林飛帆	柯文哲	柯文哲	林飛帆	林飛帆	黃捷	盧秀燕	侯友宜	朱立倫
7	盧秀燕	陳其邁	蕭美琴	卓榮泰	朱立倫	柯文哲	林飛帆	柯建銘	蔣萬安	張善政
8	林飛帆	蘇巧慧	蘇巧慧	蘇巧慧	侯友宜	朱立倫	侯友宜	蔣萬安	柯建銘	侯友宜
9	朱立倫	黃國昌	黃國昌	黃國昌	卓榮泰	侯友宜	王世堅	江啟臣	賴清德	江啟臣
10	陳其邁	王世堅	卓榮泰	王世堅	韓國瑜	蔣萬安	賴清德	林飛帆	張善政	賴清德
	蔣萬安	蕭美琴	韓國瑜	黃偉哲	蕭美琴	黃偉哲	蔣萬安	蘇巧慧	林飛帆	陳其邁
	侯友宜	鄭麗君	侯友宜	蔣萬安	黃國昌	蘇巧慧	蘇巧慧	張善政	王世堅	卓榮泰
	卓榮泰	侯友宜	王世堅	蕭美琴	王世堅	鄭麗君	蕭美琴	黃偉哲	黃偉哲	蘇巧慧
	蘇巧慧	盧秀燕	鄭麗君	朱立倫	蘇巧慧	盧秀燕	盧秀燕	賴清德	黃捷	王世堅
	蕭美琴	朱立倫	朱立倫	盧秀燕	黃偉哲	卓榮泰	張善政	江啟臣	蕭美琴	蕭美琴
	張善政	蔣萬安	黃偉哲	侯友宜	蔣萬安	蕭美琴	江啟臣	王世堅	蘇巧慧	黃捷
	王世堅	韓國瑜	蔣萬安	韓國瑜	盧秀燕	陳其邁	黃偉哲	蕭美琴	蘇巧慧	黃偉哲
	黃偉哲	黃偉哲	盧秀燕	鄭麗君	鄭麗君	王世堅	卓榮泰	卓榮泰	卓榮泰	柯建銘
	江啟臣	江啟臣	江啟臣	江啟臣	江啟臣	張善政	陳其邁	陳其邁	陳其邁	林飛帆
	鄭麗君	張善政	張善政	張善政	張善政	江啟臣	鄭麗君	鄭麗君	鄭麗君	鄭麗君

備註：○○○灰階字體代表該人物在此分類無人選擇。

不喜歡或不信任的評價（依社會、經濟地位自評排序）

排序	整體	依社會、經濟地位自評排序				
		社會地位偏高/ 經濟地位偏高	社會地位偏高/ 經濟地位偏低	社會地位偏低/ 經濟地位偏高	社會地位偏低/ 經濟地位偏低	普通社經地位
1	黃國昌	黃國昌	黃國昌	黃國昌	黃國昌	黃國昌
2	賴清德	賴清德	韓國瑜	柯建銘	賴清德	賴清德
3	柯建銘	柯文哲	賴清德	柯文哲	柯建銘	柯建銘
4	韓國瑜	韓國瑜	柯建銘	黃捷	韓國瑜	柯文哲
5	柯文哲	柯建銘	黃捷	賴清德	柯文哲	韓國瑜
6	黃捷	黃捷	柯文哲	韓國瑜	黃捷	黃捷
7	盧秀燕	盧秀燕	盧秀燕	鄭麗君	林飛帆	林飛帆
8	林飛帆	蔣萬安	朱立倫	林飛帆	朱立倫	盧秀燕
9	朱立倫	林飛帆	侯友宜	朱立倫	陳其邁	朱立倫
10	陳其邁	陳其邁	黃偉哲	蘇巧慧	蔣萬安	陳其邁
	蔣萬安	朱立倫	林飛帆	蕭美琴	侯友宜	侯友宜
	侯友宜	侯友宜	蔣萬安	盧秀燕	盧秀燕	卓榮泰
	卓榮泰	卓榮泰	張善政	侯友宜	卓榮泰	蔣萬安
	蘇巧慧	張善政	鄭麗君	黃偉哲	蘇巧慧	蘇巧慧
	蕭美琴	蘇巧慧	陳其邁	蔣萬安	蕭美琴	蕭美琴
	張善政	王世堅	蘇巧慧	張善政	王世堅	張善政
	王世堅	蕭美琴	卓榮泰	陳其邁	張善政	黃偉哲
	黃偉哲	黃偉哲	蕭美琴	卓榮泰	江啟臣	王世堅
	江啟臣	江啟臣	王世堅	王世堅	鄭麗君	江啟臣
	鄭麗君	鄭麗君	江啟臣	江啟臣	黃偉哲	鄭麗君

備註：○○○灰階字體代表該人物在此分類無人選擇。

基本資料

姓名： 柯建銘

生日： 1951年9月8日

學歷：

- 私立淡江大學管理科學研究所
- 國立中山醫學院牙醫學系學士

政黨： 民主進步黨

派系： 親蘇系

現職：

- 第11屆立法委員

曾擔任職位／經歷

● 第2－10屆立法委員
● 民進黨立法院黨團總召集人、副總召集人、幹事長、副幹事長
● 民進黨代理黨主席、中常委、財務委員會主任委員、政策會執行長
● 立法院經濟委員會、預算委員會及程序委員會等委員會召集人
● 立法院科技協進會召集人、環保修法聯盟發起人、永續發展促進會
　發起人
● 國家資訊基礎建設（NII）民間諮詢委員會委員兼法規組召集人
● 臺灣省牙醫師公會理事長

選舉紀錄

年度	選舉屆數	是否當選
1992 年	第 2 屆立法委員選舉	V
1995 年	第 3 屆立法委員選舉	V
1998 年	第 4 屆立法委員選舉	V
2001 年	第 5 屆立法委員選舉	V

年度	選舉屆數	是否當選
2004 年	第 6 屆立法委員選舉	V
2008 年	第 7 屆立法委員選舉	V
2012 年	第 8 屆立法委員選舉	V
2016 年	第 9 屆立法委員選舉	V
2020 年	第 10 屆立法委員選舉	V
2024 年	第 11 屆立法委員選舉	V

民調中的柯建銘

對柯建銘印象最好的受訪者佔總樣本數 0.5%，主要肯定其在立法院的努力與協調能力，「決斷力、溝通協調力」項目排序第十，為個人最高。此外，部分支持者認為在如今的政治環境需要更好的溝通協調能力。

另一方面，不喜歡或不信任柯建銘的受訪者較多，佔總樣本數 12.6%，主要批評其在立法院的行事作風，包括霸道、插嘴、自以為是等行為，並對其在自身相關問題上採取雙重標準。另外，其中有近兩成的受訪者批評其經常打著抗中牌造謠、抹黑抹紅潑髒水等，當中有超過一半是政黨傾向為台灣民眾黨的受訪者，顯見這部分反映了立法院政黨間的爭議，尤其是與黃國昌之間的對立關係。

第一印象

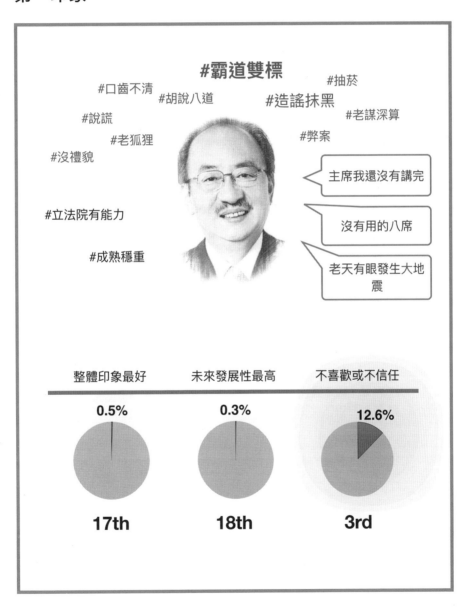

整體評價（能力分析）

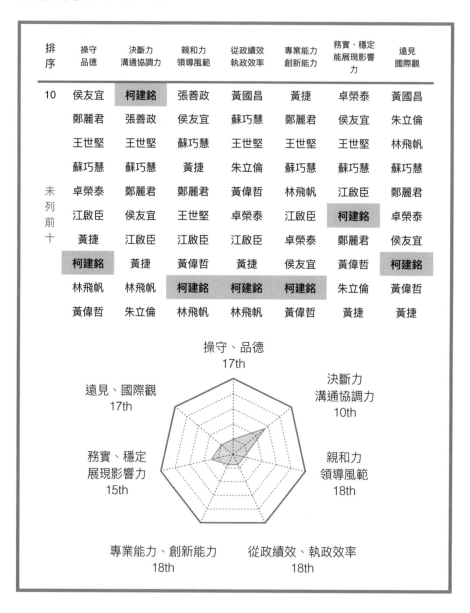

排序	操守品德	決斷力溝通協調力	親和力領導風範	從政績效執政效率	專業能力創新能力	務實、穩定能展現影響力	遠見國際觀
10	侯友宜	柯建銘	張善政	黃國昌	黃捷	卓榮泰	黃國昌
	鄭麗君	張善政	侯友宜	蘇巧慧	鄭麗君	侯友宜	朱立倫
	王世堅	王世堅	蘇巧慧	王世堅	王世堅	王世堅	林飛帆
	蘇巧慧	蘇巧慧	黃捷	朱立倫	蘇巧慧	蘇巧慧	蘇巧慧
未列前十	卓榮泰	鄭麗君	鄭麗君	黃偉哲	林飛帆	江啟臣	鄭麗君
	江啟臣	侯友宜	王世堅	卓榮泰	江啟臣	柯建銘	卓榮泰
	黃捷	江啟臣	江啟臣	江啟臣	卓榮泰	鄭麗君	侯友宜
	柯建銘	黃捷	黃偉哲	黃捷	侯友宜	黃偉哲	柯建銘
	林飛帆	林飛帆	柯建銘	柯建銘	柯建銘	朱立倫	黃偉哲
	黃偉哲	朱立倫	林飛帆	林飛帆	黃偉哲	黃捷	黃捷

操守、品德 17th

決斷力 溝通協調力 10th

遠見、國際觀 17th

親和力 領導風範 18th

務實、穩定 展現影響力 15th

專業能力、創新能力 18th

從政績效、執政效率 18th

第一波百人未來政治領袖調查排序回顧

		立法委員排序 (名單共35人)		
	印象最好	監督行政機關	政策影響力	未來發展
排序	12	8	1	25

		60歲以上政治人物排序 (名單共49人)	
	印象最好	領導力	未來發展
排序	20	19	25

		男性政治人物排序 (名單共62人)	
	印象最好	領導力	未來發展
排序	35	24	47

		社會議題面向 被期待解決問題的政治人物			
	詐騙防制	治安、社會安全網	都市發展	食安	環境能源
排序	72	-	-	-	-

399

整體評價（支持者分析）

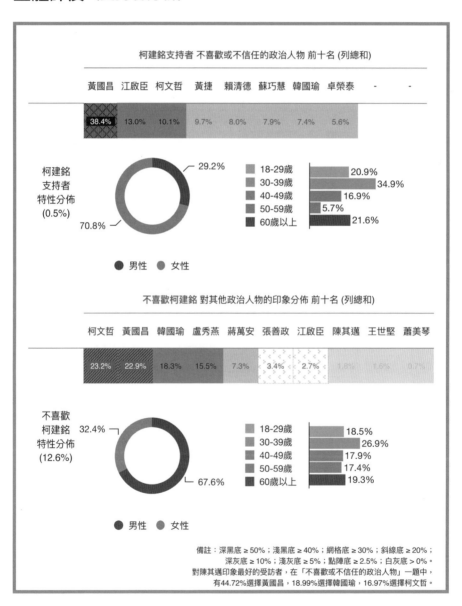

柯建銘支持者 不喜歡或不信任的政治人物 前十名 (列總和)

黃國昌	江啟臣	柯文哲	黃捷	賴清德	蘇巧慧	韓國瑜	卓榮泰	-	-
38.4%	13.0%	10.1%	9.7%	8.0%	7.9%	7.4%	5.6%		

柯建銘
支持者
特性分佈
(0.5%)

29.2%
70.8%

● 男性　● 女性

18-29歲 20.9%
30-39歲 34.9%
40-49歲 16.9%
50-59歲 5.7%
60歲以上 21.6%

不喜歡柯建銘 對其他政治人物的印象分佈 前十名 (列總和)

柯文哲	黃國昌	韓國瑜	盧秀燕	蔣萬安	張善政	江啟臣	陳其邁	王世堅	蕭美琴
23.2%	22.9%	18.3%	15.5%	7.3%	3.4%	2.7%	1.8%	1.6%	0.7%

不喜歡
柯建銘
特性分佈
(12.6%)

32.4%
67.6%

● 男性　● 女性

18-29歲 18.5%
30-39歲 26.9%
40-49歲 17.9%
50-59歲 17.4%
60歲以上 19.3%

備註：深黑底 ≥50%；淺黑底 ≥40%；網格底 ≥30%；斜線底 ≥20%；
深灰底 ≥10%；淺灰底 ≥5%；點陣底 ≥2.5%；白灰底 >0%。
對陳其邁印象最好的受訪者，在「不喜歡或不信任的政治人物」一題中，
有44.72%選擇黃國昌，18.99%選擇韓國瑜，16.97%選擇柯文哲。

正面評論／反面聲音

[支持者]

您認為柯建銘有哪些吸引您的特質或值得肯定的成就及能力？

#立法院能力

「具專業能力、具協調能力、熟悉國政及法規」

臺北市／40-49歲女性

您認為柯建銘有哪些需要改進的缺點或當前應處理面對的問題？

口齒不清

「口齒不清」

臺北市／40-49歲男性

[反對者]

您不喜歡或不信任柯建銘的原因是什麼（特質、言行或背景）？

	■ 國民黨	■ 民眾黨	▨ 其他
#霸道雙標	31%	40%	28%

「破壞議事規則程序、在別人發言時任意插話」

高雄市／30-39歲男性

「是非顛倒、在立法院裡行為囂張當自己家、抽菸插嘴、包庇兒子販毒」

高雄市／30-39歲男性

	■ 國民黨	■ 民眾黨	▨ 其他
#造謠抹黑	16%	56%	28%

「抹紅對手(過去2012年的主張，2024年三讀通過前聲稱支持法案的在野黨是中共的指使)、違法亂紀(調取檢調正在偵查自己的案件)」

桃園市／30-39歲男性

整體印象評價（依性別、年齡排序）

排序	整體	依性別排序		依年齡排序				
		男性	女性	18-29歲	30-39歲	40-49歲	50-59歲	60歲以上
1	賴清德	賴清德	賴清德	蕭美琴	蕭美琴	蕭美琴	賴清德	賴清德
2	蕭美琴	韓國瑜	蕭美琴	柯文哲	賴清德	賴清德	韓國瑜	韓國瑜
3	韓國瑜	蕭美琴	陳其邁	賴清德	柯文哲	陳其邁	蕭美琴	蕭美琴
4	陳其邁	盧秀燕	韓國瑜	盧秀燕	黃國昌	柯文哲	陳其邁	盧秀燕
5	盧秀燕	陳其邁	盧秀燕	陳其邁	陳其邁	韓國瑜	盧秀燕	陳其邁
6	柯文哲	柯文哲	柯文哲	黃國昌	盧秀燕	盧秀燕	蔣萬安	蔣萬安
7	黃國昌	黃國昌	蔣萬安	韓國瑜	韓國瑜	黃國昌	柯文哲	張善政
8	蔣萬安	蔣萬安	黃國昌	王世堅	蔣萬安	蔣萬安	張善政	黃國昌
9	張善政	江啟臣	張善政	蔣萬安	黃捷	侯友宜	鄭麗君	柯文哲
10	王世堅	黃捷	蘇巧慧	江啟臣	王世堅	蘇巧慧	黃國昌	蘇巧慧
	蘇巧慧	張善政	王世堅	鄭麗君	蘇巧慧	張善政	黃捷	卓榮泰
	黃捷	王世堅	侯友宜	黃捷	張善政	卓榮泰	王世堅	黃捷
	鄭麗君	蘇巧慧	鄭麗君	蘇巧慧	江啟臣	鄭麗君	卓榮泰	江啟臣
	江啟臣	鄭麗君	黃捷	黃偉哲	侯友宜	江啟臣	侯友宜	鄭麗君
	卓榮泰	卓榮泰	黃偉哲	張善政	鄭麗君	王世堅	江啟臣	朱立倫
	侯友宜	林飛帆	柯建銘	侯友宜	卓榮泰	黃捷	蘇巧慧	林飛帆
	柯建銘	侯友宜	卓榮泰	柯建銘	柯建銘	柯建銘	林飛帆	柯建銘
	黃偉哲	朱立倫	江啟臣	朱立倫	林飛帆	黃偉哲	朱立倫	王世堅
	林飛帆	柯建銘	林飛帆	林飛帆	黃偉哲	林飛帆	柯建銘	黃偉哲
	朱立倫	黃偉哲	朱立倫	卓榮泰	朱立倫	朱立倫	黃偉哲	侯友宜

備註：○○○灰階字體代表該人物在此分類無人選擇。

整體印象評價（依政黨傾向排序）

排序	整體	依政黨傾向排序				
		民進黨 支持者	國民黨 支持者	台灣民眾黨 支持者	選人不選黨/ 中立	其他選擇
1	賴清德	賴清德	韓國瑜	柯文哲	賴清德	蕭美琴
2	蕭美琴	蕭美琴	盧秀燕	黃國昌	盧秀燕	賴清德
3	韓國瑜	陳其邁	蔣萬安	盧秀燕	蕭美琴	韓國瑜
4	陳其邁	蘇巧慧	張善政	韓國瑜	韓國瑜	陳其邁
5	盧秀燕	黃捷	江啟臣	蕭美琴	陳其邁	盧秀燕
6	柯文哲	卓榮泰	侯友宜	蔣萬安	蔣萬安	鄭麗君
7	黃國昌	鄭麗君	朱立倫	陳其邁	柯文哲	蔣萬安
8	蔣萬安	王世堅	陳其邁	王世堅	黃國昌	黃捷
9	張善政	柯建銘	黃國昌	張善政	王世堅	黃國昌
10	王世堅	盧秀燕	王世堅	侯友宜	張善政	柯文哲
	蘇巧慧	黃偉哲	柯文哲	柯建銘	江啟臣	王世堅
	黃捷	林飛帆	蕭美琴	江啟臣	侯友宜	林飛帆
	鄭麗君	黃國昌	黃偉哲	賴清德	鄭麗君	侯友宜
	江啟臣	韓國瑜	蘇巧慧	朱立倫	黃捷	卓榮泰
	卓榮泰	柯文哲	賴清德	黃偉哲	蘇巧慧	張善政
	侯友宜	蔣萬安	黃捷	蘇巧慧	卓榮泰	柯建銘
	柯建銘	張善政	卓榮泰	黃捷	朱立倫	江啟臣
	黃偉哲	侯友宜	鄭麗君	卓榮泰	柯建銘	黃偉哲
	林飛帆	江啟臣	柯建銘	鄭麗君	林飛帆	蘇巧慧
	朱立倫	朱立倫	林飛帆	林飛帆	黃偉哲	朱立倫

備註：○○○灰階字體代表該人物在此分類無人選擇。

整體印象評價（依政治光譜排序）

排序	整體	依政治光譜排序								
		G1	G2	G3	G4	G5	G6	G7	G8	G9
1	賴清德	韓國瑜	韓國瑜	韓國瑜	柯文哲	柯文哲	蕭美琴	賴清德	賴清德	賴清德
2	蕭美琴	盧秀燕	盧秀燕	盧秀燕	黃國昌	黃國昌	賴清德	蕭美琴	蕭美琴	蕭美琴
3	韓國瑜	蔣萬安	蔣萬安	柯文哲	盧秀燕	盧秀燕	陳其邁	陳其邁	陳其邁	陳其邁
4	陳其邁	張善政	黃國昌	蔣萬安	韓國瑜	蕭美琴	柯文哲	柯文哲	蘇巧慧	蘇巧慧
5	盧秀燕	黃國昌	柯文哲	黃國昌	蔣萬安	蔣萬安	盧秀燕	鄭麗君	黃捷	黃捷
6	柯文哲	江啟臣	張善政	張善政	張善政	賴清德	王世堅	盧秀燕	卓榮泰	卓榮泰
7	黃國昌	侯友宜	侯友宜	江啟臣	王世堅	王世堅	黃國昌	黃捷	鄭麗君	鄭麗君
8	蔣萬安	朱立倫	江啟臣	侯友宜	侯友宜	韓國瑜	鄭麗君	黃國昌	王世堅	柯建銘
9	張善政	蕭美琴	朱立倫	王世堅	江啟臣	陳其邁	黃捷	蔣萬安	林飛帆	王世堅
10	王世堅	賴清德	鄭麗君	陳其邁	蕭美琴	江啟臣	卓榮泰	柯建銘	黃偉哲	林飛帆
	蘇巧慧	陳其邁	賴清德	柯建銘	柯建銘	黃偉哲	蘇巧慧	蘇巧慧	柯文哲	韓國瑜
	黃捷	鄭麗君	王世堅	蕭美琴	鄭麗君	侯友宜	韓國瑜	黃偉哲	柯建銘	黃偉哲
	鄭麗君	黃捷	陳其邁	朱立倫	黃捷	張善政	林飛帆	王世堅	盧秀燕	柯文哲
	江啟臣	柯文哲	蕭美琴	鄭麗君	賴清德	黃捷	張善政	卓榮泰	黃國昌	盧秀燕
	卓榮泰	王世堅	黃捷	賴清德	陳其邁	柯建銘	蔣萬安	韓國瑜	蔣萬安	黃國昌
	侯友宜	林飛帆	林飛帆	黃捷	朱立倫	朱立倫	江啟臣	林飛帆	韓國瑜	蔣萬安
	柯建銘	卓榮泰	卓榮泰	林飛帆	林飛帆	鄭麗君	黃偉哲	張善政	張善政	張善政
	黃偉哲	柯建銘	柯建銘	卓榮泰	卓榮泰	蘇巧慧	侯友宜	江啟臣	江啟臣	江啟臣
	林飛帆	黃偉哲	黃偉哲	黃偉哲	黃偉哲	林飛帆	柯建銘	侯友宜	侯友宜	侯友宜
	朱立倫	蘇巧慧	蘇巧慧	蘇巧慧	蘇巧慧	卓榮泰	朱立倫	朱立倫	朱立倫	朱立倫

備註：○○○灰階字體代表該人物在此分類無人選擇。

整體印象評價（依社會、經濟地位自評排序）

排序	整體	依社會、經濟地位自評排序				
		社會地位偏高/經濟地位偏高	社會地位偏高/經濟地位偏低	社會地位偏低/經濟地位偏高	社會地位偏低/經濟地位偏低	普通社經地位
1	賴清德	賴清德	賴清德	蕭美琴	韓國瑜	賴清德
2	蕭美琴	蕭美琴	蕭美琴	賴清德	賴清德	蕭美琴
3	韓國瑜	陳其邁	韓國瑜	柯文哲	蕭美琴	韓國瑜
4	陳其邁	韓國瑜	盧秀燕	陳其邁	盧秀燕	陳其邁
5	盧秀燕	盧秀燕	陳其邁	張善政	陳其邁	盧秀燕
6	柯文哲	柯文哲	柯文哲	韓國瑜	柯文哲	柯文哲
7	黃國昌	黃國昌	黃國昌	黃國昌	黃國昌	蔣萬安
8	蔣萬安	蔣萬安	蔣萬安	盧秀燕	蔣萬安	黃國昌
9	張善政	蘇巧慧	蘇巧慧	鄭麗君	黃捷	張善政
10	王世堅	江啟臣	張善政	林飛帆	王世堅	王世堅
	蘇巧慧	張善政	卓榮泰	蘇巧慧	鄭麗君	侯友宜
	黃捷	黃捷	黃偉哲	蔣萬安	江啟臣	蘇巧慧
	鄭麗君	卓榮泰	黃捷	黃捷	蘇巧慧	黃捷
	江啟臣	王世堅	江啟臣	侯友宜	侯友宜	卓榮泰
	卓榮泰	鄭麗君	王世堅	卓榮泰	張善政	鄭麗君
	侯友宜	柯建銘	鄭麗君	黃偉哲	林飛帆	江啟臣
	柯建銘	侯友宜	侯友宜	江啟臣	柯建銘	黃偉哲
	黃偉哲	林飛帆	柯建銘	王世堅	卓榮泰	朱立倫
	林飛帆	朱立倫	林飛帆	柯建銘	黃偉哲	柯建銘
	朱立倫	黃偉哲	朱立倫	朱立倫	朱立倫	林飛帆

備註：○○○灰階字體代表該人物在此分類無人選擇。

看好未來表現評價（依性別、年齡排序）

排序	整體	依性別排序			依年齡排序				
		男性	女性	18-29歲	30-39歲	40-49歲	50-59歲	60歲以上	
1	賴清德	賴清德	賴清德	陳其邁	蕭美琴	蕭美琴	陳其邁	賴清德	
2	陳其邁	陳其邁	陳其邁	盧秀燕	陳其邁	陳其邁	賴清德	韓國瑜	
3	蕭美琴	蕭美琴	蕭美琴	蕭美琴	黃國昌	賴清德	韓國瑜	陳其邁	
4	盧秀燕	盧秀燕	韓國瑜	黃國昌	賴清德	盧秀燕	蕭美琴	蕭美琴	
5	韓國瑜	韓國瑜	盧秀燕	賴清德	柯文哲	柯文哲	盧秀燕	盧秀燕	
6	蔣萬安	蔣萬安	蔣萬安	柯文哲	盧秀燕	黃國昌	蔣萬安	蔣萬安	
7	黃國昌	黃國昌	柯文哲	蔣萬安	韓國瑜	韓國瑜	柯文哲	柯文哲	
8	柯文哲	柯文哲	黃國昌	韓國瑜	蔣萬安	蔣萬安	黃國昌	黃國昌	
9	蘇巧慧	蘇巧慧	卓榮泰	蘇巧慧	黃捷	蘇巧慧	蘇巧慧	卓榮泰	
10	黃捷	黃捷	蘇巧慧	王世堅	卓榮泰	黃捷	張善政	江啟臣	
	卓榮泰	江啟臣	黃捷	黃捷	蘇巧慧	江啟臣	卓榮泰	張善政	
	江啟臣	張善政	王世堅	江啟臣	林飛帆	王世堅	黃捷	鄭麗君	
	王世堅	卓榮泰	林飛帆	卓榮泰	江啟臣	張善政	鄭麗君	蘇巧慧	
	張善政	王世堅	江啟臣	鄭麗君	王世堅	卓榮泰	江啟臣	林飛帆	
	林飛帆	鄭麗君	鄭麗君	林飛帆	侯友宜	侯友宜	林飛帆	黃捷	
	鄭麗君	林飛帆	侯友宜	黃偉哲	張善政	林飛帆	王世堅	王世堅	
	侯友宜	侯友宜	張善政	侯友宜	鄭麗君	鄭麗君	侯友宜	柯建銘	
	柯建銘	柯建銘	黃偉哲	張善政	柯建銘	黃偉哲	朱立倫	侯友宜	
	黃偉哲	黃偉哲	柯建銘	柯建銘	黃偉哲	柯建銘	黃偉哲	黃偉哲	
	朱立倫	朱立倫	朱立倫	朱立倫	朱立倫	朱立倫	柯建銘	朱立倫	

備註：○○○灰階字體代表該人物在此分類無人選擇。

看好未來表現評價（依政黨傾向排序）

排序	整體	依政黨傾向排序				
		民進黨 支持者	國民黨 支持者	台灣民眾黨 支持者	選人不選黨/ 中立	其他選擇
1	賴清德	賴清德	韓國瑜	黃國昌	盧秀燕	蕭美琴
2	陳其邁	陳其邁	盧秀燕	柯文哲	蕭美琴	陳其邁
3	蕭美琴	蕭美琴	蔣萬安	盧秀燕	賴清德	賴清德
4	盧秀燕	蘇巧慧	江啟臣	韓國瑜	陳其邁	盧秀燕
5	韓國瑜	黃捷	張善政	蔣萬安	蔣萬安	韓國瑜
6	蔣萬安	卓榮泰	侯友宜	陳其邁	韓國瑜	柯文哲
7	黃國昌	林飛帆	蕭美琴	江啟臣	黃國昌	蔣萬安
8	柯文哲	王世堅	黃國昌	蕭美琴	柯文哲	黃捷
9	蘇巧慧	鄭麗君	黃偉哲	王世堅	王世堅	黃國昌
10	黃捷	盧秀燕	王世堅	柯建銘	江啟臣	鄭麗君
	卓榮泰	柯建銘	陳其邁	侯友宜	卓榮泰	王世堅
	江啟臣	黃偉哲	黃捷	張善政	蘇巧慧	蘇巧慧
	王世堅	韓國瑜	柯文哲	賴清德	黃捷	林飛帆
	張善政	江啟臣	卓榮泰	黃偉哲	張善政	卓榮泰
	林飛帆	蔣萬安	賴清德	黃捷	鄭麗君	張善政
	鄭麗君	黃國昌	蘇巧慧	卓榮泰	侯友宜	江啟臣
	侯友宜	張善政	林飛帆	蘇巧慧	朱立倫	黃偉哲
	柯建銘	柯文哲	鄭麗君	林飛帆	柯建銘	侯友宜
	黃偉哲	侯友宜	柯建銘	鄭麗君	林飛帆	柯建銘
	朱立倫	朱立倫	朱立倫	朱立倫	黃偉哲	朱立倫

備註：○○○灰階字體代表該人物在此分類無人選擇。

看好未來表現評價（依政治光譜排序）

排序	整體	G1	G2	G3	G4	G5	G6	G7	G8	G9
					依政治光譜排序					
1	賴清德	韓國瑜	盧秀燕	盧秀燕	黃國昌	柯文哲	蕭美琴	陳其邁	蕭美琴	賴清德
2	陳其邁	蔣萬安	韓國瑜	韓國瑜	盧秀燕	黃國昌	陳其邁	蕭美琴	陳其邁	陳其邁
3	蕭美琴	盧秀燕	蔣萬安	蔣萬安	柯文哲	盧秀燕	賴清德	賴清德	賴清德	蕭美琴
4	盧秀燕	張善政	黃國昌	黃國昌	蔣萬安	蔣萬安	盧秀燕	黃捷	卓榮泰	蘇巧慧
5	韓國瑜	黃國昌	柯文哲	柯文哲	韓國瑜	賴清德	黃國昌	盧秀燕	黃捷	黃捷
6	蔣萬安	江啟臣	張善政	江啟臣	王世堅	蕭美琴	柯文哲	卓榮泰	蘇巧慧	卓榮泰
7	黃國昌	侯友宜	江啟臣	張善政	侯友宜	陳其邁	蘇巧慧	柯文哲	林飛帆	林飛帆
8	柯文哲	柯文哲	侯友宜	蕭美琴	蕭美琴	王世堅	黃捷	鄭麗君	王世堅	鄭麗君
9	蘇巧慧	蕭美琴	鄭麗君	王世堅	張善政	韓國瑜	林飛帆	王世堅	鄭麗君	王世堅
10	黃捷	陳其邁	賴清德	柯建銘	江啟臣	江啟臣	王世堅	蘇巧慧	盧秀燕	柯建銘
	卓榮泰	賴清德	朱立倫	朱立倫	陳其邁	黃偉哲	韓國瑜	蔣萬安	江啟臣	黃偉哲
	江啟臣	黃捷	蕭美琴	侯友宜	柯建銘	侯友宜	蔣萬安	江啟臣	柯文哲	韓國瑜
	王世堅	鄭麗君	陳其邁	鄭麗君	黃捷	鄭麗君	江啟臣	林飛帆	柯建銘	蔣萬安
	張善政	王世堅	黃捷	賴清德	卓榮泰	張善政	卓榮泰	柯建銘	韓國瑜	盧秀燕
	林飛帆	蘇巧慧	王世堅	陳其邁	賴清德	柯建銘	鄭麗君	黃國昌	黃國昌	江啟臣
	鄭麗君	林飛帆	蘇巧慧	黃捷	朱立倫	蘇巧慧	黃偉哲	黃偉哲	黃偉哲	柯文哲
	侯友宜	卓榮泰	林飛帆	蘇巧慧	鄭麗君	朱立倫	侯友宜	韓國瑜	蔣萬安	黃國昌
	柯建銘	黃偉哲	卓榮泰	林飛帆	蘇巧慧	黃捷	張善政	侯友宜	侯友宜	侯友宜
	黃偉哲	柯建銘	黃偉哲	卓榮泰	林飛帆	林飛帆	柯建銘	張善政	張善政	張善政
	朱立倫	朱立倫	柯建銘	黃偉哲	黃偉哲	卓榮泰	朱立倫	朱立倫	朱立倫	朱立倫

備註：○○○灰階字體代表該人物在此分類無人選擇。

看好未來表現評價（依社會、經濟地位自評排序）

排序	整體	依社會、經濟地位自評排序				
		社會地位偏高/ 經濟地位偏高	社會地位偏高/ 經濟地位偏低	社會地位偏低/ 經濟地位偏高	社會地位偏低/ 經濟地位偏低	普通社經地位
1	賴清德	賴清德	蕭美琴	陳其邁	賴清德	陳其邁
2	陳其邁	陳其邁	賴清德	蕭美琴	韓國瑜	蕭美琴
3	蕭美琴	蕭美琴	陳其邁	蔣萬安	盧秀燕	賴清德
4	盧秀燕	盧秀燕	韓國瑜	賴清德	陳其邁	盧秀燕
5	韓國瑜	韓國瑜	盧秀燕	柯文哲	蕭美琴	蔣萬安
6	蔣萬安	蔣萬安	蔣萬安	黃國昌	柯文哲	韓國瑜
7	黃國昌	黃國昌	柯文哲	盧秀燕	蔣萬安	黃國昌
8	柯文哲	柯文哲	黃國昌	韓國瑜	黃國昌	柯文哲
9	蘇巧慧	蘇巧慧	卓榮泰	卓榮泰	王世堅	蘇巧慧
10	黃捷	黃捷	鄭麗君	鄭麗君	黃捷	黃捷
	卓榮泰	卓榮泰	黃偉哲	黃捷	江啟臣	卓榮泰
	江啟臣	林飛帆	蘇巧慧	江啟臣	蘇巧慧	江啟臣
	王世堅	江啟臣	林飛帆	黃偉哲	卓榮泰	張善政
	張善政	鄭麗君	王世堅	蘇巧慧	張善政	王世堅
	林飛帆	張善政	張善政	林飛帆	林飛帆	鄭麗君
	鄭麗君	王世堅	朱立倫	王世堅	侯友宜	林飛帆
	侯友宜	黃偉哲	黃捷	張善政	鄭麗君	侯友宜
	柯建銘	侯友宜	江啟臣	朱立倫	柯建銘	柯建銘
	黃偉哲	柯建銘	侯友宜	侯友宜	朱立倫	黃偉哲
	朱立倫	朱立倫	柯建銘	柯建銘	黃偉哲	朱立倫

備註：○○○灰階字體代表該人物在此分類無人選擇。

不喜歡或不信任的評價（依性別、年齡排序）

排序	整體	依性別排序		依年齡排序				
		男性	女性	18-29歲	30-39歲	40-49歲	50-59歲	60歲以上
1	黃國昌	黃國昌	黃國昌	黃國昌	黃國昌	黃國昌	黃國昌	黃國昌
2	賴清德	柯建銘	韓國瑜	柯建銘	柯建銘	賴清德	賴清德	賴清德
3	柯建銘	賴清德	賴清德	韓國瑜	賴清德	柯文哲	柯文哲	柯文哲
4	韓國瑜	柯文哲	柯文哲	賴清德	韓國瑜	韓國瑜	韓國瑜	韓國瑜
5	柯文哲	韓國瑜	柯建銘	柯文哲	柯文哲	柯建銘	柯建銘	柯建銘
6	黃捷	黃捷	黃捷	黃捷	黃捷	黃捷	黃捷	黃捷
7	盧秀燕	林飛帆	盧秀燕	林飛帆	林飛帆	林飛帆	陳其邁	盧秀燕
8	林飛帆	盧秀燕	林飛帆	朱立倫	朱立倫	盧秀燕	盧秀燕	陳其邁
9	朱立倫	朱立倫	朱立倫	蔣萬安	盧秀燕	朱立倫	林飛帆	林飛帆
10	陳其邁	陳其邁	蔣萬安	盧秀燕	侯友宜	陳其邁	朱立倫	蔣萬安
	蔣萬安	蔣萬安	侯友宜	侯友宜	卓榮泰	蔣萬安	侯友宜	朱立倫
	侯友宜	卓榮泰	陳其邁	蘇巧慧	張善政	侯友宜	蔣萬安	侯友宜
	卓榮泰	侯友宜	蕭美琴	卓榮泰	蘇巧慧	卓榮泰	王世堅	蘇巧慧
	蘇巧慧	蘇巧慧	張善政	張善政	蔣萬安	張善政	蘇巧慧	卓榮泰
	蕭美琴	張善政	王世堅	蕭美琴	黃偉哲	蕭美琴	卓榮泰	蕭美琴
	張善政	蕭美琴	蘇巧慧	王世堅	蕭美琴	黃偉哲	蕭美琴	王世堅
	王世堅	鄭麗君	黃偉哲	黃偉哲	江啟臣	江啟臣	黃偉哲	張善政
	黃偉哲	黃偉哲	卓榮泰	陳其邁	陳其邁	蘇巧慧	江啟臣	鄭麗君
	江啟臣	王世堅	江啟臣	鄭麗君	王世堅	王世堅	張善政	江啟臣
	鄭麗君	江啟臣	鄭麗君	江啟臣	鄭麗君	鄭麗君	鄭麗君	黃偉哲

備註：○○○灰階字體代表該人物在此分類無人選擇。

不喜歡或不信任的評價（依政黨傾向排序）

排序	整體	依政黨傾向排序				
		民進黨 支持者	國民黨 支持者	台灣民眾黨 支持者	選人不選黨/ 中立	其他選擇
1	黃國昌	黃國昌	賴清德	柯建銘	黃國昌	黃國昌
2	賴清德	柯文哲	柯建銘	賴清德	賴清德	韓國瑜
3	柯建銘	韓國瑜	黃捷	黃捷	柯建銘	賴清德
4	韓國瑜	盧秀燕	柯文哲	林飛帆	韓國瑜	柯文哲
5	柯文哲	朱立倫	林飛帆	卓榮泰	柯文哲	柯建銘
6	黃捷	蔣萬安	陳其邁	侯友宜	黃捷	黃捷
7	盧秀燕	侯友宜	黃國昌	朱立倫	林飛帆	陳其邁
8	林飛帆	張善政	卓榮泰	蔣萬安	朱立倫	蘇巧慧
9	朱立倫	賴清德	蕭美琴	韓國瑜	陳其邁	朱立倫
10	陳其邁	柯建銘	蘇巧慧	黃國昌	盧秀燕	林飛帆
	蔣萬安	蘇巧慧	侯友宜	陳其邁	蔣萬安	盧秀燕
	侯友宜	王世堅	朱立倫	柯文哲	侯友宜	黃偉哲
	卓榮泰	江啟臣	王世堅	蘇巧慧	蕭美琴	蔣萬安
	蘇巧慧	黃捷	鄭麗君	鄭麗君	王世堅	張善政
	蕭美琴	林飛帆	韓國瑜	盧秀燕	黃偉哲	侯友宜
	張善政	陳其邁	蔣萬安	蕭美琴	蘇巧慧	卓榮泰
	王世堅	卓榮泰	黃偉哲	黃偉哲	卓榮泰	江啟臣
	黃偉哲	黃偉哲	盧秀燕	王世堅	張善政	蕭美琴
	江啟臣	蕭美琴	江啟臣	江啟臣	江啟臣	王世堅
	鄭麗君	鄭麗君	張善政	張善政	鄭麗君	鄭麗君

備註：○○○灰階字體代表該人物在此分類無人選擇。

不喜歡或不信任的評價（依政治光譜排序）

排序	整體	依政治光譜排序								
		G1	G2	G3	G4	G5	G6	G7	G8	G9
1	黃國昌	賴清德	賴清德	賴清德	柯建銘	柯建銘	黃國昌	黃國昌	黃國昌	黃國昌
2	賴清德	柯建銘	柯建銘	柯建銘	賴清德	賴清德	韓國瑜	韓國瑜	柯文哲	韓國瑜
3	柯建銘	黃捷	黃捷	黃捷	黃捷	黃國昌	柯文哲	柯文哲	韓國瑜	柯文哲
4	韓國瑜	柯文哲	林飛帆	林飛帆	柯文哲	韓國瑜	柯建銘	侯友宜	盧秀燕	盧秀燕
5	柯文哲	卓榮泰	陳其邁	陳其邁	陳其邁	黃捷	朱立倫	朱立倫	朱立倫	蔣萬安
6	黃捷	林飛帆	柯文哲	柯文哲	林飛帆	林飛帆	黃捷	盧秀燕	侯友宜	朱立倫
7	盧秀燕	陳其邁	蕭美琴	卓榮泰	朱立倫	柯文哲	林飛帆	柯建銘	蔣萬安	張善政
8	林飛帆	蘇巧慧	蘇巧慧	蘇巧慧	侯友宜	朱立倫	侯友宜	蔣萬安	柯建銘	侯友宜
9	朱立倫	黃國昌	黃國昌	黃國昌	卓榮泰	侯友宜	王世堅	江啟臣	賴清德	江啟臣
10	陳其邁	王世堅	卓榮泰	王世堅	韓國瑜	蔣萬安	賴清德	張善政	賴清德	賴清德
	蔣萬安	蕭美琴	韓國瑜	黃偉哲	蔣萬安	黃偉哲	蔣萬安	蘇巧慧	林飛帆	陳其邁
	侯友宜	鄭麗君	侯友宜	蔣萬安	黃國昌	蘇巧慧	蘇巧慧	張善政	王世堅	卓榮泰
	卓榮泰	侯友宜	王世堅	蕭美琴	王世堅	鄭麗君	蕭美琴	黃偉哲	黃偉哲	蘇巧慧
	蘇巧慧	盧秀燕	鄭麗君	朱立倫	蘇巧慧	盧秀燕	盧秀燕	賴清德	黃捷	王世堅
	蕭美琴	朱立倫	朱立倫	盧秀燕	黃偉哲	卓榮泰	張善政	黃捷	江啟臣	蕭美琴
	張善政	蔣萬安	黃偉哲	侯友宜	蔣萬安	蕭美琴	江啟臣	王世堅	蕭美琴	黃捷
	王世堅	韓國瑜	蔣萬安	韓國瑜	盧秀燕	陳其邁	黃偉哲	蕭美琴	蘇巧慧	黃偉哲
	黃偉哲	黃偉哲	盧秀燕	鄭麗君	鄭麗君	王世堅	卓榮泰	卓榮泰	卓榮泰	柯建銘
	江啟臣	江啟臣	江啟臣	江啟臣	江啟臣	張善政	陳其邁	陳其邁	陳其邁	林飛帆
	鄭麗君	張善政	張善政	張善政	張善政	江啟臣	鄭麗君	鄭麗君	鄭麗君	鄭麗君

備註：○○○灰階字體代表該人物在此分類無人選擇。

不喜歡或不信任的評價（依社會、經濟地位自評排序）

排序	整體	依社會、經濟地位自評排序				
		社會地位偏高/經濟地位偏高	社會地位偏高/經濟地位偏低	社會地位偏低/經濟地位偏高	社會地位偏低/經濟地位偏低	普通社經地位
1	黃國昌	黃國昌	黃國昌	黃國昌	黃國昌	黃國昌
2	賴清德	賴清德	韓國瑜	柯建銘	賴清德	賴清德
3	柯建銘	柯文哲	賴清德	柯文哲	柯建銘	柯建銘
4	韓國瑜	韓國瑜	柯建銘	黃捷	韓國瑜	柯文哲
5	柯文哲	柯建銘	黃捷	賴清德	柯文哲	韓國瑜
6	黃捷	黃捷	柯文哲	韓國瑜	黃捷	黃捷
7	盧秀燕	盧秀燕	盧秀燕	鄭麗君	林飛帆	林飛帆
8	林飛帆	蔣萬安	朱立倫	林飛帆	朱立倫	盧秀燕
9	朱立倫	林飛帆	侯友宜	朱立倫	陳其邁	朱立倫
10	陳其邁	陳其邁	黃偉哲	蘇巧慧	蔣萬安	陳其邁
	蔣萬安	朱立倫	林飛帆	蕭美琴	侯友宜	侯友宜
	侯友宜	侯友宜	蔣萬安	盧秀燕	盧秀燕	卓榮泰
	卓榮泰	卓榮泰	張善政	侯友宜	卓榮泰	蔣萬安
	蘇巧慧	張善政	鄭麗君	黃偉哲	蘇巧慧	蘇巧慧
	蕭美琴	蘇巧慧	陳其邁	蔣萬安	蕭美琴	蕭美琴
	張善政	王世堅	蘇巧慧	張善政	王世堅	張善政
	王世堅	蕭美琴	卓榮泰	陳其邁	張善政	黃偉哲
	黃偉哲	黃偉哲	蕭美琴	卓榮泰	江啟臣	王世堅
	江啟臣	江啟臣	王世堅	王世堅	鄭麗君	江啟臣
	鄭麗君	鄭麗君	江啟臣	江啟臣	黃偉哲	鄭麗君

備註：○○○灰階字體代表該人物在此分類無人選擇。

王世堅

基本資料

姓名：王世堅

生日：1960年1月1日

學歷：

- 私立中國文化大學應用化學研究所碩士
- 國立中興大學應用數學系

政黨：民主進步黨

派系：英系

現職：

- 第11屆立法委員
- 民主進步黨中央常務委員

曾擔任職位／經歷

- 第6屆立法委員
- 臺北市議會第8-9、11-14屆議員
- 自立晚報董事長

選舉紀錄

年度	選舉屆數	是否當選
1998 年	第 8 屆臺北市議員選舉	V
2002 年	第 9 屆臺北市議員選舉	V
2004 年	第 6 屆立法委員選舉	V
2008 年	第 7 屆立法委員選舉	
2010 年	第 11 屆臺北市議員選舉	V
2014 年	第 12 屆臺北市議員選舉	V
2018 年	第 13 屆臺北市議員選舉	V
2022 年	第 14 屆臺北市議員選舉	V
2024 年	第 11 屆立法委員選舉	V

民調中的王世堅

對王世堅印象最好的受訪者佔總樣本數的 1.4%。這些受訪者主要提及他的正直敢言、勇於監督政府，不分政黨地為民發聲的正面形象。這也反映在本次調查中「整體印象最好」的排序上，王世堅在所有現任立法委員中排序第三，僅次於韓國瑜和黃國昌，是民進黨籍中表現最好的。王世堅支持者提及其言行較激烈、情緒激動，甚至會被認為「為反對而反對」，他這樣的風格容易引發爭議、對立，不利於溝通協調。

另一方面，不喜歡或不信任王世堅的受訪者佔總樣本數的 0.4%，其中近半數的受訪者政黨傾向為「選人不選黨／中立」。這些受訪者認為，王世堅的言辭風格有時像是在演戲、刷存在感，顯得不夠嚴肅正經。

第一印象

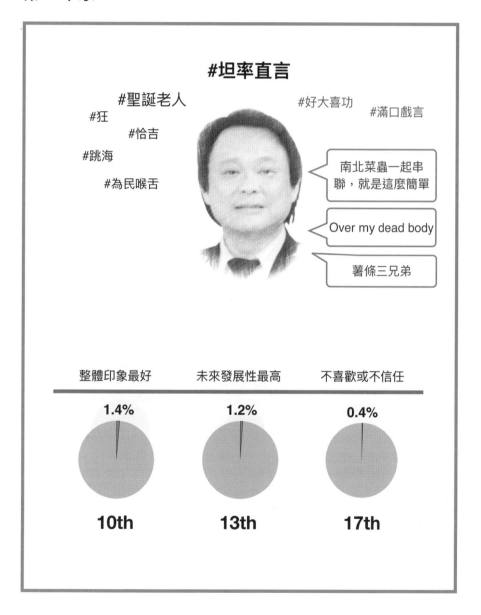

整體評價（能力分析）

排序	操守品德	決斷力溝通協調力	親和力領導風範	從政績效執政效率	專業能力創新能力	務實、穩定能展現影響力	遠見國際觀
	鄭麗君	張善政	侯友宜	蘇巧慧	鄭麗君	侯友宜	朱立倫
	王世堅	王世堅	蘇巧慧	王世堅	王世堅	王世堅	林飛帆
	蘇巧慧	蘇巧慧	黃捷	朱立倫	蘇巧慧	蘇巧慧	蘇巧慧
未列前十	卓榮泰	鄭麗君	鄭麗君	黃偉哲	林飛帆	江啟臣	鄭麗君
	江啟臣	侯友宜	王世堅	卓榮泰	江啟臣	柯建銘	卓榮泰
	黃捷	江啟臣	江啟臣	江啟臣	卓榮泰	鄭麗君	侯友宜
	柯建銘	黃捷	黃偉哲	黃捷	侯友宜	黃偉哲	柯建銘
	林飛帆	林飛帆	柯建銘	柯建銘	柯建銘	朱立倫	黃偉哲
	黃偉哲	朱立倫	林飛帆	林飛帆	黃偉哲	黃捷	黃捷
	朱立倫	黃偉哲	朱立倫	鄭麗君	朱立倫	林飛帆	王世堅

操守、品德
12th

遠見、國際觀
20th

決斷力
溝通協調力
12th

務實、穩定
展現影響力
12th

親和力
領導風範
15th

專業能力、創新能力
12th

從政績效、執政效率
12th

第一波百人未來政治領袖調查排序回顧

立法委員排序 (名單共35人)			
	印象最好	監督行政機關	政策影響力	未來發展
排序	4	1	5	8

60歲以上政治人物排序 (名單共49人)		
	印象最好	領導力	未來發展
排序	7	17	11

男性政治人物排序 (名單共62人)		
	印象最好	領導力	未來發展
排序	9	25	13

社會議題面向 被期待解決問題的政治人物				
	詐騙防制	治安、社會安全網	都市發展	食安	環境能源
排序	9	25	17	18	38

整體評價（支持者分析）

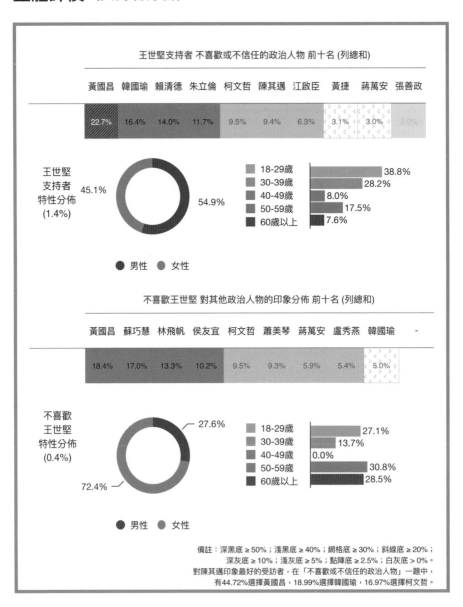

王世堅支持者 不喜歡或不信任的政治人物 前十名 (列總和)

黃國昌	韓國瑜	賴清德	朱立倫	柯文哲	陳其邁	江啟臣	黃捷	蔣萬安	張善政
22.7%	16.4%	14.0%	11.7%	9.5%	9.4%	6.3%	3.1%	3.0%	2.0%

王世堅
支持者
特性分佈
(1.4%)

45.1%　54.9%

● 男性　● 女性

- 18-29歲　38.8%
- 30-39歲　28.2%
- 40-49歲　8.0%
- 50-59歲　17.5%
- 60歲以上　7.6%

不喜歡王世堅 對其他政治人物的印象分佈 前十名 (列總和)

黃國昌	蘇巧慧	林飛帆	侯友宜	柯文哲	蕭美琴	蔣萬安	盧秀燕	韓國瑜	-
18.4%	17.0%	13.3%	10.2%	9.5%	9.3%	5.9%	5.4%	5.0%	

不喜歡
王世堅
特性分佈
(0.4%)

27.6%　72.4%

● 男性　● 女性

- 18-29歲　27.1%
- 30-39歲　13.7%
- 40-49歲　0.0%
- 50-59歲　30.8%
- 60歲以上　28.5%

備註：深黑底 ≥50%；淺黑底 ≥40%；網格底 ≥30%；斜線底 ≥20%；
深灰底 ≥10%；淺灰底 ≥5%；點陣底 ≥2.5%；白灰底 >0%。
對陳其邁印象最好的受訪者，在「不喜歡或不信任的政治人物」一題中，
有44.72%選擇黃國昌，18.99%選擇韓國瑜，16.97%選擇柯文哲。

正面評論／反面聲音

[支持者]

您認為王世堅有哪些吸引您的特質或值得肯定的成就及能力？

#坦率直言　■男性　■女性　| 56% | 44% |

「堅持原則、直言不諱、接地氣、幽默感、熱心公益、豐富的從政經驗、媒體影響力」

臺南市／18-29歲女性

「敢做敢當，不因黨派選擇性發聲」

新北市／30-39歲女性

您認為王世堅有哪些需要改進的缺點或當前應處理面對的問題？

太激動、太衝動　■男性　■女性　| 30% | 70% |

「言行過於激烈、容易引發爭議、政治立場過於鮮明導致對立、缺乏穩重形象、與部分黨內人士關係緊張、需要更廣泛的政策視野、應加強與不同意見者的溝通能力」

臺南市／18-29歲女性

[反對者]

您不喜歡或不信任王世堅的原因是什麼（特質、言行或背景）？

#滿口戲言　■選人不選黨/中立　| 100% |

「他講出來的話從沒實際做到，只會刷存在感」

新北市／18-29歲女性

「專業演戲，沒有政治人物的範。」

臺中市／60歲以上男性

整體印象評價（依性別、年齡排序）

排序	整體	依性別排序		依年齡排序				
		男性	女性	18-29歲	30-39歲	40-49歲	50-59歲	60歲以上
1	賴清德	賴清德	賴清德	蕭美琴	蕭美琴	蕭美琴	賴清德	賴清德
2	蕭美琴	韓國瑜	蕭美琴	柯文哲	賴清德	賴清德	韓國瑜	韓國瑜
3	韓國瑜	蕭美琴	陳其邁	賴清德	柯文哲	陳其邁	蕭美琴	蕭美琴
4	陳其邁	盧秀燕	韓國瑜	盧秀燕	黃國昌	柯文哲	陳其邁	盧秀燕
5	盧秀燕	陳其邁	盧秀燕	陳其邁	陳其邁	韓國瑜	盧秀燕	陳其邁
6	柯文哲	柯文哲	柯文哲	黃國昌	盧秀燕	盧秀燕	蔣萬安	蔣萬安
7	黃國昌	黃國昌	蔣萬安	韓國瑜	韓國瑜	黃國昌	柯文哲	張善政
8	蔣萬安	蔣萬安	黃國昌	王世堅	蔣萬安	蔣萬安	張善政	黃國昌
9	張善政	江啟臣	張善政	蔣萬安	黃捷	侯友宜	鄭麗君	柯文哲
10	王世堅	黃捷	蘇巧慧	江啟臣	王世堅	蘇巧慧	黃國昌	蘇巧慧
	蘇巧慧	張善政	王世堅	鄭麗君	蘇巧慧	張善政	黃捷	卓榮泰
	黃捷	王世堅	侯友宜	黃捷	張善政	卓榮泰	王世堅	黃捷
	鄭麗君	蘇巧慧	鄭麗君	蘇巧慧	江啟臣	鄭麗君	卓榮泰	江啟臣
	江啟臣	鄭麗君	黃捷	黃偉哲	侯友宜	江啟臣	侯友宜	鄭麗君
	卓榮泰	卓榮泰	黃偉哲	張善政	鄭麗君	王世堅	江啟臣	朱立倫
	侯友宜	林飛帆	柯建銘	侯友宜	卓榮泰	黃捷	蘇巧慧	林飛帆
	柯建銘	侯友宜	卓榮泰	柯建銘	柯建銘	柯建銘	林飛帆	柯建銘
	黃偉哲	朱立倫	江啟臣	朱立倫	林飛帆	黃偉哲	朱立倫	王世堅
	林飛帆	柯建銘	林飛帆	林飛帆	黃偉哲	林飛帆	柯建銘	黃偉哲
	朱立倫	黃偉哲	朱立倫	卓榮泰	朱立倫	朱立倫	黃偉哲	侯友宜

備註：○○○灰階字體代表該人物在此分類無人選擇。

整體印象評價（依政黨傾向排序）

排序	整體	依政黨傾向排序				
		民進黨 支持者	國民黨 支持者	台灣民眾黨 支持者	選人不選黨/ 中立	其他選擇
1	賴清德	賴清德	韓國瑜	柯文哲	賴清德	蕭美琴
2	蕭美琴	蕭美琴	盧秀燕	黃國昌	盧秀燕	賴清德
3	韓國瑜	陳其邁	蔣萬安	盧秀燕	蕭美琴	韓國瑜
4	陳其邁	蘇巧慧	張善政	韓國瑜	韓國瑜	陳其邁
5	盧秀燕	黃捷	江啟臣	蕭美琴	陳其邁	盧秀燕
6	柯文哲	卓榮泰	侯友宜	蔣萬安	蔣萬安	鄭麗君
7	黃國昌	鄭麗君	朱立倫	陳其邁	柯文哲	蔣萬安
8	蔣萬安	王世堅	陳其邁	王世堅	黃國昌	黃捷
9	張善政	柯建銘	黃國昌	張善政	王世堅	黃國昌
10	王世堅	盧秀燕	王世堅	侯友宜	張善政	柯文哲
	蘇巧慧	黃偉哲	柯文哲	柯建銘	江啟臣	王世堅
	黃捷	林飛帆	蕭美琴	江啟臣	侯友宜	林飛帆
	鄭麗君	黃國昌	黃偉哲	賴清德	鄭麗君	侯友宜
	江啟臣	韓國瑜	蘇巧慧	朱立倫	黃捷	卓榮泰
	卓榮泰	柯文哲	賴清德	黃偉哲	蘇巧慧	張善政
	侯友宜	蔣萬安	黃捷	蘇巧慧	卓榮泰	柯建銘
	柯建銘	張善政	卓榮泰	黃捷	朱立倫	江啟臣
	黃偉哲	侯友宜	鄭麗君	卓榮泰	柯建銘	黃偉哲
	林飛帆	江啟臣	柯建銘	鄭麗君	林飛帆	蘇巧慧
	朱立倫	朱立倫	林飛帆	林飛帆	黃偉哲	朱立倫

備註：○○○灰階字體代表該人物在此分類無人選擇。

整體印象評價（依政治光譜排序）

排序	整體	依政治光譜排序								
		G1	G2	G3	G4	G5	G6	G7	G8	G9
1	賴清德	韓國瑜	韓國瑜	韓國瑜	柯文哲	柯文哲	蕭美琴	賴清德	賴清德	賴清德
2	蕭美琴	盧秀燕	盧秀燕	盧秀燕	黃國昌	黃國昌	賴清德	蕭美琴	蕭美琴	蕭美琴
3	韓國瑜	蔣萬安	蔣萬安	柯文哲	盧秀燕	盧秀燕	陳其邁	陳其邁	陳其邁	陳其邁
4	陳其邁	張善政	黃國昌	蔣萬安	韓國瑜	蕭美琴	柯文哲	柯文哲	蘇巧慧	蘇巧慧
5	盧秀燕	黃國昌	柯文哲	黃國昌	蔣萬安	蔣萬安	盧秀燕	鄭麗君	黃捷	黃捷
6	柯文哲	江啟臣	張善政	張善政	張善政	賴清德	王世堅	盧秀燕	卓榮泰	卓榮泰
7	黃國昌	侯友宜	侯友宜	江啟臣	王世堅	王世堅	黃國昌	黃捷	鄭麗君	鄭麗君
8	蔣萬安	朱立倫	江啟臣	侯友宜	侯友宜	韓國瑜	鄭麗君	黃國昌	王世堅	柯建銘
9	張善政	蕭美琴	朱立倫	王世堅	江啟臣	陳其邁	黃捷	蔣萬安	林飛帆	王世堅
10	王世堅	賴清德	鄭麗君	陳其邁	蕭美琴	江啟臣	卓榮泰	柯建銘	黃偉哲	林飛帆
	蘇巧慧	陳其邁	賴清德	柯建銘	柯建銘	黃偉哲	蘇巧慧	蘇巧慧	柯文哲	韓國瑜
	黃捷	鄭麗君	王世堅	蕭美琴	鄭麗君	侯友宜	韓國瑜	黃偉哲	柯建銘	黃偉哲
	鄭麗君	黃捷	陳其邁	朱立倫	黃捷	張善政	林飛帆	王世堅	盧秀燕	柯文哲
	江啟臣	柯文哲	蕭美琴	鄭麗君	賴清德	黃捷	張善政	卓榮泰	黃國昌	盧秀燕
	卓榮泰	王世堅	黃捷	賴清德	陳其邁	柯建銘	蔣萬安	韓國瑜	蔣萬安	黃國昌
	侯友宜	林飛帆	林飛帆	黃捷	朱立倫	朱立倫	江啟臣	林飛帆	韓國瑜	蔣萬安
	柯建銘	卓榮泰	卓榮泰	林飛帆	林飛帆	鄭麗君	黃偉哲	張善政	張善政	張善政
	黃偉哲	柯建銘	柯建銘	卓榮泰	卓榮泰	蘇巧慧	侯友宜	江啟臣	江啟臣	江啟臣
	林飛帆	黃偉哲	黃偉哲	黃偉哲	黃偉哲	林飛帆	柯建銘	侯友宜	侯友宜	侯友宜
	朱立倫	蘇巧慧	蘇巧慧	蘇巧慧	蘇巧慧	卓榮泰	朱立倫	朱立倫	朱立倫	朱立倫

備註：○○○灰階字體代表該人物在此分類無人選擇。

整體印象評價（依社會、經濟地位自評排序）

排序	整體	依社會、經濟地位自評排序				
		社會地位偏高/ 經濟地位偏高	社會地位偏高/ 經濟地位偏低	社會地位偏低/ 經濟地位偏高	社會地位偏低/ 經濟地位偏低	普通社經地位
1	賴清德	賴清德	賴清德	蕭美琴	韓國瑜	賴清德
2	蕭美琴	蕭美琴	蕭美琴	賴清德	賴清德	蕭美琴
3	韓國瑜	陳其邁	韓國瑜	柯文哲	蕭美琴	韓國瑜
4	陳其邁	韓國瑜	盧秀燕	陳其邁	盧秀燕	陳其邁
5	盧秀燕	盧秀燕	陳其邁	張善政	陳其邁	盧秀燕
6	柯文哲	柯文哲	柯文哲	韓國瑜	柯文哲	柯文哲
7	黃國昌	黃國昌	黃國昌	黃國昌	黃國昌	蔣萬安
8	蔣萬安	蔣萬安	蔣萬安	盧秀燕	蔣萬安	黃國昌
9	張善政	蘇巧慧	蘇巧慧	鄭麗君	黃捷	張善政
10	王世堅	江啟臣	張善政	林飛帆	王世堅	王世堅
	蘇巧慧	張善政	卓榮泰	蘇巧慧	鄭麗君	侯友宜
	黃捷	黃捷	黃偉哲	蔣萬安	江啟臣	蘇巧慧
	鄭麗君	卓榮泰	黃捷	黃捷	蘇巧慧	黃捷
	江啟臣	王世堅	江啟臣	侯友宜	侯友宜	卓榮泰
	卓榮泰	鄭麗君	王世堅	卓榮泰	張善政	鄭麗君
	侯友宜	柯建銘	鄭麗君	黃偉哲	林飛帆	江啟臣
	柯建銘	侯友宜	侯友宜	江啟臣	柯建銘	黃偉哲
	黃偉哲	林飛帆	柯建銘	王世堅	卓榮泰	朱立倫
	林飛帆	朱立倫	林飛帆	柯建銘	黃偉哲	柯建銘
	朱立倫	黃偉哲	朱立倫	朱立倫	朱立倫	林飛帆

備註：○○○灰階字體代表該人物在此分類無人選擇。

看好未來表現評價（依性別、年齡排序）

排序	整體	依性別排序		依年齡排序				
		男性	女性	18-29歲	30-39歲	40-49歲	50-59歲	60歲以上
1	賴清德	賴清德	賴清德	陳其邁	蕭美琴	蕭美琴	陳其邁	賴清德
2	陳其邁	陳其邁	陳其邁	盧秀燕	陳其邁	陳其邁	賴清德	韓國瑜
3	蕭美琴	蕭美琴	蕭美琴	蕭美琴	黃國昌	賴清德	韓國瑜	陳其邁
4	盧秀燕	盧秀燕	韓國瑜	黃國昌	賴清德	盧秀燕	蕭美琴	蕭美琴
5	韓國瑜	韓國瑜	盧秀燕	賴清德	柯文哲	柯文哲	盧秀燕	盧秀燕
6	蔣萬安	蔣萬安	蔣萬安	柯文哲	盧秀燕	黃國昌	蔣萬安	蔣萬安
7	黃國昌	黃國昌	柯文哲	蔣萬安	韓國瑜	韓國瑜	柯文哲	柯文哲
8	柯文哲	柯文哲	黃國昌	韓國瑜	蔣萬安	蔣萬安	黃國昌	黃國昌
9	蘇巧慧	蘇巧慧	卓榮泰	蘇巧慧	黃捷	蘇巧慧	蘇巧慧	卓榮泰
10	黃捷	黃捷	蘇巧慧	王世堅	卓榮泰	黃捷	張善政	江啟臣
	卓榮泰	江啟臣	黃捷	黃捷	蘇巧慧	江啟臣	卓榮泰	張善政
	江啟臣	張善政	王世堅	江啟臣	林飛帆	王世堅	黃捷	鄭麗君
	王世堅	卓榮泰	林飛帆	卓榮泰	江啟臣	張善政	鄭麗君	蘇巧慧
	張善政	王世堅	江啟臣	鄭麗君	王世堅	卓榮泰	江啟臣	林飛帆
	林飛帆	鄭麗君	鄭麗君	林飛帆	侯友宜	侯友宜	林飛帆	黃捷
	鄭麗君	林飛帆	侯友宜	黃偉哲	張善政	林飛帆	王世堅	王世堅
	侯友宜	侯友宜	張善政	侯友宜	鄭麗君	鄭麗君	侯友宜	柯建銘
	柯建銘	柯建銘	黃偉哲	張善政	柯建銘	黃偉哲	朱立倫	侯友宜
	黃偉哲	黃偉哲	柯建銘	柯建銘	黃偉哲	柯建銘	黃偉哲	黃偉哲
	朱立倫	朱立倫	朱立倫	朱立倫	朱立倫	朱立倫	柯建銘	朱立倫

備註：○○○灰階字體代表該人物在此分類無人選擇。

看好未來表現評價（依政黨傾向排序）

排序	整體	依政黨傾向排序				
		民進黨支持者	國民黨支持者	台灣民眾黨支持者	選人不選黨/中立	其他選擇
1	賴清德	賴清德	韓國瑜	黃國昌	盧秀燕	蕭美琴
2	陳其邁	陳其邁	盧秀燕	柯文哲	蕭美琴	陳其邁
3	蕭美琴	蕭美琴	蔣萬安	盧秀燕	賴清德	賴清德
4	盧秀燕	蘇巧慧	江啟臣	韓國瑜	陳其邁	盧秀燕
5	韓國瑜	黃捷	張善政	蔣萬安	蔣萬安	韓國瑜
6	蔣萬安	卓榮泰	侯友宜	陳其邁	韓國瑜	柯文哲
7	黃國昌	林飛帆	蕭美琴	江啟臣	黃國昌	蔣萬安
8	柯文哲	王世堅	黃國昌	蕭美琴	柯文哲	黃捷
9	蘇巧慧	鄭麗君	黃偉哲	王世堅	王世堅	黃國昌
10	黃捷	盧秀燕	王世堅	柯建銘	江啟臣	鄭麗君
	卓榮泰	柯建銘	陳其邁	侯友宜	卓榮泰	王世堅
	江啟臣	黃偉哲	黃捷	張善政	蘇巧慧	蘇巧慧
	王世堅	韓國瑜	柯文哲	賴清德	黃捷	林飛帆
	張善政	江啟臣	卓榮泰	黃偉哲	張善政	卓榮泰
	林飛帆	蔣萬安	賴清德	黃捷	鄭麗君	張善政
	鄭麗君	黃國昌	蘇巧慧	卓榮泰	侯友宜	江啟臣
	侯友宜	張善政	林飛帆	蘇巧慧	朱立倫	黃偉哲
	柯建銘	柯文哲	鄭麗君	林飛帆	柯建銘	侯友宜
	黃偉哲	侯友宜	柯建銘	鄭麗君	林飛帆	柯建銘
	朱立倫	朱立倫	朱立倫	朱立倫	黃偉哲	朱立倫

備註：○○○灰階字體代表該人物在此分類無人選擇。

看好未來表現評價（依政治光譜排序）

排序	整體	依政治光譜排序								
		G1	G2	G3	G4	G5	G6	G7	G8	G9
1	賴清德	韓國瑜	盧秀燕	盧秀燕	黃國昌	柯文哲	蕭美琴	陳其邁	蕭美琴	賴清德
2	陳其邁	蔣萬安	韓國瑜	韓國瑜	盧秀燕	黃國昌	陳其邁	蕭美琴	陳其邁	陳其邁
3	蕭美琴	盧秀燕	蔣萬安	蔣萬安	柯文哲	盧秀燕	賴清德	賴清德	賴清德	蕭美琴
4	盧秀燕	張善政	黃國昌	黃國昌	蔣萬安	蔣萬安	盧秀燕	黃捷	卓榮泰	蘇巧慧
5	韓國瑜	黃國昌	柯文哲	柯文哲	韓國瑜	賴清德	黃國昌	盧秀燕	黃捷	黃捷
6	蔣萬安	江啟臣	張善政	江啟臣	王世堅	蕭美琴	柯文哲	卓榮泰	蘇巧慧	卓榮泰
7	黃國昌	侯友宜	江啟臣	張善政	侯友宜	陳其邁	蘇巧慧	柯文哲	林飛帆	林飛帆
8	柯文哲	柯文哲	侯友宜	蕭美琴	蕭美琴	王世堅	黃捷	鄭麗君	王世堅	鄭麗君
9	蘇巧慧	蕭美琴	鄭麗君	王世堅	張善政	韓國瑜	林飛帆	王世堅	鄭麗君	王世堅
10	黃捷	陳其邁	賴清德	柯建銘	江啟臣	江啟臣	王世堅	蘇巧慧	盧秀燕	柯建銘
	卓榮泰	賴清德	朱立倫	朱立倫	陳其邁	黃偉哲	韓國瑜	蔣萬安	江啟臣	黃偉哲
	江啟臣	黃捷	蕭美琴	侯友宜	柯建銘	侯友宜	蔣萬安	江啟臣	柯文哲	韓國瑜
	王世堅	鄭麗君	陳其邁	鄭麗君	黃捷	鄭麗君	江啟臣	林飛帆	柯建銘	蔣萬安
	張善政	王世堅	黃捷	賴清德	卓榮泰	張善政	卓榮泰	柯建銘	韓國瑜	盧秀燕
	林飛帆	蘇巧慧	王世堅	陳其邁	賴清德	柯建銘	鄭麗君	黃國昌	黃國昌	江啟臣
	鄭麗君	林飛帆	蘇巧慧	黃捷	朱立倫	蘇巧慧	黃偉哲	黃偉哲	黃偉哲	柯文哲
	侯友宜	卓榮泰	林飛帆	蘇巧慧	鄭麗君	朱立倫	侯友宜	韓國瑜	蔣萬安	黃國昌
	柯建銘	黃偉哲	卓榮泰	林飛帆	蘇巧慧	黃捷	張善政	侯友宜	侯友宜	侯友宜
	黃偉哲	柯建銘	黃偉哲	卓榮泰	林飛帆	林飛帆	柯建銘	張善政	張善政	張善政
	朱立倫	朱立倫	柯建銘	黃偉哲	黃偉哲	卓榮泰	朱立倫	朱立倫	朱立倫	朱立倫

備註：○○○灰階字體代表該人物在此分類無人選擇。

看好未來表現評價（依社會、經濟地位自評排序）

排序	整體	依社會、經濟地位自評排序				
		社會地位偏高/經濟地位偏高	社會地位偏高/經濟地位偏低	社會地位偏低/經濟地位偏高	社會地位偏低/經濟地位偏低	普通社經地位
1	賴清德	賴清德	蕭美琴	陳其邁	賴清德	陳其邁
2	陳其邁	陳其邁	賴清德	蕭美琴	韓國瑜	蕭美琴
3	蕭美琴	蕭美琴	陳其邁	蔣萬安	盧秀燕	賴清德
4	盧秀燕	盧秀燕	韓國瑜	賴清德	陳其邁	盧秀燕
5	韓國瑜	韓國瑜	盧秀燕	柯文哲	蕭美琴	蔣萬安
6	蔣萬安	蔣萬安	蔣萬安	黃國昌	柯文哲	韓國瑜
7	黃國昌	黃國昌	柯文哲	盧秀燕	蔣萬安	黃國昌
8	柯文哲	柯文哲	黃國昌	韓國瑜	黃國昌	柯文哲
9	蘇巧慧	蘇巧慧	卓榮泰	卓榮泰	王世堅	蘇巧慧
10	黃捷	黃捷	鄭麗君	鄭麗君	黃捷	黃捷
	卓榮泰	卓榮泰	黃偉哲	黃捷	江啟臣	卓榮泰
	江啟臣	林飛帆	蘇巧慧	江啟臣	蘇巧慧	江啟臣
	王世堅	江啟臣	林飛帆	黃偉哲	卓榮泰	張善政
	張善政	鄭麗君	王世堅	蘇巧慧	張善政	王世堅
	林飛帆	張善政	張善政	林飛帆	林飛帆	鄭麗君
	鄭麗君	王世堅	朱立倫	王世堅	侯友宜	林飛帆
	侯友宜	黃偉哲	黃捷	張善政	鄭麗君	侯友宜
	柯建銘	侯友宜	江啟臣	朱立倫	柯建銘	柯建銘
	黃偉哲	柯建銘	侯友宜	侯友宜	朱立倫	黃偉哲
	朱立倫	朱立倫	柯建銘	柯建銘	黃偉哲	朱立倫

備註：○○○灰階字體代表該人物在此分類無人選擇。

不喜歡或不信任的評價（依性別、年齡排序）

排序	整體	依性別排序		依年齡排序				
		男性	女性	18-29歲	30-39歲	40-49歲	50-59歲	60歲以上
1	黃國昌	黃國昌	黃國昌	黃國昌	黃國昌	黃國昌	黃國昌	黃國昌
2	賴清德	柯建銘	韓國瑜	柯建銘	柯建銘	賴清德	賴清德	賴清德
3	柯建銘	賴清德	賴清德	韓國瑜	賴清德	柯文哲	柯文哲	柯文哲
4	韓國瑜	柯文哲	柯文哲	賴清德	韓國瑜	韓國瑜	韓國瑜	韓國瑜
5	柯文哲	韓國瑜	柯建銘	柯文哲	柯文哲	柯建銘	柯建銘	柯建銘
6	黃捷	黃捷	黃捷	黃捷	黃捷	黃捷	黃捷	黃捷
7	盧秀燕	林飛帆	盧秀燕	林飛帆	林飛帆	林飛帆	陳其邁	盧秀燕
8	林飛帆	盧秀燕	林飛帆	朱立倫	朱立倫	盧秀燕	盧秀燕	陳其邁
9	朱立倫	朱立倫	朱立倫	蔣萬安	盧秀燕	朱立倫	林飛帆	林飛帆
10	陳其邁	陳其邁	蔣萬安	盧秀燕	侯友宜	陳其邁	朱立倫	蔣萬安
	蔣萬安	蔣萬安	侯友宜	侯友宜	卓榮泰	蔣萬安	侯友宜	朱立倫
	侯友宜	卓榮泰	陳其邁	蘇巧慧	張善政	侯友宜	蔣萬安	侯友宜
	卓榮泰	侯友宜	蕭美琴	卓榮泰	蘇巧慧	卓榮泰	王世堅	蘇巧慧
	蘇巧慧	蘇巧慧	張善政	張善政	蔣萬安	張善政	蘇巧慧	卓榮泰
	蕭美琴	張善政	王世堅	蕭美琴	黃偉哲	蕭美琴	卓榮泰	蕭美琴
	張善政	蕭美琴	蘇巧慧	王世堅	蕭美琴	黃偉哲	蕭美琴	王世堅
	王世堅	鄭麗君	黃偉哲	黃偉哲	江啟臣	江啟臣	黃偉哲	張善政
	黃偉哲	黃偉哲	卓榮泰	陳其邁	陳其邁	蘇巧慧	江啟臣	鄭麗君
	江啟臣	王世堅	江啟臣	鄭麗君	王世堅	王世堅	張善政	江啟臣
	鄭麗君	江啟臣	鄭麗君	江啟臣	鄭麗君	鄭麗君	鄭麗君	黃偉哲

備註：○○○灰階字體代表該人物在此分類無人選擇。

不喜歡或不信任的評價（依政黨傾向排序）

排序	整體	依政黨傾向排序				
		民進黨 支持者	國民黨 支持者	台灣民眾黨 支持者	選人不選黨/ 中立	其他選擇
1	黃國昌	黃國昌	賴清德	柯建銘	黃國昌	黃國昌
2	賴清德	柯文哲	柯建銘	賴清德	賴清德	韓國瑜
3	柯建銘	韓國瑜	黃捷	黃捷	柯建銘	賴清德
4	韓國瑜	盧秀燕	柯文哲	林飛帆	韓國瑜	柯文哲
5	柯文哲	朱立倫	林飛帆	卓榮泰	柯文哲	柯建銘
6	黃捷	蔣萬安	陳其邁	侯友宜	黃捷	黃捷
7	盧秀燕	侯友宜	黃國昌	朱立倫	林飛帆	陳其邁
8	林飛帆	張善政	卓榮泰	蔣萬安	朱立倫	蘇巧慧
9	朱立倫	賴清德	蕭美琴	韓國瑜	陳其邁	朱立倫
10	陳其邁	柯建銘	蘇巧慧	黃國昌	盧秀燕	林飛帆
	蔣萬安	蘇巧慧	侯友宜	陳其邁	蔣萬安	盧秀燕
	侯友宜	王世堅	朱立倫	柯文哲	侯友宜	黃偉哲
	卓榮泰	江啟臣	王世堅	蘇巧慧	蕭美琴	蔣萬安
	蘇巧慧	黃捷	鄭麗君	鄭麗君	王世堅	張善政
	蕭美琴	林飛帆	韓國瑜	盧秀燕	黃偉哲	侯友宜
	張善政	陳其邁	蔣萬安	蕭美琴	蘇巧慧	卓榮泰
	王世堅	卓榮泰	黃偉哲	黃偉哲	卓榮泰	江啟臣
	黃偉哲	黃偉哲	盧秀燕	王世堅	張善政	蕭美琴
	江啟臣	蕭美琴	江啟臣	江啟臣	江啟臣	王世堅
	鄭麗君	鄭麗君	張善政	張善政	鄭麗君	鄭麗君

備註：○○○灰階字體代表該人物在此分類無人選擇。

不喜歡或不信任的評價（依政治光譜排序）

排序	整體	G1	G2	G3	G4	G5	G6	G7	G8	G9
					依政治光譜排序					
1	黃國昌	賴清德	賴清德	賴清德	柯建銘	柯建銘	黃國昌	黃國昌	黃國昌	黃國昌
2	賴清德	柯建銘	柯建銘	柯建銘	賴清德	賴清德	韓國瑜	韓國瑜	柯文哲	韓國瑜
3	柯建銘	黃捷	黃捷	黃捷	黃捷	黃國昌	柯文哲	柯文哲	韓國瑜	柯文哲
4	韓國瑜	柯文哲	林飛帆	林飛帆	柯文哲	韓國瑜	柯建銘	侯友宜	盧秀燕	盧秀燕
5	柯文哲	卓榮泰	陳其邁	陳其邁	陳其邁	黃捷	朱立倫	朱立倫	朱立倫	蔣萬安
6	黃捷	林飛帆	柯文哲	柯文哲	林飛帆	林飛帆	黃捷	盧秀燕	侯友宜	朱立倫
7	盧秀燕	陳其邁	蕭美琴	卓榮泰	朱立倫	柯文哲	林飛帆	柯建銘	蔣萬安	張善政
8	林飛帆	蘇巧慧	蘇巧慧	蘇巧慧	侯友宜	朱立倫	侯友宜	蔣萬安	柯建銘	侯友宜
9	朱立倫	黃國昌	黃國昌	黃國昌	卓榮泰	侯友宜	王世堅	江啟臣	賴清德	江啟臣
10	陳其邁	王世堅	卓榮泰	王世堅	韓國瑜	蔣萬安	賴清德	林飛帆	張善政	賴清德
	蔣萬安	蕭美琴	韓國瑜	黃偉哲	蕭美琴	黃偉哲	蔣萬安	蘇巧慧	林飛帆	陳其邁
	侯友宜	鄭麗君	侯友宜	蔣萬安	黃國昌	蘇巧慧	張善政	張善政	王世堅	卓榮泰
	卓榮泰	侯友宜	王世堅	蕭美琴	王世堅	鄭麗君	蕭美琴	黃偉哲	黃偉哲	蘇巧慧
	蘇巧慧	盧秀燕	鄭麗君	朱立倫	蘇巧慧	盧秀燕	盧秀燕	賴清德	黃捷	王世堅
	蕭美琴	朱立倫	朱立倫	盧秀燕	黃偉哲	卓榮泰	江啟臣	王世堅	江啟臣	蕭美琴
	張善政	蔣萬安	黃偉哲	侯友宜	蔣萬安	蕭美琴	蘇巧慧	黃捷	蕭美琴	黃捷
	王世堅	韓國瑜	蔣萬安	韓國瑜	盧秀燕	陳其邁	黃偉哲	蕭美琴	蘇巧慧	黃偉哲
	黃偉哲	黃偉哲	盧秀燕	鄭麗君	鄭麗君	王世堅	卓榮泰	卓榮泰	卓榮泰	柯建銘
	江啟臣	江啟臣	江啟臣	江啟臣	江啟臣	張善政	陳其邁	陳其邁	陳其邁	林飛帆
	鄭麗君	張善政	張善政	張善政	張善政	江啟臣	鄭麗君	鄭麗君	鄭麗君	鄭麗君

備註：○○○灰階字體代表該人物在此分類無人選擇。

不喜歡或不信任的評價（依社會、經濟地位自評排序）

排序	整體	依社會、經濟地位自評排序				
		社會地位偏高/經濟地位偏高	社會地位偏高/經濟地位偏低	社會地位偏低/經濟地位偏高	社會地位偏低/經濟地位偏低	普通社經地位
1	黃國昌	黃國昌	黃國昌	黃國昌	黃國昌	黃國昌
2	賴清德	賴清德	韓國瑜	柯建銘	賴清德	賴清德
3	柯建銘	柯文哲	賴清德	柯文哲	柯建銘	柯建銘
4	韓國瑜	韓國瑜	柯建銘	黃捷	韓國瑜	柯文哲
5	柯文哲	柯建銘	黃捷	賴清德	柯文哲	韓國瑜
6	黃捷	黃捷	柯文哲	韓國瑜	黃捷	黃捷
7	盧秀燕	盧秀燕	盧秀燕	鄭麗君	林飛帆	林飛帆
8	林飛帆	蔣萬安	朱立倫	林飛帆	朱立倫	盧秀燕
9	朱立倫	林飛帆	侯友宜	朱立倫	陳其邁	朱立倫
10	陳其邁	陳其邁	黃偉哲	蘇巧慧	蔣萬安	陳其邁
	蔣萬安	朱立倫	林飛帆	蕭美琴	侯友宜	侯友宜
	侯友宜	侯友宜	蔣萬安	盧秀燕	盧秀燕	卓榮泰
	卓榮泰	卓榮泰	張善政	侯友宜	卓榮泰	蔣萬安
	蘇巧慧	張善政	鄭麗君	黃偉哲	蘇巧慧	蘇巧慧
	蕭美琴	蘇巧慧	陳其邁	蔣萬安	蕭美琴	蕭美琴
	張善政	王世堅	蘇巧慧	張善政	王世堅	張善政
	王世堅	蕭美琴	卓榮泰	陳其邁	張善政	黃偉哲
	黃偉哲	黃偉哲	蕭美琴	卓榮泰	江啟臣	王世堅
	江啟臣	江啟臣	王世堅	王世堅	鄭麗君	江啟臣
	鄭麗君	鄭麗君	江啟臣	江啟臣	黃偉哲	鄭麗君

備註：○○○灰階字體代表該人物在此分類無人選擇。

433

黃捷

基本資料

姓名：黃捷

生日：1993年1月19日

學歷：

- 國立臺灣大學公共衛生學系、社會學系雙學士

政黨：民主進步黨

派系：湧言會

現職：

- 第11屆立法委員

曾擔任職位／經歷

● 高雄市議會第3-4屆議員

選舉紀錄

年度	選舉屆數	是否當選
2018 年	第 3 屆高雄市議員選舉	V
2022 年	第 4 屆高雄市議員選舉	V
2024 年	第 11 屆立法委員選舉	V

民調中的黃捷

對黃捷印象最好的受訪者佔總樣本數的 1.3%，主要肯定她對地方議題和弱勢議題的重視，積極傾聽民意和專業問政的認真形象，這在「專業能力、創新能力」項目中排序第 10，是個人最佳表現。支持者多認為黃捷應增加實務經驗和磨煉領導力，以提升其政治資歷。

另一方面，不喜歡或不信任黃捷的受訪者相對較多，佔總樣本數的6.3%。這些受訪者主要批評其靠造謠、抹黑、鬥爭、甚至人身攻擊的手段，不見其專業素養；以及批評其太愛作秀，依靠外貌或譁眾取寵的做法在網路上博取關注度。

第一印象

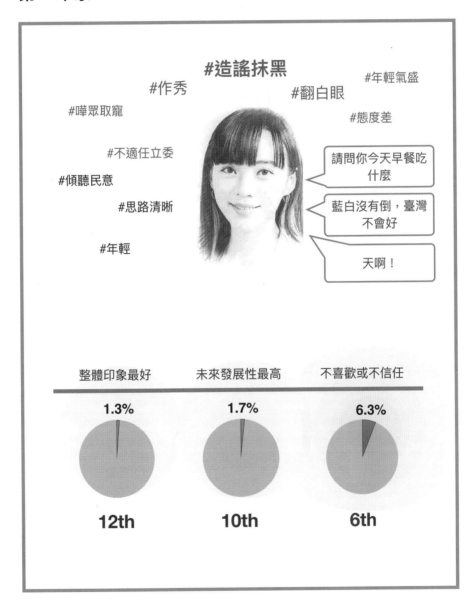

整體評價（能力分析）

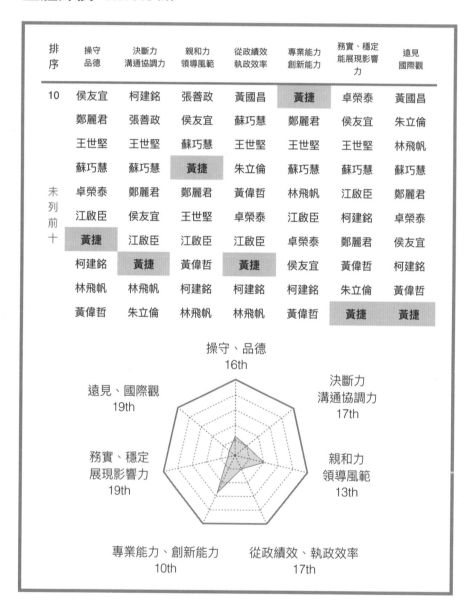

排序	操守品德	決斷力溝通協調力	親和力領導風範	從政績效執政效率	專業能力創新能力	務實、穩定能展現影響力	遠見國際觀
10	侯友宜	柯建銘	張善政	黃國昌	黃捷	卓榮泰	黃國昌
	鄭麗君	張善政	侯友宜	蘇巧慧	鄭麗君	侯友宜	朱立倫
	王世堅	王世堅	蘇巧慧	王世堅	王世堅	王世堅	林飛帆
	蘇巧慧	蘇巧慧	黃捷	朱立倫	蘇巧慧	蘇巧慧	蘇巧慧
未列前十	卓榮泰	鄭麗君	鄭麗君	黃偉哲	林飛帆	江啟臣	鄭麗君
	江啟臣	侯友宜	王世堅	卓榮泰	江啟臣	柯建銘	卓榮泰
	黃捷	江啟臣	江啟臣	江啟臣	卓榮泰	鄭麗君	侯友宜
	柯建銘	黃捷	黃偉哲	黃捷	侯友宜	黃偉哲	柯建銘
	林飛帆	林飛帆	柯建銘	柯建銘	柯建銘	朱立倫	黃偉哲
	黃偉哲	朱立倫	林飛帆	林飛帆	黃偉哲	黃捷	黃捷

操守、品德 16th

決斷力 溝通協調力 17th

親和力 領導風範 13th

從政績效、執政效率 17th

專業能力、創新能力 10th

務實、穩定 展現影響力 19th

遠見、國際觀 19th

第一波百人未來政治領袖調查排序回顧

立法委員排序 (名單共35人)			
印象最好	監督行政機關	政策影響力	未來發展
排序　1	3	10	1

50歲以下政治人物排序 (名單共19人)		
印象最好	領導力	未來發展
排序　1	7	3

女性政治人物排序 (名單共38人)		
印象最好	領導力	未來發展
排序　3	12	3

社會議題面向 被期待解決問題的政治人物				
詐騙防制	治安、社會安全網	都市發展	食安	環境能源
排序　27	18	-	28	57

整體評價（支持者分析）

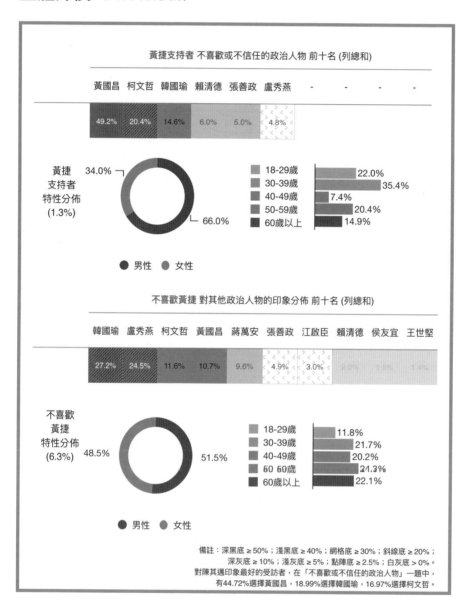

黃捷支持者 不喜歡或不信任的政治人物 前十名 (列總和)

黃國昌	柯文哲	韓國瑜	賴清德	張善政	盧秀燕	-	-	-	-
49.2%	20.4%	14.6%	6.0%	5.0%	4.8%				

黃捷
支持者
特性分佈
(1.3%)

34.0%
66.0%

18-29歲　22.0%
30-39歲　35.4%
40-49歲　7.4%
50-59歲　20.4%
60歲以上　14.9%

● 男性　● 女性

不喜歡黃捷 對其他政治人物的印象分佈 前十名 (列總和)

韓國瑜	盧秀燕	柯文哲	黃國昌	蔣萬安	張善政	江啟臣	賴清德	侯友宜	王世堅
27.2%	24.5%	11.6%	10.7%	9.6%	4.9%	3.0%	2.0%	1.5%	1.4%

不喜歡
黃捷
特性分佈
(6.3%)

48.5%
51.5%

18-29歲　11.8%
30-39歲　21.7%
40-49歲　20.2%
50-60歲　21.3%
60歲以上　22.1%

● 男性　● 女性

備註：深黑底 ≥50%；淺黑底 ≥40%；網格底 ≥30%；斜線底 ≥20%；
深灰底 ≥10%；淺灰底 ≥5%；點陣底 ≥2.5%；白灰底 >0%。
對陳其邁印象最好的受訪者，在「不喜歡或不信任的政治人物」一題中，
有44.72%選擇黃國昌，18.99%選擇韓國瑜，16.97%選擇柯文哲。

正面評論／反面聲音

[支持者]

您認為黃捷有哪些吸引您的特質或值得肯定的成就及能力？

#傾聽民意

■ 高雄市　■ 其他

| 40% | 60% |

「廣納民意，肯花時間與幕僚討論地方議題」

高雄市 / 18-29歲男性

「1、畢業後從事的工作包括社會運動，一直與弱勢站在一起 2、在議會的表現，都是公民團體評鑑前幾名」

高雄市 / 30-39歲男性

您認為黃捷有哪些需要改進的缺點或當前應處理面對的問題？

歷練不夠

「行政體系歷練不足」

臺中市 / 50-59歲男性

[反對者]

您不喜歡或不信任黃捷的原因是什麼（特質、言行或背景）？

#造謠抹黑

■ 男性　■ 女性

| 59.6% | 40.4% |

「問政專業度不夠 只會用操作對立的方式換取選票」

臺南市 / 30-39歲男性

「言行內容過於攻擊性、專業度不夠，太著重外在包裝。」

臺南市 / 40-49歲女性

#作秀

「愛做秀，提政策少，攻擊他黨立委或政治人物行為者多，看起來只是搶版面而已」

屏東縣 / 40-49歲男性

441

整體印象評價（依性別、年齡排序）

排序	整體	依性別排序		依年齡排序				
		男性	女性	18-29歲	30-39歲	40-49歲	50-59歲	60歲以上
1	賴清德	賴清德	賴清德	蕭美琴	蕭美琴	蕭美琴	賴清德	賴清德
2	蕭美琴	韓國瑜	蕭美琴	柯文哲	賴清德	賴清德	韓國瑜	韓國瑜
3	韓國瑜	蕭美琴	陳其邁	賴清德	柯文哲	陳其邁	蕭美琴	蕭美琴
4	陳其邁	盧秀燕	韓國瑜	盧秀燕	黃國昌	柯文哲	陳其邁	盧秀燕
5	盧秀燕	陳其邁	盧秀燕	陳其邁	陳其邁	韓國瑜	盧秀燕	陳其邁
6	柯文哲	柯文哲	柯文哲	黃國昌	盧秀燕	盧秀燕	蔣萬安	蔣萬安
7	黃國昌	黃國昌	蔣萬安	韓國瑜	韓國瑜	黃國昌	柯文哲	張善政
8	蔣萬安	蔣萬安	黃國昌	王世堅	蔣萬安	蔣萬安	張善政	黃國昌
9	張善政	江啟臣	張善政	蔣萬安	黃捷	侯友宜	鄭麗君	柯文哲
10	王世堅	黃捷	蘇巧慧	江啟臣	王世堅	蘇巧慧	黃國昌	蘇巧慧
	蘇巧慧	張善政	王世堅	鄭麗君	蘇巧慧	張善政	黃捷	卓榮泰
	黃捷	王世堅	侯友宜	黃捷	張善政	卓榮泰	王世堅	黃捷
	鄭麗君	蘇巧慧	鄭麗君	蘇巧慧	江啟臣	鄭麗君	卓榮泰	江啟臣
	江啟臣	鄭麗君	黃捷	黃偉哲	侯友宜	江啟臣	侯友宜	鄭麗君
	卓榮泰	卓榮泰	黃偉哲	張善政	鄭麗君	王世堅	江啟臣	朱立倫
	侯友宜	林飛帆	柯建銘	侯友宜	卓榮泰	黃捷	蘇巧慧	林飛帆
	柯建銘	侯友宜	卓榮泰	柯建銘	柯建銘	柯建銘	林飛帆	柯建銘
	黃偉哲	朱立倫	江啟臣	朱立倫	林飛帆	黃偉哲	朱立倫	王世堅
	林飛帆	柯建銘	林飛帆	林飛帆	黃偉哲	林飛帆	柯建銘	黃偉哲
	朱立倫	黃偉哲	朱立倫	卓榮泰	朱立倫	朱立倫	黃偉哲	侯友宜

備註：○○○灰階字體代表該人物在此分類無人選擇。

整體印象評價（依政黨傾向排序）

排序	整體	依政黨傾向排序				
		民進黨 支持者	國民黨 支持者	台灣民眾黨 支持者	選人不選黨/ 中立	其他選擇
1	賴清德	賴清德	韓國瑜	柯文哲	賴清德	蕭美琴
2	蕭美琴	蕭美琴	盧秀燕	黃國昌	盧秀燕	賴清德
3	韓國瑜	陳其邁	蔣萬安	盧秀燕	蕭美琴	韓國瑜
4	陳其邁	蘇巧慧	張善政	韓國瑜	韓國瑜	陳其邁
5	盧秀燕	黃捷	江啟臣	蕭美琴	陳其邁	盧秀燕
6	柯文哲	卓榮泰	侯友宜	蔣萬安	蔣萬安	鄭麗君
7	黃國昌	鄭麗君	朱立倫	陳其邁	柯文哲	蔣萬安
8	蔣萬安	王世堅	陳其邁	王世堅	黃國昌	黃捷
9	張善政	柯建銘	黃國昌	張善政	王世堅	黃國昌
10	王世堅	盧秀燕	王世堅	侯友宜	張善政	柯文哲
	蘇巧慧	黃偉哲	柯文哲	柯建銘	江啟臣	王世堅
	黃捷	林飛帆	蕭美琴	江啟臣	侯友宜	林飛帆
	鄭麗君	黃國昌	黃偉哲	賴清德	鄭麗君	侯友宜
	江啟臣	韓國瑜	蘇巧慧	朱立倫	黃捷	卓榮泰
	卓榮泰	柯文哲	賴清德	黃偉哲	蘇巧慧	張善政
	侯友宜	蔣萬安	黃捷	蘇巧慧	卓榮泰	柯建銘
	柯建銘	張善政	卓榮泰	黃捷	朱立倫	江啟臣
	黃偉哲	侯友宜	鄭麗君	卓榮泰	柯建銘	黃偉哲
	林飛帆	江啟臣	柯建銘	鄭麗君	林飛帆	蘇巧慧
	朱立倫	朱立倫	林飛帆	林飛帆	黃偉哲	朱立倫

備註：○○○灰階字體代表該人物在此分類無人選擇。

443

整體印象評價（依政治光譜排序）

排序	整體	依政治光譜排序								
		G1	G2	G3	G4	G5	G6	G7	G8	G9
1	賴清德	韓國瑜	韓國瑜	韓國瑜	柯文哲	柯文哲	蕭美琴	賴清德	賴清德	賴清德
2	蕭美琴	盧秀燕	盧秀燕	盧秀燕	黃國昌	黃國昌	賴清德	蕭美琴	蕭美琴	蕭美琴
3	韓國瑜	蔣萬安	蔣萬安	柯文哲	盧秀燕	盧秀燕	陳其邁	陳其邁	陳其邁	陳其邁
4	陳其邁	張善政	黃國昌	蔣萬安	韓國瑜	蕭美琴	柯文哲	柯文哲	蘇巧慧	蘇巧慧
5	盧秀燕	黃國昌	柯文哲	黃國昌	蔣萬安	蔣萬安	盧秀燕	鄭麗君	黃捷	黃捷
6	柯文哲	江啟臣	張善政	張善政	張善政	賴清德	王世堅	盧秀燕	卓榮泰	卓榮泰
7	黃國昌	侯友宜	侯友宜	江啟臣	王世堅	王世堅	黃國昌	黃捷	鄭麗君	鄭麗君
8	蔣萬安	朱立倫	江啟臣	侯友宜	侯友宜	韓國瑜	鄭麗君	黃國昌	王世堅	柯建銘
9	張善政	蕭美琴	朱立倫	王世堅	江啟臣	陳其邁	黃捷	蔣萬安	林飛帆	王世堅
10	王世堅	賴清德	鄭麗君	陳其邁	蕭美琴	江啟臣	卓榮泰	柯建銘	黃偉哲	林飛帆
	蘇巧慧	陳其邁	賴清德	柯建銘	柯建銘	黃偉哲	蘇巧慧	蘇巧慧	柯文哲	韓國瑜
	黃捷	鄭麗君	王世堅	蕭美琴	鄭麗君	侯友宜	韓國瑜	黃偉哲	柯建銘	黃偉哲
	鄭麗君	黃捷	陳其邁	朱立倫	黃捷	張善政	林飛帆	王世堅	盧秀燕	柯文哲
	江啟臣	柯文哲	蕭美琴	鄭麗君	賴清德	黃捷	張善政	卓榮泰	黃國昌	盧秀燕
	卓榮泰	王世堅	黃捷	賴清德	陳其邁	柯建銘	蔣萬安	韓國瑜	蔣萬安	黃國昌
	侯友宜	林飛帆	林飛帆	黃捷	朱立倫	朱立倫	江啟臣	林飛帆	韓國瑜	蔣萬安
	柯建銘	卓榮泰	卓榮泰	林飛帆	林飛帆	鄭麗君	黃偉哲	張善政	張善政	張善政
	黃偉哲	柯建銘	柯建銘	卓榮泰	卓榮泰	蘇巧慧	侯友宜	江啟臣	江啟臣	江啟臣
	林飛帆	黃偉哲	黃偉哲	黃偉哲	黃偉哲	林飛帆	柯建銘	侯友宜	侯友宜	侯友宜
	朱立倫	蘇巧慧	蘇巧慧	蘇巧慧	蘇巧慧	卓榮泰	朱立倫	朱立倫	朱立倫	朱立倫

備註：○○○灰階字體代表該人物在此分類無人選擇。

整體印象評價（依社會、經濟地位自評排序）

排序	整體	依社會、經濟地位自評排序				
		社會地位偏高/ 經濟地位偏高	社會地位偏高/ 經濟地位偏低	社會地位偏低/ 經濟地位偏高	社會地位偏低/ 經濟地位偏低	普通社經地位
1	賴清德	賴清德	賴清德	蕭美琴	韓國瑜	賴清德
2	蕭美琴	蕭美琴	蕭美琴	賴清德	賴清德	蕭美琴
3	韓國瑜	陳其邁	韓國瑜	柯文哲	蕭美琴	韓國瑜
4	陳其邁	韓國瑜	盧秀燕	陳其邁	盧秀燕	陳其邁
5	盧秀燕	盧秀燕	陳其邁	張善政	陳其邁	盧秀燕
6	柯文哲	柯文哲	柯文哲	韓國瑜	柯文哲	柯文哲
7	黃國昌	黃國昌	黃國昌	黃國昌	黃國昌	蔣萬安
8	蔣萬安	蔣萬安	蔣萬安	盧秀燕	蔣萬安	黃國昌
9	張善政	蘇巧慧	蘇巧慧	鄭麗君	黃捷	張善政
10	王世堅	江啟臣	張善政	林飛帆	王世堅	王世堅
	蘇巧慧	張善政	卓榮泰	蘇巧慧	鄭麗君	侯友宜
	黃捷	黃捷	黃偉哲	蔣萬安	江啟臣	蘇巧慧
	鄭麗君	卓榮泰	黃捷	黃捷	蘇巧慧	黃捷
	江啟臣	王世堅	江啟臣	侯友宜	侯友宜	卓榮泰
	卓榮泰	鄭麗君	王世堅	卓榮泰	張善政	鄭麗君
	侯友宜	柯建銘	鄭麗君	黃偉哲	林飛帆	江啟臣
	柯建銘	侯友宜	侯友宜	江啟臣	柯建銘	黃偉哲
	黃偉哲	林飛帆	柯建銘	王世堅	卓榮泰	朱立倫
	林飛帆	朱立倫	林飛帆	柯建銘	黃偉哲	柯建銘
	朱立倫	黃偉哲	朱立倫	朱立倫	朱立倫	林飛帆

備註：○○○灰階字體代表該人物在此分類無人選擇。

看好未來表現評價（依性別、年齡排序）

排序	整體	依性別排序		依年齡排序				
		男性	女性	18-29歲	30-39歲	40-49歲	50-59歲	60歲以上
1	賴清德	賴清德	賴清德	陳其邁	蕭美琴	蕭美琴	陳其邁	賴清德
2	陳其邁	陳其邁	陳其邁	盧秀燕	陳其邁	陳其邁	賴清德	韓國瑜
3	蕭美琴	蕭美琴	蕭美琴	蕭美琴	黃國昌	賴清德	韓國瑜	陳其邁
4	盧秀燕	盧秀燕	韓國瑜	黃國昌	賴清德	盧秀燕	蕭美琴	蕭美琴
5	韓國瑜	韓國瑜	盧秀燕	賴清德	柯文哲	柯文哲	盧秀燕	盧秀燕
6	蔣萬安	蔣萬安	蔣萬安	柯文哲	盧秀燕	黃國昌	蔣萬安	蔣萬安
7	黃國昌	黃國昌	柯文哲	蔣萬安	韓國瑜	韓國瑜	柯文哲	柯文哲
8	柯文哲	柯文哲	黃國昌	韓國瑜	蔣萬安	蔣萬安	黃國昌	黃國昌
9	蘇巧慧	蘇巧慧	卓榮泰	蘇巧慧	黃捷	蘇巧慧	蘇巧慧	卓榮泰
10	黃捷	黃捷	蘇巧慧	王世堅	卓榮泰	黃捷	張善政	江啟臣
	卓榮泰	江啟臣	黃捷	黃捷	蘇巧慧	江啟臣	卓榮泰	張善政
	江啟臣	張善政	王世堅	江啟臣	林飛帆	王世堅	黃捷	鄭麗君
	王世堅	卓榮泰	林飛帆	卓榮泰	江啟臣	張善政	鄭麗君	蘇巧慧
	張善政	王世堅	江啟臣	鄭麗君	王世堅	卓榮泰	江啟臣	林飛帆
	林飛帆	鄭麗君	鄭麗君	林飛帆	侯友宜	侯友宜	林飛帆	黃捷
	鄭麗君	林飛帆	侯友宜	黃偉哲	張善政	林飛帆	王世堅	王世堅
	侯友宜	侯友宜	張善政	侯友宜	鄭麗君	鄭麗君	侯友宜	柯建銘
	柯建銘	柯建銘	黃偉哲	張善政	柯建銘	黃偉哲	朱立倫	侯友宜
	黃偉哲	黃偉哲	柯建銘	柯建銘	黃偉哲	柯建銘	黃偉哲	黃偉哲
	朱立倫	朱立倫	朱立倫	朱立倫	朱立倫	朱立倫	柯建銘	朱立倫

備註：○○○灰階字體代表該人物在此分類無人選擇。

看好未來表現評價（依政黨傾向排序）

排序	整體	依政黨傾向排序				
		民進黨 支持者	國民黨 支持者	台灣民眾黨 支持者	選人不選黨/ 中立	其他選擇
1	賴清德	賴清德	韓國瑜	黃國昌	盧秀燕	蕭美琴
2	陳其邁	陳其邁	盧秀燕	柯文哲	蕭美琴	陳其邁
3	蕭美琴	蕭美琴	蔣萬安	盧秀燕	賴清德	賴清德
4	盧秀燕	蘇巧慧	江啟臣	韓國瑜	陳其邁	盧秀燕
5	韓國瑜	黃捷	張善政	蔣萬安	蔣萬安	韓國瑜
6	蔣萬安	卓榮泰	侯友宜	陳其邁	韓國瑜	柯文哲
7	黃國昌	林飛帆	蕭美琴	江啟臣	黃國昌	蔣萬安
8	柯文哲	王世堅	黃國昌	蕭美琴	柯文哲	黃捷
9	蘇巧慧	鄭麗君	黃偉哲	王世堅	王世堅	黃國昌
10	黃捷	盧秀燕	王世堅	柯建銘	江啟臣	鄭麗君
	卓榮泰	柯建銘	陳其邁	侯友宜	卓榮泰	王世堅
	江啟臣	黃偉哲	黃捷	張善政	蘇巧慧	蘇巧慧
	王世堅	韓國瑜	柯文哲	賴清德	黃捷	林飛帆
	張善政	江啟臣	卓榮泰	黃偉哲	張善政	卓榮泰
	林飛帆	蔣萬安	賴清德	黃捷	鄭麗君	張善政
	鄭麗君	黃國昌	蘇巧慧	卓榮泰	侯友宜	江啟臣
	侯友宜	張善政	林飛帆	蘇巧慧	朱立倫	黃偉哲
	柯建銘	柯文哲	鄭麗君	林飛帆	柯建銘	侯友宜
	黃偉哲	侯友宜	柯建銘	鄭麗君	林飛帆	柯建銘
	朱立倫	朱立倫	朱立倫	朱立倫	黃偉哲	朱立倫

備註：○○○灰階字體代表該人物在此分類無人選擇。

看好未來表現評價（依政治光譜排序）

排序	整體	依政治光譜排序								
		G1	G2	G3	G4	G5	G6	G7	G8	G9
1	賴清德	韓國瑜	盧秀燕	盧秀燕	黃國昌	柯文哲	蕭美琴	陳其邁	蕭美琴	賴清德
2	陳其邁	蔣萬安	韓國瑜	韓國瑜	盧秀燕	黃國昌	陳其邁	蕭美琴	陳其邁	陳其邁
3	蕭美琴	盧秀燕	蔣萬安	蔣萬安	柯文哲	盧秀燕	賴清德	賴清德	賴清德	蕭美琴
4	盧秀燕	張善政	黃國昌	黃國昌	蔣萬安	蔣萬安	盧秀燕	黃捷	卓榮泰	蘇巧慧
5	韓國瑜	黃國昌	柯文哲	柯文哲	韓國瑜	賴清德	黃國昌	盧秀燕	黃捷	黃捷
6	蔣萬安	江啟臣	張善政	江啟臣	王世堅	蕭美琴	柯文哲	卓榮泰	蘇巧慧	卓榮泰
7	黃國昌	侯友宜	江啟臣	張善政	侯友宜	陳其邁	蘇巧慧	柯文哲	林飛帆	林飛帆
8	柯文哲	柯文哲	侯友宜	蕭美琴	蕭美琴	王世堅	黃捷	鄭麗君	王世堅	鄭麗君
9	蘇巧慧	蕭美琴	鄭麗君	王世堅	張善政	韓國瑜	林飛帆	王世堅	鄭麗君	王世堅
10	黃捷	陳其邁	賴清德	柯建銘	江啟臣	江啟臣	王世堅	蘇巧慧	盧秀燕	柯建銘
	卓榮泰	賴清德	朱立倫	朱立倫	陳其邁	黃偉哲	韓國瑜	蔣萬安	江啟臣	黃偉哲
	江啟臣	黃捷	蕭美琴	侯友宜	柯建銘	侯友宜	蔣萬安	江啟臣	柯文哲	韓國瑜
	王世堅	鄭麗君	陳其邁	鄭麗君	黃捷	鄭麗君	江啟臣	林飛帆	柯建銘	蔣萬安
	張善政	王世堅	黃捷	賴清德	卓榮泰	張善政	卓榮泰	柯建銘	韓國瑜	盧秀燕
	林飛帆	蘇巧慧	王世堅	陳其邁	賴清德	柯建銘	鄭麗君	黃國昌	黃國昌	江啟臣
	鄭麗君	林飛帆	蘇巧慧	黃捷	朱立倫	蘇巧慧	黃偉哲	黃偉哲	黃偉哲	柯文哲
	侯友宜	卓榮泰	林飛帆	蘇巧慧	鄭麗君	朱立倫	侯友宜	韓國瑜	蔣萬安	黃國昌
	柯建銘	黃偉哲	卓榮泰	林飛帆	蘇巧慧	黃捷	張善政	侯友宜	侯友宜	侯友宜
	黃偉哲	柯建銘	黃偉哲	卓榮泰	林飛帆	林飛帆	柯建銘	張善政	張善政	張善政
	朱立倫	朱立倫	柯建銘	黃偉哲	黃偉哲	卓榮泰	朱立倫	朱立倫	朱立倫	朱立倫

備註：○○○灰階字體代表該人物在此分類無人選擇。

看好未來表現評價（依社會、經濟地位自評排序）

排序	整體	依社會、經濟地位自評排序				
		社會地位偏高/經濟地位偏高	社會地位偏高/經濟地位偏低	社會地位偏低/經濟地位偏高	社會地位偏低/經濟地位偏低	普通社經地位
1	賴清德	賴清德	蕭美琴	陳其邁	賴清德	陳其邁
2	陳其邁	陳其邁	賴清德	蕭美琴	韓國瑜	蕭美琴
3	蕭美琴	蕭美琴	陳其邁	蔣萬安	盧秀燕	賴清德
4	盧秀燕	盧秀燕	韓國瑜	賴清德	陳其邁	盧秀燕
5	韓國瑜	韓國瑜	盧秀燕	柯文哲	蕭美琴	蔣萬安
6	蔣萬安	蔣萬安	蔣萬安	黃國昌	柯文哲	韓國瑜
7	黃國昌	黃國昌	柯文哲	盧秀燕	蔣萬安	黃國昌
8	柯文哲	柯文哲	黃國昌	韓國瑜	黃國昌	柯文哲
9	蘇巧慧	蘇巧慧	卓榮泰	卓榮泰	王世堅	蘇巧慧
10	黃捷	黃捷	鄭麗君	鄭麗君	黃捷	黃捷
	卓榮泰	卓榮泰	黃偉哲	黃捷	江啟臣	卓榮泰
	江啟臣	林飛帆	蘇巧慧	江啟臣	蘇巧慧	江啟臣
	王世堅	江啟臣	林飛帆	黃偉哲	卓榮泰	張善政
	張善政	鄭麗君	王世堅	蘇巧慧	張善政	王世堅
	林飛帆	張善政	張善政	林飛帆	林飛帆	鄭麗君
	鄭麗君	王世堅	朱立倫	王世堅	侯友宜	林飛帆
	侯友宜	黃偉哲	黃捷	張善政	鄭麗君	侯友宜
	柯建銘	侯友宜	江啟臣	朱立倫	柯建銘	柯建銘
	黃偉哲	柯建銘	侯友宜	侯友宜	朱立倫	黃偉哲
	朱立倫	朱立倫	柯建銘	柯建銘	黃偉哲	朱立倫

備註：○○○灰階字體代表該人物在此分類無人選擇。

449

不喜歡或不信任的評價（依性別、年齡排序）

排序	整體	依性別排序		依年齡排序				
		男性	女性	18-29歲	30-39歲	40-49歲	50-59歲	60歲以上
1	黃國昌	黃國昌	黃國昌	黃國昌	黃國昌	黃國昌	黃國昌	黃國昌
2	賴清德	柯建銘	韓國瑜	柯建銘	柯建銘	賴清德	賴清德	賴清德
3	柯建銘	賴清德	賴清德	韓國瑜	賴清德	柯文哲	柯文哲	柯文哲
4	韓國瑜	柯文哲	柯文哲	賴清德	韓國瑜	韓國瑜	韓國瑜	韓國瑜
5	柯文哲	韓國瑜	柯建銘	柯文哲	柯文哲	柯建銘	柯建銘	柯建銘
6	黃捷	黃捷	黃捷	黃捷	黃捷	黃捷	黃捷	黃捷
7	盧秀燕	林飛帆	盧秀燕	林飛帆	林飛帆	林飛帆	陳其邁	盧秀燕
8	林飛帆	盧秀燕	林飛帆	朱立倫	朱立倫	盧秀燕	盧秀燕	陳其邁
9	朱立倫	朱立倫	朱立倫	蔣萬安	盧秀燕	朱立倫	林飛帆	林飛帆
10	陳其邁	陳其邁	蔣萬安	盧秀燕	侯友宜	陳其邁	朱立倫	蔣萬安
	蔣萬安	蔣萬安	侯友宜	侯友宜	卓榮泰	蔣萬安	侯友宜	朱立倫
	侯友宜	卓榮泰	陳其邁	蘇巧慧	張善政	侯友宜	蔣萬安	侯友宜
	卓榮泰	侯友宜	蕭美琴	卓榮泰	蘇巧慧	卓榮泰	王世堅	蘇巧慧
	蘇巧慧	蘇巧慧	張善政	張善政	蔣萬安	張善政	蘇巧慧	卓榮泰
	蕭美琴	張善政	王世堅	蕭美琴	黃偉哲	蕭美琴	卓榮泰	蕭美琴
	張善政	蕭美琴	蘇巧慧	王世堅	蕭美琴	黃偉哲	蕭美琴	王世堅
	王世堅	鄭麗君	黃偉哲	黃偉哲	江啟臣	江啟臣	黃偉哲	張善政
	黃偉哲	黃偉哲	卓榮泰	陳其邁	陳其邁	蘇巧慧	江啟臣	鄭麗君
	江啟臣	王世堅	江啟臣	鄭麗君	王世堅	王世堅	張善政	江啟臣
	鄭麗君	江啟臣	鄭麗君	江啟臣	鄭麗君	鄭麗君	鄭麗君	黃偉哲

備註：○○○灰階字體代表該人物在此分類無人選擇。

不喜歡或不信任的評價（依政黨傾向排序）

排序	整體	依政黨傾向排序				
		民進黨 支持者	國民黨 支持者	台灣民眾黨 支持者	選人不選黨/ 中立	其他選擇
1	黃國昌	黃國昌	賴清德	柯建銘	黃國昌	黃國昌
2	賴清德	柯文哲	柯建銘	賴清德	賴清德	韓國瑜
3	柯建銘	韓國瑜	黃捷	黃捷	柯建銘	賴清德
4	韓國瑜	盧秀燕	柯文哲	林飛帆	韓國瑜	柯文哲
5	柯文哲	朱立倫	林飛帆	卓榮泰	柯文哲	柯建銘
6	黃捷	蔣萬安	陳其邁	侯友宜	黃捷	黃捷
7	盧秀燕	侯友宜	黃國昌	朱立倫	林飛帆	陳其邁
8	林飛帆	張善政	卓榮泰	蔣萬安	朱立倫	蘇巧慧
9	朱立倫	賴清德	蕭美琴	韓國瑜	陳其邁	朱立倫
10	陳其邁	柯建銘	蘇巧慧	黃國昌	盧秀燕	林飛帆
	蔣萬安	蘇巧慧	侯友宜	陳其邁	蔣萬安	盧秀燕
	侯友宜	王世堅	朱立倫	柯文哲	侯友宜	黃偉哲
	卓榮泰	江啟臣	王世堅	蘇巧慧	蕭美琴	蔣萬安
	蘇巧慧	黃捷	鄭麗君	鄭麗君	王世堅	張善政
	蕭美琴	林飛帆	韓國瑜	盧秀燕	黃偉哲	侯友宜
	張善政	陳其邁	蔣萬安	蕭美琴	蘇巧慧	卓榮泰
	王世堅	卓榮泰	黃偉哲	黃偉哲	卓榮泰	江啟臣
	黃偉哲	黃偉哲	盧秀燕	王世堅	張善政	蕭美琴
	江啟臣	蕭美琴	江啟臣	江啟臣	江啟臣	王世堅
	鄭麗君	鄭麗君	張善政	張善政	鄭麗君	鄭麗君

備註：○○○灰階字體代表該人物在此分類無人選擇。

不喜歡或不信任的評價（依政治光譜排序）

排序	整體	依政治光譜排序								
		G1	G2	G3	G4	G5	G6	G7	G8	G9
1	黃國昌	賴清德	賴清德	賴清德	柯建銘	柯建銘	黃國昌	黃國昌	黃國昌	黃國昌
2	賴清德	柯建銘	柯建銘	柯建銘	賴清德	賴清德	韓國瑜	韓國瑜	柯文哲	韓國瑜
3	柯建銘	黃捷	黃捷	黃捷	黃捷	黃國昌	柯文哲	柯文哲	韓國瑜	柯文哲
4	韓國瑜	柯文哲	林飛帆	林飛帆	柯文哲	韓國瑜	柯建銘	侯友宜	盧秀燕	盧秀燕
5	柯文哲	卓榮泰	陳其邁	陳其邁	陳其邁	黃捷	朱立倫	朱立倫	朱立倫	蔣萬安
6	黃捷	林飛帆	柯文哲	柯文哲	林飛帆	林飛帆	黃捷	盧秀燕	侯友宜	朱立倫
7	盧秀燕	陳其邁	蕭美琴	卓榮泰	朱立倫	柯文哲	林飛帆	柯建銘	蔣萬安	張善政
8	林飛帆	蘇巧慧	蘇巧慧	蘇巧慧	侯友宜	朱立倫	侯友宜	蔣萬安	柯建銘	侯友宜
9	朱立倫	黃國昌	黃國昌	黃國昌	卓榮泰	侯友宜	王世堅	江啟臣	賴清德	江啟臣
10	陳其邁	王世堅	卓榮泰	王世堅	韓國瑜	蔣萬安	賴清德	林飛帆	張善政	賴清德
	蔣萬安	蕭美琴	韓國瑜	黃偉哲	蕭美琴	黃偉哲	蔣萬安	蘇巧慧	林飛帆	陳其邁
	侯友宜	鄭麗君	侯友宜	蔣萬安	黃國昌	蘇巧慧	蘇巧慧	張善政	王世堅	卓榮泰
	卓榮泰	侯友宜	王世堅	蕭美琴	王世堅	鄭麗君	蕭美琴	黃偉哲	黃偉哲	蘇巧慧
	蘇巧慧	盧秀燕	鄭麗君	朱立倫	蘇巧慧	盧秀燕	盧秀燕	賴清德	黃捷	王世堅
	蕭美琴	朱立倫	朱立倫	盧秀燕	黃偉哲	卓榮泰	張善政	黃捷	江啟臣	蕭美琴
	張善政	蔣萬安	黃偉哲	侯友宜	蔣萬安	蕭美琴	江啟臣	王世堅	蕭美琴	黃捷
	王世堅	韓國瑜	蔣萬安	韓國瑜	盧秀燕	陳其邁	黃偉哲	蕭美琴	蘇巧慧	黃偉哲
	黃偉哲	黃偉哲	盧秀燕	鄭麗君	鄭麗君	王世堅	卓榮泰	卓榮泰	卓榮泰	柯建銘
	江啟臣	江啟臣	江啟臣	江啟臣	江啟臣	張善政	陳其邁	陳其邁	陳其邁	林飛帆
	鄭麗君	張善政	張善政	張善政	張善政	江啟臣	鄭麗君	鄭麗君	鄭麗君	鄭麗君

備註：○○○灰階字體代表該人物在此分類無人選擇。

不喜歡或不信任的評價（依社會、經濟地位自評排序）

排序	整體	依社會、經濟地位自評排序				
		社會地位偏高/ 經濟地位偏高	社會地位偏高/ 經濟地位偏低	社會地位偏低/ 經濟地位偏高	社會地位偏低/ 經濟地位偏低	普通社經地位
1	黃國昌	黃國昌	黃國昌	黃國昌	黃國昌	黃國昌
2	賴清德	賴清德	韓國瑜	柯建銘	賴清德	賴清德
3	柯建銘	柯文哲	賴清德	柯文哲	柯建銘	柯建銘
4	韓國瑜	韓國瑜	柯建銘	黃捷	韓國瑜	柯文哲
5	柯文哲	柯建銘	黃捷	賴清德	柯文哲	韓國瑜
6	黃捷	黃捷	柯文哲	韓國瑜	黃捷	黃捷
7	盧秀燕	盧秀燕	盧秀燕	鄭麗君	林飛帆	林飛帆
8	林飛帆	蔣萬安	朱立倫	林飛帆	朱立倫	盧秀燕
9	朱立倫	林飛帆	侯友宜	朱立倫	陳其邁	朱立倫
10	陳其邁	陳其邁	黃偉哲	蘇巧慧	蔣萬安	陳其邁
	蔣萬安	朱立倫	林飛帆	蕭美琴	侯友宜	侯友宜
	侯友宜	侯友宜	蔣萬安	盧秀燕	盧秀燕	卓榮泰
	卓榮泰	卓榮泰	張善政	侯友宜	卓榮泰	蔣萬安
	蘇巧慧	張善政	鄭麗君	黃偉哲	蘇巧慧	蘇巧慧
	蕭美琴	蘇巧慧	陳其邁	蔣萬安	蕭美琴	蕭美琴
	張善政	王世堅	蘇巧慧	張善政	王世堅	張善政
	王世堅	蕭美琴	卓榮泰	陳其邁	張善政	黃偉哲
	黃偉哲	黃偉哲	蕭美琴	卓榮泰	江啟臣	王世堅
	江啟臣	江啟臣	王世堅	王世堅	鄭麗君	江啟臣
	鄭麗君	鄭麗君	江啟臣	江啟臣	黃偉哲	鄭麗君

備註：○○○灰階字體代表該人物在此分類無人選擇。

林飛帆

基本資料

姓名：林飛帆

生日：1988年5月19日

學歷：

- 英國倫敦政治經濟學院比較政治學碩士
- 國立臺灣大學政治學研究所碩士
- 國立成功大學政治學系學士

政黨：民主進步黨

派系：民主活水連線

現職：

- 國家安全會議副秘書長
- 臺灣民主基金會董事

曾擔任職位／經歷

- 新境界文教基金會董事
- 民主進步黨副秘書長
- 黑色島國青年陣線成員
- 兩岸協議監督條例世代正義小組成員
- ECFA學生監督聯盟召集人
- 太陽花學運領袖之一
- 國立臺灣大學研究生協會第44屆會長
- 反媒體巨獸青年聯盟召集人

選舉紀錄

無

民調中的林飛帆

對林飛帆印象最好的受訪者比例在本次調查中相對較少，佔總樣本數的 0.4%，僅多於朱立倫。支持者主要肯定其從太陽花時期就堅持理念、穩定努力向前，展現出領導能力等。

對於林飛帆的缺點，支持者普遍認為其歷練不夠。其缺乏基層經驗，也沒有在行政機關做過事，需要更多歷練，好讓人信任其有接下如今職位的能力。

另一方面，不喜歡或不信任林飛帆的受訪者相對較多，佔總樣本數的 2.4%。反對者主要認為他缺乏實質資歷和政治歷練，僅靠太陽花運動和民進黨的背景一路高升，存在「德不配位」的質疑。

第一印象

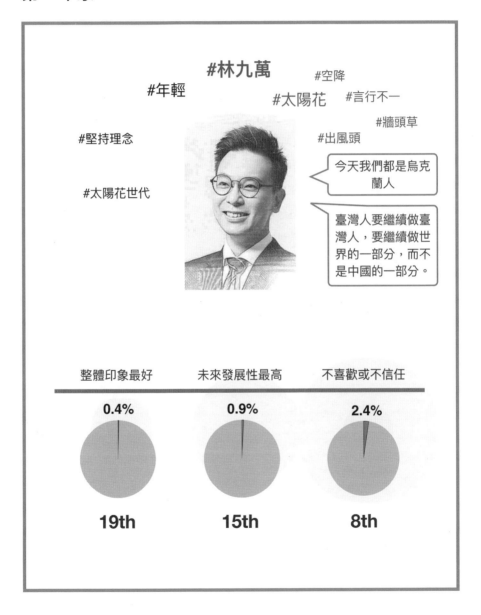

整體評價（能力分析）

排序	操守 品德	決斷力 溝通協調力	親和力 領導風範	從政績效 執政效率	專業能力 創新能力	務實、穩定 能展現影響力	遠見 國際觀
未列前十	鄭麗君	張善政	侯友宜	蘇巧慧	鄭麗君	侯友宜	朱立倫
	王世堅	王世堅	蘇巧慧	王世堅	王世堅	王世堅	林飛帆
	蘇巧慧	蘇巧慧	黃捷	朱立倫	蘇巧慧	蘇巧慧	蘇巧慧
	卓榮泰	鄭麗君	鄭麗君	黃偉哲	林飛帆	江啟臣	鄭麗君
	江啟臣	侯友宜	王世堅	卓榮泰	江啟臣	柯建銘	卓榮泰
	黃捷	江啟臣	江啟臣	江啟臣	卓榮泰	鄭麗君	侯友宜
	柯建銘	黃捷	黃偉哲	黃捷	侯友宜	黃偉哲	柯建銘
	林飛帆	林飛帆	柯建銘	柯建銘	柯建銘	朱立倫	黃偉哲
	黃偉哲	朱立倫	林飛帆	林飛帆	黃偉哲	黃捷	黃捷
	朱立倫	黃偉哲	朱立倫	鄭麗君	朱立倫	林飛帆	王世堅

操守、品德
18th

決斷力
溝通協調力
18th

遠見、國際觀
12th

親和力
領導風範
19th

務實、穩定
展現影響力
20th

專業能力、創新能力
14th

從政績效、執政效率
19th

第一波百人未來政治領袖調查排序回顧

新內閣排序 (名單共31人)		
印象最好	表現值得期待	未來發展
排序　9	8	3

50歲以下政治人物排序 (名單共19人)		
印象最好	領導力	未來發展
排序　4	3	4

男性政治人物排序 (名單共62人)		
印象最好	領導力	未來發展
排序　14	21	6

社會議題面向 被期待解決問題的政治人物				
詐騙防制	治安、社會安全網	都市發展	食安	環境能源
排序　43	82	-	-	42

整體評價（支持者分析）

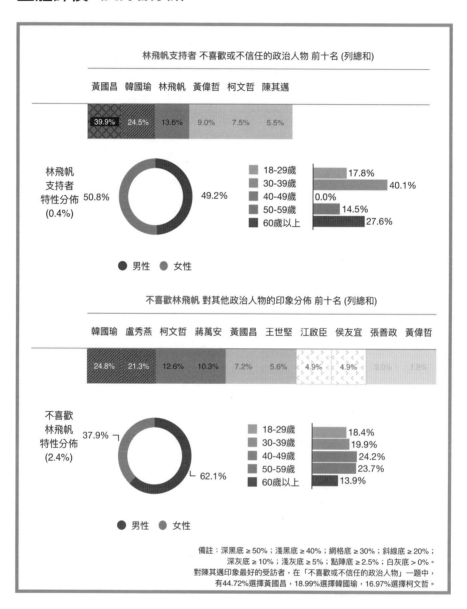

林飛帆支持者 不喜歡或不信任的政治人物 前十名 (列總和)

黃國昌　韓國瑜　林飛帆　黃偉哲　柯文哲　陳其邁

39.9%　24.5%　13.6%　9.0%　7.5%　5.5%

林飛帆
支持者
特性分佈
(0.4%)　50.8%　49.2%

18-29歲　17.8%
30-39歲　40.1%
40-49歲　0.0%
50-59歲　14.5%
60歲以上　27.6%

● 男性　● 女性

不喜歡林飛帆 對其他政治人物的印象分佈 前十名 (列總和)

韓國瑜　盧秀燕　柯文哲　蔣萬安　黃國昌　王世堅　江啟臣　侯友宜　張善政　黃偉哲

24.8%　21.3%　12.6%　10.3%　7.2%　5.6%　4.9%　4.9%　2.0%　1.8%

不喜歡
林飛帆
特性分佈
(2.4%)　37.9%　62.1%

18-29歲　18.4%
30-39歲　19.9%
40-49歲　24.2%
50-59歲　23.7%
60歲以上　13.9%

● 男性　● 女性

備註：深黑底 ≥ 50%；淺黑底 ≥ 40%；網格底 ≥ 30%；斜線底 ≥ 20%；
深灰底 ≥ 10%；淺灰底 ≥ 5%；點陣底 ≥ 2.5%；白灰底 > 0%。
對陳其邁印象最好的受訪者，在「不喜歡或不信任的政治人物」一題中，
有44.72%選擇黃國昌，18.99%選擇韓國瑜，16.97%選擇柯文哲。

正面評論／反面聲音

[支持者]

您認為林飛帆有哪些吸引您的特質或值得肯定的成就及能力？

#堅持理念　| 18-29歲　| 50% | 50% |
　　　　　　| 60歲以上 |

「難得有年青人堅持自己的政治理念，而且不為利益出賣自己」

臺北市 / 60歲以上女性

您認為林飛帆有哪些需要改進的缺點或當前應處理面對的問題？

歷練不夠

「目前沒有在政府機關做過事，無法知悉能力」

新竹縣 / 60歲以上男性

[反對者]

您不喜歡或不信任林飛帆的原因是什麼（特質、言行或背景）？

| 18-29歲 | 30-39歲 | 40-49歲 | 50-59歲 | 60歲以上 |
#空降 #林九萬 | 28% | 17% | 22% | 19% | 14% |

「無基層訓練，無專業知識，單憑聲量及加入民進黨以求上位」

桃園市 / 50-59歲男性

「事實上在過去我們很難看到他實際在政壇上的表現，目前為止都還是為了民主進步黨在做事，並沒有什麼實際的作為，但卻憑著當年的太陽花而一路升官，撇除太陽花的社會運動，我想大部分的人看不到他的貢獻，以我的年齡層來說也會覺得德不配位的感覺」

高雄市 / 18-29歲男性

整體印象評價（依性別、年齡排序）

排序	整體	依性別排序		依年齡排序				
		男性	女性	18-29歲	30-39歲	40-49歲	50-59歲	60歲以上
1	賴清德	賴清德	賴清德	蕭美琴	蕭美琴	蕭美琴	賴清德	賴清德
2	蕭美琴	韓國瑜	蕭美琴	柯文哲	賴清德	賴清德	韓國瑜	韓國瑜
3	韓國瑜	蕭美琴	陳其邁	賴清德	柯文哲	陳其邁	蕭美琴	蕭美琴
4	陳其邁	盧秀燕	韓國瑜	盧秀燕	黃國昌	柯文哲	陳其邁	盧秀燕
5	盧秀燕	陳其邁	盧秀燕	陳其邁	陳其邁	韓國瑜	盧秀燕	陳其邁
6	柯文哲	柯文哲	柯文哲	黃國昌	盧秀燕	盧秀燕	蔣萬安	蔣萬安
7	黃國昌	黃國昌	蔣萬安	韓國瑜	韓國瑜	黃國昌	柯文哲	張善政
8	蔣萬安	蔣萬安	黃國昌	王世堅	蔣萬安	蔣萬安	張善政	黃國昌
9	張善政	江啟臣	張善政	蔣萬安	黃捷	侯友宜	鄭麗君	柯文哲
10	王世堅	黃捷	蘇巧慧	江啟臣	王世堅	蘇巧慧	黃國昌	蘇巧慧
	蘇巧慧	張善政	王世堅	鄭麗君	蘇巧慧	張善政	黃捷	卓榮泰
	黃捷	王世堅	侯友宜	黃捷	張善政	卓榮泰	王世堅	黃捷
	鄭麗君	蘇巧慧	鄭麗君	蘇巧慧	江啟臣	鄭麗君	卓榮泰	江啟臣
	江啟臣	鄭麗君	黃捷	黃偉哲	侯友宜	江啟臣	侯友宜	鄭麗君
	卓榮泰	卓榮泰	黃偉哲	張善政	鄭麗君	王世堅	江啟臣	朱立倫
	侯友宜	林飛帆	柯建銘	侯友宜	卓榮泰	黃捷	蘇巧慧	林飛帆
	柯建銘	侯友宜	卓榮泰	柯建銘	柯建銘	柯建銘	林飛帆	柯建銘
	黃偉哲	朱立倫	江啟臣	朱立倫	林飛帆	黃偉哲	朱立倫	王世堅
	林飛帆	柯建銘	林飛帆	林飛帆	黃偉哲	林飛帆	柯建銘	黃偉哲
	朱立倫	黃偉哲	朱立倫	卓榮泰	朱立倫	朱立倫	黃偉哲	侯友宜

備註：○○○灰階字體代表該人物在此分類無人選擇。

整體印象評價（依政黨傾向排序）

排序	整體	依政黨傾向排序				
		民進黨 支持者	國民黨 支持者	台灣民眾黨 支持者	選人不選黨/ 中立	其他選擇
1	賴清德	賴清德	韓國瑜	柯文哲	賴清德	蕭美琴
2	蕭美琴	蕭美琴	盧秀燕	黃國昌	盧秀燕	賴清德
3	韓國瑜	陳其邁	蔣萬安	盧秀燕	蕭美琴	韓國瑜
4	陳其邁	蘇巧慧	張善政	韓國瑜	韓國瑜	陳其邁
5	盧秀燕	黃捷	江啟臣	蕭美琴	陳其邁	盧秀燕
6	柯文哲	卓榮泰	侯友宜	蔣萬安	蔣萬安	鄭麗君
7	黃國昌	鄭麗君	朱立倫	陳其邁	柯文哲	蔣萬安
8	蔣萬安	王世堅	陳其邁	王世堅	黃國昌	黃捷
9	張善政	柯建銘	黃國昌	張善政	王世堅	黃國昌
10	王世堅	盧秀燕	王世堅	侯友宜	張善政	柯文哲
	蘇巧慧	黃偉哲	柯文哲	柯建銘	江啟臣	王世堅
	黃捷	林飛帆	蕭美琴	江啟臣	侯友宜	林飛帆
	鄭麗君	黃國昌	黃偉哲	賴清德	鄭麗君	侯友宜
	江啟臣	韓國瑜	蘇巧慧	朱立倫	黃捷	卓榮泰
	卓榮泰	柯文哲	賴清德	黃偉哲	蘇巧慧	張善政
	侯友宜	蔣萬安	黃捷	蘇巧慧	卓榮泰	柯建銘
	柯建銘	張善政	卓榮泰	黃捷	朱立倫	江啟臣
	黃偉哲	侯友宜	鄭麗君	卓榮泰	柯建銘	黃偉哲
	林飛帆	江啟臣	柯建銘	鄭麗君	林飛帆	蘇巧慧
	朱立倫	朱立倫	林飛帆	林飛帆	黃偉哲	朱立倫

備註：○○○灰階字體代表該人物在此分類無人選擇。

整體印象評價（依政治光譜排序）

排序	整體	G1	G2	G3	G4	G5	G6	G7	G8	G9
						依政治光譜排序				
1	賴清德	韓國瑜	韓國瑜	韓國瑜	柯文哲	柯文哲	蕭美琴	賴清德	賴清德	賴清德
2	蕭美琴	盧秀燕	盧秀燕	盧秀燕	黃國昌	黃國昌	賴清德	蕭美琴	蕭美琴	蕭美琴
3	韓國瑜	蔣萬安	蔣萬安	柯文哲	盧秀燕	盧秀燕	陳其邁	陳其邁	陳其邁	陳其邁
4	陳其邁	張善政	黃國昌	蔣萬安	韓國瑜	蕭美琴	柯文哲	柯文哲	蘇巧慧	蘇巧慧
5	盧秀燕	黃國昌	柯文哲	黃國昌	蔣萬安	蔣萬安	盧秀燕	鄭麗君	黃捷	黃捷
6	柯文哲	江啟臣	張善政	張善政	張善政	賴清德	王世堅	盧秀燕	卓榮泰	卓榮泰
7	黃國昌	侯友宜	侯友宜	江啟臣	王世堅	王世堅	黃國昌	黃捷	鄭麗君	鄭麗君
8	蔣萬安	朱立倫	江啟臣	侯友宜	侯友宜	韓國瑜	鄭麗君	黃國昌	王世堅	柯建銘
9	張善政	蕭美琴	朱立倫	王世堅	江啟臣	陳其邁	黃捷	蔣萬安	林飛帆	王世堅
10	王世堅	賴清德	鄭麗君	陳其邁	蕭美琴	江啟臣	卓榮泰	柯建銘	黃偉哲	林飛帆
	蘇巧慧	陳其邁	賴清德	柯建銘	柯建銘	黃偉哲	蘇巧慧	蘇巧慧	柯文哲	韓國瑜
	黃捷	鄭麗君	王世堅	蕭美琴	鄭麗君	侯友宜	韓國瑜	黃偉哲	柯建銘	黃偉哲
	鄭麗君	黃捷	陳其邁	朱立倫	黃捷	張善政	林飛帆	王世堅	盧秀燕	柯文哲
	江啟臣	柯文哲	蕭美琴	鄭麗君	賴清德	黃捷	張善政	卓榮泰	黃國昌	盧秀燕
	卓榮泰	王世堅	黃捷	賴清德	陳其邁	柯建銘	蔣萬安	韓國瑜	蔣萬安	黃國昌
	侯友宜	林飛帆	林飛帆	黃捷	朱立倫	朱立倫	江啟臣	林飛帆	韓國瑜	蔣萬安
	柯建銘	卓榮泰	卓榮泰	林飛帆	林飛帆	鄭麗君	黃偉哲	張善政	張善政	張善政
	黃偉哲	柯建銘	柯建銘	卓榮泰	卓榮泰	蘇巧慧	侯友宜	江啟臣	江啟臣	江啟臣
	林飛帆	黃偉哲	黃偉哲	黃偉哲	黃偉哲	林飛帆	柯建銘	侯友宜	侯友宜	侯友宜
	朱立倫	蘇巧慧	蘇巧慧	蘇巧慧	蘇巧慧	卓榮泰	朱立倫	朱立倫	朱立倫	朱立倫

備註：○○○灰階字體代表該人物在此分類無人選擇。

整體印象評價（依社會、經濟地位自評排序）

排序	整體	依社會、經濟地位自評排序				
		社會地位偏高/ 經濟地位偏高	社會地位偏高/ 經濟地位偏低	社會地位偏低/ 經濟地位偏高	社會地位偏低/ 經濟地位偏低	普通社經地位
1	賴清德	賴清德	賴清德	蕭美琴	韓國瑜	賴清德
2	蕭美琴	蕭美琴	蕭美琴	賴清德	賴清德	蕭美琴
3	韓國瑜	陳其邁	韓國瑜	柯文哲	蕭美琴	韓國瑜
4	陳其邁	韓國瑜	盧秀燕	陳其邁	盧秀燕	陳其邁
5	盧秀燕	盧秀燕	陳其邁	張善政	陳其邁	盧秀燕
6	柯文哲	柯文哲	柯文哲	韓國瑜	柯文哲	柯文哲
7	黃國昌	黃國昌	黃國昌	黃國昌	黃國昌	蔣萬安
8	蔣萬安	蔣萬安	蔣萬安	盧秀燕	蔣萬安	黃國昌
9	張善政	蘇巧慧	蘇巧慧	鄭麗君	黃捷	張善政
10	王世堅	江啟臣	張善政	林飛帆	王世堅	王世堅
	蘇巧慧	張善政	卓榮泰	蘇巧慧	鄭麗君	侯友宜
	黃捷	黃捷	黃偉哲	蔣萬安	江啟臣	蘇巧慧
	鄭麗君	卓榮泰	黃捷	黃捷	蘇巧慧	黃捷
	江啟臣	王世堅	江啟臣	侯友宜	侯友宜	卓榮泰
	卓榮泰	鄭麗君	王世堅	卓榮泰	張善政	鄭麗君
	侯友宜	柯建銘	鄭麗君	黃偉哲	林飛帆	江啟臣
	柯建銘	侯友宜	侯友宜	江啟臣	柯建銘	黃偉哲
	黃偉哲	林飛帆	柯建銘	王世堅	卓榮泰	朱立倫
	林飛帆	朱立倫	林飛帆	柯建銘	黃偉哲	柯建銘
	朱立倫	黃偉哲	朱立倫	朱立倫	朱立倫	林飛帆

備註：○○○灰階字體代表該人物在此分類無人選擇。

465

看好未來表現評價（依性別、年齡排序）

排序	整體	依性別排序		依年齡排序				
		男性	女性	18-29歲	30-39歲	40-49歲	50-59歲	60歲以上
1	賴清德	賴清德	賴清德	陳其邁	蕭美琴	蕭美琴	陳其邁	賴清德
2	陳其邁	陳其邁	陳其邁	盧秀燕	陳其邁	陳其邁	賴清德	韓國瑜
3	蕭美琴	蕭美琴	蕭美琴	蕭美琴	黃國昌	賴清德	韓國瑜	陳其邁
4	盧秀燕	盧秀燕	韓國瑜	黃國昌	賴清德	盧秀燕	蕭美琴	蕭美琴
5	韓國瑜	韓國瑜	盧秀燕	賴清德	柯文哲	柯文哲	盧秀燕	盧秀燕
6	蔣萬安	蔣萬安	蔣萬安	柯文哲	盧秀燕	黃國昌	蔣萬安	蔣萬安
7	黃國昌	黃國昌	柯文哲	蔣萬安	韓國瑜	韓國瑜	柯文哲	柯文哲
8	柯文哲	柯文哲	黃國昌	韓國瑜	蔣萬安	蔣萬安	黃國昌	黃國昌
9	蘇巧慧	蘇巧慧	卓榮泰	蘇巧慧	黃捷	蘇巧慧	蘇巧慧	卓榮泰
10	黃捷	黃捷	蘇巧慧	王世堅	卓榮泰	黃捷	張善政	江啟臣
	卓榮泰	江啟臣	黃捷	黃捷	蘇巧慧	江啟臣	卓榮泰	張善政
	江啟臣	張善政	王世堅	江啟臣	林飛帆	王世堅	黃捷	鄭麗君
	王世堅	卓榮泰	林飛帆	卓榮泰	江啟臣	張善政	鄭麗君	蘇巧慧
	張善政	王世堅	江啟臣	鄭麗君	王世堅	卓榮泰	江啟臣	林飛帆
	林飛帆	鄭麗君	鄭麗君	林飛帆	侯友宜	侯友宜	林飛帆	黃捷
	鄭麗君	林飛帆	侯友宜	黃偉哲	張善政	林飛帆	王世堅	王世堅
	侯友宜	侯友宜	張善政	侯友宜	鄭麗君	鄭麗君	侯友宜	柯建銘
	柯建銘	柯建銘	黃偉哲	張善政	柯建銘	黃偉哲	朱立倫	侯友宜
	黃偉哲	黃偉哲	柯文哲	柯建銘	黃偉哲	柯建銘	黃偉哲	黃偉哲
	朱立倫	朱立倫	朱立倫	朱立倫	朱立倫	朱立倫	柯建銘	朱立倫

備註：○○○灰階字體代表該人物在此分類無人選擇。

看好未來表現評價（依政黨傾向排序）

排序	整體	依政黨傾向排序				
		民進黨 支持者	國民黨 支持者	台灣民眾黨 支持者	選人不選黨/ 中立	其他選擇
1	賴清德	賴清德	韓國瑜	黃國昌	盧秀燕	蕭美琴
2	陳其邁	陳其邁	盧秀燕	柯文哲	蕭美琴	陳其邁
3	蕭美琴	蕭美琴	蔣萬安	盧秀燕	賴清德	賴清德
4	盧秀燕	蘇巧慧	江啟臣	韓國瑜	陳其邁	盧秀燕
5	韓國瑜	黃捷	張善政	蔣萬安	蔣萬安	韓國瑜
6	蔣萬安	卓榮泰	侯友宜	陳其邁	韓國瑜	柯文哲
7	黃國昌	林飛帆	蕭美琴	江啟臣	黃國昌	蔣萬安
8	柯文哲	王世堅	黃國昌	蕭美琴	柯文哲	黃捷
9	蘇巧慧	鄭麗君	黃偉哲	王世堅	王世堅	黃國昌
10	黃捷	盧秀燕	王世堅	柯建銘	江啟臣	鄭麗君
	卓榮泰	柯建銘	陳其邁	侯友宜	卓榮泰	王世堅
	江啟臣	黃偉哲	黃捷	張善政	蘇巧慧	蘇巧慧
	王世堅	韓國瑜	柯文哲	賴清德	黃捷	林飛帆
	張善政	江啟臣	卓榮泰	黃偉哲	張善政	卓榮泰
	林飛帆	蔣萬安	賴清德	黃捷	鄭麗君	張善政
	鄭麗君	黃國昌	蘇巧慧	卓榮泰	侯友宜	江啟臣
	侯友宜	張善政	林飛帆	蘇巧慧	朱立倫	黃偉哲
	柯建銘	柯文哲	鄭麗君	林飛帆	柯建銘	侯友宜
	黃偉哲	侯友宜	柯建銘	鄭麗君	林飛帆	柯建銘
	朱立倫	朱立倫	朱立倫	朱立倫	黃偉哲	朱立倫

備註：○○○灰階字體代表該人物在此分類無人選擇。

看好未來表現評價（依政治光譜排序）

排序	整體	依政治光譜排序								
		G1	G2	G3	G4	G5	G6	G7	G8	G9
1	賴清德	韓國瑜	盧秀燕	盧秀燕	黃國昌	柯文哲	蕭美琴	陳其邁	蕭美琴	賴清德
2	陳其邁	蔣萬安	韓國瑜	韓國瑜	盧秀燕	黃國昌	陳其邁	蕭美琴	陳其邁	陳其邁
3	蕭美琴	盧秀燕	蔣萬安	蔣萬安	柯文哲	盧秀燕	賴清德	賴清德	賴清德	蕭美琴
4	盧秀燕	張善政	黃國昌	黃國昌	蔣萬安	蔣萬安	盧秀燕	黃捷	卓榮泰	蘇巧慧
5	韓國瑜	黃國昌	柯文哲	柯文哲	韓國瑜	賴清德	黃國昌	盧秀燕	黃捷	黃捷
6	蔣萬安	江啟臣	張善政	江啟臣	王世堅	蕭美琴	柯文哲	卓榮泰	蘇巧慧	卓榮泰
7	黃國昌	侯友宜	江啟臣	張善政	侯友宜	陳其邁	蘇巧慧	柯文哲	林飛帆	林飛帆
8	柯文哲	柯文哲	侯友宜	蕭美琴	蕭美琴	王世堅	黃捷	鄭麗君	王世堅	鄭麗君
9	蘇巧慧	蕭美琴	鄭麗君	王世堅	張善政	韓國瑜	林飛帆	王世堅	鄭麗君	王世堅
10	黃捷	陳其邁	賴清德	柯建銘	江啟臣	江啟臣	王世堅	蘇巧慧	盧秀燕	柯建銘
	卓榮泰	賴清德	朱立倫	朱立倫	陳其邁	黃偉哲	韓國瑜	蔣萬安	江啟臣	黃偉哲
	江啟臣	黃捷	蕭美琴	侯友宜	柯建銘	侯友宜	蔣萬安	江啟臣	柯文哲	韓國瑜
	王世堅	鄭麗君	陳其邁	鄭麗君	黃捷	鄭麗君	江啟臣	林飛帆	柯建銘	蔣萬安
	張善政	王世堅	黃捷	賴清德	卓榮泰	張善政	卓榮泰	柯建銘	韓國瑜	盧秀燕
	林飛帆	蘇巧慧	王世堅	陳其邁	賴清德	柯建銘	鄭麗君	黃國昌	黃國昌	江啟臣
	鄭麗君	林飛帆	蘇巧慧	黃捷	朱立倫	蘇巧慧	黃偉哲	黃偉哲	黃偉哲	柯文哲
	侯友宜	卓榮泰	林飛帆	蘇巧慧	鄭麗君	朱立倫	侯友宜	韓國瑜	蔣萬安	黃國昌
	柯建銘	黃偉哲	卓榮泰	林飛帆	蘇巧慧	黃捷	張善政	侯友宜	侯友宜	侯友宜
	黃偉哲	柯建銘	黃偉哲	卓榮泰	林飛帆	林飛帆	柯建銘	張善政	張善政	張善政
	朱立倫	朱立倫	柯建銘	黃偉哲	黃偉哲	卓榮泰	朱立倫	朱立倫	朱立倫	朱立倫

備註：○○○灰階字體代表該人物在此分類無人選擇。

看好未來表現評價（依社會、經濟地位自評排序）

排序	整體	依社會、經濟地位自評排序				
		社會地位偏高/ 經濟地位偏高	社會地位偏高/ 經濟地位偏低	社會地位偏低/ 經濟地位偏高	社會地位偏低/ 經濟地位偏低	普通社經地位
1	賴清德	賴清德	蕭美琴	陳其邁	賴清德	陳其邁
2	陳其邁	陳其邁	賴清德	蕭美琴	韓國瑜	蕭美琴
3	蕭美琴	蕭美琴	陳其邁	蔣萬安	盧秀燕	賴清德
4	盧秀燕	盧秀燕	韓國瑜	賴清德	陳其邁	盧秀燕
5	韓國瑜	韓國瑜	盧秀燕	柯文哲	蕭美琴	蔣萬安
6	蔣萬安	蔣萬安	蔣萬安	黃國昌	柯文哲	韓國瑜
7	黃國昌	黃國昌	柯文哲	盧秀燕	蔣萬安	黃國昌
8	柯文哲	柯文哲	黃國昌	韓國瑜	黃國昌	柯文哲
9	蘇巧慧	蘇巧慧	卓榮泰	卓榮泰	王世堅	蘇巧慧
10	黃捷	黃捷	鄭麗君	鄭麗君	黃捷	黃捷
	卓榮泰	卓榮泰	黃偉哲	黃捷	江啟臣	卓榮泰
	江啟臣	林飛帆	蘇巧慧	江啟臣	蘇巧慧	江啟臣
	王世堅	江啟臣	林飛帆	黃偉哲	卓榮泰	張善政
	張善政	鄭麗君	王世堅	蘇巧慧	張善政	王世堅
	林飛帆	張善政	張善政	林飛帆	林飛帆	鄭麗君
	鄭麗君	王世堅	朱立倫	王世堅	侯友宜	林飛帆
	侯友宜	黃偉哲	黃捷	張善政	鄭麗君	侯友宜
	柯建銘	侯友宜	江啟臣	朱立倫	柯建銘	柯建銘
	黃偉哲	柯建銘	侯友宜	侯友宜	朱立倫	黃偉哲
	朱立倫	朱立倫	柯建銘	柯建銘	黃偉哲	朱立倫

備註：○○○灰階字體代表該人物在此分類無人選擇。

469

不喜歡或不信任的評價（依性別、年齡排序）

排序	整體	依性別排序		依年齡排序				
		男性	女性	18-29歲	30-39歲	40-49歲	50-59歲	60歲以上
1	黃國昌	黃國昌	黃國昌	黃國昌	黃國昌	黃國昌	黃國昌	黃國昌
2	賴清德	柯建銘	韓國瑜	柯建銘	柯建銘	賴清德	賴清德	賴清德
3	柯建銘	賴清德	賴清德	韓國瑜	賴清德	柯文哲	柯文哲	柯文哲
4	韓國瑜	柯文哲	柯文哲	賴清德	韓國瑜	韓國瑜	韓國瑜	韓國瑜
5	柯文哲	韓國瑜	柯建銘	柯文哲	柯文哲	柯建銘	柯建銘	柯建銘
6	黃捷	黃捷	黃捷	黃捷	黃捷	黃捷	黃捷	黃捷
7	盧秀燕	林飛帆	盧秀燕	林飛帆	林飛帆	林飛帆	陳其邁	盧秀燕
8	林飛帆	盧秀燕	林飛帆	朱立倫	朱立倫	盧秀燕	盧秀燕	陳其邁
9	朱立倫	朱立倫	朱立倫	蔣萬安	盧秀燕	朱立倫	林飛帆	林飛帆
10	陳其邁	陳其邁	蔣萬安	盧秀燕	侯友宜	陳其邁	朱立倫	蔣萬安
	蔣萬安	蔣萬安	侯友宜	侯友宜	卓榮泰	蔣萬安	侯友宜	朱立倫
	侯友宜	卓榮泰	陳其邁	蘇巧慧	張善政	侯友宜	蔣萬安	侯友宜
	卓榮泰	侯友宜	蕭美琴	卓榮泰	蘇巧慧	卓榮泰	王世堅	蘇巧慧
	蘇巧慧	蘇巧慧	張善政	張善政	蔣萬安	張善政	蘇巧慧	卓榮泰
	蕭美琴	張善政	王世堅	蕭美琴	黃偉哲	蕭美琴	卓榮泰	蕭美琴
	張善政	蕭美琴	蘇巧慧	王世堅	蕭美琴	黃偉哲	蕭美琴	王世堅
	王世堅	鄭麗君	黃偉哲	黃偉哲	江啟臣	江啟臣	黃偉哲	張善政
	黃偉哲	黃偉哲	卓榮泰	陳其邁	陳其邁	蘇巧慧	江啟臣	鄭麗君
	江啟臣	王世堅	江啟臣	鄭麗君	王世堅	王世堅	張善政	江啟臣
	鄭麗君	江啟臣	鄭麗君	江啟臣	鄭麗君	鄭麗君	鄭麗君	黃偉哲

備註：○○○灰階字體代表該人物在此分類無人選擇。

不喜歡或不信任的評價（依政黨傾向排序）

排序	整體	依政黨傾向排序				
		民進黨支持者	國民黨支持者	台灣民眾黨支持者	選人不選黨/中立	其他選擇
1	黃國昌	黃國昌	賴清德	柯建銘	黃國昌	黃國昌
2	賴清德	柯文哲	柯建銘	賴清德	賴清德	韓國瑜
3	柯建銘	韓國瑜	黃捷	黃捷	柯建銘	賴清德
4	韓國瑜	盧秀燕	柯文哲	林飛帆	韓國瑜	柯文哲
5	柯文哲	朱立倫	林飛帆	卓榮泰	柯文哲	柯建銘
6	黃捷	蔣萬安	陳其邁	侯友宜	黃捷	黃捷
7	盧秀燕	侯友宜	黃國昌	朱立倫	林飛帆	陳其邁
8	林飛帆	張善政	卓榮泰	蔣萬安	朱立倫	蘇巧慧
9	朱立倫	賴清德	蕭美琴	韓國瑜	陳其邁	朱立倫
10	陳其邁	柯建銘	蘇巧慧	黃國昌	盧秀燕	林飛帆
	蔣萬安	蘇巧慧	侯友宜	陳其邁	蔣萬安	盧秀燕
	侯友宜	王世堅	朱立倫	柯文哲	侯友宜	黃偉哲
	卓榮泰	江啟臣	王世堅	蘇巧慧	蕭美琴	蔣萬安
	蘇巧慧	黃捷	鄭麗君	鄭麗君	王世堅	張善政
	蕭美琴	林飛帆	韓國瑜	盧秀燕	黃偉哲	侯友宜
	張善政	陳其邁	蔣萬安	蕭美琴	蘇巧慧	卓榮泰
	王世堅	卓榮泰	黃偉哲	黃偉哲	卓榮泰	江啟臣
	黃偉哲	黃偉哲	盧秀燕	王世堅	張善政	蕭美琴
	江啟臣	蕭美琴	江啟臣	江啟臣	江啟臣	王世堅
	鄭麗君	鄭麗君	張善政	張善政	鄭麗君	鄭麗君

備註：○○○灰階字體代表該人物在此分類無人選擇。

不喜歡或不信任的評價（依政治光譜排序）

排序	整體	依政治光譜排序								
		G1	G2	G3	G4	G5	G6	G7	G8	G9
1	黃國昌	賴清德	賴清德	賴清德	柯建銘	柯建銘	黃國昌	黃國昌	黃國昌	黃國昌
2	賴清德	柯建銘	柯建銘	柯建銘	賴清德	賴清德	韓國瑜	韓國瑜	柯文哲	韓國瑜
3	柯建銘	黃捷	黃捷	黃捷	黃捷	黃國昌	柯文哲	柯文哲	韓國瑜	柯文哲
4	韓國瑜	柯文哲	林飛帆	林飛帆	柯文哲	韓國瑜	柯建銘	侯友宜	盧秀燕	盧秀燕
5	柯文哲	卓榮泰	陳其邁	陳其邁	陳其邁	黃捷	朱立倫	朱立倫	朱立倫	蔣萬安
6	黃捷	林飛帆	柯文哲	柯文哲	林飛帆	林飛帆	黃捷	盧秀燕	侯友宜	朱立倫
7	盧秀燕	陳其邁	蕭美琴	卓榮泰	朱立倫	柯文哲	林飛帆	柯建銘	蔣萬安	張善政
8	林飛帆	蘇巧慧	蘇巧慧	蘇巧慧	侯友宜	朱立倫	侯友宜	蔣萬安	柯建銘	侯友宜
9	朱立倫	黃國昌	黃國昌	黃國昌	卓榮泰	侯友宜	王世堅	江啟臣	賴清德	江啟臣
10	陳其邁	王世堅	卓榮泰	王世堅	韓國瑜	蔣萬安	賴清德	林飛帆	張善政	賴清德
	蔣萬安	蕭美琴	韓國瑜	黃偉哲	蕭美琴	黃偉哲	蔣萬安	蘇巧慧	林飛帆	陳其邁
	侯友宜	鄭麗君	侯友宜	蔣萬安	黃國昌	蘇巧慧	張善政	張善政	王世堅	卓榮泰
	卓榮泰	侯友宜	王世堅	蕭美琴	王世堅	鄭麗君	蕭美琴	黃偉哲	黃偉哲	蘇巧慧
	蘇巧慧	盧秀燕	鄭麗君	朱立倫	蘇巧慧	盧秀燕	盧秀燕	賴清德	黃捷	王世堅
	蕭美琴	朱立倫	朱立倫	盧秀燕	黃偉哲	卓榮泰	張善政	黃捷	江啟臣	蕭美琴
	張善政	蔣萬安	黃偉哲	侯友宜	蔣萬安	蕭美琴	江啟臣	王世堅	蕭美琴	黃捷
	王世堅	韓國瑜	蔣萬安	韓國瑜	盧秀燕	陳其邁	黃偉哲	蕭美琴	蘇巧慧	黃偉哲
	黃偉哲	黃偉哲	盧秀燕	鄭麗君	鄭麗君	王世堅	卓榮泰	卓榮泰	卓榮泰	柯建銘
	江啟臣	江啟臣	江啟臣	江啟臣	江啟臣	張善政	陳其邁	陳其邁	陳其邁	林飛帆
	鄭麗君	張善政	張善政	張善政	張善政	江啟臣	鄭麗君	鄭麗君	鄭麗君	鄭麗君

備註：○○○灰階字體代表該人物在此分類無人選擇。

不喜歡或不信任的評價（依社會、經濟地位自評排序）

排序	整體	依社會、經濟地位自評排序				
		社會地位偏高/ 經濟地位偏高	社會地位偏高/ 經濟地位偏低	社會地位偏低/ 經濟地位偏高	社會地位偏低/ 經濟地位偏低	普通社經地位
1	黃國昌	黃國昌	黃國昌	黃國昌	黃國昌	黃國昌
2	賴清德	賴清德	韓國瑜	柯建銘	賴清德	賴清德
3	柯建銘	柯文哲	賴清德	柯文哲	柯建銘	柯建銘
4	韓國瑜	韓國瑜	柯建銘	黃捷	韓國瑜	柯文哲
5	柯文哲	柯建銘	黃捷	賴清德	柯文哲	韓國瑜
6	黃捷	黃捷	柯文哲	韓國瑜	黃捷	黃捷
7	盧秀燕	盧秀燕	盧秀燕	鄭麗君	林飛帆	林飛帆
8	林飛帆	蔣萬安	朱立倫	林飛帆	朱立倫	盧秀燕
9	朱立倫	林飛帆	侯友宜	朱立倫	陳其邁	朱立倫
10	陳其邁	陳其邁	黃偉哲	蘇巧慧	蔣萬安	陳其邁
	蔣萬安	朱立倫	林飛帆	蕭美琴	侯友宜	侯友宜
	侯友宜	侯友宜	蔣萬安	盧秀燕	盧秀燕	卓榮泰
	卓榮泰	卓榮泰	張善政	侯友宜	卓榮泰	蔣萬安
	蘇巧慧	張善政	鄭麗君	黃偉哲	蘇巧慧	蘇巧慧
	蕭美琴	蘇巧慧	陳其邁	蔣萬安	蕭美琴	蕭美琴
	張善政	王世堅	蘇巧慧	張善政	王世堅	張善政
	王世堅	蕭美琴	卓榮泰	陳其邁	張善政	黃偉哲
	黃偉哲	黃偉哲	蕭美琴	卓榮泰	江啟臣	王世堅
	江啟臣	江啟臣	王世堅	王世堅	鄭麗君	江啟臣
	鄭麗君	鄭麗君	江啟臣	江啟臣	黃偉哲	鄭麗君

備註：○○○灰階字體代表該人物在此分類無人選擇。

蔣萬安

基本資料

姓名：蔣萬安

生日：1978年12月26日

學歷：

- 美國賓夕法尼亞大學法律博士
- 美國賓夕法尼亞大學法學碩士
- 國立政治大學法學、外交系雙學士

政黨：中國國民黨

現職：

- 臺北市第8屆市長

曾擔任職位／經歷

● 第9-10屆立法委員

● 美國WSGR律師事務所執業律師

選舉紀錄

年度	選舉屆數	是否當選
2016 年	第 9 屆立法委員選舉	V
2020 年	第 10 屆立法委員選舉	V
2022 年	第 8 屆臺北市市長選舉	V

民調中的蔣萬安

對蔣萬安印象最好的受訪者佔總樣本數 4.5%，主要提及其正直、善良、親民等正面形象，加上其他提及的特質如年輕、有朝氣、務實、穩健、誠懇等，顯示其整體形象良好。

另一方面，基於對蔣萬安未來發展性的期待，許多支持者認為其歷練不足，應再累積經驗如爭取連任臺北市市長等，以利未來更高職位的發展性；也有部分支持者認為其魄力不足，在決策上過於謹慎，需要更有大破大立的決心。

不喜歡或不信任蔣萬安的受訪者相對較少，佔總樣本數 1.5%。這些受訪者主要批評他能力不足，難以有效解決市政問題，並認為他依靠蔣家背景在政壇活躍。

第一印象

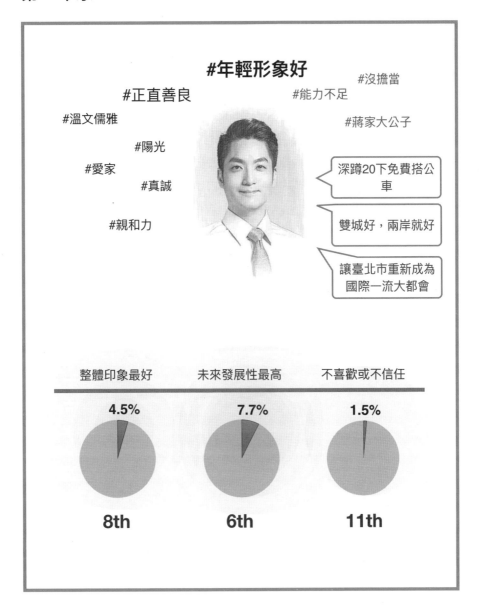

整體評價（能力分析）

排序	操守品德	決斷力溝通協調力	親和力領導風範	從政績效執政效率	專業能力創新能力	務實、穩定能展現影響力	遠見國際觀
1	賴清德	賴清德	賴清德	陳其邁	陳其邁	賴清德	蕭美琴
2	蕭美琴	韓國瑜	韓國瑜	賴清德	賴清德	韓國瑜	賴清德
3	韓國瑜	蕭美琴	蕭美琴	盧秀燕	蕭美琴	盧秀燕	韓國瑜
4	盧秀燕	陳其邁	盧秀燕	柯文哲	韓國瑜	陳其邁	柯文哲
5	柯文哲	盧秀燕	陳其邁	韓國瑜	柯文哲	柯文哲	蔣萬安
6	蔣萬安	卓榮泰	柯文哲	蕭美琴	盧秀燕	蕭美琴	盧秀燕
7	陳其邁	柯文哲	蔣萬安	蔣萬安	黃國昌	蔣萬安	陳其邁
8	黃國昌	黃國昌	卓榮泰	張善政	蔣萬安	黃國昌	張善政
9	張善政	蔣萬安	黃國昌	侯友宜	張善政	張善政	江啟臣
10	侯友宜	柯建銘	張善政	黃國昌	黃捷	卓榮泰	黃國昌

操守、品德
6th

決斷力
溝通協調力
9th

遠見、國際觀
5th

務實、穩定
展現影響力
7th

親和力
領導風範
7th

專業能力、創新能力
8th

從政績效、執政效率
7th

第一波百人未來政治領袖調查排序回顧

縣市首長排序 (名單共24人)

	印象最好	施政績效	務實穩定 展現影響力	未來發展
排序	4	7	7	3

50歲以下政治人物排序 (名單共19人)

	印象最好	領導力	未來發展
排序	2	1	1

男性政治人物排序 (名單共62人)

	印象最好	領導力	未來發展
排序	5	5	3

社會議題面向 被期待解決問題的政治人物

	詐騙防制	治安、 社會安全網	都市發展	食安	環境能源
排序	18	12	10	12	13

整體評價（支持者分析）

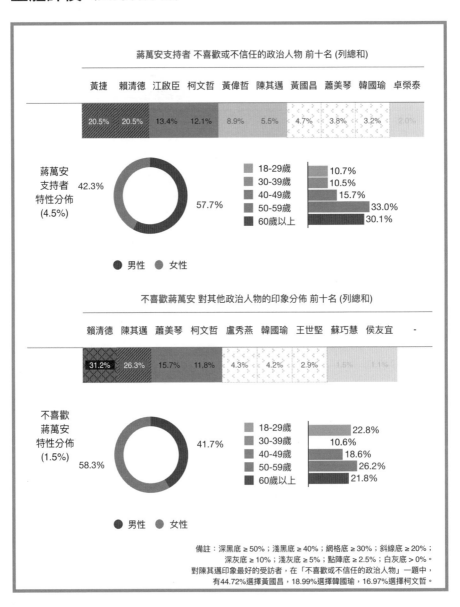

蔣萬安支持者 不喜歡或不信任的政治人物 前十名 (列總和)

黃捷	賴清德	江啟臣	柯文哲	黃偉哲	陳其邁	黃國昌	蕭美琴	韓國瑜	卓榮泰
20.5%	20.5%	13.4%	12.1%	8.9%	5.5%	4.7%	3.8%	3.2%	2.0%

蔣萬安
支持者
特性分佈
(4.5%)

42.3% / 57.7%

● 男性　● 女性

- 18-29歲　10.7%
- 30-39歲　10.5%
- 40-49歲　15.7%
- 50-59歲　33.0%
- 60歲以上　30.1%

不喜歡蔣萬安 對其他政治人物的印象分佈 前十名 (列總和)

賴清德	陳其邁	蕭美琴	柯文哲	盧秀燕	韓國瑜	王世堅	蘇巧慧	侯友宜	-
31.2%	26.3%	15.7%	11.8%	4.3%	4.2%	2.9%	1.5%	1.1%	

不喜歡
蔣萬安
特性分佈
(1.5%)

58.3% / 41.7%

● 男性　● 女性

- 18-29歲　22.8%
- 30-39歲　10.6%
- 40-49歲　18.6%
- 50-59歲　26.2%
- 60歲以上　21.8%

備註：深黑底 ≥ 50%；淺黑底 ≥ 40%；網格底 ≥ 30%；斜線底 ≥ 20%；
深灰底 ≥ 10%；淺灰底 ≥ 5%；點陣底 ≥ 2.5%；白灰底 > 0%。
對陳其邁印象最好的受訪者，在「不喜歡或不信任的政治人物」一題中，
有44.72%選擇黃國昌，18.99%選擇韓國瑜，16.97%選擇柯文哲。

正面評論／反面聲音

[支持者]

您認為蔣萬安有哪些吸引您的特質或值得肯定的成就及能力？

#正直善良　■ 男性　　68.1%　　31.9%
　　　　　　　■ 女性

「誠信做事有魄力，為人正派有吸引力是未來的領袖人才」

桃園市／60歲以上男性

「親和力思想力合乎市民的要求，年輕有活力。」

花蓮縣／60歲以上男性

您認為蔣萬安有哪些需要改進的缺點或當前應處理面對的問題？

歷練不夠

「歷練不夠若能連任北市市長，假以時日大有可為」

新北市／50-59歲女性

魄力不足、太猶豫

「決策圈小、過溫、過猶豫、過謹慎」

基隆市／30-39歲男性

[反對者]

您不喜歡或不信任蔣萬安的原因是什麼（特質、言行或背景）？

　　　　　　▨ 18-29歲　　▨ 40-49歲　　■ 50-59歲　　■ 60歲以上
#能力不足　16.7%　16.7%　　33.3%　　　　33.3%

「能力差無法改變臺北市」

新北市／60歲以上男性

「虛偽不實能力差，又夢想繼承蔣家政權統治臺灣！」

新北市／60歲以上女性

整體印象評價（依性別、年齡排序）

排序	整體	依性別排序		依年齡排序				
		男性	女性	18-29歲	30-39歲	40-49歲	50-59歲	60歲以上
1	賴清德	賴清德	賴清德	蕭美琴	蕭美琴	蕭美琴	賴清德	賴清德
2	蕭美琴	韓國瑜	蕭美琴	柯文哲	賴清德	賴清德	韓國瑜	韓國瑜
3	韓國瑜	蕭美琴	陳其邁	賴清德	柯文哲	陳其邁	蕭美琴	蕭美琴
4	陳其邁	盧秀燕	韓國瑜	盧秀燕	黃國昌	柯文哲	陳其邁	盧秀燕
5	盧秀燕	陳其邁	盧秀燕	陳其邁	陳其邁	韓國瑜	盧秀燕	陳其邁
6	柯文哲	柯文哲	柯文哲	黃國昌	盧秀燕	盧秀燕	蔣萬安	蔣萬安
7	黃國昌	黃國昌	蔣萬安	韓國瑜	韓國瑜	黃國昌	柯文哲	張善政
8	蔣萬安	蔣萬安	黃國昌	王世堅	蔣萬安	蔣萬安	張善政	黃國昌
9	張善政	江啟臣	張善政	蔣萬安	黃捷	侯友宜	鄭麗君	柯文哲
10	王世堅	黃捷	蘇巧慧	江啟臣	王世堅	蘇巧慧	黃國昌	蘇巧慧
	蘇巧慧	張善政	王世堅	鄭麗君	蘇巧慧	張善政	黃捷	卓榮泰
	黃捷	王世堅	侯友宜	黃捷	張善政	卓榮泰	王世堅	黃捷
	鄭麗君	蘇巧慧	鄭麗君	蘇巧慧	江啟臣	鄭麗君	卓榮泰	江啟臣
	江啟臣	鄭麗君	黃捷	黃偉哲	侯友宜	江啟臣	侯友宜	鄭麗君
	卓榮泰	卓榮泰	黃偉哲	張善政	鄭麗君	王世堅	江啟臣	朱立倫
	侯友宜	林飛帆	柯建銘	侯友宜	卓榮泰	黃捷	蘇巧慧	林飛帆
	柯建銘	侯友宜	卓榮泰	柯建銘	柯建銘	柯建銘	林飛帆	柯建銘
	黃偉哲	朱立倫	江啟臣	朱立倫	林飛帆	黃偉哲	朱立倫	王世堅
	林飛帆	柯建銘	林飛帆	林飛帆	黃偉哲	林飛帆	柯建銘	黃偉哲
	朱立倫	黃偉哲	朱立倫	卓榮泰	朱立倫	朱立倫	黃偉哲	侯友宜

備註：○○○灰階字體代表該人物在此分類無人選擇。

整體印象評價（依政黨傾向排序）

排序	整體	依政黨傾向排序				
		民進黨 支持者	國民黨 支持者	台灣民眾黨 支持者	選人不選黨/ 中立	其他選擇
1	賴清德	賴清德	韓國瑜	柯文哲	賴清德	蕭美琴
2	蕭美琴	蕭美琴	盧秀燕	黃國昌	盧秀燕	賴清德
3	韓國瑜	陳其邁	蔣萬安	盧秀燕	蕭美琴	韓國瑜
4	陳其邁	蘇巧慧	張善政	韓國瑜	韓國瑜	陳其邁
5	盧秀燕	黃捷	江啟臣	蕭美琴	陳其邁	盧秀燕
6	柯文哲	卓榮泰	侯友宜	蔣萬安	蔣萬安	鄭麗君
7	黃國昌	鄭麗君	朱立倫	陳其邁	柯文哲	蔣萬安
8	蔣萬安	王世堅	陳其邁	王世堅	黃國昌	黃捷
9	張善政	柯建銘	黃國昌	張善政	王世堅	黃國昌
10	王世堅	盧秀燕	王世堅	侯友宜	張善政	柯文哲
	蘇巧慧	黃偉哲	柯文哲	柯建銘	江啟臣	王世堅
	黃捷	林飛帆	蕭美琴	江啟臣	侯友宜	林飛帆
	鄭麗君	黃國昌	黃偉哲	賴清德	鄭麗君	侯友宜
	江啟臣	韓國瑜	蘇巧慧	朱立倫	黃捷	卓榮泰
	卓榮泰	柯文哲	賴清德	黃偉哲	蘇巧慧	張善政
	侯友宜	蔣萬安	黃捷	蘇巧慧	卓榮泰	柯建銘
	柯建銘	張善政	卓榮泰	黃捷	朱立倫	江啟臣
	黃偉哲	侯友宜	鄭麗君	卓榮泰	柯建銘	黃偉哲
	林飛帆	江啟臣	柯建銘	鄭麗君	林飛帆	蘇巧慧
	朱立倫	朱立倫	林飛帆	林飛帆	黃偉哲	朱立倫

備註：○○○灰階字體代表該人物在此分類無人選擇。

整體印象評價（依政治光譜排序）

排序	整體	依政治光譜排序								
		G1	G2	G3	G4	G5	G6	G7	G8	G9
1	賴清德	韓國瑜	韓國瑜	韓國瑜	柯文哲	柯文哲	蕭美琴	賴清德	賴清德	賴清德
2	蕭美琴	盧秀燕	盧秀燕	盧秀燕	黃國昌	黃國昌	賴清德	蕭美琴	蕭美琴	蕭美琴
3	韓國瑜	蔣萬安	蔣萬安	柯文哲	盧秀燕	盧秀燕	陳其邁	陳其邁	陳其邁	陳其邁
4	陳其邁	張善政	黃國昌	蔣萬安	韓國瑜	蕭美琴	柯文哲	柯文哲	蘇巧慧	蘇巧慧
5	盧秀燕	黃國昌	柯文哲	黃國昌	蔣萬安	蔣萬安	盧秀燕	鄭麗君	黃捷	黃捷
6	柯文哲	江啟臣	張善政	張善政	張善政	賴清德	王世堅	盧秀燕	卓榮泰	卓榮泰
7	黃國昌	侯友宜	侯友宜	江啟臣	王世堅	王世堅	黃國昌	黃捷	鄭麗君	鄭麗君
8	蔣萬安	朱立倫	江啟臣	侯友宜	侯友宜	韓國瑜	鄭麗君	黃國昌	王世堅	柯建銘
9	張善政	蕭美琴	朱立倫	王世堅	江啟臣	陳其邁	黃捷	蔣萬安	林飛帆	王世堅
10	王世堅	賴清德	鄭麗君	陳其邁	蕭美琴	江啟臣	卓榮泰	柯建銘	黃偉哲	林飛帆
	蘇巧慧	陳其邁	賴清德	柯建銘	柯建銘	黃偉哲	蘇巧慧	蘇巧慧	柯文哲	韓國瑜
	黃捷	鄭麗君	王世堅	蕭美琴	鄭麗君	侯友宜	韓國瑜	黃偉哲	柯建銘	黃偉哲
	鄭麗君	黃捷	陳其邁	朱立倫	黃捷	張善政	林飛帆	王世堅	盧秀燕	柯文哲
	江啟臣	柯文哲	蕭美琴	鄭麗君	賴清德	黃捷	張善政	卓榮泰	黃國昌	盧秀燕
	卓榮泰	王世堅	黃捷	賴清德	陳其邁	柯建銘	蔣萬安	韓國瑜	蔣萬安	黃國昌
	侯友宜	林飛帆	林飛帆	黃捷	朱立倫	朱立倫	江啟臣	林飛帆	韓國瑜	蔣萬安
	柯建銘	卓榮泰	卓榮泰	林飛帆	林飛帆	鄭麗君	黃偉哲	張善政	張善政	張善政
	黃偉哲	柯建銘	柯建銘	卓榮泰	卓榮泰	蘇巧慧	侯友宜	江啟臣	江啟臣	江啟臣
	林飛帆	黃偉哲	黃偉哲	黃偉哲	黃偉哲	林飛帆	柯建銘	侯友宜	侯友宜	侯友宜
	朱立倫	蘇巧慧	蘇巧慧	蘇巧慧	蘇巧慧	卓榮泰	朱立倫	朱立倫	朱立倫	朱立倫

備註：○○○灰階字體代表該人物在此分類無人選擇。

整體印象評價（依社會、經濟地位自評排序）

排序	整體	依社會、經濟地位自評排序				
		社會地位偏高/ 經濟地位偏高	社會地位偏高/ 經濟地位偏低	社會地位偏低/ 經濟地位偏高	社會地位偏低/ 經濟地位偏低	普通社經地位
1	賴清德	賴清德	賴清德	蕭美琴	韓國瑜	賴清德
2	蕭美琴	蕭美琴	蕭美琴	賴清德	賴清德	蕭美琴
3	韓國瑜	陳其邁	韓國瑜	柯文哲	蕭美琴	韓國瑜
4	陳其邁	韓國瑜	盧秀燕	陳其邁	盧秀燕	陳其邁
5	盧秀燕	盧秀燕	陳其邁	張善政	陳其邁	盧秀燕
6	柯文哲	柯文哲	柯文哲	韓國瑜	柯文哲	柯文哲
7	黃國昌	黃國昌	黃國昌	黃國昌	黃國昌	蔣萬安
8	蔣萬安	蔣萬安	蔣萬安	盧秀燕	蔣萬安	黃國昌
9	張善政	蘇巧慧	蘇巧慧	鄭麗君	黃捷	張善政
10	王世堅	江啟臣	張善政	林飛帆	王世堅	王世堅
	蘇巧慧	張善政	卓榮泰	蘇巧慧	鄭麗君	侯友宜
	黃捷	黃捷	黃偉哲	蔣萬安	江啟臣	蘇巧慧
	鄭麗君	卓榮泰	黃捷	黃捷	蘇巧慧	黃捷
	江啟臣	王世堅	江啟臣	侯友宜	侯友宜	卓榮泰
	卓榮泰	鄭麗君	王世堅	卓榮泰	張善政	鄭麗君
	侯友宜	柯建銘	鄭麗君	黃偉哲	林飛帆	江啟臣
	柯建銘	侯友宜	侯友宜	江啟臣	柯建銘	黃偉哲
	黃偉哲	林飛帆	柯建銘	王世堅	卓榮泰	朱立倫
	林飛帆	朱立倫	林飛帆	柯建銘	黃偉哲	柯建銘
	朱立倫	黃偉哲	朱立倫	朱立倫	朱立倫	林飛帆

備註：○○○灰階字體代表該人物在此分類無人選擇。

看好未來表現評價（依性別、年齡排序）

排序	整體	依性別排序		依年齡排序				
		男性	女性	18-29歲	30-39歲	40-49歲	50-59歲	60歲以上
1	賴清德	賴清德	賴清德	陳其邁	蕭美琴	蕭美琴	陳其邁	賴清德
2	陳其邁	陳其邁	陳其邁	盧秀燕	陳其邁	陳其邁	賴清德	韓國瑜
3	蕭美琴	蕭美琴	蕭美琴	蕭美琴	黃國昌	賴清德	韓國瑜	陳其邁
4	盧秀燕	盧秀燕	韓國瑜	黃國昌	賴清德	盧秀燕	蕭美琴	蕭美琴
5	韓國瑜	韓國瑜	盧秀燕	賴清德	柯文哲	柯文哲	盧秀燕	盧秀燕
6	蔣萬安	蔣萬安	蔣萬安	柯文哲	盧秀燕	黃國昌	蔣萬安	蔣萬安
7	黃國昌	黃國昌	柯文哲	蔣萬安	韓國瑜	韓國瑜	柯文哲	柯文哲
8	柯文哲	柯文哲	黃國昌	韓國瑜	蔣萬安	蔣萬安	黃國昌	黃國昌
9	蘇巧慧	蘇巧慧	卓榮泰	蘇巧慧	黃捷	蘇巧慧	蘇巧慧	卓榮泰
10	黃捷	黃捷	蘇巧慧	王世堅	卓榮泰	黃捷	張善政	江啟臣
	卓榮泰	江啟臣	黃捷	黃捷	蘇巧慧	江啟臣	卓榮泰	張善政
	江啟臣	張善政	王世堅	江啟臣	林飛帆	王世堅	黃捷	鄭麗君
	王世堅	卓榮泰	林飛帆	卓榮泰	江啟臣	張善政	鄭麗君	蘇巧慧
	張善政	王世堅	江啟臣	鄭麗君	王世堅	卓榮泰	江啟臣	林飛帆
	林飛帆	鄭麗君	鄭麗君	林飛帆	侯友宜	侯友宜	林飛帆	黃捷
	鄭麗君	林飛帆	侯友宜	黃偉哲	張善政	林飛帆	王世堅	王世堅
	侯友宜	侯友宜	張善政	侯友宜	鄭麗君	鄭麗君	侯友宜	柯建銘
	柯建銘	柯建銘	黃偉哲	張善政	柯建銘	黃偉哲	朱立倫	侯友宜
	黃偉哲	黃偉哲	柯建銘	柯建銘	黃偉哲	柯建銘	黃偉哲	黃偉哲
	朱立倫	朱立倫	朱立倫	朱立倫	朱立倫	朱立倫	柯建銘	朱立倫

備註：○○○灰階字體代表該人物在此分類無人選擇。

看好未來表現評價（依政黨傾向排序）

排序	整體	依政黨傾向排序				
		民進黨支持者	國民黨支持者	台灣民眾黨支持者	選人不選黨/中立	其他選擇
1	賴清德	賴清德	韓國瑜	黃國昌	盧秀燕	蕭美琴
2	陳其邁	陳其邁	盧秀燕	柯文哲	蕭美琴	陳其邁
3	蕭美琴	蕭美琴	蔣萬安	盧秀燕	賴清德	賴清德
4	盧秀燕	蘇巧慧	江啟臣	韓國瑜	陳其邁	盧秀燕
5	韓國瑜	黃捷	張善政	蔣萬安	蔣萬安	韓國瑜
6	蔣萬安	卓榮泰	侯友宜	陳其邁	韓國瑜	柯文哲
7	黃國昌	林飛帆	蕭美琴	江啟臣	黃國昌	蔣萬安
8	柯文哲	王世堅	黃國昌	蕭美琴	柯文哲	黃捷
9	蘇巧慧	鄭麗君	黃偉哲	王世堅	王世堅	黃國昌
10	黃捷	盧秀燕	王世堅	柯建銘	江啟臣	鄭麗君
	卓榮泰	柯建銘	陳其邁	侯友宜	卓榮泰	王世堅
	江啟臣	黃偉哲	黃捷	張善政	蘇巧慧	蘇巧慧
	王世堅	韓國瑜	柯文哲	賴清德	黃捷	林飛帆
	張善政	江啟臣	卓榮泰	黃偉哲	張善政	卓榮泰
	林飛帆	蔣萬安	賴清德	黃捷	鄭麗君	張善政
	鄭麗君	黃國昌	蘇巧慧	卓榮泰	侯友宜	江啟臣
	侯友宜	張善政	林飛帆	蘇巧慧	朱立倫	黃偉哲
	柯建銘	柯文哲	鄭麗君	林飛帆	柯建銘	侯友宜
	黃偉哲	侯友宜	柯建銘	鄭麗君	林飛帆	柯建銘
	朱立倫	朱立倫	朱立倫	朱立倫	黃偉哲	朱立倫

備註：○○○灰階字體代表該人物在此分類無人選擇。

看好未來表現評價（依政治光譜排序）

排序	整體	依政治光譜排序								
		G1	G2	G3	G4	G5	G6	G7	G8	G9
1	賴清德	韓國瑜	盧秀燕	盧秀燕	黃國昌	柯文哲	蕭美琴	陳其邁	蕭美琴	賴清德
2	陳其邁	蔣萬安	韓國瑜	韓國瑜	盧秀燕	黃國昌	陳其邁	蕭美琴	陳其邁	陳其邁
3	蕭美琴	盧秀燕	蔣萬安	蔣萬安	柯文哲	盧秀燕	賴清德	賴清德	賴清德	蕭美琴
4	盧秀燕	張善政	黃國昌	黃國昌	蔣萬安	蔣萬安	盧秀燕	黃捷	卓榮泰	蘇巧慧
5	韓國瑜	黃國昌	柯文哲	柯文哲	韓國瑜	賴清德	黃國昌	盧秀燕	黃捷	黃捷
6	蔣萬安	江啟臣	張善政	江啟臣	王世堅	蕭美琴	柯文哲	卓榮泰	蘇巧慧	卓榮泰
7	黃國昌	侯友宜	江啟臣	張善政	侯友宜	陳其邁	蘇巧慧	柯文哲	林飛帆	林飛帆
8	柯文哲	柯文哲	侯友宜	蕭美琴	蕭美琴	王世堅	黃捷	鄭麗君	王世堅	鄭麗君
9	蘇巧慧	蕭美琴	鄭麗君	王世堅	張善政	韓國瑜	林飛帆	王世堅	鄭麗君	王世堅
10	黃捷	陳其邁	賴清德	柯建銘	江啟臣	江啟臣	王世堅	蘇巧慧	盧秀燕	柯建銘
	卓榮泰	賴清德	朱立倫	朱立倫	陳其邁	黃偉哲	韓國瑜	蔣萬安	江啟臣	黃偉哲
	江啟臣	黃捷	蕭美琴	侯友宜	柯建銘	侯友宜	蔣萬安	江啟臣	柯文哲	韓國瑜
	王世堅	鄭麗君	陳其邁	鄭麗君	黃捷	鄭麗君	江啟臣	林飛帆	柯建銘	蔣萬安
	張善政	王世堅	黃捷	賴清德	卓榮泰	張善政	卓榮泰	柯建銘	韓國瑜	盧秀燕
	林飛帆	蘇巧慧	王世堅	陳其邁	賴清德	柯建銘	鄭麗君	黃國昌	黃國昌	江啟臣
	鄭麗君	林飛帆	蘇巧慧	黃捷	朱立倫	蘇巧慧	黃偉哲	黃偉哲	黃偉哲	柯文哲
	侯友宜	卓榮泰	林飛帆	蘇巧慧	鄭麗君	朱立倫	侯友宜	韓國瑜	蔣萬安	黃國昌
	柯建銘	黃偉哲	卓榮泰	林飛帆	蘇巧慧	黃捷	張善政	侯友宜	侯友宜	侯友宜
	黃偉哲	柯建銘	黃偉哲	卓榮泰	林飛帆	林飛帆	柯建銘	張善政	張善政	張善政
	朱立倫	朱立倫	柯建銘	黃偉哲	黃偉哲	卓榮泰	朱立倫	朱立倫	朱立倫	朱立倫

備註：○○○灰階字體代表該人物在此分類無人選擇。

看好未來表現評價（依社會、經濟地位自評排序）

排序	整體	依社會、經濟地位自評排序				
		社會地位偏高/ 經濟地位偏高	社會地位偏高/ 經濟地位偏低	社會地位偏低/ 經濟地位偏高	社會地位偏低/ 經濟地位偏低	普通社經地位
1	賴清德	賴清德	蕭美琴	陳其邁	賴清德	陳其邁
2	陳其邁	陳其邁	賴清德	蕭美琴	韓國瑜	蕭美琴
3	蕭美琴	蕭美琴	陳其邁	蔣萬安	盧秀燕	賴清德
4	盧秀燕	盧秀燕	韓國瑜	賴清德	陳其邁	盧秀燕
5	韓國瑜	韓國瑜	盧秀燕	柯文哲	蕭美琴	蔣萬安
6	蔣萬安	蔣萬安	蔣萬安	黃國昌	柯文哲	韓國瑜
7	黃國昌	黃國昌	柯文哲	盧秀燕	蔣萬安	黃國昌
8	柯文哲	柯文哲	黃國昌	韓國瑜	黃國昌	柯文哲
9	蘇巧慧	蘇巧慧	卓榮泰	卓榮泰	王世堅	蘇巧慧
10	黃捷	黃捷	鄭麗君	鄭麗君	黃捷	黃捷
	卓榮泰	卓榮泰	黃偉哲	黃捷	江啟臣	卓榮泰
	江啟臣	林飛帆	蘇巧慧	江啟臣	蘇巧慧	江啟臣
	王世堅	江啟臣	林飛帆	黃偉哲	卓榮泰	張善政
	張善政	鄭麗君	王世堅	蘇巧慧	張善政	王世堅
	林飛帆	張善政	張善政	林飛帆	林飛帆	鄭麗君
	鄭麗君	王世堅	朱立倫	王世堅	侯友宜	林飛帆
	侯友宜	黃偉哲	黃捷	張善政	鄭麗君	侯友宜
	柯建銘	侯友宜	江啟臣	朱立倫	柯建銘	柯建銘
	黃偉哲	柯建銘	侯友宜	侯友宜	朱立倫	黃偉哲
	朱立倫	朱立倫	柯建銘	柯建銘	黃偉哲	朱立倫

備註：○○○灰階字體代表該人物在此分類無人選擇。

不喜歡或不信任的評價（依性別、年齡排序）

排序	整體	依性別排序		依年齡排序				
		男性	女性	18-29歲	30-39歲	40-49歲	50-59歲	60歲以上
1	黃國昌	黃國昌	黃國昌	黃國昌	黃國昌	黃國昌	黃國昌	黃國昌
2	賴清德	柯建銘	韓國瑜	柯建銘	柯建銘	賴清德	賴清德	賴清德
3	柯建銘	賴清德	賴清德	韓國瑜	賴清德	柯文哲	柯文哲	柯文哲
4	韓國瑜	柯文哲	柯文哲	賴清德	韓國瑜	韓國瑜	韓國瑜	韓國瑜
5	柯文哲	韓國瑜	柯建銘	柯文哲	柯文哲	柯建銘	柯建銘	柯建銘
6	黃捷	黃捷	黃捷	黃捷	黃捷	黃捷	黃捷	黃捷
7	盧秀燕	林飛帆	盧秀燕	林飛帆	林飛帆	林飛帆	陳其邁	盧秀燕
8	林飛帆	盧秀燕	林飛帆	朱立倫	朱立倫	盧秀燕	盧秀燕	陳其邁
9	朱立倫	朱立倫	朱立倫	蔣萬安	盧秀燕	朱立倫	林飛帆	林飛帆
10	陳其邁	陳其邁	蔣萬安	盧秀燕	侯友宜	陳其邁	朱立倫	蔣萬安
	蔣萬安	蔣萬安	侯友宜	侯友宜	卓榮泰	蔣萬安	侯友宜	朱立倫
	侯友宜	卓榮泰	陳其邁	蘇巧慧	張善政	侯友宜	蔣萬安	侯友宜
	卓榮泰	侯友宜	蕭美琴	卓榮泰	蘇巧慧	卓榮泰	王世堅	蘇巧慧
	蘇巧慧	蘇巧慧	張善政	張善政	蔣萬安	張善政	蘇巧慧	卓榮泰
	蕭美琴	張善政	王世堅	蕭美琴	黃偉哲	蕭美琴	卓榮泰	蕭美琴
	張善政	蕭美琴	蘇巧慧	王世堅	蕭美琴	黃偉哲	蕭美琴	王世堅
	王世堅	鄭麗君	黃偉哲	黃偉哲	江啟臣	江啟臣	黃偉哲	張善政
	黃偉哲	黃偉哲	卓榮泰	陳其邁	陳其邁	蘇巧慧	江啟臣	鄭麗君
	江啟臣	王世堅	江啟臣	鄭麗君	王世堅	王世堅	張善政	江啟臣
	鄭麗君	江啟臣	鄭麗君	江啟臣	鄭麗君	鄭麗君	鄭麗君	黃偉哲

備註：○○○灰階字體代表該人物在此分類無人選擇。

不喜歡或不信任的評價（依政黨傾向排序）

排序	整體	民進黨支持者	國民黨支持者	台灣民眾黨支持者	選人不選黨/中立	其他選擇
1	黃國昌	黃國昌	賴清德	柯建銘	黃國昌	黃國昌
2	賴清德	柯文哲	柯建銘	賴清德	賴清德	韓國瑜
3	柯建銘	韓國瑜	黃捷	黃捷	柯建銘	賴清德
4	韓國瑜	盧秀燕	柯文哲	林飛帆	韓國瑜	柯文哲
5	柯文哲	朱立倫	林飛帆	卓榮泰	柯文哲	柯建銘
6	黃捷	蔣萬安	陳其邁	侯友宜	黃捷	黃捷
7	盧秀燕	侯友宜	黃國昌	朱立倫	林飛帆	陳其邁
8	林飛帆	張善政	卓榮泰	蔣萬安	朱立倫	蘇巧慧
9	朱立倫	賴清德	蕭美琴	韓國瑜	陳其邁	朱立倫
10	陳其邁	柯建銘	蘇巧慧	黃國昌	盧秀燕	林飛帆
	蔣萬安	蘇巧慧	侯友宜	陳其邁	蔣萬安	盧秀燕
	侯友宜	王世堅	朱立倫	柯文哲	侯友宜	黃偉哲
	卓榮泰	江啟臣	王世堅	蘇巧慧	蕭美琴	蔣萬安
	蘇巧慧	黃捷	鄭麗君	鄭麗君	王世堅	張善政
	蕭美琴	林飛帆	韓國瑜	盧秀燕	黃偉哲	侯友宜
	張善政	陳其邁	蔣萬安	蕭美琴	蘇巧慧	卓榮泰
	王世堅	卓榮泰	黃偉哲	黃偉哲	卓榮泰	江啟臣
	黃偉哲	黃偉哲	盧秀燕	王世堅	張善政	蕭美琴
	江啟臣	蕭美琴	江啟臣	江啟臣	江啟臣	王世堅
	鄭麗君	鄭麗君	張善政	張善政	鄭麗君	鄭麗君

備註：○○○灰階字體代表該人物在此分類無人選擇。

不喜歡或不信任的評價（依政治光譜排序）

排序	整體	G1	G2	G3	G4	G5	G6	G7	G8	G9
1	黃國昌	賴清德	賴清德	賴清德	柯建銘	柯建銘	黃國昌	黃國昌	黃國昌	黃國昌
2	賴清德	柯建銘	柯建銘	柯建銘	賴清德	賴清德	韓國瑜	韓國瑜	柯文哲	韓國瑜
3	柯建銘	黃捷	黃捷	黃捷	黃捷	黃國昌	柯文哲	柯文哲	韓國瑜	柯文哲
4	韓國瑜	柯文哲	林飛帆	林飛帆	柯文哲	韓國瑜	柯建銘	侯友宜	盧秀燕	盧秀燕
5	柯文哲	卓榮泰	陳其邁	陳其邁	陳其邁	黃捷	朱立倫	朱立倫	朱立倫	蔣萬安
6	黃捷	林飛帆	柯文哲	柯文哲	林飛帆	林飛帆	黃捷	盧秀燕	侯友宜	朱立倫
7	盧秀燕	陳其邁	蕭美琴	卓榮泰	朱立倫	柯文哲	林飛帆	柯建銘	蔣萬安	張善政
8	林飛帆	蘇巧慧	蘇巧慧	蘇巧慧	侯友宜	朱立倫	侯友宜	蔣萬安	柯建銘	侯友宜
9	朱立倫	黃國昌	黃國昌	黃國昌	卓榮泰	侯友宜	王世堅	江啟臣	賴清德	江啟臣
10	陳其邁	王世堅	卓榮泰	王世堅	韓國瑜	蔣萬安	賴清德	林飛帆	張善政	賴清德
	蔣萬安	蕭美琴	韓國瑜	黃偉哲	蕭美琴	黃偉哲	蔣萬安	蘇巧慧	林飛帆	陳其邁
	侯友宜	鄭麗君	侯友宜	蔣萬安	黃國昌	蘇巧慧	蘇巧慧	張善政	王世堅	卓榮泰
	卓榮泰	侯友宜	王世堅	蕭美琴	王世堅	鄭麗君	蕭美琴	黃偉哲	黃偉哲	蘇巧慧
	蘇巧慧	盧秀燕	鄭麗君	朱立倫	蘇巧慧	盧秀燕	盧秀燕	賴清德	黃捷	王世堅
	蕭美琴	朱立倫	朱立倫	盧秀燕	黃偉哲	卓榮泰	張善政	黃捷	江啟臣	蕭美琴
	張善政	蔣萬安	黃偉哲	侯友宜	蔣萬安	蕭美琴	江啟臣	王世堅	蕭美琴	黃捷
	王世堅	韓國瑜	蔣萬安	韓國瑜	盧秀燕	陳其邁	黃偉哲	蕭美琴	蘇巧慧	黃偉哲
	黃偉哲	黃偉哲	盧秀燕	鄭麗君	鄭麗君	王世堅	卓榮泰	卓榮泰	卓榮泰	柯建銘
	江啟臣	江啟臣	江啟臣	江啟臣	江啟臣	張善政	陳其邁	陳其邁	陳其邁	林飛帆
	鄭麗君	張善政	張善政	張善政	張善政	江啟臣	鄭麗君	鄭麗君	鄭麗君	鄭麗君

備註：○○○灰階字體代表該人物在此分類無人選擇。

不喜歡或不信任的評價（依社會、經濟地位自評排序）

排序	整體	社會地位偏高/經濟地位偏高	社會地位偏高/經濟地位偏低	社會地位偏低/經濟地位偏高	社會地位偏低/經濟地位偏低	普通社經地位
		依社會、經濟地位自評排序				
1	黃國昌	黃國昌	黃國昌	黃國昌	黃國昌	黃國昌
2	賴清德	賴清德	韓國瑜	柯建銘	賴清德	賴清德
3	柯建銘	柯文哲	賴清德	柯文哲	柯建銘	柯建銘
4	韓國瑜	韓國瑜	柯建銘	黃捷	韓國瑜	柯文哲
5	柯文哲	柯建銘	黃捷	賴清德	柯文哲	韓國瑜
6	黃捷	黃捷	柯文哲	韓國瑜	黃捷	黃捷
7	盧秀燕	盧秀燕	盧秀燕	鄭麗君	林飛帆	林飛帆
8	林飛帆	蔣萬安	朱立倫	林飛帆	朱立倫	盧秀燕
9	朱立倫	林飛帆	侯友宜	朱立倫	陳其邁	朱立倫
10	陳其邁	陳其邁	黃偉哲	蘇巧慧	蔣萬安	陳其邁
	蔣萬安	朱立倫	林飛帆	蕭美琴	侯友宜	侯友宜
	侯友宜	侯友宜	蔣萬安	盧秀燕	盧秀燕	卓榮泰
	卓榮泰	卓榮泰	張善政	侯友宜	卓榮泰	蔣萬安
	蘇巧慧	張善政	鄭麗君	黃偉哲	蘇巧慧	蘇巧慧
	蕭美琴	蘇巧慧	陳其邁	蔣萬安	蕭美琴	蕭美琴
	張善政	王世堅	蘇巧慧	張善政	王世堅	張善政
	王世堅	蕭美琴	卓榮泰	陳其邁	張善政	黃偉哲
	黃偉哲	黃偉哲	蕭美琴	卓榮泰	江啟臣	王世堅
	江啟臣	江啟臣	王世堅	王世堅	鄭麗君	江啟臣
	鄭麗君	鄭麗君	江啟臣	江啟臣	黃偉哲	鄭麗君

備註：○○○灰階字體代表該人物在此分類無人選擇。

江啟臣

基本資料

姓名：江啟臣

生日：1972年3月2日

學歷：

- 美國南卡羅萊納大學國際關係博士
- 美國匹茲堡大學公共暨國際事務學院國際事務碩士
- 國立政治大學外交學系學士

政黨：中國國民黨

現職：

- 第11屆立法院副院長

曾擔任職位／經歷

- 第8-10屆立法委員
- 中國國民黨第10屆主席
- 行政院新聞局局長
- 東吳大學政治系專任副教授

選舉紀錄

年度	選舉屆數	是否當選
2012 年	第 8 屆立法委員選舉	V
2016 年	第 9 屆立法委員選舉	V
2020 年	第 10 屆立法委員選舉	V
2024 年	第 11 屆立法委員選舉	V

民調中的江啟臣

對江啟臣印象最好的受訪者佔總樣本數的 0.4%。這些受訪者主要肯定他的良好品德、務實可靠，特別讚賞他的外交能力與國際觀，尤其是出色的英文能力，這被認為是未來領袖的重要素質。江啟臣在「遠見、國際觀」項目中排序第 9，是個人最佳表現。支持者因而認為江啟臣要更豐富歷練，特別是建議爭取臺中市長來累積資歷。當初在黨內初選以些微之差敗給盧秀燕後展現風度與格局，得到支持者的肯定。

不喜歡或不信任江啟臣的受訪者較少，佔總樣本數的 0.2%。這些受訪者主要批評他在國會的表現不夠積極，認為他對於國會亂象不敢表達意見，給人消極的形象。整體而言，江啟臣的形象良好，負面新聞較少，但較不強硬的特質可能會讓部分民眾不清楚其實際作為。

第一印象

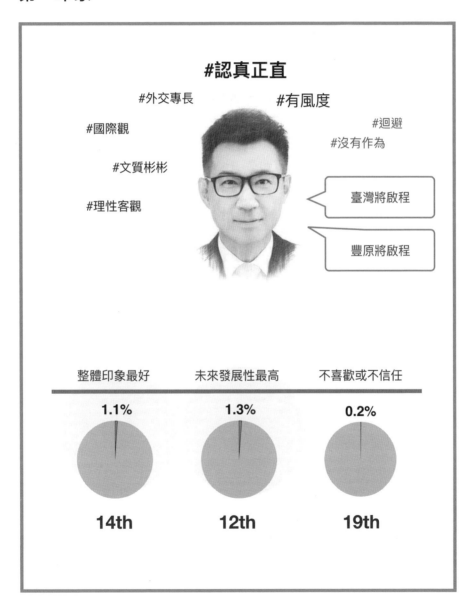

#認真正直

#外交專長 #有風度

#國際觀 #迴避

#沒有作為

#文質彬彬

#理性客觀

臺灣將啟程

豐原將啟程

整體印象最好	未來發展性最高	不喜歡或不信任
1.1%	1.3%	0.2%
14th	12th	19th

整體評價（能力分析）

排序	操守品德	決斷力溝通協調力	親和力領導風範	從政績效執政效率	專業能力創新能力	務實、穩定能展現影響力	遠見國際觀
8	黃國昌	黃國昌	卓榮泰	張善政	蔣萬安	黃國昌	張善政
9	張善政	蔣萬安	黃國昌	侯友宜	張善政	張善政	江啟臣
10	侯友宜	柯建銘	張善政	黃國昌	黃捷	卓榮泰	黃國昌
未列前十	鄭麗君	張善政	侯友宜	蘇巧慧	鄭麗君	侯友宜	朱立倫
	王世堅	王世堅	蘇巧慧	王世堅	王世堅	王世堅	林飛帆
	蘇巧慧	蘇巧慧	黃捷	朱立倫	蘇巧慧	蘇巧慧	蘇巧慧
	卓榮泰	鄭麗君	鄭麗君	黃偉哲	林飛帆	江啟臣	鄭麗君
	江啟臣	侯友宜	王世堅	卓榮泰	江啟臣	柯建銘	卓榮泰
	黃捷	江啟臣	江啟臣	江啟臣	卓榮泰	鄭麗君	侯友宜
	柯建銘	黃捷	黃偉哲	黃捷	侯友宜	黃偉哲	柯建銘

操守、品德
15th

決斷力
溝通協調力
16th

遠見、國際觀
9th

親和力
領導風範
16th

務實、穩定
展現影響力
14th

專業能力、創新能力
15th

從政績效、執政效率
16th

第一波百人未來政治領袖調查排序回顧

立法委員排序 (名單共35人)			
印象最好	監督行政機關	政策影響力	未來發展
排序　13	21	16	7

50-59歲政治人物排序 (名單共32人)		
印象最好	領導力	未來發展
排序　3	3	3

男性政治人物排序 (名單共62人)		
印象最好	領導力	未來發展
排序　12	11	8

社會議題面向 被期待解決問題的政治人物				
詐騙防制	治安、社會安全網	都市發展	食安	環境能源
排序　48	53	31	49	38

整體評價（支持者分析）

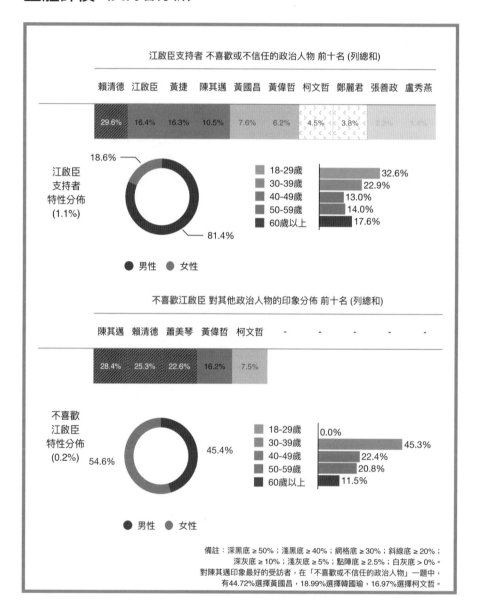

江啟臣支持者 不喜歡或不信任的政治人物 前十名 (列總和)

賴清德	江啟臣	黃捷	陳其邁	黃國昌	黃偉哲	柯文哲	鄭麗君	張善政	盧秀燕
29.6%	16.4%	16.3%	10.5%	7.6%	6.2%	4.5%	3.8%	2.3%	1.4%

江啟臣
支持者
特性分佈
(1.1%)

18.6%
81.4%

● 男性　● 女性

18-29歲	32.6%
30-39歲	22.9%
40-49歲	13.0%
50-59歲	14.0%
60歲以上	17.6%

不喜歡江啟臣 對其他政治人物的印象分佈 前十名 (列總和)

陳其邁	賴清德	蕭美琴	黃偉哲	柯文哲	-	-	-	-	-
28.4%	25.3%	22.6%	16.2%	7.5%					

不喜歡
江啟臣
特性分佈
(0.2%)

54.6%
45.4%

● 男性　● 女性

18-29歲	0.0%
30-39歲	45.3%
40-49歲	22.4%
50-59歲	20.8%
60歲以上	11.5%

備註：深黑底 ≥ 50%；淺黑底 ≥ 40%；網格底 ≥ 30%；斜線底 ≥ 20%；
深灰底 ≥ 10%；淺灰底 ≥ 5%；點陣底 ≥ 2.5%；白灰底 > 0%。
對陳其邁印象最好的受訪者，在「不喜歡或不信任的政治人物」一題中，
有44.72%選擇黃國昌，18.99%選擇韓國瑜，16.97%選擇柯文哲。

正面評論／反面聲音

[支持者]

您認為江啟臣有哪些吸引您的特質或值得肯定的成就及能力？

#外交專長 #國際觀

18-39歲　　40歲以上　　86%　　14%

「學者出身、國際和外交專長，擔任國民黨主席期間表現不錯」

高雄市 / 18-29歲男性

「藍營少數不親中的知美派，有能力也具國際觀，卻不會當不沾鍋刻意避諱敏感話題，相信他能守護中華民國」

高雄市 / 18-29歲男性

您認為江啟臣有哪些需要改進的缺點或當前應處理面對的問題？

歷練不夠

「還需更多歷練，黨主席任內因為輩份不足而進展有限，希望他未來朝黨職和臺中市長努力」

高雄市 / 18-29歲男性

[反對者]

您不喜歡或不信任江啟臣的原因是什麼（特質、言行或背景）？

#迴避 #沒有作為

「沒有善盡副院長應中立，也不敢勇於承擔或告知同黨不可胡亂做為」

臺中市 / 50-59歲女性

「國會白藍作亂違憲只坐在角落不敢講話毫無格局」

臺中市 / 50-59歲女性

整體印象評價（依性別、年齡排序）

排序	整體	依性別排序		依年齡排序				
		男性	女性	18-29歲	30-39歲	40-49歲	50-59歲	60歲以上
1	賴清德	賴清德	賴清德	蕭美琴	蕭美琴	蕭美琴	賴清德	賴清德
2	蕭美琴	韓國瑜	蕭美琴	柯文哲	賴清德	賴清德	韓國瑜	韓國瑜
3	韓國瑜	蕭美琴	陳其邁	賴清德	柯文哲	陳其邁	蕭美琴	蕭美琴
4	陳其邁	盧秀燕	韓國瑜	盧秀燕	黃國昌	柯文哲	陳其邁	盧秀燕
5	盧秀燕	陳其邁	盧秀燕	陳其邁	陳其邁	韓國瑜	盧秀燕	陳其邁
6	柯文哲	柯文哲	柯文哲	黃國昌	盧秀燕	盧秀燕	蔣萬安	蔣萬安
7	黃國昌	黃國昌	蔣萬安	韓國瑜	韓國瑜	黃國昌	柯文哲	張善政
8	蔣萬安	蔣萬安	黃國昌	王世堅	蔣萬安	蔣萬安	張善政	黃國昌
9	張善政	江啟臣	張善政	蔣萬安	黃捷	侯友宜	鄭麗君	柯文哲
10	王世堅	黃捷	蘇巧慧	江啟臣	王世堅	蘇巧慧	黃國昌	蘇巧慧
	蘇巧慧	張善政	王世堅	鄭麗君	蘇巧慧	張善政	黃捷	卓榮泰
	黃捷	王世堅	侯友宜	黃捷	張善政	卓榮泰	王世堅	黃捷
	鄭麗君	蘇巧慧	鄭麗君	蘇巧慧	江啟臣	鄭麗君	卓榮泰	江啟臣
	江啟臣	鄭麗君	黃捷	黃偉哲	侯友宜	江啟臣	侯友宜	鄭麗君
	卓榮泰	卓榮泰	黃偉哲	張善政	鄭麗君	王世堅	江啟臣	朱立倫
	侯友宜	林飛帆	柯建銘	侯友宜	卓榮泰	黃捷	蘇巧慧	林飛帆
	柯建銘	侯友宜	卓榮泰	柯建銘	柯建銘	柯建銘	林飛帆	柯建銘
	黃偉哲	朱立倫	江啟臣	朱立倫	林飛帆	黃偉哲	朱立倫	王世堅
	林飛帆	柯建銘	林飛帆	林飛帆	黃偉哲	林飛帆	柯建銘	黃偉哲
	朱立倫	黃偉哲	朱立倫	卓榮泰	朱立倫	朱立倫	黃偉哲	侯友宜

備註：〇〇〇灰階字體代表該人物在此分類無人選擇。

整體印象評價（依政黨傾向排序）

排序	整體	依政黨傾向排序				
		民進黨 支持者	國民黨 支持者	台灣民眾黨 支持者	選人不選黨/ 中立	其他選擇
1	賴清德	賴清德	韓國瑜	柯文哲	賴清德	蕭美琴
2	蕭美琴	蕭美琴	盧秀燕	黃國昌	盧秀燕	賴清德
3	韓國瑜	陳其邁	蔣萬安	盧秀燕	蕭美琴	韓國瑜
4	陳其邁	蘇巧慧	張善政	韓國瑜	韓國瑜	陳其邁
5	盧秀燕	黃捷	江啟臣	蕭美琴	陳其邁	盧秀燕
6	柯文哲	卓榮泰	侯友宜	蔣萬安	蔣萬安	鄭麗君
7	黃國昌	鄭麗君	朱立倫	陳其邁	柯文哲	蔣萬安
8	蔣萬安	王世堅	陳其邁	王世堅	黃國昌	黃捷
9	張善政	柯建銘	黃國昌	張善政	王世堅	黃國昌
10	王世堅	盧秀燕	王世堅	侯友宜	張善政	柯文哲
	蘇巧慧	黃偉哲	柯文哲	柯建銘	江啟臣	王世堅
	黃捷	林飛帆	蕭美琴	江啟臣	侯友宜	林飛帆
	鄭麗君	黃國昌	黃偉哲	賴清德	鄭麗君	侯友宜
	江啟臣	韓國瑜	蘇巧慧	朱立倫	黃捷	卓榮泰
	卓榮泰	柯文哲	賴清德	黃偉哲	蘇巧慧	張善政
	侯友宜	蔣萬安	黃捷	蘇巧慧	卓榮泰	柯建銘
	柯建銘	張善政	卓榮泰	黃捷	朱立倫	江啟臣
	黃偉哲	侯友宜	鄭麗君	卓榮泰	柯建銘	黃偉哲
	林飛帆	江啟臣	柯建銘	鄭麗君	林飛帆	蘇巧慧
	朱立倫	朱立倫	林飛帆	林飛帆	黃偉哲	朱立倫

備註：○○○灰階字體代表該人物在此分類無人選擇。

整體印象評價（依政治光譜排序）

排序	整體	依政治光譜排序								
		G1	G2	G3	G4	G5	G6	G7	G8	G9
1	賴清德	韓國瑜	韓國瑜	韓國瑜	柯文哲	柯文哲	蕭美琴	賴清德	賴清德	賴清德
2	蕭美琴	盧秀燕	盧秀燕	盧秀燕	黃國昌	黃國昌	賴清德	蕭美琴	蕭美琴	蕭美琴
3	韓國瑜	蔣萬安	蔣萬安	柯文哲	盧秀燕	盧秀燕	陳其邁	陳其邁	陳其邁	陳其邁
4	陳其邁	張善政	黃國昌	蔣萬安	韓國瑜	蕭美琴	柯文哲	柯文哲	蘇巧慧	蘇巧慧
5	盧秀燕	黃國昌	柯文哲	黃國昌	蔣萬安	蔣萬安	盧秀燕	鄭麗君	黃捷	黃捷
6	柯文哲	江啟臣	張善政	張善政	張善政	賴清德	王世堅	盧秀燕	卓榮泰	卓榮泰
7	黃國昌	侯友宜	侯友宜	江啟臣	王世堅	王世堅	黃國昌	黃捷	鄭麗君	鄭麗君
8	蔣萬安	朱立倫	江啟臣	侯友宜	侯友宜	韓國瑜	鄭麗君	黃國昌	王世堅	柯建銘
9	張善政	蕭美琴	朱立倫	王世堅	江啟臣	陳其邁	黃捷	蔣萬安	林飛帆	王世堅
10	王世堅	賴清德	鄭麗君	陳其邁	蕭美琴	江啟臣	卓榮泰	柯建銘	黃偉哲	林飛帆
	蘇巧慧	陳其邁	賴清德	柯建銘	柯建銘	黃偉哲	蘇巧慧	蘇巧慧	柯文哲	韓國瑜
	黃捷	鄭麗君	王世堅	蕭美琴	鄭麗君	侯友宜	韓國瑜	黃偉哲	柯建銘	黃偉哲
	鄭麗君	黃捷	陳其邁	朱立倫	黃捷	張善政	林飛帆	王世堅	盧秀燕	柯文哲
	江啟臣	柯文哲	蕭美琴	鄭麗君	賴清德	黃捷	張善政	卓榮泰	黃國昌	盧秀燕
	卓榮泰	王世堅	黃捷	賴清德	陳其邁	柯建銘	蔣萬安	韓國瑜	蔣萬安	黃國昌
	侯友宜	林飛帆	林飛帆	黃捷	朱立倫	朱立倫	江啟臣	林飛帆	韓國瑜	蔣萬安
	柯建銘	卓榮泰	卓榮泰	林飛帆	林飛帆	鄭麗君	黃偉哲	張善政	張善政	張善政
	黃偉哲	柯建銘	柯建銘	卓榮泰	卓榮泰	蘇巧慧	侯友宜	江啟臣	江啟臣	江啟臣
	林飛帆	黃偉哲	黃偉哲	黃偉哲	黃偉哲	林飛帆	柯建銘	侯友宜	侯友宜	侯友宜
	朱立倫	蘇巧慧	蘇巧慧	蘇巧慧	蘇巧慧	卓榮泰	朱立倫	朱立倫	朱立倫	朱立倫

備註：○○○灰階字體代表該人物在此分類無人選擇。

整體印象評價（依社會、經濟地位自評排序）

排序	整體	依社會、經濟地位自評排序				
		社會地位偏高/ 經濟地位偏高	社會地位偏高/ 經濟地位偏低	社會地位偏低/ 經濟地位偏高	社會地位偏低/ 經濟地位偏低	普通社經地位
1	賴清德	賴清德	賴清德	蕭美琴	韓國瑜	賴清德
2	蕭美琴	蕭美琴	蕭美琴	賴清德	賴清德	蕭美琴
3	韓國瑜	陳其邁	韓國瑜	柯文哲	蕭美琴	韓國瑜
4	陳其邁	韓國瑜	盧秀燕	陳其邁	盧秀燕	陳其邁
5	盧秀燕	盧秀燕	陳其邁	張善政	陳其邁	盧秀燕
6	柯文哲	柯文哲	柯文哲	韓國瑜	柯文哲	柯文哲
7	黃國昌	黃國昌	黃國昌	黃國昌	黃國昌	蔣萬安
8	蔣萬安	蔣萬安	蔣萬安	盧秀燕	蔣萬安	黃國昌
9	張善政	蘇巧慧	蘇巧慧	鄭麗君	黃捷	張善政
10	王世堅	江啟臣	張善政	林飛帆	王世堅	王世堅
	蘇巧慧	張善政	卓榮泰	蘇巧慧	鄭麗君	侯友宜
	黃捷	黃捷	黃偉哲	蔣萬安	江啟臣	蘇巧慧
	鄭麗君	卓榮泰	黃捷	黃捷	蘇巧慧	黃捷
	江啟臣	王世堅	江啟臣	侯友宜	侯友宜	卓榮泰
	卓榮泰	鄭麗君	王世堅	卓榮泰	張善政	鄭麗君
	侯友宜	柯建銘	鄭麗君	黃偉哲	林飛帆	江啟臣
	柯建銘	侯友宜	侯友宜	江啟臣	柯建銘	黃偉哲
	黃偉哲	林飛帆	柯建銘	王世堅	卓榮泰	朱立倫
	林飛帆	朱立倫	林飛帆	柯建銘	黃偉哲	柯建銘
	朱立倫	黃偉哲	朱立倫	朱立倫	朱立倫	林飛帆

備註：○○○灰階字體代表該人物在此分類無人選擇。

505

看好未來表現評價（依性別、年齡排序）

排序	整體	依性別排序		依年齡排序				
		男性	女性	18-29歲	30-39歲	40-49歲	50-59歲	60歲以上
1	賴清德	賴清德	賴清德	陳其邁	蕭美琴	蕭美琴	陳其邁	賴清德
2	陳其邁	陳其邁	陳其邁	盧秀燕	陳其邁	陳其邁	賴清德	韓國瑜
3	蕭美琴	蕭美琴	蕭美琴	蕭美琴	黃國昌	賴清德	韓國瑜	陳其邁
4	盧秀燕	盧秀燕	韓國瑜	黃國昌	賴清德	盧秀燕	蕭美琴	蕭美琴
5	韓國瑜	韓國瑜	盧秀燕	賴清德	柯文哲	柯文哲	盧秀燕	盧秀燕
6	蔣萬安	蔣萬安	蔣萬安	柯文哲	盧秀燕	黃國昌	蔣萬安	蔣萬安
7	黃國昌	黃國昌	柯文哲	蔣萬安	韓國瑜	韓國瑜	柯文哲	柯文哲
8	柯文哲	柯文哲	黃國昌	韓國瑜	蔣萬安	蔣萬安	黃國昌	黃國昌
9	蘇巧慧	蘇巧慧	卓榮泰	蘇巧慧	黃捷	蘇巧慧	蘇巧慧	卓榮泰
10	黃捷	黃捷	蘇巧慧	王世堅	卓榮泰	黃捷	張善政	江啟臣
	卓榮泰	江啟臣	黃捷	黃捷	蘇巧慧	江啟臣	卓榮泰	張善政
	江啟臣	張善政	王世堅	江啟臣	林飛帆	王世堅	黃捷	鄭麗君
	王世堅	卓榮泰	林飛帆	卓榮泰	江啟臣	張善政	鄭麗君	蘇巧慧
	張善政	王世堅	江啟臣	鄭麗君	王世堅	卓榮泰	江啟臣	林飛帆
	林飛帆	鄭麗君	鄭麗君	林飛帆	侯友宜	侯友宜	林飛帆	黃捷
	鄭麗君	林飛帆	侯友宜	黃偉哲	張善政	林飛帆	王世堅	王世堅
	侯友宜	侯友宜	張善政	侯友宜	鄭麗君	鄭麗君	侯友宜	柯建銘
	柯建銘	柯建銘	黃偉哲	張善政	柯建銘	黃偉哲	朱立倫	侯友宜
	黃偉哲	黃偉哲	柯建銘	柯建銘	黃偉哲	柯建銘	黃偉哲	黃偉哲
	朱立倫	朱立倫	朱立倫	朱立倫	朱立倫	朱立倫	柯建銘	朱立倫

備註：○○○灰階字體代表該人物在此分類無人選擇。

看好未來表現評價（依政黨傾向排序）

排序	整體	依政黨傾向排序				
		民進黨 支持者	國民黨 支持者	台灣民眾黨 支持者	選人不選黨/ 中立	其他選擇
1	賴清德	賴清德	韓國瑜	黃國昌	盧秀燕	蕭美琴
2	陳其邁	陳其邁	盧秀燕	柯文哲	蕭美琴	陳其邁
3	蕭美琴	蕭美琴	蔣萬安	盧秀燕	賴清德	賴清德
4	盧秀燕	蘇巧慧	江啟臣	韓國瑜	陳其邁	盧秀燕
5	韓國瑜	黃捷	張善政	蔣萬安	蔣萬安	韓國瑜
6	蔣萬安	卓榮泰	侯友宜	陳其邁	韓國瑜	柯文哲
7	黃國昌	林飛帆	蕭美琴	江啟臣	黃國昌	蔣萬安
8	柯文哲	王世堅	黃國昌	蕭美琴	柯文哲	黃捷
9	蘇巧慧	鄭麗君	黃偉哲	王世堅	王世堅	黃國昌
10	黃捷	盧秀燕	王世堅	柯建銘	江啟臣	鄭麗君
	卓榮泰	柯建銘	陳其邁	侯友宜	卓榮泰	王世堅
	江啟臣	黃偉哲	黃捷	張善政	蘇巧慧	蘇巧慧
	王世堅	韓國瑜	柯文哲	賴清德	黃捷	林飛帆
	張善政	江啟臣	卓榮泰	黃偉哲	張善政	卓榮泰
	林飛帆	蔣萬安	賴清德	黃捷	鄭麗君	張善政
	鄭麗君	黃國昌	蘇巧慧	卓榮泰	侯友宜	江啟臣
	侯友宜	張善政	林飛帆	蘇巧慧	朱立倫	黃偉哲
	柯建銘	柯文哲	鄭麗君	林飛帆	柯建銘	侯友宜
	黃偉哲	侯友宜	柯建銘	鄭麗君	林飛帆	柯建銘
	朱立倫	朱立倫	朱立倫	朱立倫	黃偉哲	朱立倫

備註：〇〇〇灰階字體代表該人物在此分類無人選擇。

507

看好未來表現評價（依政治光譜排序）

排序	整體	依政治光譜排序								
		G1	G2	G3	G4	G5	G6	G7	G8	G9
1	賴清德	韓國瑜	盧秀燕	盧秀燕	黃國昌	柯文哲	蕭美琴	陳其邁	蕭美琴	賴清德
2	陳其邁	蔣萬安	韓國瑜	韓國瑜	盧秀燕	黃國昌	陳其邁	蕭美琴	陳其邁	陳其邁
3	蕭美琴	盧秀燕	蔣萬安	蔣萬安	柯文哲	盧秀燕	賴清德	賴清德	賴清德	蕭美琴
4	盧秀燕	張善政	黃國昌	黃國昌	蔣萬安	蔣萬安	盧秀燕	黃捷	卓榮泰	蘇巧慧
5	韓國瑜	黃國昌	柯文哲	柯文哲	韓國瑜	賴清德	黃國昌	盧秀燕	黃捷	黃捷
6	蔣萬安	江啟臣	張善政	江啟臣	王世堅	蕭美琴	柯文哲	卓榮泰	蘇巧慧	卓榮泰
7	黃國昌	侯友宜	江啟臣	張善政	侯友宜	陳其邁	蘇巧慧	柯文哲	林飛帆	林飛帆
8	柯文哲	柯文哲	侯友宜	蕭美琴	蕭美琴	王世堅	黃捷	鄭麗君	王世堅	鄭麗君
9	蘇巧慧	蕭美琴	鄭麗君	王世堅	張善政	韓國瑜	林飛帆	王世堅	鄭麗君	王世堅
10	黃捷	陳其邁	賴清德	柯建銘	江啟臣	江啟臣	王世堅	蘇巧慧	盧秀燕	柯建銘
	卓榮泰	賴清德	朱立倫	朱立倫	陳其邁	黃偉哲	韓國瑜	蔣萬安	江啟臣	黃偉哲
	江啟臣	黃捷	蕭美琴	侯友宜	柯建銘	侯友宜	蔣萬安	江啟臣	柯文哲	韓國瑜
	王世堅	鄭麗君	陳其邁	鄭麗君	黃捷	鄭麗君	江啟臣	林飛帆	柯建銘	蔣萬安
	張善政	王世堅	黃捷	賴清德	卓榮泰	張善政	卓榮泰	柯建銘	韓國瑜	盧秀燕
	林飛帆	蘇巧慧	王世堅	陳其邁	賴清德	柯建銘	鄭麗君	黃國昌	黃國昌	江啟臣
	鄭麗君	林飛帆	蘇巧慧	黃捷	朱立倫	蘇巧慧	黃偉哲	黃偉哲	黃偉哲	柯文哲
	侯友宜	卓榮泰	林飛帆	蘇巧慧	鄭麗君	朱立倫	侯友宜	韓國瑜	蔣萬安	黃國昌
	柯建銘	黃偉哲	卓榮泰	林飛帆	蘇巧慧	黃捷	張善政	侯友宜	侯友宜	侯友宜
	黃偉哲	柯建銘	黃偉哲	卓榮泰	林飛帆	林飛帆	柯建銘	張善政	張善政	張善政
	朱立倫	朱立倫	柯建銘	黃偉哲	黃偉哲	卓榮泰	朱立倫	朱立倫	朱立倫	朱立倫

備註：○○○灰階字體代表該人物在此分類無人選擇。

看好未來表現評價（依社會、經濟地位自評排序）

排序	整體	依社會、經濟地位自評排序				
		社會地位偏高/經濟地位偏高	社會地位偏高/經濟地位偏低	社會地位偏低/經濟地位偏高	社會地位偏低/經濟地位偏低	普通社經地位
1	賴清德	賴清德	蕭美琴	陳其邁	賴清德	陳其邁
2	陳其邁	陳其邁	賴清德	蕭美琴	韓國瑜	蕭美琴
3	蕭美琴	蕭美琴	陳其邁	蔣萬安	盧秀燕	賴清德
4	盧秀燕	盧秀燕	韓國瑜	賴清德	陳其邁	盧秀燕
5	韓國瑜	韓國瑜	盧秀燕	柯文哲	蕭美琴	蔣萬安
6	蔣萬安	蔣萬安	蔣萬安	黃國昌	柯文哲	韓國瑜
7	黃國昌	黃國昌	柯文哲	盧秀燕	蔣萬安	黃國昌
8	柯文哲	柯文哲	黃國昌	韓國瑜	黃國昌	柯文哲
9	蘇巧慧	蘇巧慧	卓榮泰	卓榮泰	王世堅	蘇巧慧
10	黃捷	黃捷	鄭麗君	鄭麗君	黃捷	黃捷
	卓榮泰	卓榮泰	黃偉哲	黃捷	江啟臣	卓榮泰
	江啟臣	林飛帆	蘇巧慧	江啟臣	蘇巧慧	江啟臣
	王世堅	江啟臣	林飛帆	黃偉哲	卓榮泰	張善政
	張善政	鄭麗君	王世堅	蘇巧慧	張善政	王世堅
	林飛帆	張善政	張善政	林飛帆	林飛帆	鄭麗君
	鄭麗君	王世堅	朱立倫	王世堅	侯友宜	林飛帆
	侯友宜	黃偉哲	黃捷	張善政	鄭麗君	侯友宜
	柯建銘	侯友宜	江啟臣	朱立倫	柯建銘	柯建銘
	黃偉哲	柯建銘	侯友宜	侯友宜	朱立倫	黃偉哲
	朱立倫	朱立倫	柯建銘	柯建銘	黃偉哲	朱立倫

備註：○○○灰階字體代表該人物在此分類無人選擇。

不喜歡或不信任的評價（依性別、年齡排序）

排序	整體	依性別排序		依年齡排序				
		男性	女性	18-29歲	30-39歲	40-49歲	50-59歲	60歲以上
1	黃國昌	黃國昌	黃國昌	黃國昌	黃國昌	黃國昌	黃國昌	黃國昌
2	賴清德	柯建銘	韓國瑜	柯建銘	柯建銘	賴清德	賴清德	賴清德
3	柯建銘	賴清德	賴清德	韓國瑜	賴清德	柯文哲	柯文哲	柯文哲
4	韓國瑜	柯文哲	柯文哲	賴清德	韓國瑜	韓國瑜	韓國瑜	韓國瑜
5	柯文哲	韓國瑜	柯建銘	柯文哲	柯文哲	柯建銘	柯建銘	柯建銘
6	黃捷	黃捷	黃捷	黃捷	黃捷	黃捷	黃捷	黃捷
7	盧秀燕	林飛帆	盧秀燕	林飛帆	林飛帆	林飛帆	陳其邁	盧秀燕
8	林飛帆	盧秀燕	林飛帆	朱立倫	朱立倫	盧秀燕	盧秀燕	陳其邁
9	朱立倫	朱立倫	朱立倫	蔣萬安	盧秀燕	朱立倫	林飛帆	林飛帆
10	陳其邁	陳其邁	蔣萬安	盧秀燕	侯友宜	陳其邁	朱立倫	蔣萬安
	蔣萬安	蔣萬安	侯友宜	侯友宜	卓榮泰	蔣萬安	侯友宜	朱立倫
	侯友宜	卓榮泰	陳其邁	蘇巧慧	張善政	侯友宜	蔣萬安	侯友宜
	卓榮泰	侯友宜	蕭美琴	卓榮泰	蘇巧慧	卓榮泰	王世堅	蘇巧慧
	蘇巧慧	蘇巧慧	張善政	張善政	蔣萬安	張善政	蘇巧慧	卓榮泰
	蕭美琴	張善政	王世堅	蕭美琴	黃偉哲	蕭美琴	卓榮泰	蕭美琴
	張善政	蕭美琴	蘇巧慧	王世堅	蕭美琴	黃偉哲	蕭美琴	王世堅
	王世堅	鄭麗君	黃偉哲	黃偉哲	江啟臣	江啟臣	黃偉哲	張善政
	黃偉哲	黃偉哲	卓榮泰	陳其邁	陳其邁	蘇巧慧	江啟臣	鄭麗君
	江啟臣	王世堅	江啟臣	鄭麗君	王世堅	王世堅	張善政	江啟臣
	鄭麗君	江啟臣	鄭麗君	江啟臣	鄭麗君	鄭麗君	鄭麗君	黃偉哲

備註：○○○灰階字體代表該人物在此分類無人選擇。

不喜歡或不信任的評價（依政黨傾向排序）

排序	整體	依政黨傾向排序				
		民進黨 支持者	國民黨 支持者	台灣民眾黨 支持者	選人不選黨/ 中立	其他選擇
1	黃國昌	黃國昌	賴清德	柯建銘	黃國昌	黃國昌
2	賴清德	柯文哲	柯建銘	賴清德	賴清德	韓國瑜
3	柯建銘	韓國瑜	黃捷	黃捷	柯建銘	賴清德
4	韓國瑜	盧秀燕	柯文哲	林飛帆	韓國瑜	柯文哲
5	柯文哲	朱立倫	林飛帆	卓榮泰	柯文哲	柯建銘
6	黃捷	蔣萬安	陳其邁	侯友宜	黃捷	黃捷
7	盧秀燕	侯友宜	黃國昌	朱立倫	林飛帆	陳其邁
8	林飛帆	張善政	卓榮泰	蔣萬安	朱立倫	蘇巧慧
9	朱立倫	賴清德	蕭美琴	韓國瑜	陳其邁	朱立倫
10	陳其邁	柯建銘	蘇巧慧	黃國昌	盧秀燕	林飛帆
	蔣萬安	蘇巧慧	侯友宜	陳其邁	蔣萬安	盧秀燕
	侯友宜	王世堅	朱立倫	柯文哲	侯友宜	黃偉哲
	卓榮泰	江啟臣	王世堅	蘇巧慧	蕭美琴	蔣萬安
	蘇巧慧	黃捷	鄭麗君	鄭麗君	王世堅	張善政
	蕭美琴	林飛帆	韓國瑜	盧秀燕	黃偉哲	侯友宜
	張善政	陳其邁	蔣萬安	蕭美琴	蘇巧慧	卓榮泰
	王世堅	卓榮泰	黃偉哲	黃偉哲	卓榮泰	江啟臣
	黃偉哲	黃偉哲	盧秀燕	王世堅	張善政	蕭美琴
	江啟臣	蕭美琴	江啟臣	江啟臣	江啟臣	王世堅
	鄭麗君	鄭麗君	張善政	張善政	鄭麗君	鄭麗君

備註：○○○灰階字體代表該人物在此分類無人選擇。

不喜歡或不信任的評價（依政治光譜排序）

排序	整體	G1	G2	G3	G4	G5	G6	G7	G8	G9
1	黃國昌	賴清德	賴清德	賴清德	柯建銘	柯建銘	黃國昌	黃國昌	黃國昌	黃國昌
2	賴清德	柯建銘	柯建銘	柯建銘	賴清德	賴清德	韓國瑜	韓國瑜	柯文哲	韓國瑜
3	柯建銘	黃捷	黃捷	黃捷	黃捷	黃國昌	柯文哲	柯文哲	韓國瑜	柯文哲
4	韓國瑜	柯文哲	林飛帆	林飛帆	柯文哲	韓國瑜	柯建銘	侯友宜	盧秀燕	盧秀燕
5	柯文哲	卓榮泰	陳其邁	陳其邁	陳其邁	黃捷	朱立倫	朱立倫	朱立倫	蔣萬安
6	黃捷	林飛帆	柯文哲	柯文哲	林飛帆	林飛帆	黃捷	盧秀燕	侯友宜	朱立倫
7	盧秀燕	陳其邁	蕭美琴	卓榮泰	朱立倫	柯文哲	林飛帆	柯建銘	蔣萬安	張善政
8	林飛帆	蘇巧慧	蘇巧慧	蘇巧慧	侯友宜	朱立倫	侯友宜	蔣萬安	柯建銘	侯友宜
9	朱立倫	黃國昌	黃國昌	黃國昌	卓榮泰	侯友宜	王世堅	江啟臣	賴清德	江啟臣
10	陳其邁	王世堅	卓榮泰	王世堅	韓國瑜	蔣萬安	賴清德	林飛帆	張善政	賴清德
	蔣萬安	蕭美琴	韓國瑜	黃偉哲	蕭美琴	黃偉哲	蔣萬安	蘇巧慧	林飛帆	陳其邁
	侯友宜	鄭麗君	侯友宜	蔣萬安	黃國昌	蘇巧慧	蘇巧慧	張善政	王世堅	卓榮泰
	卓榮泰	侯友宜	王世堅	蕭美琴	王世堅	鄭麗君	蕭美琴	黃偉哲	黃偉哲	蘇巧慧
	蘇巧慧	盧秀燕	鄭麗君	朱立倫	蘇巧慧	盧秀燕	盧秀燕	賴清德	黃捷	王世堅
	蕭美琴	朱立倫	朱立倫	盧秀燕	黃偉哲	卓榮泰	張善政	黃捷	江啟臣	蕭美琴
	張善政	蔣萬安	黃偉哲	侯友宜	蔣萬安	蕭美琴	江啟臣	王世堅	蕭美琴	黃捷
	王世堅	韓國瑜	蔣萬安	韓國瑜	盧秀燕	陳其邁	黃偉哲	蕭美琴	蘇巧慧	黃偉哲
	黃偉哲	黃偉哲	盧秀燕	鄭麗君	鄭麗君	王世堅	卓榮泰	卓榮泰	卓榮泰	柯建銘
	江啟臣	江啟臣	江啟臣	江啟臣	江啟臣	張善政	陳其邁	陳其邁	陳其邁	林飛帆
	鄭麗君	張善政	張善政	張善政	張善政	江啟臣	鄭麗君	鄭麗君	鄭麗君	鄭麗君

備註：○○○灰階字體代表該人物在此分類無人選擇。

不喜歡或不信任的評價（依社會、經濟地位自評排序）

排序	整體	依社會、經濟地位自評排序				
		社會地位偏高/經濟地位偏高	社會地位偏高/經濟地位偏低	社會地位偏低/經濟地位偏高	社會地位偏低/經濟地位偏低	普通社經地位
1	黃國昌	黃國昌	黃國昌	黃國昌	黃國昌	黃國昌
2	賴清德	賴清德	韓國瑜	柯建銘	賴清德	賴清德
3	柯建銘	柯文哲	賴清德	柯文哲	柯建銘	柯建銘
4	韓國瑜	韓國瑜	柯建銘	黃捷	韓國瑜	柯文哲
5	柯文哲	柯建銘	黃捷	賴清德	柯文哲	韓國瑜
6	黃捷	黃捷	柯文哲	韓國瑜	黃捷	黃捷
7	盧秀燕	盧秀燕	盧秀燕	鄭麗君	林飛帆	林飛帆
8	林飛帆	蔣萬安	朱立倫	林飛帆	朱立倫	盧秀燕
9	朱立倫	林飛帆	侯友宜	朱立倫	陳其邁	朱立倫
10	陳其邁	陳其邁	黃偉哲	蘇巧慧	蔣萬安	陳其邁
	蔣萬安	朱立倫	林飛帆	蕭美琴	侯友宜	侯友宜
	侯友宜	侯友宜	蔣萬安	盧秀燕	盧秀燕	卓榮泰
	卓榮泰	卓榮泰	張善政	侯友宜	卓榮泰	蔣萬安
	蘇巧慧	張善政	鄭麗君	黃偉哲	蘇巧慧	蘇巧慧
	蕭美琴	蘇巧慧	陳其邁	蔣萬安	蕭美琴	蕭美琴
	張善政	王世堅	蘇巧慧	張善政	王世堅	張善政
	王世堅	蕭美琴	卓榮泰	陳其邁	張善政	黃偉哲
	黃偉哲	黃偉哲	蕭美琴	卓榮泰	江啟臣	王世堅
	江啟臣	江啟臣	王世堅	王世堅	鄭麗君	江啟臣
	鄭麗君	鄭麗君	江啟臣	江啟臣	黃偉哲	鄭麗君

備註：○○○灰階字體代表該人物在此分類無人選擇。

朱立倫

基本資料

姓名：朱立倫

生日：1961年6月7日

學歷：

- 美國紐約大學會計學博士
- 美國紐約大學史登商學院財務金融碩士
- 國立臺灣大學工商管理學士

政黨：中國國民黨

現職：

- 中國國民黨第11屆主席

曾擔任職位／經歷

● 新北市第1、2屆市長

● 行政院第29任副院長

● 桃園縣第14、15屆縣長

● 立法院財政委員會召集人

● 立法院預算委員會召集委員

● 第4屆立法委員

● 國立臺灣大學副教授、教授

● 美國紐約市立大學助理教授

選舉紀錄

年度	選舉屆數	是否當選
1998 年	第 4 屆立法委員選舉	V
2001 年	第 14 屆桃園縣縣長選舉	V
2005 年	第 15 屆桃園縣縣長選舉	V
2010 年	第 1 屆新北市市長選舉	V

年度	選舉屆數	是否當選
2014 年	第 2 屆新北市市長選舉	V
2016 年	第 14 任總統、副總統選舉	

民調中的朱立倫

對朱立倫印象最好的受訪者比例最低，佔總樣本數的 0.4%。受訪者主要肯定他在領導國民黨期間的成績及其完整的從政歷練，特別是在「遠見、國際觀」方面表現突出（個人最高，排第 10 名）。同時，支持者也認為朱立倫應更果斷、承擔責任。

另一方面，不喜歡或不信任朱立倫的受訪者比例為 2.0%，相對較多。批評者主要認為他作為國民黨主席，過於計算個人權力，被視為不夠真誠、過於功利。此外，朱立倫在「操守、品德」、「親和力、領導風範」、「專業能力、創新能力」等項目中的表現相對較弱。

第一印象

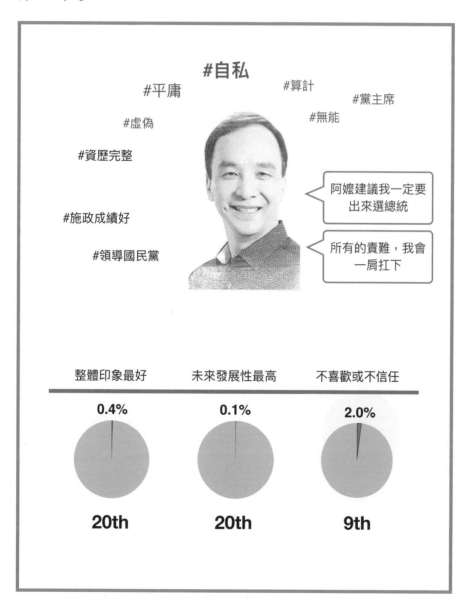

整體評價（能力分析）

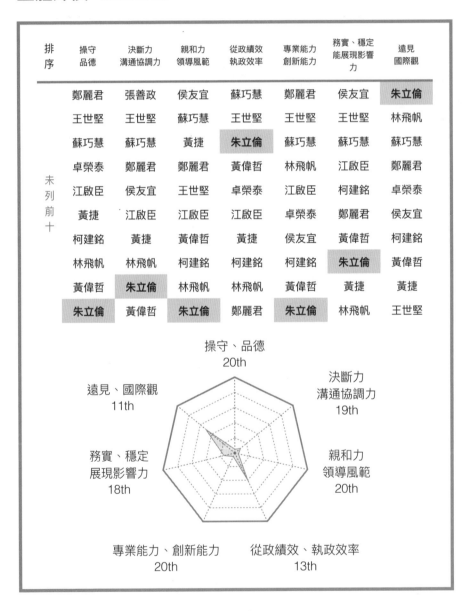

排序	操守 品德	決斷力 溝通協調力	親和力 領導風範	從政績效 執政效率	專業能力 創新能力	務實、穩定 能展現影響 力	遠見 國際觀
	鄭麗君	張善政	侯友宜	蘇巧慧	鄭麗君	侯友宜	朱立倫
	王世堅	王世堅	蘇巧慧	王世堅	王世堅	王世堅	林飛帆
	蘇巧慧	蘇巧慧	黃捷	朱立倫	蘇巧慧	蘇巧慧	蘇巧慧
未列前十	卓榮泰	鄭麗君	鄭麗君	黃偉哲	林飛帆	江啟臣	鄭麗君
	江啟臣	侯友宜	王世堅	卓榮泰	江啟臣	柯建銘	卓榮泰
	黃捷	江啟臣	江啟臣	江啟臣	卓榮泰	鄭麗君	侯友宜
	柯建銘	黃捷	黃偉哲	黃捷	侯友宜	黃偉哲	柯建銘
	林飛帆	林飛帆	柯建銘	柯建銘	柯建銘	朱立倫	黃偉哲
	黃偉哲	朱立倫	林飛帆	林飛帆	黃偉哲	黃捷	黃捷
	朱立倫	黃偉哲	朱立倫	鄭麗君	朱立倫	林飛帆	王世堅

操守、品德
20th

決斷力
溝通協調力
19th

遠見、國際觀
11th

親和力
領導風範
20th

務實、穩定
展現影響力
18th

專業能力、創新能力
20th

從政績效、執政效率
13th

第一波百人未來政治領袖調查排序回顧

其他黨公職排序 (名單共10人)

	印象最好	施政績效	務實穩定 展現影響力
排序	6	4	5

60歲以上政治人物排序 (名單共49人)

	印象最好	領導力	未來發展
排序	25	22	28

男性政治人物排序 (名單共62人)

	印象最好	領導力	未來發展
排序	34	27	32

社會議題面向 被期待解決問題的政治人物

	詐騙防制	治安、 社會安全網	都市發展	食安	環境能源
排序	43	68	-	59	48

整體評價（支持者分析）

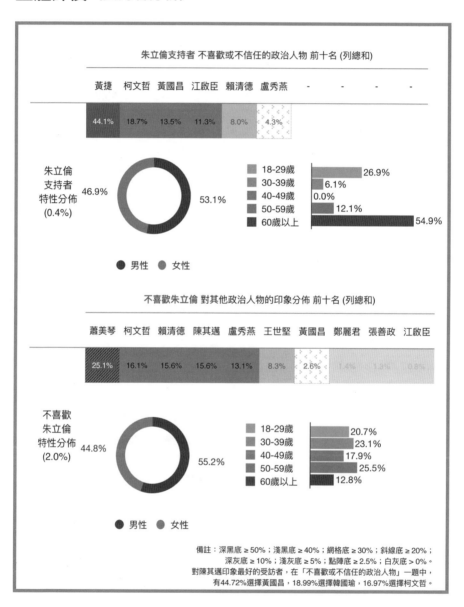

朱立倫支持者 不喜歡或不信任的政治人物 前十名 (列總和)

黃捷	柯文哲	黃國昌	江啟臣	賴清德	盧秀燕	-	-	-	-
44.1%	18.7%	13.5%	11.3%	8.0%	4.3%				

朱立倫
支持者
特性分佈
(0.4%)

46.9%　53.1%

● 男性　● 女性

18-29歲　26.9%
30-39歲　6.1%
40-49歲　0.0%
50-59歲　12.1%
60歲以上　54.9%

不喜歡朱立倫 對其他政治人物的印象分佈 前十名 (列總和)

蕭美琴	柯文哲	賴清德	陳其邁	盧秀燕	王世堅	黃國昌	鄭麗君	張善政	江啟臣
25.1%	16.1%	15.6%	15.6%	13.1%	8.3%	2.6%	1.4%	1.3%	0.8%

不喜歡
朱立倫
特性分佈
(2.0%)

44.8%　55.2%

● 男性　● 女性

18-29歲　20.7%
30-39歲　23.1%
40-49歲　17.9%
50-59歲　25.5%
60歲以上　12.8%

備註：深黑底 ≥ 50%；淺黑底 ≥ 40%；網格底 ≥ 30%；斜線底 ≥ 20%；
深灰底 ≥ 10%；淺灰底 ≥ 5%；點陣底 ≥ 2.5%；白灰底 > 0%。
對陳其邁印象最好的受訪者，在「不喜歡或不信任的政治人物」一題中，
有44.72%選擇黃國昌，18.99%選擇韓國瑜，16.97%選擇柯文哲。

正面評論／反面聲音

[支持者]

您認為朱立倫有哪些吸引您的特質或值得肯定的成就及能力？

#領導國民黨　　　　18-29歲　　　　50%　　　　50%
　　　　　　　　　60歲以上

「2024年的立委及2022年的縣市長都適才適用」

臺北市 / 60歲以上女性

「對國民黨的改革與提拔年輕人」

新竹縣 / 18-29歲男性

您認為朱立倫有哪些需要改進的缺點或當前應處理面對的問題？

不夠果斷

「果斷」　　　　　　　　　　「要果斷」

連江縣 / 60歲以上男性　　　　臺北市 / 60歲以上女性

[反對者]

您不喜歡或不信任朱立倫的原因是什麼（特質、言行或背景）？

18-29歲　30-39歲　40-49歲　50-59歲　60歲以上

#奸詐 #算計　　6%　　50%　　6%　　31%　　6%

「權力慾望太強 充滿權謀算計」

新北市 / 30-39歲男性

「處處算計，以黨利益而非國家利益及民意為優先。」

臺北市 / 30-39歲女性

整體印象評價（依性別、年齡排序）

排序	整體	依性別排序		依年齡排序				
		男性	女性	18-29歲	30-39歲	40-49歲	50-59歲	60歲以上
1	賴清德	賴清德	賴清德	蕭美琴	蕭美琴	蕭美琴	賴清德	賴清德
2	蕭美琴	韓國瑜	蕭美琴	柯文哲	賴清德	賴清德	韓國瑜	韓國瑜
3	韓國瑜	蕭美琴	陳其邁	賴清德	柯文哲	陳其邁	蕭美琴	蕭美琴
4	陳其邁	盧秀燕	韓國瑜	盧秀燕	黃國昌	柯文哲	陳其邁	盧秀燕
5	盧秀燕	陳其邁	盧秀燕	陳其邁	陳其邁	韓國瑜	盧秀燕	陳其邁
6	柯文哲	柯文哲	柯文哲	黃國昌	盧秀燕	盧秀燕	蔣萬安	蔣萬安
7	黃國昌	黃國昌	蔣萬安	韓國瑜	韓國瑜	黃國昌	柯文哲	張善政
8	蔣萬安	蔣萬安	黃國昌	王世堅	蔣萬安	蔣萬安	張善政	黃國昌
9	張善政	江啟臣	張善政	蔣萬安	黃捷	侯友宜	鄭麗君	柯文哲
10	王世堅	黃捷	蘇巧慧	江啟臣	王世堅	蘇巧慧	黃國昌	蘇巧慧
	蘇巧慧	張善政	王世堅	鄭麗君	蘇巧慧	張善政	黃捷	卓榮泰
	黃捷	王世堅	侯友宜	黃捷	張善政	卓榮泰	王世堅	黃捷
	鄭麗君	蘇巧慧	鄭麗君	蘇巧慧	江啟臣	鄭麗君	卓榮泰	江啟臣
	江啟臣	鄭麗君	黃捷	黃偉哲	侯友宜	江啟臣	侯友宜	鄭麗君
	卓榮泰	卓榮泰	黃偉哲	張善政	鄭麗君	王世堅	江啟臣	朱立倫
	侯友宜	林飛帆	柯建銘	侯友宜	卓榮泰	黃捷	蘇巧慧	林飛帆
	柯建銘	侯友宜	卓榮泰	柯建銘	柯建銘	柯建銘	林飛帆	柯建銘
	黃偉哲	朱立倫	江啟臣	朱立倫	林飛帆	黃偉哲	朱立倫	王世堅
	林飛帆	柯建銘	林飛帆	林飛帆	黃偉哲	林飛帆	柯建銘	黃偉哲
	朱立倫	黃偉哲	朱立倫	卓榮泰	朱立倫	朱立倫	黃偉哲	侯友宜

備註：○○○灰階字體代表該人物在此分類無人選擇。

整體印象評價（依政黨傾向排序）

排序	整體	依政黨傾向排序				
		民進黨 支持者	國民黨 支持者	台灣民眾黨 支持者	選人不選黨/ 中立	其他選擇
1	賴清德	賴清德	韓國瑜	柯文哲	賴清德	蕭美琴
2	蕭美琴	蕭美琴	盧秀燕	黃國昌	盧秀燕	賴清德
3	韓國瑜	陳其邁	蔣萬安	盧秀燕	蕭美琴	韓國瑜
4	陳其邁	蘇巧慧	張善政	韓國瑜	韓國瑜	陳其邁
5	盧秀燕	黃捷	江啟臣	蕭美琴	陳其邁	盧秀燕
6	柯文哲	卓榮泰	侯友宜	蔣萬安	蔣萬安	鄭麗君
7	黃國昌	鄭麗君	朱立倫	陳其邁	柯文哲	蔣萬安
8	蔣萬安	王世堅	陳其邁	王世堅	黃國昌	黃捷
9	張善政	柯建銘	黃國昌	張善政	王世堅	黃國昌
10	王世堅	盧秀燕	王世堅	侯友宜	張善政	柯文哲
	蘇巧慧	黃偉哲	柯文哲	柯建銘	江啟臣	王世堅
	黃捷	林飛帆	蕭美琴	江啟臣	侯友宜	林飛帆
	鄭麗君	黃國昌	黃偉哲	賴清德	鄭麗君	侯友宜
	江啟臣	韓國瑜	蘇巧慧	朱立倫	黃捷	卓榮泰
	卓榮泰	柯文哲	賴清德	黃偉哲	蘇巧慧	張善政
	侯友宜	蔣萬安	黃捷	蘇巧慧	卓榮泰	柯建銘
	柯建銘	張善政	卓榮泰	黃捷	朱立倫	江啟臣
	黃偉哲	侯友宜	鄭麗君	卓榮泰	柯建銘	黃偉哲
	林飛帆	江啟臣	柯建銘	鄭麗君	林飛帆	蘇巧慧
	朱立倫	朱立倫	林飛帆	林飛帆	黃偉哲	朱立倫

備註：○○○灰階字體代表該人物在此分類無人選擇。

523

整體印象評價（依政治光譜排序）

排序	整體	依政治光譜排序								
		G1	G2	G3	G4	G5	G6	G7	G8	G9
1	賴清德	韓國瑜	韓國瑜	韓國瑜	柯文哲	柯文哲	蕭美琴	賴清德	賴清德	賴清德
2	蕭美琴	盧秀燕	盧秀燕	盧秀燕	黃國昌	黃國昌	賴清德	蕭美琴	蕭美琴	蕭美琴
3	韓國瑜	蔣萬安	蔣萬安	柯文哲	盧秀燕	盧秀燕	陳其邁	陳其邁	陳其邁	陳其邁
4	陳其邁	張善政	黃國昌	蔣萬安	韓國瑜	蕭美琴	柯文哲	柯文哲	蘇巧慧	蘇巧慧
5	盧秀燕	黃國昌	柯文哲	黃國昌	蔣萬安	蔣萬安	盧秀燕	鄭麗君	黃捷	黃捷
6	柯文哲	江啟臣	張善政	張善政	張善政	賴清德	王世堅	盧秀燕	卓榮泰	卓榮泰
7	黃國昌	侯友宜	侯友宜	江啟臣	王世堅	王世堅	黃國昌	黃捷	鄭麗君	鄭麗君
8	蔣萬安	朱立倫	江啟臣	侯友宜	侯友宜	韓國瑜	鄭麗君	黃國昌	王世堅	柯建銘
9	張善政	蕭美琴	朱立倫	王世堅	江啟臣	陳其邁	黃捷	蔣萬安	林飛帆	王世堅
10	王世堅	賴清德	鄭麗君	陳其邁	蕭美琴	江啟臣	卓榮泰	柯建銘	黃偉哲	林飛帆
	蘇巧慧	陳其邁	賴清德	柯建銘	柯建銘	黃偉哲	蘇巧慧	蘇巧慧	柯文哲	韓國瑜
	黃捷	鄭麗君	王世堅	蕭美琴	鄭麗君	侯友宜	韓國瑜	黃偉哲	柯建銘	黃偉哲
	鄭麗君	黃捷	陳其邁	朱立倫	黃捷	張善政	林飛帆	王世堅	盧秀燕	柯文哲
	江啟臣	柯文哲	蕭美琴	鄭麗君	賴清德	黃捷	張善政	卓榮泰	黃國昌	盧秀燕
	卓榮泰	王世堅	黃捷	賴清德	陳其邁	柯建銘	蔣萬安	韓國瑜	蔣萬安	黃國昌
	侯友宜	林飛帆	林飛帆	黃捷	朱立倫	朱立倫	江啟臣	林飛帆	韓國瑜	蔣萬安
	柯建銘	卓榮泰	卓榮泰	林飛帆	林飛帆	鄭麗君	黃偉哲	張善政	張善政	張善政
	黃偉哲	柯建銘	柯建銘	卓榮泰	卓榮泰	蘇巧慧	侯友宜	江啟臣	江啟臣	江啟臣
	林飛帆	黃偉哲	黃偉哲	黃偉哲	黃偉哲	林飛帆	柯建銘	侯友宜	侯友宜	侯友宜
	朱立倫	蘇巧慧	蘇巧慧	蘇巧慧	蘇巧慧	卓榮泰	朱立倫	朱立倫	朱立倫	朱立倫

備註：○○○灰階字體代表該人物在此分類無人選擇。

整體印象評價（依社會、經濟地位自評排序）

排序	整體	依社會、經濟地位自評排序				
		社會地位偏高/ 經濟地位偏高	社會地位偏高/ 經濟地位偏低	社會地位偏低/ 經濟地位偏高	社會地位偏低/ 經濟地位偏低	普通社經地位
1	賴清德	賴清德	賴清德	蕭美琴	韓國瑜	賴清德
2	蕭美琴	蕭美琴	蕭美琴	賴清德	賴清德	蕭美琴
3	韓國瑜	陳其邁	韓國瑜	柯文哲	蕭美琴	韓國瑜
4	陳其邁	韓國瑜	盧秀燕	陳其邁	盧秀燕	陳其邁
5	盧秀燕	盧秀燕	陳其邁	張善政	陳其邁	盧秀燕
6	柯文哲	柯文哲	柯文哲	韓國瑜	柯文哲	柯文哲
7	黃國昌	黃國昌	黃國昌	黃國昌	黃國昌	蔣萬安
8	蔣萬安	蔣萬安	蔣萬安	盧秀燕	蔣萬安	黃國昌
9	張善政	蘇巧慧	蘇巧慧	鄭麗君	黃捷	張善政
10	王世堅	江啟臣	張善政	林飛帆	王世堅	王世堅
	蘇巧慧	張善政	卓榮泰	蘇巧慧	鄭麗君	侯友宜
	黃捷	黃捷	黃偉哲	蔣萬安	江啟臣	蘇巧慧
	鄭麗君	卓榮泰	黃捷	黃捷	蘇巧慧	黃捷
	江啟臣	王世堅	江啟臣	侯友宜	侯友宜	卓榮泰
	卓榮泰	鄭麗君	王世堅	卓榮泰	張善政	鄭麗君
	侯友宜	柯建銘	鄭麗君	黃偉哲	林飛帆	江啟臣
	柯建銘	侯友宜	侯友宜	江啟臣	柯建銘	黃偉哲
	黃偉哲	林飛帆	柯建銘	王世堅	卓榮泰	朱立倫
	林飛帆	朱立倫	林飛帆	柯建銘	黃偉哲	柯建銘
	朱立倫	黃偉哲	朱立倫	朱立倫	朱立倫	林飛帆

備註：○○○灰階字體代表該人物在此分類無人選擇。

看好未來表現評價（依性別、年齡排序）

排序	整體	依性別排序		依年齡排序				
		男性	女性	18-29歲	30-39歲	40-49歲	50-59歲	60歲以上
1	賴清德	賴清德	賴清德	陳其邁	蕭美琴	蕭美琴	陳其邁	賴清德
2	陳其邁	陳其邁	陳其邁	盧秀燕	陳其邁	陳其邁	賴清德	韓國瑜
3	蕭美琴	蕭美琴	蕭美琴	蕭美琴	黃國昌	賴清德	韓國瑜	陳其邁
4	盧秀燕	盧秀燕	韓國瑜	黃國昌	賴清德	盧秀燕	蕭美琴	蕭美琴
5	韓國瑜	韓國瑜	盧秀燕	賴清德	柯文哲	柯文哲	盧秀燕	盧秀燕
6	蔣萬安	蔣萬安	蔣萬安	柯文哲	盧秀燕	黃國昌	蔣萬安	蔣萬安
7	黃國昌	黃國昌	柯文哲	蔣萬安	韓國瑜	韓國瑜	柯文哲	柯文哲
8	柯文哲	柯文哲	黃國昌	韓國瑜	蔣萬安	蔣萬安	黃國昌	黃國昌
9	蘇巧慧	蘇巧慧	卓榮泰	蘇巧慧	黃捷	蘇巧慧	蘇巧慧	卓榮泰
10	黃捷	黃捷	蘇巧慧	王世堅	卓榮泰	黃捷	張善政	江啟臣
	卓榮泰	江啟臣	黃捷	黃捷	蘇巧慧	江啟臣	卓榮泰	張善政
	江啟臣	張善政	王世堅	江啟臣	林飛帆	王世堅	黃捷	鄭麗君
	王世堅	卓榮泰	林飛帆	卓榮泰	江啟臣	張善政	鄭麗君	蘇巧慧
	張善政	王世堅	江啟臣	鄭麗君	王世堅	卓榮泰	江啟臣	林飛帆
	林飛帆	鄭麗君	鄭麗君	林飛帆	侯友宜	侯友宜	林飛帆	黃捷
	鄭麗君	林飛帆	侯友宜	黃偉哲	張善政	林飛帆	王世堅	王世堅
	侯友宜	侯友宜	張善政	侯友宜	鄭麗君	鄭麗君	侯友宜	柯建銘
	柯建銘	柯建銘	黃偉哲	張善政	柯建銘	黃偉哲	朱立倫	侯友宜
	黃偉哲	黃偉哲	柯建銘	柯建銘	黃偉哲	柯建銘	黃偉哲	黃偉哲
	朱立倫	朱立倫	朱立倫	朱立倫	朱立倫	朱立倫	柯建銘	朱立倫

備註：○○○灰階字體代表該人物在此分類無人選擇。

看好未來表現評價（依政黨傾向排序）

排序	整體	依政黨傾向排序				
		民進黨 支持者	國民黨 支持者	台灣民眾黨 支持者	選人不選黨/ 中立	其他選擇
1	賴清德	賴清德	韓國瑜	黃國昌	盧秀燕	蕭美琴
2	陳其邁	陳其邁	盧秀燕	柯文哲	蕭美琴	陳其邁
3	蕭美琴	蕭美琴	蔣萬安	盧秀燕	賴清德	賴清德
4	盧秀燕	蘇巧慧	江啟臣	韓國瑜	陳其邁	盧秀燕
5	韓國瑜	黃捷	張善政	蔣萬安	蔣萬安	韓國瑜
6	蔣萬安	卓榮泰	侯友宜	陳其邁	韓國瑜	柯文哲
7	黃國昌	林飛帆	蕭美琴	江啟臣	黃國昌	蔣萬安
8	柯文哲	王世堅	黃國昌	蕭美琴	柯文哲	黃捷
9	蘇巧慧	鄭麗君	黃偉哲	王世堅	王世堅	黃國昌
10	黃捷	盧秀燕	王世堅	柯建銘	江啟臣	鄭麗君
	卓榮泰	柯建銘	陳其邁	侯友宜	卓榮泰	王世堅
	江啟臣	黃偉哲	黃捷	張善政	蘇巧慧	蘇巧慧
	王世堅	韓國瑜	柯文哲	賴清德	黃捷	林飛帆
	張善政	江啟臣	卓榮泰	黃偉哲	張善政	卓榮泰
	林飛帆	蔣萬安	賴清德	黃捷	鄭麗君	張善政
	鄭麗君	黃國昌	蘇巧慧	卓榮泰	侯友宜	江啟臣
	侯友宜	張善政	林飛帆	蘇巧慧	朱立倫	黃偉哲
	柯建銘	柯文哲	鄭麗君	林飛帆	柯建銘	侯友宜
	黃偉哲	侯友宜	柯建銘	鄭麗君	林飛帆	柯建銘
	朱立倫	朱立倫	朱立倫	朱立倫	黃偉哲	朱立倫

備註：○○○灰階字體代表該人物在此分類無人選擇。

527

看好未來表現評價（依政治光譜排序）

排序	整體	依政治光譜排序								
		G1	G2	G3	G4	G5	G6	G7	G8	G9
1	賴清德	韓國瑜	盧秀燕	盧秀燕	黃國昌	柯文哲	蕭美琴	陳其邁	蕭美琴	賴清德
2	陳其邁	蔣萬安	韓國瑜	韓國瑜	盧秀燕	黃國昌	陳其邁	蕭美琴	陳其邁	陳其邁
3	蕭美琴	盧秀燕	蔣萬安	蔣萬安	柯文哲	盧秀燕	賴清德	賴清德	賴清德	蕭美琴
4	盧秀燕	張善政	黃國昌	黃國昌	蔣萬安	蔣萬安	盧秀燕	黃捷	卓榮泰	蘇巧慧
5	韓國瑜	黃國昌	柯文哲	柯文哲	韓國瑜	賴清德	黃國昌	盧秀燕	黃捷	黃捷
6	蔣萬安	江啟臣	張善政	江啟臣	王世堅	蕭美琴	柯文哲	卓榮泰	蘇巧慧	卓榮泰
7	黃國昌	侯友宜	江啟臣	張善政	侯友宜	陳其邁	蘇巧慧	柯文哲	林飛帆	林飛帆
8	柯文哲	柯文哲	侯友宜	蕭美琴	蕭美琴	王世堅	黃捷	鄭麗君	王世堅	鄭麗君
9	蘇巧慧	蕭美琴	鄭麗君	王世堅	張善政	韓國瑜	林飛帆	王世堅	鄭麗君	王世堅
10	黃捷	陳其邁	賴清德	柯建銘	江啟臣	江啟臣	王世堅	蘇巧慧	盧秀燕	柯建銘
	卓榮泰	賴清德	朱立倫	朱立倫	陳其邁	黃偉哲	韓國瑜	蔣萬安	江啟臣	黃偉哲
	江啟臣	黃捷	蕭美琴	侯友宜	柯建銘	侯友宜	蔣萬安	江啟臣	柯文哲	韓國瑜
	王世堅	鄭麗君	陳其邁	鄭麗君	黃捷	鄭麗君	江啟臣	林飛帆	柯建銘	蔣萬安
	張善政	王世堅	黃捷	賴清德	卓榮泰	張善政	卓榮泰	柯建銘	韓國瑜	盧秀燕
	林飛帆	蘇巧慧	王世堅	陳其邁	賴清德	柯建銘	鄭麗君	黃國昌	黃國昌	江啟臣
	鄭麗君	林飛帆	蘇巧慧	黃捷	朱立倫	蘇巧慧	黃偉哲	黃偉哲	黃偉哲	柯文哲
	侯友宜	卓榮泰	林飛帆	蘇巧慧	鄭麗君	朱立倫	侯友宜	韓國瑜	蔣萬安	黃國昌
	柯建銘	黃偉哲	卓榮泰	林飛帆	蘇巧慧	黃捷	張善政	侯友宜	侯友宜	侯友宜
	黃偉哲	柯建銘	黃偉哲	卓榮泰	林飛帆	林飛帆	柯建銘	張善政	張善政	張善政
	朱立倫	朱立倫	柯建銘	黃偉哲	黃偉哲	卓榮泰	朱立倫	朱立倫	朱立倫	朱立倫

備註：○○○灰階字體代表該人物在此分類無人選擇。

看好未來表現評價（依社會、經濟地位自評排序）

排序	整體	社會地位偏高/ 經濟地位偏高	社會地位偏高/ 經濟地位偏低	社會地位偏低/ 經濟地位偏高	社會地位偏低/ 經濟地位偏低	普通社經地位
		依社會、經濟地位自評排序				
1	賴清德	賴清德	蕭美琴	陳其邁	賴清德	陳其邁
2	陳其邁	陳其邁	賴清德	蕭美琴	韓國瑜	蕭美琴
3	蕭美琴	蕭美琴	陳其邁	蔣萬安	盧秀燕	賴清德
4	盧秀燕	盧秀燕	韓國瑜	賴清德	陳其邁	盧秀燕
5	韓國瑜	韓國瑜	盧秀燕	柯文哲	蕭美琴	蔣萬安
6	蔣萬安	蔣萬安	蔣萬安	黃國昌	柯文哲	韓國瑜
7	黃國昌	黃國昌	柯文哲	盧秀燕	蔣萬安	黃國昌
8	柯文哲	柯文哲	黃國昌	韓國瑜	黃國昌	柯文哲
9	蘇巧慧	蘇巧慧	卓榮泰	卓榮泰	王世堅	蘇巧慧
10	黃捷	黃捷	鄭麗君	鄭麗君	黃捷	黃捷
	卓榮泰	卓榮泰	黃偉哲	黃捷	江啟臣	卓榮泰
	江啟臣	林飛帆	蘇巧慧	江啟臣	蘇巧慧	江啟臣
	王世堅	江啟臣	林飛帆	黃偉哲	卓榮泰	張善政
	張善政	鄭麗君	王世堅	蘇巧慧	張善政	王世堅
	林飛帆	張善政	張善政	林飛帆	林飛帆	鄭麗君
	鄭麗君	王世堅	朱立倫	王世堅	侯友宜	林飛帆
	侯友宜	黃偉哲	黃捷	張善政	鄭麗君	侯友宜
	柯建銘	侯友宜	江啟臣	朱立倫	柯建銘	柯建銘
	黃偉哲	柯建銘	侯友宜	侯友宜	朱立倫	黃偉哲
	朱立倫	朱立倫	柯建銘	柯建銘	黃偉哲	朱立倫

備註：○○○灰階字體代表該人物在此分類無人選擇。

不喜歡或不信任的評價（依性別、年齡排序）

排序	整體	依性別排序		依年齡排序				
		男性	女性	18-29歲	30-39歲	40-49歲	50-59歲	60歲以上
1	黃國昌	黃國昌	黃國昌	黃國昌	黃國昌	黃國昌	黃國昌	黃國昌
2	賴清德	柯建銘	韓國瑜	柯建銘	柯建銘	賴清德	賴清德	賴清德
3	柯建銘	賴清德	賴清德	韓國瑜	賴清德	柯文哲	柯文哲	柯文哲
4	韓國瑜	柯文哲	柯文哲	賴清德	韓國瑜	韓國瑜	韓國瑜	韓國瑜
5	柯文哲	韓國瑜	柯建銘	柯文哲	柯文哲	柯建銘	柯建銘	柯建銘
6	黃捷	黃捷	黃捷	黃捷	黃捷	黃捷	黃捷	黃捷
7	盧秀燕	林飛帆	盧秀燕	林飛帆	林飛帆	林飛帆	陳其邁	盧秀燕
8	林飛帆	盧秀燕	林飛帆	朱立倫	朱立倫	盧秀燕	盧秀燕	陳其邁
9	朱立倫	朱立倫	朱立倫	蔣萬安	盧秀燕	朱立倫	林飛帆	林飛帆
10	陳其邁	陳其邁	蔣萬安	盧秀燕	侯友宜	陳其邁	朱立倫	蔣萬安
	蔣萬安	蔣萬安	侯友宜	侯友宜	卓榮泰	蔣萬安	侯友宜	朱立倫
	侯友宜	卓榮泰	陳其邁	蘇巧慧	張善政	侯友宜	蔣萬安	侯友宜
	卓榮泰	侯友宜	蕭美琴	卓榮泰	蘇巧慧	卓榮泰	王世堅	蘇巧慧
	蘇巧慧	蘇巧慧	張善政	張善政	蔣萬安	張善政	蘇巧慧	卓榮泰
	蕭美琴	張善政	王世堅	蕭美琴	黃偉哲	蕭美琴	卓榮泰	蕭美琴
	張善政	蕭美琴	蘇巧慧	王世堅	蕭美琴	黃偉哲	蕭美琴	王世堅
	王世堅	鄭麗君	黃偉哲	黃偉哲	江啟臣	江啟臣	黃偉哲	張善政
	黃偉哲	黃偉哲	卓榮泰	陳其邁	陳其邁	蘇巧慧	江啟臣	鄭麗君
	江啟臣	王世堅	江啟臣	鄭麗君	王世堅	王世堅	張善政	江啟臣
	鄭麗君	江啟臣	鄭麗君	江啟臣	鄭麗君	鄭麗君	鄭麗君	黃偉哲

備註：○○○灰階字體代表該人物在此分類無人選擇。

不喜歡或不信任的評價（依政黨傾向排序）

排序	整體	依政黨傾向排序				
		民進黨 支持者	國民黨 支持者	台灣民眾黨 支持者	選人不選黨/ 中立	其他選擇
1	黃國昌	黃國昌	賴清德	柯建銘	黃國昌	黃國昌
2	賴清德	柯文哲	柯建銘	賴清德	賴清德	韓國瑜
3	柯建銘	韓國瑜	黃捷	黃捷	柯建銘	賴清德
4	韓國瑜	盧秀燕	柯文哲	林飛帆	韓國瑜	柯文哲
5	柯文哲	朱立倫	林飛帆	卓榮泰	柯文哲	柯建銘
6	黃捷	蔣萬安	陳其邁	侯友宜	黃捷	黃捷
7	盧秀燕	侯友宜	黃國昌	朱立倫	林飛帆	陳其邁
8	林飛帆	張善政	卓榮泰	蔣萬安	朱立倫	蘇巧慧
9	朱立倫	賴清德	蕭美琴	韓國瑜	陳其邁	朱立倫
10	陳其邁	柯建銘	蘇巧慧	黃國昌	盧秀燕	林飛帆
	蔣萬安	蘇巧慧	侯友宜	陳其邁	蔣萬安	盧秀燕
	侯友宜	王世堅	朱立倫	柯文哲	侯友宜	黃偉哲
	卓榮泰	江啟臣	王世堅	蘇巧慧	蕭美琴	蔣萬安
	蘇巧慧	黃捷	鄭麗君	鄭麗君	王世堅	張善政
	蕭美琴	林飛帆	韓國瑜	盧秀燕	黃偉哲	侯友宜
	張善政	陳其邁	蔣萬安	蕭美琴	蘇巧慧	卓榮泰
	王世堅	卓榮泰	黃偉哲	黃偉哲	卓榮泰	江啟臣
	黃偉哲	黃偉哲	盧秀燕	王世堅	張善政	蕭美琴
	江啟臣	蕭美琴	江啟臣	江啟臣	江啟臣	王世堅
	鄭麗君	鄭麗君	張善政	張善政	鄭麗君	鄭麗君

備註：○○○灰階字體代表該人物在此分類無人選擇。

不喜歡或不信任的評價（依政治光譜排序）

排序	整體	依政治光譜排序								
		G1	G2	G3	G4	G5	G6	G7	G8	G9
1	黃國昌	賴清德	賴清德	賴清德	柯建銘	柯建銘	黃國昌	黃國昌	黃國昌	黃國昌
2	賴清德	柯建銘	柯建銘	柯建銘	賴清德	賴清德	韓國瑜	韓國瑜	柯文哲	韓國瑜
3	柯建銘	黃捷	黃捷	黃捷	黃捷	黃國昌	柯文哲	柯文哲	韓國瑜	柯文哲
4	韓國瑜	柯文哲	林飛帆	林飛帆	柯文哲	韓國瑜	柯建銘	侯友宜	盧秀燕	盧秀燕
5	柯文哲	卓榮泰	陳其邁	陳其邁	陳其邁	黃捷	朱立倫	朱立倫	朱立倫	蔣萬安
6	黃捷	林飛帆	柯文哲	柯文哲	林飛帆	林飛帆	黃捷	盧秀燕	侯友宜	朱立倫
7	盧秀燕	陳其邁	蕭美琴	卓榮泰	朱立倫	柯文哲	林飛帆	柯建銘	蔣萬安	張善政
8	林飛帆	蘇巧慧	蘇巧慧	蘇巧慧	侯友宜	朱立倫	侯友宜	蔣萬安	柯建銘	侯友宜
9	朱立倫	黃國昌	黃國昌	黃國昌	卓榮泰	侯友宜	王世堅	江啟臣	賴清德	江啟臣
10	陳其邁	王世堅	卓榮泰	王世堅	韓國瑜	蔣萬安	賴清德	林飛帆	張善政	賴清德
	蔣萬安	蕭美琴	韓國瑜	黃偉哲	蕭美琴	黃偉哲	蔣萬安	蘇巧慧	林飛帆	陳其邁
	侯友宜	鄭麗君	侯友宜	蔣萬安	黃國昌	蘇巧慧	蘇巧慧	張善政	王世堅	卓榮泰
	卓榮泰	侯友宜	王世堅	蕭美琴	王世堅	鄭麗君	蕭美琴	黃偉哲	黃偉哲	蘇巧慧
	蘇巧慧	盧秀燕	鄭麗君	朱立倫	蘇巧慧	盧秀燕	盧秀燕	賴清德	黃捷	王世堅
	蕭美琴	朱立倫	朱立倫	盧秀燕	黃偉哲	卓榮泰	張善政	黃捷	江啟臣	蕭美琴
	張善政	蔣萬安	黃偉哲	侯友宜	蔣萬安	蕭美琴	江啟臣	王世堅	蕭美琴	黃捷
	王世堅	韓國瑜	蔣萬安	韓國瑜	盧秀燕	陳其邁	黃偉哲	蕭美琴	蘇巧慧	黃偉哲
	黃偉哲	黃偉哲	盧秀燕	鄭麗君	鄭麗君	王世堅	卓榮泰	卓榮泰	卓榮泰	柯建銘
	江啟臣	江啟臣	江啟臣	江啟臣	江啟臣	張善政	陳其邁	陳其邁	陳其邁	林飛帆
	鄭麗君	張善政	張善政	張善政	張善政	江啟臣	鄭麗君	鄭麗君	鄭麗君	鄭麗君

備註：○○○灰階字體代表該人物在此分類無人選擇。

不喜歡或不信任的評價（依社會、經濟地位自評排序）

排序	整體	依社會、經濟地位自評排序				
		社會地位偏高/ 經濟地位偏高	社會地位偏高/ 經濟地位偏低	社會地位偏低/ 經濟地位偏高	社會地位偏低/ 經濟地位偏低	普通社經地位
1	黃國昌	黃國昌	黃國昌	黃國昌	黃國昌	黃國昌
2	賴清德	賴清德	韓國瑜	柯建銘	賴清德	賴清德
3	柯建銘	柯文哲	賴清德	柯文哲	柯建銘	柯建銘
4	韓國瑜	韓國瑜	柯建銘	黃捷	韓國瑜	柯文哲
5	柯文哲	柯建銘	黃捷	賴清德	柯文哲	韓國瑜
6	黃捷	黃捷	柯文哲	韓國瑜	黃捷	黃捷
7	盧秀燕	盧秀燕	盧秀燕	鄭麗君	林飛帆	林飛帆
8	林飛帆	蔣萬安	朱立倫	林飛帆	朱立倫	盧秀燕
9	朱立倫	林飛帆	侯友宜	朱立倫	陳其邁	朱立倫
10	陳其邁	陳其邁	黃偉哲	蘇巧慧	蔣萬安	陳其邁
	蔣萬安	朱立倫	林飛帆	蕭美琴	侯友宜	侯友宜
	侯友宜	侯友宜	蔣萬安	盧秀燕	盧秀燕	卓榮泰
	卓榮泰	卓榮泰	張善政	侯友宜	卓榮泰	蔣萬安
	蘇巧慧	張善政	鄭麗君	黃偉哲	蘇巧慧	蘇巧慧
	蕭美琴	蘇巧慧	陳其邁	蔣萬安	蕭美琴	蕭美琴
	張善政	王世堅	蘇巧慧	張善政	王世堅	張善政
	王世堅	蕭美琴	卓榮泰	陳其邁	張善政	黃偉哲
	黃偉哲	黃偉哲	蕭美琴	卓榮泰	江啟臣	王世堅
	江啟臣	江啟臣	王世堅	王世堅	鄭麗君	江啟臣
	鄭麗君	鄭麗君	江啟臣	江啟臣	黃偉哲	鄭麗君

備註：○○○灰階字體代表該人物在此分類無人選擇。

Part **3**

第一波未來政治領袖聲望調查｜調查方式

1. 菱傳媒據政治新聞長期觀察之專業經驗，列整提供第一波調查之 100 位政治人物名單。

六都	其他縣市長	中央部會			民進黨	其他黨派	國民黨
蔣萬安	謝國樑	蕭美琴	陳世凱	彭啟明	賴清德	柯文哲	朱立倫
侯友宜	林姿妙	林佳龍	吳釗燮	黃彥男	潘孟安	黃珊珊	韓國瑜
張善政	楊文科	顧立雄	邱垂正	劉鏡清	林右昌	黃國昌	江啟臣
盧秀燕	黃敏惠	龔明鑫	劉世芳	吳誠文	蘇貞昌	蔡壁如	李彥秀
黃偉哲	鍾東錦	鄭文燦	鄭英耀	彭金隆	劉建國	張啓楷	柯志恩
陳其邁	王惠美	管碧玲	李孟諺	曾智勇	蘇巧慧	王婉諭	洪孟楷
李四川	高虹安	徐佳青	鄭銘謙	古秀妃	卓榮泰		徐巧芯
林奕華	張麗善	鄭麗君	李遠	陳金德	王世堅		徐欣瑩
劉和然	翁章梁		郭智輝	蘇俊榮	鍾佳濱		張嘉郡
蘇俊賓	徐榛蔚		莊翠雲	陳淑姿	吳思瑤		傅崐萁
	許淑華		何佩珊		何欣純		陳雪生
	周春米		陳駿季		邱議瑩		謝龍介
	饒慶鈴		邱泰源		吳秉叡		羅智強
	陳光復		邱泰源		蔡其昌		蘇清泉
					陳婷妃		謝衣鳳
					林岱樺		楊瓊瓔
					林楚茵		
					范雲		
					柯建銘		
					蔡易餘		
					黃捷		
					林俊憲		
					陳建仁		

2. 皮爾森數據依據人選之性別、年齡及職務為基礎進行劃分，進行分群票選。此種評比方法旨在簡化選項，同時確保投票過程能夠針對政治人物的主要屬性進行有效分類。透過這種方式，能夠更系統地評估每位政治人物在其代表群體中的影響力和受歡迎程度。

政治人物分群（共計有九組）：

性別（兩組）	年齡（三組）	職務（四組）
男性	50歲以下	縣市首長
女性	50歲-59歲	新內閣
	60歲以上	立法委員
		其他

3. 另根據重大社會議題面向（詐騙防制、治安與社安網、都市發展、食安、環境能源），以開放文字作答方式，詢問認為誰最能應對、並詢問理由。

職務│縣市首長組

菱傳媒據政治新聞長期觀察之專業經驗，列整提供第一波調查之 100 位政治人物名單。
其中縣市長組，名單共24人。

請問在各縣市首長中（4小題）

Q：您對誰的印象最好？

Q：您認為誰的施政最具有實體績效？

Q：您認為誰的施政表現最務實穩定且
能展現他的影響力？

Q：您最看好誰的未來發展？

姓名	年齡區間	性別	備註
林奕華	50-59歲	女	台北市副市長
王惠美	50-59歲	女	
周春米	50-59歲	女	
徐榛蔚	50-59歲	女	
饒慶鈴	50-59歲	女	
高虹安	50歲以下	女	
許淑華	50歲以下	女	
盧秀燕	60歲以上	女	
林姿妙	60歲以上	女	
張麗善	60歲以上	女	
黃敏惠	60歲以上	女	
陳其邁	50-59歲	男	
翁章梁	50-59歲	男	
蔣萬安	50歲以下	男	
蘇俊賓	50歲以下	男	桃園市副市長
謝國樑	50歲以下	男	
李四川	60歲以上	男	台北市副市長
侯友宜	60歲以上	男	
張善政	60歲以上	男	
黃偉哲	60歲以上	男	
劉和然	60歲以上	男	新北市副市長
陳光復	60歲以上	男	
楊文科	60歲以上	男	
鍾東錦	60歲以上	男	

縣市首長排序（名單共24人）

排序	印象最好		施政績效		務實穩定展現影響力		未來發展	
	姓名	加權(%)	姓名	加權(%)	姓名	加權(%)	姓名	加權(%)
1	陳其邁	48.6	陳其邁	48.9	陳其邁	47.5	陳其邁	49.0
2	盧秀燕	14.0	盧秀燕	14.8	盧秀燕	13.6	盧秀燕	17.2
3	張麗善	6.5	張麗善	6.7	高虹安	6.6	蔣萬安	11.3
4	蔣萬安	6.2	高虹安	5.8	張麗善	6.3	張麗善	5.6
5	高虹安	5.9	翁章梁	4.5	張善政	5.1	高虹安	5.0
6	翁章梁	4.3	張善政	4.4	翁章梁	5.0	翁章梁	3.1
7	張善政	3.3	蔣萬安	3.4	蔣萬安	4.8	張善政	1.8
8	侯友宜	2.6	侯友宜	3.2	黃偉哲	2.6	侯友宜	1.2
9	黃偉哲	1.8	黃偉哲	2.1	侯友宜	2.4	李四川	1.2
10	李四川	1.3	李四川	1.9	李四川	1.7	黃偉哲	1.2

陳其邁在各項目中均名列前茅，顯示其在印象、施政績效、務實穩定性和未來發展等方面均獲得高度認可。

盧秀燕則在各項目中穩居第二，顯示出穩定的表現。

值得注意的是，高虹安在施政績效和未來發展方面排序相對較高，但在其他項目中的排序略低。

蔣萬安在未來發展方面排序顯著提升，顯示出未來潛力較大。

黃偉哲和李四川的排序則在各項目中相對穩定，但整體名次較低。

職務│立法委員組

菱傳媒據政治新聞長期觀察之專業經驗，列整提供第一波調查之 100 位政治人物名單。
其中立法委員組，名單共35人。

請問在以下所列立法委員中（4小題）

Q：您對誰的印象最好

Q：您認為誰在立法院能最有力地監督行政機關？

Q：您認為誰在立法院對於政策有最大的影響力？

Q：您最看好誰的未來發展？

姓名	年齡區間	性別	姓名	年齡區間	性別
何欣純	50-59歲	女	林俊憲	50-59歲	男
李彥秀	50-59歲	女	黃國昌	50-59歲	男
林岱樺	50-59歲	女	劉建國	50-59歲	男
邱議瑩	50-59歲	女	蔡其昌	50-59歲	男
范雲	50-59歲	女	鍾佳濱	50-59歲	男
徐欣瑩	50-59歲	女	羅智強	50-59歲	男
黃珊珊	50-59歲	女	洪孟楷	50歲以下	男
楊瓊櫻	50-59歲	女	蔡易餘	50歲以下	男
吳思瑤	50歲以下	女	顏寬恒	50歲以下	男
徐巧芯	50歲以下	女	王世堅	60歲以上	男
張嘉郡	50歲以下	女	柯建銘	60歲以上	男
陳玉珍	50歲以下	女	張啓楷	60歲以上	男
陳亭妃	50歲以下	女	陳雪生	60歲以上	男
黃捷	50歲以下	女	傅崐萁	60歲以上	男
謝衣鳳	50歲以下	女	謝龍介	60歲以上	男
蘇巧慧	50歲以下	女	韓國瑜	60歲以上	男
柯志恩	60歲以上	女	蘇清泉	60歲以上	男
江啟臣	50-59歲	男			

立法委員排序（名單共35人）

排序	印象最好		有力監督行政機關		立法院政策影響力		未來發展	
	姓名	加權(%)	姓名	加權(%)	姓名	加權(%)	姓名	加權(%)
1	黃捷	12.52	王世堅	16.02	柯建銘	20.97	黃捷	17.12
2	蘇巧慧	10.12	黃國昌	14.57	韓國瑜	20.46	蘇巧慧	14.31
3	黃國昌	9.71	黃捷	8.59	傅崐萁	12.42	黃國昌	8.90
4	王世堅	8.90	蘇巧慧	8.01	黃國昌	11.42	韓國瑜	8.43
5	韓國瑜	8.12	徐巧芯	7.06	王世堅	4.97	林俊憲	6.15
6	吳思瑤	7.53	吳思瑤	5.23	吳思瑤	4.41	徐巧芯	5.49
7	林俊憲	5.73	韓國瑜	4.64	蘇巧慧	4.16	江啟臣	5.06
8	徐巧芯	5.56	柯建銘	4.43	張嘉郡	2.85	王世堅	4.26
9	張嘉郡	4.17	謝龍介	4.25	林俊憲	2.28	吳思瑤	4.02
10	謝龍介	3.02	林俊憲	4.03	黃捷	2.12	張嘉郡	3.82

黃捷在整體印象和未來發展方面均排序第一，顯示出她在立法院中的強大影響力和潛力。王世堅在監督行政機關方面表現突出，柯建銘則在立法院政策影響力方面排序最高，展現出他的立法影響力。蘇巧慧在整體印象和未來發展方面也保持了較高排序。韓國瑜則在政策影響力和未來發展方面表現出色，但在其他方面排序相對較低。黃國昌在監督行政機關和政策影響力方面均有不錯表現。

職務│內閣組

菱傳媒據政治新聞長期觀察之專業經驗，列整提供第一波調查之 100 位政治人物名單。
其中內閣組，名單共31人。

請問在接下來的新內閣中（3小題）

Q：您對誰的印象最好

Q：您認為誰在內閣的表現最值得期待？

Q：您最看好誰的未來發展？

姓名	年齡區間	性別	姓名	年齡區間	性別
古秀妃	50-59歲	女	卓榮泰	60歲以上	男
何佩珊	50-59歲	女	林佳龍	60歲以上	男
鄭麗君	50-59歲	女	邱泰源	60歲以上	男
莊翠雲	60歲以上	女	郭智輝	60歲以上	男
陳淑姿	60歲以上	女	陳金德	60歲以上	男
管碧玲	60歲以上	女	陳駿季	60歲以上	男
劉世芳	60歲以上	女	曾智勇	60歲以上	男
李孟諺	50-59歲	男	黃彥男	60歲以上	男
邱垂正	50-59歲	男	劉鏡清	60歲以上	男
彭金隆	50-59歲	男	潘孟安	60歲以上	男
彭啟明	50-59歲	男	鄭英耀	60歲以上	男
林飛帆	50歲以下	男	鄭銘謙	60歲以上	男
陳世凱	50歲以下	男	蘇俊榮	60歲以上	男
吳釗燮	60歲以上	男	顧立雄	60歲以上	男
吳誠文	60歲以上	男	龔明鑫	60歲以上	男
李遠 （筆名小野）	60歲以上	男			

新內閣排序（名單共31人）

排序	印象最好		表現 最值得期待		未來發展	
	姓名	加權(%)	姓名	加權(%)	姓名	加權(%)
1	卓榮泰	15.80	卓榮泰	20.14	卓榮泰	14.39
2	鄭麗君	14.38	顧立雄	12.55	鄭麗君	14.36
3	顧立雄	9.32	鄭麗君	9.74	林飛帆	13.11
4	彭啟明	8.55	林佳龍	9.04	林佳龍	11.66
5	林佳龍	8.24	彭啟明	7.27	潘孟安	8.27
6	吳釗燮	7.34	郭智輝	6.95	顧立雄	7.91
7	李遠 (筆名小野)	6.70	李遠 (筆名小野)	6.69	彭啟明	6.05
8	潘孟安	6.12	林飛帆	5.46	李遠 (筆名小野)	4.75
9	林飛帆	5.11	潘孟安	4.74	吳釗燮	3.72
10	郭智輝	4.11	吳釗燮	3.67	郭智輝	2.67

行政院長卓榮泰在印象最好、表現最值得期待和未來發展三項指標中均排序第一，顯示其全面的正面評價。副院長鄭麗君在印象最好和未來發展方面均排序第二，顯示出她的穩定受歡迎度。顧立雄在表現最值得期待中排序第二，但在未來發展中排序下降至第六。林飛帆在未來發展方面表現突出，排序第三，而在其他兩項指標中則排序較低。彭啟明和林佳龍在各項指標中均保持穩定，顯示出他們在多方面的能力和潛力。

職務│其他

菱傳媒據政治新聞長期觀察之專業經驗，列整提供第一波調查之 100 位政治人物名單。其中其他職務組，名單共10人。

請問在以下其他政治人物中（3小題）

Q：您對誰的印象最好

Q：您認為誰最有領導力

Q：您最看好誰的未來發展？

姓名	年齡區間	性別
蕭美琴	50-59歲	女
王婉諭	50歲以下	女
蔡壁如	60歲以上	女
林右昌	50-59歲	男
鄭文燦	50-59歲	男
蘇貞昌	60歲以上	男
陳建仁	60歲以上	男
柯文哲	60歲以上	男
朱立倫	60歲以上	男
賴清德	60歲以上	男

其他政治人物排序（名單共10人）

排序	印象最好		領導力		未來發展	
	姓名	加權(%)	姓名	加權(%)	姓名	加權(%)
1	蕭美琴	24.13	賴清德	34.16	蕭美琴	35.77
2	賴清德	19.64	柯文哲	17.50	賴清德	18.43
3	柯文哲	15.60	蕭美琴	11.86	柯文哲	15.19
4	蔡壁如	12.34	朱立倫	10.98	蔡壁如	10.61
5	陳建仁	9.01	蘇貞昌	10.61	朱立倫	7.31
6	朱立倫	8.51	蔡壁如	6.69	鄭文燦	6.98
7	蘇貞昌	3.73	鄭文燦	3.82	林右昌	2.33
8	鄭文燦	3.53	陳建仁	2.58	王婉諭	1.46
9	王婉諭	2.62	王婉諭	1.01	陳建仁	1.41
10	林右昌	0.88	林右昌	0.78	蘇貞昌	0.49

副總統蕭美琴在印象最好和未來發展方面均排序第一，顯示她在這兩個領域獲得高度認可。總統賴清德在領導力方面排序第一，在印象和未來發展方面均排序第二，展現出穩定的領導形象。柯文哲在三個方面均排序第三，顯示出其全方位的影響力。蔡壁如在印象和未來發展方面排序第四，但在領導力方面稍低。朱立倫在領導力和未來發展方面排序前五，但印象排序稍低。其他如陳建仁、蘇貞昌和鄭文燦則在各項目中表現較為穩定但不突出。

年齡 | 50歲以下

菱傳媒據政治新聞長期觀察之專業經驗，列整提供第一波調查之 100 位政治人物名單。
其中50歲以下組，名單共19人。

請問在所列50歲以下的政治人物中（3小題）

Q：您對誰的印象最好

Q：您認為誰最有領導力

Q：您最看好誰的未來發展？

姓名	年齡區間	性別
吳思瑤	50歲以下	女
徐巧芯	50歲以下	女
張嘉郡	50歲以下	女
陳玉珍	50歲以下	女
陳亭妃	50歲以下	女
黃捷	50歲以下	女
謝衣鳳	50歲以下	女
蘇巧慧	50歲以下	女
王婉諭	50歲以下	女
高虹安	50歲以下	女
許淑華	50歲以下	女
洪孟楷	50歲以下	男
蔡易餘	50歲以下	男
顏寬恒	50歲以下	男
林飛帆	50歲以下	男
陳世凱	50歲以下	男
蔣萬安	50歲以下	男
蘇俊賓	50歲以下	男
謝國樑	50歲以下	男

50歲以下政治人物排序（名單共19人）

排序	印象最好		領導力		未來發展	
	姓名	加權(%)	姓名	加權(%)	姓名	加權(%)
1	黃捷	18.97	蔣萬安	21.36	蔣萬安	22.28
2	蔣萬安	17.57	蘇巧慧	17.25	蘇巧慧	15.61
3	蘇巧慧	12.75	林飛帆	13.04	黃捷	15.15
4	林飛帆	9.47	吳思瑤	10.90	林飛帆	13.14
5	徐巧芯	7.16	高虹安	6.54	高虹安	5.82
6	高虹安	6.53	陳亭妃	5.55	徐巧芯	5.49
7	吳思瑤	5.87	黃捷	5.42	吳思瑤	4.79
8	王婉諭	4.06	徐巧芯	3.90	陳亭妃	4.23
9	陳亭妃	3.87	洪孟楷	3.52	張嘉郡	3.38
10	張嘉郡	3.61	張嘉郡	3.15	洪孟楷	3.36

蔣萬安在表現最值得期待和未來發展兩個指標中均排序第一，顯示出其在未來政治生涯中的強大潛力。黃捷在印象最好和未來發展方面均排序前三，展現出她的持續影響力。蘇巧慧在三個指標中均保持前四名，顯示其全面的受認可度。林飛帆在表現最值得期待和未來發展方面排序靠前，顯示其成長潛力。高虹安和徐巧芯在各指標中表現穩定，尤其在未來發展方面排序較高。其餘如吳思瑤、陳亭妃和張嘉郡則在不同指標中表現不一，但均進入前十名。

年齡│50-59歲

菱傳媒據政治新聞長期觀察之專業經驗，列整提供第一波調查之 100 位政治人物名單。
其中50-59歲組，名單共32人。

請問在所列50-59歲的政治人物中...（3小題）

Q：您對誰的印象最好？

Q：您認為誰最有領導力？

Q：您最看好誰的未來發展？

姓名	年齡區間	性別	姓名	年齡區間	性別
何欣純	50-59歲	女	饒慶鈴	50-59歲	女
李彥秀	50-59歲	女	江啟臣	50-59歲	男
林岱樺	50-59歲	女	林俊憲	50-59歲	男
邱議瑩	50-59歲	女	黃國昌	50-59歲	男
范雲	50-59歲	女	劉建國	50-59歲	男
徐欣瑩	50-59歲	女	蔡其昌	50-59歲	男
黃珊珊	50-59歲	女	鍾佳濱	50-59歲	男
楊瓊櫻	50-59歲	女	羅智強	50-59歲	男
蕭美琴	50-59歲	女	林右昌	50-59歲	男
古秀妃	50-59歲	女	鄭文燦	50-59歲	男
何佩珊	50-59歲	女	李孟諺	50-59歲	男
鄭麗君	50-59歲	女	邱垂正	50-59歲	男
林奕華	50-59歲	女	彭金隆	50-59歲	男
王惠美	50-59歲	女	彭啟明	50-59歲	男
周春米	50-59歲	女	陳其邁	50-59歲	男
徐榛蔚	50-59歲	女	翁章梁	50-59歲	男

50-59歲政治人物排序（名單共32人）

排序	印象最好		領導力		未來發展	
	姓名	加權(%)	姓名	加權(%)	姓名	加權(%)
1	陳其邁	21.12	陳其邁	26.62	陳其邁	25.34
2	蕭美琴	19.24	蕭美琴	17.89	蕭美琴	20.49
3	江啟臣	11.20	江啟臣	13.04	江啟臣	13.22
4	黃國昌	10.74	黃國昌	11.56	黃國昌	11.01
5	羅智強	9.82	羅智強	7.51	羅智強	8.77
6	鄭麗君	3.61	鄭文燦	5.47	鄭文燦	3.53
7	鄭文燦	3.26	黃珊珊	2.49	鄭麗君	2.41
8	翁章梁	3.08	翁章梁	2.42	林右昌	2.27
9	黃珊珊	3.03	林右昌	2.08	翁章梁	2.09
10	林俊憲	2.40	鄭麗君	1.86	黃珊珊	1.87

陳其邁在印象最好、領導力和未來發展三個指標中均排序第一，顯示出其全方位的強大影響力。蕭美琴在三個指標中均排序第二，表現穩定且受高度認可。江啟臣在三個指標中均排序第三，顯示出良好的領導形象和未來潛力。黃國昌和羅智強在各指標中均保持前五名，顯示出他們在各方面的綜合實力。其他如鄭文燦、鄭麗君、翁章梁和黃珊珊則在不同指標中表現不一，但均進入前十名。

年齡｜60歲以上

菱傳媒據政治新聞長期觀察之專業經驗，列整提供第一波調查之 100 位政治人物名單。
其中60歲以上組，名單共49人。

請問在所列60歲以上的政治人物中…（3小題）

Q：您對誰的印象最好？

Q：您認為誰最有領導力？

Q：您最看好誰的未來發展？

姓名	年齡區間	性別	姓名	年齡區間	性別	姓名	年齡區間	性別
柯志恩	60歲以上	女	陳建仁	60歲以上	男	蘇俊榮	60歲以上	男
蔡壁如	60歲以上	女	柯文哲	60歲以上	男	顧立雄	60歲以上	男
莊翠雲	60歲以上	女	朱立倫	60歲以上	男	龔明鑫	60歲以上	男
陳淑姿	60歲以上	女	賴清德	60歲以上	男	李四川	60歲以上	男
管碧玲	60歲以上	女	吳釗燮	60歲以上	男			
劉世芳	60歲以上	女	吳誠文	60歲以上	男			
盧秀燕	60歲以上	女	李遠	60歲以上	男			
林姿妙	60歲以上	女	卓榮泰	60歲以上	男			
張麗善	60歲以上	女	林佳龍	60歲以上	男			
黃敏惠	60歲以上	女	邱泰源	60歲以上	男			
王世堅	60歲以上	男	郭智輝	60歲以上	男			
柯建銘	60歲以上	男	陳金德	60歲以上	男			
張啓楷	60歲以上	男	陳駿季	60歲以上	男			
陳雪生	60歲以上	男	曾智勇	60歲以上	男			
傅崐萁	60歲以上	男	黃彥男	60歲以上	男			
謝龍介	60歲以上	男	劉鏡清	60歲以上	男			
韓國瑜	60歲以上	男	潘孟安	60歲以上	男			
蘇清泉	60歲以上	男	鄭英耀	60歲以上	男			
蘇貞昌	60歲以上	男	鄭銘謙	60歲以上	男			

60歲以上政治人物排序（名單共49人）

排序	印象最好		領導力		未來發展	
	姓名	加權(%)	姓名	加權(%)	姓名	加權(%)
1	賴清德	23.53	賴清德	30.82	賴清德	25.43
2	韓國瑜	9.16	韓國瑜	11.62	盧秀燕	11.55
3	柯文哲	9.10	柯文哲	9.44	韓國瑜	9.29
4	陳建仁	7.42	蘇貞昌	8.73	柯文哲	8.36
5	盧秀燕	7.04	盧秀燕	8.58	林佳龍	4.88
6	蘇貞昌	4.71	張麗善	3.20	潘孟安	4.66
7	王世堅	4.40	陳建仁	2.81	卓榮泰	4.26
8	潘孟安	3.25	潘孟安	2.45	顧立雄	4.13
9	張麗善	3.06	卓榮泰	2.39	張麗善	3.33
10	林佳龍	2.73	林佳龍	1.73	吳釗燮	2.70

賴清德在三個指標中均排序第一，顯示出其強大的全方位影響力。韓國瑜和柯文哲在印象、領導力和未來發展三個指標中均保持前四名，顯示出他們的穩定表現和未來潛力。盧秀燕在領導力和未來發展指標中排序較高，特別是在未來發展方面排序第二，表現出色。陳建仁和蘇貞昌在領導力和印象最好指標中均進入前六名，顯示出他們在領導力方面的影響力。其他如潘孟安、卓榮泰和林佳龍則在不同指標中進入前十名，表現穩定。

性別｜男性

菱傳媒據政治新聞長期觀察之專業經驗，列整提供第一波調查之 100 位政治人物名單。

其中男性組，名單共62人。

請問以下男性政治人物中（3小題）

Q：您對誰的印象最好

Q：您認為誰最有領導力

Q：您最看好誰的未來發展？

姓名	年齡區間	性別	姓名	年齡區間	性別	姓名	年齡區間	性別
江啟臣	50-60歲	男	張啓楷	60歲以上	男	鄭銘謙	60歲以上	男
林俊憲	50-60歲	男	陳雪生	60歲以上	男	蘇俊榮	60歲以上	男
黃國昌	50-60歲	男	傅崐萁	60歲以上	男	顧立雄	60歲以上	男
劉建國	50-60歲	男	謝龍介	60歲以上	男	龔明鑫	60歲以上	男
蔡其昌	50-60歲	男	韓國瑜	60歲以上	男	李四川	60歲以上	男
鍾佳濱	50-60歲	男	蘇清泉	60歲以上	男	侯友宜	60歲以上	男
羅智強	50-60歲	男	蘇貞昌	60歲以上	男	張善政	60歲以上	男
林右昌	50-60歲	男	陳建仁	60歲以上	男	黃偉哲	60歲以上	男
鄭文燦	50-60歲	男	柯文哲	60歲以上	男	劉和然	60歲以上	男
李孟諺	50-60歲	男	朱立倫	60歲以上	男	陳光復	60歲以上	男
邱垂正	50-60歲	男	賴清德	60歲以上	男	楊文科	60歲以上	男
彭金隆	50-60歲	男	吳釗燮	60歲以上	男	鍾東錦	60歲以上	男
彭啟明	50-60歲	男	吳誠文	60歲以上	男			
陳其邁	50-60歲	男	李遠	60歲以上	男			
翁章梁	50-60歲	男	卓榮泰	60歲以上	男			
洪孟楷	50歲以下	男	林佳龍	60歲以上	男			
蔡易餘	50歲以下	男	邱泰源	60歲以上	男			
顏寬恒	50歲以下	男	郭智輝	60歲以上	男			
林飛帆	50歲以下	男	陳金德	60歲以上	男			
陳世凱	50歲以下	男	陳駿季	60歲以上	男			
蔣萬安	50歲以下	男	曾智勇	60歲以上	男			
蘇俊賓	50歲以下	男	黃彥男	60歲以上	男			
謝國樑	50歲以下	男	劉鏡清	60歲以上	男			
王世堅	60歲以上	男	潘孟安	60歲以上	男			
柯建銘	60歲以上	男	鄭英耀	60歲以上	男			

男性政治人物排序（名單共62人）

排序	印象最好		領導力		未來發展	
	姓名	加權(%)	姓名	加權(%)	姓名	加權(%)
1	賴清德	18.09	賴清德	26.48	陳其邁	21.38
2	陳其邁	13.75	韓國瑜	13.23	賴清德	13.94
3	韓國瑜	9.24	陳其邁	12.79	蔣萬安	10.90
4	柯文哲	7.46	柯文哲	8.10	韓國瑜	8.58
5	蔣萬安	7.11	蔣萬安	5.32	柯文哲	6.55
6	陳建仁	6.44	蘇貞昌	5.18	林飛帆	4.86
7	黃國昌	3.55	黃國昌	2.85	黃國昌	4.11
8	張善政	2.80	鄭文燦	2.65	江啟臣	2.74
9	王世堅	2.71	侯友宜	2.30	鄭文燦	2.50
10	蘇貞昌	2.34	張善政	1.99	林佳龍	1.93

賴清德在三個指標中均排序前二，顯示出其在印象、領導力和未來發展方面的強大影響力。陳其邁在印象最好和領導力指標中排序靠前，並在未來發展方面名列第一，展現出穩定且全面的優勢。韓國瑜在所有指標中均排序前三，顯示出穩定的支持度。柯文哲和蔣萬安在各指標中也保持前五名，顯示出未來潛力。其他如黃國昌、張善政、蘇貞昌和鄭文燦則在不同指標中進入前十名，表現穩定。

性別｜女性

菱傳媒據政治新聞長期觀察之專業經驗，列整提供第一波調查之 100 位政治人物名單。其中女性組，名單共38人。

請問以下女性政治人物中（3小題）

Q：您對誰的印象最好

Q：您認為誰最有領導力

Q：您最看好誰的未來發展？

姓名	年齡區間	性別	姓名	年齡區間	性別
何欣純	50-60歲	女	張嘉郡	50歲以下	女
李彥秀	50-60歲	女	陳玉珍	50歲以下	女
林岱樺	50-60歲	女	陳亭妃	50歲以下	女
邱議瑩	50-60歲	女	黃捷	50歲以下	女
范雲	50-60歲	女	謝衣鳳	50歲以下	女
徐欣瑩	50-60歲	女	蘇巧慧	50歲以下	女
黃珊珊	50-60歲	女	王婉諭	50歲以下	女
楊瓊櫻	50-60歲	女	高虹安	50歲以下	女
蕭美琴	50-60歲	女	許淑華	50歲以下	女
古秀妃	50-60歲	女	柯志恩	60歲以上	女
何佩珊	50-60歲	女	蔡壁如	60歲以上	女
鄭麗君	50-60歲	女	莊翠雲	60歲以上	女
林奕華	50-60歲	女	陳淑姿	60歲以上	女
王惠美	50-60歲	女	管碧玲	60歲以上	女
周春米	50-60歲	女	劉世芳	60歲以上	女
徐榛蔚	50-60歲	女	盧秀燕	60歲以上	女
饒慶鈴	50-60歲	女	林姿妙	60歲以上	女
吳思瑤	50歲以下	女	張麗善	60歲以上	女
徐巧芯	50歲以下	女	黃敏惠	60歲以上	女

女性政治人物排序（名單共38人）

排序	印象最好		領導力		未來發展	
	姓名	加權(%)	姓名	加權(%)	姓名	加權(%)
1	蕭美琴	32.26	蕭美琴	35.54	蕭美琴	31.93
2	盧秀燕	14.31	盧秀燕	21.29	盧秀燕	19.55
3	黃捷	6.88	蘇巧慧	5.24	黃捷	9.09
4	徐巧芯	5.44	黃珊珊	4.81	蘇巧慧	6.12
5	黃珊珊	4.73	張麗善	4.59	徐巧芯	4.96
6	蘇巧慧	4.56	吳思瑤	4.02	張麗善	3.83
7	張麗善	4.29	柯志恩	3.01	黃珊珊	3.75
8	柯志恩	3.86	高虹安	2.73	高虹安	3.06
9	鄭麗君	3.64	鄭麗君	2.32	鄭麗君	2.80
10	高虹安	2.78	徐巧芯	2.11	柯志恩	2.62

蕭美琴在所有三個指標中均排序第一，顯示其在印象、領導力和未來發展方面的全面優勢。盧秀燕在三個指標中均排序第二，表現穩定且受認可。黃捷在印象和未來發展指標中名列前茅，顯示出一定的潛力。蘇巧慧、徐巧芯和黃珊珊在不同指標中均有亮眼表現，但排序稍有變動，顯示出不同特質的受認可程度。張麗善和柯志恩在領導力和未來發展方面表現較好，而鄭麗君和高虹安則在所有指標中均進入前十名。

民眾認為最重要的政治領袖特質或面向
（開放文字題組）

排序	特質或面向	提及次數	百分比(%)	排序	特質或面向	提及次數	百分比(%)
1	正直誠信善良	948	22.94%	11	領導能力	121	2.93%
2	親民、同理並回應人民需要	383	9.27%	12	口才好、有個人魅力	86	2.08%
3	有魄力	321	7.77%	13	超越政黨利益、能跨黨派溝通	79	1.91%
4	冷靜、平穩、理性客觀	306	7.40%	14	注重民生議題	77	1.86%
5	認真勤奮有能力	203	4.91%	15	捍衛台灣主權	77	1.86%
6	有遠見能做決策	170	4.11%	16	為民服務的奉獻精神	72	1.74%
7	愛台灣守護台灣	163	3.94%	17	抗中	64	1.55%
8	國際觀	160	3.87%	18	心胸開闊有包容力	64	1.55%
9	堅定信念、擇善固執	153	3.70%	19	邏輯清楚、具有論述能力	55	1.33%
10	有協調合作能力	148	3.58%	20	用人唯才、尊重專業	36	0.87%

在政治領袖特質的調查中，「正直誠信善良」以22.94%的提及率位居首位，顯示出其在民眾心目中的重要性。其次是「親民、同理並回應人民需要」和「有魄力」，分別佔9.27%和7.77%。「冷靜、平穩、理性客觀」及「認真勤奮有能力」也獲得較高認可，分別佔7.40%和4.91%。這些結果反映出民眾對於政治領袖的期望，重視誠信、親民和決斷力等特質。

社會議題面向調查－詐騙防制

近年新詐騙手法推陳出新、個資外流情況氾濫，使得詐騙案件數與損失財務數量皆年年增長，請問您認為哪位政治人物具備處理這些問題的適當能力及方案？為什麼？

排序	選項	提及次數	百分比(%)
1	有魄力	221	14.68%
2	長期關注相關議題	200	13.29%
3	邏輯清楚、反應快速、具專業形象	182	12.09%
4	警政/法律/犯罪學相關經驗	182	12.09%
5	善良正直、為民服務	154	10.23%
6	有打詐或其他施政實績	113	7.51%
7	職責範圍	100	6.64%
8	科技或資訊專業/相關經驗	99	6.58%
9	積極打擊弊案、監督政府	87	5.78%
10	嫉惡如仇，絕不寬貸	48	3.19%

社會議題面向調查－詐騙防制

近年新詐騙手法推陳出新、個資外流情況氾濫，使得詐騙案件數與損失財務數量皆年年增長，請問您認為哪位政治人物具備處理這些問題的適當能力及方案？為什麼？

按照提及關聯次數排序	有魄力	長期關注相關議題	邏輯清楚、反應快速、具專業形象	善良正直、為民服務	有打詐或其他施政實績
1	賴清德	黃國昌	柯文哲	韓國瑜	唐鳳
2	蘇貞昌	王世堅	賴清德	賴清德	陳其邁
3	黃國昌	賴清德	黃國昌	柯文哲	侯友宜
4	陳其邁	張麗善	陳其邁	黃國昌	賴清德
5	柯文哲	謝龍介	韓國瑜	張麗善	林右昌

按照提及關聯次數排序	職責範圍	科技或資訊專業/相關經驗	積極打擊弊案、監督政府	嫉惡如仇，絕不寬貸	本身愛詐騙
1	賴清德	唐鳳	黃國昌	賴清德	柯文哲
2	卓榮泰	沈伯洋	王世堅	羅智強	徐巧芯
3	鄭銘謙	葛如鈞	徐巧芯	謝龍介	傅崐萁
4	黃彥男	張善政	羅智強	王世堅	黃國昌
5	劉世芳	黃彥男	謝龍介	黃國昌	朱立倫

社會議題面向調查－治安、社會安全網

考慮到最近的社會安全網議題，如兒童虐待、校園暴力、以及社會與學校輔導資源的挑戰，您認為哪位政治人物具備處理這些問題的適當能力及方案？為什麼？

排序	選項	提及次數	百分比(%)
1	長期關注相關議題	446	28.59%
2	過去有施政實績	205	13.14%
3	善良正直、為民服務	111	7.12%
4	邏輯清楚、反應快速、具專業形象	107	6.86%
5	有魄力	103	6.60%
6	職責範圍	100	6.41%
7	溫柔、溫暖、有愛心等特質	91	5.83%
8	兒童福利/教育相關經驗	90	5.77%
9	有領導力、做事有手段	79	5.06%
10	警政/法律/犯罪學相關經驗	78	5.00%

社會議題面向調查－治安、社會安全網

考慮到最近的社會安全網議題，如兒童虐待、校園暴力、以及社會與學校輔導資源的挑戰，您認為哪位政治人物具備處理這些問題的適當能力及方案？為什麼？

按照提及關聯次數排序	長期關注相關議題	過去有施政實績	善良正直、為民服務	邏輯清楚、反應快速、具專業形象	有魄力
1	王婉諭	盧秀燕	韓國瑜	柯文哲	賴清德
2	范雲	柯文哲	盧秀燕	蕭美琴	陳其邁
3	蘇巧慧	陳其邁	柯文哲	韓國瑜	侯友宜
4	盧秀燕	侯友宜	張麗善	蘇巧慧	蘇貞昌
5	張麗善	張麗善	黃珊珊	黃珊珊	黃國昌

按照提及關聯次數排序	職責範圍	溫柔、溫暖、有愛心等特質	兒童福利/教育相關經驗	有領導力、做事有手段	自身有小孩/相關經驗
1	賴清德	盧秀燕	柯志恩	賴清德	王婉諭
2	卓榮泰	蘇巧慧	林月琴	韓國瑜	蔣萬安
3	劉世芳	鄭麗君	劉和然	卓榮泰	蘇巧慧
4	鄭英耀	張麗善	王育敏	鄭文燦	侯友宜
5	鄭銘謙	蕭美琴	范雲	蕭美琴	陳昭姿

社會議題面向調查－都市發展

鑑於目前都市快速發展與都更議題，包括公共工程品質、工程管理與行政效率，與對未來城市願景的擘劃，您認為哪位政治人物能有效應對這些挑戰？為什麼？

排序	選項	提及次數	百分比(%)
1	過去有施政實績	657	40.83%
2	工程或都市計劃專業/相關經驗	287	17.84%
3	邏輯清楚、反應快速、具專業形象	134	8.33%
4	善良正直、為民服務	127	7.89%
5	長期關注相關議題	99	6.15%
6	有魄力	95	5.90%
7	有遠見能做決策	64	3.98%
8	職責範圍	53	3.29%
9	有領導力、做事有手段	32	1.99%
10	積極打擊弊案、監督政府	9	0.56%

社會議題面向調查－都市發展

鑑於目前都市快速發展與都更議題，包括公共工程品質、工程管理與行政效率，與對未來城市願景的擘劃，您認為哪位政治人物能有效應對這些挑戰？為什麼？

按照提及關聯次數排序	過去有施政實績	工程或都市計劃專業/相關經驗	邏輯清楚、反應快速、具專業形象	善良正直、為民服務	長期關注相關議題
1	陳其邁	李四川	柯文哲	柯文哲	張麗善
2	柯文哲	王義川	李四川	賴清德	王世堅
3	李四川	張善政	陳其邁	李四川	柯文哲
4	盧秀燕	李鴻源	林佳龍	韓國瑜	陳其邁
5	鄭文燦	林右昌	王義川	陳其邁	蔣萬安

按照提及關聯次數排序	有魄力	有遠見能做決策	職責範圍	有領導力、做事有手段	積極打擊弊案、監督政府
1	陳其邁	陳其邁	卓榮泰	韓國瑜	王世堅
2	蘇貞昌	柯文哲	賴清德	柯文哲	韓國瑜
3	柯文哲	蔣萬安	劉世芳	蔣萬安	林姿妙
4	賴清德	韓國瑜	李孟諺	賴清德	苗博雅
5	蔣萬安	李鴻源	吳欣修	張善政	徐巧芯

社會議題面向調查－食安

針對近期頻傳的食品安全事件(如蘇丹紅、寶林等)，您認為哪位政治人物能提出並實施有效的解決方案？為什麼？

排序	選項	提及次數	百分比(%)
1	醫學/藥理相關專業或經驗	219	17.56%
2	過去有施政實績	214	17.16%
3	長期關注相關議題	199	15.96%
4	邏輯清楚、反應快速、具專業形象	149	11.95%
5	有魄力	127	10.18%
6	善良正直、為民服務	91	7.30%
7	職責範圍	84	6.74%
8	積極打擊弊案、監督政府	61	4.89%
9	能集結專業人才、團隊合作	31	2.49%
10	嫉惡如仇，絕不寬貸	20	1.60%

社會議題面向調查－食安

針對近期頻傳的食品安全事件(如蘇丹紅、寶林等)，您認為哪位政治人物能提出並實施有效的解決方案？為什麼？

按照提及關聯次數排序	醫學/藥理相關專業或經驗	過去有施政實績	長期關注相關議題	邏輯清楚、反應快速、具專業形象	有魄力
1	陳建仁	陳時中	林淑芬	柯文哲	蘇貞昌
2	陳其邁	盧秀燕	張麗善	盧秀燕	柯文哲
3	陳時中	陳其邁	黃國昌	陳其邁	盧秀燕
4	柯文哲	張麗善	盧秀燕	陳時中	陳其邁
5	林靜儀	蔣萬安	柯文哲	王必勝	賴清德

按照提及關聯次數排序	善良正直、為民服務	職責範圍	積極打擊弊案、監督政府	能集結專業人才、團隊合作
1	盧秀燕	邱泰源	黃國昌	韓國瑜
2	韓國瑜	卓榮泰	徐巧芯	盧秀燕
3	柯文哲	賴清德	王世堅	賴清德
4	張麗善	劉世芳	王鴻薇	卓榮泰
5	陳時中	謝龍介	林淑芬	陳時中

社會議題面向調查－環境能源

全球當前正面臨極端氣候事件的嚴峻挑戰，臺灣也面臨缺水缺電，請問您認為哪位政治人物具備專業能力，最能有效運用科技智慧的政策工具，幫助臺灣克服環境與能源方面的挑戰？為什麼？

排序	選項	提及次數	百分比(%)
1	長期關注相關議題	202	15.77%
2	過去有相關實績	182	14.21%
3	能源工程專業/相關經驗	171	13.35%
4	職責範圍	121	9.45%
5	邏輯清楚、反應快速、具專業形象	113	8.82%
6	科技資訊專業/相關經驗	112	8.74%
7	能集結專業人才、團隊合作	91	7.10%
8	政策方向能認同	68	5.31%
9	有領導力、做事有手段	62	4.84%
10	有魄力	52	4.06%

社會議題面向調查－環境能源

全球當前正面臨極端氣候事件的嚴峻挑戰，臺灣也面臨缺水缺電，請問您認為哪位政治人物具備專業能力，最能有效運用科技智慧的政策工具，幫助臺灣克服環境與能源方面的挑戰？為什麼？

按照提及關聯次數排序	長期關注相關議題	過去有相關實績	能源工程專業/相關經驗	職責範圍	邏輯清楚、反應快速、具專業形象
1	柯文哲	陳其邁	李鴻源	郭智輝	柯文哲
2	賴清德	張善政	彭啟明	賴清德	張善政
3	彭啟明	李鴻源	張善政	卓榮泰	賴清德
4	洪申翰	賴清德	李四川	彭啟明	陳其邁
5	張麗善	王美花	洪申翰	韓國瑜	蔣萬安

按照提及關聯次數排序	科技資訊專業/相關經驗	能集結專業人才、團隊合作	政策方向能認同	有領導力、做事有手段	有魄力
1	張善政	賴清德	賴清德	郭智輝	賴清德
2	郭智輝	柯文哲	柯文哲	賴清德	蘇貞昌
3	唐鳳	韓國瑜	侯友宜	卓榮泰	陳其邁
4	葛如鈞	卓榮泰	韓國瑜	鄭文燦	張善政
5	高虹安	陳建仁	蔡英文	韓國瑜	蔣萬安

附錄 1：
問卷與報告說明

皮爾森數據

調查目的

　　2024年起，國內政壇局勢一直處於高度活躍狀態。在當今快速變化的政治環境中，民眾對政治人物的觀感和期望也隨之變化。對政治人物的評價不僅反映了其個人特質和政治表現，也折射出社會的價值觀和期待。在民主多元意見社會的生態中，觀察政治領袖所代表的族群，才能更有機會掌握政壇接下來可能如何演變。

　　本次調查旨在透過兩階段的系統性評比，從70位以上的政治人物中篩選並分析出最受民眾關注與支持的領導人。第一波著重於識別公眾最感興趣的政治人物；而第二波則深入探討這些政治人物的特質、成就、以及民眾對他們的總體印象。

採用二階段系統性評比調查

　　本次調查採用兩階段的系統性評比方式，以簡化選項，同時確保過程能夠針對政治人物的主要屬性進行有效分類。透過這種方式，能夠更系統性評估每位政治人物在其代表群體中的影響力和受歡迎程度。

	第一波 名單分群評比篩選	第二波 未來政治領袖深度分析
階段目標	著重於識別公眾最感興趣的政治人物，從百位政治人物名單中依據職位、性別、年齡作為分群基準，篩選出第二階段人選。	深入探討這些政治人物的特質、成就、以及民眾對他們的總體印象。
評比內容	各分群內最受歡迎、滿意度最高、印象最好、未來看好度。	個人印象特質、政策推動或是執政表現、總體印象與評價。

		第一波	第二波
		名單分群評比篩選	未來政治領袖深度分析
調查時間		05.28 - 06.05	06.09 - 06.15
有效樣本		3,083	3,182
抽樣誤差 (95% 信心水準下)		± 1.76%	± 1.74%
樣本架構			
性別	女性	1,312	1,599
	男性	1,771	1,583
年齡	18~29 歲	492	401
	30~39 歲	490	600
	40~49 歲	554	673
	50~59 歲	694	783
	60 歲以上	853	725
地區	臺北市	411	436
	新北市	514	543
	桃園市	254	305
	臺中市	341	402
	臺南市	203	242
	高雄市	337	420
	非六都	1,023	834

第一波未來政治領袖聲望調查方式

1. 菱傳媒據政治新聞長期觀察之專業經驗，列整提供第一波調查之 100 位政治人物名單：

王世堅、王婉諭、王惠美、古秀妃、朱立倫、江啟臣、何佩珊、何欣純、吳秉叡、吳思瑤、吳釗燮、吳誠文、李四川、李孟諺、李彥秀、李遠、卓榮泰、周春米、林右昌、林佳龍、林岱樺、林俊憲、林奕華、林姿妙、林楚茵、邱垂正、邱泰源、邱議瑩、侯友宜、柯文哲、柯志恩、柯建銘、洪孟楷、范雲、徐巧芯、徐佳青、徐欣瑩、徐榛蔚、翁章梁、高虹安、張啓楷、張善政、張嘉郡、張麗善、莊翠雲、許淑華、郭智輝、陳世凱、陳光復、陳其邁、陳金德、陳建仁、陳淑姿、陳雪生、陳亭妃、陳駿季、傅崐萁、彭金隆、彭啟明、曾智勇、黃彥男、黃珊珊、黃偉哲、黃國昌、黃捷、黃敏惠、楊文科、楊瓊瓔、管碧玲、劉世芳、劉和然、劉建國、劉鏡清、潘孟安、蔡其昌、蔡易餘、蔡壁如、蔣萬安、鄭文燦、鄭英耀、鄭銘謙、鄭麗君、盧秀燕、蕭美琴、賴清德、謝衣鳳、謝國樑、謝龍介、鍾佳濱、鍾東錦、韓國瑜、羅智強、蘇巧慧、蘇俊榮、蘇俊賓、蘇貞昌、蘇清泉、饒慶鈴、顧立雄、龔明鑫

2. 皮爾森數據依據人選之性別、年齡及職務為基礎進行劃分，進行分群票選。此種評比方法旨在簡化選項，同時確保投票過程能夠針對政治人物的主要屬性進行有效分類。透過這種方式，能夠更系統地評估每位政治人物在其代表群體中的影響力和受歡迎程度。

政治人物分群（共計有九組）：

性別（兩組）	年齡（三組）	職務（四組）
男性	49 歲以下	縣市首長
女性	50 歲 -59 歲	新內閣
	60 歲以上	立法委員
		其他

3. 另根據重大社會議題面向（詐騙防制、治安與社安網、都市發展、食安、環境能源），以開放文字作答方式，詢問認為誰最能應對、並詢問理由。

評比主要面向

1.依職位分組

縣市首長	立法委員	新內閣	其他政治人物
● 您對誰的印象最好？ ● 您認為誰的施政最具有實體績效？ ● 您認為誰的施政表現最務實穩定且能展現他的影響力？ ● 您最看好誰的未來發展？	● 您對誰的印象最好？ ● 您認為誰在立法院能最有力地監督行政機關？ ● 您認為誰在立法院對於政策有最大的影響力？ ● 您最看好誰的未來發展？	● 您對誰的印象最好？ ● 您認為誰在內閣的表現最值得期待？ ● 您最看好誰的未來發展？	● 您對誰的印象最好？ ● 您認為誰最有領導力？ ● 您最看好誰的未來發展？

2.依據年齡、性別分組

依據年齡分組			依據性別分組	
49 歲以下	50-59 歲	60 歲以上	男性	女性
● 您對誰的印象最好？ ● 您認為誰最有領導力？ ● 您最看好誰的未來發展？				

3.開放題

- 近年新詐騙手法推陳出新、個資外流情況氾濫，使得詐騙案件數與損失財務數量皆年年增長，請問您認為哪位政治人物具備處理這些問題的適當能力及方案？為什麼？

- 考慮到最近的社會安全網議題，如兒童虐待、校園暴力、以及社會與學校輔導資源的挑戰，您認為哪位政治人物具備處理這些問題的適當能力及方案？為什麼？

- 鑑於目前都市快速發展與都更議題，包括公共工程品質、工程管理與行政效率，與對未來城市願景的擘劃，您認為哪位政治人物能有效應對這些挑戰？為什麼？

- 針對近期頻傳的食品安全事件（如蘇丹紅、寶林等），您認為哪位政治人物能提出並實施有效的解決方案？為什麼？

- 全球當前正面臨極端氣候事件的嚴峻挑戰，臺灣也面臨缺水缺電，請問您認為哪位政治人物具備專業能力，最能有效運用科技智慧的政策工具，幫助臺灣克服環境與能源方面的挑戰？為什麼？

第一波名單整理

根據本次調查所回收之樣本資料，進行資料分析後，提供兩種名單篩選的方式，進行前 20 名的篩選。

篩選比較方案 1 兩階段排名	篩選比較方案 2 兩階段被選擇比例比較
類別內以最突出項目（如印象、領導力、影響力、未來發展性等，排名最靠前的項目）作為該人物在該類別的評比標準。	類別內以最突出項目的被選擇比例（如印象、領導力、影響力、未來發展等，排名最靠前的項目）作為該人物在該類別的評比標準
如：蔣萬安在印象排名第 1、領導力排名第 8、未來發展排名第 3，則該類別突出項目為「印象」，排名為 1）	如：蔣萬安在男性中，印象被選擇比例 7.11、領導力 5.32、未來發展 10.90，則該類別突出項目為「未來發展」，被選擇比例為 10.90
	而跨類別的綜合排名（性別、年齡、職位）也以最突出類別的被選擇比例作為最終排名依據

結合兩項篩選比較方案，都有在前 20 名人選，共計 18 位：

王世堅、江啟臣、卓榮泰、林飛帆、柯文哲、柯建銘、陳其邁、傅崐萁、黃國昌、黃捷、蔣萬安、鄭麗君、盧秀燕、蕭美琴、賴清德、韓國瑜、蘇巧慧、顧立雄

據《菱傳媒》建議，第二階段名單選擇中應有保底三個主要政黨黨主席、六都市長、正副總統、立法院長，沒有出現在第二階段建議 20 人選名單，共計 4 人。

各黨黨主席未入選名單：**朱立倫**

六都市長未入選名單：**侯友宜、張善政、黃偉哲**

《菱傳媒》討論後確認最終 20 人名單，取前 16 名。排除兩種篩

選比較名單中的**傅崐萁、顧立雄**。加上原第一階段未進入的**朱立倫、侯友宜、張善政、黃偉哲**。

整理後名單：

王世堅、江啟臣、卓榮泰、林飛帆、柯文哲、柯建銘、陳其邁、黃國昌、黃　捷、蔣萬安、鄭麗君、盧秀燕、蕭美琴、賴清德、韓國瑜、蘇巧慧、朱立倫、侯友宜、張善政、黃偉哲

篩選比較方案 1

綜合比較	姓名	以職位分群			以年齡分群			以性別分群		
		職位組別	突出項目	組內排名	年齡區間組別	突出項目	組內排名	性別組別	突出項目	組內排名
1	陳其邁	縣市首長	印象、實體績效、影響力、未來發展	1	50-60歲	印象、領導力、未來發展	1	男	未來發展	1
2	賴清德	其他黨公職	領導力	1	60歲以上	印象、領導力、未來發展	1	男	印象、領導力	1
3	蕭美琴	其他黨公職	印象、未來發展	1	50-60歲	印象、領導力、未來發展	2	女	印象、領導力、未來發展	1
4	黃捷	立法委員	印象、未來發展	1	50歲以下	印象	1	女	印象、未來發展	3
5	蔣萬安	縣市首長	未來發展	3	50歲以下	領導力、未來發展	1	男	未來發展	3
6	王世堅	立法委員	有效監督	1	60歲以上	印象	7	男	印象	9
7	卓榮泰	新內閣	印象、期待表現、未來發展	1	60歲以上	未來發展	7	男	領導力	12
8	柯建銘	立法委員	影響力	1	60歲以上	領導力	19	男	領導力	24
9	盧秀燕	縣市首長	印象、實體績效、影響力、未來發展	2	60歲以上	未來發展	2	女	印象、領導力、未來發展	2
10	韓國瑜	立法委員	影響力	2	60歲以上	印象、領導力	2	男	領導力	2
11	蘇巧慧	立法委員	印象、未來發展	2	50歲以下	領導力、未來發展	2	女	領導力	3
12	柯文哲	其他黨公職	領導力	2	60歲以上	印象、領導力	3	男	印象、領導力	4
13	黃國昌	立法委員	有效監督	2	50-60歲	印象、領導力、未來發展	4	男	印象、領導力、未來發展	7
14	鄭麗君	新內閣	印象、未來發展	2	50-60歲	印象	6	女	印象、領導力、未來發展	9

綜合比較	姓名	以職位分群			以年齡分群			以性別分群		
		職位組別	突出項目	組內排名	年齡區間組別	突出項目	組內排名	性別組別	突出項目	組內排名
15	顧立雄	新內閣	期待表現	2	60歲以上	未來發展	8	男	領導力	22
16	林飛帆	新內閣	未來發展	3	50歲以下	領導力	3	男	未來發展	6
17	張麗善	縣市首長	印象、實體績效	3	60歲以上	領導力	6	女	領導力	5
18	高虹安	縣市首長	影響力	3	50歲以下	領導力、未來發展	5	女	領導力、未來發展	8
19	江啟臣	立法委員	未來發展	7	50-60歲	印象、領導力、未來發展	3	男	未來發展	8
20	傅崐萁	立法委員	影響力	3	60歲以上	領導力	18	男	領導力	19
21	徐巧芯	立法委員	有效監督	5	50歲以下	印象	5	女	印象	4
22	陳建仁	其他黨公職	印象	5	60歲以上	印象	4	男	印象	6
23	蘇貞昌	其他黨公職	領導力	5	60歲以上	領導力	4	男	領導力	6
24	林佳龍	新內閣	期待表現、未來發展、影響力	4	60歲以上	未來發展	5	男	未來發展	10
25	吳思瑤	立法委員	印象、有效監督、影響力	6	50歲以下	領導力	4	女	領導力	6

篩選比較方案 2

綜合比較	姓名	以職位分群			以年齡分群			以性別分群		
		職位組別	突出項目	組內排名	年齡區間組別	突出項目	組內排名	性別組別	突出項目	組內排名
1	陳其邁	縣市首長	未來發展	49	50-60歲	領導力	26.61	男	未來發展	21.38
2	蕭美琴	其他黨公職	未來發展	35.77	50-60歲	未來發展	20.48	女	領導力	35.54
3	賴清德	其他黨公職	領導力	34.16	60歲以上	領導力	30.82	男	領導力	26.48
4	蔣萬安	縣市首長	未來發展	11.28	50歲以下	未來發展	22.28	男	未來發展	10.90
5	盧秀燕	縣市首長	未來發展	17.19	60歲以上	未來發展	11.55	女	領導力	21.29
6	柯建銘	立法委員	影響力	20.97	60歲以上	領導力	1.07	男	領導力	0.61
7	韓國瑜	立法委員	影響力	20.46	60歲以上	領導力	11.62	男	領導力	13.23
8	卓榮泰	新內閣	期待表現	19.80	60歲以上	未來發展	4.26	男	領導力	1.46
9	黃捷	立法委員	未來發展	17.12	50歲以下	印象	18.97	女	未來發展	9.09
10	柯文哲	其他黨公職	領導力	17.50	60歲以上	領導力	9.44	男	領導力	8.1
11	蘇巧慧	立法委員	未來發展	14.31	50歲以下	領導力	17.25	女	未來發展	6.12
12	王世堅	立法委員	有效監督	16.01	60歲以上	印象	4.4	男	印象	2.71
13	黃國昌	立法委員	有效監督	14.57	50-60歲	領導力	11.55	男	未來發展	4.11
14	鄭麗君	新內閣	印象	14.16	50-60歲	印象	3.61	女	印象	3.64
15	江啟臣	立法委員	未來發展	5.06	50-60歲	未來發展	13.21	男	未來發展	2.74
16	林飛帆	新內閣	未來發展	12.68	50歲以下	未來發展	13.14	男	未來發展	4.86
17	傅崐萁	立法委員	影響力	12.41	60歲以上	領導力	1.16	男	領導力	0.93
18	蔡璧如	其他黨公職	印象	12.34	60歲以上	領導力	0.32	女	印象	0.69
19	顧立雄	新內閣	期待表現	12.34	60歲以上	未來發展	4.13	男	印象	1.07
20	林佳龍	新內閣	未來發展	11.28	60歲以上	未來發展	4.88	男	未來發展	1.93
21	朱立倫	其他黨公職	領導力	10.98	60歲以上	領導力	0.54	男	領導力	0.43

綜合比較	姓名	以職位分群			以年齡分群			以性別分群		
		職位組別	突出項目	組內排名	年齡區間組別	突出項目	組內排名	性別組別	突出項目	組內排名
22	吳思瑤	立法委員	印象	7.53	50歲以下	領導力	10.90	女	領導力	4.02
23	蘇貞昌	其他黨公職	領導力	10.61	60歲以上	領導力	8.73	男	領導力	5.18
24	羅智強	立法委員	未來發展	2.73	50-60歲	印象	9.81	男	未來發展	1.46
25	陳建仁	其他黨公職	印象	9.01	60歲以上	印象	7.42	男	印象	6.43

第二波未來政治領袖聲望調查方式

第二波調查預計進行更深入的評估，專注於這些政治人物的獨特特質和國民對他們的整體印象。此階段旨在深化對這20位政治人物的理解，描繪出他們在公眾眼中的形象和特色，以及他們在處理國家重要議題上的能力和風格。

特色評比主要面向

1.整體印象

1-1. 請問您認為在這些政治人物中，您對誰的整體印象最好？

[追問-開放文字題]

1-1-1 有哪些吸引您的特質或值得肯定的成就及能力？

1-1-2 有哪些需要改進的缺點或當前應處理面對的問題？

1-1-3 第一時間會想到他講過的哪句話？

1-1-4 對他的第一印象？

1-2. 請問您認為在這些政治人物中，您最看好誰未來在臺灣政壇的表現？

1-3. 請在這些政治人物當中，選出您不喜歡或不信任的政治人物？

[追問-開放文字題]

1-3-1 原因（特質、言行、背景）？

1-3-2 第一時間會想到他講過的哪句話？

1-3-3 對他的第一印象？

2.個人印象特質

2-1. 請問您認為在這些政治人物中，誰的操守與品德最好？

2-2. 請問您認為在這些政治人物中，誰最具有決斷力與溝通協調力？

2-3. 請問您認為在這些政治人物中，誰的親和力和領導風範最好？

2-4. 請問您認為在這些政治人物中，誰的從政績效與執政效率最好？

2-5. 請問您認為在這些政治人物中，誰的專業能力和創新能力最好？

2-6. 請問您認為在這些政治人物中，誰的務實、穩定，展現影響力最好？

2-7. 請問您認為在這些政治人物中，誰最具有遠見、與國際觀？

3.基本題組

研究設計與統計分析

　　未來政治領袖聲望調查之題目，採票選評比方式。針對整體印象與個人印象的題組問項，進行調查，每人在每一個題目中，只能選擇最符合自己印象的一人。從調查結果的選擇分佈來看，選擇比例最高

的前十名，佔據每個題目中的 88%~95% 的比例，有呈現出選擇比例明確集中的情況。故建議參考前十名排序。

未來政治領袖聲望調查採用網路調查優勢

1. 網路問卷調查採取視覺填答，受訪者於相同作答時間內，在政治領袖的選項數量呈現上有較大容納空間。
2. 網路人口在 70 歲以下的涵蓋完整性高，透過分層隨機抽樣，更能完整反應不同世代的選擇統計。

皮爾森網路隨機抽樣調查方法

1.採用主動發放，填答者自由填寫

　　填答者在不同的網路資訊版位上（不限於簡訊、E-mail、網站、社群媒體、搜尋引擎等接觸管道）都有可能看到問卷，並自行選擇是否填答。

2.執行分層隨機抽樣

　　根據調查條件建立符合性別、年齡等樣本架構並提供抽樣名單，藉由透過資料管理平臺（DMP）技術，進行分層隨機抽樣。

3.確認填答唯一性驗證

　　在資料分析上輔以網路行為分析帶入使用者輪廓標籤，以確保符合調查對象唯一性。

4.資料清理

　　針對使用者的性別、年齡與居住地的準確性採用網路行為與資料庫標籤比對方式，結合問卷題目設計做雙重認證，確保資料正確性與可靠性。

5.樣本代表性與加權

　　採用比例估計法，母群體參數依內政部公布之年齡、性別、戶籍資料，結合皮爾森數據 DMP 修正網路人口特徵值，逐項重複進行連續性修正，以使樣本特徵與母群體結構達到一致。

透過DMP進行網路分層隨機抽樣，改善傳統網路調查缺點

　　目前電話調查是臺灣最普遍的調查方式，而由於「唯手機族」的快速增加，也有部分調查納入手機隨機撥號的樣本來平衡純市話調查的抽樣偏誤。然而，手機門號沒有區域號碼，因此難以事先控制受訪者所在地區，使得訪問成本大幅增加。且若以雙底冊的方式結合市話和手機的樣本數，則會遇到事後加權方式的難題，至今尚未有公認最佳的解決方案。

　　皮爾森數據網路調查的資料收集方式則是採用資料管理平臺（DMP）透過網路收集樣本。網路調查在臺灣尚未成為主要的調查方式，但多個國家都有發展出一定規模的網路調查平臺。以美國為例，隨著以隨機撥號電話調查（RDD）的回應率降低、成本增加，純市話調查已逐漸式微。同時，隨著網路與個人行動裝置的普及，網路調查在近15年內迅速崛起，已成為美國最主要的調查方法（Kennedy等人，2023）。

　　雖然網路調查具有快速、方便的優勢，但其樣本覆蓋率相對受限，且多為具有既定特徵的自願性樣本，因此確保樣本代表性及抽樣品質具有一定的挑戰性（廖培珊，2023）。然而，根據皮尤民調中心的研究（Lau，2021），即使受訪者為網路上自願選擇加入（online opt-in），亦即一般認為的非機率樣本（nonprobability sample），在

招募方式保持一致的前提下，網路調查結果在三個月內仍具有一致性（consistency）。

而針對網路調查的準確性（accuracy），皮爾森數據網路調查所採用的資料管理平臺（DMP）結合了群眾外包（Assisted Crowdsourcing）以及隨機設備參與（Random Device Engagement，RDE）的特點，不僅提升了網路調查的覆蓋率，更確保抽樣結果的準確性，使樣本結果可以用來推論母體。

群眾外包即藉由具有廣泛滲透率以及用戶個人資訊的社群媒體平臺來收集受訪者。在設定並提交一組包含各人口細項組合的受訪者數量配額給社群媒體平臺，同時附上邀請受訪者參與此調查的廣告後，讓社群平臺將調查網站展示給目標用戶。這種抽樣方法讓受訪者在日常生活的情境中進行調查，更具有覆蓋率高、速度快、成本相對合理等優點。隨機設備參與（RDE）是美國市場調查公司 Pollfish 對於網路市場調查提出的解決方案，在智慧型手機上投放廣告後，透過收集填答設備的唯一識別碼，可以防止單一用戶以多個帳戶填答（Single User Multi-Account；SUMA）的狀況，確保了資料品質。

資料管理平臺（DMP）結合兩者優勢，既有效利用社群媒體的滲透率與覆蓋範圍來最大化調查的覆蓋率，同時也輔以網路行為分析帶入使用者輪廓標籤，除了得以根據性別、年齡與居住地佔母體比例進行分層隨機抽樣（又稱比率抽樣法）外，更能確保符合調查對象的唯一性。同時針對使用者的性別、年齡與居住地的準確性採用網路行為與資料庫標籤比對方式，結合問卷題目設計做雙重認證，確保資料正確性與可靠性。透過資料管理平臺（DMP）的抽樣，能夠做到與機率樣本會員資料庫（Probability-Based Online Panels）接近的抽樣

品質，使母體中的每個個體皆有趨近於相同的中選機率。參考過去對市話、網路樣本的對照研究（Yeager et al., 2011），將資料管理平臺（DMP）的抽樣結果，經過點估計準確度測試後，已證實其抽樣資料品質已與其他機率樣本抽樣方法（如Random Digit Dialing）接近。

相關文獻

Lau, A. (2021, January 21). Assessing the consistency of online opt-in polls. pewresearch.org. https://www.pewresearch.org/decoded/2021/01/21/assessing-the-consistency-of-online-opt-in-polls/

Kennedy, C.; Popky, D.; Keeter, S. (2023, April 19). How Public Polling Has Changed in the 21st Century. pewresearch.org. https://www.pewresearch.org/methods/2023/04/19/how-public-polling-has-changed-in-the-21st-century/

Rothschild, D. & Konitzer, B. (nd). Organic Random Device Engagement Sampling Methodology. resources.pollfish.com. https://resources.pollfish.com/market-research/random-device-engagement-and-organic-sampling/

附錄 2：
100 位未來政治領袖調查問卷

1. 請問在各縣市首長中（4小題）

您對誰的印象最好

您認為誰的施政最具有實體績效？

您認為誰的施政表現最務實穩定且能展現他的影響力？

您最看好誰的未來發展？

2. 請問在以下所列立法委員中（4小題）

您對誰的印象最好

您認為誰在立法院能最有力地監督行政機關？

您認為誰在立法院對於政策有最大的影響力？

您最看好誰的未來發展？

3. 請問在接下來的新內閣中（3小題）

您對誰的印象最好

您認為誰在內閣的表現最值得期待？

您最看好誰的未來發展？

4. 請問在以下其他政治人物中（3小題）

您對誰的印象最好

您認為誰最有領導力

您最看好誰的未來發展？

5. 請問在所列50歲以下的政治人物中（3小題）

您對誰的印象最好

您認為誰最有領導力

您最看好誰的未來發展？

6. 請問在所列50-59歲的政治人物中...（3小題）

您對誰的印象最好

您認為誰最有領導力

您最看好誰的未來發展？

7. 請問在所列60歲以上的政治人物中...（3小題）

您對誰的印象最好

您認為誰最有領導力

您最看好誰的未來發展？

8. 請問以下男性政治人物中（3小題）

您對誰的印象最好

您認為誰最有領導力

您最看好誰的未來發展？

9. 請問以下女性政治人物中（3小題）

您對誰的印象最好

您認為誰最有領導力

您最看好誰的未來發展？

10. 您認為最重要的政治領袖特質/面向有哪些？

社會議題面向調查（共5題）

詐騙防制

11-1.近年新詐騙手法推陳出新、個資外流情況氾濫，使得詐騙案件數與損失財務數量皆年年增長，請問您認為哪位政治人物具備處理這些問題的適當能力及方案？為什麼？

治安、社會安全網

11-2.考慮到最近的社會安全網議題，如兒童虐待、校園暴力、以及社會與學校輔導資源的挑戰，您認為哪位政治人物具備處理這些問題的適當能力及方案？為什麼？

都市發展

11-3.鑑於目前都市快速發展與都更議題，包括公共工程品質、工程管理與行政效率，與對未來城市願景的擘劃，您認為哪位政治人物能有效應對這些挑戰？為什麼？

食安

11-4.針對近期頻傳的食品安全事件(如蘇丹紅、寶林等)，您認為哪位政治人物能提出並實施有效的解決方案？為什麼？

環境能源

11-5.全球當前正面臨極端氣候事件的嚴峻挑戰，臺灣也面臨缺水缺電，請問您認為哪位政治人物具備專業能力，最能有效運用科技智慧的政策工具，幫助臺灣克服環境與能源方面的挑戰？為什麼？

12. 請問您目前的居住地？

13. 請問您目前比較傾向支持下列哪一個政黨？

14. 請問您的族群為？

15. 請問您的性別？

16. 請問您的年齡？

17. 請問您的教育程度？

18. 以下哪項描述最能形容您在手機或市話的使用情形？

附錄 3：
20 大政治領袖調查問卷

問卷題目

第二波調查預計進行更深入的評估，專注於這些政治人物的獨特特質和國民對他們的整體印象。此階段旨在深化對這20位政治人物的理解，描繪出他們在公眾眼中的形象和特色，以及他們在處理國家重要議題上的能力和風格。

1. 整體印象

1-1. 請問您認為在這些政治人物中，您對誰的整體印象最好？

　　[追問-開放文字題]

　　　1-1-1 有哪些吸引您的特質或值得肯定的成就及能力？

　　　1-1-2 有哪些需要改進的缺點或當前應處理面對的問題？

　　　1-1-3 第一時間會想到他講過的哪句話？

　　　1-1-4 對他的第一印象？

1-2. 請問您認為在這些政治人物中，您最看好誰未來在臺灣政壇的表現？

1-3. 請在這些政治人物當中，選出您不喜歡或不信任的政治人物？

　　[追問-開放文字題]

　　　1-3-1 原因（特質、言行、背景）？

　　　1-3-2 第一時間會想到他講過的哪句話？

　　　1-3-3 對他的第一印象？

2. 個人印象特質

2-1. 請問您認為在這些政治人物中，誰的操守與品德最好？

2-2. 請問您認為在這些政治人物中，誰最具有決斷力與溝通協調力？

2-3. 請問您認為在這些政治人物中，誰的親和力和領導風範最好？

2-4. 請問您認為在這些政治人物中，誰的從政績效與執政效率最好？

2-5. 請問您認為在這些政治人物中，誰的專業能力和創新能力最好？

2-6. 請問您認為在這些政治人物中，誰的務實、穩定，展現影響力最好？

2-7. 請問您認為在這些政治人物中，誰最具有遠見、與國際觀？

3. 基本題組

○○○第一印象

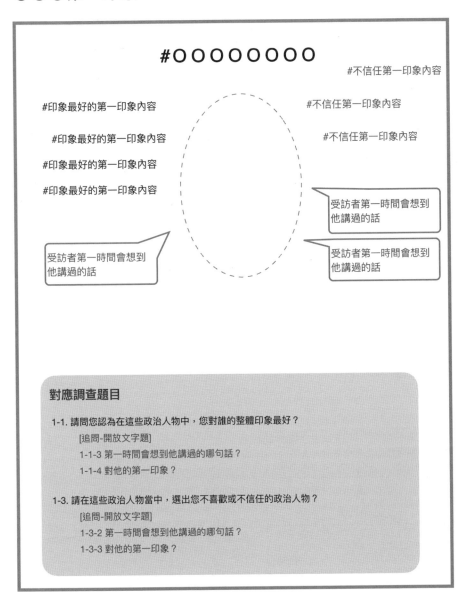

#○○○○○○○○

#不信任第一印象內容

#印象最好的第一印象內容

#不信任第一印象內容

#印象最好的第一印象內容

#不信任第一印象內容

#印象最好的第一印象內容

#印象最好的第一印象內容

受訪者第一時間會想到
他講過的話

受訪者第一時間會想到
他講過的話

受訪者第一時間會想到
他講過的話

對應調查題目

1-1. 請問您認為在這些政治人物中，您對誰的整體印象最好？

[追問-開放文字題]

1-1-3 第一時間會想到他講過的哪句話？

1-1-4 對他的第一印象？

1-3. 請在這些政治人物當中，選出您不喜歡或不信任的政治人物？

[追問-開放文字題]

1-3-2 第一時間會想到他講過的哪句話？

1-3-3 對他的第一印象？

○○○第一波百人未來政治領袖調查排序回顧

	其他黨公職排序 (名單共10人)		
	印象最好	施政績效	務實穩定 展現影響力
排序			

	60歲以上政治人物排序 (名單共49人)		
	印象最好	領導力	未來發展
排序			

	男性政治人物排序 (名單共62人)		
	印象最好	領導力	未來發展
排序			

	社會議題面向 被期待解決問題的政治人物 （開放題）				
	詐騙防制	治安、 社會安全網	都市發展	食安	環境能源
排序					

對應第一波百人未來政治領袖分組調查

性別（兩組）	年齡（三組）	職務（四組）
男性	50歲以下	縣市首長
女性	50歲-60歲	新內閣
	60歲以上	立法委員
		其他黨公職

根據菱傳媒 100位政治人物名單，依據：性別、年齡及職務為基礎進行劃分，進行分群票選。

此種評比方法旨在簡化選項，同時確保投票過程能夠針對政治人物的主要屬性進行有效分類。

透過這種方式，能夠更系統地評估每位政治人物在其代表群體中的影響力和受歡迎程度。

○○○整體印象評價

排序	整體	依性別排序		依年齡排序				
		男性	女性	18-29歲	30-39歲	40-49歲	50-59歲	60歲以上
1	○○○	○○○	○○○	○○○	○○○	○○○	○○○	○○○
2	○○○	○○○	○○○	○○○	○○○	○○○	○○○	○○○
3	○○○	○○○	○○○	○○○	○○○	○○○	○○○	○○○
4	○○○	○○○	○○○	○○○	○○○	○○○	○○○	○○○
5	○○○	○○○	○○○	○○○	○○○	○○○	○○○	○○○
6	○○○	○○○	○○○	○○○	○○○	○○○	○○○	○○○
7	○○○	○○○	○○○	○○○	○○○	○○○	○○○	○○○
8	○○○	○○○	○○○	○○○	○○○	○○○	○○○	○○○
9	○○○	○○○	○○○	○○○	○○○	○○○	○○○	○○○
10	○○○	○○○	○○○	○○○	○○○	○○○	○○○	○○○
	○○○	○○○	○○○	○○○	○○○	○○○	○○○	○○○
	○○○	○○○	○○○	○○○	○○○	○○○	○○○	○○○
	○○○	○○○	○○○	○○○	○○○	○○○	○○○	○○○
	○○○	○○○	○○○	○○○	○○○	○○○	○○○	○○○
	○○○	○○○	○○○	○○○	○○○	○○○	○○○	○○○
	○○○	○○○	○○○	○○○	○○○	○○○	○○○	○○○
	○○○	○○○	○○○	○○○	○○○	○○○	○○○	○○○
	○○○	○○○	○○○	○○○	○○○	○○○	○○○	○○○
	○○○	○○○	○○○	○○○	○○○	○○○	○○○	○○○
	○○○	○○○	○○○	○○○	○○○	○○○	○○○	○○○

備註：○○○灰階字體代表該人物在此分類無人選擇。

資料視覺化呈現方式：採分群序列比較，了解自身屬性相對強弱趨勢

從調查結果的選擇分佈來看，選擇比例最高的前十名，佔據每個題目中的88%~95%的比例，有呈現出選擇比例明確集中的情況，故建議參考前十名排序。不過為了更進一步瞭解每一位政治人物在相互比較下的優劣勢細節，因此仍將受訪者對於人選之選擇比例，依序位法的方式進行呈現，以瞭解不同族群板塊下的個人特質。

菱視未來
──臺灣100大政治領袖聲望調查報告

人物側寫／杜大澂

人物檔案彙整／王芩恩

攝　　影／林啟弘、辛啓松

民調執行／皮爾森數據

行政編輯／劉奕廷

執行編輯／王維君、陳秀枝

執行總編輯／賴心瑩

發 行 人／陳申青

出版策劃／菱傳媒

　　　　　　114 台北市內湖區堤頂大道一段221號7樓

　　　　　　電話：+886-2-2792-2766

　　　　　　傳真：+886-2-2792-2763

製作銷售／秀威資訊科技股份有限公司

　　　　　　114 台北市內湖區瑞光路76巷69號2樓

　　　　　　電話：+886-2-2796-3638

　　　　　　傳真：+886-2-2796-1377

經　　　銷／聯合發行股份有限公司

　　　　　　231新北市新店區寶橋路235巷6弄6號4F

　　　　　　電話：+886-2-2917-8022

　　　　　　傳真：+886-2-2915-6275

法律顧問／魏薇　律師

出版日期／2024年9月 初版一刷

定　　價／NTD 680元

ＩＳＢＮ／978-626-97697-2-8

國家圖書館出版品預行編目

菱視未來：台灣100大政治領袖聲望調查報告 /
菱傳媒編著. -- 初版. -- 臺北市：菱傳媒, 2024.09
　　面；　公分
　ISBN 978-626-97697-2-8(平裝)

　1. CST: 民意調查　2. CST: 領袖　3. CST: 聲望
　4. CST: 臺灣政治

540.19　　　　　　　　　　　　　　113013294